Hugo Portisch · **Kap der letzten Hoffnung**

Hugo Portisch

Kap der letzten Hoffnung

Das Ringen um den Süden Afrikas

Mit 54 Schwarzweißbildern und 4 Karten

2., erweiterte Auflage

Verlag Kremayr & Scheriau

2., erweiterte Auflage
© 1984 by Verlag Kremayr & Scheriau, Wien
Autorenfoto auf Schutzumschlag: Foto Walter Wobrazek, profil-Fotoredaktion
Satz: RSB-Fotosatz
Druck und Bindung: Wiener Verlag, Himberg bei Wien
ISBN 3 218 00395 4

Inhalt

Der Konflikt

Der Süden Afrikas ist eine der großen Krisenzonen der Welt. Befreiungskriege in Angola und Moçambique haben zur Auflösung des portugiesischen Kolonialreichs und zur Revolution in Portugal selbst geführt. Ein siebenjähriger Krieg um Zimbabwe-Rhodesien brachte das Ende der weißen Vorherrschaft in diesem Land und die Machtübernahme durch die bisherigen Guerillaführer. Entlang der Grenzen Namibia-Südwestafrikas greifen die Partisanenverbände der Befreiungsbewegung SWAPO an. Der schwarze Ring um das von Weißen geführte Südafrika wird immer enger.

Doch der Süden Afrikas ist ebenso wie der Nahe Osten für das wirtschaftliche Überleben der westlichen Industriestaaten unentbehrlich. Aus dem Nahen Osten kommt das Erdöl, das ihre Maschinen in Gang hält, aus dem Süden Afrikas kommen die Erze und die Mineralien, ohne die diese Maschinen nichts erzeugen können. In beiden Regionen gibt es einen permanenten Konfliktherd, der ihre innere Stabilität gefährdet und die Supermächte zur Einmischung einlädt. In Nahost ist das die arabisch-israelische Konfrontation, im Süden Afrikas das Festhalten der südafrikanischen Regierung am System der Apartheid.

Als Reaktion auf dieses System treten die afrikanischen Staaten in allen internationalen Foren geschlossen gegen Südafrika auf. Einige von ihnen, die sogenannten Frontlinienstaaten, unterstützen Guerilla-Organisationen, die gegen Südafrika operieren, auch wenn sie selbst einer direkten Konfrontation mit Südafrika aus dem Weg gehen. Den Westen stellt dies immer wieder vor Probleme. Denn einerseits ist er auf Südafrika angewiesen, anderseits aber wird sein Zögern von den afrikanischen Staaten als Parteinahme für einen weißen Rassismus angesehen und bringt sie immer wieder in eine gemeinsame Frontstellung mit den kommunistischen Staaten gegen den Westen.

Ein völlig neues Element wurde in die Weltpolitik eingeführt, als kubanische Soldaten in Angola landeten und durch ihr Eingreifen den Sieg einer prosowjetischen Befreiungsbewegung, der MPLA, über zwei prowestliche Befreiungsbewegungen sicherstellten. Das war nur unter Hinweis auf die Präsenz des Apartheid-Regimes in Südafrika und dessen eigene militärische Aktionen in Angola möglich.

Ohne südafrikanische Rückendeckung hätte Portugal wohl auch in Moçambique nicht solange durchgehalten, wobei der Krieg auch dort die Befreiungsorganisation Frelimo in die Nähe des Ostblocks getrieben und damit zur Errichtung eines marxistischen Regimes geführt hat. Das Zusammenwirken des weißen Rhodesiens mit Südafrika brachte zunächst auch dort eine enge Anlehnung der schwarzen Guerillaführer an die Sowjetunion und China. Der nächste militärische Konflikt ist schon im Gange, der Krieg um Namibia, um das ehemalige Deutsch-Südwestafrika. An seinen Grenzen steht die südafrikanische Armee, übrigens gemeinsam mit den Söhnen deutscher Siedler, im Kampf gegen die Partisanen der SWAPO. Je länger die Auseinandersetzung dauert, desto abhängiger wird auch die SWAPO von kommunistischen Waffenlieferungen und gerät damit zunehmend unter den politischen Einfluß ihrer Protektoren.

Für die westlichen Industriestaaten ist die Region, wie gesagt, wirtschaftlich und strategisch von ebenso großer Bedeutung wie der Nahe Osten. Eine Studie des US-Kongresses bezeichnet den Süden Afrikas als „Mineralien-Golf" in Parallele zum Erdöl-Golf im Nahen Osten. In Anbetracht des harten Ringens um diese Region ist der Westen mit der Frage konfrontiert, ob er in Südafrika den Verteidiger seiner Interessen oder den Verursacher der Gefährdung dieser Interessen sehen soll. Bis jetzt war es die südafrikanische Beharrungspolitik, die meist Anlaß und nur selten Vorwand zu all diesen militärischen und politischen Eingriffen bot. Letztlich wäre mit einer weiteren Destabilisierung der gesamten Region zu rechnen, auch mit Aufstand und Bürgerkrieg in Südafrika selbst, gelänge es der südafrikanischen Regierung nicht, grundlegende Reformen im eigenen Land durchzusetzen. Und das heißt vor allem, Weiße, Schwarze und Farbige in Südafrika an einen Tisch zu bringen und eine für alle akzeptable Form des Zusammenlebens zu finden. Das würde nicht nur die Gefahr einer blutigen Auseinandersetzung innerhalb Südafrikas abwenden, sondern auch zur Stabilisierung der gesamten südlichen Region Afrikas führen. Nichts braucht Afrika dringender als das. Denn diesem Kontinent geht es nicht gut.

„Afrika befindet sich in tödlicher Gefahr, es ringt um sein Überleben, ja Afrika ist im Begriff zu sterben." Mit diesen Worten eröffnete im April 1980 der Generalsekretär der Organisation für Afrikanische Einheit, OAU, Edem Kodjo, die Jahreskonferenz der Regierungschefs von 49 dieser Organisation angehörenden afrikanischen Staaten in der nigerianischen Hauptstadt Lagos. Er machte die Hohe Versammlung mit einer Reihe alarmierender Fakten vertraut: 40 Prozent aller arbeitsfähigen Afrikaner seien entweder arbeitslos oder unterbeschäftigt. Mehr als ein Drittel aller Afrikaner sei unterernährt oder hungere sich bereits zu Tode. Afrika erzeuge nur 2,7 Prozent der gesamten Weltproduktion an Gütern. 20 der 31 besonders unterentwickelten Staaten der Welt befänden sich in Afrika. Alle diese Zahlen würden sich in den nächsten Jahren noch verschlechtern, denn einer durchschnittlichen Bevölkerungswachstumsrate von 3 Prozent stehe ein Wirtschaftswachstum von nur 1,9 Prozent gegenüber, ja die Lebensmittelerzeugung steige sogar nur um 1,2 Prozent. Im Schnitt müssen die afrikanischen Staaten im Jahr bereits 15 Millionen Tonnen Getreide importieren, und diese Importe werden in den nächsten Jahren auch noch laufend steigen.

Die Ursachen dieses Verfalls: die Bevölkerungsexplosion, das Fehlen geschulter Fachleute, die Tendenz der Politiker, industriellen Prestigebauten Vorrang zu geben vor einer gleichmäßigen Entwicklung etwa der Landwirtschaft, zum Teil unfähige und korrupte Verwaltungen und die Versuchung einer neuen kleinen Oberschicht, das eigene Volk auszubeuten oder für sich selbst Privilegien zu sichern, indem sie multinationalen Konzernen die Ausbeutung des eigenen Landes überlasse.

Dazu hat Afrika in den letzten Jahren eine weitere bittere Erfahrung gemacht. Fast niemand ist am Schicksal seiner Menschen interessiert. Sie mögen der Arbeitslosigkeit, dem Hunger, den Krankheiten ausgesetzt sein, das führt höchstens zu karitativen Sammlungen durch mitleidige Vereinigungen. Das Interesse der Mächtigen kann nur erregen, wer ihnen lebenswichtige Mineralien oder strategische Positionen anzubieten hat. Wer das nicht kann, wird so abgehängt, daß er von den Rängen der dritten Welt bald absteigt in die der vierten Welt.

Südafrika macht da in der Wahrnehmung seiner Interessen keine Ausnahme, aber seine Interessenlage ist von der der außerafrikanischen Mächte verschieden. Es sucht keine strategischen Positionen und keine lebenswichtigen Mineralien, beide besitzt es selbst. Aber es wäre von lebenswichtigem Interesse für Südafrika, eine Zone des

Friedens, der Stabilität und eines gewissen Wohlstands um sich zu schaffen. Die Interessenlagen Südafrikas und seiner schwarzen Nachbarstaaten würden einander also gut ergänzen. Eine Reihe schwarzafrikanischer Staaten könnte ohne den Handel und die technische Hilfe Südafrikas schon heute kaum überleben. Bleibt es jedoch in Südafrika selbst bei der weiß-schwarzen Konfrontation, dann wird diese nur zu weiteren blutigen Konflikten führen. Dabei hätten alle viel zu verlieren. Umgekehrt, gelänge der Abbau dieser Konfrontation, dann hätte ganz Afrika viel zu gewinnen.

Weil es um diesen hohen Einsatz geht, nimmt das Ringen um den Süden Afrikas in allen Diskussionen um das unmittelbare Schicksal der Welt einen so prominenten Platz ein und führt meist zu sofortiger leidenschaftlicher Parteinahme.

Die Verteidiger Südafrikas sind beeindruckt von den imponierenden wirtschaftlichen Leistungen und von der anscheinend intakten Law-and-order-Struktur eines Landes, das auch noch alle Kennzeichen westlich-europäischer Zivilisation trägt. Sie führen auch ins Treffen, daß das Land seinen Schwarzen trotz aller Diskriminierung eine bessere schulische, medizinische und wirtschaftliche Versorgung biete, als sie den meisten Bürgern anderer afrikanischer Staaten zuteil werde. Der Preis der Apartheid, der den Schwarzen dafür abverlangt wird, scheint ihnen daher akzeptabel zu sein.

Die so argumentieren, wissen meist nicht, was Apartheid wirklich bedeutet, wie sehr diese Politik die Würde des Menschen verletzt, wie unmoralisch sie in ihren Auswirkungen ist und wie unmenschlich daher diese anscheinend moralisch so hochstehende weiße Gesellschaft an ihren schwarzen und farbigen Bürgern handelt. Ein Teil dieser Unmoral besteht auch darin, andere über das wahre Wesen der Apartheid bewußt zu täuschen. Die Apartheid-Politik der südafrikanischen Regierung ist nicht eine Nebenfrage, sie ist der Kern des sich zusammenballenden Konflikts um diese wichtigste Region Afrikas.

Viele aber, die Südafrika anklagen, sehen wieder nur die von dieser Politik ausgehende Unterdrückung und fordern deren Beseitigung ohne Verständnis für das Heimatrecht und die Existenzängste auch der 4,5 Millionen Weißen in Südafrika, ja ohne Bedachtnahme auf die Folgen, die ein radikaler Zusammenbruch für alle Bürger des Landes, also auch für die Schwarzen und Farbigen hätte, ja selbst für die Nachbarstaaten, die wirtschaftlich auf Südafrika angewiesen sind.

Gewiß, die harte Haltung der südafrikanischen Regierungen bis zum heutigen Tag hat die schwarzen und farbigen Bürger des Landes längst zur Notwehr legitimiert. Bleibt es bei dieser Haltung, ist mit Aufstand und Revolution zu rechnen. Aber es geht ja gerade um die Frage, ob sich dieses Blutvergießen vermeiden läßt.

Die letzte Zeit brachte eine stürmische Entwicklung in diesem Raum: die Zusammenbrüche in Angola und Moçambique, den Krieg um Zimbabwe-Rhodesien und selbst den Beginn eines Umdenkens in Südafrikas Führungsschichten. Es gab Abschreckendes, wie die Massenflucht der Weißen und die Zerschlagung der Wirtschaftsstrukturen in Moçambique, es gab Überraschendes, wie die Fortsetzung der wirtschaftlichen Zusammenarbeit zwischen einer sowjetisch-kubanisch gestützten Regierung in Angola und den großen Öl- und Wirtschaftskonzernen des Westens, und es gab sogar das zunächst überraschende Beispiel, das der schwarze Guerillaführer Robert Mugabe in Zimbabwe setzte, als er nach seinem Sieg zur Versöhnung und Zusammenarbeit mit den Weißen aufrief.

Diese Erfahrungen bleiben nicht ohne Folgen. Sie führen zu der Erkenntnis, daß Schwarze und Weiße in diesem Raum mehr aufeinander angewiesen sind, als beide Seiten es bisher wahrhaben wollten.

Das Ringen um den Süden Afrikas tritt nun in eine entscheidende, vielleicht in seine letzte Phase. Das Resultat dieses Ringens wird unmittelbare Auswirkungen haben auf die Weltpolitik und die Weltwirtschaft. Somit sind wir alle einbezogen in diese Auseinandersetzung. Dieses Buch dient einer Bestandsaufnahme der in diesem Ringen wirksamen Kräfte, ihrer geschichtlichen Herkunft, ihrer Ursachen, ihrer Ziele. Es stellt gleichzeitig einen Versuch dar, die Denkweise und die Motive der Menschen auf beiden Seiten des Konflikts zu erklären.

Was Südafrika der Welt wert ist

Es ist ein kühler, nasser Morgen. Die Wolkenfetzen, die der Sturm vom Meer gegen das Land fegt, verfangen sich am gewaltigen Massiv des Tafelberges. Der Regen klatscht auf den Asphalt, auf das quadratische schwarze Feld mit den weißen Kreisen und weißen Kreuzen in deren Mitte. Auf dem Start- und Landeplatz für Großhubschrauber am Ende der Piers im Hafen von Kapstadt herrscht bereits Hochbetrieb.

Ein Sattelschlepper koppelt einen Container ab, ein Dutzend schwarzer Arbeiter zurrt das Netz fest, in dem er, wie in einer Tragtasche hängend, wenige Minuten später von einem Großhubschrauber angehoben und in den Sturm hinausgetragen werden wird. Gleichzeitig wird in einem zweiten Hubschrauber nebenan eine Reihe von Aluminiumkoffern verstaut. Nun zwängen sich fünf Männer mit gelben Plastikhelmen und blauen Overalls durch die offene Ladeluke unter den mächtigen Rotoren, legen die signalgelben Schwimmwesten an und gurten sich in die unbequemen blechernen Schalensitze. Die beiden Hubschrauber heben kurz nacheinander ab, hängen noch einen Augenblick wie zögernd an ihren ohrenbetäubend ratternden Rotoren, stellen sich dann steil gegen den Sturm und ziehen in Richtung offene See davon, verschwinden im undefinierbaren Grau, in dem sich der Nebel mit der Gischt des Meeres mischt.

Der Notruf des Tankers war knapp vor Mitternacht gekommen. 160 000 Tonnen Rohöl auf dem Weg von Bahrein am Persischen Golf nach Rotterdam in Holland, zur Zeit vor der Ostküste Südafrikas, neun Stunden vor Kapstadt – ein Tanker in voller Fahrt, aber mit Schaden im Maschinenraum. Die Ersatzteile waren noch in derselben Nacht bereitgestellt, zum Hafen gefahren und dem Nachschub-Service übergeben, die Ingenieure und Experten zum Abflug im Morgengrauen bestellt worden. Fast jeder der hier vorbeifahrenden Riesentanker wird angeflogen, um ihn mit den Containern mit Frischgemüse und Obst und seinen Kapitän mit dem gewünschten Nederburg-Riesling und den neuesten Tageszeitungen zu versorgen.

Von den 24 000 Schiffen, die das Kap der Guten Hoffnung im Laufe eines Jahres in beiden Richtungen umfahren, legen heutzutage zwar nur etwa 10 000 in den südafrikanischen Häfen von Durban, East London, Port Elizabeth oder Kapstadt an, aber fast keines von ihnen verzichtet auf die Versorgungs- und Notdienstleistungen, die von den Hubschraubern erbracht werden. Kapstadt ist heute noch immer, was es schon vor mehr als 300 Jahren für die Schiffahrt der Welt gewesen ist: Versorgungsposten und Rettungsstation am Schnittpunkt zweier Ozeane, des Indischen und des Atlantischen, und von vier Welten – der amerikanisch-europäischen und der afrikanisch-asiatischen. Das Kap liegt ziemlich genau auf halbem Weg zwischen Indien und England, Singapore und New York und – was heute weitaus wichtiger ist – zwischen dem Persischen Golf, woher das Öl kommt, und den Ölhäfen Europas und der USA, wo es hingebracht wird. Es gibt zwar den Suezkanal, der eine viel kürzere Schiffsverbindung erlaubt, aber für die Riesentanker von heute ist der Kanal zu schmal; es gibt Pipelines zwischen dem Irak und dem Mittelmeer, aber ihre Kapazität reicht nicht an das Transportvolumen der Riesentanker heran. Suezkanal und Pipelines haben sich zudem auch als nicht krisenfest erwiesen; die Nahostkriege von 1956 und 1967 legten den Kanal lahm, der irakisch-iranische Krieg seit 1980 stellte den Wert der Pipelines in Frage.

Rund die Hälfte des gesamten Erdölbedarfs der westeuropäischen Industriestaaten, aber auch mehr als 30 Prozent des von den USA importierten Erdöls werden zur Zeit über die Kap-Route herangeschafft. Mehr als die Hälfte des Handels zwischen Westeuropa und Asien, insbesondere der mit Japan und China, Indien, Hongkong und Taiwan, aber auch mit Australien und Neuseeland wird ebenso über diese Route abgewickelt wie ein guter Teil des Handels zwischen Europa und Ostafrika. Theoretisch sind diese 24 000 Schiffe pro Jahr nicht auf Südafrikas Häfen und ihre Versorgungs- und Notdienste angewiesen. Entlang der Route gibt es eine ganze Reihe anderer Häfen. Aber keiner von ihnen verfügt auch nur annähernd über vergleichbare Lade- und Entladekapazitäten, über die Dock- und Trockendockanlagen, die Reparaturwerkstätten und vor allem jene hochentwickelte industrielle Infrastruktur, mit der die Häfen Südafrikas aufwarten können. Alle anderen Hafenanlagen entlang dieser großen Ost-West-Route sind bedeutend kleiner, notorisch verstopft und überlastet und verfügen weder über ausreichende Reparaturmöglichkeiten noch über Ersatzteile oder Fachleute. Ein Ausfall der südafrikanischen Häfen würde die Weltschiffahrt daher vor riesige Probleme stellen. Diese Schlüsselposition gewinnt noch an Bedeutung, wenn man bedenkt, daß die meisten der rund 10 000 Schiffe, die in diese Häfen einlaufen, nicht bloß der Versorgung wegen kommen, sondern Güter nach Südafrika bringen und wertvolle Rohstoffe von hier abholen.

Südafrika ist oft gar nicht das Bestimmungsland für diese Importe, sondern ein Teil dieser Güter dient der Versorgung der Nachbarstaaten Botswana, Zimbabwe, Sambia, Malawi und selbst von Ost-Zaire. Alle diese Länder leben von ihrem Export, alle können nur durch ihre Importe überleben, insbesondere durch das Erdöl, das fast ausschließlich über südafrikanische Häfen eingeführt wird. Selbstverständlich bemühen sich die Regierungen aller dieser Länder, ihre Abhängigkeit von den südafrikanischen Häfen abzubauen. Aber bisher ist es keiner von ihnen gelungen. Vor Jahren witterte die Volksrepublik China in eben diesem Problem eine außerordentliche Chance für die Entwicklung ihrer Beziehungen zu den schwarzafrikanischen Staaten: zu einer Zeit, als die Portugiesen noch in Angola und Moçambique saßen, als Zimbabwe noch Rhodesien hieß und von einer weißen Minderheitsregierung Ian Smith regiert wurde, als daher jeder Zugang der in dieser Region liegenden schwarzafrikanischen Staaten zur Welt von Eisenbahnlinien und Häfen abhing, die unter der Kontrolle weißer Regimes standen, boten die Chinesen den Bau einer Eisenbahnlinie an, die die Schwarzafrikaner von dieser Abhängigkeit befreien sollte. Die neue Bahnlinie wurde von der tansanischen Haupt- und Hafenstadt Daressalam nach Lusaka in Sambia geführt, wo sie in die bereits bestehenden Eisenbahnlinien nach Zaire einmündete. Seit dem Abzug der Portugiesen aus Angola und Moçambique und der Unabhängigkeit Zimbabwes unter schwarzer Führung sollten diesen Staaten nun alle Eisenbahnlinien in diesem Raum und damit der direkte Zugang zu den Hafenstädten Moçambiques und Angolas offenstehen. Die Realität sieht aber anders aus. Denn die Zehntausenden Chinesen, die die TAN-SAM-Bahn unter größten Anstrengungen durch die Regenwälder Tansanias und die Savannen und Berge Sambias getrieben hatten, sind nach der vielgefeierten Fertigstellung dieser Unabhängigkeitsbahn wieder abgezogen. Noch heute zahlt Tansania für die Arbeit und die Überlassung der Gleisanlagen und Lokomotiven durch die Abnahme chinesischer Güter, obwohl die Anlagen längst Regengüssen und Erdrutschen, der großen Hitze und vor allem der mangelnden Wartung zum Opfer gefallen sind. Die Strecke läßt sich heute nicht mehr durchgehend befahren. Da und dort wurden Lokomotiven und Waggons von regionalen Landesfürsten konfisziert, die eifersüchtig darüber wachen, daß sie nur innerhalb ihres Machtgebietes verkehren.

Die kürzeste und beste Bahnverbindung für alle drei Staaten, Zaire, Sambia und Zimbabwe, führt zur Hafenstadt Beira im nördlichen Moçambique. Aber seit dem Abzug der Portugiesen ist der Hafen zum Teil versandet. Die schwarze Regierung Moçambiques hat die südafrikanische Bahn- und Hafenverwaltung daraufhin eingeladen, den Hafen von Beira wieder schiffbar zu machen. Diese Räumungsarbeiten gehen nur schleppend voran. Und selbst wenn Beira in absehbarer Zeit wieder seine volle Kapazität hätte, so würde sie doch bei weitem nicht ausreichen, den gesamten Handel der Region aufzunehmen. Darüber hinaus gilt die Eisenbahnlinie zwischen der Grenze Zimbabwes und Beira als äußerst gefährdet, da das gesamte Gebiet von starken Partisaneneinheiten unsicher gemacht wird. Auch die parallel zur Bahn verlaufende Straße wird immer wieder von Partisanen unterbrochen, und schon so mancher Konvoi fiel den Guerillas in die Hände. Ihrem politischen Programm zufolge kämpfen diese Partisanenverbände gegen die marxistische Frelimo-Regierung des Staatspräsidenten Samora Machel in Maputo. Offenbar aber handelt es sich um jene Partisanenverbände, die schon von der weißen Regierung Rhodesiens zum Gegenangriff auf die Partisanenverbände der Patriotischen Front Mugabes in Moçambique eingesetzt worden waren. Ihren Sold und ihre Waffen dürften diese Partisanen heute von Südafrika erhalten.

Ohne jeden Zweifel stützt Südafrika auch jene andere Partisanenbewegung, die UNITA des Guerillaführers Zavimbi in Angola, die dort ebenfalls gegen die marxistischen Nachfolger der Portugiesen, die mit der Sowjetunion und Kuba verbündete MPLA, kämpft. Interessanterweise richtet die UNITA in Angola ihre Aufmerksamkeit auch auf die Bahn, und zwar auf die wichtige Verbindungslinie zwischen Lusaka und Benguela. Die Strecke wird von der UNITA immer wieder unterbrochen. Man könnte also sagen, alles, was es an brauchbaren Eisenbahnlinien in dieser Riesenregion gibt, wird direkt oder indirekt von Südafrika kontrolliert, aber nur die Bahnlinien, die zu südafrikanischen Häfen führen, bleiben offen und leistungsfähig.

An der Atlantikküste, 160 Kilometer von Kapstadt entfernt, liegt Saldanha Bay, eine Bucht, deren grünbegraste sanfte Hügel, weiße Bauernhäuschen und bunte Fischerhütten die Harmonie einer holländischen Küstenlandschaft vermitteln. Doch die Idylle ist seit einigen Jahren gestört. Denn Saldanha Bay, eine der wenigen natürlichen Hafenbuchten entlang des sonst unwirtlichen und unzugänglichen Küstenstreifens, wurde ausersehen, Südafrikas größter Erzhafen zu werden. Die Erze werden tief im Landesinneren, rund 1000 Kilometer von der Küste entfernt, aus dem Boden geholt. Um sie von hier nach Saldanha Bay zu befördern, mußte eine neue Eisenbahnstrecke gebaut werden. Auf dieser Bahnlinie verkehren heute nur Lastzüge, deren Spezialwaggons Eisenerz, Kupfer-, Blei- und Zinkkonzentrate an die Küste bringen. Es ist wahrscheinlich die modernste Eisenbahnlinie der Welt. Jeder der Züge besteht aus je 210 Waggons, die fast auf die Tonne genau zusammen 17 850 Tonnen Erz befördern. Jeder dieser Züge ist 2,4 Kilometer lang und wird von elektrisch angetriebenen Riesenlokomotiven gezogen. Nur zwei Menschen begleiten den Zug, aber auch sie werden nur in

15

Notfällen gebraucht, denn jeder dieser Züge wird vollautomatisch gesteuert. Zu diesem Zweck wird die gesamte Strecke von Fernsehkameras und Detektoren überwacht, jeder der Züge von einer einzigen Zentrale aus in Bewegung gesetzt und gesteuert. 376 Sendestationen übermitteln alle relevanten Daten eines fahrenden Zuges auf dieser Strecke, etwa den Zustand aller seiner Bremsen, die Temperatur aller seiner Kugellager, die Einsatzfähigkeit aller seiner Räder und Kupplungen, 26 Relaisstationen leiten diese Daten über Mikrowellen weiter, die erforderliche Energie beziehen diese Stationen aus ihnen angeschlossenen kleinen Sonnenkraftwerken. Bei Auftreten der kleinsten Störung an den Zügen werden diese sofort automatisch zum Stehen gebracht. Nun ist es Aufgabe des Zugführers und seines Assistenten, die die Reise in einem kleinen, mit Bad, Miniküche, Kühlschrank und Fernsehgerät bestens ausgestatteten Appartement zurücklegen, den elektronisch bereits lokalisierten Schaden zu besichtigen und Abhilfe zu schaffen. Um bei einem 2,4 Kilometer langen Eisenbahnzug den Schaden auch beheben zu können, steht ihnen an Bord der Lokomotive ein Motorrad zur Verfügung. Die gesamte Bahnstrecke entlang führt eine Straße.

Es ist ein im wahrsten Sinn des Wortes „unglaublicher" Anblick, wenn sich einer dieser Lindwurmzüge rund um die Hügelketten windet und sich den Entladevorrichtungen von Saldanha Bay nähert. Während die ersten Waggons bereits entladen werden, sind die letzten Waggons nur durch den Feldstecher erkennbar. Für die Entladung solcher Züge war es natürlich notwendig, auch spezielle Vorrichtungen zu konstruieren. Die Waggons werden paarweise von gewaltigen stählernen Armen gepackt und um ihre eigene Achse gedreht; ihre Kupplungen sind so gebaut, daß sie dieses Drehmoment zulassen, während die Waggons vor und hinter den zu entladenden Wagen fest auf den Schienen stehen bleiben. Auf diese Weise können die Lindwurmzüge in nur dreieinhalb Stunden entladen werden. Das aus den Waggons fallende Eisenerz wird von breiten Laufgurten aufgefangen, die es zu Halden befördern und dort aufschichten. In genau festgelegten Abständen ankern dann Eisenerzschiffe von noch gewaltigeren Dimensionen an den Piers, wo sie über mehrere Laufgurten mit dem Eisenerz angefüllt werden. Zu den größten hier regelmäßig anlegenden Schiffen zählen die „World Gala" mit 282 461 Bruttoregistertonnen und die „USA MARU" mit 258 968 Tonnen Kapazität. Kleinere Schiffe laden Bleikonzentrate, Zink und Kupfer.

In dieser ersten Ausbaustufe ist Saldanha Bay geeignet, rund 18 Millionen Tonnen Eisenerz pro Jahr umzusetzen. Ursprünglich hatte man angenommen, daß diese Kapazität noch auf Jahre zu hoch liegen würde. Aber schon 1979 wurden die großen Eisenerzlager von Brasilien durch Hochwasser lahmgelegt, und zum gleichen Zeitpunkt beschlossen die Grubenarbeiter Australiens, die Arbeit niederzulegen. In wenigen Tagen wurden somit an die Eisenerzgruben von Südafrika und damit an Saldanha Bay aus Westeuropa, den USA und Kanada Lieferwünsche gerichtet, die die Eisenbahn wie den Hafen weit über ihre Kapazität beanspruchten. So schnell und plötzlich man auf Südafrikas Erze zurückgreifen mußte, so prompt konnte Südafrika dennoch liefern.

Im Juli 1980 veröffentlichte ein Sonderkomitee des amerikanischen Kongresses die von ihm erarbeiteten Schlüsse über die Versorgung der USA mit Mineralien. Der Kongreß hatte wissen wollen, ob die Wirtschaft der USA notfalls auch ohne die Mineralien Südafrikas auskommen könnte, denn prinzipiell lehnen Regierung und Kongreß der Vereinigten Staaten das Apartheid-System Südafrikas natürlich ab, und auch in der amerikanischen Öffentlichkeit wird der Ruf nach wirtschaftlichen Sanktionen, die Südafrika dazu bewegen sollen, von diesem System endlich abzugehen, immer lauter.

Aber die Resultate der Kongreß-Untersuchung klangen keineswegs beruhigend. Schon die Formulierung, Südafrika sei ein „Persischer Golf an Mineralien", deutete ein Ergebnis an, das ein Überleben der amerikanischen Wirtschaft ohne diese südafrikanischen Mineralien in Frage stellte. Denn Südafrika, so schloß dieser Bericht, verfüge über 50 bis 90 Prozent aller Vorräte an einigen lebenswichtigen Mineralien außerhalb der Sowjetunion. So befinden sich etwa mit zwei Milliarden Tonnen Chromerz rund 75 Prozent der Vorräte außerhalb des Sowjetblocks in Südafrika. Ohne Chrom aber lassen sich die in der heutigen Industrie in nahezu allen Bereichen notwendigen Spezialstähle nicht erzeugen. 90 Prozent aller Platinvorräte liegen in Südafrika, hauptsächlich im berühmten Bushveld Igneous Complex. Platin ist ein vielseitig verwendbares Metall, wird vor allem beim Bau von Raketen und Weltraumsatelliten eingesetzt, ist aber ebenso bei der Herstellung von Kunstdünger und Kunstfasern, bei der Erzeugung mehrerer Erdölprodukte und bei vielen anderen industriellen Prozessen unentbehrlich. Südafrika verfügt auch über 64 Prozent aller Weltvorräte an Vanadium, ein ebenfalls für zahlreiche Edelstahllegierungen unentbehrliches

Metall, ebenso wie über Mangan, Nickel, Titan und Fluorspat, durchwegs Metalle, deren Weltvorräte weitgehend nur in der Sowjetunion und in Südafrika zu finden sind. Dasselbe gilt auch für einige strategische Mineralien, die der Westen nur von Südafrika beziehen kann, wie das Baddeleyite, das für den Betrieb von Kernkraftwerken benötigt wird. Auch 30 Prozent der Vorräte des ebenfalls hierfür notwendigen Urans lagern in Südafrika. Bei der Goldversorgung der Welt ist die Rolle Südafrikas beispiellos überragend: 70 Prozent des gesamten Goldvorkommens liegen in Südafrika, während die Sowjetunion der zweitgrößte Goldproduzent der Welt ist. Auch bei der Diamantenproduktion steht Südafrika – gemeinsam mit Namibia – an der Spitze, unmittelbar gefolgt von der Sowjetunion.

Die Liste ließe sich beliebig fortsetzen. Eines fällt bei der Durchsicht jedenfalls auf: Fiele Südafrika als Produzent und Lieferant aus, so wäre die Weltwirtschaft fast ausschließlich auf die Lieferfähigkeit und den Lieferwillen der Sowjetunion angewiesen. Das Untersuchungskomitee des US-Kongresses wählte den Ausdruck „ein Persischer Golf an Mineralien" gewiß nicht zufällig und nicht nur wegen der hohen Konzentration dieser Rohstoffe in Südafrika.

Deshalb betont auch die südafrikanische Regierung unablässig, wie unentbehrlich ihr Land für den Westen, für sein wirtschaftliches und damit auch sein politisches Überleben sei. Um so beängstigender sei das Vordringen der Sowjets in den Nachbarregionen Südafrikas, in Angola und Moçambique, ja das sowjetische Festsetzen entlang der gesamten Öl- und Handelsversorgungslinie des Westens rund um Afrika, beginnend mit dem sowjetischen Stützpunkt in Aden über das sowjetisch-kubanische Engagement in Äthiopien, in Moçambique und in Angola. So wie sich die Sowjetunion über Afghanistan dem Persischen Golf und damit den Erdölfeldern genähert habe, sei sie über Angola und Moçambique auch schon an den „Mineralien-Golf" Südafrikas herangerückt. Mit der Verteidigung seiner Grenzen und der Aufrechterhaltung seiner inneren Stabilität verteidige Südafrika daher nicht bloß seine eigene Unabhängigkeit, sondern auch die wirtschaftlichen und strategischen Interessen des gesamten Westens.

Aus diesen Gründen würde, so meint, ja hofft man in Pretoria, dem Westen in Zukunft gar nichts anderes übrigbleiben, als sich auf die Seite Südafrikas zu stellen. Keinesfalls werde es sich der Westen erlauben können, an wirtschaftlichen Sanktionen gegen Südafrika teilzunehmen oder gar dazu beizutragen, Südafrika in die Knie zu zwingen. Denn welche Art von Regime würde danach in Südafrika etabliert werden? Eines, das willens wäre, die für den Westen lebenswichtige Tanker- und Handelsroute rund um das Kap zu sichern, oder eine Regierung, die diese Route potentiell bedrohen würde? Wären nach einem Zusammenbruch der derzeitigen Strukturen in Südafrika überhaupt noch eine geordnete Produktion und ein gesicherter Export der wertvollen Mineralien zu erwarten? Und wie erst stünde der Westen da, wenn prosowjetische Kräfte ähnlich wie in Angola oder in Moçambique ihre Herrschaft auch über Südafrika ausdehnen könnten? Denn wäre es der Sowjetführung möglich, auch über die Mineralien Südafrikas zu entscheiden, so besäße sie, zusammen mit der eigenen Produktion solcher Mineralien, ein nahezu uneingeschränktes Weltmonopol. Diesem Monopol wäre die westliche Wirtschaft ebenso gnadenlos ausgeliefert, wie sie es heute schon gegenüber den großen Erdölproduzenten im Nahen Osten ist.

In dieser Situation bietet sich Südafrika somit auch noch als Hüter der strategischen Interessen des Westens an.

In dem Land, in dem alles Militärische mit der größten Geheimnistuerei umgeben wird, erhalten ausländische Journalisten ohne Schwierigkeiten die Erlaubnis, den größten Marinestützpunkt des Landes, den Kriegshafen von Simonstown 30 Kilometer außerhalb von Kapstadt, zu besichtigen. Auch ich habe Simonstown besucht.

Die Posten am Tor des militärischen Sperrgebietes präsentieren das Gewehr, der begleitende Offizier grüßt lässig zurück, und dann kann ich mich frei bewegen, ja sogar fast alles fotografieren und jede Frage stellen. Im Gelände befinden sich mehrere Trockendocks, die Kriegsschiffe verschiedenster Größe zur Reparatur aufnehmen können. An den Innenpiers liegen einige U-Boote französischer Bauart, an den Außenpiers Fregatten, offenbar aus früheren britischen Beständen, und soeben fahren zwei Schnellboote mit modernsten Raketensätzen in den Hafen ein – sie stammen aus Israel.

In den riesigen Montagehallen hinter den Docks wird geschmiedet und geschweißt, die großen Maschinenwerkzeuge sind in vollem Einsatz. Im Gelände wird an einer weiteren, noch größeren Dockanlage gebaut. Hier wird kein Hehl daraus gemacht, daß die Anlagen für den Eigenbedarf Südafrikas mehr als ausreichend, ja eindeutig zu groß sind. Denn nach Auskunft des begleitenden Offiziers habe sich die südafrikanische Kriegsmarine zur Zeit auf den Schutz

19

der eigenen Landesinteressen zurückgezogen: Hafenverteidigung und Abwehr einer möglichen Invasion. Der Schutz der Seerouten gehöre nicht zu ihren Aufgaben. Das würde nicht nur ihre Kapazität bei weitem überfordern, sondern bliebe darüber hinaus auch völlig unbedankt.

Der Flottenstützpunkt Simonstown war ursprünglich von den Briten gebaut und eingerichtet worden. Bereits im Ersten Weltkrieg diente er dem Schutz westlicher Interessen. Im Zweiten Weltkrieg hielt man seine Funktion eine Zeitlang sogar für kriegsentscheidend: als der Suezkanal durch den Vorstoß der deutschen Truppen in Nordafrika unmittelbar bedroht wurde und die alliierte Schiffahrt im Mittelmeer durch die Luftwaffe und die U-Boote der Achsenmächte weitgehend behindert war. Als dann auch noch Japan Pearl Harbor bombardierte und seine Truppen Malaya und Indonesien überrannten, wurde die Kap-Route zur wichtigsten Versorgungslinie für die britischen Truppen in Nordafrika, für die alliierten Verbände in Indien und für die westlichen Hilfslieferungen an die Sowjetunion, die damals über das britisch-sowjetisch besetzte Persien an die von den Deutschen bedrängte Sowjetfront herangebracht wurden. Umgekehrt wurde Großbritannien rund um das Kap mit dem dringend benötigten Öl aus der Golfregion versorgt, und über dieselbe Route brachten große Konvois Lebensmittel aus Ostafrika, Australien und Neuseeland nach dem belagerten England. Aus den USA aber wurden Konvois mit amerikanischen Waffen zur Versorgung der Front in China rund um das Kap nach Burma geführt, denn China war nur noch über die Burmastraße zu erreichen. Vier von fünf alliierten Schiffskonvois zur Belieferung der verschiedenen Fronten und der Zivilbevölkerung passierten damals das Kap der Guten Hoffnung, versorgten sich in den südafrikanischen Häfen und wurden von Simonstown aus militärisch geschützt. Vom Kap aus zogen diese Konvois dann in die gnadenlose U-Boot-Schlacht im Atlantik und kamen aus der Schlacht in den Schutz des Kaps mit ihren von Torpedos zerfetzten Laderäumen, ihren weggeschossenen Bugs und Hecks und brachten ihre Toten mit und ihre Verletzten. In den Wänden der Trockendocks von Simonstown sind die Wappen und Namen aller jener Schiffe eingelassen, die hier jemals repariert und wieder see- und kriegstüchtig gemacht worden sind. Die entsprechenden Daten liegen zwischen den Jahren 1940 und 1945.

Für die hiesigen Offiziere, fast ausschließlich Südafrikaner britischer Abstammung, sind Südafrika und die Westmächte immer noch „Alliierte". Der mich begleitende Presseoffizier vergißt nicht hinzuzufügen: „Käme es erneut zu einem weltweiten Konflikt, wohin könnte sich der Westen denn sonst wenden als an uns? Und wo in ganz Afrika könnte er auch nur einen Stützpunkt finden, der Simonstown gleichkäme?"

Dabei geht es nicht allein um die Dockanlagen und die gutausgestatteten Werkshallen, sondern – wie westliche Militärs auch jederzeit zugeben – um die industrielle Infrastruktur Südafrikas, die hinter Simonstown steht. Was immer an Reparaturen, Ersatzteilen und Versorgung gebraucht würde, könnte, falls nicht vorrätig, jederzeit in Südafrika selbst erzeugt werden. Das Land verfügt über eine eigene leistungsfähige Schiffsbauindustrie und kann auch große Motoren, ja sogar eine ganze Reihe von Flugzeugtypen herstellen. Es besitzt auch eine eigene Computerindustrie und in allen diesen Industriezweigen entsprechende Experten.

Als im Iran die islamische Revolution ausbrach und die Amerikaner dort ihre vorgeschobenen Radarstationen und Beobachtungsposten gegenüber der Sowjetunion fluchtartig räumten, als in Teheran 52 amerikanische Diplomaten als Geiseln genommen wurden, als kurz danach sowjetische Truppen die Grenze zu Afghanistan überschritten, das Land besetzten und damit sowjetische Stützpunkte um weitere 800 Kilometer näher an die Straße von Hormus heranbrachten, ließ der damalige amerikanische Präsident Jimmy Carter vor dem Persischen Golf einen amerikanischen Flottenverband aufkreuzen, wie er in dieser Größenordnung in Friedenszeiten noch nie auf den Weltmeeren konzentriert worden ist: drei Flugzeugträger größter Bauart und 32 Begleitschiffe. Aber weit und breit war kein Stützpunkt vorhanden, der in der Lage gewesen wäre, diesen Verband auf die Dauer zu versorgen oder gar an den Schiffen größere Reparaturen vorzunehmen. Den Kapitänen der reparaturbedürftigen Schiffe blieb somit nur die Wahl zwischen Pearl Harbor auf Hawaii oder Norfolk im amerikanischen Bundesstaat Virginia; zwischen dem Persischen Golf und diesen beiden Stützpunkten gab es keinen einzigen Hafen mit auch nur halbwegs ausreichenden Reparaturanlagen – ausgenommen Simonstown, das vom Golf her in wenigen Tagen erreichbar gewesen wäre. Aber die Vereinigten Staaten haben sich gemeinsam mit allen anderen NATO-Staaten dem von der UNO bereits 1974 verhängten militärischen Boykott Südafrikas voll angeschlossen. Deshalb ist amerikanischen Flotteneinheiten das Anlaufen südafrikanischer Häfen verboten.

21

Die Westmächte werden von schwarzafrikanischen Staaten verdächtigt, dennoch im geheimen mit Südafrika militärisch zusammenzuarbeiten. In Anbetracht der strategischen Bedeutung der Kap-Route und der wirtschaftlichen Wichtigkeit Südafrikas für den Westen scheint der Verdacht wohlbegründet. Auf einem Gebiet wird diese Zusammenarbeit sogar mehr oder minder offen zugegeben.

Simonstown liegt am Fuß eines gewaltigen Bergmassivs. Direkt hinter der Stadt führt eine in engen Serpentinen gewundene Straße zu einem Hochplateau, auf dem sich einst der Eingang zu einem großen Silberbergwerk befand. Heute verwehrt ein hoher mit Stacheldraht begrenzter Zaun den Zutritt zu Schächten und Stollen. Eine Warntafel am Zaun erklärt das Gelände dahinter zum militärischen Sperrgebiet. Nach der früheren Funktion des Bergwerks wird das Gebiet „Silvermine" genannt. In der Ferne, schon halb in den Berg gepreßt, erkennt man einige moderne Verwaltungsgebäude. Aber der Kern der Anlage befindet sich in den zu großen Höhlen ausgebauten Stollen des alten Bergwerks. Hier ist die elektronische Überwachungs- und Kommandozentrale der südafrikanischen Marine vor Bomben, ja sogar vor Atombomben geschützt.

Der Indische Ozean im Osten und der Atlantik im Westen sind sorgfältig in Planquadrate eingeteilt, so weit der Radius der südafrikanischen Patrouillenflugzeuge reicht. Jede Schiffsbewegung in diesem Gebiet wird von diesen Flugzeugen registriert, gemeldet und weiter beobachtet. Dazu gehören Handelsschiffe und Tanker ebenso wie die Kriegsschiffe vieler Nationen, vor allem freilich der beiden Supermächte USA und UdSSR. Vermutlich laufen hier auch die Meldungen über den Flugverkehr, insbesondere in den beiden Nachbarstaaten Angola und Moçambique, zusammen. Alles, was an kubanischen Truppen kommt und geht, was an sowjetischem Nachschub herbeigeschafft wird, dürfte sorgfältig registriert werden. Für das südafrikanische Armeekommando sind das überlebenswichtige Informationen. Aber was da an größeren Flottenverbänden, etwa aus den Häfen der europäischen Sowjetunion, nach dem Nahen Osten oder auch nach Vietnam und Wladiwostok oder in entgegengesetzter Richtung unterwegs ist, interessiert gerade in Zeiten hochgespannter Weltlage auch die Marinehauptquartiere der NATO und der USA im besonderen. Es heißt, Südafrikas Silvermine-Komplex sei in das Nachrichtensystem der NATO- und der US-Marine weitgehend integriert. Eine Bestätigung hat mir niemand gegeben, abgestritten wurde es freilich auch nicht.

22

In einem Gespräch mit dem Premierminister des unabhängigen Zimbabwe, Dr. Robert Mugabe, erkundigte ich mich nach der künftigen Haltung seiner Regierung gegenüber Südafrika. Mugabe verurteilte das Apartheid-System Südafrikas mit scharfen Worten. Er und Zimbabwe würden alles in ihrer Macht Stehende tun, um mitzuhelfen, das rassistische Regime in Südafrika zu überwinden. Zimbabwe unterstütze daher alle Aktionen der Organisation für Afrikanische Einheit, OAU, und alle Resolutionen der UNO, die es sich zum Ziel setzten, Südafrika zur Aufgabe seiner Rassenpolitik zu zwingen. Auf die Frage, ob sich Zimbabwe auch den von den afrikanischen Staaten geforderten wirtschaftlichen Sanktionen und Boykottmaßnahmen gegenüber Südafrika anschließen würde, antwortete Mugabe klipp und klar: Zimbabwe sei heute noch von Südafrika wirtschaftlich abhängig. Es beziehe den größten Teil seiner Importe aus Südafrika und über Südafrika, darunter auch das lebenswichtige Erdöl. Südafrika versorge Zimbabwe mit dem rollenden Material seiner Eisenbahnen, ohne deren Lokomotiven und Waggons Zimbabwe seinen eigenen Güterverkehr und vor allem seinen Export nicht bewältigen könnte. In Zimbabwes Industrien stecke mehr Geld aus Südafrika als aus allen anderen Ländern zusammengenommen. Zimbabwe werde zwar sehr bemüht sein, sich aus all diesen Abhängigkeiten so bald wie möglich zu befreien, aber zur Zeit könne es auf den wirtschaftlichen Verkehr mit Südafrika nicht verzichten.

Obwohl die Antwort auf meine nächste Frage damit schon impliziert war, habe ich sie der Vollständigkeit halber doch gestellt: Würde Zimbabwe bereit sein, einer schwarzen Untergrundorganisation Stützpunkte zum Kampf gegen Südafrika einzuräumen? In meinem langen Gespräch war das die einzige Frage, die Dr. Mugabe nicht direkt beantworten wollte, da er offenbar kein klares Nein sagen konnte, mir aber doch ein solches deutlich machen wollte. Hier wurde das Dilemma eines schwarzen Politikers offenbar, der selbst jahrelang mit der Waffe in der Hand für die Unabhängigkeit seines Landes gekämpft hat und dabei sehr wohl auf Stützpunkte und aktive Unterstützung durch die benachbarten schwarzafrikanischen Staaten Moçambique und Sambia, aber auch Botswana und Tansania angewiesen war. Nun konnten wohl auch die sich formierenden Guerilla-Organisationen im Kampf gegen Südafrika gleiche Dienste von Mugabe fordern. Aber die oben geschilderten Abhängigkeiten lassen eine solche Unterstützung nicht gerade opportun erscheinen.

Staatspräsident Samora Machel hielt es in Moçambique anders: Wenn auch nicht im gleichen Ausmaß, so gewährte er doch prinzipiell den südafrikanischen Befreiungsorganisationen eine ähnliche Unterstützung, wie er sie bis vor kurzem Robert Mugabe in seinem Kampf um Zimbabwe hatte angedeihen lassen. Doch auch für ihn ist die Sache zweischneidig, denn Südafrika ist auch der größte und wichtigste Handelspartner Moçambiques. Von nirgendwo sonst können die dringend benötigten Industriegüter – und Nahrungsmittel – so billig, so transportgünstig und auch qualitativ so hochwertig bezogen werden wie aus dem benachbarten Südafrika. Ebenso wie in Zimbabwe läßt sich ein Teil der Eisenbahnen in Moçambique nur mit Hilfe südafrikanischer Techniker betreiben, ein guter Teil des rollenden Materials wird überhaupt von Südafrika gestellt. Der wichtigste Hafen Moçambiques, jener der Hauptstadt Maputo (das zu Portugals Zeiten Lourenço Marques hieß), wird ausschließlich von südafrikanischen Experten in Schuß gehalten.

Mit dieser Hilfestellung dient Südafrika freilich auch seinen eigenen Interessen – der Hafen von Maputo und die Transportwege dorthin werden von Südafrika mitbenützt, um die eigenen Häfen so weit zu entlasten, daß diese wieder den benachbarten schwarzafrikanischen Staaten zur Verfügung gestellt werden können. Das ist für Südafrika wirtschaftlich wie politisch eine gute Investition. An dem Betreiben der Transportwege und der Häfen wird nicht nur gut verdient, sondern in dem Maß, in dem schwarzafrikanische Staaten auf Bahn und Häfen angewiesen sind, bleiben sie von Südafrika abhängig und können sich nicht ohne weiteres in einen bewaffneten Kampf gegen dieses Land einlassen.

Moçambique ist – ebenso wie Botswana und Lesoto – sogar noch um einen Grad abhängiger: Diese Staaten reduzieren ihr großes Heer von Arbeitslosen, indem sie Hunderttausende von ihnen zur Arbeit in die Bergwerke Südafrikas, in seine Goldminen und Kohlenschächte, schickten. Rund eine Million solcher Gastarbeiter aus den schwarzen Nachbarstaaten findet in Südafrika Arbeit. Das Geld, das sie dort verdienen, wird zum großen Teil nach Hause geschickt. Die marxistische Regierung von Moçambique etwa verlangt, daß ein Teil dieser Lohnsumme von Südafrika als Direktzahlung von Staat zu Staat beglichen wird, und zwar in Form vom Gold.

Moçambique liefert Südafrika aber auch eine ansehnliche Menge an elektrischer Energie. Die portugiesische Kolonialverwaltung hatte noch mit Hilfe südafrikanischen Kapitals am Sambesi das größte Staukraftwerk südlich des Äquators, Cabora Bassa, errichtet. Über gewaltige Überlandleitungen deckt dieses Stauwerk acht Prozent des Strombedarfs von Südafrika, das diesen Strom ebenfalls in Gold und Devisen an Moçambique bezahlt. Antisüdafrikanische Partisanen, die immer wieder die Überlandleitungen zu sprengen versuchen, werden von den Regierungstruppen Moçambiques ebenso verfolgt wie von den Südafrikanern. Um so erstaunlicher ist es, daß Samora Machel dennoch einigen prominenten südafrikanischen Widerstandskämpfern Unterkunft und Unterstützung bietet. Mehrere Sabotagetrupps, die nicht im Grenzbereich, sondern im Inneren Südafrikas operieren, haben ihre Kommandozentralen sogar ganz offensichtlich in Moçambique. Am Jahrestag des großen Soweto-Aufstandes sprengten solche Truppen 1980 einige Anlagen der Sasol-Hydrierwerke, in denen Südafrika Benzin aus Kohle erzeugt. Tagelang standen die gesprengten Tanklager in Flammen, stieg Rauch in gewaltigen schwarzen Säulen in den Himmel. Die südafrikanische Polizei konnte die Spuren des Sprengtrupps dann bis in die Grenzregion Moçambiques verfolgen.

Das war erst der Anfang. 1981, mitten im südafrikanischen Wahlkampf, kam es zu weiteren Bombenanschlägen. Südafrikas Premierminister Botha demonstrierte zur Beruhigung der innenpolitischen Kritiker Entschlossenheit und Stärke: Er entsandte einen Kommandotrupp nach Moçambique und ließ einen der Stützpunkte der Widerstandskämpfer überfallen. Weitere Bombenanschläge, darunter ein spektakulärer in Südafrikas Hauptstadt Pretoria, folgten. Jedesmal geahndet durch Vergeltungsschläge der südafrikanischen Armee, die sich nicht nur gegen vermutete Guerilla-Stützpunkte in Moçambique richteten – es kam auch zu militärischen Strafexpeditionen gegen Lesotho, Swasiland und Botswana. Nach jedem dieser Vergeltungsschläge wurde Südafrika vor der UNO der Aggression angeklagt und verurteilt, wobei auch die Westmächte teils mitstimmten, teils sich der Stimme enthielten. Für Südafrika ergriff niemand mehr das Wort. In der Organisation für Afrikanische Einheit wird regelmäßig von der Notwendigkeit gesprochen, eine schwarze Streitmacht gegen Südafrika auszurichten. Aber der Handel zwischen Südafrika und seinen Nachbarstaaten geht im wesentlichen ungestört weiter; die südafrikanischen Ingenieure bleiben auf ihren Posten im Hafen von Maputo und in den Eisenbahnverwaltungen fast aller Nachbarstaaten.

Abend für Abend steigen von den Flughäfen Südafrikas nach wie vor ganze Flotten von Transportmaschinen auf, die so weite Wege zurücklegen wie etwa nach Kinshasa, der Hauptstadt Zaires, dem früheren Kongo. Manchmal fliegen sie auch nach Lusaka, der Hauptstadt Sambias, und nach Blantyre in Malawi. Sie befördern hauptsächlich Fleisch, aber auch andere Lebensmittel in diese schwarzafrikanischen Staaten sowie Medikamente. Die Flugzeuge tragen keine Kennzeichen, doch überall im Süden Afrikas weiß man um ihre Existenz. Die südafrikanische Fluglinie aber darf in ihrem Interkontinentalverkehr kein schwarzafrikanisches Land überfliegen, geschweige denn dort landen. Ihre Flugzeuge haben rund um Afrika über offenem Meer nach Europa und nach Amerika zu fliegen – ihr nächster Landeplatz sind die Kanarischen Inseln, auf denen ihnen Spanien gerade noch das Recht einräumt, Benzin zu tanken, während die Passagiere nicht einmal aussteigen dürfen. Südafrikas kleinere Verkehrsmaschinen hingegen fliegen munter nach Maputo, nach Harare und nach Lusaka, denn wie sonst ließe sich der Handel mit Südafrika aufrechterhalten, wenn man südafrikanischen Geschäftsleuten und Bankiers nicht einen bequemen Zugang zu ihren Investitionen garantierte? So können auch europäische Fluglinien durchaus auf der Diretissima Johannesburg ansteuern und auf dem Weg dorthin in den schwarzafrikanischen Flughäfen zwischenlanden. Ihr Zielflughafen wird dabei gar nicht verschwiegen, Johannesburg und Kapstadt leuchten regelmäßig auf den Destinationstafeln des Flughafens von Nairobi auf. Genauso wie in schöner Regelmäßigkeit südafrikanische Ingenieure in Lusaka und Ndola eintreffen, um die Maschinenparks in den Kupfergruben Sambias zu überprüfen und zu warten und Bestellungen für Ersatzteile entgegenzunehmen. Und wenn es wieder einmal zu Trockenperioden und Mißernten kommt, dann rollen südafrikanische Züge, beladen mit dem Grundnahrungsmittel Afrikas, dem Mais, in die Hungergebiete der schwarzen Nachbarländer.

Nicht wenige Politiker dieser Länder haben ihre Universitätsstudien an einer der vier schwarzen Universitäten Südafrikas abgeschlossen. Ein guter Teil der aus dem Widerstand hervorgegangenen Politiker Zimbabwes hat seine akademischen Grade dort erworben; Premierminister Mugabe etwa erwarb gleich zwei Diplome, eines davon durch Fernstudium an der dafür spezialisierten Universität von Südafrika in Pretoria – er hatte einen Korrespondenzkurs belegt, als er von der Regierung Ian Smith jahrelang im Gefängnis eingesperrt gewesen war.

So zeigt sich, daß das Netz an Beziehungen, Abhängigkeiten und Interessensübereinstimmungen zwischen Südafrika und der übrigen

Welt, aber auch zwischen Südafrika und seinen unmittelbaren schwarzafrikanischen Nachbarn wesentlich dichter ist, als dies auf den ersten Blick zu erkennen wäre. Die wirtschaftlichen Beziehungen Südafrikas mit westeuropäischen und amerikanischen Ländern und Firmen werden von vielen Anti-Apartheid-Gruppen kontrolliert, registriert und exponiert, um damit auf Länder und Firmen Druck auszuüben, diese Beziehungen einzuschränken oder gar aufzugeben. Über die ebenso starken Verflechtungen der Wirtschaft der schwarzafrikanischen Nachbarn mit Südafrika wird freilich viel seltener berichtet.

Wir wissen heute etwa, daß die gesamten Investitionen Westeuropas, der USA, Kanadas und Japans in Südafrika 15,8 Milliarden Dollar betragen, daß Südafrika den westeuropäischen Ländern Waren im Wert von 8,5 Milliarden Dollar pro Jahr abkauft und dafür hauptsächlich Rohstoffe im Wert von 7,2 Milliarden Dollar liefert, daß die USA den Südafrikanern Industriegüter im Wert von jährlich 1,2 Milliarden Dollar verkaufen und selbst Mineralien für 1,7 Milliarden Dollar aus Südafrika beziehen. Für ein industriell so junges Land wie Südafrika ist das ein erstaunlich hohes Export- und Importvolumen. Diese Zahlen belegen aber auch ganz deutlich, wie schwer es den westlichen Regierungen fallen würde, sich besonders in einer Zeit wirtschaftlicher Krisen von diesem Handel zu trennen und dabei auf Arbeitsplätze zu verzichten, die indirekt an diesem Handel hängen.

Wenn immer die schwarzafrikanischen Staaten im Sicherheitsrat der UNO den Antrag stellen, durch Verhängung strenger wirtschaftlicher Sanktionen Südafrika zur Freigabe Namibias zu zwingen, erhebt zumindest eines der fünf ständigen Mitglieder im Sicherheitsrat seine Hand zum Veto: der Vertreter der USA oder Großbritanniens oder Frankreichs. Staaten wie Moçambique, Botswana, Zimbabwe, Sambia, Malawi und Zaire können in der Generalversammlung der UNO ohne weiteres für scharfe wirtschaftliche Sanktionen gegen Südafrika stimmen, denn deren Beschlüsse bleiben ohne Folgen, solange das Veto der Großmächte im Sicherheitsrat bindende Aktionen der UNO verhindert.

Über den Handel Südafrikas mit seinen schwarzafrikanischen Nachbarn werden aus verständlicher Rücksichtnahme weder von Südafrika noch von den anderen betroffenen afrikanischen Ländern Statistiken veröffentlicht. Aber fast überall in Afrika findet man Güter in Verpackungen, die neben der englischen Aufschrift auch eine solche im burischen Afrikaans aufweisen. Und in nahezu allen

afrikanischen Häfen werden Waren gelöscht, auf deren Verpak-
kung, Kisten und Säcken, jemand mit großer Sorgfalt vorsorglich
das Ursprungsland und den Absender schwarz übermalt hat.

Es gibt auch keine Statistik über den Handel Südafrikas mit der
Sowjetunion und den anderen kommunistischen Staaten. Der vermutete Umfang soll dabei gar nicht so klein sein. Zur gegenseitigen
Schonung wird er ebenfalls über Drittländer und ohne Absender
abgewickelt. Auf zwei Sektoren aber gibt es offensichtlich eine ganz
enge Zusammenarbeit zwischen Südafrika und der Sowjetunion:
ihre Goldverkäufe auf den internationalen Märkten verraten eine
weitgehende Abstimmung, die beiden Ländern einen möglichst
hohen Goldpreis sichern soll. Auch die Diamanten aus der sowjetischen Produktion wurden sehr lange Zeit vom südafrikanischen
Monopol vertrieben, das sich lange Zeit auf eine stete Preissteige-
rung für diese edlen Steine verstand und auch einen zu schnellen
Preisverfall in Krisenzeiten zu verhindern weiß – zum beiderseitigen
Nutzen der Südafrikaner und der Sowjets. Ob sich diese Kooperation auch auf andere seltene Mineralien und edle Metalle erstreckt,
läßt sich zwar nicht nachweisen, ist aber nicht auszuschließen.
Südafrika hat auf vielen Gebieten eine Technik der Geheimhaltung
entwickelt, die an die der kommunistischen Staaten heranreicht.

Es ist eine einzigartige Rolle, die die Republik Südafrika solcherart in der eigenen geographischen Region und auch in der Welt
spielt. Daß es diese Rolle spielen kann, hat Südafrika nur seiner
strategischen Lage an der Südspitze Afrikas und seinem Reichtum
an Mineralien zu verdanken. Um das Land zu dem zu entwickeln,
was es heute ist, bedurfte es des Einsatzes der Fähigkeiten aller
seiner Bürger, der Weißen ebenso wie der Schwarzen und Farbigen.
Weiße Technik und weißes Kapital hätten ohne die Arbeitskraft von
Millionen Schwarzen das Land wirtschaftlich nicht halb so weit
entwickeln können. Und doch besteht zwischen diesen Bevölkerungsgruppen eine tiefe Kluft. Sie treffen einander an den Arbeits-
stätten, aber auch heute noch äußerst selten an einer gemeinsamen
Werkbank. Ebenso selten essen sie in der gleichen Kantine, nach
wie vor fahren sie nicht in den gleichen Autobussen, schwimmen
nicht in den gleichen Bädern, sonnen sich nicht an den gleichen
Stränden und spielen nur selten in den gleichen Sportstadien. Vor
allem leben sie nicht in den gleichen Städten, gehen nicht in die
gleichen Schulen und konnten bis vor kurzem nicht den gleichen
Beruf erlernen. Weiße und Schwarze dürfen einander nicht heiraten
und laut Gesetz auch nicht lieben.

Dieses System der strikten Rassentrennung wird von den Südafrikanern Apartheid genannt, Getrenntsein, Voneinander-Getrenntsein. Ein Großteil der Buren glaubte, allein durch diese strikte Rassentrennung das Überleben der eigenen Rasse und Kultur sichern zu können. Dieses Denken hat historische Wurzeln. Denn als die Vorfahren der Buren, holländische Siedler, nach Südafrika kamen, waren es ihrer nicht mehr als 90 Menschen. Etwas später folgten ihnen noch einige hundert Holländer und Hugenotten nach. Die drei Millionen Südafrikaner, die sich heute auf ihr burisches Erbe berufen, sind Nachkommen dieser ersten Siedler, fast jeder kann seine Verwandtschaft mit dieser Handvoll Menschen nachweisen. Die Mentalität der Buren wurde geprägt von dem Kampf, den diese ihre Vorfahren um ihr Überleben zu führen hatten.

90 Mann erobern das Kap

Der Tafelberg ist das Wahrzeichen Kapstadts. Dieses eigenartig geformte, oben abgeflachte Gebirgsmassiv gleicht einem riesigen Stein, dem man mit einem großen Messer die Spitze abgeschnitten hat. Die Matrosen, die seit dem späten 15. Jahrhundert aus Europa kommend am Kap vorbei den Weg nach Indien suchten, müssen diesen hohen Berg vom Auslug der Schiffe aus noch lange vor der eigentlichen Küste aus dem Meer aufsteigen gesehen haben. Sein Anblick ließ sie, wie wir aus ihren Berichten wissen, nicht in helle Begeisterung ausbrechen, galt doch der schmale Küstenstreifen zwischen dem Meer und dem Berg als unfruchtbar: ein Stück Steppe, das gerade noch die paar Rinder nährte, die eine merkwürdige Schar von Nomaden dort scheinbar ziellos vor sich hertrieb. Tatsächlich glichen diese Nomaden keinem jener Völker, die den Europäern auf dem langen Weg rund um Afrika bisher begegnet waren. Im Norden Afrikas hatten die Völker eine nahezu weiße Haut, in der Höhe des Äquators aber waren sie tiefschwarz. Diese Schwarzen waren von kräftiger, muskulärer Statur und häufig größer als die Europäer. Ihr Gemeinschaftswesen war gut organisiert, es gab Häuptlinge und sogar Könige. Sie lebten in festen Ansiedlungen, betrieben Ackerbau und Viehzucht, besaßen irgendeine Art von Religion, und ihre Medizinmänner waren so etwas wie Priester-Ärzte. Mit den Schwarzen konnte man verhandeln, sogar Verträge schließen, also auch Verträge brechen und somit Kriege führen, sie zu Gefangenen machen und in die Sklaverei verkaufen. Doch die merkwürdigen Völker auf dem Küstenstrich unter dem Tafelberg an der Südspitze Afrikas hatten mit den anderen Ureinwohnern dieses Kontinents nur wenig Ähnlichkeit. Nicht nur waren sie Nomaden ohne festen Wohnsitz, sie waren auch, wie es schien, ohne jegliche erkennbare Stammesstruktur, meist nur in Familien und Sippen organisiert. Aber alles Land rund um sie betrachteten sie als das ihre. Es wurde ihnen auch von niemandem streitig gemacht – es gab außer ihnen bis zur Ankunft der Weißen hier niemanden, der sie hätte verdrängen können.

Noch krasser wurde der Unterschied zwischen ihnen und den übrigen Völkern durch ihr Aussehen, ihre Farbe, ihre Statur. Sie waren keine Schwarzen. Ihre Haut war gelb, ihre Gesichtszüge glichen eher jenen Völkern jenseits des Indischen Ozeans, in Malaya oder Indonesien. Ihre unterschiedliche Statur wies sie eindeutig als zwei verschiedene Stämme aus. Die ersten Weißen, die hier an Land gingen, hatten auch schon bald Namen für diese beiden Stämme: Sie nannten die einen Buschmänner und die anderen Hottentotten.

Die Buschmänner waren, obwohl ungeheuer drahtig, zäh und ausdauernd, doch fast so klein wie Zwerge, nur spärlich mit einem Lendenschutz bekleidet, hatten keine eigenen Rinderherden und lebten ausschließlich von der Jagd. Ihre Jagdmethoden allerdings standen auf allerhöchstem Niveau: sie kannten die Spur jedes einzelnen Tieres, wußten, ob es jung oder alt war und wieviel Zeit verstrichen war, seit es vorübergekommen war. Sie konnten diesen Tieren nachlaufen und waren häufig sogar schneller als die Tiere selbst. Ihre kleinen, höchst primitiv anmutenden Pfeile waren mit besonderen Giften imprägniert, mit denen sie diese Tiere betäuben oder auch töten konnten. Weil sie sich im Busch bewegten wie die Tiere, wurden sie von den Weißen auch Buschmänner genannt. Ob diese Buschmänner im Rahmen ihrer Familien und Sippen etwa eine eigene Kultur entwickelt hatten, ob sie Gott oder Götter kannten, ob sie eine Wertskala für die Dinge des Lebens besaßen, eine Vorstellung vom Diesseits oder gar vom Jenseits besaßen, das kümmerte die Weißen nicht, nicht damals und nicht in den darauffolgenden Jahrhunderten. Daß die Buschmänner all dies besaßen, wurde erst entdeckt, als man Mitte des 20. Jahrhunderts befürchten mußte, daß die letzten paar tausend Buschmänner, die es noch gab, nicht mehr lange überleben würden.

Ihre etwas größeren und kräftiger gebauten Mitbewohner in

diesem kargen Landstrich am Südzipfel Afrikas hatten – so glaubten wenigstens die neu angekommenen Weißen festzustellen – eine höhere Organisation und eine ausgebildete Sprache, auch wenn sie, wie die Buschmänner, in ihrer Sprache Geräusche benutzten, die in keine europäische Sprache je Eingang gefunden hatten: Klicks mit der Zunge, Schnalzer, Krächzer. Irgendein Wort nachahmend, mit dem sie sich offenbar selbst bezeichnet hatten, wurden sie von den Europäern Hottentotten genannt.

Die Europäer konnten weder mit den Buschmännern noch mit den Hottentotten viel anfangen. Es schien sinnlos, ihnen Dinge zum Tausch anzubieten, denn sie hatten nur ein paar Rinder und Schafe, kannten weder Geld noch Eisen, noch das Rad und waren offensichtlich wegen ihrer schmächtigen Statur und ihrer tierischen Lebensweise für harte Arbeit und daher als Sklaven ungeeignet.

Der erste Europäer, der ihrer ansichtig wurde, war der portugiesische Seefahrer Bartolomeo Diaz de Novais. Auch er war – wie Kolumbus – auf der Suche nach einem Seeweg nach Indien, doch zum Unterschied von Kolumbus hat er diesen Weg in dem Augenblick gefunden, als er am Tafelberg vorbei rund um das Kap segelte, dem man später den Namen Kap der Guten Hoffnung gegeben hat. Das war 1488. Diaz überquerte den vor ihm liegenden Ozean gar nicht, er stellte nur sicher, daß man Afrika umsegeln konnte und daß hinter Afrika „ein großer Ozean lag", an dessen Ende er mit Recht Indien vermutete.

Zehn Jahre später, 1498, wurde diese Vermutung von seinem später viel berühmter gewordenen Landsmann Vasco da Gama bestätigt. Aber auch dieser sah zuerst den Tafelberg, ehe er mit seiner 25 Meter langen Nußschale, die er stolz Flaggschiff nannte, zur Überquerung des Indischen Ozeans ansetzte. Nach seiner Rückkehr aber bestätigte Vasco da Gama alles, was Diaz de Novais vor ihm berichtet hatte und was noch so viele portugiesische Seeleute nach ihm berichten sollten: Wer Afrika umsegelte, tat besser daran, lange vor dessen südlichem Kap an fruchtbareren Gefilden an Land zu gehen, etwa an jener Küste, die man später Angola nannte, oder erst nach der Umseglung des Kaps, an jenen Gestaden, denen die Araber den Namen „Msimbika", „Handelsplatz", gegeben hatten und den die Portugiesen daraufhin Moçambique nannten. Dort konnte man von sagenumwobenen und offenbar reichen Negerstämmen tief im Hinterland sogar Gold erhandeln oder es ihnen wegnehmen und Elfenbein und allerlei köstliche tropische Früchte und Gewürze heimbringen.

31

Die Schwarzen selbst nannten dieses sagenhafte Königreich hinter den Bergen „Zimbabwe", „Haus aus Stein". Jahrhunderte später wurde dieses Haus aus Stein gefunden, inmitten jenes Landes, das zu diesem Zeitpunkt schon Rhodesien genannt wurde: eine ausgedehnte Ruinenstadt mit Zitadellen und Wehrmauern, mit Kultstätten und Schatzkammern, aber verlassen und überwuchert, ganz ähnlich wie Machu Picchu in Peru.

Die Portugiesen kamen nicht bis Zimbabwe. Sie blieben an der zugänglichen und vergleichsweise sicheren Küste, jedoch nicht unter dem Tafelberg am Kap, sie zogen die lukrativeren Stützpunkte in Angola und in Moçambique vor. Als ihnen später Engländer und Franzosen auf dem großen Marsch nach Indien folgten, suchten sich auch diese angenehmere und vor allem sicherere Stützpunkte aus – auf den Inseln St. Helena im Atlantik und Mauritius im Indischen Ozean.

Aber sie alle, Portugiesen, Franzosen und Engländer, wurden Mitte des 17. Jahrhunderts von den überlegenen Schiffsbauern und wagemutigeren Kaufleuten in Holland ausmanövriert. Die niederländische Ostindienkompanie ließ das eigentliche Indien links liegen und schickte ihre Schiffe dorthin, wo Gold in anderer Form zu holen war – auf die Gewürzinseln des heutigen Indonesiens. Auf Java gründete sie ihre große Handelsniederlassung Batavia, heute Djakarta, und nahm das gesamte Inselreich in Besitz. Und doch hatten die holländischen Schiffe mit Problemen zu kämpfen. Denn alle geeigneten Stützpunkte auf dem Weg in ihr neues Gewürzreich waren bereits von Portugiesen, Franzosen oder Engländern besetzt. Das galt eigentlich auch schon für das Kap der Guten Hoffnung und das Land rund um den Tafelberg; 1615 hatten die Engländer versucht, sich hier festzusetzen, aber weil das Land so unwirtlich war, konnte man es nur begnadigten Verbrechern zumuten, dort zu hausen. Zehn ursprünglich zum Tod durch den Galgen verurteilte Mörder und Räuber waren aus England an den Tafelberg gebracht worden und sollten dort siedeln. Sie benützten die neugewonnene Freiheit jedoch, um zu verschwinden. Wahrscheinlich waren sie die ersten Europäer, die sich unter die Hottentotten mischten.

Im Jahre 1620 entschlossen sich zwei englische Kapitäne zu einer kühnen patriotischen Tat: am Fuß des Tafelberges nahmen sie „ganz Afrika" für ihren König Jakob I. in Besitz. Das Schicksal des Landes am Kap aber entschied sich 1647, als der holländische Ostindiensegler „Noord Haarlem" im Sturm vor der Kapküste unterging. Seinem Kapitän, Leenderds Janssen, und einem Teil der Besatzung gelang es, sich an Land zu retten. Lange Zeit lebten sie dort völlig auf sich allein gestellt. Als sie dann endlich gerettet wurden, kannten sie dieses Stück Land schon sehr gut, jedenfalls besser als alle jene, die zuvor hier Umschau gehalten hatten. Janssen reichte den Direktoren der holländischen Ostindienkompanie einen detaillierten Bericht ein, in dem er zu aller Erstaunen vermerkte, daß das Land rund um den Tafelberg bedeutend fruchtbarer wäre, als man geglaubt habe, daß das Klima und der Boden große Ähnlichkeit mit Klima und Boden in Holland hätten, daß man also rund um den Tafelberg alles Gemüse und alles Getreide müßte ziehen können, das in Holland gedieh, und daß sich dort sicherlich auch holländisches Vieh mästen ließe. Janssen empfahl der Kompanie, am Kap endlich jenen Stützpunkt einzurichten, den die holländischen Ostindienfahrer bisher nirgends an den Küsten Afrikas gefunden hatten.

Die für ihre Vorsicht bekannten Direktoren überlegten sehr lange, und vermutlich hätten sie überhaupt nicht zugestimmt, wäre nicht Holland unmittelbar vor einem Krieg mit England gestanden, der die holländischen Seerouten zweifellos gefährden würde. Also entschloß man sich zu diesem gewagten Unternehmen: Eine Expedition mit 90 Mann wurde unter der Führung des Arztes Jan van Riebeeck zusammengestellt. Dann gab man ihnen Baumaterial, Werkzeug, Gemüsesamen und Saatgetreide mit und den Auftrag, unter dem Tafelberg eine Festung zu errichten, das Land unter den Pflug zu nehmen und jenes Gemüse und Getreide anzubauen, das die Mannschaften der vorbeifahrenden Ostindiensegler der Kompanie dringend benötigen würden.

Am 7. April 1652 setzte Jan van Riebeeck an der Spitze dieses Häufleins seinen Fuß an den Strand unter dem Tafelberg. Die meisten der weißen Menschen holländischer Abstammung, die heute in Südafrika wohnen, können einen ihrer Ahnen auf diese 90 Männer zurückführen, die damals mit van Riebeeck an Land gegangen waren. Ebenso kann man sagen, daß – wie immer weitläufig – fast jeder der dreieinhalb Millionen Mischlinge, die es heute in Südafrika gibt, auch mit diesen 90 Männern verwandt ist. Und solcherart ist eigentlich jeder Weiße in Südafrika wenn nicht direkt, so doch indirekt – über den Umweg über diese Mischlinge – mit jedem der 23 Millionen Schwarzen in seinem Land verwandt. Oder, wie das der Rektor der Mischlingsuniversität in Kapstadt, selbst ein Mischling mit dem schönen holländischen Namen van der Ross, zu

sagen pflegt: „Wir jedenfalls wissen genau, seit wann wir als Bevölkerungsgruppe existieren – wir entstanden neun Monate nach der
Landung van Riebeecks am Kap."

Ich bin versucht, dieses Statement wesentlich zu erweitern: Alles,
was es heute an tiefer Problematik in Südafrika gibt, entstand in
jenen ersten Jahren holländischer Kolonisation unter dem Tafelberg.

Für Riebeeck und seine Mannen waren es schwere Jahre. Im
Gegensatz zu Janssen fanden sie das Land unvermindert abweisend
und hart, waren geplagt von Trockenheit und Überschwemmungen,
und die Matrosen der vorbeifahrenden Schiffe nahmen sich alle
Freiheiten und brachten dafür alle Krankheiten von der Syphilis bis
zu den Pocken. Doch trotz aller Härten und Rückschläge erfüllten
Riebeeck und seine Leute die ihnen gestellten Aufgaben: Sie errichteten das Fort – seine Umrisse sind heute das Kennzeichen der
Streitkräfte Südafrikas und prangen auf deren Flugzeugen und
Panzern –, sie legten in dem zwölf Kilometer breiten Streifen
zwischen Küste und Tafelberg einen großen holländischen Gemüse-
garten an, pflanzten in den Hügeln hinter dem Berg Wein und
Getreide und drangen auch schon bald in das Landesinnere ein. Sie
versuchten, den Hottentotten Rinder und Schafe abzukaufen und
nahmen ihnen mit dem Vieh auch gleich die Weiden weg. Als diese
aber merkten, daß diese Weißen anders als ihre Vorgänger nicht nur
auf kurze Zeit gekommen waren, sondern offenbar zu bleiben und
sich auch das Land anzueignen beabsichtigten, kam es zu ersten
Zusammenstößen zwischen Weißen und Hottentotten. Das soeben
erst an die Weißen verkaufte Vieh wurde zurückgestohlen, weil die
Hottentotten annahmen, daß sie damit auch wieder das Recht auf
ihr Weideland zurückbekommen würden. Für die Weißen wurde es
nun zunehmend schwieriger, die Ländereien zu betreuen und
gleichzeitig zu verteidigen.

Fünf Jahre nach seiner Landung entschloß sich van Riebeeck,
diese Probleme durch zwei seiner Meinung nach kleinere Umstel-
lungen zu lösen. Bisher waren er und seine 90 Gefährten – bzw. was
von ihnen noch übrig war und was mittlerweile als Ersatz aus
Holland nachgekommen war – Angestellte der Ostindienkompanie.
Sie waren hier, um einen Auftrag zu erfüllen, erhielten erstaunlich
regelmäßig ihren Lohn und hatten dafür die Nahrungsmittel zu
produzieren, die die Schiffe der Kompanie benötigten. Aber die
zunehmenden Konflikte mit den Hottentotten, die Krankheiten und
die sinkende Arbeitsmoral bewogen van Riebeeck, die Gesell-

schaftsordnung innerhalb seiner Minisiedlung entscheidend zu ändern: neun der Kompanieangestellten, gelernte Bauern, die mit ihren Frauen und Kindern gekommen waren, entließ er aus ihrem Vertrag und bot ihnen an, sich als freie Bauern unter dem Tafelberg niederzulassen. Er teilte jedem zwölf Hektar Land zu. Als Gegenleistung mußten sie sich lediglich verpflichten, die von ihnen erzeugten Güter der Kompanie zu verkaufen. Um seinen eigenen Leuten die Arbeit weiter zu erleichtern, entschloß sich van Riebeeck, von vorbeifahrenden Sklavenhändlern einige Sklaven aufzukaufen. Dann beschwor er die Direktoren der Kompanie, sie mögen ihm die Erlaubnis erteilen, den bewaffneten Kampf gegen die Hottentotten aufzunehmen. Der Antrag wurde entschieden abgelehnt und van Riebeeck aufgefordert, für ein friedliches Zusammenleben mit den Ureinwohnern dieses Gebietes zu sorgen. Van Riebeeck glaubte dies nur auf eine einzige Art und Weise bewerkstelligen zu können: er errichtete zwischen seiner Siedlung und dem Weideland der Hottentotten einen langen Palisadenzaun.

Damit waren alle Elemente des heutigen Südafrika bereits im Land unter dem Tafelberg eingeführt: Mit den freien Bauern holländischer Abstammung war das Volk der Buren entstanden. Weil die Weißen sich die Arbeit abnehmen lassen wollten, hatte man Sklaven in die Kolonie gebracht: die ersten Schwarzen waren aufgetaucht. Von den Einheimischen, die man nicht zur Arbeit brauchte, trennte man sich durch einen Palisadenzaun. Und während es bisher üblich war, daß ledige Weiße Hottentotten zur Frau nahmen und mit ihnen auch Kinder hatten, so wurden diese Familien jetzt zunehmend diskriminiert, und schon 1685 wurde das erste strenge Apartheid-Gesetz erlassen: Heiraten zwischen Weißen und Hottentotten waren ab sofort verboten. Der heutige Kernparagraph der südlichen Rassengesetzgebung, der sogenannten Immorality Act, basiert auf dem damals festgelegten Grundsatz, nur ist er seither noch rigoroser gefaßt worden: Nicht nur das Heiraten zwischen den Weißen und Menschen anderer Farbe, sondern auch jede geschlechtliche Beziehung ist verboten und steht unter Strafe.

Dabei halte man sich vor Augen, daß es zum Zeitpunkt des Erlasses dieses ersten Heiratsverbots in der Kap-Kolonie dort insgesamt 250 Weiße gab, die Hälfte von ihnen Angestellte der Ostindienkompanie, die andere Hälfte freie Bauern oder, wie man sie nannte, „Burgher".

Diese Gemeinschaft versucht sich nicht nur von den sie umgebenden Einheimischen abzusondern, sie bleibt auch sonst auf sich gestellt, erhält kaum noch Zuzug aus dem Mutterland. Verglichen mit anderen europäischen Kolonisatoren ist das ganz ungewöhnlich. Im Jahre 1707, 55 Jahre nach der Landung der 90 Männer van Riebeecks, beträgt die Zahl der Weißen in der Kap-Kolonie noch immer erst 1107 Männer, Frauen und Kinder, und nur mit wenigen Ausnahmen sind sie die Nachkommen dieser ersten Kolonisten. Erst jetzt erfahren sie zum ersten Mal eine echte Blutauffrischung: Nach dem Edikt von Nantes fliehen Hugenotten auf der Suche nach einer neuen Heimat über Holland in die Kap-Kolonie. Rund 190 von ihnen treffen dort ein. Ihre Namen treten nun neben die Namen der 90 Riebeecker. Diese beiden Gruppen zusammen sind weitgehend die Stammväter des gesamten nichtenglischen Elements in Südafrika bis zum Beginn des 20. Jahrhunderts.

Der Fremde wird in Südafrika immer wieder überrascht sein, wie viele Menschen hier die gleichen Namen tragen – Botha, Malan, Geldenhuys, de Klerk, de Villiers, Viljoen, Retief, Steyn und so fort.

Dieser Umstand wäre nicht weiter erwähnenswert, hätte er nicht für das heutige Südafrika noch immer größte Bedeutung: Zwischen den Nachkommen dieser „Afrikaaner" der ersten Stunde herrscht ein Gefühl der Zusammengehörigkeit und der Schicksalsgemeinschaft, wie man es so ausgeprägt und unantastbar kaum in irgendeinem anderen Volk antrifft. Sie mögen in vielen Fragen verschiedener Meinung sein, in ihren politischen Auffassungen hart aneinandergeraten, nicht selten sogar aufeinander einschlagen, aber jede geringste Bedrohung, die sich von außen gegen sie richtet oder die als solche empfunden wird, bringt sie wieder zusammen, und schnell bilden sie ihre Wagenburg zur Verteidigung, so wie einst im „veld", im Busch, wenn die Schwarzen kamen oder die Engländer.

Wir können nun in der Beschreibung der Entwicklung der weißen Siedlung am Kap fast ein Jahrhundert überspringen. Im Jahr 1795 leben in den Ländereien westlich und östlich des Tafelbergs 15 000 Weiße, und zum ersten Mal werden sie von der Zahl der Schwarzen überholt: Diese 15 000 Weißen halten sich 17 000 schwarze Sklaven. Die Weißen aber verstehen sich keineswegs mehr als Europäer. Sie wollen keine Kolonie sein. Sie nennen sich Afrikaner und sprechen bereits eine andere Sprache als jene Leute in Holland, von denen sie abstammen. In 150 Jahren eigener Entwicklung und fast ohne menschlichen Nachschub aus dem Mutterland haben sie ein Idiom entwickelt, das sie, da sie doch schon geborene Afrikaner sind, folgerichtig „Afrikaans" nennen.

Doch die hohe Zahl der Sklaven schafft ein Problem ganz neuer Art: Für die Weißen ist nicht mehr genug Arbeit da. Die holländische Ostindienkompanie ist nur noch ein Schatten ihrer selbst. Die vorbeikommenden Schiffe kaufen den Buren viel zuwenig ab. Wirtschaftliche Depression plagt die Kolonie. Die frühere Heimat ist den Kolonisten nicht gut gesinnt, auch sie fühlt sich gegenüber diesen entfremdeten „Afrikanern" zu nichts mehr verpflichtet. Auf den Wein vom Kap legt man in Holland hohe Zölle, für die von der Ostindienkompanie gestellten Gouverneure, Amtspersonen und Richter, die „Landdroste" und „Heemraden", müssen die Burgher in der Kap-Provinz mit ihren Steuern zahlen. Wollen sie gegen diese Amtspersonen Recht behalten, haben sie an jene niederländischen Regierungsstellen zu appellieren, deren Jurisdiktion sie unterstellt sind – in Batavia auf Java. Viele der eingesetzten Beamten sind – fern ihren Vorgesetzten – korrupt und schanzen sich den spärlichen Handel des Landes oft selbst zu.

Die Hälfte der weißen Bevölkerung hat keine Aussicht, solcherart durchs Leben zu kommen. Sie verläßt das inzwischen entstandene Kapstadt, läßt die Gemüsegärten und Felder hinter sich und zieht ins „veld", beginnt im Grunde genommen das Leben der Hottentotten zu führen, treibt die kleinen Rinderherden quer über die Weideflächen und lebt von der Hand in den Mund.

Erneut ist zweierlei geschehen: Die Kategorie des armen Weißen ist entstanden, die die südafrikanische Politik bis in die heutige Zeit wesentlich beeinflußt hat, und ihr politisches Erbe belastet diese Politik noch heute. Denn es waren die armen Weißen, die schon damals und noch heute in den Schwarzen ihre Hauptkonkurrenten sahen. Schwarze Sklaven hatten sie im 18. Jahrhundert arbeitslos gemacht, und von der billigen schwarzen Arbeitskraft fühlen sie sich auch heute noch bedroht. Gegen sie haben sie ihre Gewerkschaften gebildet.

Das war freilich nur ein Teil der Entwicklung. Der andere gibt den Anstoß zur burischen Staatenbildung. Denn jene, die da nun halb arbeitslos mit ihren kleinen Herden über die weiten Savannen Südafrikas ziehen, nennen sich selber „Trekboers", Wanderbauern. Sie treiben die Grenzen des weißen Siedlungsgebietes nun rasch vorwärts, erreichen 1760 den Büffel-Fluß im Norden, zehn Jahre später die Halbwüste des Großen Karroo im Osten, und nun sammeln sich die Wanderburen bereits in der Umgebung von Graaff-Reinet, 650 Kilometer von Kapstadt entfernt.

Wieder werden einige Grundsteine zum heutigen Südafrika

gelegt: Diese Wanderbauern geben sich in ihrer Isolation ein besonderes moralisches Gerüst, ohne das sie den Gefahren, die ihre besondere Art des Lebens bedrohen, nicht trotzen zu können glauben. Ihr Kalvinismus wird noch strenger, noch rigoroser, als es diese Religion ohnedies schon ist. Sie legen bei sich selbst härteste puritanische Maßstäbe an, so streng, daß sie oft nicht einzuhalten sind und damit zu jener verkorksten heuchlerischen Haltung führen, die diese besondere Art des Puritanertums häufig auszeichnet: Sie findet auch heute noch in der offensichtlichen Verlogenheit so vieler Rassengesetze in Südafrika ihren Ausdruck.

Gleichzeitig sind diese Trekburen ein unglaublich freies und stolzes Volk, oft grob – und das ist kein Widerspruch zu dem vorher Gesagten – in der Aufrichtigkeit ihrer Aussage. Wer an die vorsichtigeren Umgangsformen Europas gewöhnt ist, wird von der Härte burischer Kritik oft geschockt, beginnt diese aber auch bald als eine Aufrichtigkeit ohne Hintergedanken zu schätzen. Viele der Sympathien, die die „Afrikaner" bei neu eingewanderten oder zu Besuch weilenden Europäern bald genießen, sind auf diese grobe Aufrichtigkeit zurückzuführen. Was umgekehrt dann auch zu Fehlschlüssen verleitet: Man kann gar nicht glauben, daß die gleichen Menschen in einigen Grundfragen ihres Lebens sich selbst und andere dauernd mit heuchlerischen Argumenten hinters Licht führen. Daher auch die oft so hitzigen Debatten zwischen Europäern, die alle vermeinen, die Buren ganz genau zu kennen, wobei die einen glauben, es handle sich um die aufrichtigste, ehrlichste und gutwilligste Nation der Welt, während die anderen fest davon überzeugt sind, daß man es mit bigotten, heuchlerischen und unbarmherzigen Menschen zu tun habe. Die Wahrheit liegt da keineswegs dazwischen – das Burentum besteht vielmehr aus allen diesen Elementen.

Dabei will ich diese Aussage noch gar nicht in Zusammenhang mit dem bringen, was nun die Trekburen tun, um ihre eigene Lebensbasis zu sichern und auszudehnen. Auf den Weiden sind zunächst die Hottentotten und Buschmänner ihre größten Feinde, denn sie machen ihnen das Weideland streitig, wollen es für ihr eigenes Vieh haben. Hier geschieht nun fast das gleiche wie zur selben Zeit in Amerika mit den Indianern: Burische Kommandotrupps ziehen aus, um Buschmänner und Hottentotten auszurotten. Diese stellen sich zuerst zum Kampf und ziehen sich später, bereits stark dezimiert, in die unwirtlichen Wüstengebiete zurück, in die Kalahari, in die Namib, bis weit hinauf in den Norden Südwestafrikas. Die moralische Rechtfertigung, die man sich für diese Verfolgungspolitik zurechtlegt, wird biblisch begründet. Der liebe Gott muß spätestens bei der Zerstreuung der Menschen beim Turmbau zu Babel Völker verschiedener Qualität geschaffen haben, die überlegene, gottergebene, aufrechte und hochintelligente weiße Rasse, an ihrer Spitze die kalvinistischen Buren, und daneben unter anderen auch die verschlagenen kleinen Buschmänner und Hottentotten, die auf Diebstahl und Raub aus sind. Und dann natürlich auch die Schwarzen, eine Stufe besser als die Hottentotten, aber gleichzeitig auch viel unfreier als diese und daher auch von Gott selbst zu einem unfreien Dasein bestimmt.

Andere Bibelstellen, so meinten die Religionslehrer dieser Buren, ließen deutlich erkennen, daß der liebe Gott den schwarzen Mann dem weißen Mann als Diener zur Seite gestellt hat. In diesem solcherart gottgewollten System haben daher Haß und Feindschaft nichts zu suchen, denn wie könnte der Herr den Diener hassen. Das wäre ein gänzlich undenkbares Verhältnis. Im Gegenteil: der Herr ist für das leibliche und sogar für das seelische Wohl des Dieners weitgehend verantwortlich, hat diesen sogar zu hegen und zu pflegen, solange der Diener nur wisse, wo sein Platz sei. Die Niederländisch-Reformierte Kirche, der ein Großteil der Buren angehört, hat diese Ansichten lange Zeit theologisch untermauert (und eine Reihe prominenter Geistlicher dieser Kirche tun dies heute noch) und stützt sich dabei im wesentlichen auf drei Bibelzitate: „Es hatte aber alle Welt einerlei Zunge und Sprache" (1. Mose 11); „Als der Höchste den Völkern Land zuteilte und der Menschen Kinder voneinander schied, da setzte er die Grenzen der Völker nach der Zahl der Kinder Israel" (5. Mose 32,8); „Und er hat gemacht, daß von Einem aller Menschen Geschlechter stammen, die auf dem ganzen Erdboden wohnen, und hat bestimmt, wie lange und wie weit sie wohnen sollen" (Apostelgeschichte 17,26).

Diese kirchliche Interpretation hat es den politischen Führern der burischen Nationalisten bis zum heutigen Tag ermöglicht, die Apartheid und die Apartheid-Gesetze als die Erfüllung des göttlichen Willens darzustellen. Die Niederländisch-Reformierte Kirche hat dafür allerdings auch einen enormen Lohn erhalten: Die Nation der Buren hat sich vollkommen mit dieser Kirche identifiziert, und das bis in unsere heutigen in der übrigen Welt gar nicht mehr kirchenergebenen Tage. Die Teilnahme am sonntäglichen Gottesdienst ist in den meisten burischen Familien auch heute noch nicht nur religiöse, sondern auch nationale Pflicht.

Die Trekburen, zunächst eher Eigenbrötler und auf sich allein gestellte Leute, benötigten diesen „nationalen" Zusammenhalt bereits in einem hohen Maß in dem Moment, da sie aus dem Hottentotten-Land heraus in jene Gegenden vorstießen, in denen sich schon die Angehörigen schwarzer Völker niedergelassen hatten. Die Trekburen stießen auf die Grenzen dieser Siedlungsgebiete, als sie etwa in der Mitte des 18. Jahrhunderts in der Nähe des großen Fisch-Flusses auf die Angehörigen der Völkerfamilie der Nguni und der Sotho trafen. Spätere Apartheid-Politiker behaupteten, daß diese schwarzen Stämme auch erst in diesem Moment vom Norden kommend in das Gebiet einwanderten, daß also Weiße und Schwarze zur gleichen Zeit kamen und daher die Weißen nicht nur für das Gebiet zwischen dem Kap und dem großen Fisch-Fluß, wo es vorher „bloß" Buschmänner und Hottentotten gab, das volle Recht des Erstangekommenen besäßen, sondern auf Grund dieser Gleichzeitigkeit auch für die Gebiete nördlich und östlich des großen Fisch-Flusses das gleiche Heimatrecht reklamieren könnten wie die Schwarzen. Das Argument an sich ist müßig. Die weiße Vorherrschaft in Südafrika würde heute bestehen, einerlei, wer wo zuerst war. Und könnten die Schwarzen die Weißen eines Tages verdrängen, so würde die Berufung auf Jahreszahlen sie wahrscheinlich auch kaum davon abhalten. Aber für ideologische und propagandistische Zwecke lassen sich solche Zahlenspielereien gut verwenden.

Fest steht, daß entlang des großen Fisch-Flusses die Trekburen mit dort bereits vorhandenen und selbst auch nach Westen und Süden expandierenden Nguni-Stämmen zusammentrafen. Die beiden größten und wichtigsten dieser Stämme waren und sind die Zulu und die Xhosa (das Xh steht für einen Schnalzlaut mit der Zunge) und ihre nördlichen Verwandten, die Ndebele (deren prominentester Vertreter heute der kontroversielle Nationalisten- und Guerillaführer Zimbabwes, Joshua Nkomo, ist).

Die Trekburen versuchten bei den Zulu und Xhosa zunächst Gold und Elfenbein einzutauschen. Bald lernten sie auch deren organisatorische Kräfte kennen. Es gab mächtige und berühmte Häuptlinge unter ihnen. Die Häuptlingskrale konnten sich auf ihre Weise durchaus mit den Palästen europäischer Königshäuser messen. Diese Krale setzten sich aus einer Unzahl von Hütten zusammen, wobei jede einzelne dieser Hütten sozusagen ein Zimmer des Palastes, des Krals, darstellte. Alle Hütten waren untereinander durch Gänge verbunden, deren „Wände" aus Palisaden bestanden. Ein ungeheures Labyrinth solcher Palisadengänge verband nun die Hunderten von Hütten, in denen die zahlreichen Frauen und die noch zahlreicheren Kinder des Häuptlings wohnten. Wie in einem europäischen Königspalast verfügte dabei jede Frau über mehrere Hütten, die sie zu verschiedenen Zwecken benützte, von der Schlafhütte bis zur Gästehütte, während die Kinder Spielhütten und Lernhütten zur Verfügung hatten. Andere Hütten dienten dem Häuptling zum Palaver oder zum Zwiegespräch mit dem Medizinmann, zum Empfang und zur Unterbringung fremder Delegationen; es gab Eßhütten und Vorratshütten und natürlich viele Hütten für das Gesinde. Die Zulu konnten schon lange mit dem Eisen umgehen, betrieben ihre eigenen Bergwerke, schmolzen Eisen und Kupfer, und sie verstanden es, in ihren Schmieden tödliche Waffen herzustellen. Zahlenmäßig waren die Zulu den Weißen bei weitem überlegen, es dürfte zu dieser Zeit mindestens eine halbe Million Zulu gegeben haben. In Kriegshandwerk und Strategie standen sie den Weißen kaum nach, zogen in militärischen Formationen durch den Busch, wurden von fähigen Führern befehligt, konnten im Nu disziplinierte Kampflinien bilden und diese ebensoschnell auflösen, wenn es der Gang der Schlacht erforderte. Sie waren für die absolute Lautlosigkeit ihrer Operationen berüchtigt, und so schien es den Weißen, als tauchten die Zulu „aus dem Nichts" auf, um ihnen entweder als bedrohliche Front den Weg zu versperren oder sie so zu umzingeln, daß es für sie kein Entkommen mehr gab.

Es dauerte nicht sehr lange, bis es zu den ersten bewaffneten Zusammenstößen zwischen den Trekburen und den Zulu kam. Die Buren waren gewohnt, auf Buschmänner und Hottentotten jederzeit und mit durchschlagendem Erfolg Jagd machen zu können, und erlitten nun im Zusammenprall mit den Zulu ihre ersten schweren Verluste. Sie riefen um Hilfe, die sie immer noch von jener holländischen Ostindienkompanie erwarteten, in deren Namen ihre Vorväter in dieses Land gekommen waren und die ihnen auch heute noch die Regierungsvertreter, die Landdroste, in jene Steppengebiete nachschickte, die sich die Trekburen selbst untertan gemacht hatten. An diesen Landdrost M. Woeke, der im Namen der Ostindienkompanie am Rande des Königreichs der Zulu holländisches Recht und Gesetz aufrechtzuerhalten versuchte, appellierten nun die Trekburen, schleunigst eine bewaffnete Macht aufzutreiben, um sie, ihre Familien und ihre Herden vor den Zulu zu schützen. Wäre es nach dem Wunsch der Ostindienkompanie gegangen, so hätten die Trekburen ohnehin vergeblich auf Hilfe gewartet. Hatten doch die Direktoren der Kompanie nie vorgehabt, in Südafrika eine Kolonie zu errichten, hatten vor jeder weiteren Ausdehnung des

41

weißen Einflußbereichs gewarnt und sich immer erst im nachhinein bereit gefunden, den Wanderburen die Landdroste nachzuschicken.

Aber inzwischen hatte sich die Lage in Europa radikal verändert. Man schrieb das Jahr 1795, und ganz Europa brach in die Kriege auf, die man später die Napoleonischen nannte. Napoleon hatte sich geschworen, England vom europäischen Kontinent zu trennen und es durch Isolation in die Knie zu zwingen. Um so wichtiger wurden für England die Seerouten rund um die Welt. Napoleon schien daher entschlossen, auch diese Routen anzugreifen, um den Engländern den Weg nach Indien zu verwehren. Die Holländer waren seine Verbündeten. Um sich den Seeweg nach Indien zu sichern, galt es für die Briten, den Franzosen bei der Besetzung des Kaps der Guten Hoffnung zuvorzukommen. Während sich die Trekburen am großen Fisch-Fluß mit den Zulu schlugen, landete unter dem Tafelberg bei Kapstadt das erste britische Expeditionskorps.

Die Trekburen, die in ihrem Kampf gegen die Zulu ohne Unterstützung geblieben waren, nützten die Stunde der Niederlage Hollands, jagten den Landdrost davon und riefen bei Graaff-Reinet eine unabhängige Buren-Republik aus. Nicht weit davon entfernt, bei Swellendam, gründete eine weitere Gruppe von Wanderburen ebenfalls ihre eigene Republik. Doch im wesentlichen blieben es Akte des Protests gegen eine Autorität, die ihnen Steuern abzunehmen versuchte und bei der Ausübung niederländischen Rechtes den verfolgten Hottentotten die gleichen Rechte eingeräumt hatte wie den niederländischen Buren. Die Buren waren vorerst froh, den Landdrost losgeworden zu sein, aber nicht in der Lage, sich selbst zu regieren. Die beiden burischen Minirepubliken waren keine Staatsgebilde, sondern Rebellenlager. Als die ersten englischen Offiziere auftauchten und den burischen „Republikanern" klarmachten, daß von nun an nicht mehr die holländische Ostindienkompanie, sondern der König von England für sie zuständig sei, nahmen diese mit einiger Erleichterung die britische Oberherrschaft an: konnten sie doch hoffen, daß nun die Engländer mit ihren vielen Soldaten, die sie an das Kap gesandt hatten, ihnen jenen Schutz gewähren würden, den sie gegen die schwarzen Stämme der Zulu brauchten.

Damit waren Engländer und Buren im Raum des heutigen Südafrika eine merkwürdige, in sich höchst widersprüchliche Schicksalsgemeinschaft eingegangen. Den Briten ging es zunächst darum, die für England so wichtige strategische Position am Kap zu halten. Der einheimischen Bevölkerung kam dabei bloß die Rolle eines möglichen Störfaktors zu, den es auszuschalten galt. Also gaben sich die

Briten den vorgefundenen Buren gegenüber großzügig. Diese wollten ihr eigenes Rechtssystem beibehalten, das holländisch-römische Recht, ausgeübt von ihren Heemraden. Vor Gericht und in den Schulen sollte weiterhin nur Afrikaans gesprochen werden. In der Verwaltung sollten die Buren die volle Mitsprache haben, ja das entscheidende Wort reden können. Andere holländische Gesetze aber wären sofort abzuschaffen, etwa der Zoll auf den Wein, die Beschränkung im inneren Handel der Kolonie oder die Notwendigkeit des Erwerbs von Lizenzen für den Betrieb von Gasthöfen und Tavernen.

Die Briten gewährten alle diese Wünsche, schien es doch, als wären sie nicht gekommen, um zu bleiben, sondern nur, um während eines zeitlich begrenzten Krieges eine strategische Position besetzt zu halten. Zwischendurch mußten die Briten nach dem Frieden von Amiens sogar abziehen und französischen und holländischen Soldaten Platz machen. Aber der antinapoleonische Krieg in Europa ging weiter, und die Briten kamen bald wieder zurück. Diesmal endgültig und um zu bleiben. Nach dem Sieg bei Waterloo und Napoleons Verbannung in das der Kap-Provinz „benachbarte" St. Helena ließ sich England von den friedenschließenden Mächten das Kap und sämtliche Gebiete dahinter zuteilen.

Den Trekburen erwuchs nun ein idealer Verbündeter: England war bereit, die Hilferufe der Wanderburen mit der Entsendung eroberungslustiger militärischer Kontingente zu beantworten. Die lange Reihe der Kriege der britischen Kap-Regierung mit den Stämmen der Nguni, vor allem mit den Zulu und Xhosa, begann. Während die Engländer Truppentransporter um Truppentransporter an das Kap entsandten, während die rotröckigen britischen Marschkolonnen in strenger militärischer Disziplin durch die Savannen und die wüstenähnlichen Hochebenen Südafrikas marschierten, betätigten sich die Trekburen als Kundschafter und Pfadfinder für die vorstoßenden Briten. Aber jetzt war es britisches Blut, das hier floß, und die britische Verwaltung war nicht mehr länger geneigt, den Buren in der Kap-Provinz und in den neu zu erobernden Gebieten das Sagen zu überlassen. Zumindest für Briten mußte hier britisches Recht zu gelten beginnen, und eine britische Verwaltung mußte sich auf britische Gesetze stützen können. Also wurde britisches Recht eingeführt, kamen auch britische Richter ins Land.

Auf die britischen Richter folgten schon bald auch britische Missionare. Und was sie da von seiten der niederländisch-reformierten

Pfarrer als Interpretation des göttlichen Willens hörten, ließ sie nicht nur in Südafrika auf die Barrikaden steigen, sondern auch an das britische Unterhaus in London appellieren. Die folgenden Interventionen führten teilweise zu höchst grotesken Resultaten. So befahl das Unterhaus der britischen Kap-Verwaltung, etwa den Schutz für die Ureinwohner des Landes, die Hottentotten, sofort wiederherzustellen. Doch was die Buren nicht niedergemacht hatten, hatten sie sich als Sklaven unterworfen. Plötzlich mußten sie nun den Hottentotten regelrechte Arbeitsverträge gewähren, ihnen einen Mindestlohn zahlen und auch eine ganze Reihe von Fürsorgerechten zugestehen. Doch in ihrer vermeintlichen Obsorge für die Hottentotten gebaren die Briten bald ein weiteres Gesetz, das bis zum heutigen Tag das härteste Apartheid-Gesetz bleiben sollte: Der Anstellungsvertrag, den der Weiße dem Hottentotten-Diener auszustellen hatte, war nach diesem neuen britischen Gesetz von dem Hottentotten stets in Form eines Passes bei sich zu tragen. In diesem Paß hatte der Arbeitgeber zu bestätigen, daß das Dienstverhältnis nach wie vor bestehe. Der Hottentotte durfte seinen Arbeitgeber auch nur mit Genehmigung des Arbeitgebers verlassen. Doch das Gesetz, das zum Schutz der Hottentotten gedacht war und das sie im Gegensatz zu den schwarzen Sklaven der Buren privilegieren sollte, geriet unversehens zum Instrument strikter Kontrolle über die gesamte schwarze Bevölkerung Südafrikas: Bis heute darf sich kein Schwarzer außerhalb der Eingeborenen-Reservate (den heutigen Homelands) ohne gültigen Paß bewegen, der wiederum nur gültig ist, wenn ein weißer Arbeitgeber ein bestehendes Arbeitsverhältnis in dem Paß bestätigt. Gleichzeitig wird der Schwarze damit an dem Ort seines Arbeitsplatzes festgenagelt, den er ohne die Erlaubnis des Arbeitgebers nicht verlassen darf. Die Buren empfanden diese Gesetzgebung dennoch als „Neger-freundlich" und sahen in ihr eine wesentliche Einschränkung ihrer eigenen Rechte. Von da an begann sich ihr Verhältnis zu den sie regierenden Briten rasch zu verschlechtern. Und bald hatten sie dazu noch mehr Ursache.

1820, 25 Jahre nach der Landung der ersten britischen Truppen, sandte England den Soldaten auf Anforderung des militärischen Kommandos in Kapstadt auch die ersten britischen Siedler nach. Denn die Briten wollten die Landstriche, die ihre Truppen den Zulu und Xhosa in blutigen Scharmützeln abnahmen, durch einen Kordon eigener Siedler absichern. Es waren ihrer immerhin 5 000, für die damalige Zeit eine große Zahl, jedoch nicht groß genug, um vor den 500 000 Nguni einen menschlichen Damm zu bilden. Schließlich fanden diese Siedler auch nicht das versprochene Paradies vor, sondern ein hartes, karges Land, das sich für den Ackerbau nur wenig eignete. Die britischen Siedler hätten also auch Wanderbauern werden müssen, um in der Gegend überleben zu können. Das überließen sie jedoch den Buren und zogen sich auf die bestehenden Marktflecken zurück, aus denen sie langsam, aber sicher Städte machten, Städte, in denen nun sie zu Hause waren und in denen nicht mehr die Buren, sondern sie selbst die Mehrheit stellten.

Folgerichtig begannen nun Briten den Handel zu beherrschen, gründeten Briten die ersten kleinen Industrien, die sich bald zu größeren entwickelten, bauten Briten neue Häfen aus, suchten Briten nach Gütern, die sich exportieren ließen. Und in den Städten wollten diese Briten auch britisches Recht und vor allem britische Freiheiten haben.

Eine neue Komponente bildete sich heraus, die ebenfalls heute noch für das wirtschaftliche und das politische Leben Südafrikas höchst maßgebend ist. Die Südafrikaner britischer Abstammung monopolisierten für lange Zeit den Handel, die Industrie und das Bankwesen, während die Buren das flache Land beherrschten. Da die Landwirtschaft bei weitem nicht alle von ihnen ernähren konnte und die Zeit der Wanderbauern mit dem beginnenden 20. Jahrhundert endgültig vorüber war, stellten die Buren wieder das große Kontingent der „armen Weißen", das Proletariat Südafrikas. Burisches und britisches Element schlugen bereits wenige Jahre nach der Ankunft der ersten britischen Siedler im Jahr 1820 getrennte Wege ein. Während bei den Buren aber Tradition, strenges Patriarchat, religiöse Moral und eine kalvinistische Auffassung von Arbeit und Pflicht vorherrschten, riefen die Briten nach bürgerlichen Freiheiten und demokratischen Rechten. Und wenn sie auch vielleicht den Schwarzen mit noch mehr rassischer Arroganz gegenübertraten, so war es doch gerade die Arroganz, die es ihnen unter ihrer Würde erscheinen ließ, sich mit Hunderten Gesetzen gegenüber diesen Schwarzen abzusichern. Im Endeffekt war die Rassenschranke der Briten ebenso hoch und ebenso wirksam wie jene der Buren, aber sie hätten dazu keine Gesetze und keine institutionalisierte Abgrenzung gebraucht.

Kaum waren die britischen Siedler des Jahres 1820 in ihren neuen Städten heimisch, riefen sie nach der Pressefreiheit. Durch Eingaben an das Unterhaus in London erzwangen sie die Erlaubnis, freie Zeitungen gründen und in Wort und Schrift Kritik an der Obrigkeit üben zu können. Auch das hat sich bis heute nicht geändert: Obwohl das britische Element nur etwa ein Drittel der weißen Bevölkerung Südafrikas stellt, beherrscht die englischsprachige Presse mit Abstand die veröffentlichte Meinung. Die englischen Zeitungen haben fast durchwegs doppelt so hohe Auflagen wie die burischen, und es ist die englischsprachige Presse, die die burischen Regierungen einer unablässigen und auch recht scharfen Kritik unterzieht. Die englischsprachige Presse steht geschlossen gegen die Politik der Apartheid, greift diese unentwegt an und versucht, sie auch an konkreten Fällen unablässig ad absurdum zu führen. Das hat allerdings bisher kaum Wirkung gezeitigt. Die beiden weißen Bevölkerungsteile, die Buren und die Briten, leben zwar heute nicht mehr gar so getrennt voneinander, aber immerhin noch getrennt genug, um englische Kritik an der dicken Haut der Buren jederzeit abprallen zu lassen.

Vorweggenommen sei, daß die burischen Regierungen im Laufe der letzten dreißig Jahre an die hundert Gesetze und Verordnungen erlassen haben, die die Pressefreiheit einschränken, die Zeitungen kontrollieren und die Journalisten unter Kuratel stellen. In Anbetracht dessen, was man mit diesen Gesetzen alles tun kann, ist der Mut der Journalisten und der Zeitungsherausgeber bewunderswert. Aber wenn eine Regierungsinstanz einmal entscheidet, daß zuviel zuviel ist, dann wandern auch Journalisten ins Gefängnis, und Zeitungen werden amtlich eingestellt, und oft genug für immer. Zur Ehre der burischen Journalisten sei gesagt, daß sie in den letzten Jahren ihren englischen Kollegen an kritischer Haltung und rebellischer Einstellung oft nicht mehr viel nachstehen.

Die Tradition dieses Journalismus war von den englischen Siedlern des Jahres 1820 nach Südafrika getragen worden. Sieben Jahre nach ihrer Ankunft hatten sie bereits durchgesetzt, daß Richter und Gerichtshöfe sich an britische Rechtsauslegungen und vor allem an den Grundsatz zu halten hatten, daß ein Angeklagter so lange unschuldig ist, bis ihm die Schuld eindeutig nachgewiesen werden kann. Ein weiterer Zwitter war damit entstanden: Denn um die Buren nicht gar so sehr vor den Kopf zu stoßen, ließ die britische Verwaltung das holländisch-römische Recht an sich in Kraft, aber seine Auslegung und Handhabung erfolgte ebenso nach britischer Tradition, wie die südafrikanischen Richter auch heute noch die weiße Perücke des britischen Richteramtes tragen.

Kaum aber konnte man in der Kap-Kolonie an britisches Rechtsempfinden appellieren, eröffneten die britischen Missionare ihre Kampagne gegen die von den Buren praktizierte Rassendiskriminierung, wobei jeder juristische Sieg über bisheriges Buren-Recht natürlich auch ein Triumph über die dieses Recht moralisch begründende Niederländisch-Reformierte Kirche war. Der „London Missionary Society" gelang es durch direkten Appell an das britische Unterhaus, die Paßgesetze, die sich so nachteilig für die Hottentotten ausgewirkt hatten, von London aus aufzuheben. So brachten britische Missionare dieses ursprünglich von den Engländern eingeführte Gesetz, das unabsichtlich zu einem der strengsten Apartheid-Gesetze geworden war, bereits 1828 wieder zu Fall. Aber die Buren fanden die Auswirkungen des Gesetzes durchaus als segensreich und führten es, sobald sie wieder frei entscheiden konnten, erneut ein, wobei sie seine Wirkung gleich auf alle Schwarzen ausdehnten.

Vorläufig hatten im Kap-Land jedoch die Briten allein das Sagen, und so setzten sie 1833 zu einem nächsten schweren Schlag gegen die Gesellschaftsordnung der burischen Afrikaner an: Das britische Parlament beschloß, seine bereits in allen Weltgegenden angewendete Anti-Sklaven-Gesetzgebung auch im Kap-Land wirksam werden zu lassen. Mit einem umfassenden Emanzipationsgesetz wurde allen Sklaven in der Kap-Provinz die Freiheit gewährt. In Anbetracht der Tatsache, daß es bereits viel mehr schwarze Sklaven als weiße Siedler gab, kam dies einem epochalen Umsturz gleich. Die Briten versuchten, seine Wucht zu bremsen: Gleichzeitig mit dem Emanzipationsgesetz beschloß das britische Parlament die für die damalige Zeit schwindelerregend hohe Summe von 20 Millionen Pfund in der Kap-Provinz aufzuwenden, um den Siedlern die Sklaven abzukaufen. Darüber hinaus durften sie die Sklaven auch noch fünf Jahre lang behalten, allerdings nicht mehr als Sklaven, sondern als „Lehrlinge", denen sie das Leben als freie Menschen beibringen sollten.

Dem Gesetz nach war also alles schön geregelt. In der Kap-Provinz selbst aber herrschte das Chaos. Zwischen Buren und Obrigkeit kam es zu einem Tauziehen um die Sklaven, von denen manche sofort freigesetzt wurden, andere aber in ihrer sogenannten Lehrlingszeit die schlimmsten Jahre ihres Sklavendaseins erlebten; manche Buren hatten begriffen, daß da von der Obrigkeit Geld zu holen war, andere dachten nicht daran, sich den „Judaslohn" zahlen zu lassen. Aber noch hätten auch die Trekburen diese ihnen immer bedrohlicher werdende, ja feindliche britische Oberherrschaft ertragen, wenn diese wenigstens durch ihre militärische Gewalt die Zulu und Xhosa niedergekämpft hätte. Das tat das britische Oberkommando denn auch. Es rüstete zu mehreren Feldzügen gegen die schwarzen Stämme und eroberte auch Teile von deren Stammesgebiet. Stolz meldete dann der Gouverneur die Neuerwerbungen nach London. Aber dort hatte man anderes im Sinn. Der Gouverneur wurde zur Ordnung gerufen und erhielt die Weisung, die jüngst annektierten Gebiete schleunigst wieder den Schwarzen zurückzugeben. Krieg gegen die Schwarzen und deren gewaltsame Unterwerfung paßte nicht in die neue Liberalität der englischen Innenpolitik, ein aus solchen Kriegen zu erwartendes starkes militärisches Engagement war in Anbetracht wichtigerer britischer Expansion in der Karibik und in Asien zu kostspielig. Zudem konnte London in solcher Aktion keinen anderen Zweck erkennen, als daß man den Buren deren Kastanien aus dem heißen Feuer der Zulu holte.

Nun wollten die Buren nicht mehr länger mitspielen: Erst hatten die Briten ihr Rechtssystem unterhöhlt und die burische Eigenverwaltung zur Farce gemacht, dann hatten die Briten die Hottentotten das Weglaufen geheißen und den Buren die Sklaven verboten, und mit dem Angriff auf ihre religiösen Lehren wollte man sie offenbar auch noch um ihre eigene Identität bringen.

Und jetzt erwies sich das britische Regime auch noch als unwillig, die Schwarzen zurückzudrängen und den weißen Anspruch auf das ganze Land durchzusetzen. Hottentotten, freigesetzte Sklaven, durch das britische Zurückweichen stark ermutigte schwarze Häuptlinge, sie alle begannen nun, den Wanderburen das Leben sauerzumachen.

Der große Trek beginnt

1835 beschloß der größte Teil der Trekburen, sich zusammenzuschließen und gemeinsam aus der britisch regierten Kap-Provinz auszuwandern, in das Innere Afrikas weiterzuziehen und sich dort eine neue Heimat zu suchen. Was sie an Hab und Gut hatten, wurde auf die langen, hochrädrigen, von acht, zehn und zwölf Ochsen gezogenen Karren geladen, die Frauen saßen auf dem Kutschbock, die Männer daneben auf dem Pferd, die Kinder in den Wagen oder liefen neben der Kolonne: der große Trek hatte begonnen. Er sollte acht Jahre dauern.

Es ist sehr interessant, was die Führer des Treks zur Begründung dieses großen Aufbruchs zu sagen hatten. Piet Retief motivierte seine Gefolgsleute mit der Erklärung, die Buren müßten eine Heimstatt finden, in der das „gottgewollte Verhältnis zwischen Herr und Diener unangetastet bleiben kann". Anna Steenkamp sagte es noch deutlicher: „Die Briten haben den Gesetzen Gottes zuwidergehandelt, indem sie Sklaven auf dieselbe Stufe stellten wie Christen und sich über die von der Natur vorgegebenen Unterschiede der Rasse und der Religion hinwegsetzen. Für einen selbstbewußten Christen ist es nicht möglich, sich unter ein solches Joch spannen zu lassen. So haben wir beschlossen, uns zurückzuziehen, um unseren Glauben in Reinheit bewahren zu können."

Diese Sätze gehören auch heute noch zu den geheiligten Grundsätzen der burischen Nation, werden an den Schulen gelehrt und erfüllen die Kinder mit Stolz auf ihre unbeugsamen Vorfahren, die jede Mühsal auf sich nahmen und jeder Gefahr lieber trotzten, als sich fremder Herrschaft zu beugen oder ihren Überzeugungen untreu zu werden. Wenn es wahr ist, daß nachwachsende Generationen stets den Drang in sich verspüren, die Heldentaten ihrer Ahnen nachvollziehen, ja übertreffen zu wollen, so ließe sich verstehen, wieso all die scharfen Angriffe der übrigen Welt auf die rassische Politik der südafrikanischen Regierung an der Mehrheit zumindest der burischen Weißen in Südafrika nicht nur offensichtlich völlig spurlos vorübergehen, sondern deren Widerstand geradezu herausfordern.

Die Vorväter, die „Voortrekkers", riskierten Kopf und Kragen mit ihrem großen Trek. Sie zogen in die Gebiete, die in den heutigen Provinzen Natal und Transvaal lagen und wo auch heute noch die Zulu und die Xhosa zu Hause sind. Zunächst versuchten sie, mit deren Häuptlingen zu verhandeln. Aber das ging nicht gut. Als Piet Retief im Kral eines Häuptlings die Forderung nach Überlassung des Weidelandes stellte, wurde er auf der Stelle umgebracht. Andere Gruppen von Buren wurden umzingelt, sobald sie sich von den Hauptkolonnen entfernten. Immer wieder gerieten auch diese Hauptkolonnen in Hinterhalte. Am 16. Dezember 1838 erreichte einer der Ochsenwagenzüge einen Fluß, der damals noch Buschmann-Fluß genannt wurde. Die dem Zug vorausgerittenen Späher kamen in atemlosem Galopp zurück, das Grauen stand ihnen im Gesicht: Sie hatten gesehen, was auf den Trek der Buren wartete – Zulu, viele Tausende. Die Kolonne war eingeschlossen, an ein Entkommen war nicht mehr zu denken, an das Überleben des Treks kaum noch zu glauben.

So wie sie es in Momenten der Gefahr gewohnt waren, spannten die Buren nun die Ochsen aus und schoben die hohen Karren zu einem Ring zusammen: Die Wagenburg, das Lager, war errichtet. Andries Pretorius, der Führer dieses Treks, rief nun alle zusammen und forderte sie auf zu beten. Am Ende dieses Gebets, so heißt es, leisteten die Männer und Frauen dieses Burenzuges einen Schwur: Sollte es dem Allmächtigen gefallen, diese seine Diener die große Prüfung überleben zu lassen, so würden sie zum Gedenken an dieses Wunder den Tag zu einem „heiligen Tag" erklären. Und jeder Bure, wo immer er auch sei, werde an diesem Tag Gott, seinem Gott, danken. Danach hieß Pretorius seine Leute ihre Stellungen beziehen: die Männer zwischen und unter die Wagen, die Frauen hinter ihnen, bereit, die Gewehre der Männer zu laden. Die älteren Kinder schleppten Munition, die jüngeren hielt man inmitten der Wagenburg.

Dann kamen die Zulu. Gemessen an der relativ kleinen Zahl der Verteidiger dieser Wagenburg lieferten sie die wahrscheinlich blutigste Schlacht der Geschichte der sehr blutigen Auseinandersetzungen zwischen den Buren und den Zulu und Xhosa. Daß ein guter Teil der Verteidiger der Wagenburg überlebte, war ihrer modernen Bewaffnung zuzuschreiben und der hohen Disziplin, mit der sie alle, auch Frauen und Kinder, ihre Rolle in dieser Schlacht erfüllten. So viele Zulu wurden getötet, daß, als man ihre Leichen später in den Fluß warf, „dessen Wasser nicht mehr zu sehen war". Und noch viele Kilometer flußabwärts sollen die Fluten blutrot gewesen sein. Damals nannte man den Fluß Blood River.

Die Schlacht am Blood River gehört zu den größten nationalen Epen der Buren. Nach dem Führer dieses Treks, Andries Pretorius, wurde die spätere Hauptstadt der Buren-Republik Transvaal und heutige Verwaltungshauptstadt Südafrikas benannt – Pretoria. In Erfüllung des Eides, den die Verteidiger der Wagenburg damals geleistet haben, ist von einer späteren burischen Regierung der 16. Dezember zum Nationalfeiertag Südafrikas erklärt worden. Ein Tag also, an dem man eines Sieges gedenkt, den die burischen Afrikaner über die schwarzen Zulu errungen haben, der aber für alle Bürger Südafrikas heute Gültigkeit haben soll. Auf einem Hügel knapp außerhalb Pretorias hat man den Voortrekkers ein mächtiges Denkmal errichtet, ein Mausoleum, flankiert von den übergroßen Gestalten der Verteidiger der damaligen Wagenburg, den Bauern, mit ihren breiten Hüten und der Flinte in der Hand, den Frauen in ihren züchtigen langen puritanischen Gewändern,

50

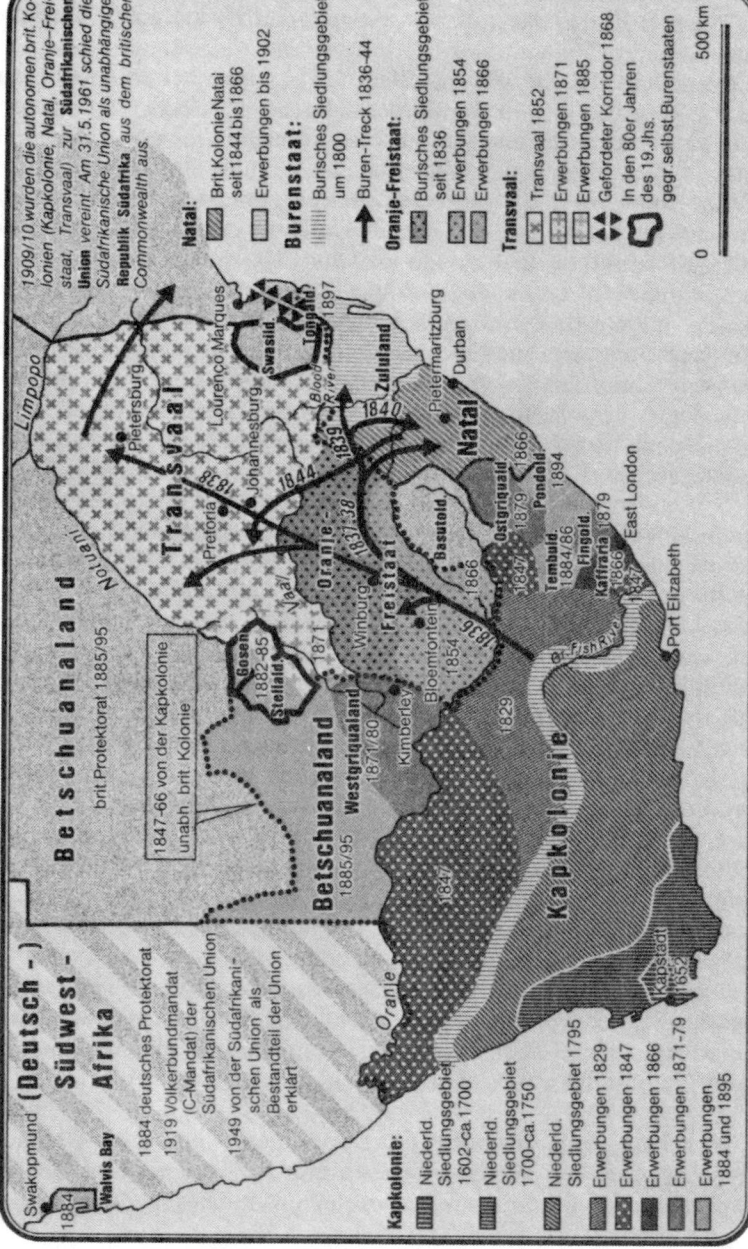

Swakopmund

(Deutsch-)
Südwest-
Afrika

1884 deutsches Protektorat
1919 Völkerbundmandat (C-Mandat) der Südafrikanischen Union
1949 von der Südafrikanischen Union als Bestandteil der Union erklärt

Walvis Bay

Kapkolonie:
Niederld. Siedlungsgebiet 1602-ca.1700
Niederld. Siedlungsgebiet 1700-ca 1750
Niederld. Siedlungsgebiet 1795
Erwerbungen 1829
Erwerbungen 1847
Erwerbungen 1866
Erwerbungen 1871-79
Erwerbungen 1884 und 1895

1909/10 wurden die autonomen brit. Kolonien (Kapkolonie, Natal, Oranje-Freistaat, Transvaal) zur **Südafrikanischen Union** vereint. Am 31.5.1961 schied die Südafrikanische Union als unabhängige **Republik Südafrika** aus dem britischen Commonwealth aus.

Natal:
Brit.Kolonie Natal seit 1844 bis 1866
Erwerbungen bis 1902

Burenstaat:
Burisches Siedlungsgebiet um 1800
Buren-Treck 1836-44

Oranje-Freistaat:
Burisches Siedlungsgebiet seit 1836
Erwerbungen 1854
Erwerbungen 1866

Transvaal:
Transvaal 1852
Erwerbungen 1871
Erwerbungen 1885
Geforderter Korridor 1868
In den 80er Jahren des 19.Jhs. gegr. selbst. Burenstaaten

0   500 km

Betschuanaland
brit.Protektorat 1885/95

1847-66 von der Kapkolonie unabh. brit Kolonie

den verwegenen Führern des großen Treks und ihren nicht weniger verwegenen Nachfolgern in den Kriegen der Buren gegen die Engländer.

An jedem 16. Dezember pilgern Tausende Buren zu diesem Denkmal, viele in den Gewändern der seinerzeitigen Trekburen. Man gedenkt der Schlacht am Blood River, man feiert den großen Trek, den Aufbruch der Buren zur Eroberung dieses Landes und zur Werdung einer Nation. Auch die Architektur dieses Riesenmonuments trägt dazu bei, den nationalen Emotionen durch ein mystisches Ritual einen fast religiösen Charakter zu geben. Denn die Kuppel dieses Denkmals ist so konstruiert, daß an jedem 16. Dezember um Punkt zwölf Uhr mittags der Strahl der hochstehenden Sommersonne präzise auf den inmitten des Riesengewölbes stehenden Sarkophag auftrifft. Wenn der Schein der Sonne auf dem polierten Marmor blitzartig aufleuchtet, fallen die Tausenden Pilger, die sich zum Erleben dieses Augenblicks hier versammelt haben, auf die Knie, und Stille erfüllt die gewaltige Totenhalle.

Nach dem Sieg über die Zulu am Blood River begannen die Buren sich im heutigen Natal niederzulassen. Aber schon bald mußten sie erkennen, daß sie am Blood River die Kraft der Zulu nicht gebrochen hatten. Immer wieder kam es zu blutigen Zusammenstößen mit schwarzen Spähtrupps, und in den Kralen außerhalb des weißen Siedlungsgebiets riefen die Kriegstrommeln zu neuer Sammlung. Um sich vor Überraschungen zu schützen und die Schwarzen an einem organisierten Kriegszug zu hindern, bildeten die Buren wieder Kommandos, Reitertrupps, mit denen sie tief in das schwarze Gebiet hineinstießen und ihrerseits die Krale überfielen. Einige der schwarzen Häuptlinge aber besaßen noch aus früheren Zeiten Schutzverträge mit den Engländern, machten diese nun geltend und riefen die Briten um diesen Schutz an. Als die britische Kap-Verwaltung daraufhin die Buren in Natal aufforderte, ihre Kommandozüge gegen die Schwarzen einzustellen, erwiderten diese, Ziel ihres großen Treks sei gewesen, endlich der britischen Bevormundung zu entkommen. Darauf befahl der britische Gouverneur Sir George Napier seinen Truppen, nach Natal zu marschieren, um bei Weiß und Schwarz sicherzustellen, daß Britanniens Befehlen zu gehorchen sei.

Was dann geschah, macht die Episode auch heute noch bemerkenswert: Die Buren, die sich eben erst in Natal mit der Absicht niedergelassen hatten, ewig hierzubleiben, luden ihr Hab und Gut wieder auf die Wagen, spannten ihre Ochsen ein und begaben sich erneut auf den Trek, um der englischen Vorherrschaft zu entkommen. Diesmal zogen sie gegen den Fluß Vaal und überschritten ihn, kämpften erneut gegen Zulu, Ndebele und Sotho und versuchten ein neues Stück Afrika zu ihrer Heimat, zum Burenland, zu machen. Aber auch hier stießen sie auf dieselben Schwierigkeiten wie zuvor in Natal: Sie konnten sich nur schwer gegen die Schwarzen durchsetzen, die erbittert um ihr Weideland kämpften. Wo die Schwarzen verloren, riefen diese die Briten zu Hilfe, wo Buren von Schwarzen bedrängt wurden, waren die Buren froh, wenn die Rotröcke der Briten auftauchten.

Doch die britischen Interventionen kosteten Geld. Das Kolonialministerium in London war nicht gewillt, immer wieder hohe Summen für südafrikanische Feldzüge zu bewilligen. So wurde dem Gouverneur in Kapstadt eindeutige Weisung erteilt: Die Buren sollten endlich für sich selbst verantwortlich gemacht werden, ihre Selbstverwaltung sei anzuerkennen, es genüge, wenn die britische Krone eine Art Oberhoheit über das burische Gebiet behalte. Nach Jahren der Entbehrung und größter Opfer schienen die Buren nun ans Ziel gelangt zu sein. Mit aktiver britischer Unterstützung konnten sie jetzt dort, wo sie sich niedergelassen hatten, auch ihre eigenen Republiken gründen. 1854 wurde in Bloemfontein der Oranje-Freistaat ausgerufen, und drei Jahre später, 1857, kam es nördlich des Vaal-Flusses zur Gründung der Südafrikanischen Republik, deren erster Präsident der Sohn des Siegers vom Blood River, Marthinus W. Pretorius, wurde. Später erhielt dieser Teil Südafrikas den Namen Transvaal.

Es ist wichtig, sich immer wieder zu vergegenwärtigen, auf welche Weise diese burische Republik jenseits des Vaal entstanden ist: Hierher waren die härtesten, konservativsten und unbeugsamsten Elemente dieses puritanischen Bauernstammes gezogen; ihre Vorfahren hatten Europa verlassen, dann der Kap-Provinz den Rücken gekehrt, waren mit dem großen Trek ins Ungewisse gezogen, hatten sich in Natal niedergelassen und waren sofort wieder aufgebrochen, als sie ihre Autonomie von den Briten gefährdet sahen.

Für Fremde war da kein Platz mehr. Und zu den Fremden zählten die Buren in erster Linie auch die einheimischen Schwarzen. In harter burischer Offenheit legten sie in der Verfassung des neuen Staates daher fest: „Das Volk hat nicht den Wunsch, Gleichheit zwischen farbigen und weißen Einwohnern zuzulassen, weder im

Staat noch in der Kirche." Hier sei ein Vorgriff auf die neueste Geschichte Südafrikas erlaubt: Die großen Verfechter der Apartheid, jene, die dieses System der Rassentrennung zur Perfektion gebracht haben, die südafrikanischen Ministerpräsidenten Verwoerd und Vorster, kamen beide aus dem Transvaal. Ihr Nachfolger P. W. Botha, ein Mann aus der Kap-Provinz, wurde, als er 1980 eine Anpassung des Apartheid-Systems an die wirtschaftlichen und außenpolitischen Realitäten forderte, innerhalb der Nationalen Partei und innerhalb der eigenen Regierung sofort scharf von Dr. Piet Treurnicht, seines Zeichens Führer der Nationalen Partei im Transvaal, angegriffen.

Kommt also der burische Erzkonservatismus aus dem Transvaal, so ist die relative Liberalität des Kapstädters Botha auch geschichtlich begründet. Denn während die unbeugsamsten Buren in das Landesinnere auswichen, blieben jene, die zu Kompromissen in ihrem Lebensstil bereit waren, in der Kap-Provinz. Dort herrschten die Engländer. Und diese hatten eine ganz andere Art, mit den Problemen Afrikas fertigzuwerden. Als das britisch beherrschte Kap-Land etwa zur gleichen Zeit, als die Buren-Republiken entstanden, sich ebenfalls die Selbstverwaltung zubilligte, wurde in der kapstädtischen Verfassung das allgemeine, allumfassende Wahlrecht als Basis der nun einzuführenden Demokratie festgelegt. „One man, one vote" – jedem Menschen seine Stimme, das Wahlrecht für alle, so wie es heute von den Schwarzen Südafrikas gefordert wird. Wurde es schon damals von den Engländern gewährt? Nicht ganz. Die britische Verfassung nahm zwar mit keinem Wort Bezug auf Hautfarbe oder Rasse, aber sie bestimmte, daß jeder Wähler ein gewisses Mindesteinkommen auszuweisen habe. Die geforderten Summen waren gar nicht hoch, selbst die armen Weißen konnten sie vorweisen; aber Schwarze hatten nun einmal so gut wie gar kein Geld und Mischlinge nur selten.

Mit einer scheinbar liberaleren Verfassung hatten die Briten am Kap also genau das gleiche erzielt wie die Buren im Transvaal: Zur Wahl konnten de facto fast nur weiße Männer antreten.

Auch ihre Expansionspläne gaben die Briten am Kap keineswegs auf. Sie stießen in die benachbarten schwarzen Stammesgebiete vor, ja sie befanden sich sogar sehr bald in einem Wettlauf mit den burischen Republiken in Richtung Osten, zu den Häfen an der Küste des Indischen Ozeans. Und auch in den britischen Gebieten kam es dabei zu Aufständen der Schwarzen, die ebenfalls blutig niedergeschlagen wurden.

Eine Episode aus dieser Zeit ist – ebenfalls bezogen auf die heutige Situation im Süden Afrikas – sehr bemerkenswert. Als die Schwarzen in einer von den Briten mit starker Hand befriedeten Provinz – die Engländer nannten sie Kaffraria – zum bewaffneten Aufstand nicht mehr in der Lage waren, begannen sie ihre Herden zu schlachten und ihr Getreide anzuzünden. Angeblich, weil ihre Medizinmänner in einem an sich völlig logischen Umkehrschluß prophezeit hatten, wenn es kein Vieh und kein Getreide mehr gäbe, dann würde auch der weiße Mann wegziehen, denn er sei ja gekommen, um sich beides zu holen.

Ende der siebziger Jahre unseres Jahrhunderts begannen die Weißen Rhodesiens den Krieg gegen die schwarzen Guerillas in dem Augenblick zu verlieren, als die Guerillas die Entseuchungsstationen für die Rinderherden vernichteten, die Schulen und Kliniken für die schwarze Bevölkerung einäscherten, die Ernten anzündeten und auf diese Weise es der weißen Regierung unmöglich machten, das Land weiterhin wirksam zu verwalten. Die Vernichtung der Herden und der Ernten hatte auch schon seinerzeit in Kaffraria denselben Effekt gezeigt: Eine entsetzliche Hungersnot brach aus, gegen die keine Abhilfe gefunden werden konnte. Aber damals war das für eine weiße Verwaltung noch kein Grund, nachzugeben oder abzuziehen. Und dennoch hatte diese Aktion Folgen: Um nicht zu verhungern, mußten die Schwarzen das von ihnen selbst vernichtete Land verlassen. Dort, wo die Buren waren, konnten sie nicht hinziehen, da diese sich gegen jeden schwarzen Zustrom wehrten.

Die Buren verstärkten sogar den Kampf gegen die schwarze Bevölkerung innerhalb ihrer Territorien, so daß auch diese aufbrach, um sich eine neue, wenn möglich ungestörte Bleibe zu suchen. Ein Großteil dieser „schwarzen Treks" zog nun in das britisch verwaltete Natal ein. Die Briten verweigerten den Schwarzen den Zuzug nicht, sondern versuchten ihn in geordnete Bahnen zu lenken. Wo im Jahre 1850 schätzungsweise an die 20 000 Schwarze gesiedelt hatten, wurde gegen 1890 die Zahl der Schwarzen auf mehr als eine halbe Million geschätzt.

Erneut zeigt sich der Unterschied in der Art, wie Engländer und Buren solche Probleme angingen. Mit dem starken schwarzen Zuzug konfrontiert, griffen die Engländer in Natal nicht zum Gewehr, sondern zur Verordnung: Den schwarzen Zuzüglern wurden genau festgelegte Gebiete zur Siedlung zugewiesen. Die britische Verwaltung stellte insgesamt ein Siebtel des Bodens dieser

Provinz den Schwarzen zur Verfügung, garantierte ihnen in ihren Reservaten völlige Selbständigkeit, hob für diese Gebiete alle britischen Verordnungen auf und respektierte das von den Schwarzen mitgebrachte Stammes- und Häuptlingssystem.

Für eine Kolonialverwaltung in der damaligen Zeit war diese Maßnahme wahrscheinlich großzügig und liberal, jedoch mit enormen Konsequenzen für die Zukunft Südafrikas. Denn mit diesen Verordnungen hatten die Briten de facto das erste schwarze „Homeland" geschaffen: sie hatten den Schwarzen ein Reservat zugewiesen, in dem sie sich selbst verwalten konnten, mit der Auflage, die Grenzen ihres Reservats nicht zu überschreiten, also das übrige Land den Weißen zu überlassen. Diese Art der Homeland-Politik wurde hundert Jahre später zu einem Kernstück der Apartheid.

Damals allerdings hatten die bewaffnete Abwehr der Buren und das administrative Abschieben der Schwarzen durch die Engländer noch einen anderen Effekt: Die Schwarzen entzogen den Weißen ihre Arbeitskraft. Denn vor den Buren flohen sie in die noch intakten Stammesgebiete der Zulu, Ndebele, Sotho und Xhosa, und bei den Engländern saßen sie in Reservaten, in denen sie ihre traditionelle Lebensweise fortführen konnten, ohne beim weißen Mann arbeiten zu müssen. Auf den nun entstehenden riesigen Farmen der Weißen, insbesondere auf deren Zuckerrohrfeldern, fehlten die Arbeiter. Da sie an Ort und Stelle offenbar nicht ohne Probleme zu rekrutieren waren, holte man sie von weit her – aus Indien. Auch das hatte Folgen bis zum heutigen Tag: 6 000 männliche Arbeitskräfte wurden damals in Indien rekrutiert, um in den feuchtheißen Niederungen Südafrikas die Zuckerrohrplantagen der Weißen zu bestellen. Später sind diesen Arbeitern aus Indien die Frauen nachgezogen. Es erging den Indern in Südafrika so wie den Weißen – eine ursprünglich relativ kleine Emigrantengruppe hat sich zu einem sehr ansehnlichen Teil der heutigen südafrikanischen Bevölkerung entwickelt. Die Zahl der Nachkommen dieser damals ins Land gerufenen Inder beläuft sich heute auf über 750 000. Doch auch sie stießen in dem Moment, als sie politische und gesellschaftliche Rechte für sich reklamierten, auf den entschiedenen Widerstand der Weißen, vor allem auf den der Buren.

Die Inder wurden von den Buren lange Zeit ebenso heftig abgelehnt wie die Schwarzen; bis zum Jahre 1961 gewährte man ihnen sogar nur den Status von Gastarbeitern, von denen man erwartete, daß sie irgendwann einmal wieder in ihre Heimat zurückkehren würden. Dabei handelte es sich bereits um die dritte im Land geborene Generation. Erst als sich Südafrika 1961 von der britischen Krone trennte und eine selbständige Republik wurde und als die anderen Commonwealth-Länder, vor allem Indien, die damalige südafrikanische Regierung wegen ihrer Rassenpolitik scharf verurteilten, gab man die Fiktion auf, die Inder eines Tages wieder nach Indien abschieben zu können. Daß sie unter Umständen sogar eher auf der Seite der Weißen als auf der der Schwarzen engagiert werden könnten, wollten die Apartheid-Politiker erstaunlicherweise gar nicht wahrhaben, denn dies hätte sie ja veranlassen müssen, die braunen Inder als gleichberechtigt zu akzeptieren. Doch braun war braun und eben nicht weiß. Die Inder wurden zwar endlich als heimatberechtigte Bürger akzeptiert, aber die Apartheid-Gesetze wurden auch auf sie angewendet.

Daß es zur Absonderung der Buren und der so verschiedenartigen Entwicklung in den einzelnen Regionen Südafrikas kommen konnte, war darauf zurückzuführen, daß dieser Teil Afrikas für die europäischen Mächte bis dahin nur aus einem einzigen Grund interessant war, nämlich wegen der strategischen Lage des Kaps der Guten Hoffnung an der wichtigsten Seeroute der Welt. Das Hinterland hingegen schien Europa nichts zu bieten. Wer sein Vieh auf den dürren Weiden des Hochplateaus weiden ließ und sich wegen dieses Weidelands dort die Schädel einschlug, konnte Europa einerlei sein. Europäische Interessen und Kapital flossen in ganz andere, vielversprechendere Weltgegenden. Nach Indien und China, nach Marokko und an den Nil, nach Australien und Neuseeland, vor allem aber nach Amerika.

Das änderte sich schlagartig im Jahr 1867, als aus den beiden Buren-Republiken, deren Existenz man in Europa nicht einmal richtig wahrgenommen hatte, die sensationelle Nachricht kam, man habe an den Flüssen Oranje und Vaal Diamanten gefunden. Ein kleines Heer von Glücksrittern machte sich auf den Weg nach Südafrika. Aber auch große, in der Suche nach edlen Steinen und Metallen erfahrene Unternehmen wandten nun ihre Aufmerksamkeit diesem Land im Süden Afrikas zu. Professionelle Prospektoren wurden ausgeschickt, Geldleute und Eisenbahnerbauer folgten ihnen. Sie fanden auch rasch, woran Buren und Engländer hundert Jahre lang achtlos vorübergezogen waren – Gold. Zunächst fand man es in den Flüssen, wie in Amerika. Aber als man auch den Boden genauer untersuchte, stieß man – wie man bald wußte – auf die größten Goldvorkommen der Welt. Ein Goldrausch setzte ein, der an Umfang und Intensität den legendären Goldrausch von Kalifornien noch in den Schatten stellte. Daß es dennoch so wenig Geschichten über diese Jagd nach dem südafrikanischen Gold gibt, liegt daran, daß die höchst interessierten europäischen Minensyndikate und Bankhäuser die individuelle Suche nach Diamanten und Gold in Südafrika sehr schnell unterbanden. Schon wenige Jahre nach den ersten Diamanten- und Goldfunden waren die Claims der Einzelprospektoren von den großen Kompanien aufgekauft, ja im Diamantengeschäft kauften sich diese Kompanien noch untereinander auf, bis ein einziges großes, den ganzen Süden Afrikas beherrschendes Diamantensyndikat übrigblieb – „De Beers Consolidated".

De Beers hat seine Hoheit über alle erschlossenen Diamantenfelder und alle Gebiete im Süden Afrikas, in denen Diamanten vermutet werden, bis zum heutigen Tag fest bewahrt. In diesem Syndikat spielten allerdings zu verschiedenen Zeiten verschiedene Männer mit ganz unterschiedlichen Ambitionen eine große Rolle. Der Mann, der das Syndikat zu dessen ersten großen Triumphen führte, war ein englischer Finanzier, der sich zunächst gar nicht sosehr von den Diamanten und vom Gold, sondern vom gesunden Klima Südafrikas angezogen fühlte. Er hieß Cecil John Rhodes. Rhodes war nur nach Südafrika gekommen, um seine angeschlagene Gesundheit wieder ins Lot zu bringen. Aber vom ersten Augenblick an faszinierten ihn die Diamanten- und Goldfunde.

Rhodes hatte zwei Ziele vor Augen, und er wußte auch, wie sie sich gemeinsam verfolgen ließen: Er vermutete in den weiten Regionen des südlichen Afrika noch weitere große Diamantenfelder und Goldvorkommen, und er wollte an so viele von ihnen wie möglich herankommen; er war aber auch ein britischer Patriot und entwarf den kühnen Plan, nicht nur den gesamten Süden Afrikas dem Empire einzuverleiben, sondern auch eine englisch beherrschte Landbrücke zwischen Ägypten und Südafrika herzustellen.

Mit Umsicht und Energie steuerte Rhodes nun beide Ziele an, brachte einerseits das Diamantensyndikat unter seine Kontrolle und holte sich auch im Goldbergbau einen Löwenanteil. Gleichzeitig sicherte er sich den Einfluß nicht nur in der lokalen Politik Südafrikas, sondern auch dort, wo letztlich die wirklichen Entscheidungen fallen würden – in London. Unter Rhodes' Druck gaben die Briten ihre bisherige zögernde Haltung in Südafrika auf und begannen zielstrebig, die außerhalb der beiden Buren-Republiken befindlichen schwarzen Territorien „unter ihren Schutz" zu stellen. Das war nicht so schwer, da die Schwarzen eine Ausdehnung der Buren-Republiken befürchteten und hofften, die Briten als Schutzmacht für sich zu gewinnen.

Nach Basutoland wird Betschuanaland zum englischen Protektorat erklärt, während Cecil Rhodes gleichzeitig mit dem Häuptling der Ndebele, Lobengula, im Matabeleland verhandelt, das später ein Teil Rhodesiens werden sollte, und sich von ihm die Schürfrechte für Diamanten und Gold abtreten läßt. Bald darauf rüstet Rhodes eine Pionierkolonne aus, die er tief ins Mashonaland bis dorthin vorstoßen läßt, wo heute die Hauptstadt Zimbabwes, Harare, das frühere Salisbury, liegt. Auf dem Hauptplatz von Harare ist der Stein zu sehen, dessen Inschrift an das Eintreffen dieser von Rhodes ausgerüsteten Kolonne erinnert.

Die Goldsucher und Siedler, die den Pionieren nachgefolgt sind, haben Rhodes die Erschließung dieses riesigen zentralafrikanischen Landes gedankt, indem sie es nach ihm benannten – Rhodesien. Rhodes selbst hatte die Selbständigkeit des Landes allerdings nie gewollt, weder als Rhodesien und schon gar nicht als Zimbabwe. Rhodes träumte von einer einzigen großen südafrikanischen Föderation, einer Staatengemeinschaft unter britischer Vorherrschaft, in die auch die beiden Buren-Republiken hätten eingegliedert werden sollen.

Die Buren waren inzwischen aufgewacht. Die Diamanten- und Goldfunde hatten sie, die ein von der übrigen Welt isoliertes Leben führen wollten, über Nacht in die Machtkämpfe und Streitigkeiten um die prospektiven Schätze dieser Region hineingezerrt. Die größten Goldfunde wurden ausgerechnet in der burischen Südafrikanischen Republik gemacht, dem späteren Transvaal, und zwar in der Nähe von Johannesburg. Viele tausend Diamantensucher, Goldschürfer, Prospektoren, Glücksritter und deren Trosse strömten plötzlich in die abgeschiedene Buren-Republik ein. Die meisten von ihnen kamen aus England oder aus anderen von England beherrschten Teilen der Welt. Erneut sahen sich die Buren mit einer rasch wachsenden britischen Bevölkerung konfrontiert und fürchteten mit Recht, daß England schon bald unter dem Vorwand, seine Untertanen schützen zu müssen, ihnen Soldaten nachschicken würde.

Für kurze Zeit forderten die Buren sogar selbst die ordnende Hand Englands an, als sie ihre Probleme im Transvaal nicht lösen konnten. Es war ja wirklich zuviel, was da auf sie einströmte: fremde Menschen, die dem Gold nachjagten, fremdes Kapital, das das Land aufzuschließen begann, Ingenieure, die in kürzester Zeit kreuz und quer durch burisches Land Eisenbahnschienen legten, Handelsleute von nah und fern, die den nun über Nacht zu Gold und Geld gekommenen Buren alles mögliche an guten und schlechten Projekten aufzuschwatzen versuchten. Mehr als alles andere aber bekamen die Buren die entschlossene Hand Cecil Rhodes' zu spüren. Als sie nach Norden vorstoßen wollten, riegelte sie Rhodes durch Verträge mit den Ndebele und durch die Annexion des Betschuanalandes ab. Als sie ihren Teil an den Diamantenfeldern im Westen holen wollten und die dort ansässigen Mischlinge zu verdrängen suchten, kam ihnen Rhodes zuvor, erwirkte einen Richtspruch gegen die Landrechte der Mischlinge und ließ ihr Land durch die britische Kap-Regierung annektieren. Als die Buren einen Zugang zum Meer, zum Indischen Ozean, suchten, marschierten die Briten im Zululand und im Tongaland ein und machten sich die Gebiete trotz anfänglicher blutiger Niederlagen untertan.

Schließlich sollten die Buren-Republiken selbst – im vollen Einverständnis mit dem Kolonialministerium in London – aufgebrochen werden, und zwar ganz auf die Art und Weise, mit der auch noch im modernsten 20. Jahrhundert fremde Länder unterminiert und besetzt werden – indem man einen Aufstand inszeniert und eine Schutzmacht zu Hilfe ruft. Zu diesem Zweck sollten die in die Südafrikanische Republik (Transvaal) in Massen zugewanderten britischen Bürger als fünfte Kolonne dienen. Von außen angestachelt, forderten sie von den Buren gleiche Rechte und insbesondere das Wahlrecht in der Buren-Republik. Die Buren sahen ihre mit so viel Mühsal in die Wildnis gerettete nationale Identität schon wieder bedroht. Aber sie hatten inzwischen etwas von den Engländern gelernt: Man durfte die Forderungen der Briten nicht schroff ablehnen, sondern mußte ihnen in der gleichen Art begegnen, wie die Briten bisher ihre Politik in der Kap-Provinz gemacht hatten: indem man nachgab, aber Bedingungen stellte, die die Gefahr abwendeten. Doch von Buren ausgeführte, wenn auch britische Ideen konnten nicht zum gleichen Resultat führen.

Die Engländer hatten in der Kap-Provinz für die Ausübung des Wahlrechts den Nachweis eines geringen finanziellen Einkommens gefordert und damit Schwarze und Mischlinge erfolgreich vom Wahlgang ausgeschlossen. Jetzt erklärten sich die Buren bereit, jenen britischen „Uitlanders" (Ausländern) das Wahlrecht in der Buren-Republik zuzuerkennen, die das 40. Lebensjahr überschritten hatten, sich schon seit 14 Jahren im Transvaal aufhielten und mindestens zwölf von diesen vierzehn Jahren der burischen Regierung durch Treueeid verpflichtet gewesen waren. Dadurch wären so gut wie alle zugewanderten Briten vom Wahlrecht ausgeschlossen gewesen. Die sich nun unter Cecil Rhodes' Führung zur Schutzmacht der Briten aufschwingende Kap-Regierung forderte die Zuerkennung des Wahlrechts an alle, die sich länger als fünf Jahre im Lande aufhielten. Die Buren lehnten ab. Daraufhin sollte ein Aufstand der „Uitlanders" gegen die Buren stattfinden und ein Hilferuf an die britische Schutzmacht ergehen, der einen Einmarsch britischer Truppen in die Buren-Republik zur Folge gehabt hätte. Rhodes selbst hatte alle Details dieses Plans ausgeheckt. Aber die „Uitlanders" erhoben sich nicht, eine von Rhodes in Stellung gebrachte Einheit marschierte dennoch, ohne gerufen worden zu sein, und wurde von den Buren geschlagen.

Obwohl sich London sofort von dem Unternehmen distanziert, und Rhodes seine politischen Funktionen zurücklegen muß, glauben die Buren nicht mehr daran, daß der Friede zwischen ihnen und England noch lange aufrechterhalten werden könnte. In der Buren-Republik waren inzwischen Männer in die Führung des Staates gewählt worden, die zum Widerstand fest entschlossen waren. An ihrer Spitze stand Paul Kruger als Präsident der Republik, an seiner Seite Jan Christian Smuts und eine Reihe von Burenführern, deren Namen später in die Geschichte eingingen und deren Nachfahren bis zum heutigen Tag eine gewichtige Rolle in der südafrikanischen Politik spielen: Botha, Prinsloo, Hertzog, Malan, de Wet, de la Rey, Kritzinger, Steyn.

Im Jahr 1898 wird Paul Kruger mit großer Mehrheit zum dritten Mal zum Präsidenten der Buren-Republik gewählt. Zu seiner und der ganzen Welt Überraschung erhält er ein Glückwunschtelegramm, mit dem ihm der Deutsche Kaiser Wilhelm II. in herzlichen Worten zu seiner Wahl gratuliert. In Transvaal wie in London sieht man in dieser für die damalige Zeit ganz ungewöhnlichen Geste ein Unterstützungsversprechen der Deutschen an Kruger. Tatsächlich aber unterstützt das Telegramm nur die deutsche Sache im Süden Afrikas; denn inzwischen haben die Deutschen im benachbarten Südwestafrika Fuß fassen können, und der Kaiser ist entschlossen, diese riesige Region unter den Schutz des Deutschen Reiches zu stellen und gegen alle britischen Ansprüche abzusichern. Doch das scheinbar wertlose Wüstengebiet im Südwesten interessiert die Engländer bei weitem nicht so wie Krugers Buren-Republik im Zentrum des südafrikanischen Mineralienreichtums. Also einigen sich die Briten rasch mit dem deutschen Kaiser, erheben gegen die deutschen Annexionen keinen Einspruch, und die deutsche Schutz-truppe hat in Südwest freie Hand. Die zehntausend Soldaten, die nun die britische Regierung nach Afrika entsendet, sind nach Kap-stadt unterwegs.

Kruger aber schließt mit der benachbarten zweiten Buren-Repu-blik, dem Oranje-Freistaat, ein Schutz-und-Trutz-Bündnis. Von nun an gilt der Krieg im Süden Afrikas allgemein als unvermeidbar. Burischer Stolz läßt schließlich die Buren den Engländern zuvor-kommen, sie stellen England ein Ultimatum: die britischen Truppen an der Grenze der Buren-Republiken seien innerhalb von drei Tagen zurückzuziehen. Die Buren hoffen auf einen raschen Sieg, denn noch stehen nicht mehr als 27 000 britische Soldaten an ihren Grenzen, während die Buren selbst in den letzten Monaten eifrig mobilisiert und 48 000 Mann aufgeboten haben. Doch England denkt nicht daran, nachzugeben. Das Ultimatum der Buren heizt eher noch die antiburische Stimmung in England an. Die Buren aber haben ihren Kriegsgrund. Nach Ablauf des Ultimatums reiten sie gegen den Feind.

Der Sieg in der Niederlage

Die Buren sind nicht nur zahlenmäßig überlegen, sie sind hier auch zu Hause, kennen das Gelände, wissen es zu nutzen und werden von der Zivilbevölkerung voll unterstützt. Die Engländer marschieren im Feindesland, die meisten ihrer Soldaten sind zum ersten Mal in Afrika. Die Briten werden an fast allen Fronten geschlagen, in einer Woche stecken sie so viele Niederlagen ein, daß man in London von einer „black week" spricht und sich zutiefst geschockt zeigt. Der Sieg des burischen Generals Louis Botha über den britischen Ober-befehlshaber Sir Redvers Buller ist für die Situation symptomatisch: Während Buller an einem Tag 1 139 Mann verliert, büßt Botha, der das Gelände maximal für sich genutzt hat, nur 29 Mann ein.

Aber die Niederlagen mobilisieren die öffentliche Meinung in England und im ganzen Empire. Ein Expeditionskorps von 40 000 Freiwilligen wird ausgerüstet und mit dem damals modernsten Kriegsgerät ausgestattet. Der Einsatz solcher Rüstung bringt den Buren Sympathien im übrigen Europa, vor allem in Deutschland. Auch hier melden sich Freiwillige, die für die burische Sache ins Feld ziehen wollen. Die Briten schicken ihre höchstrangigen Feldherren in den Kampf, den Feldmarschall Lord Roberts und den Stabschef Lord Kitchener. (Dieser wird später auf Grund seiner Leistungen im Burenkrieg Englands Armeen im Ersten Weltkrieg anführen.)

Die britische Überlegenheit kommt nun zum Tragen. Eine burische Bastion nach der anderen fällt, schließlich marschieren die britischen Kolonnen in die Hauptstädte des Oranje-Freistaates und der Südafrikanischen Republik ein. Präsident Kruger verläßt sein Land und erreicht über das portugiesische Moçambique schließlich Europa, wo er die öffentliche Meinung, vor allem in Deutschland, noch einmal für die burische Sache zu mobilisieren versucht. Die Briten aber verkünden ihren Sieg und erklären die beiden Buren-Republiken für annektiert. Feldmarschall Roberts hält seine Aufgabe für beendet, setzt in November 1900 Kitchener im Transvaal als Statthalter ein und kehrt nach England zurück.

Für die Buren aber, so zeigen nun die nächsten Ereignisse, hat der Krieg gerade erst begonnen. In offener Feldschlacht geschlagen, ziehen sie sich in die Savannen und in die Berge zurück, formieren sich neu und führen von nun an einen Partisanenkrieg, der allen künftigen Partisanenkriegen als Vorbild dienen wird. In rasch beweglichen Kolonnen tauchen sie im Rücken der englischen Armeen auf, zerstören deren Nachschubbasen, umzingeln sie, vernichten sie und sind schon längst verschwunden, wenn der britische Entsatz eintrifft.

Nun wird den Engländern klar, worin das Geheimnis dieses Erfolgs liegt: Die Zivilbevölkerung steht hinter den Buren, deckt sie, ernährt sie, informiert sie, hilft ihnen weiter. Der Partisan, wird Mao Zedong einige Jahrzehnte später schreiben, hat sich in der Bevölkerung zu bewegen wie der Fisch im Wasser. Die Buren tun das. Die Engländer reagieren mit außergewöhnlichen, in der bisherigen Kriegführung noch nie gekannten Methoden: Sie brennen die burischen Farmhäuser nieder, vernichten die Lebensmittelvorräte, nehmen die Frauen und Kinder der Buren gefangen und internieren sie in großen Lagern. Jahrzehnte später werden sich andere Eroberer auf dieses Vorbild berufen. Denn die Engländer selbst nennen diese Lager „concentration camps". Die Vernichtung der Farmen und die Internierung der Frauen und Kinder sollen, so hoffen die Engländer, die Kampfmoral der Buren brechen. Die Unterkünfte in den Lagern sind schlecht, die Versorgung der Insassen ist miserabel. Epidemien brechen aus, viele sterben. Aber die schlimmen Nachrichten machen die Buren nicht weich, sondern lösen nur noch größere Verbitterung aus und immer größere Todesverachtung. Waren die Buren bis dahin ein oft zerstrittener, vielfach uneiniger, höchst individualistischer Haufen, so werden sie nun, wie später Historiker schlüssig beweisen, in dieser erbarmungslosen Auseinandersetzung, die das gesamte Burenvolk ohne jede Ausnahme erfaßt, endgültig zur Nation geschmiedet. Nur unter größtem Aufwand an Truppen und Material und erst nach Besetzung so gut wie aller Straßen und strategischen Punkte in den Buren-Republiken gelingt es Kitchener, den Widerstand der Buren zu brechen.

Letztlich erliegen die Buren der Übermacht. Am 12. April 1902 treffen ihre Abgesandten in Pretoria mit General Kitchener zusammen, um die Friedensbedingungen auszuhandeln.

Damit geht ein Krieg zu Ende, der auf beiden Seiten unverhältnismäßig hohe Opfer gefordert hat. Die Briten verloren in den zweieinhalb Jahren dieses Kampfes mehr als 22 000 Mann, die Buren hatten in den Reihen ihrer Krieger nur 6 000 Tote zu beklagen. Aber in den Konzentrationslagern waren 4 000 Frauen und mehr als 16 000 Kinder den Entbehrungen und Epidemien erlegen. Im Laufe des Krieges waren 26 000 Buren in britische Kriegsgefangenschaft geraten, und mehr als 116 000 burische Frauen und Kinder befanden sich bei Kriegsschluß in den britischen Konzentrationslagern.

So hart und unbarmherzig der Krieg geführt worden war, erwiesen sich die britischen Friedensbedingungen als sehr mild:

1. Die Buren haben ihre Waffen niederzulegen und König Eduard VII. als ihren Souverän anzuerkennen.
2. Alle Gefangenen, die sich dieser Souveränität unterwerfen, werden sofort freigelassen.
3. Jedem, der die Waffen niederlegt, wird die persönliche Freiheit und sein Eigentum garantiert.
4. Niemand wird für das, was er im Krieg getan hat, verantwortlich gemacht.
5. Die holländische Sprache kann in den Schulen weiter verwendet und vor Gericht gesprochen werden, wenn dies Eltern und Bürger so wünschen.
6. Jeder kann sein Gewehr wieder zurückbekommen, wenn er es registrieren läßt.
7. Die jetzige Militärverwaltung soll so rasch wie möglich von einer Zivilregierung abgelöst werden, und es sind repräsentative Institutionen einzuführen, die ebenfalls so bald wie möglich zur Selbstregierung führen sollen.

8. Die Frage des Wahlrechts für Eingeborene (Natives) wird nicht jetzt, sondern von der in Zukunft zu erwartenden Selbstregierung der Buren entschieden werden.

9. Es wird keine Sondersteuer eingehoben, um die Kriegsausgaben zu tilgen.

10. Im ganzen Land sind Distriktskommissare einzusetzen, die die Wiederansiedlung und den Wiederaufbau zu leiten haben.

Die Buren hatten den Engländern so viel Respekt abgewonnen, und die öffentliche Meinung in England plagte ein so schlechtes Gewissen, daß sich die britische Regierung bereit erklärte, für den Wiederaufbau der zerstörten burischen Farmen eine Summe von drei Millionen Pfund zur Verfügung zu stellen.

Mit diesen Friedensbedingungen waren die Weichen für die weitere Entwicklung Südafrikas gestellt, und zwar bis zum heutigen Tag. Die Briten, damals wie heute in Südafrika in der Minderheit, boten einerseits der burischen Mehrheit die Versöhnung an. Indem sie den Buren bereits in den Friedensbedingungen erneut die Selbstverwaltung anboten, gaben sie ihnen die Chance, eines Tages wieder Herren über ihr Land zu werden. Und als sie die beiden burischen Republiken mit den britischen Kolonien in Südafrika, mit dem Kap-Land, mit Natal und mit den zahlreichen besetzten und unter Protektorat gestellten schwarzen Stammesgebieten unter eine einzige gemeinsame Souveränität stellten, erhielten die Buren sogar die einzigartige Möglichkeit, ganz Südafrika zu übernehmen, sobald sie in diesem Staatengebilde das englische Element majorisieren und mit ihrer Mehrheit selbst an die Regierung kommen würden.

Anderseits haben die Engländer höchstwahrscheinlich eine Chance vergeben, indem sie die Buren nicht dazu zwangen, auch den schwarzen Bürgern das Wahlrecht zuzuerkennen. Denn in der britischen Kap-Provinz galt zu diesem Zeitpunkt „gleiches Wahlrecht für alle", wenn es auch bewußt durch den geforderten Nachweis finanziellen Auskommens eingeschränkt wurde. So aber überließen die Engländer einer späteren burischen Selbstverwaltung die Entscheidung darüber, ob sie den „Natives", also den Schwarzen, ähnliche Rechte wie sich selbst einräumen wollten. Im Vorgriff auf die weitere Entwicklung sei hier schon vermerkt, daß es später genau umgekehrt gekommen ist: Als die burische Selbstverwaltung auch noch auf die Kap-Provinz ausgedehnt wurde, schafften die Buren das dort geltende Wahlrecht zuerst für die Schwarzen und dann auch für die Mischlinge ab.

Wie viele Opfer der mörderischen Krieg sie auch gekostet haben mag, der Friedensschluß brachte den Buren in jeder Hinsicht einen gewaltigen Aufschwung. Die britische Hilfe zum Wiederaufbau betrug letztlich nicht die zunächst vorgesehenen drei Millionen, sondern wurde auf mehr als zehn Millionen Pfund Sterling gesteigert. Der Zusammenschluß der vier Regionen – Kap-Provinz, Oranje-Freistaat, Transvaal und Natal – ließ einen Raum von der Größe halb Europas zu einer Wirtschaftsgemeinschaft ohne Grenzen, ohne Zölle und unter einer einzigen gemeinsamen, politischen Verwaltung entstehen. Der wirtschaftliche Aufschwung, der mit dem Gold- und Diamantenrausch eingesetzt hatte, aber ursprünglich auf den Widerstand der Buren gestoßen war, konnte nun rasant fortgesetzt werden.

Drei Vergleichszahlen machen dies deutlich. Das gesamte Handelsvolumen der vier südafrikanischen Regionen betrug im letzten Jahrzehnt vor den Gold- und Diamantenfunden, also zwischen 1860 und 1870, etwas mehr als 48 Millionen Pfund Sterling. Im letzten Jahrzehnt vor Ausbruch des Krieges, von 1890 bis 1899, hatte dieses Handelsvolumen schon eine Summe von 375 Millionen Pfund Sterling erreicht. Aber das erste Jahrzehnt nach dem Krieg, von 1902 bis 1912, brachte bereits einen Handelsaustausch im Wert von 785 Millionen Pfund Sterling. Im Jahre 1870 gab es in ganz Südafrika eine einzige Eisenbahnlinie von rund 111 Kilometer Länge zwischen Kapstadt und Wellington. 30 Jahre später umfaßte das Eisenbahnnetz Südafrikas 6 250 Kilometer, und ein Blick auf die Landkarte mit den eingetragenen Eisenbahnlinien zeigte bereits eindeutig das wirtschaftliche Zentrum des Landes: Jeder der großen Häfen Südafrikas – Kapstadt, Port Elizabeth, East London, Durban und sogar das portugiesische Lourenço Marques – war durch Eisenbahnlinien mit Johannesburg verbunden.

Weitere zwei Ereignisse kommen den besiegten Buren nun auch politisch zugute. 1905 werden in London die Politiker abgelöst, die den Burenkrieg geführt haben. Eine neue liberale Regierung will die rasche und totale Aussöhnung mit den Buren und gesteht ihnen das volle Wahlrecht zu, ohne auf eine Übertragung des Kap-Wahlrechts zu bestehen, das auch den Schwarzen und Farbigen zumindest prinzipiell eine gleiche Stimme eingeräumt hatte. 1907 ist einer der großen Helden des Burenkrieges, Louis Botha, bereits frei gewählter Ministerpräsident von Transvaal, an seiner Seite der frühere Vertrauensmann Paul Krugers, Jan Christian Smuts. Im

Oranje-Freistaat kommt ebenfalls ein Bure, Abraham Fischer, an die Regierung, und selbst in der Kap-Provinz siegt der Kandidat des proburischen Afrikaaner-Bond, John Xavier Merriman. Zur Jahreswende 1908 einigen sich Delegierte aller vier Teilparlamente, die vier Provinzen endgültig zu einer einzigen Union zusammenzuschließen und ihr eine gemeinsame Verfassung zu geben. Das Parlament in London erteilt seine Zustimmung, und am 31. Mai 1910 wird in Pretoria die neue Südafrikanische Union ausgerufen.

Das benachbarte Rhodesien wird eingeladen, sich der Union als integraler Bestandteil anzuschließen. Erstaunlicherweise lehnen die weißen Siedler Rhodesiens dieses Angebot in einer Volksabstimmung ab. Die Beziehungen Rhodesiens zu Südafrika bleiben zwar eng, doch gehen beide Länder von da ab getrennte politische Wege, die in Rhodesien letztlich zu einer völlig anders gearteten Entwicklung führen.

Acht Jahre nach dem Ende des Krieges, den die Buren verloren haben, ergreifen sie de facto die Macht über ganz Südafrika einschließlich der früher englisch regierten Kap-Provinz und Natals. Denn mit dem Zusammenschluß der vier Länder zu einer einzigen Union bilden auch die Parteien der Buren eine Koalition, die die beiden Transvaal-Buren Botha und Smuts nun für ganz Südafrika an die Regierung bringt. Man schreibt das Jahr 1911. Drei Jahre später ist diese Regierung in Schwierigkeiten, denn in Europa ist ein Krieg ausgebrochen, der sich rasch zu einem Weltkrieg entwickelt. Auch Südafrika ist als britisches Dominion unter Selbstverwaltung aufgefordert, an der Seite Englands in diesen Krieg zu ziehen. Jetzt zeigt sich, daß die Wunden der Buren noch nicht verheilt sind. Die Regierung Botha–Smuts beschließt den Kriegseintritt. Aber ihre früheren Kampfgenossen, das sind fast alle anderen Buren-Generäle, die noch gegen die Briten gekämpft haben, betrachten es als nationalen Verrat, an der Seite Englands gegen den seinerzeitigen Freund der Buren, gegen Deutschland, ins Feld zu ziehen. Es kommt zu einer Generalrevolte, die jedoch von Botha und Smuts niedergeschlagen wird. Später werden die beiden Führer dieses harte Durchgreifen damit begründen, daß es für die Sache der Buren entschieden besser gewesen sei, sich bedingungslos auf die Seite Englands zu stellen, da nur durch zunehmendes britisches Wohlwollen der Weg in die volle Unabhängigkeit beschleunigt werden konnte.

Botha und Smuts verfolgen diese Politik mit äußerster Konsequenz. Botha selbst übernimmt das Kommando eines südafrikanischen Expeditionskorps und marschiert gegen die Deutschen im benachbarten Deutsch-Südwestafrika, und schon am 9. Juli 1915 zwingt er sie zur Kapitulation. Jan Smuts übernimmt das Kommando über die alliierten britisch-südafrikanischen Truppen in Ostafrika und kämpft dort gegen die deutsche Schutztruppe des General Lettow-Vorbeck. Später tritt Smuts dem Kriegskabinett in London bei, während Botha in Südafrika alle wirtschaftlichen und finanziellen Mittel zur Unterstützung der englischen Kriegsanstrengungen organisiert.

1902 waren sie noch Besiegte, aber 1919 sitzen die zwei Buren-Generäle Botha und Smuts als Sieger in Versailles und unterzeichnen im Namen Südafrikas die Friedensbedingungen für Deutschland. Gemeinsam mit der Prominenz der anderen Siegermächte werden Botha und Smuts Mitbegründer des Völkerbundes und lassen sich von diesem die Mandatsverwaltung für Deutsch-Südwestafrika zuteilen.

Nach außen hin schienen die Folgen des Burenkrieges nun endgültig überwunden. Buren regierten ganz Südafrika, das im Kreise der Siegermächte seinen Platz an der Sonne hatte. Aber innerhalb des burischen Lagers empfand man dies ganz anders: Die volle Freiheit, die die Buren mit der Gründung ihrer beiden Republiken im Transvaal und am Oranje endlich für sich und ihre Überzeugung errungen hatten, war verloren. Sie konnten zwar eine Regierung stellen, die aber letzten Endes den Befehlen aus London zu folgen hatte. Dasselbe galt auch für die Verwaltung des Landes: Alle wichtigen Posten waren in Händen von Engländern, die sich immer wieder über die Köpfe der Buren hinweg direkt mit den vorgesetzten Dienststellen in London verständigen konnten. In noch stärkerem Maß traf dies auch auf die wirtschaftlichen Strukturen zu. Fast der gesamte Bergbau, beinahe alle neuen Industrien, die großen Handelsunternehmen, die das ganze Land umfassenden Warenhausketten – sie alle waren fast ausschließlich in britischen Händen. Die Buren stellten weiterhin die Bauern und Farmer und das große weiße Proletariat in den englisch beherrschten Bergwerken und Betrieben.

Doch hatte gerade der Burenkrieg das burische Nationalbewußtsein ganz außerordentlich gehoben. Das harte Vorgehen der Engländer während des Krieges, vor allem auch gegen Frauen und Kinder der Buren, hatte unter den Buren ein noch engeres Zusammengehörigkeitsgefühl entstehen lassen. Die milden britischen Friedensbedingungen konnten nicht darüber hinwegtäuschen, daß die

Buren nur in einem britischen Dominion regieren durften und bei aller Autonomie von London abhingen. Die stille Parole der Buren lautete daher, unablässig auf den Tag hinzuarbeiten, an dem die englische Oberherrschaft abgeschüttelt und die vollständige burische Freiheit wiederhergestellt werden könnte.

In dieser Zeit entstand eine Reihe von offenen und geheimen burischen Institutionen und Bünden, deren Tätigkeit auf dieses Ziel gerichtet war. Die Niederländisch-Reformierte Kirche war sowohl in den offenen wie in den geheimen Bünden vertreten und bot ihnen allen einen festen Halt. Wo immer möglich, hatten Buren Buren zu helfen, um sich gegen die englische Führungsschicht in Verwaltung und Wirtschaft durchzusetzen. Der „Broederbond" war und ist die prominenteste und auch die geheimste dieser Organisationen. Ohne Mitgliedschaft in diesem Bund oder zumindest ohne helfende Hand durch diesen Bund kann im Burenlager niemand zu einer führenden Position aufsteigen, weder in der Politik noch in der Wirtschaft.

Aber die Überwindung der Niederlage gegen England war nur ein Teil des nationalen burischen Strebens. Die Absicherung der wieder zu erlangenden burischen Vorherrschaft gegenüber der stets drohenden schwarzen Mehrheit des Landes war mindestens so vordringlich und erhielt vollends Vorrang, als man die englische Vorherrschaft endlich gebrochen hatte. Bis dorthin war es noch ein langer Weg. Und auf diesem Weg kämpften die Buren unablässig an beiden Fronten – an der einen gegen die Engländer und an der anderen gegen die Schwarzen.

Im Jahr 1922 traten Ereignisse ein, die für die Führungsspitze der Buren zum traumatischen Erlebnis wurden und dessen Auswirkungen bis zum heutigen Tag nachebben. Der Goldpreis war gesunken, und Südafrikas Wirtschaft schlitterte gemeinsam mit der übrigen Weltwirtschaft in die Stagnation. Die Grubenleitungen entschlossen sich, die Produktion zu verbilligen. Das konnten sie mit einer einzigen Entscheidung bewirken, sie brauchten bloß die teuren weißen Bergleute durch billige Schwarze zu ersetzen. Der Lohn eines Weißen betrug damals rund das Zehnfache von dem eines schwarzen Arbeiters. Während aber die Grubenbetriebe damit die drohenden Verluste abwenden konnten, sahen sich über Nacht Tausende weiße Grubenarbeiter auf der Straße. Es kam zu Protestaktionen, zu Demonstrationen und schließlich zu offener Rebellion. Diese richtete sich gleichermaßen gegen die schwarze „Schmutzkonkurrenz" wie gegen die Grubenleitungen und die sie deckende eigene burische Regierung.

General Smuts, der General Botha als Premierminister nachgefolgt war, setzte zuerst die Polizei und dann das Militär gegen die streikenden, revoltierenden burischen Landsleute ein. Diese appellierten an die internationale Solidarität mit Aufrufen und Spruchbändern, die an den Toren der bestreikten südafrikanischen Gruben und Fabriken aufgezogen wurden: „Arbeiter aller Länder, vereinigt euch zur Verteidigung eines weißen Südafrika." Und sie fanden mit diesem Aufruf bei so manchen Gewerkschaften in Europa und in Amerika Unterstützung.

Premierminister Smuts schlug den Aufstand nieder. Bei den Kämpfen verloren über 260 weiße Arbeiter ihr Leben. Seither wird das burische Lager von einem Alptraum beherrscht: es könnte ein Teil der Buren auf Kosten eines anderen Teils der Buren die Verständigung mit den Schwarzen suchen. Jede Bereitschaft in dieser Richtung erregt daher tiefstes Mißtrauen und wird bereits als Ansatz zum Bruderkrieg angesehen. Und das ist nicht nur ein theoretisches Modell.

Die Probe auf das Exempel gab es beinahe schon wieder, als im Jahr 1979 eine burische Verwaltung in Namibia, dem ehemaligen Deutsch-Südwestafrika, die Apartheid-Gesetze weitgehend aufhob und eine schwarze, wenn auch treu ergebene Mehrheitsregierung, die Turnhalle-Allianz, einsetzte.

Die burischen Farmer in Namibia und ein Teil der ebenfalls im Land befindlichen südafrikanischen Armee planten den Aufstand, die offene Rebellion. Doch die südafrikanische Regierung entzog sich durch blitzschnelle Manöver dieser Gefahr.

Jedenfalls hatte der Aufstand von 1922 und seine blutige Niederschlagung durch Jan Smuts zur Folge, daß sich die konservativen Elemente im Burenlager, vertreten auch durch den alten Buren-General James Barry Munnik Hertzog, mit der die weiße Arbeiterschaft führenden Labour Party zusammenschlossen und Jan Smuts bei den Wahlen von 1924 eine entscheidende Niederlage bereiteten.

Auch das ist seither jedem Burenführer geläufig: Die Zuwendung einer burischen Führung zu liberaleren Zielen führt automatisch zur Spaltung im Burenlager und zum Aufkommen eines konservativen Flügels, der zur selbständigen politischen Kraft wird und beim nächsten Wahlkampf siegt. Burenführer mit liberalerer Gesinnung brauchen also nicht so sehr den Aufstand der Schwarzen zu fürchten wie die drohende Spaltung ihrer Partei, die ihre eigene Niederlage bewirken kann.

Die Entwicklung der südafrikanischen Politik von 1922 bis heute ist eine vielfache Bestätigung dieser These. Dem probritischen, liberalen Jan Smuts folgte 1924 der konservative, auf weiße Vorherrschaft und burischen Nationalismus bauende General Hertzog. Unter ihm wurde bereits eine lange Reihe rassendiskriminierender Gesetze verabschiedet, aber es gelang Hertzog auch, die burische Regierung im sogenannten Westminster-Statut von 1931 zur Anerkennung des Grundsatzes zu bewegen, sich in die Regierungsgeschäfte eines sich selbst verwaltenden Dominions künftig nicht mehr einzumischen. Darüber hinaus wurde der Südafrikanischen Union zugebilligt, statt des britischen Union Jack eine eigene Nationalfahne zu führen, deren dominierende Farben das Orange-Weiß-Blau der alten Buren-Republiken wurden. Und schließlich bestand Hertzog sogar darauf, eigene Botschafter zur Vertretung südafrikanischer Interessen in anderen Staaten zu ernennen. Das nationale Burentum war unter seiner Führung in vollem Vormarsch.

Aber auch Hertzog drohte, wie so viele andere Staatsführer der damaligen Zeit, an der über die Welt hereinbrechenden Wirtschaftskrise zu scheitern. Die Probleme waren nur noch durch Zusammenarbeit im Rahmen einer größeren Koalition zu bewältigen. Regierung und Opposition, Hertzog und Smuts, formten diese Koalition 1933. Durch den Eintritt Jan Smuts in die Regierung steuerte diese aber automatisch wieder einen liberaleren Kurs. Und automatisch spaltete sich aus dem Burenlager eine neue konservative Partei ab. Während Hertzog und Smuts ihre Partei United Party nannten, rief der konservative Politiker Daniel François Malan zur Sammlung nationalbewußter Buren in einer neu gegründeten „gereinigten" Nationalen Partei auf.

Die Konfrontation der beiden Lager erreichte gerade ihren ersten Höhepunkt, als der Zweite Weltkrieg ausbrach. Wieder stellte sich die Frage, ob Südafrika, ein britisches Dominion, dem Mutterland England unverzüglich zu Hilfe eilen sollte. Und wie im Ersten Weltkrieg gab es auch jetzt wieder erheblichen Widerstand im Lager der Buren. Er konnte nur diesmal noch deutlicher gemessen werden, denn die Frage der Kriegserklärung an Deutschland wurde dem Parlament zur Entscheidung vorgelegt. Nicht nur Malan, sondern auch Hertzog sprach sich für eine Neutralität Südafrikas aus. Smuts hingegen setzte sich für die Kriegserklärung ein. Bei der folgenden Kampfabstimmung im Parlament sprachen sich 80 Abgeordnete für den Krieg gegen Deutschland und 67 dagegen aus. Der Krieg wurde erklärt.

Südafrika hat im Zweiten Weltkrieg einen für seine Größenordnung unverhältnismäßig hohen Beitrag zum alliierten Sieg geleistet: es schickte mehr als 200 000 weiße Soldaten und 130 000 Schwarzafrikaner und Mischlinge an die alliierten Fronten. Doch auch dieser Einsatz war bizarr, denn nur den weißen Südafrikanern wurde von ihrer Regierung das Tragen von Waffen erlaubt, die Schwarzen und Mischlinge durften lediglich Hilfsdienste ohne Waffen ausführen, und nicht wenige von ihnen wurden auch im Feld als Diener der Weißen eingesetzt. Die südafrikanischen Häfen und insbesondere der Marinestützpunkt Simonstown waren, wie schon erwähnt, für die Nachschubkonvois der Alliierten in Europa und Japan von unschätzbarem Wert. Als England nach der Niederlage Frankreichs und bis zum Kriegseintritt Amerikas völlig allein auf sich gestellt war, setzte Südafrika seine gesamten Goldvorräte ein, um für das bedrängte England in Amerika Waffen und Lebensmittel zu kaufen und von neutralen Nationen die Transportschiffe zu mieten.

Dabei hatte es die Regierung Smuts im Zweiten Weltkrieg mit einer viel härteren inneren Opposition zu tun. Zu den schon bestehenden burischen Geheimbünden war ein weiterer hinzugekommen, die „Ossewabrandwag", die Ochsenwagenwacht – so hatten die alten Buren die Posten genannt, die sie rund um ihre Wagenburg aufstellten, wenn diese vom Feind bedroht war. Ziel des neuen Geheimbundes war es, die Kriegsanstrengungen Südafrikas an der Seite Englands zu torpedieren, die Transportwege durch Sabotage zu unterbrechen, Stimmung gegen den Krieg zu machen, Deserteuren zu helfen und auf einen Sieg Deutschlands über England zu hoffen. Die „Ossewabrandwag" hatte eine ganze Reihe später prominent gewordener Mitglieder, unter ihnen auch den späteren Ministerpräsidenten Vorster, der als Aktivist dieses Geheimbundes während des Krieges gefangen, überführt und eingesperrt worden war. Aber Hauptwunsch der „Ossewabrandwag" und der vielen mit ihr sympathisierenden Buren war nicht so sehr ein Sieg Deutschlands, sondern vielmehr die Niederlage Englands. Denn nach einer solchen britischen Niederlage hofften sie wieder den rein burischen Staat in Südafrika errichten zu können, in dem der englischsprachige Bevölkerungsteil seine politischen Rechte weitgehend einbüßen würde.

Wieder merkte man von diesem sich rasch aufbauenden burischen Nationalismus außerhalb Südafrikas nur wenig. Premierminister Jan Smuts war am Ende des Zweiten Weltkriegs so wie am

Ende des Ersten erneut unter der Prominenz der Siegermächte zu finden. Hatte er 1919 den Völkerbund mitbegründet, so wurde er nun prominenter Mitbegründer der Vereinten Nationen, ja es kam ihm sogar die Ehre zu, die Präambel der Charta der Vereinten Nationen zu verfassen!

Doch der Weltpolitiker Jan Smuts hatte sich inzwischen von den engen Zielen des burischen Nationalismus weit entfernt. Unbestritten fiel ihm das große Verdienst zu, den besiegten Buren zunächst wieder Gleichberechtigung verschafft und ihre Rückkehr an die Macht vorbereitet zu haben. Nach dem Krieg aber war das Burenvolk bereit, sich diese Macht selbst zu holen. Diese Zielsetzung stand kompromißlos im Wahlprogramm der „gereinigten" Nationalen Partei Malans. Und bei der ersten Wahl nach dem Krieg im Jahr 1948 errang zur Überraschung der Welt die Partei Malans die Mehrheit der Parlamentssitze. Die Welt hatte Jan Smuts in Südafrika für so unschlagbar gehalten wie vorher Winston Churchill in England.

46 Jahre nach der Niederlage im Burenkrieg trat nun wieder ein kompromißloser, zum Sieg des burischen Afrikanertums entschlossener Burenführer an die Spitze der südafrikanischen Regierung. Malan gönnte sich keine Atempause. Zwei Ziele waren anzustreben und abzusichern: Die burische Herrschaft über Südafrika mußte für immer zementiert werden, und der „schwarzen Gefahr" war ein für allemal ein Riegel vorzuschieben. Für beide Aufgaben hatten sich die burischen Nationalisten seit mehr als 40 Jahren gut vorbereitet. Ihre Kirchen, ihre Kulturvereine, ihre politischen Verbände und ihre Geheimbünde lieferten der Regierung, was diese zur Eroberung aller Bereiche des Staates und vieler Bereiche der Wirtschaft benötigte: eine genaue Kenntnis der Machtstrukturen und vor allem die Menschen, die man brauchte, um diese Strukturen zu durchdringen und um alle wichtigen Posten zu besetzen. Die gesamte Staatsbürokratie, die Polizei, weite Teile des Unterrichtssystems, die Radiostationen und später das Fernsehen, die Provinzbehörden und die Distriktskommissariate – sie alle wurden in raschen, zielbewußten Aktionen mit burischem Personal durchsetzt, und sehr bald befanden sich fast alle Führungspositionen in diesen Bereichen in den Händen von Buren. Eine entscheidende Rolle beim Gelingen dieser Aktionen fiel dabei dem Broederbond zu, denn aus seinen Reihen kam der benötigte geschulte und verläßliche Nachwuchs. Heute wie damals sind es die Verbindungen dieses Bundes, über die jede Chance für die eigene Sache wahrgenommen, jeder Einbruch

fremder Einflüsse verhindert wird. Das gesamte Staatswesen wird solcherart von Menschen beherrscht, für die das burische Afrikanertum heilige Sache ist und die letzten Endes daher auch weit über alle anderen Überlegungen gestellt werden muß.

So ist es zu erklären, daß Menschen, die in ihrem Leben rechtschaffen, hilfsbereit und wahrheitstreu sind, kein Mittel scheuen, wenn es gilt, „ihre Sache", „ihren Staat", „ihre Partei", „ihre Politik", „ihr Afrikanertum" zu verteidigen. Gegenüber fremder Kritik werden die Reihen sofort fest geschlossen, gegen vermeintliche Angriffe die Feindseligkeiten unverzüglich eröffnet, die Wahrheit wird gebogen und für „die Sache" sogar gelogen. Das gibt es auch woanders. Es überrascht in Südafrika nur deshalb, weil es sich – was das politische Gemeinwesen der Weißen betrifft – um eine Demokratie handelt und weil die Buren außerhalb dieses nationalen Denkbereichs so rechtschaffen erscheinen.

Der Chefredakteur einer der wichtigsten burischen Zeitungen in Johannesburg meinte, als wir dieses Phänomen diskutierten: „Sie machen einen Fehler. Sie glauben, weil wir weiß sind, wären wir Europäer. Das sind wir nicht. Wir sind Afrikaner. Wenn Sie sich das vor Augen halten, werden Sie uns sofort begreifen. In Afrika steht der Zusammenhalt des Stammes weit über allen anderen Überlegungen. Unser Stamm gegenüber allen anderen Stämmen, das ist wichtig. In jedem afrikanischen Land regiert der stärkste Stamm, und das ist nicht notwendigerweise der zahlenmäßig größte. Innerhalb der Führung gibt es Verständigungsmöglichkeiten und Riten, die für einen Außenstehenden immer undurchschaubar bleiben werden, ja auch von den Angehörigen des eigenen Stammes oft nur erahnt und instinktiv begriffen werden. Wichtigste Aufgabe des herrschenden Stammes ist es, keinen anderen Stamm hochkommen zu lassen, denn er geht automatisch von der Überzeugung aus, daß vom anderen Stamm nur Unterdrückung und Vernichtung drohen. Um sich an der Macht zu halten, ist fast jedes Mittel erlaubt, solange es innerhalb der selbst gesetzten gesellschaftlichen Normen des Stammes bleibt."

Diese Normen setzen sich die südafrikanischen Regierungen seit 1948 ununterbrochen selbst neu. Die Angst, andere Stämme könnten sie von der Macht verdrängen, und die mit dieser Angst automatisch verbundene Vorstellung, daß dies zu ihrer eigenen Vernichtung führen würde, hat die südafrikanischen Regierungen eines der kompliziertesten, bizarrsten und in seinen Auswirkungen unmenschlichen Kontroll- und Lenkungssysteme errichten lassen, mit dem alle anderen Stämme des Landes in Schach gehalten werden sollen. Die burischen Nationalisten nennen es „Apartheid". Bevor wir dieses System näher untersuchen, sei noch vermerkt, daß die entschlossene Verfolgung beider Zielsetzungen, nämlich die Rückkehr Südafrikas in die Wagenburg der Buren und die Absicherung dieser Wagenburg gegenüber der schwarzen Mehrheitsbevölkerung im Land, zu einem langen Trek der Südafrikaner aus nun schon nahezu allen internationalen Institutionen geführt hat. 1961, als sie innerhalb des britischen Commonwealth kritisiert und ersucht wurden, ihre Apartheid-Politik zu modifizieren, traten die Südafrikaner aus dem Commonwealth aus und liefen so wie seinerzeit die Voortrekkers der vermeintlichen Bevormundung davon, Südafrika hörte auf, ein britisches Dominion zu sein, und rief sich selbst zur unabhängigen Republik aus. Man war heimgekehrt ins „Laager". Und man begann sich nun in diesem Lager so einzurichten, wie man es im Grunde genommen immer schon gewollt hatte. Die Apartheid hat nur in viele komplizierte Gesetze gegossen und somit nachvollzogen, was die Beziehungen zwischen den puritanischen Buren und den schwarzen Einwohnern des Landes immer schon gekennzeichnet hatte, seit die beiden „Stämme" aufeinandergetroffen waren.

Getrennt, aber ungleich

Es gibt eine Millionenstadt, die auf keiner international erhältlichen Landkarte aufscheint. Dennoch weiß die Welt, daß sie existiert. Sie heißt Soweto. Besser gesagt, so wird sie heute genannt. Denn das Wort Soweto ist an sich nur eine Abkürzung für „South West Township", was nichts anderes besagt, als daß es sich um eine Negersiedlung im Südwesten der südafrikanischen Stadt Johannesburg handelt. In Johannesburg wohnen nur Weiße, rund eine halbe Million. In Soweto wohnen nur Schwarze, zumindest eine Million. Aber das sollten sie eigentlich nicht. Die South West Township war nur als Provisorium gedacht, und sie scheint wie gesagt auch heute noch nicht auf den Landkarten auf. Und doch wohnen dort mehr als eine Million Menschen. Ganz genau weiß man das nicht, da bisher noch nie eine verläßliche Zählung vorgenommen wurde und weil sich auf jeden Fall viele Zehntausende illegal in Soweto aufhalten und sich daher auch nicht zählen ließen.

Wie diese etwa eine Million Schwarzer in Soweto lebt, das wissen auch nur wenige weiße Menschen. Denn der Zugang zu dieser schwarzen Stadt ist den Weißen prinzipiell verboten. Auf den Straßen, die von Johannesburg nach Soweto führen, stehen, für jeden unübersehbar, Tafeln mit dem Hinweis, daß Weißen das Betreten von Soweto nur mit einem speziellen Permit erlaubt ist.

Dennoch haben schon viele Weiße Soweto gesehen. Unter ihnen auch Südafrikaner. Vorwiegend aber waren die weißen Besucher Sowetos Ausländer, und die Mehrzahl von ihnen waren Touristen. Man kann nämlich bei den Portieren aller großen Hotels in Johannesburg eine Sightseeing-Tour nach Soweto buchen. Der klimatisierte Autobus holt die Touristen pünktlich vom Hotel ab und bringt sie nach Soweto. Macht man diese Tour selbst mit oder befragt andere, die sie mitgemacht haben, so wird man Erstaunliches registrieren: in Soweto, so scheint es, stehen viele recht ansehnliche Häuser im Bungalow-Stil, mit netten Vorgärtchen, manchmal sogar mit Garage und davor ein meist gar nicht billiges Auto. Die Bewohner dieser Häuser sind recht gut gekleidet und machen den Eindruck wohlsituierter Mittelstandsbürger. Die Kinder, die auf der Straße spielen, sind ebenfalls gut angezogen und freundlich. Man hat auch eine oder sogar zwei Schulen gesehen, und auch diese sind erst jüngst gebaut worden, verfügen über helle und guteingerichtete Klassenzimmer und offenbar auch über genügend Lehrer und Lehrmittel. Die Kinder in diesen Schulen, Knaben und Mädchen, tragen hübsche Schuluniformen und sind ebenfalls sauber, freundlich und zuvorkommend. Man hat sogar ein Lehrlingszentrum besichtigt, in dem junge Schwarze unter der Anleitung von schwarzen und weißen Lehrern etwa das Ziegellegen erlernen oder an der Hobelbank stehen oder schweißen oder schlossern.

Und dann erst das Krankenhaus: Es wird einem nicht nur gesagt, in Anbetracht seiner Dimensionen glaubt man auch gern, daß es sich um das größte und modernste ausgerüstete Krankenhaus in Afrika südlich des Äquators handle. Die Obsorge des weißen Mannes für den schwarzen Mann kommt hier besonders deutlich zum Ausdruck, denn die Mehrzahl aller Doktoren, die in dem Dutzend Operationssälen am Werk sind, sind Weiße. Weiß sind auch die meisten Oberschwestern, und erst unterhalb dieses Rangs sehen einem schwarze Gesichter aus blitzsauberer Schwesterntracht an. Das Hospital verfügt über vieles, was man selbst in manchen Krankenhäusern Europas nicht immer antrifft: über eine modernst ausgestattete Intensivstation, über Herz-Lungen-Maschinen, über eine Nierenwaschanlage.

Wer mit der Besichtigungstour mitfährt, kann sogar ein, zwei Häuser betreten und die Einwohner von Soweto in ihren eigenen vier Wänden besuchen. Im Inneren der Häuser sieht es zwar nicht mehr ganz so schön und wohlhabend aus wie von außen, aber immerhin sind es wahrscheinlich die besten und schönsten Häuser, die ein Europäer auf Tour durch Afrika irgendwo in einer schwarzen Massensiedlung zu Gesicht bekommen hat.

Neuerdings stehen auf der Besichtigungstour durch Soweto auch einige Ruinen auf dem Programm: ein Postgebäude, ausgebrannt und mit eingeschlagenen Fenstern; ein Schulgebäude, von dem nur noch einige Ziegelwände stehen; eine Busstation, deren Aluminiumgestänge zu einem Knäuel verbogen ist. Man wird aufgeklärt: von kommunistischen Agenten verführt, die illegal aus dem Ausland nach Südafrika eingedrungen waren und Soweto infiltriert hatten, haben jugendliche Vandalen diese Gebäude zerstört. Obwohl, wie jeder sehen könne, es sich um Einrichtungen gehandelt habe, die mit großen Opfern zur Weiterbildung und zum Wohl der schwarzen Bevölkerung errichtet worden waren. So blind sei der Haß, zu dem der internationale Kommunismus die Schwarzen aufzustacheln versuche, daß sich die Verführten sogar selbst Schaden zufügten.

Was da an Touristen aus aller Welt in den hochlehnigen Autobusfauteuils sitzt, schüttelt teils empört, teils mitleidig den Kopf. Sollte aber je wieder ein Journalist oder ein Kameramann von schlimmen Zuständen in Soweto berichten, so werde man es von nun an selbst besser wissen. Denn man war ja dort und hat gesehen, was man gesehen hat.

Stimmt. Jedoch, wer Soweto solcherart sieht, hat es, fürchte ich, nur zum geringsten Teil gesehen.

Die besseren Häuser gibt es, aber es sind ihrer nur wenige hundert. Die schönen modernen Schulen gibt es auch, aber die alten mit ihren Bänken für je zwei Schüler, auf denen sich drei und vier drängen, mit Klassenzimmern, in denen die Schüler in zwei Schichten zu 40 und bis zu 60 von einem einzigen Lehrer unterrichtet werden, solche Schulen sind in Soweto bei weitem in der Mehrzahl. Ihre Besichtigung steht nicht auf dem Programm der Sightseeing-Tour. Es gingen 1980 auch nur 60 Prozent der Kinder in Soweto zur Schule. Aber das wird bei der Führung nicht gesagt.

Der Touristenbus bewegt sich auch nur durch einige sorgfältig ausgewählte Straßenzüge. Die meisten Straßen dieser ausgedehnten

77

Stadt sind trostlos. Sie führen an endlosen, gleichförmigen Reihenhäusern vorbei, sechs Meter lang, vier Meter breit, errichtet aus Zementziegeln, die nicht nur außen unverputzt geblieben sind. Das Innere der Häuser besteht meist nur aus zwei Räumen, einem Wohn- und einem Schlafbereich, wobei in einem der beiden gekocht werden muß. Der Platz wäre zwar ausreichend für ein Ehepaar, aber es gibt kaum eine Heimstatt in Soweto, in der nicht drei, vier, fünf und mehr Kinder zu Hause sind. Eine Toilette oder gar ein Bad findet man in den meisten Häusern nicht, das Örtchen ist eine Hütte hinter dem Haus, oft auch nur ein Verschlag. In mehr als 80 Prozent der Häuser gab es auch im Jahr 1981 noch kein elektrisches Licht. Einen Wasseranschluß haben die meisten Häuser, doch auch er befindet sich oft außerhalb des Hauses.

Fährt oder noch besser geht man kreuz und quer durch Soweto – wenn man das dazu notwendige Permit erhält –, fällt einem eine weitere Besonderheit dieser Stadt auf: die Riesensiedlung verfügt über kein Zentrum, besitzt kein einziges großes oder hohes Gebäude, kein Einkaufszentrum oder auch nur einen Supermarkt. Es gibt einige kleine Läden, aber vieles wird auf den Straßen auf offenen Marktständen oder sogar vom Boden weg verkauft. In der Millionenstadt Soweto gibt es nur zwei Kinos, und da die meisten Häuser ohne Elektrizität sind, gibt es auch kein Fernsehen.

Spricht man mit den Leuten, findet man auch bald heraus, daß kein einziger von ihnen hier Grund und Boden besitzt. Schwarze dürfen auch in dieser schwarzen Stadt kein Land erwerben. 95 Prozent der Häuser sind vom südafrikanischen Staat errichtet und werden an die Schwarzen nur vermietet. Erst seit kurzem ist es Schwarzen erlaubt, einen Baugrund zu pachten und darauf selbst zu bauen. Nur wenige haben bis jetzt davon Gebrauch gemacht, denn im Grunde genommen gibt es für sie alle keine Garantie dafür, daß sie auf Dauer in dieser Stadt bleiben dürfen. Obwohl in einer schwarzen Township, befinden sie sich doch im Land der Weißen. Fast zehn Millionen, also rund die Hälfte der schwarzen Bürger Südafrikas, leben und arbeiten im weißen Land. Doch sie haben hier kein Heimatrecht. Und ohne Heimatrecht auch nur wenige andere Rechte.

Die Frage des Zusammenlebens zwischen den weißen und schwarzen Menschen in Südafrika war wie gesagt schon bald nach der Landung der ersten weißen Pioniere am Kap kompliziert und wurde sehr bald zu einem zentralen Problem. Weiße und Schwarze konkurrierten, stritten und fochten um den Besitz des Bodens. Für die holländischen Puritaner gab es gar keinen Zweifel, daß ihnen dieses Land von Gott zugeteilt worden war. Sie erkannten sich selbst als ein auserwähltes, wenn nicht sogar das auserwählte Volk, dem hier das verheißene Land übergeben worden war. Die Eingeborenen, auf die man dabei traf, waren „Heiden" und den weißen Christen, wie diese meinten, in jeder Beziehung unterlegen. Gott konnte sie ihnen nur als Diener unterstellt haben.

Diese Überzeugung wurde schweren Prüfungen ausgesetzt: Viele der Pioniere waren zunächst ohne Frauen hierhergekommen und fanden nichts dabei, sich Frauen unter den Eingeborenen zu suchen. Andere hielten sich, wie das in Sklavengesellschaften oft üblich war, neben der eigenen Frau farbige Freundinnen. Erschreckende Erkenntnis: Wenn dies so weiterginge, würde sich der stolze weiße Stamm der Buren bald in ein farbiges Mischlingsvolk verwandelt haben. Kirche und Behörden schritten ein, verurteilten die Rassenmischung, machten ihre ersten Gesetze gegen sie. Das Zusammenleben zwischen Weiß und Schwarz wurde dadurch nur noch schwieriger. So vertrieb man die Schwarzen aus den weißen Siedlungen und versuchte sie schließlich unter Anwendung von Gewalt in eigene Reservate zu drängen.

Die erste burische Volksvertretung im Transvaal, der Volksraad, beschloß am 2. August 1841 foldende Entschließung: „Da es für die Sicherheit dieser Gemeinschaft höchst notwendig ist, alle Kaffern, die zur Zeit unter uns leben, zu separieren und anderswohin zu verbringen; da die genannten Kaffern kein Recht, noch Anspruch auf irgendeinen Teil des Landes haben und da sie doch unter uns gekommen sind nur als Emigranten; da sie bei uns doch nur Schutz gesucht haben; aber da wir doch nicht wünschen, sie einfach davonzutreiben, ohne nicht auch Vorsorge für sie zu treffen, so ist dieser Rat der Meinung: Daß, da der Landstrich zwischen der Mündung des Flusses Umtamfuna bis zum Fluß Umzimvubu entlang der Küste durchaus geeignet ist, die Kaffernnation aufzunehmen, dieses besagte Land den Kaffern zugeteilt werde; daß sie so lange dort leben können, so lange sie sich gut benehmen und gehorsam sind und sich der Autorität dieser Gemeinschaft unterwerfen; weiters unter der Bedingung, daß sie sich allen Gesetzen und Verordnungen dieses Rates unterstellen, die dieser Rat von Zeit zu Zeit als richtig befinden möge; und daß der Oberhäuptling oder Kommandant der Kaffern von diesem Rat jeweils zu bestellen ist. Der Rat hat weiter befunden, daß der kommandierende General so bald wie möglich alle Maßnahmen trifft, alle Kaffern nach jenem besagten Landstrich zu verbringen, und sollten sie sich widersetzen, daß er Gewalt anwende und daß er zu diesem Zweck die Hilfe aller Bürger erhalte. Es ist jedoch empfohlen, zunächst zu versuchen, die verschiedenen Kaffernhäuptlinge zur freiwilligen Anerkennung dieses vorgeschlagenen Plans zu bewegen, so daß diese sich freiwillig dorthin begeben, entweder sofort oder innerhalb einer zu bestimmenden Zeit. Sollte es jedoch notwendig sein, zu Zwangsmaßnahmen zu greifen, dann beginne man mit der Räumung jener Kaffernkrale, in denen sie sich bereits festgesetzt haben, aber möglichst in einer Manier, die, es sei denn es herrsche große Not, es nicht nötig macht, eine allzu große Zahl unserer Bürger in der Aktion zu involvieren."

Rund hundert Jahre später verkündet die neue burische Nationale Partei im Wahlkampf 1948, daß sie im Besitz einer umfassenden Lösung des zentralen Problems Südafrikas sei, des Problems des Zusammenlebens zwischen Weiß und Schwarz, ja aller Rassengruppen. Das Zauberwort heißt Apartheid. Das Wort kommt aus dem Afrikaans und bedeutet Getrenntsein. Und das war auch das Grundprinzip dieser neuen Staats- und Nationalphilosophie: Alle Bevölkerungsgruppen in Südafrika sollten innerhalb ihrer rassischen Gruppierung in Zukunft voneinander getrennt leben und sich getrennt entwickeln.

Wie man sieht, fehlte es dafür nicht an historischen Beispielen, und im großen und ganzen entsprach dies sogar der Praxis der letzten hundert Jahre. Aber nun sollte das alles zu einem fein ausgeklügelten System erhoben werden, gesetzlich geregelt und damit endlich gelöst. Dabei sollte die eine Rasse nicht schlechter dran sein als die andere – getrennt, aber gleich, so versprach das Programm. Die Weißen würden ihre Städte, Schulen, Krankenhäuser, Sportstätten und Verwaltungsgebäude haben, die Schwarzen die ihren, die Mischlinge wieder andere, und auch die Inder sollten ihr separates Leben führen können. Dies würde allen nur guttun, es würde zu keinen rassischen Reibereien kommen, und jeder würde sich dort, wo er zu Hause sei, ungestört wohl fühlen.

Die Nationale Partei siegte, und nun begann sie, die Apartheid in die Tat umzusetzen. Was aber anfangs so einfach und einleuchtend aussah, stellte sich in der Praxis nicht nur als ein kompliziertes, sondern auch als ein den gesamten Staat total absorbierendes und monströses Unternehmen heraus.

Das begann schon mit der Frage, wer denn eigentlich welcher Rassengruppe angehöre und wie das im Zweifelsfalle festzustellen sei. Jeder einzelne Bürger mußte rassisch klassifiziert werden. Dazu waren eigene Behörden einzusetzen, besondere Papiere auszustellen. Wo die Rassenzugehörigkeit eindeutig war, gab es zunächst keine Komplikationen. Aber bei vielen hunderttausend war die Frage nicht einfach zu beantworten, ob sie nun noch weiß genug oder schon zu farbig oder wenn farbig, vielleicht schon zu schwarz seien.

Die Urteile der Kommissionen – und sie amtieren auch heute noch – hatten und haben für viele schwerste Konsequenzen: denn ob einer nun als weiß, farbig, schwarz oder indisch eingestuft wurde, das entschied darüber, ob er in seiner Wohnung oder in seinem Haus weiter verbleiben durfte, ob er sein Stadtviertel oder sogar seine Stadt zu verlassen hatte, ob seine Kinder ihre bisherige Schule weiter besuchen durften, ob für ihn von nun an nicht nur Stadtviertel, Städte, Schulen, Universitäten, Kirchen, sondern sogar weite Landstriche unzugänglich würden, Teile eines Landes, in dem er geboren wurde und das sein Heimatland ist. Ja die Rassenklassifizierung konnte sogar ausschlaggebend dafür sein, ob man seinen Beruf weiter ausüben konnte oder aufzugeben hatte.

Selbst innerhalb von Familien kam und kommt es noch immer zu Tragödien: Offensichtlich ganz weiße Eltern, die aber eben doch nicht ganz so weiß sind, bringen plötzlich braune Kinder zur Welt. Diese werden amtlich einer anderen Rassengruppe zugeteilt als der ihrer Eltern. Wenn sich Nachbarn oder aufsässige Behörden darauf versteifen, muß die Familie das Wohnviertel verlassen und dorthin ziehen, wo die Farbigen leben, oft viele Kilometer außerhalb der weißen Städte, in Siedlungen, die nicht nur qualitativ, sondern in ihrer ganzen seelenlosen Anlage weit unter dem Niveau der weißen Wohnviertel stehen. Selbst Geschwister sind solcherart schon voneinander getrennt worden. Denn die Rassenkommissionen entscheiden streng nach Rassenmerkmalen, und diese sind selbst bei Geschwistern oft verschieden.

Man kann gegen die Klassifizierung Berufung einlegen. Die Berufungskommission ist sogar bereit, die gesamten Lebensumstände der betreffenden Person oder Familie zu berücksichtigen: Innerhalb welchen Kulturkreises sie aufgewachsen ist und lebt, welche Erziehung sie genossen hat, in welcher Kirche sie zur Messe ging, wie der Verwandten- und der Freundeskreis beschaffen ist. Und doch sind die meisten dieser Revisionsurteile notwendigerweise willkürlich. Denn wenn die rassischen Merkmale nicht mehr ganz stimmen, ist der Rest doch nur noch eine Einschätzungssache. Bestätigt die Berufungskommission die Entscheidung der Erstkommission, so gibt es keine weitere Berufung mehr, der Betroffene hat das Urteil widerspruchslos zu akzeptieren. Mit oft schicksalsschweren Folgen.

Diese strikte Zuteilung jedes einzelnen Bürgers zu einer der vier Rassengruppen erforderte bald die Verabschiedung Dutzender, ja Hunderter Gesetze und Verordnungen, die nun das Nebeneinanderleben der Weißen, der Schwarzen, der Mischlinge und der Inder regeln sollten. Als allererstes wurde den Weißen und Schwarzen verboten, einander zu lieben oder gar zu heiraten. Intime Beziehungen zwischen Weiß und Schwarz wurden zum Verbrechen erklärt und mit schweren Strafen bedroht. Eine Heirat rassisch ungleicher Partner durfte in Südafrika nirgends mehr vollzogen werden. Das hat nicht nur zum Zeitpunkt der Erlassung dieser Gesetze viele tausend Menschen in eine unerträgliche, unglückliche Lage gebracht, diese Gesetze fahren fort, viele Menschen ins Unglück zu stürzen. Denn wenn auch Weiß und Schwarz und Weiß und Braun nicht zusammenleben dürfen, so treffen sie einander doch am Arbeitsplatz und auf der Straße, und Gefühle richten sich nun einmal nicht nach den Gesetzen. Oft wird auch die unterschiedliche rassische Einstufung nicht gleich erkannt, manchmal auch aus Scham nicht gleich eingestanden. Wenn sie dann offenbar wird, kommt es zu Tragödien, Familien brechen auseinander, oder die Hoffnungslosigkeit, je glücklich zusammenleben zu können, wird mit Selbstmord quittiert. Auch die Möglichkeit, etwa ins Ausland zu reisen und dort zu heiraten, verheiratet zurückzukehren und die Behörden damit zur Anerkennung einer gemischtrassigen Ehe zu zwingen, ist durch das Gesetz vermauert: im Ausland geschlossene Ehen südafrikanischer Bürger werden nicht anerkannt.

Natürlich gab es schon Mischehen – und gar nicht so wenige –, als die Apartheid eingeführt wurde. Blieben die Partner zusammen, was in der Mehrzahl der Fälle geschah, so wurde der hellere Partner auf die Rasse seines dünkleren Partners „hinuntergestuft" und war von da an allen Vorschriften und Einschränkungen unterworfen, die dieser Rassengruppierung entsprachen. Weiße wurden so über Nacht zu Schwarzen, mußten Haus und Wohnung aufgeben, in die Townships ziehen, verloren vielleicht auch ihren Arbeitsplatz.

Als die Apartheid-Gesetze noch weiter verfeinert, das heißt verschärft wurden, war es sogar möglich, seine weiße Rassenzugehörigkeit zu verlieren, wenn man sich zu intensiv mit Schwarzen abgab: Wer etwa einige Zeit in der Wohnung oder im Haus einer schwarzen Familie verbrachte, mit Schwarzen sozusagen aus dem gleichen Napf aß, deren Toilettenanlagen benützte, der wurde, wie es das entsprechende Gesetz nannte, „schwarz durch Assoziierung", und seine Zugehörigkeit zur weißen Rasse wurde aberkannt, mit allen sich daraus ergebenden Folgen.

Wer so rigoros trennt, darf natürlich Angehörige verschiedener Rassen unter keinen Umständen beisammen wohnen lassen. Mit Einführung der Apartheid mußten Schwarze, Braune und Inder (und damals auch noch Japaner und Chinesen) die Wohnviertel der Weißen verlassen. Die Regierung, das heißt die Stadtverwaltung, teilte ihnen neue Wohn- und Siedlungsgebiete zu, jeder Rassengruppe ein eigenes Gebiet. Da den Schwarzen verboten war, Grund und Boden zu besitzen, und sie bis gegen Ende der siebziger Jahre selbst in den Townships den Boden nicht einmal pachten durften, waren nur wenige Schwarze bereit, sich auf fremdem Boden und ohne jede Sicherheit ihre Häuser selbst zu bauen. Von diesen Ausnahmen abgesehen, sind daher alle Häuser – Zündholzschachtel-Häuser, wie man sie wegen ihres kleinen, rechteckigen und gleichförmigen Aussehens nennt – vom Staat errichtet und werden an die Schwarzen vermietet.

Befand sich die Mehrzahl der Schwarzen bereits früher in den Townships, so hatten bis dahin noch viele Mischlinge und vor allem Inder unter den Weißen oder in enger Tuchfühlung mit ihnen gelebt. Aber auch sie mußten nun ihre alten Wohnstätten verlassen, darunter oft Häuser, die ihre Familien bereits seit Generationen besaßen. Im Unterschied zu den Schwarzen durften jedoch Mischlinge und Inder Baugründe in den ihnen zugeteilten Siedlungsgebieten pachten und sogar kaufen.

Im großen und ganzen aber ließ man Mischlinge und Inder dort ungeschoren, wo sie bereits in geschlossenen Wohnvierteln ohnedies beisammen wohnten. Aus solchen Wohnvierteln wurde dann eher die weiße Minderheit ausgesiedelt. Doch derartige traditionelle Mischlingsviertel oder indische Wohngebiete lagen, da sie ja oft schon vor mehr als 100 Jahren entstanden waren, unmittelbar neben den weißen Wohnvierteln oder bildeten sogar Enklaven in weißen Wohnvierteln. Im Laufe der Zeit dehnten sich die weißen Gebiete jedoch aus, wuchsen über die Wohnviertel der Mischlinge und Inder hinaus, und waren diese vor 20 Jahren noch Vorstädte, so befanden sie sich nun beinahe schon im Zentrum etwa von Johannesburg oder Kapstadt. Die Nähe der Nichtweißen begann die weißen Stadtverwaltungen zunehmend zu stören. Oder störte sie vielmehr die Idee, daß dieser nun im Zentrum der Stadt liegende nichtweiße Grund und Boden einen enorm hohen Preis erzielen würde, wäre er nicht für Farbige reserviert, sondern stünde etwa für den Bau weißer Kaufhäuser oder Hochhäuser zur Verfügung?

Jedenfalls haben die Stadtverwaltungen sowohl in Johannesburg als auch in Kapstadt eines Tages beschlossen, für Inder beziehungsweise für Mischlinge reservierte Wohnviertel mit einem Federstrich in weiße Gebiete umzuwandeln. Pageview, ein indisches Viertel in Johannesburg, und der District Six, ein ungemein farbenfrohes, seit mehr als einem Jahrhundert mit pulsierendem Leben erfülltes Wohnviertel von Mischlingen in Kapstadt, mußten von ihren Bewohnern innerhalb kürzester Zeit geräumt werden. Dieser Handstreich der weißen Stadtverwaltungen wurde geführt, ohne daß man vorher mit den Bewohnern dieser Viertel auch nur geredet hätte. Sie hatten sich einfach zu fügen. Man stellte es ihnen frei, sich in anderen Siedlungen für Mischlinge oder Inder neue Wohnstätten zu suchen. Waren sie dazu nicht in der Lage, verteilte man sie auf Siedlungen, die man weit außerhalb von Johannesburg und Kapstadt für Mischlinge und Inder neu errichtet hatte. Es half nichts, sich zur Wehr zu setzen, die Delogierungskommandos kamen und nach ihnen die Bulldozer, die die Häuser rasch niederwalzten, um eine Rückkehr der Abgesiedelten unmöglich zu machen. Nur noch im District Six von Kapstadt halten sich einige Familien, die ihre Häuser mit Zähnen und Krallen verteidigt hatten, bis der weiße Protest gegen die Willkürentscheidung der Stadtverwaltung so scharfe Formen annahm, daß man die Restdelogierungen stoppte.

Der District Six in Kapstadt bietet solcherart einen erschütternden Eindruck: die meisten Häuser dieses Bezirks sind dem Erdboden gleichgemacht. Aber da und dort ragt aus den Trümmern doch noch ein kleines intaktes Haus, und die im Wind flatternde Wäsche auf der Veranda zeigt an, daß hier noch Menschen wohnen. Die Bulldozer der bigotten Stadtverwaltung machten auch um die Kirchen, Tempel und Moscheen einen Bogen. Sie durften stehenbleiben, sind aber heute durchwegs geschlossen, weil von den 20 000 früheren Einwohnern des District Six kaum noch einige hundert zwischen den Ruinen leben. An der Wand einer der Kirchen, der Buitenkant Street Methodist Church, aber ist eine Plakette eingelassen mit der Inschrift: „Die ihr hier vorbeikommt, erinnert euch mit Scham der vielen tausend Menschen, die im District Six und in anderen Teilen dieser Stadt gelebt haben und die wegen der Farbe ihrer Haut gezwungen wurden, ihre Wohnstätten zu verlassen. Vater, vergib uns!"

Der District Six liegt – lag – am sanft ansteigenden Fuß des Tafelberges. Von hier oben hatte man eine prachtvolle Aussicht auf die Hafenbucht Kapstadts und auf jenen Teil der Stadt, in dem Jan van Riebeeck das erste holländische Fort errichten ließ. Heute befindet sich dort der Hauptbahnhof der Stadt, ein flaches, aber sehr ausgedehntes Gebäude. Es ist auch ein schönes Gebäude, seine marmorverkleidete Fassade, seine künstlerisch gestalteten Fenster und Türen stellen der modernen südafrikanischen Architektur ein gutes Zeugnis aus; in seinem großen Schaltersaal herrscht gepflegte Atmosphäre, aus der man ohne Stilbruch in die Waggons der ersten Klasse der bereitstehenden Züge steigen kann.

Etwas aber irritierte mich: Es gab nur wenige Reisende, und bis zum Betreten des Perrons war nur gedämpftes Stimmengemurmel zu hören. Aber irgendwoher, vom anderen Ende des Zuges, drang nun ungeheurer Lärm, so als würden Hunderte Menschen laut aufeinander einreden. Ich ging dem Lärm nach, passierte die Waggons zweiter Klasse, aus deren Fenstern mich die Angehörigen zweier indischer Familien anblickten, und kam schließlich zur Quelle des Lärms – den Waggons dritter Klasse, bis auf den letzten Sitz- und Stehplatz von schwarzen Menschen besetzt. Sie redeten aufeinander ein, riefen einander zu, tauschten Getränke und Essen miteinander und verabschiedeten sich wortreich von Verwandten und Bekannten.

Aber woher waren sie alle gekommen? Wieso hatte ich sie nicht vorher gesehen? Ich fand des Rätsels Lösung, als ich den Zug bis zu seinem Ende weiter entlangging, denn dort befand sich ein zweiter, ein anderer Bahnhof. Ich betrat eine andere Schalterhalle mit anderen Warteräumen und mit anderen Straßeneingängen. Die Außenwände dieses Teils des Bahnhofskomplexes waren nicht mit Marmor verkleidet, Türen und Fenster nicht mehr künstlerisch gestaltet. In der Schalterhalle gab es auch keine vornehme Atmosphäre, dafür aber Geschiebe und Gedränge und dazwischen immer wieder schwarze Polizisten, die versuchten, in dieses Durcheinander Ordnung zu bringen. Denn die Apartheid trennt die Menschen nicht nur von Tisch und Bett, separiert nicht nur Wohnviertel, sie versucht die Menschen verschiedener Hautfarbe möglichst überall auseinanderzuhalten, gerade dort, wo sie einander eigentlich begegnen müßten.

Bei den Transportmitteln war und ist das noch immer am augenfälligsten: verschiedene Eingänge, Schalter und Wartehallen, rassengetrennte Waggons in den Zügen; völlig voneinander separierte

Bushaltestellen, daher auch Autobuslinien nur für Weiße und solche nur für Schwarze; getrennte Toiletten in allen öffentlichen Institutionen und Anlagen, aber oft genug auch noch in privaten Betrieben; getrennte Eingänge und Sitzreihen im Kino, im Sportstadion, auf dem Rennplatz.

In Durban, dessen subtropisches Klima zu allen Jahreszeiten zu einem Bad im Meer einlädt, gibt es vier voneinander getrennte öffentliche Badestrände für Weiße, Mischlinge, Asiaten und Schwarze. In dieser Reihenfolge. Der Strand der Weißen befindet sich an der bequem zu erreichenden und mit vielen hübschen Geschäften und Restaurants ausgestatteten Uferstraße der Stadt, während Mischlinge, Inder und Schwarze entsprechend weite und noch weitere Wege zurückzulegen haben, wobei sich der Strand der Schwarzen sogar schon außerhalb der Stadt befindet. Denn die Apartheid hat in keinem ihrer Bereiche gehalten, was ihre Erfinder versprochen haben: sie würde die Menschen zwar trennen, aber gleichrangig behandeln. Apartheid heißt in allen Bereichen getrennt und ungleich.

Es versteht sich von selbst, daß auch Krankenhäuser, Schulen, Restaurants, Bars, Hotels und selbst Picknickplätze streng nach Hautfarbe getrennt sind. Taxis für Schwarze dürfen keine Weißen und Taxis für Weiße keine Schwarzen mitnehmen – es sei denn in beweisbaren Notfällen. Früher einmal stand sogar auf den Bänken in den Parkanlagen „Nur für Weiße" oder „Nur für Schwarze", und in den Postämtern gab es auch nach Rassen getrennte Schalter. Davon ist man in den letzten Jahren abgekommen, man hat inzwischen auch schon gewisse Ausnahmen für Hotels und Restaurants geschaffen, und Schwarze, die sich eine Bahnkarte erster Klasse leisten können, dürfen auch in einem Waggon erster Klasse reisen. Es wird noch zu untersuchen sein, inwieweit dies den Beginn einer echten Abschaffung der Apartheid ankündigt, was einer grundlegenden Wende in der südafrikanischen Politik gleichkäme, oder ob hier nur Konzessionen gemacht werden, um den entscheidenden harten Kern der Apartheid um so mehr aufrechterhalten zu können.

Die Entbürgerung der Schwarzen

Die Aufteilung aller Menschen Südafrikas gemäß ihrer Hautfarbe diente nicht nur der rassischen Trennung, sondern einem weit übergeordneten politischen Ziel: das Land selbst war aufzuteilen. Solange Weiße und Schwarze in Südafrika kunterbunt durcheinanderlebten, konnten – wie das bereits im Trend der Zeit lag – die Schwarzen eines Tages den Mitbesitz und die Mitverwaltung des ganzen Landes beanspruchen. Da es aber viel mehr Schwarze als Weiße gab, hätten die Weißen bei fortschreitender Demokratisierung bald von den Schwarzen majorisiert werden können. Die Drohung einer schwarzen Oberherrschaft über die Weißen lag in der Luft, zumindest wurde sie von der Mehrzahl der Buren als solche empfunden. Nicht ohne Grund, wenn man daran denkt, wie die Weißen bis dahin mit den Schwarzen verfahren waren.

Wie aber ließ sich diese zahlenmäßige Überlegenheit der Schwarzen über die Weißen reduzieren oder sogar aufheben? Die Erfinder der Apartheid-Politik hatten sich einen genialen Plan zurechtgelegt: man würde, wie das ja schon die Voortrekker versucht hatten, das Land teilen und den beiden großen Bevölkerungsgruppen zuordnen. Ein Teil Südafrikas würde den Weißen, andere Teile den Schwarzen zugesprochen werden. Die bereits in früheren Zeiten angelegten und gesetzlich geschützten Negerreservate boten sich dabei als Heimatländer für die Schwarzen an. Nur: sehr viel vom südafrikanischen Boden hatte man den Schwarzen nicht übriggelassen. Alle Reservate zusammengenommen umfaßten insgesamt nur 13 Prozent des Territoriums Südafrikas. 87 Prozent des Landes waren bereits von den Weißen beansprucht. Die krasse Ungleichheit störte die Apartheid-Politiker nicht. Sie wiesen die 13 Prozent Reservatsterritorien den Schwarzen zu und erklärten die 87 Prozent zum weißen Land. Nimmt man die Bevölkerungswerte des Jahres 1980, so wären in Südafrika nun 21 Millionen Schwarze auf 13 Prozent des Bodens beheimatet, während sich die 4,5 Millionen Weißen im Besitz von 87 Prozent des Landes befänden.

Natürlich wußten und wissen die Apartheid-Politiker, daß mindestens die Hälfte der schwarzen Bevölkerung längst schon außerhalb dieser Reservate lebt, ja immer gelebt hat. Viele Millionen Schwarze arbeiten in den Industrien und Bergwerken und leben am Rande der weißen Städte in schwarzen Townships. In diesen gibt es in der Regel mehr Schwarze als Weiße in der benachbarten Stadt. Jetzt sollten diese Schwarzen ihren Anspruch, Bürger des Gesamtlandes Südafrika zu sein, verlieren. Je nach Stammesabkunft sollten sie nun einem Homeland, also einem Reservatsgebiet ihres Stammes, als Bürger zugeteilt werden. Gelänge es, diese Homelands zu autonomen und später sogar zu selbständigen Staaten zu entwickkeln, so würden eben alle Schwarzen Südafrikas Bürger dieser schwarzen Ministaaten werden, hätten im weißen Afrika das Heimatrecht verloren und damit auch alle politischen Rechte eingebüßt. Die Schwarzen im weißen Gebiet, auch wenn es sich um die Hälfte der Gesamtbevölkerung Südafrikas handelte, wären ab dann nur noch Gastarbeiter. Danach könnte sogar ihre Forderung nach gleichem und allgemeinem Wahlrecht erfüllt werden, dieses könnten sie ausüben – bei sich daheim im Homeland. Dort dürften sie ihre politischen Institutionen wählen und sich dort, wo es ihre eigenen Stammeshäuptlinge oder Regierungen zuließen, auch politisch betätigen. Um so mehr könnte man ihnen jede politische Aktivität im weißen Südafrika untersagen.

Jedoch: nicht nur der Fläche nach erhielten bei dieser Aufteilung die Weißen den Löwenanteil des Landes, auch der Qualität nach. Denn im weißen Gebiet befanden sich so gut wie alle größeren Städte Südafrikas, fast alle Industrien, die meisten Bergwerke, alle Häfen, fast alle guten Straßen, der Großteil der Eisenbahnen und die ertragreichen Farmen. Was man den Schwarzen zugestand, waren zum Teil weit auseinanderliegende kleinere, unterentwickelte Gebiete. Aber auch die größeren Reservate gehörten zu den wirtschaftlich am wenigsten entwickelten Gebieten Südafrikas. Und selbst da noch machte man, als man die Grenzen dieser Homelands festlegte, oft einen künstlich gezogenen Bogen um die von Weißen besiedelten Ortschaften und auch noch um einzelne Fabriken. Sogar Autobahnen wurden aus den Homeland-Gebieten ausgeklammert.

Auch um die künftige wirtschaftliche Kapazität des größten Teils dieser Homelands stand es schlecht. Nur in einigen befanden sich Vorräte an Mineralien und Kohle, die meisten würden sich in Zukunft fast ausschließlich auf die Landwirtschaft und auf jene Investitionen stützen müssen, die die Weißen in den Homelands zu tätigen bereit wären. Die Schwarzen kennen in der Regel keinen privaten Landbesitz, alles Land gehört dem Stamm, und so werden die Viehherden über die Weiden getrieben, bis diese abgefressen sind. Da jeder so viele Rinder wie nur möglich besitzen möchte, sind die Weideflächen in den Stammesgebieten oft über jedes zulässige Maß abgegrast, zertrampelt, kaum noch regenerationsfähig. Ein Teil der den Schwarzen zugeteilten Gebiete leidet außerdem noch an Wassermangel. Dennoch sollten sie theoretisch mehr als 20 Millionen schwarze Bürger aufnehmen.

Es gab Perioden in der Apartheid-Politik, etwa unter Premierminister Verwoerd, da wollte die südafrikanische Regierung allen Ernstes möglichst viele weiße Industrien entlang der Grenzen der Homelands, aber natürlich noch auf weißem Gebiet, ansiedeln, mit dem erklärten Ziel, daß eben die schwarzen Arbeitskräfte im schwarzen Homeland wohnen und untertags in den weißen Industrien im weißen Land arbeiten sollten. Der Plan scheiterte an wirtschaftlichen Zwängen. Die weißen Industrien blieben natürlich dort, wo sie verkehrstechnisch besser lagen und den Zugang zu den Rohstoffen und den Märkten hatten. Und die schwarzen Arbeitnehmer in diesen Industrien versuchten auch dort zu bleiben, wo sie bisher waren: in den Townships neben den weißen Industrien und Bergwerken. Dennoch kam es zu einigen großen Umsiedlungsaktionen, in denen sogar ganze Stämme ihre bisherigen Wohngebiete räumen und in die Homelands ziehen mußten.

Vor allem aber wollte man eine weitere Abwanderung der Schwarzen aus den Homelands in das weiße Gebiet verhindern. Die Regierung war bereit, jedem große Subventionen und Steuererleichterungen zu geben, der seine Industrie in einem schwarzen Homeland ansiedelte. Von wenigen Ausnahmen abgesehen, wurden aber nur Kleinbetriebe in den Homelands errichtet, und wenn man diese Betriebe sieht, kann man sich leicht ausrechnen, daß die getätigte Investition kaum höher als die erhaltene Subvention war.

Doch ob die Homelands nun ihre Bürger ernähren können oder nicht, sie blieben nach wie vor das Kernstück der Apartheid-Ideologie. Alle Schwarzen im weißen Gebiet werden als temporäre Gastarbeiter angesehen, auch dann, wenn sie dort geboren sind und zeit ihres Lebens in der Township wohnten. Die südafrikanische Regierung bekundete immer wieder die Absicht, keinem dieser Schwarzen die südafrikanische Staatsbürgerschaft zuzuerkennen. Statt dessen drängte die Regierung darauf, daß die Homelands möglichst bald selbständig würden, so daß sie als eigene Staaten den ihnen zugeteilten Stammesverwandten die Staatsbürgerschaft des Homeland gewähren können. Damit wären die zehn Millionen Schwarzen im weißen Gebiet endgültig Ausländer – mit Staatsbürgerschaft im Homeland.

Anfang der achtziger Jahre hatten sich erst drei der insgesamt neun Homelands für unabhängig erklärt – die Transkei, Bophuthatswana und Venda. Einige andere hatten den Grad der Unabhängigkeit zwar erreicht, doch ihre politischen Führer weigerten sich, auszuführen, wozu sie sich ursprünglich zur Verfügung gestellt hatten. Denn inzwischen war der Protest des übrigen Afrika und zum Teil auch der Welt gegen diese Art der Aufteilung Südafrikas so stark geworden und der Widerstand auch der eigenen Bevölkerung in den Homelands und in den Townships so sehr gewachsen, daß die Homeland-Führer es nicht mehr wagten, sich zu Vollstreckern des totalen Apartheid-Plans zu machen.

Die Transkei, Bophuthatswana und Venda waren außer von Südafrika und ihren Schwester-Homelands international von niemandem anerkannt worden. Obwohl sie sich sehr anstrengten: Der ursprünglich von Südafrika geförderte und von Südafrika weitgehend abhängige Präsident der Transkei, Kaiser Matanzima, ging sogar so weit, die Beziehungen zu Südafrika abzubrechen und mit Krieg zu drohen. Für die übrige Welt war dies trotzdem kein Beweis erzielter Unabhängigkeit. Und doch hat Kaiser Matanzima mit dieser Drohung gegenüber Südafrika einiges erreicht. Diese Episode zeigt nun gleich eine weitere Seite der Apartheid-Politik auf.

Einige Kilometer außerhalb von Kapstadt haben sich, ganz gegen die Gesetze, rund 20 000 Schwarze auf offenem Feld niedergelassen, haben dort kleine Hütten aus dem Blech alter Kanister und manchmal sogar nur aus Pappe gebaut, sind „Squatter", Ansiedler ohne Rechtstitel, geworden, die sich ihren eigenen Slum geschaffen haben. Nicht zum ersten Mal. Sie hatten dies schon einige Male vorher versucht, doch jedesmal kam nach einiger Zeit die Polizei, trieb sie zusammen und ließ die Squatter-Hütten von Bulldozern niederwalzen. Aber da die Schwarzen nirgendwohin zu gehen hatten, errichteten sie immer wieder eine neue Squatter-Stadt. Diese neueste nun nannten sie Crossroads. Und Crossroads wurde für das benachbarte Kapstadt ein echtes Problem: Die sanitären Anlagen fehlten, für die Squatter gab es keine Arbeit, die unbeschäftigte Jugend gab sich dem Vandalismus und der Kriminalität hin. Da kam jemand auf die Idee, dieses Problem getreu den Apartheid-Grundsätzen zu lösen: Den Einwohnern von Crossroads sollte in einem Landstrich an der Grenze der Transkei eine Reihensiedlung gebaut werden. Nach Fertigstellung würde Crossroads geräumt und seine Bewohner zwangsweise in die Grenzsiedlung gebracht werden, wozu die Gesetzeslage die Behörden ermächtigt. Nach Abschluß der Umsiedlungsaktion aber würde die südafrikanische Regierung diesen Landstrich der Transkei abtreten und damit die 20 000 unbeschäftigten Schwarzen loswerden. Jetzt riß selbst dem gefügigen Kaiser Matanzima die Geduld, und er begann, die Welt gegen diese Absicht zu mobilisieren. Die südafrikanische Regierung zog ihre Pläne zurück. Crossroads existiert weiter.

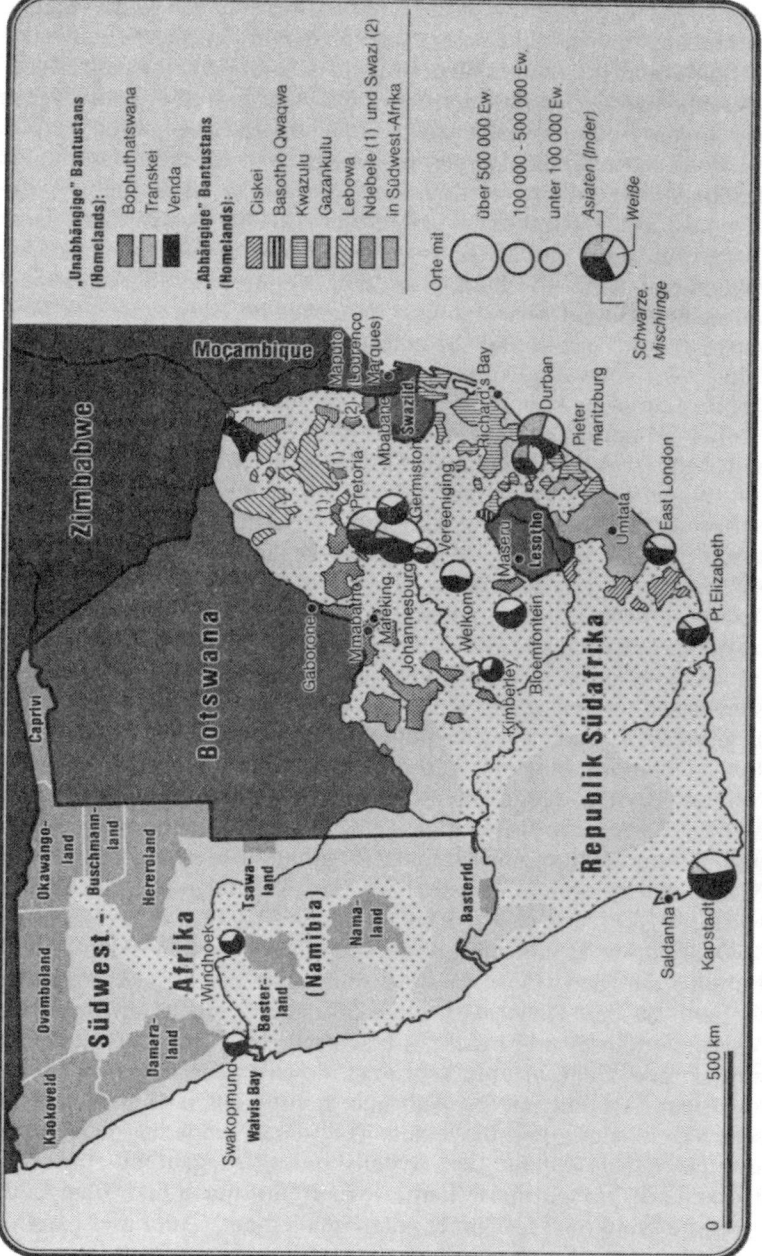

„Unabhängige" Bantustans (Homelands):
- Bophuthatswana
- Transkei
- Venda

„Abhängige" Bantustans (Homelands):
- Ciskei
- Basotho Qwaqwa
- Kwazulu
- Gazankulu
- Lebowa
- Ndebele (1) und Swazi (2) in Südwest-Afrika

Orte mit
- über 500 000 Ew.
- 100 000 - 500 000 Ew.
- unter 100 000 Ew.

Asiaten (Inder)
Weiße
Schwarze, Mischlinge

Südwest-Afrika (Namibia)

Kaokoveld
Ovamboland
Okawango-land
Buschmann-land
Damara-land
Hereroland
Kapnvi
Tsawa-land
Nama-land
Basterld.
Baster-land

Zimbabwe

Botswana

Moçambique

Maputo (Lourenço Marques)
Mbabane
Swaziland

Republik Südafrika

Windhoek
Swakopmund
Walvis Bay
Gaborone
Vaalbaho
Mafeking
Mmabatho
Johannesburg
Pretoria (1)
(2)
(1)
Germiston
Vereeniging
Welkom
Kimberley
Bloemfontein
Maseru
Lesotho
Richard's Bay
Durban
Pieter maritzburg
Umtata
East London
Pt. Elizabeth
Saldanha
Kapstadt

0   500 km

Die Episode ist deshalb bezeichnend, weil sie das wahre Ziel der Homeland-Politik klar erkennen läßt: es geht darum, die schwarzen Bürger Südafrikas zu entbürgern. Und das hat nun eine ganze Reihe schwerwiegender Konsequenzen. Denn wer im weißen Land eigentlich keine Rechte besitzt, dem kann einiges zugemutet werden. Zunächst: Die weiße Verwaltung kann nach eigenem Gutdünken darüber entscheiden, wem ein Zuzugsrecht ins weiße Gebiet gegeben wird und wem dies zu verwehren ist. Der Zustrom schwarzer Bürger ins weiße Gebiet ist also kontrollierbar, steuerbar geworden. Zugelassen wird überhaupt nur eine Person, deren Arbeitskraft im weißen Gebiet benötigt wird. Nur wer im Besitz eines Arbeitsvertrages ist, erhält die Zuzugsgenehmigung in eine der Townships. Wer den Arbeitsplatz verliert oder aus anderen Gründen die Arbeit aufgibt, kann, ja muß nach der Gesetzeslage in sein Homeland zurückkehren. Weigert er sich, kann er deportiert werden. Mit der Aufkündigung des Arbeitsplatzes läßt sich ein solcherart betroffener Schwarzer über Tausende Kilometer hinweg entfernen. Die Townships, von den burischen Nationalisten immer schon als ein potentieller Belagerungsring rund um die weißen Städte angesehen, konnten solcherart aus bleibenden und wachsenden Wohnstädten zu provisorischen Durchgangslagern umgedacht werden. Wichtig ist, daß man so wenig Schwarze wie möglich im weißen Gebiet ständig ansässig werden läßt. Folglich ist es Schwarzen untersagt, im weißen Land irgendwo Grund und Boden zu erwerben, auch nicht in der von Schwarzen bewohnten Township. Denn sie mögen zwar dort leben, aber nur als Gäste auf weißem Boden. Wenn irgend möglich, sollte es Schwarzen daher nicht gestattet sein, ihre Frauen und Kinder mitzubringen. Frauen und Kinder sollten im Homeland gehalten werden, so daß der Mann auch immer wieder in das Homeland zurückkehren würde.

Das ist für Hunderttausende schwarze Familien seither reales Leben geworden: Der Mann verdingt sich zur Arbeit im weißen Gebiet, in der Regel auf zehn Monate – einen längerfristigen Vertrag erhält er meist nicht –, läßt Frau und Kinder im Homeland zurück und zieht in eine schwarze Township in der Nähe seines künftigen Arbeitsplatzes. Während er im weißen Gebiet arbeitet, schickt er seiner Familie einen Teil seines ohnehin nicht hohen Lohnes. Nach Ablauf des Arbeitskontraktes geht er zurück ins Homeland, wo es meist keine Arbeit für ihn gibt. Solange das gesparte Geld reicht, kann er „daheim bleiben". Aber meist stellt er

sich schon am Tag seiner Rückkehr vor den weißen Rekrutierungs-
ämtern im schwarzen Homeland an, um möglichst bald wieder einen
Arbeitskontrakt zu erhalten. Der einjährige Rückkehrturnus führt
dazu, daß die Familie pro Jahr um ein weiteres Kind wächst, und
doch bekommt der Mann seine Familie im Laufe eines langen,
arbeitsreichen Lebens immer nur einige wenige Wochen pro Jahr zu
sehen.

Nur drei Kategorien von Menschen dürfen die Townships als
festen Wohnsitz und damit als ständige Bleibe betrachten:

jene, die in dieser Township bereits geboren wurden; da viele
Townships schon lange vor den strengen Apartheid-Gesetzen exi-
stierten, ist ein Teil ihrer Einwohner schon seit Generationen hier
zu Hause;

jene, denen es gelungen ist, über eine Periode von fünfzehn
Jahren einen Arbeitskontrakt nach dem anderen zu erhalten und in
dieser Zeit durchgehend in der Township zu leben;

und schließlich jene, die seit zehn Jahren an ein und demselben
Arbeitsplatz tätig sind, was offenbar ihre besondere Nützlichkeit
beweist.

Mit Ausnahme dieser drei Kategorien darf ohne gültigen Arbeits-
vertrag niemand länger in der Township bleiben. Kommen Verwandte zu Besuch oder Freunde, vielleicht ein Rechtsanwalt oder
ein Pfarrer aus dem Homeland oder aus einer Township, in der man
früher einmal gelebt hat, so gilt für sie alle in allen Townships
Südafrikas die eiserne Regel, daß sie sich nicht länger als 72 Stunden
dort aufhalten dürfen, es sei denn, sie erwirken eine Sonderbewilli-
gung von der Polizei, die aber nur sehr selten erteilt wird. Und in
vielen weißen Städten, wenn auch nicht mehr in allen, gilt darüber
hinaus noch die Regel, daß sich dort Schwarze in der Nacht nach 22
Uhr nicht mehr aufhalten dürfen, mit Ausnahme natürlich jener,
die als Hausangestellte oder in Restaurant- und Hotelbetrieben und
im öffentlichen Dienst, also etwa in Krankenhäusern, beschäftigt
sind.

Apartheid-Theorie stimmt mit Apartheid-Praxis jedoch nie überein. Selbstverständlich trachtet jeder danach, die Townships zu
seiner ständigen Bleibe zu machen, das einmal gemietete Haus für
den Rest seines Lebens zu behalten, die Frau und die Kinder aus
dem Homeland hierherzubringen. Und viele Zehntausende versuchen auch ohne Arbeitskontrakt in die Townships zu gelangen, in
der Hoffnung, von hier aus einen Arbeitsplatz in der benachbarten
weißen Stadt und in der weißen Industrie leichter finden zu können.

Und selbstverständlich sind viele tausend Township-Familien bereit, Verwandte und Freunde oder die Frauen und Kinder von Freunden auch illegal bei sich aufzunehmen. In Soweto etwa wird ganz offiziell damit gerechnet, daß beinahe ein Drittel aller Einwohner sich dort illegal aufhält. Daher die Diskrepanz zwischen der offiziell zugegebenen Einwohnerzahl von Soweto, die bei etwa 700 000 liegt, und der wahrscheinlich echten Mindestzahl von einer Million Einwohnern, wobei einige Schätzungen sogar bis auf 1,4 Millionen hinaufgehen.

Aber auf diese Weise wird natürlich der Kern der Apartheid aufgeweicht und ausgehöhlt. Immer mehr Schwarze ziehen ins weiße Gebiet, immer geringer wird die Aussicht, sie wieder loszuwerden, zu einer immer größeren Fiktion wird die Beheimatung aller Schwarzen in den Homelands. So greift die Polizei, wo immer sie kann, sehr rigoros durch. Überfallsartige Razzien, meist mitten in der Nacht, sind in vielen Townships nahezu die Regel. Hauptziel dieser Razzien sind die sogenannten Single Quarters, langgestreckte, kasernenartige Gebäude, in denen die Vertragsarbeiter untergebracht sind, die ihre Frauen und Kinder im Homeland lassen mußten und die hier nun in großen Schlafsälen gemeinsam wohnen. Nicht nur wird ständig geprüft, ob ihre Arbeitsverträge nicht schon abgelaufen sind und sie daher kein Recht mehr haben, sich in der Township aufzuhalten, sondern natürlich finden auch die illegal zugewanderten Singles zuallererst hier, unter Schicksalsgenossen, Unterschlupf. Aber die Kontrollen werden oft genug auch auf die Häuser schon lange ansässiger Familien ausgedehnt.

Um jedoch kontrollieren zu können, ist eine wirksame Identifizierung jedes einzelnen Schwarzen notwendig. Die Apartheid-Gesetze haben auch das sichergestellt. Jeder Schwarze, der sich außerhalb des Homeland aufhält, hat ein sogenanntes Reference-Book bei sich zu tragen. Die Schwarzen nennen diesen Ausweis einfach „Paß". In diesem sind nicht nur alle Personaldaten seines Trägers festgehalten, sondern hier wird auch eingetragen, seit wann er wo in Arbeit steht, wobei ihm der Arbeitgeber die ungetrübte Fortsetzung des Arbeitsverhältnisses in regelmäßigen Abständen zu bestätigen hat. Ohne eine solche Bestätigung hat der Paßinhaber kein Recht mehr, in der Township zu wohnen. Wer ohne gültigen Paß angetroffen wird, riskiert, bis zu sechs Monaten eingesperrt zu werden, bestenfalls wird er sofort ins Homeland abgeschoben.

Im übrigen gelten die Paßvorschriften für alle Schwarzen, also nicht nur für die Bewohner der Townships. Ich war in Johannesburg bei einem prominenten Politiker zum Abendessen eingeladen, kam etwas zu spät und entschuldigte mich dafür. „Wir sind froh, daß Sie zu spät dran sind", erklärte die Hausfrau. „Wir haben unseren Butler und unseren Koch gerade erst von der Polizeistation herausbekommen." Die beiden hatten sich nach dem Mittagessen am Gartenzaun des gegenüberliegenden Hauses mit dem dort beschäftigten schwarzen Koch zu einem Plausch zusammengefunden. Eine Polizeipatrouille kam vorbei, sah die beiden am Zaun stehen, hielt an und verlangte deren Pässe zu sehen. Diese hatten sie nicht bei sich, meinten aber, sie lägen in ihren Quartieren im Haus vis-à-vis, wo sie beschäftigt wären. Die Polizisten erklärten, das könnte jeder sagen, und nahmen sie mit. Nun hatten die beiden mit ihren Dienstgebern ein gutes Einvernehmen und waren von diesen instruiert worden, im Falle von Schwierigkeiten mit der Polizei zunächst eine Zeitlang geziemend zu schweigen, dann aber mit sanfter Stimme zu verlangen, daß man sie telefonieren lassen möge. Denn seit einiger Zeit erlauben die Apartheid-Gesetze, daß solcherart Festgenommene ihre Arbeitgeber anrufen dürfen. Das taten die beiden nun, wurden aber barsch zurückgewiesen. Nach geziemender Zeit verlangten sie noch einmal, telefonieren zu dürfen, und zitierten, wie man es ihnen gesagt hatte, den entsprechenden Paragraphen des Gesetzes. Der diensthabende Polizist starrte sie lang an, dann meinte auch er sanft: „Natürlich, du darfst telefonieren. Aber wenn du das Gesetz schon so gut kennst, dann weißt du auch, daß dort nicht drin steht, wann du telefonieren darfst."

Die Dienstgeber erfuhren erst am Abend vom Nachbarkoch, der nicht mitgenommen worden war, weil er hinter dem Zaun stand, daß die beiden von der Polizei abgeführt worden waren. Also fuhr die Hausfrau zur Polizeistation und traf dort just in dem Moment ein, als man die beiden bereits den großen Abschubwagen besteigen ließ, der sie ins Zentralgefängnis bringen sollte. Von dort aus überprüft die Polizei selbst die Angaben der Festgenommenen. Aber es dauert meist drei bis vier Tage, bis alle bürokratischen Arbeiten zur Entlassung und Rückstellung erledigt sind, danach dürfen die Dienstgeber die Festgenommenen abholen, die für das Vergehen, ihren an sich gültigen Paß nicht bei sich gehabt zu haben, mit einer für Schwarze recht hohen Geldstrafe belegt werden. Meist wird diese dann im Namen der Festgenommenen von den Dienstgebern hinterlegt.

Die Episode ist erwähnenswert, obwohl sie nur eine der sanftesten Seiten der Apartheid-Gesetzgebung und ihrer Kontrolle

95

berührt: denn sie zeigt nicht nur, wie ausnahmslos diese Kontrolle durchgeführt, sondern auch, daß sie schikanös gehandhabt werden. Hinweise von Verteidigern der Apartheid, all dies sei doch längst gemildert und die Rechte der Schwarzen seien sogar durch Paragraphen festgelegt, stimmen oft nur in der Theorie. Es gibt nicht wenige Polizisten – und darüber wird in Südafrika allgemein geklagt –, die gerade eine gesetzliche Milderung der Apartheid mit persönlicher Schikane beantworten.

Doch ganz abgesehen von persönlichen Schikanen sind die Zuzugs- und Aufenthaltskontrollen auch schon ohne diese streng und hart genug. Nach offiziellen Zahlen werden pro Jahr etwa eine halbe Million Schwarze wegen Paßvergehen festgenommen und rund die Hälfte von ihnen auch wegen Paßvergehen verurteilt. Da eine Verurteilung meist eine Gefängnisstrafe einbringt, sitzen in Südafrika rund doppelt so viele Menschen im Gefängnis wie in Großbritannien, das über eine doppelt so hohe Bevölkerungszahl verfügt. Dabei sprechen wir noch nicht von politischen Gefangenen, und die Zahl der Kriminellen ist im Vergleich zu den „Paßvergehen" auch nicht so hoch, obwohl auch die Kriminalität, besonders in den schwarzen Townships, in den letzten Jahren stark zugenommen hat.

Die Vertreter der Apartheid-Politik versuchen all diese Maßnahmen zu begründen. Sie erklären, daß die schwarzen Townships schon längst von Hunderttausenden Arbeitslosen überlaufen wären, ja daß aus den Townships bereits unerträgliche Slums geworden wären, würde man die Zuzugskontrolle nicht rigoros ausüben. Das Argument hat einiges für sich. Der unkontrollierte Zuzug, die Übervölkerung und damit die Verelendung solcher Siedlungen ist im ganzen übrigen Afrika ein großes Problem. Aber wie alles, was mit der Apartheid zusammenhängt, wird auch jede vernünftige Teilmaßnahme zur erniedrigenden Ungerechtigkeit. Denn wenn es wirklich nur darum ginge, für die Schwarzen ein ebenso geordnetes Leben wie für die Weißen sicherzustellen, so hätte man doch für alle südafrikanischen Bürger ohne Unterschied der Rasse die gleichen Ausweispapiere einführen und alle gesetzlichen Bestimmungen auf alle gleichermaßen anwenden können. Ein wesentlicher Unterschied wäre ja doch geblieben: der arbeitslose Weiße könnte immer bleiben, wo er wollte, denn man wird ihn kaum je in einem schwarzen Homeland aufgabeln und in sein weißes Homeland, nach Johannesburg oder Kapstadt, abschieben müssen.

Nein, Hauptzweck der Paßgesetze war und ist es noch immer, den

Sinnbild burischer Entschlossenheit und Hartnäckigkeit: Paul Kruger, Präsident des ersten Burenstaates und Widersacher Großbritanniens.

Das weiße Südafrika ist wirtschaftlich so hoch entwickelt wie Westeuropa oder die USA. Obwohl die Kraft des Landes aus seinen Farmen und Erzbergwerken kommt, sind es die Städte, die wie weiße Trutzburgen aus dem Land ragen, in dem fünfmal so viele Schwarze als Weiße leben.

Links das Zentrum von Kapstadt, oben Autobahnkreuz bei Johannesburg.

Das Gegenstück zu den weißen Trutzburgen – die schwarzen Townships. Streichholz-schachtel-Häuser auf einem Boden, den Schwarze nicht erwerben dürfen, auf dem sie auch kein Heimatrecht besitzen. Die Luftaufnahme oben zeigt einen kleinen Aus-schnitt der Millionenstadt Soweto, schwarze Schwesternstadt von Johannesburg.

Dr. Nthato Motlana, Mitglied des „Committee of Ten", versucht für das schwarze Soweto zu sprechen: Für Weiße und Schwarze darf es nur eine Staatsbürgerschaft geben, die südafrikanische. Die Aufteilung Südafrikas in 87 Prozent weißes Land und 13 Prozent schwarzes Land lehnen alle schwarzen Politiker ab.
Unten: Kinder in Soweto.

„Anpassen oder sterben" – mit dieser Parole hat Ministerpräsident Botha der Forderung der südafrikanischen Wirtschaft nachgegeben, den schwarzen Bürgern des Landes den Zugang zu besseren Arbeitsplätzen und die Mitgliedschaft bei Gewerkschaften freizugeben (linke Seite). Zweigwerke europäischer und amerikanischer Firmen, oben BMW, unten Siemens, praktizieren schon seit längerem rassische Gleichberechtigung am Arbeitsplatz.

Aufgehoben ist auch das Verbot für Schwarze und Weiße, gemeinsam Sport zu betreiben. In der Praxis scheitert der Aufbau gemeinsamer Sportvereine und oft auch das Austragen von Wettkämpfen an den fehlenden „Einrichtungen", wie Toiletten, Umkleidekabinen und Kantinen, die noch immer rassengetrennt sein müssen.

Aufenthalt der Schwarzen im weißen Gebiet als Provisorium zu erhalten, es zu ermöglichen, die Schwarzen jederzeit abschieben zu können, in Homelands, in denen sie meist nicht geboren wurden, aber wo sie ihre Zuständigkeit haben, obwohl sie dieses Homeland manchmal noch nie in ihrem Leben gesehen haben. Ein großer Streik der Müllarbeiter in Johannesburg, die natürlich durchwegs Schwarze sind, wurde schlagartig gebrochen, als die Behörden das Arbeitsverhältnis der Streikenden für verfallen erklärten. Die Polizei fing die Streikenden zusammen und schob sie in die entsprechenden Homelands ab.

Es gibt jedoch auch eine Kehrseite der Apartheid. Die meisten der abgeschobenen Müllarbeiter stiegen an der ersten Busstation hinter der Grenze ihres Homelands aus, setzten sich in den Gegenbus und kehrten nach Soweto zurück, illegal, versteht sich. Aber welcher Schwarze in Südafrika wüßte nun wieder nicht, wie man einer erwarteten Kontrolle entschlüpfen kann. Tags darauf bewarben sich die Zurückgekehrten um die nun als offene Arbeitsstellen ausgeschriebenen Posten der Müllarbeiter. Die Weißen, die sie zu rekrutieren hatten, waren angeblich froh, zufälligerweise Bewerber gefunden zu haben, die sich bei dem Geschäft schon auskannten. Aber auch diese Episode zeigt, daß die Apartheid eben in allen ihren Facetten verlogen ist. Abgesehen davon: Der Streik war gebrochen.

Für die weißen Kinder in Südafrika besteht Schulpflicht. Für die Schwarzen gibt es keine Schulpflicht.

In Europa haben aufgeklärte Regierungen die Schulpflicht für alle Kinder in erster Linie eingeführt, um die Kinder der unterprivilegierten Klassen auf die Schulbank zu zwingen, weil deren Eltern nicht in der Lage waren, den Vorteil einer Schulerziehung selbst zu erkennen. Wer daher diesen Zwang zur Schule nicht ausübt, der verhindert bewußt die Erziehung der Kinder gerade der ärmsten und ungebildetsten Volksschichten. Man kann aber den Schwarzen nicht mangelnde Erziehung und fehlende Kenntnisse vorwerfen, wie es von weißer Seite oft geschieht, wenn ihnen ihre Erziehung vorenthalten wird.

Selbstverständlich haben die Befürworter der Apartheid auch diesbezüglich ihre Argumente auf Lager: es gäbe nur 4,5 Millionen Weiße, aber mehr als 20 Millionen Schwarze; in weißen Familien befänden sich im Schnitt zwei oder drei Kinder, in schwarzen drei oder vier – es sei unmöglich, für diese Riesenzahl von Kindern ausreichend Schulen zu bauen, genügend Lehrer heranzubilden, die

Lehrmittel zur Verfügung zu stellen. Das ginge nur über einen langen Zeitraum und in dem Maße, in dem eine wachsende Volkswirtschaft auch für diese Aufgaben genügend Steuergelder abwerfe. Und gleich anschließend kommt der Hinweis auf die schwarzen Staaten Afrikas, in denen es auch keine allgemeine Schulpflicht gäbe und in denen prozentuell noch viel weniger schwarze Kinder zur Schule gingen als in Südafrika. Ja, Südafrika stünde im Vergleich besonders gut da.

Auch das ist wahr und anfechtbar zugleich. Denn dieser südafrikanische Staat hat für die weißen Kinder nicht nur die Schulpflicht eingeführt, sondern er zahlt sämtliche Ausgaben für deren Erziehung, er baut die Schulen, bezahlt die Lehrer, stellt die Lehrmittel zur Verfügung, verlangt kein Schulgeld. Von den schwarzen Kindern in den Townships wird ein jährliches Schulgeld verlangt, für weiße Verhältnisse ist der Betrag nicht hoch, etwa 2 bis 4 Rand, aber wahrscheinlich hoch genug, um einen unverständigen Vater davon abzuhalten, sein Kind zur Schule zu schicken, wenn er sich für das gleiche Geld eine ganze Menge Bier kaufen kann. Auch für die Schulbücher müssen die schwarzen Eltern selbst aufkommen, ebenso für die Schuluniform. Der Staat unterstützt die Schulerziehung eines weißen Kindes mit 650 Rand im Jahr, während es für ein schwarzes Kind nur 68 Rand im Jahr ausgibt.

Der Unterschied macht sich in jeder Weise bemerkbar: im Aussehen und in der Ausstattung der Schulgebäude, in den Lehrmitteln, in den Sportanlagen, vor allem aber in der Qualität der Lehrer und in der Größe der Schulklassen. Während in den weißen Volksschulen im Schnitt 20 Schüler auf je einen Lehrer kommen, sind es in den schwarzen Schulen 45. Doch selbst diese Zahl täuscht, denn der schwarze Lehrer hat sehr oft an einem Tag zwei Klassenzüge zu unterrichten, einen am Vormittag und einen am Nachmittag. Der weiße Lehrer hat eine erstklassige Ausbildung genossen, der schwarze hat oft selbst nur eine Elementarschule besucht. Der weiße Staat fordert nicht die gleichen Befähigungsnachweise von Weißen und Schwarzen, wenn es ums Unterrichten geht. Sehr wohl aber hat ein Schwarzer, der sich – was seit kurzem möglich ist – um den gleichen Job bewirbt wie ein Weißer, den gleichen Befähigungsnachweis im Zeugnis wie in der Praxis zu erbringen und wird den Job meist nur dann bekommen, wenn er besser ist als der Weiße oder entscheidend billiger.

Auch das hat seine Gründe. Einer der großen Vorteile, die die Apartheid besonders den schlecht ausgebildeten weißen Arbeitern bringen sollte, war der Schutz ihrer Arbeitsplätze vor der schwarzen Konkurrenz. Für die Nationale Partei der Buren war dies ein wichtiges Argument, und erst als sie diese damals noch recht große Schicht der „armen Weißen" für sich gewinnen konnte, schaffte sie im Jahre 1948 den Durchbruch zur Mehrheit. Die Partei bedankte sich bei ihren Wählern, indem sie im Rahmen der Apartheid-Gesetze auch festlegte, daß eine ganze Reihe von Arbeitsplatzkategorien künftig ausschließlich für Menschen weißer Hautfarbe reserviert zu bleiben habe. Die einzelnen Berufe, die ein Weißer, ein Mischling, ein Inder oder ein Schwarzer ausüben durfte, wurden genau festgelegt und die Angehörigen der verschiedenen Rassen nur in den ihnen zustehenden Berufen aufgenommen.

Einige Berufskategorien ließ man für alle Rassen offen, doch auch da galt, daß innerhalb eines Betriebes in solchen Kategorien immer nur die Angehörigen ein und derselben Rasse tätig sein durften, so daß nie Angehörige verschiedener Rassen ein und dieselbe Arbeit ausführen und gar Seite an Seite eingesetzt würden. Eine weitere Bestimmung verfügte, daß ein Weißer niemals der Untergebene eines Schwarzen sein dürfe, also ein Schwarzer nicht in die Kategorie eines Vorgesetzten aufsteigen würde, es sei denn, alle seine Untergebenen wären ebenfalls Schwarze. Analog galten diese Bestimmungen dann auch jeweils für Mischlinge und Inder.

Welche Berufe nun für welche Rasse offen und welche für andere Rassen verschlossen bleiben würden, hing meist von der Durchschlagskraft der zuständigen weißen Gewerkschaften ab. So war etwa die Gewerkschaft der Bauarbeiter sehr einflußreich, und es gelang ihr über Jahrzehnte hinweg, den Beruf eines Maurers für Schwarze zu sperren. Schwarze durften nicht einmal lernen, wie man Ziegel verlegt. Der Beruf des Maurers war Weißen und Mischlingen vorbehalten, ebenso der Beruf des Mechanikers oder des Kranführers oder des Stapelladers. Schwarze durften, von wenigen Ausnahmen abgesehen, auch keine Gewerkschaften bilden. Die bestehenden weißen Gewerkschaften aber nahmen in der Regel schwarze Mitglieder nicht auf. Weiße Gewerkschaften verhandelten daher auch nicht im Namen der Schwarzen und versuchten auch nicht, für die Schwarzen bessere Löhne, bessere Arbeitsbedingungen oder mehr Sozialeinrichtungen durchzusetzen. Ja fast das Gegenteil war der Fall: Die meisten weißen Gewerkschaften sahen darauf, daß den Schwarzen nicht noch zusätzliche Berufskategorien geöffnet oder auf Kosten der weißen Arbeiter Zugeständnisse sozialer Art gemacht wurden.

Der wesentlichste Unterschied aber zwischen weißen und schwarzen Arbeitnehmern war über Jahrzehnte hinweg die ungleiche Bezahlung. In der Regel verdiente der weiße Arbeitnehmer rund zehnmal soviel wie der schwarze. Betrug der Durchschnittslohn in dieser Zeit etwa für den weißen Arbeitnehmer 250 Rand pro Monat, so verdiente der schwarze 25 Rand. Das Beispiel liegt schon einige Zeit zurück, denn – das sei im Vorgriff auf das entsprechende Kapitel schon hier vermerkt – im Zuge der Auflockerung der Apartheid aus gewichtigen wirtschaftlichen Gründen begann man ab Mitte der siebziger Jahre die Löhne der Schwarzen mehr anzuheben als die der Weißen, so daß sich der Lohnabstand verringerte; in manchen Berufskategorien kam es Anfang der achtziger Jahre sogar zu einer Angleichung der Löhne für Weiße und Schwarze. Und Anfang der achtziger Jahre wurde erstmals die gesetzliche Voraussetzung für die Gründung schwarzer Gewerkschaften geschaffen.

Auch die Arbeitsplatzreservierung wurde 1979 endlich generell aufgehoben, wenn auch zunächst ohne spürbare Folgen. Denn die Apartheid hatte ja schon bisher den Schwarzen nicht jene Ausbildung zukommen lassen, die es ihnen ermöglicht hätte, in andere als die ihnen zugeteilten Berufskategorien einzudringen. Und weiße Gewerkschaften verstehen es weiterhin, Berufe zu blockieren, die theoretisch jetzt auch für Schwarze offen sind. Im übrigen waren durch die Apartheid-Gesetze nicht nur die Arbeitsplätze kategorisiert und reserviert; Schwarze durften in den weißen Städten auch keine Geschäfte eröffnen, Handel treiben oder sich etwa als Ärzte oder Rechtsanwälte niederlassen. Auch in dieser Beziehung blieb die Apartheid bei ihrem realen Grundsatz: getrennt und ungleich. Sogar in den schwarzen Townships wurde Schwarzen nur in einem sehr eingeschränkten Maß erlaubt, Geschäfte zu errichten. Die Gesamtfläche eines schwarzen Geschäftslokals durfte 350 Quadratmeter nicht übersteigen, und wer bereits ein Geschäft besaß, durfte kein zweites eröffnen. Die Errichtung größerer Supermärkte oder gar von Einkaufszentren war Schwarzen untersagt. Daher fehlen auch in einer solchen Riesenstadt wie Soweto die großen Warenhäuser, die Supermärkte, die Einkaufszentren. Wieder sind verschiedene Interpretationen dieser ursprünglichen gesetzlichen Einschränkungen möglich. Prinzipiell entspricht dies alles der Apartheid-Philosophie: Die Townships sind nur provisorische Wohnstätten der Schwarzen, der Gastarbeiter, die eines Tages in ihre Homelands „zurückkehren" würden. In provisorischen Städten aber sollte es keine großen Warenhäuser, Supermärkte und Einkaufszentren geben. Doch auch eine andere Auslegung wäre möglich: Obwohl Schwarze bisher viel weniger verdient haben als Weiße, steckt in den Townships in summa doch eine starke Kaufkraft. Da in der Township das Warenangebot ganz gering ist, während in der benachbarten weißen Stadt Warenhaus neben Warenhaus steht, so kauft man eben dort – bei den Weißen. Denn in den Warenhäusern gilt Apartheid nicht: die Schwarzen dürfen die gleichen Eingänge, die gleichen Rolltreppen, die gleichen Kassen benützen.

Das offizielle Südafrika begründet das bisherige Verbot, Warenhäuser in den Townships zu errichten, wieder anders. Man habe weiße Geschäftsgründungen nicht zugelassen, weil dies zur Ausbeutung der Schwarzen hätte führen können, die Schwarzen allein aber wären weder kapitalkräftig genug gewesen, noch hätten sie das entsprechende Know-how besessen (und bis vor kurzem hätten sie den Baugrund für die Errichtung größerer Geschäftsbauten nicht einmal pachten können). Gleichzeitig mit der Aufhebung der Arbeitsplatzreservierung aber hat man den Schwarzen nun auch prinzipiell die Eröffnung größerer Geschäfte und Supermärkte in den Townships erlaubt, und sie dürfen zu diesem Zweck sogar eine Kapitalbeteiligung weißer Partner bis zu 49 Prozent in Anspruch nehmen.

Interessanterweise war es für Schwarze oft ieichter, sogenannte bessere Berufe zu ergreifen, denn natürlich wurden Ärzte, Rechtsanwälte, Lehrer, Pfarrer und ähnliche Berufe zur Betreuung der Schwarzen gebraucht. Allerdings schafften es zunächst nicht viele Schwarze, die schulische Reife für den Besuch einer Universität zu erwerben. Doch mit der Zeit wurden in den Townships auch mehr Mittelschulen errichtet, und es gab mehr und mehr Absolventen mit Hochschulreife. Die englischsprachigen Universitäten und Hochschulen in Südafrika hatten schon früher schwarze Studenten zugelassen, an burischen Hochschulen war den Schwarzen das Studium jedoch nicht möglich. Aber als der Bedarf an ausgebildeten Schwarzen immer mehr stieg und auch immer mehr schwarze Mittelschulabsolventen sich um Aufnahme an den Hochschulen bemühten, beschloß das südafrikanische Parlament das Gesetz, das wieder einmal einen für die Apartheid typischen Titel trug: das Hochschul-Ausweitungsgesetz. Doch nicht die bestehenden Hochschulen wurden ausgeweitet, um für schwarze Studenten Platz zu machen, sondern vier schwarze Universitäten wurden gegründet, um die schwarzen Studenten aus den weißen Universitäten herauszubringen und sie selbst auf dieser Ebene noch getrennt erziehen zu können. Eine Universität für Mischlinge und eine für Inder bestand schon seit einiger Zeit. Und es ist ebenfalls von Bedeutung, daß die schwarzen Universitäten nicht etwa bei Johannesburg oder bei Kapstadt errichtet wurden, sondern in den Homelands. Studenten aus Kapstadt haben also etwa an der O'Hare-Universität in der Ciskei ihre Kurse zu besuchen.

Der Lehrkörper dieser Universität lud mich ein, mit ihm zu Mittag zu essen. Mit einer Ausnahme waren alle anwesenden Professoren Weiße, nur einer ein Mischling. Das läßt sich so oder so verstehen: auch den schwarzen Studenten wird hier also eine weiße und daher vermutlich bessere Ausbildung gewährt. Aber gleichzeitig stellt dies wohl auch sicher, daß die herrschende Staatsphilosophie, nämlich die der Apartheid, vom Lehrkörper gegenüber den Studenten vertreten wird, daß die gerade an Universitäten üblichen politischen Diskussionen zwischen Lehrern und Studenten an den schwarzen Universitäten im Rahmen der vom Staat gewünschten Linien bleiben und es zu keinem Solidarisierungseffekt zwischen Professoren und Studenten kommt. Ich würde eine solche Absicht niemanden unterstellen, hätte es nicht aus den Kreisen der Professoren ebenso wie aus denen der Studenten eine Reihe eindeutiger Hinweise in diese Richtung gegeben. Wobei zur Ehre der Professoren gesagt sei, daß sie unter dieser eingeschränkten Rolle leiden und heftige Kritik daran üben. Und die Studenten beklagten sich bitter darüber, daß man sie auch auf dieser hohen Ausbildungsstufe immer noch in ihre Stammesidentität zu zwingen versuche, daß man sie in Zulu, Xhosa, Tswana, Venda, Sotho und so fort einteile und sie auf ihre Zuständigkeit in den entsprechenden Homelands dieser Stämme festnagle.

An dieser Universität manifestierte sich ein fester politischer Wille: „Wir sind alle Schwarze, und wir sind alle Bürger dieses Südafrika. Wir lehnen die Einteilung in Stämme ebenso ab wie die Staatsbürgerschaft irgendeines Homeland, das wir gar nicht kennen!" Auch fehlten bei meinem Besuch an dieser schwarzen Universität viele Studenten männlichen Geschlechts. Sie boykottierten den Unterricht aus Protest gegen das ungleiche Unterrichtssystem für Weiße, Mischlinge, Inder und Schwarze. Zur gleichen Zeit waren übrigens auch die Kinder der Mischlinge in den Elementar- und Mittelschulen schon monatelang dem Unterricht ferngeblieben, und zwar aus Protest gegen das unterschiedliche Unterrichtsniveau. Diese Boykotte waren und sind noch immer viel umfangreicher, als dies von den südafrikanischen Behörden eingestanden wird. Jedenfalls traf ich auf geschlossene und zum Teil zerstörte Schulen auch in Gegenden, von denen es offiziell hieß, daß es dort entweder nie Boykotte gegeben hat oder daß diese Boykotte längst vorüber seien.

In den Hörsälen der schwarzen O'Hare-Universität fand ich wie gesagt fast nur Studentinnen vor. Ob sie mit dem Boykott ihrer männlichen Kommilitonen nicht übereinstimmten? Doch, sogar sehr, betonten sie, man möge jedoch verstehen, daß die afrikanische Familienstruktur eine sehr patriarchalische sei und Mädchen schon von der Familie her nicht die Eigenbestimmung zugestanden würde wie den Jungen. Als Mädchen könnten sie nicht einfach daheim bleiben oder sich gar mit den aus einem solchen Boykott erwachsenden Schwierigkeiten etwa auf Grund der Paßgesetze herumschlagen. Aber auch sie seien der Ansicht, daß nicht nur ihre Elementar- und Mittelschulausbildung weit hinter der der Weißen nachhinke, sondern daß man ihnen auch auf Universitätsniveau vieles schuldig bleibe. Die weißen Professoren stimmten der Ansicht zu, daß die schwarzen Studenten mit viel mangelhafteren Kenntnissen von den Mittelschulen an die Hochschulen kämen. Dabei blieb offen, ob nun die Hochschulausbildung deshalb viel niedriger angesetzt werden müßte oder ob sie an diesen ausdrücklich für Schwarze bestimmten Universitäten an sich unter dem Niveau der weißen Universitäten blieb. Anderseits werden schwarze und farbige Studenten, die das Glück haben, weiterhin Studienplätze an weißen Universitäten zu bekommen, dort ebenso gut ausgebildet wie die Weißen.

Unter der schwarzen studentischen Jugend aber führt die Apartheid zum Gegenteil dessen, was sie erzielen will: Die gemeinsam ertragene Diskriminierung, die gemeinsam erlebten Schikanen bringen auch einen gemeinsamen Widerstand hervor, der die Stammesunterschiede zwischen den Schwarzen verschwinden läßt.

Die Teilung des Landes

Eines der Ziele der Apartheid war darauf gerichtet, nicht nur Weiß von Schwarz zu trennen, sondern die Schwarzen auch noch untereinander auf ihre unterschiedliche Stammeszugehörigkeit festzulegen. Selbst der längst dem Stamm entwanderte Schwarze, der mit Angehörigen anderer Stämme in einer großen Township lebt, sollte durch die Zuteilung auf ein Homeland wieder in seine ursprüngliche Stammesstruktur gezwungen werden. Die Homeland-Führer bekamen Souveränitätsrechte über alle ihre Stammesangehörigen, einerlei, wo diese in Südafrika lebten. Und die Homeland-Führer sind in der Regel die Stammeshäuptlinge. Politischer Widerstand der Schwarzen gegen die Apartheid mußte solcherart auch zum Widerstand gegen die Homeland-Führer werden, die sich ja in dieser Funktion zu Vollstreckern der Apartheid-Politik machten, noch dazu zu Exekutoren des entscheidenden Teils dieser Politik, nämlich der Teilung des Landes in schwarze Homelands und in ein weißes Südafrika, der Entbürgerung der schwarzen Bürger dieses Südafrika und ihre Reduzierung auf Gastarbeiter im weißen Land.

Einige der Homeland-Führer haben diese ihnen von der südafrikanischen Regierung zugedachte Rolle gut gespielt, haben sich in den Homelands zu Ministerpräsidenten machen lassen, haben ihre Regierungen gegründet, ihr Homeland für unabhängig erklärt und können nun erfüllen, was von ihnen erwartet wurde: ihren Stammesangehörigen im Homeland, aber auch in allen Townships Südafrikas die Staatsbürgerschaft des Homeland verleihen, womit sie automatisch zu Ausländern in Südafrika werden. Aber so schön sich das die Apartheid-Politiker ausgedacht hatten, das Konzept geht immer weniger auf. Der Widerstand in der Bevölkerung der Homelands wächst und noch viel mehr der der Schwarzen in den Townships, die in der Existenz der Homelands eine Bedrohung ihrer eigenen Existenz erkennen. Da die Homelands aber nicht nur in der bisherigen Apartheid-Politik eine so große Rolle spielten, sondern auch in der künftigen Entwicklung Südafrikas noch von Bedeutung sein dürften, erscheint es mir wichtig, ihre Struktur näher anzusehen.

Etwa 5,5 Millionen Schwarze in Südafrika werden dem Stamm der Xhosa zugerechnet. Diesem Stamm wurden zwei Homelands zugeteilt, die Transkei und die Ciskei. In der Transkei wohnen 2,4 Millionen Menschen, in der Ciskei eine halbe Million. Insgesamt also befinden sich von den 5,5 Millionen Xhosa nur 2,9 Millionen in ihren Homelands. Ich habe sowohl die Transkei als auch die Ciskei gesehen, habe mit den Ministerpräsidenten beider Homelands, mit Kaiser Matanzima und mit Lenox Sebe, gesprochen und auch die meisten ihrer Minister getroffen. Es ist ganz klar, daß die beiden Länder bei weitem nicht über die wirtschaftliche Kapazität verfügen, die ihnen zugeteilten weiteren rund zweieinhalb Millionen Menschen jemals aufzunehmen. Aber man könnte argumentieren, daß sie zumindest für ein erträgliches Leben ihrer jetzigen Bevölkerung sorgen könnten. Immerhin gelten die Apartheid-Gesetze Südafrikas in den Homelands nichts, die Homelands haben ihre eigenen schwarzen Regierungen, ihre eigenen Verfassungen, ihre eigenen Gesetze und Gerichte. Ein Schwarzer im Homeland müßte folglich ein freier Mann sein. Welches Homeland man aber nun auch besucht, überall macht man die gleiche Erfahrung. Sie sind, was ihre Souveränität betrifft, nicht einmal vergleichbar etwa mit Bundesländern in Deutschland oder Österreich oder mit den Kantonen in der Schweiz.

East London ist eine der sechs bedeutenden Hafenstädte Südafrikas und liegt im Land der Xhosa. Aber East London ist kein Bestandteil des Xhosa-Homeland Ciskei. Die „Grenze" der Ciskei überquert man erst etwa zehn Kilometer außerhalb der Stadt, unbemerkt, denn sie ist durch nichts markiert, und man befindet sich auf der Straße von einer weißen Stadt zu einer anderen weißen Stadt, nämlich von East London nach King Williams Town. Die Strecke ist nicht länger als 60 Kilometer. 40 davon fährt man durch die Ciskei, verläßt sie wieder, um das weiße King Williams Town zu erreichen, hinter dem die Straße erneut in die Ciskei eintaucht. Aber es gibt auch eine Autobahn und eine Eisenbahnstrecke zwischen East London und King Williams Town. Genau entlang dieser beiden großen Verkehrsadern verläuft die Grenze der Ciskei, beide blieben sie um einige wenige Meter außerhalb des schwarzen Gebietes.

Wer aber die unbequemere Landstraße benützt, erfährt mehr über die Ciskei: denn alles, was da links von Bahn und Autobahn liegt, also zur Ciskei gehört, ist eine einzige, endlos langgestreckte schwarze Township mit dem Namen Mdantsane. Ich habe mich dort einige Zeit aufgehalten und mit ihren Bewohnern gesprochen. Wie man mir sagte, arbeiten die meisten der mehr als 100 000 Einwohner nicht im Homeland Ciskei, sondern im zehn Kilometer weit entfernten East London. Mdantsane ist nichts anderes als die schwarze Township von East London. Zur Zeit stehen in Mdantsane 20 000 Zündholzschachtel-Häuser, aber es werden demnächst 30 000 sein, an der Ausdehnung der Township wird emsig gebaut, denn es sollen noch mehr schwarze Familien aus jetzigen Townships im weißen Gebiet in diese Homeland-Township übergesiedelt werden.

Läßt man die langgestreckte Siedlung hinter sich, kommt man zu einer Straßenkreuzung, an der ein schönes, modernes Gebäude steht, und der daneben errichtete Funkturm läßt es als Radiostation erkennen. So ist es auch über dem Tor zu lesen, und zwar in drei Sprachen, in Afrikaans, Englisch und Xhosa: dies ist die Radiostation der Ciskei. Der Chef ist ein Weißer. Gefragt, wie er sich in der Ciskei denn nun zurechtfinde, klärt er mich auf, daß dies zwar die Radiostadion der Ciskei sei, aber sie liege außerhalb der Ciskei, die Grenze verlaufe hinter dem Haus. Er selbst wohne in King Williams Town, und die Station befinde sich schon in der weißen Stadt. Aber sie sei anderseits auch nur wenige Kilometer von der Hauptstadt der Ciskei entfernt, die Zwelitsha heißt.

Rechts geht es nach King Williams Town, links nach Zwelitsha, ich nehme den Weg nach links, fahre einen Hügel hinauf und komme erneut in eine schwarze Township, allerdings in eine sehr kleine; hier stehen nur wenige Häuser, und es stellt sich heraus, daß Zwelitsha nicht wegen seiner Größe oder seiner verkehrstechnischen oder wirtschaftlichen Wichtigkeit die Hauptstadt der Ciskei wurde, sondern weil man aus irgendwelchen Gründen das Regierungszentrum dieses Homeland hierher verlegt hat. Dieses Regierungszentrum befindet sich hinter einem hohen, das gesamte Areal umgebenden Zaun, das Eingangstor wird von Beamten der Ciskei-Polizei bewacht, die mich freundlich begrüßen und passieren lassen; ich bin ihnen avisiert. Der Ministerpräsident der Ciskei, Dr. Lenox Sebe, war bereit, mich zu einem Gespräch zu empfangen. Sein Amtssitz ist ein funkelnagelneues Gebäude, von einer kleinen Kuppel überdacht, unter der sich, wie ich später feststelle, der runde Saal des Ministerrates befindet. Der Ministerpräsident, ebenfalls ein sehr freundlicher Mann, hat seine ganze Regierung eingeladen, der Unterredung beizuwohnen. Er stellt mich allen seinen Ministern vor – und allen seinen Beratern. Alle Minister sind schwarz, alle Berater sind weiß. Dr. Sebe begibt sich dann im Sitzungssaal auf den Platz des Ministerpräsidenten. Dieser befindet sich auf einem hohen Podest an der Stirnseite des Runds. Minister, Berater und ich nehmen unten in diesem Rund Platz. An der Wand hinter dem Ministerpräsidenten hängt die Nationalfahne der Ciskei: quergestreift blau-weiß-blau und im weißen Feld ein blauer Kranich. Doch Form und Prozedur dieses Meetings sind zutiefst afrikanisch. Das ist der Häuptling, der einen fremden Gast empfängt, seine Unterführer um sich versammelt und den ihm allein zustehenden Häuptlingssitz besteigt. Und auf afrikanisch geht es auch weiter. Das zugesagte Interview findet nicht statt. Der Ministerpräsident hält einen dreiviertelstündigen Monolog; links die schwarzen Minister, rechts die weißen Berater hören geduldig zu, sie sind das offenbar gewohnt. Ich versuche am Anfang, einige Fragen dazwischenzuwerfen, aber Lenox Sebe geht über sie hinweg, läßt sich durch sie auch nicht irritieren. Der Inhalt seines Monologs läßt sich jedoch zusammenfassen: Man mache den Homeland-Führern im Ausland den Vorwurf, daß sie sich der Homeland-Politik der südafrikanischen Regierung zur Verfügung stellten. So aber könne nur einer reden, der eben im Ausland wohne. Es sei jedenfalls besser, von einem Stück Land Besitz zu ergreifen, in dem der schwarze Mann sein Schicksal selbst bestimmen könne. Man rede auch davon, daß man jedem Menschen eine Stimme, also das freie und allgemeine Wahlrecht zu geben hätte. Wer aber tatsächlich das Wohl der Menschen im Auge habe, der müßte in erster Linie dafür sorgen, daß jeder Mensch ein Stück Brot bekomme. Und was Südafrika angehe, so erhalte die Ciskei von Südafrika große wirtschaftliche Hilfe und finanzielle Unterstützung. Man sei mit Südafrika in einer Währungs-, Wirtschafts- und Zollunion und dadurch in der Lage, jedem Menschen ein Stück Brot zu geben. Mit der Apartheid-Politik stimme er nicht überein. Die müsse auch geändert, abgeschafft werden. Aber er, Lenox Sebe, glaube daran, daß der jetzige Ministerpräsident P. W. Botha auf einem neuen, sehr interessanten Weg sei. Er habe dessen Pläne studiert und halte sie für genial. Eine andere Frage sei, ob und wann die Ciskei um ihre endgültige volle Unabhängigkeit einkomme. Das müsse man sich noch genau überlegen. Es sei fraglich, ob das Land dafür schon weit genug entwickelt wäre.

Lenox Sebe legte all dies in einer sehr bildhaften, oft in viele Details abschweifenden Rede dar, dann erhob er sich, schüttelte mir lange die Hand und verließ den Saal, zur Rechten seine Minister, zur Linken die weißen Berater.

Auch ich verließ das Gebäude und sah gerade noch den Ministerpräsidenten mit seinem schwarzen Mercedes 300 davonfahren, mit dem Kennzeichen CG 1, Ciskei Gouvernment Nr. 1. Seine Minister folgten ihm bald nach, sie fuhren Ford Cortina, alle cremefarben und hierarchisch numeriert, CG 2 bis CG 12. Ich weiß nicht, wohin sie fuhren, denn ihre Häuser befanden sich innerhalb des Regierungskomplexes, hübsche, gleichaussehende Bungalows mit Panoramafenstern und Terrasse. Hinter dem runden Regierungsgebäude aber befanden sich die Ministerien, langgestreckte Holzbaracken, säuberlich in Amtsgrün gestrichen. Hier konnte keine sehr große Zahl von Beamten tätig sein, aber es waren so ziemlich alle Ressorts vertreten, die zur Verwaltung eines Landes gehören, mit

Ausnahme des Außenministeriums, des Verteidigungsministeriums und des Finanzministeriums. Diese drei Bereiche werden von Südafrika wahrgenommen. Und darüber hinaus herrscht auch ein südafrikanischer Generalkommissar über der Regierung der Ciskei, Herr J. J. Engelbrecht.

Etwa 20 Kilometer von Zwelitsha entfernt befindet sich das einzige Industriezentrum der Ciskei, Dimbaza. Hier wurde versucht, mit großen Subventionen von seiten der südafrikanischen Regierung und mit großen Konzessionen der Regierung der Ciskei, in- und ausländische Industrieunternehmungen anzusiedeln. Es sind durchwegs nur Kleinstunternehmen: eine Werkstatt, in der Leder für Arbeitshandschuhe gegerbt und zugeschnitten wird, eine Teppichweberei, die ein deutscher Kaufmann errichtet hat, weil man solche finanziellen Bedingungen, wie er zugibt, kaum noch sonstwo in der Welt findet. Es gibt sogar ein kleines Eisenwerk mit einem Martinsofen, mit Gießwerk und angeschlossener Schmiede. Die Betriebe beschäftigen im Schnitt zwischen 50 und 80 Arbeitnehmer, durchwegs Schwarze, die nur einfache Arbeiten verrichten. Die Manager sind Weiße.

Weder in Zwelitsha noch in Dimbaza gibt es ein Hotel. Schwarze Hotels in der schwarzen Ciskei gibt es nur in Mdantsane, der schwarzen Township von East London. Die Regierung der Ciskei hat einen Prospekt herausgegeben, mit dem sie sich an ausländische Interessenten wendet und sie auffordert, ihre Betriebe in der Ciskei anzusiedeln; darin wird versichert, daß im unmittelbar benachbarten King Williams Town schöne Einfamilienhäuser zu kaufen und zu mieten seien und die Stadt über beste Einkaufszentren, erstklassige Schulen und eine medizinische Betreuung von hohem Standard verfüge. Es gebe auch zwei Kinos, eine Bibliothek, Restaurants und ein Museum. Der Slogan des Prospekts lautet, man solle in der Ciskei investieren. Doch man muß im weißen Land wohnen, jenseits der „Grenze".

Auch ich übernachtete in King Williams Town, im weißen Hotel der weißen Stadt. Ich ging auch ins Kino. Man zeigte einen Monumentalfilm, eine britisch-amerikanische Koproduktion, „The Dawn of the Zulu". Es war die Verfilmung der größten und blutigsten Schlacht, die je zwischen Weißen und Zulu stattgefunden hat, am 21. Mai 1879 im Zululand bei Isandhlwana, wohin die Engländer fast mit ihrer gesamten in Südafrika stationierten Streitmacht gezogen waren, um den Stamm der Zulu endgültig zu schlagen. Doch die Zulu erwiesen sich in der Kriegskunst den in Sandhurst ausgebildeten britischen Generälen erstaunlicherweise als überlegen: Sie verstanden es, einen Teil der Briten in eine Falle zu locken und das Gros der britischen Streitmacht in Sicherheit zu wiegen, bis dieses von Tausenden Zulu fest umzingelt war. Bei Morgengrauen erscholl der Kriegsruf der Zulu von allen Seiten, und ihre Kolonnen bewegten sich zu Fuß schneller als die Engländer auf ihren Pferden. Sie griffen von überall an, und obwohl die britische Streitmacht mit den damals modernsten europäischen Karabinern ausgerüstet war und über hochdisziplinierte Truppen, geführt von tapferen Offizieren, verfügte, wurde sie bis zum letzten Mann aufgerieben. Zwei junge Offiziere wagten auf ihren Pferden noch einen Durchbruch, um nach den militärischen Ehrbegriffen der damaligen Zeit die Fahne zu retten. Aber auch sie kamen nur einige hundert Meter weit. Als man sie Tage später fand, hatte einer von ihnen die Fahne um seinen von Speeren gespickten Leib gewickelt.

Historiker haben später die Zulu als die einzigen Überlebenden der Schlacht nach deren Verlauf befragt. „Als die Briten keine Munition mehr hatten, warfen sie ihre Gewehre weg und schossen mit ihren Pistolen. Und als sie für diese keine Munition mehr hatten, stellten sie sich Rücken an Rücken und kämpften mit ihren Säbeln und Bajonetten. Wir töteten sie, wo sie standen." Und das war auch der Inhalt des Films, genau mit diesem Ende.

Die Weißen, die den Film gesehen hatten und die ich danach fragte, welchen Eindruck er auf sie gemacht habe, kannten natürlich die historische Begebenheit und deren Ausgang, wußten aber auch, daß die Engländer ein Jahr später eine Strafexpedition ausrüsteten, die die Zulu das Fürchten lehrte, und fanden durch dieses Filmerlebnis nur bestätigt, wovon sie ohnedies überzeugt waren: nämlich daß die schwarzen Massen ungeheuer gefährlich sind, wenn sie einmal über die wenigen Weißen hereinbrechen.

Ich wollte auch Schwarze befragen, welche Gedanken sie sich bei diesem Film gemacht hätten. Aber kein Schwarzer, an den ich mich wandte, hatte den Film gesehen. In King Williams Town besteht die Vorschrift, daß alle Schwarzen die Stadt bis 22 Uhr verlassen haben müssen. Sie haben es nicht weit. Die Grenze der autonomen Ciskei verläuft genau an der Stadtgrenze rund um King Williams Town herum. Die einzige Kinovorstellung aber endet nach 22 Uhr.

Allerdings muß man zugeben, daß nicht alle Homelands einen so trostlosen Eindruck machen. Interessanterweise ist das Homeland, dem man die Lebensfähigkeit am allerwenigsten zutrauen würde, noch am besten dran – Bophuthatswana. Dieses Homeland besteht nämlich aus insgesamt sieben voneinander getrennten Reservaten, die entlang eines Bogens von über 800 Kilometer Länge inmitten des weißen Südafrika verstreut liegen. Es ist undenkbar, daß diese weit voneinander getrennten Landklekse auch nur halbwegs effizient verwaltet, gemeinsam wirtschaftlich entwickelt und zu einer politischen Willensbildung gebracht werden könnten.

Es handelt sich um Gebiete, die von den Engländern seinerzeit als Reservate für den Stamm der Tswana angelegt worden waren, um die Buren an einer weiteren Landnahme zu hindern. So sind sie Reservate geblieben, bis das Apartheid-Konzept der burischen Regierung diese Reservate allen Angehörigen des Tswana-Stammes als Homeland zuteilte. Aber man dachte natürlich nicht daran, aus diesem Fleckerlteppich ein halbwegs zusammenhängendes Gebiet zu machen. Das hätte erfordert, daß die Weißen noch einmal soviel Land an die Schwarzen hätten abtreten müssen. Jedoch die Tswana hatten Glück: in ihren Reservaten wurden Platin- und Goldvorkommen entdeckt. Die geographische Lage der Bergwerke ließ deren Ausklammerung aus den Reservaten nicht zu, und so sind sie den Tswana geblieben. Natürlich gehören die Bergwerke den großen südafrikanischen und internationalen Minengesellschaften, aber die Homeland-Regierung kann diese wenigstens zur Kasse bitten, ihnen Steuern auferlegen und sie für verschiedene Dienste des Landes zahlen lassen.

Ministerpräsident Lucas Manzope hat sich aber auch noch anderes einfallen lassen, um seinen Fleckerlteppich wirtschaftlich auf die Beine zu helfen. Als Moçambique noch portugiesisch war, fuhren an den Wochenenden Tausende weiße Südafrikaner nach Lourenço Marques, um dort in vollen Zügen zu genießen, was die Kolonialverwaltung der lateinischen und katholischen Portugiesen so sehr von den strikten Regeln der burischen kalvinistisch-puritanischen Republik Südafrika unterschied: In Moçambique gab es keine Rassentrennung, keine Sperrstunde, keine Alkoholgesetze, dafür eine Menge Spielkasinos, viele Hotels und viele Mädchen aller Rassen, die sich der Besucher gerne annahmen. Es galt als Supersport, in Lourenço Marques den strengsten Gesetzen der Apartheid ein Schnippchen zu schlagen. Im soeben unabhängig gewordenen Bophuthatswana erinnerte man sich an diese nicht geringe Einnahmsquelle, sah mit Vergnügen, daß die weißen Südafrikaner ihre Wochenenden nicht mehr in dem inzwischen marxistisch und auch puritanisch gewordenen Moçambique verbrachten und drehte die Apartheid-Realität einfach um: Stellen die Weißen ihre Industrien

an die Grenzen der Homelands, um von dort die billigen Arbeitskräfte zu holen, so baute Bophuthatswana nun an der Grenze des
weißen Südafrika eine Vergnügungsstadt hin, die es bald mit Las
Vegas aufnehmen könnte: Nachtklubs mit Supershows, Spielkasinos mit allen Spielen, die in Südafrika verboten sind, Hotels,
Restaurants und Vergnügungsstätten aller Art. Sun City, Sonnen-
stadt, nennen die Tswana ihre große Vergnügungsfalle für weiße
Südafrikaner.

Rassentrennung gibt es hier natürlich auch keine. Zu diesem
Zweck ist man ja als Homeland unabhängig geworden. Man kann
alles bieten, was seinerzeit die Portugiesen boten, und noch etwas
mehr; denn während in Südafrika an jedem Wochenende zum
Zweck des Benzinsparens alle Tankstellen geschlossen bleiben müssen, wird in allen sieben Landesteilen von Bophuthatswana entlang
all ihrer vielen Grenzen den Südafrikanern zu jeder Tages- und
Nachtzeit Benzin angeboten, und die Steuern fließen in den Staats-
säckel.

Als ich mich aber in Bophuthatswana nach der weiteren wirtschaftlichen Entwicklung des Landes erkundigte, verwies man mich
an den Entwicklungs-Board, von dem ich auch freundlich empfangen wurde: es handelte sich ausnahmslos um weiße Damen und
Herren. Doch schon die geographische Nähe einzelner Teile von
Bophuthatswana zu den großen südafrikanischen Industriezentren
rund um Johannesburg und Pretoria macht geförderte Industrie-
ansiedlungen in diesem Homeland attraktiver als solche in der
Ciskei oder in der Transkei. Allerdings ist es gerade deshalb auch
leichter, viele schwarze Arbeitskräfte aus dem weißen Gebiet hinaus hinter die Grenze des schwarzen Homeland zu drängen, wo nun
dieselben endlosen Townships entstehen wie hinter East London in
der Ciskei.

Etwas aber läßt aufhorchen: Als die Grenzen Bophuthatswanas
festgelegt wurden, hat man auch hier alle größeren Städte sozusagen
ausgespart, sie auf der weißen Seite der Grenze gelassen. Darunter
auch eine Stadt, die für Südafrika große historische Bedeutung hat –
Mafeking. Im burisch-englischen Krieg wurde um diese Stadt lange
Zeit hart gekämpft. Der Name Mafeking bedeutet den Südafrikanern also viel. Die weißen Bürger der Stadt Mafeking haben be-
antragt, ihre Stadt von Südafrika abzutrennen und dem die Stadt
umgebenden Bophuthatswana anzuschließen. Die Begründung lautet ganz offiziell, daß sich Mafeking die touristische Konkurrenz des
benachbarten Bophuthatswana nicht leisten kann. Hier Sonntags-

ruhe, Alkoholverbot und geschlossene Tankstellen, drüben Kasinos, Nightshows und Benzin. Mafeking würde so in Kürze zugrunde gehen, und man wolle viel lieber am großen Boom beteiligt sein. Die Weißen in Mafeking sind bereit, die Staatsbürgerschaft von Bophuthatswana anzunehmen. Das ist bei der Betrachtung des gesamten südafrikanischen Problems vielleicht sogar von prinzipieller Bedeutung. Denn es scheint zu beweisen, daß Weiße sehr schnell auf die Apartheid verzichten können und sogar schwarze Politiker akzeptieren, wenn dies wirtschaftliche Vorteile bringt.

Vom Protest zum Widerstand

Nach dem Plan der Südafrikaner sollten die Häuptlinge in den Homelands als politische Führer aller Schwarzen in Südafrika fungieren. Aber der Großteil dieser Häuptlinge wird von den meisten Schwarzen nicht als deren politische Vertreter anerkannt. Sie sehen in ihnen vielmehr Kollaborateure, die ihre Dienste einem System zur Verfügung stellen, das sich schwerer Diskriminierung gegenüber dem schwarzen Bevölkerungsteil Südafrikas schuldig macht. Nun hat es aber in jeder Situation, in der eine so große Zahl von Menschen langjähriger Unterdrückung ausgesetzt ist, immer noch profilierte Politiker gegeben, die sich zu Führern ihres Volkes aufschwangen. Fragt man in Südafrika nach den Führern der Schwarzen, so hört man zunächst, daß sich diese allesamt auf Robben Island befänden. Das ist eine Insel in der großen Meeresbucht von Kapstadt, auf der Südafrika seine prominenten politischen Gefangenen hinter Schloß und Riegel hält. Und zu diesen zählen fast alle, die in den letzten dreißig Jahren versucht haben, dem politischen Willen der Schwarzen Ausdruck zu verleihen, sei es durch Bürgerrechtsbewegungen, politische Parteien oder politisch motivierte Gewerkschaften.

Südafrika, das für sich in Anspruch nimmt, eine Demokratie westlichen Zuschnitts zu sein, in der die meisten weißen Bürger in den Genuß eines Großteils demokratischer Grundfreiheiten gelangen, hat jede politische Willensbildung unter der schwarzen Bevölkerung rigoros unterbunden. Und zwar keineswegs nur politische Strömungen, die sich gegen die Apartheid oder gegen die weiße Regierung oder für eine schwarze Machtergreifung eingesetzt haben. Die Nationale Partei der Buren, seit 1948 uneingeschränkt an der Macht, hat für Schwarze und Mischlinge auch alle politischen Rechte abgeschafft, die diese innerhalb des weißen Systems bis dahin ausüben konnten.

England, dessen Dominion Südafrika war, und die Engländer, die die wichtige Kap-Provinz mehrheitlich beherrschten, hatten wie gesagt in diesem Gebiet Schwarzen und Mischlingen das gleiche Wahlrecht zuerkannt wie Weißen, jedoch die Ausübung dieses Rechts von einem gewissen Vermögensbesitz abhängig gemacht und auf diese Weise dafür gesorgt, daß nur eine Minderheit von Schwarzen und Mischlingen am politischen Prozeß teilnehmen konnte. Aber immerhin war damit das Prinzip gleichen Wahlrechts anerkannt, und die einschränkenden Bestimmungen hätten mit der Zeit aufgehoben oder mit zunehmendem Wohlstand der Farbigen in einem größeren Maß überwunden werden können.

Als man 1910 die vier südafrikanischen Provinzen – Kap-Provinz, Transvaal, Natal und Oranje-Freistaat – zusammenschloß, schützten die Engländer das Wahlrecht für Schwarze und für Mischlinge vor burischem Zugriff. Eine der Bedingungen für den Zusammenschluß war die Aufnahme einer Verfassungsklausel, die eine Änderung des in den einzelnen Provinzen geltenden Wahlrechts nur mit einer Zweidrittelmehrheit beider Häuser des neuen südafrikanischen Parlaments zuließ. Die Klausel schützte natürlich auch die Buren davor, daß das „Kaffern-Wahlrecht" auf ihre Provinzen ausgedehnt werden konnte. Aber mit zunehmendem burischen und abnehmendem englischen Einfluß wurde der Inhalt dieser ohnedies sehr beschränkten politischen Mitsprache der Schwarzen und der Mischlinge in der Kap-Provinz wesentlich unterhöhlt: 1936 wurde beschlossen, die Schwarzen der Kap-Provinz von nun an von einer fixen Zahl von nur drei Abgeordneten und die Schwarzen aller anderen Provinzen von einer fixen Zahl von vier Senatoren im Parlament vertreten zu lassen. Das schien auf den ersten Blick ein Zugeständnis zu sein. In Wirklichkeit war es das Ende jeder politischen Vertretung der Schwarzen. Denn das gleiche Gesetz schrieb bindend vor, daß die drei Abgeordneten und die vier Senatoren der weißen Rasse angehören mußten. Die schwarzen Stimmen durften also nur Weißen zugute kommen, und selbst diese mußten sich nicht mehr zur Wahl stellen, sie waren einfach Beauftragte, die die „Bantu-Angelegenheiten" wahrzunehmen hatten.

„Bantu" war lange Zeit und ist bis in die heutigen Tage ein Sammelname der Buren für alle Schwarzen. Das afrikanische Wort Bantu bedeutet Mensch, und wenn Weiße von schwarzen Menschen sprachen, nannten sie diese Bantu. Die Schwarzen empfanden das in zunehmendem Maß als diskriminierend, denn in den Apartheid-Gesetzen wurde nun von Bantu-Erziehung, Bantu-Entwicklung, Bantu-Homelands, Bantu-Sprachen und so weiter gesprochen, und jedesmal war damit ein diskriminierender Akt verbunden. In logischer Umkehrung bezeichnen die Schwarzen nun die ihnen von den Weißen zugeteilten Homelands als Bantustans.

Die Bantu-Vertreter im Parlament waren also zunächst einmal Weiße. Die Mischlinge der Kap-Provinz aber waren noch im Besitz ihrer alten politischen Rechte. Doch nicht mehr lange. Als die Nationale Partei 1948 an die Regierung kam und erstmals wieder burische Macht über ganz Südafrika ausgeübt wurde, ging sie rasch daran, die noch verbliebenen politischen Minimalrechte der Schwarzen aufzuheben und die der Mischlinge noch weiter einzuschränken, um schließlich auch sie auszuschalten. Die bisherigen drei weißen Abgeordneten und die vier weißen Senatoren, die im Parlament die Bantu-Angelegenheiten zu vertreten hatten, wurden ersatzlos gestrichen. Statt dessen übernahm nun der Staat selbst die Verwaltung aller Bantu-Angelegenheiten, also die Inkraftsetzung aller Apartheid-Gesetze. Mischlingen wurde gerade noch zugestanden, weiße Abgeordnete zu wählen, aber auch deren Zahl wurde auf vier beschränkt. Zum Vergleich: Anfang der fünfziger Jahre gab es in Südafrika 2,6 Millionen Weiße und 1,1 Millionen Mischlinge, im Parlament aber 150 weiße Vertreter, von denen vier die Angelegenheiten der Mischlinge wahren sollten. Für die damals 8,5 Millionen Schwarzen sprach in diesem Parlament niemand mehr.

Letzteres war schon eine der Konsequenzen der Apartheid-Politik. Da man ja alle Schwarzen im weißen Südafrika zu Ausländern machen wollte, hätte man diese Politik durch Zulassung einer parlamentarischen Vertretung der Schwarzen auch durch Weiße im Prinzip in Frage gestellt. Aber für die Mischlinge war kein Homeland vorgesehen, sie alle hatten weißes Blut in ihren Adern. Viele von ihnen wollten am liebsten Weiße sein und wurden von den Schwarzen daher oft noch mehr abgelehnt als die Weißen. Im großen Zahlenspiel der Apartheid-Politiker hätten die Verhältniszahlen von Nichtschwarzen gegenüber Schwarzen entscheidend zugunsten der Nichtschwarzen verbessert werden können, hätten die Weißen die Mischlinge und die Inder sozusagen auf ihrer Seite akzeptiert. Statt dessen störte die Apartheid-Politiker sogar noch die Tatsache, daß es den Mischlingen erlaubt war, vier weiße Abgeordnete in ihrem Namen ins Parlament zu entsenden. Von

1951 bis 1956, fünf lange Jahre, versuchte die Nationale Partei, die Verfassungsklausel zu überwinden, die eine Änderung des Wahlrechts für Mischlinge nur mit Zweidrittelmehrheit zuließ. 1951 wollte die burische Mehrheit im Parlament den Mischlingen dieses Recht aberkennen. Der Oberste Gerichtshof Südafrikas erklärte dieses Vorgehen jedoch für verfassungswidrig und ungültig. Nach der südafrikanischen Verfassung ist es nun in bestimmten Fällen zulässig, das Parlament selbst in einen Obersten Gerichtshof zu verwandeln, dessen Richtspruch über den Richtspruch des normalen Obersten Gerichtshofes hinausgeht. Das Parlament beschloß daraufhin mit burischer Mehrheit, sich diese Gerichtshofsfunktion zuzulegen und das Urteil des Obersten Gerichtshofes zu überstimmen.

Doch das Rechtssystem in Südafrika, soweit es nicht durch gültige Gesetze eingeschränkt und aufgehoben ist, läßt sich nicht so leicht beugen. Der Oberste Gerichtshof wies nach, daß das Parlament sich die Funktion eines übergeordneten Gerichtshofes in diesem Fall erneut verfassungswidrig angemaßt habe und daß der vom Parlament gefällte Richtspruch daher abermals ungültig sei.

So blieb nur eines: In beiden Häusern des Parlaments mußte die notwendige Zweidrittelmehrheit zur Aberkennung des Wahlrechts für Mischlinge gefunden werden. Die aber gab es in Anbetracht strikter Ablehnung dieses Antrages durch die damals noch starke englischsprachige Opposition nicht. Die Nationalen fanden dennoch einen Weg: Mit einfacher Mehrheit konnten sie die Anzahl der Sitze im Oberhaus erhöhen, also die Zahl der Senatoren, und mit einfacher Mehrheit konnten sie auch beschließen, daß die hinzukommenden Senatoren nicht gewählt werden müssen, sondern ernannt werden können. Die Gesetze wurden verabschiedet und so viele Politiker der Nationalen Partei zu Senatoren ernannt, bis die Partei in beiden Häusern zusammen über die Zweidrittelmehrheit verfügte. Mit dieser Mehrheit wurde das Wahlrecht für Mischlinge und deren Vertretung im Parlament endlich abgeschafft. Der Oberste Gerichtshof konnte nichts mehr tun. Welch ein Aufwand, welch eine Farce, nur um ein paar ohnedies völlig machtlose weiße Vertreter der Mischlingsbevölkerung abzuschaffen.

Von nun an wurden daher die Angelegenheiten der Schwarzen und der Farbigen von den weißen Verwaltungsstellen für Bantu- und Mischlingsfragen wahrgenommen. Die Mischlinge durften ihre Wünsche über einen „Mischlings-Rat" an die Regierung herantragen lassen. Die Schwarzen blieben auf ihre Homeland-Häuptlinge angewiesen. Diese Häuptlinge hatten seinerzeit den Weißen tapfer

Widerstand geleistet. Aber nach ihren militärischen Niederlagen mußten sie einlenken, unterwarfen sich und fuhren persönlich nicht so schlecht dabei. Ihre Macht über die eigenen Stammesangehörigen begannen sie allerdings zu verlieren. Dieser Prozeß setzte schon um die Jahrhundertwende ein. Denn mit der Industrialisierung Südafrikas und der damit Hand in Hand gehenden Urbanisierung, mit der Eingliederung der Schwarzen in den Arbeitsprozeß, mit der Beschäftigung von Hunderttausenden Schwarzen in den Gold- und Platingruben, in den Diamantenfeldern, in den Kohlebergwerken und schließlich an den Hochöfen und Fließbändern, wurden sie ihrem Stammessystem entzogen und forderten, so wie die Arbeiterschaft in allen anderen Ländern auch, zuerst ihre gewerkschaftliche und dann ihre politische Vertretung.

Das war nun in der auch damals schon rassisch diskriminierenden Gesellschaft schwer genug durchzusetzen, aber um 1912 gelang es einigen schwarzen Aktivisten, sich mit der Gründung des African National Congress, ANC, eine politische Plattform, eine eigene Rassenvertretung zu schaffen. Was immer es an politischen Richtungen innerhalb der schwarzen Bevölkerung schon gab, fand in diesem Dachverband Aufnahme. Nach 1920 begannen auch die Kommunisten den südafrikanischen Boden systematisch zu bearbeiten, und der ANC wurde auch von ihnen benützt, um an möglichst viele politisch wache Schwarze in Südafrika heranzukommen.

Südafrika war damals schon das wirtschaftlich und industriell am weitesten fortgeschrittene Land südlich des Äquators. Das brachte auch dem African National Congress starke politische Blutzufuhr. Erzieher und Agitatoren kamen aus Europa, aber sie fanden hier keineswegs nur unter den heimischen Schwarzen ihre Zuhörer, sondern auch unter den vielen Gast- und Wanderarbeitern, die aus dem gesamten südlichen Afrika in die Gruben, Häfen und Industrien Südafrikas strömten. In Kapstadt wurde die SWAPO gegründet, die South West African People's Organization, die sich die Befreiung Südwestafrikas von weißer Oberherrschaft zum Ziel setzte. Es ist auch interessant, die Biographien der Regierungsmitglieder der heutigen schwarzen Mehrheitsregierung Zimbabwes zu lesen. Viele der Minister waren in ihrer Jugend in Südafrika, weil es dort mehr Arbeitsplätze mit besserem Verdienst gab, und jeder von ihnen war dort auch mit der Politik in Berührung gekommen, und zwar fast immer im Rahmen des ANC; und innerhalb dieses Rahmens mit allen möglichen politischen Richtungen, daher fast immer auch mit den Kommunisten.

116

Als in den dreißiger Jahren die ersten scharfen Rassengesetze in Südafrika beschlossen wurden, nahm der ANC zum erstenmal ernstlich den politischen Kampf auf und versuchte die Schwarzen zum Widerstand zu mobilisieren. Der Zweite Weltkrieg und der mit dem Krieg Hand in Hand gehende Ausnahmezustand schränkten diese Aktivitäten allerdings bald ein. Um so heftiger fiel dann die Konfrontation aus, nachdem die Nationale Partei 1948 gesiegt hatte und die schwarze Bevölkerung nun die ganze Wucht der Apartheid-Gesetze zu spüren bekam. Die bis dahin doch politisch weitgehend stumpfen Massen der Schwarzen wachten auf, der ANC erhielt immer größeren Zulauf. Aus den Protestkundgebungen wurden Protestaktionen. Anfang der fünfziger Jahre kam es zum ersten passiven Widerstand:

Unter der Führung des ANC weigerten sich Zehntausende Schwarze, den gesetzlichen Vorschriften Folge zu leisten, und zwangen die Polizei dazu, sie festzunehmen. Man hatte von Mahatma Gandhi gelernt. Gandhi war der Erfinder des „gewaltlosen Widerstandes", und er hatte diese Kampfform nirgendwo anders erfunden als in Südafrika.

Gandhi war als ausgebildeter Rechtsanwalt von England nach Durban gekommen, um dort seine indischen Landsleute zu vertreten. Aber bei Gericht befahl ihm der Richter, den Turban abzulegen, in der Eisenbahn durfte er auch gegen Bezahlung die erste Klasse nicht benutzen, aus einem Wartesaal der Weißen wurde er hinausgetreten. All diese Erlebnisse ließen aus dem Rechtsanwalt rasch einen Bürgerrechtskämpfer werden. Er organisierte die Inder in Natal und lehrte sie die Methode des passiven Widerstandes oder, wie er es nannte, „die Kraft, die aus der Wahrheit kommt, aus der Liebe und aus der Nicht-Gewalt". Als die Regierung des Transvaal alle Inder durch Gesetz zwingen wollte, sich registrieren und ihre Fingerabdrücke in die Polizeikarteien aufnehmen zu lassen, rief Gandhi seine Landsleute in Südafrika dazu auf, sich diesem Gesetz nicht zu beugen. Unter Gandhis Führung kamen sie zu den Polizeistationen, um diese Verweigerung selbst zu melden. Laut Gesetz mußten sie eingesperrt werden, und sie ließen sich einsperren, Hunderte, schließlich Tausende. Die Polizei kam nicht mehr zu Rande, die Gefängnisse waren überfüllt, das Chaos war perfekt. Das Gesetz wurde zurückgezogen.

Was nun in Südafrika so erfolgreich erprobt war, trug Gandhi nach Indien und mobilisierte dort den großen Widerstand gegen die Briten. Die Inder in Südafrika aber hatten sich durch ihre Weigerung doch etwas mehr Respekt verschafft, und sie blieben auch nach Gandhis Abreise politisch organisiert. Es ist interessant, daß diese wahrscheinlich größte und erfolgreichste Widerstandsbewegung der Welt in Südafrika als Antwort auf die Rassendiskriminierung geboren wurde.

Nun versuchte der schwarze ANC, den Erfolg Gandhis zu wiederholen. Man rief die Schwarzen auf, sich den Gesetzen nicht zu beugen und sich statt dessen einsperren zu lassen. Chaos gab es auch diesmal, aber die Weißen gaben gegenüber den Schwarzen nicht nach. Die Gesetze blieben in Kraft.

1955 rief der ANC die Schwarzen auf, Delegierte zu einem Volkskongreß zu entsenden; es kamen 3 000. Sie beschlossen eine Freiheitscharta, in der jedes einzelne Apartheid-Gesetz zurückgewiesen und die Forderung aufgestellt wurde, die Schwarzen bei der Regelung ihrer Angelegenheiten mitbestimmen zu lassen. Vom heutigen Standpunkt aus gesehen, waren das sanfte Forderungen. Für einen Teil der Schwarzen im ANC waren sie auch damals schon zu sanft. Sie forderten ein radikaleres, nicht mehr passives Vorgehen. Der ANC spaltete sich, die Radikaleren gründeten den Panafrikanischen Kongreß, PAC, und riefen dazu auf, die Apartheid-Politik dadurch lahmzulegen, daß alle Schwarzen die ihnen oktroyierten Pässe in öffentlichen Kundgebungen verbrannten. Ohne Registrierung wäre eine Kontrolle der Schwarzen nicht mehr möglich, ohne die Kontrolle eine Beherrschung der Massen durch die Polizei viel schwieriger gewesen.

In Sharpeville, einer der schwarzen Townships in der Nähe von Johannesburg, kam es Anfang der sechziger Jahre zu einer solchen Kundgebung. Dort versammelten sich einige hundert Schwarze vor der Polizeistation und gingen durch das übliche PAC-Ritual, sie demonstrierten, stimmten Sprechchöre an, sangen und verbrannten ihre Pässe. Später gab die Polizei zu Protokoll, daß die Demonstranten auch gegen den Zaun der Polizeistation gedrückt und diesen schließlich sogar beschädigt hätten. Daraufhin sei der Kommandant zu dem Schluß gekommen, daß die Demonstranten die Polizeistation stürmen wollten, und gab seinen Leuten den Befehl zum Feuern. Als alles vorbei war, lagen vor der Polizeistation 69 Tote, und im Hospital von Sharpeville wurden 178 Verwundete behandelt.

Die südafrikanische Luftwaffe flog ihre Düsenjäger im Tiefflug über die Townships rund um Johannesburg. Aber nicht überall ließ man sich einschüchtern. Zu Revolten kam es auch rund um Kapstadt und sogar in den Reservaten, in der Transkei. Auf öffentliche Gebäude, Eisenbahnanlagen und E-Werke wurden Bombenanschläge verübt. Die Regierung erklärte den Notstand und ließ den African National Congress und den Pan African Congress verbieten. Fast alle Führer dieser beiden Bewegungen wurden verhaftet und vor Gericht gestellt. Sie wurden beschuldigt, einen Staatsstreich geplant und den Umsturz versucht zu haben. Die Anklage blieb die Beweise schuldig. Die Angeklagten, darunter auch der damals prominenteste Führer des ANC, Albert Luthuli, mußten freigesprochen werden. Luthuli aber wurde in die Verbannung geschickt.

Das zeigt, daß es schon damals in Südafrika verschiedene Arten gab, politische Gegner auszuschalten, es mußte nicht gleich Robben Island sein. Eine scheinbar milde Form dieser Ausschaltung war und ist noch immer die Verbannung. Der verbannte Mensch wird in weit entfernte, schwer zugängliche kleine Ortschaften geschickt, deren engen Umkreis er nicht verlassen darf. Wer immer ihn dort besuchen will, darf dies nur mit Zustimmung der Polizei tun, und nie darf der Verbannte mehr als eine Person auf einmal sehen. Der Name des Verbannten darf in keiner Publikation Südafrikas mehr aufscheinen, sein Bild darf nicht veröffentlicht werden, nichts, was er gesagt oder geschrieben hat, darf zitiert werden. Der Verbannte hört auf, politisch zu existieren.

So erging es nun auch Albert Luthuli, obwohl er noch ganz und gar ein Vertreter des gewaltlosen Widerstandes war. Er war es, der den Weißen zurief, von der Apartheid abzulassen oder es werde nicht mehr möglich sein, die Schwarzen auf einem friedlichen Weg zu halten. Zweifellos stand Südafrika damals an einem Scheideweg. Auch außerhalb Südafrikas wurde dies erkannt. Nach der Verbannung Albert Luthulis beschloß das Nobelpreiskomitee in Oslo, diesen Führer eines gewaltlosen Widerstandes der Schwarzen in Südafrika mit dem Friedensnobelpreis auszuzeichnen. Der Druck der Welt war so groß, daß die südafrikanische Regierung Luthuli gestattete, den Preis in Oslo selbst in Empfang zu nehmen. In seiner Rede bei der Verleihung formulierte Luthuli noch einmal die Ziele seiner Bewegung und richtete einen dramatischen Appell an Südafrika, der Apartheid-Politik Einhalt zu gebieten.

Luthuli kehrte zurück in der Hoffnung, der Druck der Welt und sein persönlicher Einsatz würden der Vernunft in Südafrika zum Durchbruch verhelfen. Er ging zurück in die Verbannung. Vom Flugplatz weg wurde er in ein kleines schwarzes Dorf in Natal gebracht. Damals habe ich ihn dort besucht. Alles, was Luthuli während unseres langen Gespräches sagte, ist auch heute noch gültig: „Man hat den Schwarzen durch die Gesetze der Regierung zum Untermenschen gemacht. Er darf keinen Grund besitzen, kein Familienleben führen, und die Masse meines Volkes muß sich mit ungelernter Arbeit zufriedengeben. Die Missionsschulen wurden aufgelöst, in den staatlichen Schulen wird nur ein beschränktes Wissen vermittelt. So hat man uns sozial und wirtschaftlich gefesselt. Jetzt, da wir unbeweglich dastehen, zeigt man auf uns und sagt: Seht her, wie wenig sie entwickelt sind. Sie können nichts, sie wissen nichts, sie sind nicht in der Lage, mit uns Schritt zu halten. Sie haben daher auch nicht das Recht, politische Gleichberechtigung zu verlangen."

Am Ende unseres Gesprächs schätzte Luthuli die Lage seiner Landsleute ein: „Die Massen sind jetzt ohne Führung. Aber kein Volk ist lange Zeit ohne Führung geblieben. Niemand kann sagen, in wessen Hände diese Führung fallen wird. Weder die Regierung noch ich werde diese Führer kennen, weder die Regierung noch ich wissen, wohin sie mein Volk führen werden." Luthuli bedeckte damals mit einer verzweifelten Gebärde sein Gesicht mit beiden Händen und rief: „Das kann in einem Massaker enden! Ich aber will nicht, daß mein Volk mit Maschinengewehren niedergemäht wird! Ich will nicht, daß die Polizei die Townships stürmt! Ich will nicht, daß Blut fließt, weder schwarzes noch weißes! Gewalt ist nicht der Weg aus unserer Krise. Gewalt wird mit Gewalt beantwortet. Und am Ende steht die Vernichtung des Landes. Es ist unser Land und auch das der Weißen hier. Es ist unser beider Erbe, es darf nicht zerstört werden!"

Luthuli begleitete mich damals auf der staubigen Landstraße bis zu dem Punkt, wo seine Bannmeile endete. Niemand sonst ging mit uns, denn ein Verbannter darf immer nur mit einer Person sprechen. Wir schüttelten einander die Hände. Der Träger des Friedensnobelpreises ging allein zurück zu dem kleinen Haus, das ihm als Verbannungsasyl zugewiesen war. Einige Monate später wurde aus Durban gemeldet: Luthuli ist tot. Er starb durch einen Unfall, er wurde von einer Eisenbahn niedergefahren.

Was Luthuli befürchtet hatte, traf nur allzu bald ein. Nach Auflösung des ANC und PAC entstand eine Reihe kleinerer Untergrundbewegungen, und die meisten von ihnen glaubten nicht mehr an den Erfolg der Gewaltlosigkeit. Die zwei früheren ANC-Führer Oliver Tambo und Nelson Mandela gründeten, wie es die spätere südafrikanische Anklage behauptete, eine Guerilla-Organisation, die sich „Speer der Nation" nannte. Auch sie wurde zerschlagen. Oliver Tambo gelang die Flucht ins Ausland, Nelson Mandela wurde gefangen, vor Gericht gestellt und zu lebenslänglichem Gefängnis verurteilt. Er befindet sich noch heute auf Robben Island, aber er ist noch immer, und sogar mehr denn je, der unbestrittene Führer der Schwarzen Südafrikas. Jedenfalls wurde mir von Schwarzen in allen Teilen des Landes, in den Townships ebenso wie in den Homelands, auf die Frage, wer denn das volle Vertrauen der schwarzen Bevölkerung genieße, stets der Name Nelson Mandela genannt. Übrigens nicht nur von den Schwarzen. In einer Diskussion mit Studenten an der burischen Elite-Universität in Stellenbosch wurde auch von diesen jungen Weißen energisch die Forderung nach der Freilassung Nelson Mandelas erhoben: Nur er, so meinten die Studenten, besäße unter den Schwarzen genügend Autorität, um sich mit der südafrikanischen Regierung an einen Tisch setzen und eine Verständigung aushandeln zu können. Auch die stärkste Oppositionspartei im Parlament, die Progressive Federal Party unter ihrem Führer Frederick van Zyl Slabbert, tritt für die Freilassung Mandelas ein, in der Hoffnung, wie Zyl Slabbert sagt, daß eine Einigung mit den Schwarzen noch möglich sei, „ehe es zur Katastrophe kommt".

Aber diese Fixierung auf einen einzigen schwarzen Führer, der noch dazu schon seit so vielen Jahren im Gefängnis sitzt, zeigt auch etwas anderes: Die Taktik der Regierung, die politischen Organisationen der Schwarzen zu zerschlagen und jede neue Aktivität schon im Keim zu ersticken, trägt Früchte. Da alle, die sich in diesen Bewegungen als politische Führer profilieren könnten, sofort verbannt oder eingesperrt werden, hat bis heute kein einziger anderer schwarzer Politiker soviel Profil gewonnen wie Mandela.

Um diese politische Kontrolle wirksam aufrechterhalten zu können, wurden in Südafrika Gesetze erlassen, die es erlauben, jedermann beliebig lang einzusperren. Der in allen Demokratien streng beachtete Habeas-Corpus-Grundsatz, demzufolge ein Festgenommener ohne Einleitung eines Untersuchungsverfahrens nicht länger als drei Tage festgehalten werden darf, ist in Südafrika außer Kraft gesetzt. Hier kann jeder, egal ob weiß oder schwarz oder braun, jederzeit verhaftet und ohne Anklage und ohne Gerichtsverfahren festgehalten werden, solange die Behörden dies für angebracht halten. Viele sitzen daher schon seit Jahren in Gefängnissen. Was immer jemand in Südafrika tut, sagt oder schreibt, wenn es von den Behörden als feindselig ausgelegt wird, so läßt sich dies mit oder ohne Gerichtsverfahren bestrafen. Eine lange Reihe von Gesetzen bietet dafür die Handhabe, und schon ihre Titel lassen erkennen, daß durch sie jede Art unerwünschter Opposition zum Schweigen gebracht werden kann. So gibt es ein Gesetz zur Bewahrung der inneren Sicherheit, ein Gesetz zur Unterdrückung des Terrors, ein Gesetz zur Unterdrückung des Kommunismus.

Auf diese Weise ist es gelungen, das Aufkommen neuer starker politischer Bewegungen unter den Schwarzen zu verhindern. Aber im gleichen Maß ist der spontane, oft nur lokal organisierte, jedoch gewaltsame Widerstand gewachsen. Nur die wirklich großen Zwischenfälle werden bekannt, denn die Polizei meldet häufig weder Bombenanschläge noch Zusammenstöße mit der Bevölkerung. Und die Presse darf über solche Zwischenfälle nur dann berichten, wenn es sich um eine offizielle Verlautbarung der Polizei handelt. Setzt sich eine Zeitung darüber hinweg, so riskiert sie, mit einer hohen Geldstrafe belegt oder für einige Zeit, ja sogar für immer eingestellt zu werden. Die südafrikanischen Journalisten dürfen zwar alles schreiben, was sie denken, daher auch alles, was sie von der Regierung halten und von ihren Gesetzen, sie dürfen auch alles kritisieren, aber Meldungen über die tatsächlichen Vorgänge im Land unterliegen rund hundert einschränkenden Gesetzen und zensurähnlichen Vorschriften.

Wie schon erwähnt, wandeln die südafrikanischen Journalisten mit großem Geschick auf diesem schmalen Grat, verstehen es noch immer, sehr viel zu berichten, und halten mit ihrer kritischen Meinung nicht zurück. Aber es gibt auch immer wieder Anklagen, Bestrafungen, Verhaftungen und sogar die totale Einstellung großer und bis dahin einflußreicher Blätter. Vor allem die Zeitungen, die sich an die schwarzen Leser wenden, sind von diesem Schicksal immer wieder von neuem betroffen. „World" und „Weekend World", Zeitungen mit großer Auflage, wurden 1977 ebenso eingestellt wie ihre nach einiger Zeit erschienenen Nachfolger „Post" und „Sunday Post" im Jahre 1981. Dieses rigorose Vorgehen trägt im Sinne der Regierung Früchte. Da man von Widerstand, Boykott, Demonstrationen und Zusammenstößen viel seltener hört, als sie tatsächlich stattfinden, ist auch deren Ausbreitung durch entsprechende Sympathie- und Unterstützungsaktionen wirksam unterbunden. Ich kam in schwarze Townships und in Siedlungen von Mischlingen, in denen bereits seit Monaten ein Boykott aller öffentlichen Verkehrsmittel durchgehalten wurde, mit allen daraus resultierenden Folgen, ohne daß darüber in den Zeitungen der benachbarten weißen Stadt berichtet worden wäre. In einer Township gingen die schwarzen Kinder schon seit mehr als einem Jahr nicht zur Schule und forderten in immer wiederkehrenden Demonstrationen die Gleichstellung von Schwarzen und Weißen im Unterricht.

Es war ein derartiger Schülerboykott, der 1976 zu den bisher blutigsten Unruhen in Südafrika führte. In Soweto gingen die Kinder auf die Straße und protestierten gegen die damals neueste Maßnahme der burischen Bantu-Verwaltung: In Hinkunft sollte der Unterricht in der Buren-Sprache Afrikaans erteilt werden, englischer Unterricht würde nur noch in Ausnahmefällen gestattet sein. Die Schwarzen sahen darin eine weitere Einschränkung nicht nur ihrer Erziehungsmöglichkeiten, sondern auch ihrer politischen Zukunft. Würden sie in Hinkunft nur Afrikaans sprechen und verstehen, wären sie von der übrigen Welt noch mehr isoliert und könnten sich überhaupt nur mit jenem Teil der weißen Bevölkerung unterhalten, der ihnen gegenüber eine strikte Apartheid-Politik führen und sich wahrscheinlich nie mit ihnen verständigen würde. In Soweto, so wie früher in Sharpeville, eröffneten die Polizisten das Feuer auf die Demonstranten, aber während die Polizei in Sharpeville in wenigen Stunden die Oberhand behielt, lieferte ihnen Soweto einen tagelangen Kampf. Als die Polizei endlich wieder Herr der Lage war, gab sie offiziell bekannt, daß 179 Tote zu beklagen wären. Aber einige Organisationen, darunter auch kirchliche, die ihre eigenen Untersuchungen anstellten, halten es für erwiesen, daß mehr als 600 Menschen bei diesen Unruhen ihr Leben verloren haben.

Soweto ist seit damals nicht mehr ganz zur Ruhe gekommen. Bis dahin war es doch so, daß die Polizei auch in der Riesenstadt Soweto die Einhaltung der Paßgesetze rigoros kontrolliert hatte. Und das bedeutete immer wieder nächtliche Razzien und das Durchkämmen aller Teile Sowetos.

Heute gibt es in Soweto weite Gebiete, wie übrigens auch in anderen Townships, die von der Polizei als „no-go-areas" eingestuft werden, also Stadtteile, die von der Polizei nicht mehr betreten werden können, da sie dort mit sofortigem gewaltsamen Widerstand zu rechnen hat. Ab und zu versucht sie dann mit sehr starken Kräften, auch in diese Gebiete einzudringen, verkündet aber gleichzeitig, daß es sich dabei nicht um Paßkontrollen, sondern um eine Razzia auf Schwerverbrecher handelt.

Das scharfe Durchgreifen nach Soweto hat dazu geführt, daß Hunderte, wenn nicht Tausende junger Schwarzer eine Massenflucht aus Südafrika angetreten haben, um sich in schwarzen Nachbarstaaten den im Exil operierenden Widerstandsbewegungen anzuschließen. Die prominenteste davon ist nach wie vor der ANC. Aber so wie Luthuli damals prophezeite, ist nun nicht mehr Gewaltlosigkeit, sondern gewaltsame Befreiung Südafrikas das Ziel der neuen Führer. Und so wie Luthuli weiter prophezeite, kennt man zwar die Namen dieser Führer, aber man weiß nicht mehr genau, in wessen Namen sie führen. Jedenfalls haben sich die meisten von ihnen dort festgesetzt, wo heute prosowjetische marxistische Regimes etabliert sind, und da vor allem in Moçambique. Auch erhalten sie einen Großteil ihrer Unterstützung an Geld und Ausrüstung von kommunistischen Staaten. Obwohl das so ist, bin ich nach mehreren Gesprächen mit Leuten, die diesen Exilgruppen des ANC und des PAC nahestehen, nicht davon überzeugt, daß sie samt und sonders ins kommunistische Lager gewechselt sind. Oliver Tambo und Duma Nokwe vom ANC und Potlako Leballo vom PAC erklären auf entsprechende Fragen, daß sie Unterstützung nehmen, von wem immer sie diese erhalten können, wie das bisher noch fast jede afrikanische Widerstandsbewegung getan hat. In Rhodesien, dem heutigen Zimbabwe, erlebte man ja die Überraschung, daß die beiden von der Sowjetunion und von China unterstützten Guerillaführer Nkomo und Mugabe am Tag ihres Sieges zunächst ihr Bekenntnis zum Marxismus auf bessere Zeiten vertagten. Sie waren bereit, die parlamentarische Demokratie als Grundlage des neuen Staates anzuerkennen, und sie bekannten sich auch zu der Notwendigkeit, dem Land noch für lange Zeit die freie Wirtschaft zu erhalten. Das war ein Akt der Selbsterhaltung. Würden Demokratie und freie Wirtschaft eines Tages nicht zur Erhaltung des Systems beitragen, so stand zu befürchten, daß auch die Politiker Zimbabwes allmählich oder radikal zu autoritären Formen des Regierens und Wirtschaftens übergehen würden.

In Südafrika bleibt die Frage offen, was eines Tages mehr zur Befreiung der Schwarzen beitragen wird: ein von außen in das Land getragener Guerillakampf oder der zunehmende Widerstand der schwarzen Bevölkerung im Lande selbst. Jedenfalls wächst seit den blutigen Zusammenstößen in Soweto 1976 die Bewegung, die als „Black Consciousness" bezeichnet wird, also als schwarze Bewußtseinsbildung.

Es war die Apartheid-Politik, die auch dieser Bewegung entscheidenden Vorschub geleistet hat. Denn bis in die sechziger Jahre durften ja schwarze Studenten noch an weißen Universitäten inskribieren und fanden auch Aufnahme im liberalen Studentenverband „National Union of South African Students", NUSAS, in dem weiße Studenten sich zum Kampf für die Rechte der Schwarzen verpflichtet hatten. Aber als nun die Regierung mit der Gründung weiterer schwarzer Universitäten den Abzug der schwarzen Studenten aus den weißen Universitäten befahl, gründeten diese an den neuen Universitäten ihren eigenen Verband, die „South African Students Organization", SASO.

Und diese Organisation gebar eine neue Philosophie: Die Schwarzen sollten künftig nicht mehr darauf bauen, daß ihnen liberale Weiße den Weg zu mehr Freiheit und Gleichberechtigung erkämpfen würden. Von nun an sollten sie ihren Kampf selbst führen und vor allem ihre Minderwertigkeitskomplexe überwinden. Sie sollten sich ihrer schwarzen Hautfarbe nicht schämen, sondern auf sie stolz sein. Sie sollten die Weißen nicht nachäffen, sondern ihre eigenen gesellschaftlichen Organisationsformen finden. Sie sollten ein eigenes neues schwarzes Bewußtsein entwickeln. Sie sollten zu den politischen und geistigen Führern anderer afrikanischer Staaten, Nkrumah, Kaunda, Nyerere, Senghor, Sekou Touré, Fanon, blicken und auch nach den USA zu den Führern der gerade damals dort erstarkenden Black-Power-Bewegung.

Das Beispiel der SASO machte rasch Schule und führte zur Gründung mehrerer halb kultureller, halb politischer schwarzer Organisationen. Die stärkste unter ihnen, die Black Peoples's Convention, BPC, suchte auch die Inder und die Mischlinge in eine gemeinsame Front mit den Schwarzen einzubinden. Der SASO und der BPC gelang es, eine Reihe von Boykotten und Demonstrationen zu organisieren und vor allem über viele Kanäle, teilweise auch über kirchliche Organisationen und Institutionen, eine regelrechte Volksbewegung zur Erstarkung schwarzen Selbstbewußtseins ins Leben zu rufen.

Einer der prominentesten Führer dieser Bewegung wurde der junge Steve Biko, der sich nicht nur als guter Organisator und hervorragender Redner, sondern auch als zielstrebiger politischer Kopf erwies. Unmittelbar nach den Soweto-Unruhen 1976 arrangierte Steve Biko eine Zusammenkunft mit dem amerikanischen Senator Clark und übergab ihm eine Liste von Forderungen an den damals schon gewählten, aber noch nicht inaugurierten Präsidenten Jimmy Carter. Unter anderem sollte er sich für die Freilassung der gefangenen und verbannten schwarzen Führer in Südafrika einsetzen und die Regierung in Pretoria dazu bringen, mit diesen Führern über eine neue politische Ordnung in Südafrika zu verhandeln. Kurz darauf wurden SASO und BPC – wie alle erfolgreichen schwarzen Organisationen vor ihnen – von der Regierung verboten, aufgelöst, und ihre Führer wurden verhaftet.

Die Black-Consciousness-Bewegung gibt es in manchen neuorganisierten und in vielen unorganisierten Formen noch heute, Steve Biko gibt es nicht mehr. Auch er wurde, als er an Popularität gewann, festgenommen und ins Gefängnis gebracht. Dort hat man ihn viele Tage lang verhört. Dann, so hieß es, sei er in ein anderes Gefängnis überstellt worden und auf dem Weg dorthin in den Händen der Polizei gestorben. Sein Fall löste in Südafrika eine Welle der Empörung nicht nur unter den Schwarzen aus. In Südafrika selbst, aus dem Ausland, von Weißen und von Schwarzen wurde eine dringende Untersuchung zur Feststellung der genauen Ursache gefordert, die zu Bikos Tod geführt hatte. Nach anfänglicher Weigerung gaben die südafrikanischen Behörden nach. Eine Kommission wurde eingesetzt, Steve Bikos Leiche exhumiert und eine Obduktion durchgeführt. Das Team bestand nur aus Weißen und kam zu merkwürdigen Schlüssen: Biko sei an den Folgen schwerer Kopfverletzungen gestorben. Aber „Fremdeinwirkung" sei nicht nachzuweisen. Weder die Polizisten, in deren Gewahrsam Biko starb, noch der für Bikos Gesundheitszustand zuständige Polizeiarzt wurden zur Verantwortung gezogen.

Soweto und der Fall Steve Biko waren ein Schock; für die Schwarzen, aber auch für große Teile der weißen Bevölkerung und für die Politiker beider Hautfarben, die die neue Stimmung in ihren Bevölkerungsteilen zu spüren bekamen. In Soweto selbst bildete sich unter der Führung des Arztes Dr. Nthato Motlana ein Bürgerrechtskomitee, das „Committee of Ten", das es sich zum Ziele setzte, die von der weißen Verwaltung organisierten Kommunalwahlen zu boykottieren, bei denen es nur einen Kandidaten gab, den regierungsfreundlichen David Thebehali, der zum Bürgermeister von Soweto gemacht werden sollte. So erfolgreich war die Kampagne Dr. Motlanas und seines Komitees der Zehn, daß Thebehali in der Millionenstadt am Tag der Wahl sage und schreibe 97 Stimmen bekam. Da kein Gegenkandidat zugelassen war, galt er als gewählt, wurde Bürgermeister von Soweto und vielen ausländischen Besuchern vorgestellt, die einigermaßen davon beeindruckt waren, daß Soweto einen schwarzen Bürgermeister besaß. 1983 gab es erneut Kommunalwahlen in Soweto und anderen schwarzen Städten. Abermals wurden sie von der schwarzen Bevölkerung boykottiert. Die Wahlbeteiligung betrug im Schnitt sechs Prozent – obwohl einige der Kandidaten diesmal sogar eine oppositionelle Haltung gegenüber der Regierung einnahmen. Dr. Motlana rief auch 1983 zum Boykott auf: Keine Kooperation mit der südafrikanischen Regierung, solange sie nicht das System als solches ändert.

Aber wenn irgendeiner, dann ist Dr. Motlana heute so etwas wie ein Sprecher des schwarzen Soweto. „Bevor wir uns mit Weißen an einen Tisch setzen", erklärte mir Dr. Motlana in seinem Haus in Soweto, „haben sie in eindeutigen und unwiderruflichen Erklärungen festzustellen, daß dieses Land all seinen Menschen gehört. Daß die Zukunft dieses Landes in einer Beteiligung aller seiner Menschen an der Regierung liegt. Daß alle Bürger dieses Landes das Recht auf ein und dieselbe Staatsbürgerschaft besitzen. Und daß sie als geborene Südafrikaner alle die gleichen Rechte und die gleichen Privilegien haben. Daß das Unterrichtssystem ein und dasselbe für alle seine Kinder sein wird. Wenn die Regierung bereit wäre, sich zu diesen Grundsätzen zu bekennen, dann würde man ihr durchaus Zeit lassen, ein Problem nach dem andern zu lösen und auch ein Regierungssystem zu finden, das es allen ermöglicht, in Frieden und zum Vorteil aller zusammenzuleben. Aber die Regierung weigert sich einfach zu hören, hält an dieser lächerlichen Idee der separierten Homelands und der getrennten Staatsbürgerschaften fest. Wir lehnen die Homeland-Politik ab, total, kompromißlos und ohne jede Diskussion. Und wir sagen der Regierung: Wenn ihr fortfährt, von den getrennten Staatsbürgerschaften zu reden, in irgendwelchen Phantasieländern, die ihr Homelands nennt, dann steuert ihr in die Katastrophe."

Aber Soweto, Bikos Tod, der Stimmungsumschwung in den schwarzen Massen und das neue schwarze Selbstbewußtsein haben auch die Führer „dieser Phantasieländer", der Homelands, nicht unberührt gelassen. Einige von ihnen, die schon bereit waren, ihre Homelands, dem Wunsch der südafrikanischen Regierung entsprechend, für unabhängig zu erklären, so daß sie ihren eigenen Bürgern und den ihnen zugeteilten Schwarzen im weißen Gebiet die neue Staatsbürgerschaft verleihen konnten, zögerten plötzlich. Von den neun Homelands hatten sich bisher erst drei für unabhängig erklärt: die Transkei, Bophuthatswana und Venda. Die nächsten hätten die Ciskei und Kwazulu sein können. Aber gerade von seiten des Ministerpräsidenten Kwazulus, dem Häuptling Gatsha Buthelezi, gab es Widerstand.

Buthelezi schien anfangs ein williger Vollstrecker der Homeland-Politik der weißen Regierung zu sein. Er war ausersehen, den größten und wichtigsten Stamm der Schwarzen in Südafrika zu führen, die Zulu. Mit 5,2 Millionen Stammesangehörigen sind sie allein schon zahlenmäßig stärker als die 4,5 Millionen Weißen. Und es waren die Zulu, die den Weißen, den Buren wie den Engländern, auf ihrem Marsch durch Südafrika immer wieder den Weg verstellten, ihnen blutige Schlachten lieferten und in diesen Schlachten auch immer wieder einmal siegreich blieben. Wenn man heute weiße Südafrikaner danach fragt, was sie eigentlich von den Schwarzen befürchten, so nennen sie, wenn sie diese Furcht hegen – denn nicht alle tun das –, zuallererst die Erfahrungen ihrer Vorfahren mit den Zulu. Es ist zwar nicht einzusehen, weshalb die Zulu für die Weißen um ein Jota gefährlicher gewesen sein sollen, als es die Weißen für die Zulu waren, aber die Voortrekkers und ihre Nachfahren haben die Tatsache, daß die Zulu bloßfüßig, mit Lendenschurz bekleidet und lediglich mit einem Speer bewaffnet, die Wagenburgen stürmten und dann den Gegner aus unmittelbarer Nähe niederstachen, als besonders barbarisch empfunden. Denn zu dieser Zeit töteten die Weißen schon auf Distanz. Jedenfalls sitzt seitdem in vielen Buren so etwas wie eine Urangst vor den Zulu.

Der Chef der Zulu ist heute Gatsha Buthelezi, und er hat sich in dem von ihm geführten Homeland der Zulu, in Kwazulu, eine ansehnliche Machtposition aufgebaut. Das Geld der weißen Regierung, das er genau zu diesem Zweck erhalten hat, verwendete er, um sich eine straff organisierte Kaderpartei aufzubauen, die Inkatha, die rund 300 000 Mitglieder hat, die ständig geschult, auf die Treue zu Buthelezi eingeschworen und zu verschiedenen Parteiaktivitäten eingesetzt werden. Innerhalb der Inkatha hat Buthelezi auch eine Jugendorganisation aufgestellt, die uniformiert ist und ebenfalls straff geführt wird. Die Inkatha hat das Homeland der Zulu bereits mit einem dichten Netz von Parteilokalen und Schulungszentren überzogen. Politische Kundgebungen werden von der Inkatha organisiert, die Massen werden mobilisiert und die Kundgebungen nach allen Regeln moderner Propaganda aufgezogen. Mit Hilfe der Inkatha hat Buthelezi auch einen Staatsapparat eingerichtet, der die Mittel der Macht einzusetzen weiß: Jobs für Anhänger, Privilegien für Freunde, Entzug dieser Privilegien für Feinde. Der Apparat verfügt auch über eine gut funktionierende Polizei und Geheimpolizei.

Von dieser starken Position aus begann Buthelezi die weiße Regierung mehr und mehr zu kritisieren. Jetzt lehnt er es sogar ab, Kwazulu in die Unabhängigkeit zu führen. Er fordert, genauso wie die afrikanischen Nationalisten, eine gemeinsame Staatsbürgerschaft für alle Südafrikaner und die Abschaffung der Apartheid. Dennoch bricht er mit dieser weißen Regierung nicht, kommt zu den Konferenzen aller Homeland-Führer mit der weißen Verwaltung, empfängt den weißen Premierminister mit allen Ehren in Kwazulu, handelt Entwicklungsprojekte aus und holt sich vor allem die für die Homelands vorgesehenen Subventionen der Regierung. Gleichzeitig beginnt seine Inkatha-Partei auch außerhalb Kwazulus für Buthelezi zu werben. Ihre Emissäre eröffnen Parteilokale in fast allen schwarzen Townships. Dazu sind sie im Rahmen der Apartheid-Politik der Regierung berechtigt – denn alle Zulu sollen ja die Staatsbürgerschaft des Homeland bekommen, sind im Homeland wahlberechtigt und haben das Recht, über ihre politische Führung im Homeland zu bestimmen. Es fällt nur auf, daß die Inkatha die einzige wahlwerbende Organisation eines Homeland ist, die in den Townships bereits Fuß fassen konnte. Es fällt weiters auf, daß sie in ihrer Propaganda nicht nur für Buthelezi wirbt, sondern sich mit den nationalen Forderungen aller Schwarzen an die und gegen die weiße Regierung wendet und daß sie daher keineswegs nur um die Sympathien der Zulu ringt.

Interessant ist auch, daß Dr. Motlana vom Komitee der Zehn in Soweto seine Kampfenergie nicht nur gegen die Weißen, sondern zunehmend mehr auch gegen Buthelezi richtet, den er als Marionette der Weißen bezeichnet, der man nicht trauen dürfe, einerlei, was sie zur Zeit sage.

Offenbar konnte sich Buthelezi gar nichts Besseres wünschen, denn nun greift er Dr. Motlana an und hat schon wissen lassen, daß er sogar bereit wäre, sich bei den nächsten Kommunalwahlen in Soweto selbst um das Amt des Bürgermeisters zu bewerben. Denn einerlei, ob diese Kommunalverwaltung nun von den Weißen gewünscht werde oder nicht, es komme eben darauf an, welche Schwarzen in solche Positionen vorrücken. Buthelezi zielt offenbar darauf ab, sich als Sprecher aller Schwarzen zu profilieren. Als Homeland-Führer ist er für die südafrikanische Regierung unantastbar, denn jede Aktion gegen Buthelezi würde ihre eigene Homeland-Politik in Mißkredit bringen.

Nach allem, was ich von verschiedenen schwarzen Seiten in Südafrika hörte, scheint es Buthelezi darum zu gehen, sich als charismatischer Führer aller Schwarzen zu etablieren und damit nicht so sehr Dr. Motlana zu verdrängen, als vielmehr in die Nachfolge Nelson Mandelas hineinzuwachsen.

Buthelezi hat auch Verbindung zu den anderen Homeland-Führern aufgenommen und versucht sie in einer Art Koalition zu vereinen. Der von ihm vertretene Standpunkt lautet: Es sei schon richtig, daß die Homelands von den Apartheid-Politikern erfunden worden seien; es sei auch richtig, daß die Regierung die Homelands fördere, um ihre Apartheid-Ziele zu erreichen, aber gleichzeitig sei dies auch die einzige Chance, die die Schwarzen bisher erhalten haben, sich Machtpositionen aufzubauen, aus denen sie von den Weißen nicht so leicht wieder vertrieben werden könnten. Jedenfalls würde es ihnen schwerfallen, einen Homeland-Führer zu verbannen oder zu verhaften und einzusperren. Im Homeland selbst aber habe dieser Führer weitgehend freie Hand, könne seine eigene Partei aufbauen, seine eigene Polizei und sogar einen Hort des Widerstands.

Ob Buthelezi mit dieser Linie auf die Dauer das Vertrauen seiner schwarzen Landsleute halten kann, wird davon abhängen, ob es ihm gelingt, der weißen Regierung nicht nur Konzessionen, sondern echte Reformen abzutrotzen. Allein wird er das gewiß nicht können, dazu bedarf es einer gemeinsamen Anstrengung vieler schwarzer politischer Führer. Aber wie viele gibt es, die sich auf freiem Fuß befinden und entschlossen sind, der weißen Regierung Grundrechte auch für den schwarzen Mann abzuringen? Und selbst wenn es sie gäbe, wird der Erfolg ihres Strebens davon abhängen, ob die Weißen ihrerseits bereit sind, Reformen zu gewähren, ehe es zu nicht mehr wieder rückgängig zu machenden Konfrontationen mit den schwarzen Bürgern des Landes kommt. In einem Teil der weißen Bevölkerung ist ein solcher Umdenkprozeß jedoch schon im Gange.

Der Mulder-Skandal

Nach Soweto und nach Bikos Tod zeichneten sich innerhalb des burischen Lagers erstmals ganz deutlich zwei schon seit längerem vorhandene, aber sich nun scharf profilierende Lager ab: die Verligtes und die Verkramptes, wie sie genannt werden und wie sie sich sogar selbst nennen. Die Verligtes wollen einen aufgeklärten, liberaleren Kurs einschlagen, die Verkramptes eher noch einen härteren, einen verkrampften Standpunkt in der Rassenfrage verfechten. Es wäre zwischen diesen beiden Lagern nicht so schnell zum Konflikt gekommen, wenn nicht zur gleichen Zeit ein die gesamte südafrikanische Politik zutiefst erschütternder Skandal aufgeflogen wäre.

Ein Richter, Anton Mostert, war beauftragt worden, dem Verdacht größerer Devisenschiebungen nachzuforschen. Was er entdeckte, ging weit über diesen Verdacht hinaus: Dr. Connie Mulder, lange Zeit Minister für Information, hatte gemeinsam mit General Hendrik van den Bergh vom südafrikanischen Geheimdienst und mit Wissen des damaligen Ministerpräsidenten Vorster eine geheime Großoffensive eingeleitet, um die öffentliche Meinung in Südafrika selbst, aber auch in der gesamten westlichen Welt zugunsten Südafrikas zu beeinflussen. Die dazu eingesetzten Mittel waren atemberaubend: geheime Finanzierung und Aufkauf von Zeitungen, Bestechung von Abgeordneten und Politikern, Gründung neuer Parteien oder Beeinflussung vorhandener Parteien und sogar direktes Eingreifen in Wahlkämpfe in Europa und den USA.

Mulder und seine Helfer legten sich zunächst einen Geheimfonds von 25 Millionen Rand zu, der im Laufe der Zeit auf mindestens 165 Millionen Rand und nach einigen Schätzungen sogar auf noch viel größere Beträge aufgestockt wurde. Denn was sie da in Angriff nahmen, war ein weltweites Unternehmen. In Südafrika selbst versuchten sie die wichtigste oppositionelle Zeitung, die „Rand Daily Mail", durch einen Strohmann kaufen zu lassen. Als das nicht gelang, bauten sie eine eigene englischsprachige Zeitung, „The Citizen", als Gegengewicht zur oppositionellen englischsprachigen Presse in Südafrika auf. Insgesamt erhielt „The Citizen" 32 Millionen Rand Subvention.

Als nächstes versuchten sie in den USA den „Washington Star" zu kaufen und kamen immerhin so weit, daß die Eigentümer bereits eine Anzahlung von 10 Millionen Rand entgegennahmen. Letztlich mißglückte dann der Kauf.

Aber ein anderer gelang. In Kalifornien kauften sie die Tageszeitungen „Sacramento Union" und waren dabei, auch eine Fernsehstation zu erwerben, beides mit dem Ziel, eine Gruppe von Politikern im Wahlkampf zu unterstützen, die gerade den Gouverneur von Kalifornien, Jerry Brown, aufbauten, um ihn gegen Jimmy Carter im Kampf um das Weiße Haus antreten zu lassen. Wäre Mulders Konzept aufgegangen, so wären mit Jerry Brown auch jene

Männer ins Weiße Haus eingezogen, die von ihm gekauft waren.

In London schleuste Mulder Leute ein, die zunächst harmlose Geschäfte erwarben und sich dann von Unternehmen zu Unternehmen weiterkauften, bis sie in der Lage waren, unverdächtige Kaufangebote für so angesehene und einflußreiche britische Zeitungen zu machen wie den „Daily Express", „The Observer" und sogar „The Guardian". Die Angebote wurden abgewiesen, und letzten Endes scheiterten alle diese Versuche. Mittlerweile versuchten andere Abgesandte Mulders in Paris, wenn möglich den „L'Express" und den „Paris Match" zu erwerben. Auch diese Offensive scheiterte.

In kleineren Dingen war der Mulder-Fonds jedoch erfolgreich. Obwohl man dann aus internationalen Rücksichten davon absah, die Namen zu nennen, so war es den Mulder-Leuten offensichtlich gelungen, zwei britische Labour-Abgeordnete für sich zu „gewinnen", während zwei japanische Abgeordnete 150 000 Dollar vom Mulder-Fonds angenommen hatten, für den Gegendienst, einen in Japan aufkommenden Gewerkschaftsboykott gegenüber südafrikanischen Waren zu verhindern.

Schon bedeutend mehr Geld ließen es sich die Mulder-Leute kosten, zwei schwarze Politiker in Rhodesien dazu zu bringen, den damaligen Premierminister Ian Smith zu unterstützen, was diese schließlich für die ansehnliche Summe von 800 000 Rand auch getan haben. Als dann dennoch nicht ihr Kandidat der erste schwarze Premierminister von Ian Smith' Gnaden wurde, sondern Bischof Abel Muzorewa, setzte der Mulder-Fonds erneut hohe Summen ein, um Muzorewa untergraben zu lassen.

Eine ansehnliche Starthilfe gab der Mulder-Fonds für eine neue Rechtspartei in Norwegen, der es immerhin gelang, vier Parlamentssitze zu gewinnen. Nicht wenig Geld dürfte auch in die Wahlkampagne einiger amerikanischer Senatoren geflossen sein. Und ganz nebenbei fiel auch etwas – nämlich 150 000 Rand – für einen Teil der Niederländisch-Reformierten Kirche in Südafrika ab.

Der Mulder-Fonds aber hatte Schwierigkeiten, diese hohen Geldsummen in die verschiedenen Zielländer zu bringen. Vor allem mußten dabei die eigenen südafrikanischen Devisenbestimmungen gröblich verletzt werden. So landete der Mulder-Fonds noch einen Coup, indem er durch geschickte Manipulation das wichtigste und seriöseste Exportunternehmen des südafrikanischen Staates für seine Zwecke einzuschalten verstand: Südafrikas Gold, das normalerweise über London verkauft wird, wurde vom Londoner Markt zurückgezogen und nach Zürich umdirigiert. Drei große Schweizer Banken wurden in diese Umschichtung eingeschaltet und bekamen nebenbei als einen der vielen Aufträge, die mit diesem unerwarteten Geschäft Hand in Hand gingen, auch die Order, von den einzurichtenden Konten gemäß entsprechenden Weisungen Gelder in alle Welt zu transferieren.

Um all dies tun zu können, mußte der Mulder-Fonds eine ganze Reihe vertrauenswürdiger Kaufleute nicht nur in die Welt hinaussenden, sondern sie in den Zielländern auch regelrecht ansiedeln. Häuser und Wohnungen wurden gekauft, in London, Washington, Florida, Kalifornien, auf den Bahamas und auf den Seychellen: Denn auch in das schwarze Ostafrika versuchte man durch Zeitungskauf einzudringen – was übrigens ebenfalls mißlang. Sehr erfolgreich war der Mulder-Fonds also nicht.

Aber für Mulder hätte sich das Ganze doch beinahe gelohnt. Als nämlich Ministerpräsident Vorster seinen Posten aufgab, um Staatspräsident von Südafrika zu werden, galt Mulder innerhalb der Nationalen Partei bereits als wahrscheinlicher Nachfolger auf dem Posten des Ministerpräsidenten. Just in diesem Augenblick deuteten die ersten Aufdeckungen des Devisenskandals in seine Richtung. General van den Bergh, der inzwischen beherrschenden Einfluß im Staatssicherheitsdienst gewonnen hatte, versuchte nun blitzschnell alle Aktionen des Mulder-Fonds nach dem „Gesetz zum Schutz von Staatsgeheimnissen" jeder weiteren Untersuchung zu entziehen. Aber da hatte schon die englischsprachige Presse Wind von der Sache bekommen und begann mit ihren ersten Veröffentlichungen. Die Drohung der Regierung, man würde eben auch noch rasch ein Gesetz schaffen, das es der Presse verbiete, Informationen dieser Art zu veröffentlichen, erreichte eher das Gegenteil – jetzt solidarisierten sich auch die burischen Journalisten mit den englischen.

Am Höhepunkt des Skandals wurde statt Mulder der bisherige Verteidigungsminister Südafrikas, P. W. Botha, von der Nationalen Partei zum neuen Ministerpräsidenten vorgeschlagen. Mulder, der inzwischen das Ministerium für die Angelegenheiten der Schwarzen, das frühere Bantu-Ministerium, übernommen hatte, mußte zurücktreten. Der frühere Ministerpräsident Vorster, inzwischen zum Staatspräsidenten aufgerückt, wurde im Verlauf der Untersuchungen in diesem Skandal immer mehr belastet und mußte sein Amt als Staatspräsident ebenfalls zurücklegen. Andere Beteiligte an dem Skandal flohen ins Ausland, wo sie offenbar noch auf Teile des Mulder-Fonds zurückgreifen konnten. Dies alles schwächte den „verkrampften" Flügel der Nationalen Partei, das Lager der unentwegten Apartheid-Verfechter. Denn alle Mulder-Aktionen hatten ja kein anderes Ziel, als genau dieses System in Südafrika aufrechterhalten zu können und es zu diesem Zweck vom Druck der öffentlichen Weltmeinung zu entlasten.

Der Mulder-Skandal gab den Verligtes innerhalb der Nationalen Partei eine Chance. Statt Mulder wurde Botha nun neuer Ministerpräsident. 13 Jahre lang hatte Botha das Verteidigungsministerium geleitet. Die Armee stand hinter ihm. Das war in dieser Stunde keine schlechte Visitenkarte innerhalb des nationalen Lagers. Und es war eine hoffnungsvolle, denn die Generäle gehörten schon seit längerem zu den Mahnern und Warnern in Südafrika. Botha kam außerdem aus der Kap-Provinz, in der selbst die Nationale Partei über eine liberale Tradition verfügt, im Gegensatz zu den Organisationen der Partei im Transvaal und im Oranje-Freistaat, in der die Verkramptes immer noch das Sagen haben.

So aber ergab es sich, daß alle diese Ereignisse ein Klima schufen, in dem eine politische Wende möglich schien. Bei seinem Amtsantritt im Dezember 1979 ist der neue Premierminister P. W. Botha mit folgender Lage konfrontiert: Südafrika steht zum erstenmal in Afrika ohne Freunde da. Die portugiesischen Kolonien Angola und Moçambique, die Südafrika einen entscheidenden Flankenschutz gewährt hatten, befinden sich seit 1975 nicht nur in schwarzer, sondern in schwarz-marxistischer Hand. In Angola stehen kubanische Truppen, sind ostdeutsche Sicherheitsbeamte und sowjetische Militärberater tätig. In Moçambique ankert ein Teil der sowjetischen Flotte im Indischen Ozean. Auch dort sind sowjetische, ostdeutsche und kubanische Berater am Werk. Von Angola aus operiert bereits eine schwarze Befreiungsbewegung, die SWAPO, gegen das von Südafrika gehaltene Territorium Namibias, des früheren Südwestafrika. Die Front gegen die SWAPO muß von der südafrikanischen Armee gehalten werden. Südafrikanische Truppen stehen damit erstmals im offenen Krieg gegen schwarze Guerillas, die sowohl vom Ostblock als auch von der UNO voll unterstützt werden. Militärisch wird die Lage von den Südafrikanern beherrscht, ihre Armee ist mächtig, den Guerillas bei weitem überlegen. Auch die Verluste der Südafrikaner sind an sich gering, sie verlieren bis zu 50 Soldaten im Jahr. Aber das bedeutet doch, da jeder junge Südafrikaner einen Teil seines Militärdienstes an der

Front absolvieren muß, daß seine Eltern mit seinem Tod zu rechnen haben. Die Wahrscheinlichkeit ist zwar nicht so hoch, aber die Angst ist ständig da. Dabei liegt die Front 2 000 Kilometer von Johannesburg entfernt, in einem fremden Land, von dem jeder Südafrikaner weiß, daß es demnächst so oder so aufgegeben werden muß. In Moçambique aber trainieren bereits junge Schwarze aus Südafrika den Guerilla-Angriff gegen die weiße Regierung ihres eigenen Landes. Und sie kommen auch schon über die Grenze, als Agitatoren, um die Schwarzen zur Sammlung und zum Widerstand aufzurufen, als Organisatoren, um die Aktivisten unter diesen Schwarzen anzuleiten und das Land mit einem Netz von Widerstandsgruppen zu überziehen, die den nachfolgenden Guerillas Unterschlupf gewähren und der Guerillaführung Informationen geben sollen. Und hintennach kommen auch schon die ersten Sabotagetrupps. Da und dort werden Polizeistationen in den Townships angegriffen, in Postgebäuden und auf Bahnanlagen explodieren Bomben, eine Bank wird überfallen. Zwei Sabotagetrupps gelingt es 1980, in die wichtigste Industrieanlage Südafrikas einzudringen, in die Sasol-Werke, in denen aus Kohle Benzin gemacht wird. Da es bereits seit Jahren eine Ölblockade gegen Südafrika gibt, ist die Fähigkeit Südafrikas, sich die Treibstoffe zum Teil und notfalls auch zur Gänze allein herstellen zu können, eine Demonstration seiner Widerstandskraft gegenüber jedem Druck von außen. Dieses Symbol greifen die Guerillas nun an, tragen ihre Sprengsätze bis ins Zentrum der Hydrieranlagen und zünden sie an den zentralen Treibstofflagern. Die auflodernden Flammen sind in der Nacht 50 Kilometer weit zu sehen, und noch am Tag darauf verdüstern die schwarzen Rauchschwaden den Horizont.

Sorgen hat man zu dieser Zeit auch im Generalstab und bei der Polizei. Die Armee ist 1980 bereits auf ihrer Höchststärke, rund 80 000 Mann. Auch Luftwaffe und Marine haben ihren Mannschaftsstand erhöht und vor allem ihre Ausrüstung mit modernstem Gerät vervollständigt. Nun wird auch die Polizei aufgestockt, das Budget für den Staatssicherheitsdienst nahezu verzehnfacht. Man versucht die Townships und die Homelands mit möglichst vielen schwarzen Agenten dieses Sicherheitsdienstes zu durchsetzen.

Doch der früher so gut funktionierende Spitzeldienst zeigt erstmals Lücken. Nicht nur in den Townships finden Agitatoren und Sabotagetrupps Unterschlupf, offenbar auch in den Homelands. Diese lassen sich für die Südafrikaner noch schwerer kontrollieren als die Townships. Langsam beginnt man zu begreifen: Seit Beginn der Aufteilung Südafrikas in schwarze und weiße Gebiete hat man mehr als drei Millionen Schwarze und Mischlinge von Amts wegen umgesiedelt. Viele hunderttausend, darunter ganze Stämme, wurden von weißen Gebieten in Homelands geschafft, die sie bis dahin noch nie gesehen hatten. Für die meisten von ihnen gibt es dort weder Arbeit noch einen ausreichenden Lebensunterhalt auf dem Lande.

Sie leben von der Unterstützung, die ihnen die Homeland-Regierung gewährt und um die die Homeland-Regierung beim weißen Finanzminister in Pretoria einkommen muß. In den Umsiedlungsstätten – notdürftigen Behausungen auf offenem Feld – herrscht Verbitterung. Und mit ihr wächst die Bereitschaft, sich politischen Agitatoren anzuvertrauen, einerlei, woher sie kommen. Auch die Bereitschaft, Widerstandsgruppen und Sabotagetrupps Zuflucht zu gewähren, wenn sie vor der weißen Polizei aus dem weißen Gebiet in ein Homeland fliehen.

In dem Mini-Homeland Qwa-Qwa, das 30 Kilometer lang und 20 Kilometer breit ist, ist die ursprüngliche Bevölkerung von 20 000 Menschen in zehn Jahren auf 200 000 angewachsen. Die schwarzen Homeland-Führer sind in Anbetracht dieser Entwicklung nicht mehr zur vollen Kooperation mit den weißen Behörden bereit, ja es gibt Anzeichen, daß sie sich sowohl bei der eigenen schwarzen Bevölkerung als auch bei den afrikanischen Nationalisten außerhalb des Landes rückzuversichern versuchen. Armee und Polizei beschweren sich darüber, daß es ihnen unter diesen Umständen immer schwerer fällt, die Sicherheit der wirtschaftlichen und politischen Institutionen aufrechtzuerhalten.

Im Jahr 1983 bot Südafrika dem benachbarten Swasiland die Abtretung zweier Landstriche an, die bisher als Reservate für Schwarze dienten. Swasiland würde durch diesen Anschluß fast auf das Doppelte seiner bisherigen Größe anschwellen und gleichzeitig eine Million schwarzer Bürger Südafrikas inkorporieren. Südafrika hätte damit seine schwarze Bevölkerung um eine Million reduziert und dafür doch nur zwei, weitgehend unfruchtbare und ohnedies nur von Schwarzen besiedelte Landstriche aufgegeben. Ein weiterer Vorteil: Für diese Land- und Bevölkerungsabtretung hat sich Swasiland zu verpflichten, alle über sein Territorium führende Einsickerungsrouten der Guerillakämpfer des ANC zu unterbinden und auch keine Stützpunkte der Guerillas auf seinem Territorium zu dulden. Die Abtretungsprozedur wurde aufgehalten: In Südafrika selbst riefen einige schwarze Politiker die Gerichte an und versuchten, die Landabtretung unter Berufung auf Verfassungsparagraphen zu verhindern. In Swasiland wurde gegen die Regierung geputscht. Doch nicht, weil die Regierung Südafrika gegenüber zu freundlich gewesen wäre. Die Putschisten werden den südafrikanischen Wünschen gegenüber eher noch willfähriger sein. Wie jede andere benachbarte schwarze Regierung benötigen auch sie die wirtschaftliche Hilfe Südafrikas. In Südafrika selbst wächst jedoch der Widerstand der schwarzen Bevölkerung.

Dies spürt man zunehmend im ganzen Land. Im Industriegürtel zwischen Durban und Port Elizabeth findet Ende der siebziger Jahre ein Streik schwarzer Arbeiter nach dem anderen statt. Und das, obzwar den Schwarzen das Streiken damals noch streng verboten ist. Sogar in den großen Zweigwerken amerikanischer Firmen kommt es zu Streiks, obwohl sich diese bereits seit Jahren an die sogenannten Sullivan-Vorschriften halten, die ihnen von den eigenen Gewerkschaften in Amerika diktiert worden sind und die von der Betriebsleitung fordern, die schwarzen Arbeiter ungeachtet der Apartheid-Gesetze der weißen Belegschaft in allem gleichzustellen. Hier gibt es also gleichen Lohn, gleiche Rechte, gleiche Aufstiegschancen für die Schwarzen. Und dennoch streiken sie. Das kann nur heißen, daß sich hier ein politischer Wille manifestiert. Tatsächlich wird auch einer ihrer Führer, Thozamile Botha, von den südafrikanischen Behörden des Aufruhrs beschuldigt und in die Verbannung geschickt. Aber die schwarze Bevölkerung rund um Port Elizabeth organisiert Bürgerrechtskomitees zum Protest gegen diesen Bannspruch. Auch das, obwohl den Schwarzen weiterhin jede politische Aktivität verboten ist.

Bischof Desmond Tutu, von den protestantischen Kirchen – mit Ausnahme allerdings der dominierenden Niederländisch-Reformierten Kirche der Buren – zum Generalsekretär des südafrikanischen Kirchenrates gewählt, erhebt seine Stimme zum Protest gegen die Unterdrückung jeder politischen Willensbildung unter den Schwarzen und fordert mit dem ganzen Ansehen eines prominenten Kirchenführers das allgemeine und gleiche Wahlrecht auch für die Schwarzen. Bischof Tutu fordert auch uneingeschränkt eine schwarze Mehrheitsregierung für Südafrika.

Das ungleiche Erziehungssystem bietet den Schwarzen und vorderhand auch noch den Mischlingen Anlaß zu Protestdemonstrationen und zu lang andauernden Schulboykotten. Immer wieder werden Schulen für Schwarze und auch für Mischlinge angezündet und gehen in Flammen auf. Diese zunehmende Solidarisierung zwischen

Schwarzen und Mischlingen hat einen Teil der Weißen alarmiert. Denn Schwarze und Mischlinge galten in den Augen der Weißen als zwei Lager, die voneinander ebensowenig wissen wollten wie die Weißen von den Schwarzen.

Eine derartige Solidarisierung wäre noch vor wenigen Jahren in Südafrika undenkbar gewesen. Denn nichts hatten die Mischlinge mehr angestrebt, als von den Weißen als deren Verbündete akzeptiert zu werden. Wegen dieses Strebens in das weiße Lager waren sie von den Schwarzen abgelehnt worden. Aber es war die weiße Politik der Apartheid, die die Mischlinge politisch rechtlos und de facto sogar heimatlos machte, denn für Mischlinge gab es weder einen gesicherten Platz im weißen Gebiet noch ein Homeland. Als Reaktion auf diese Ablehnung durch die weiße Regierung kam es nun zu zunehmender Zusammenarbeit zwischen den politischen Führern der Mischlinge und den schwarzen Bürgerrechtlern. Diese Anlehnung an die Schwarzen ging so weit, daß der prominenteste Führer der Mischlinge, Reverend H. J. Hendrikse, sich mit der schwarzen Sache völlig solidarisch erklärte. Er ist Obmann der Labour Party, der stärksten Vereinigung der Mischlinge. Hendrikse erklärte immer wieder, mit den Weißen nicht einmal verhandeln zu wollen, solange nicht auch die Schwarzen mit am gleichen Tisch sitzen. Er ist von diesem Standpunkt 1984 abgerückt – nach dem Referendum über die Einführung einer parlamentarischen Vertretung für Mischlinge und Inder. Aber das war ja auch schon die Antwort der Regierung Botha auf die alarmierende Solidarisierung der Mischlinge mit den Schwarzen. Dennoch haben die Mischlinge ihre Zusammenarbeit mit der Regierung an die Bedingung geknüpft, daß die eingeleiteten Reformen so bald wie möglich auch zu einer gleichberechtigten schwarzen Vertretung führen müßten.

In vielen großen Betrieben sind inzwischen schwarze Gewerkschaften entstanden. Zunächst illegal, denn das Gesetz verbot den Schwarzen eigene gewerkschaftliche Vertretungen; ja schon die Versammlung zum Zweck der Diskussion einer separierten schwarzen Gewerkschaftsbewegung war an sich verboten. Die Gesetzeslage wurde jedoch nicht mehr beachtet. Weder von den schwarzen Arbeitern noch von den weißen Unternehmern. Im Gegenteil: Es gab viele weiße Unternehmer, die die Schwarzen ermutigten, sich ihre eigene Berufsvertretung zu wählen. Denn es ist den weißen Betriebsleitungen oft nicht mehr möglich, einen geordneten Arbeitsprozeß aufrechtzuerhalten, ohne mit kompetenten Führern der schwarzen Belegschaft über deren Beschwerden und Forderungen verhandeln zu können. Deshalb waren es die weißen Betriebsleitungen selbst, die endlich schwarze Verhandlungspartner haben wollten.

Die Wirtschaft stöhnt überhaupt unter der Apartheid-Gesetzgebung. Die sich ausdehnende staatliche Verwaltung, die weitgehend weiß und vor allem burisch zu sein hat, schöpft immer mehr weiße Schulabsolventen für sich ab, ja saugt sogar einen guten Teil der weißen Arbeiterschaft auf, einschließlich der „armen Weißen", die zur Aufstockung der Polizei und des Sicherheitsdienstes rekrutiert werden. Aber die Apartheid-Gesetze ließen die Anstellung schwarzer Arbeitskräfte in vielen Berufssparten nicht zu. Die fehlenden Weißen konnten daher kaum ersetzt werden. So gab man Berufssparte um Berufssparte für Schwarze frei. Das nützt jedoch im Moment noch wenig, denn es fehlt an entsprechend ausgebildeten, besser geschulten Schwarzen. 40 Prozent der Schwarzen sind überhaupt nicht zur Schule gegangen, und viele andere besuchten nur wenige Klassen der Elementarschule.

Mangelt es den Schwarzen schon an Schulbildung, so erst recht an Berufsausbildung. Nicht nur waren viele Berufe für sie gesperrt, auch in denen, die sie ergreifen konnten, gab es nur wenige Ausbildungsstätten. Denn das Prinzip der Apartheid bestand ja darin, die Schwarzen möglichst nur als Gastarbeiter im weißen Land zuzulassen, und das hieß oft nur mit Zehn-Monate-Kontrakten und danach erzwungener Rückkehr ins Homeland. Unter solchen Umständen kann man nur Hilfsarbeiter bleiben. Sehr lange Zeit war das der Wirtschaft recht. Sie mußte keine großen Investitionen für teure Maschinen vornehmen, viele billige schwarze Arbeitskräfte ersetzten die Maschinen, besonders im Bergbau. Das war lange Zeit das Geheimnis der niedrigeren Produktionskosten und der höheren Gewinne. Das hat die südafrikanische Wirtschaft konstant und schnell wachsen lassen, und zwar in den letzten 25 Jahren im Schnitt um 5,6 Prozent pro Jahr. Das Reservoir an Arbeitskräften, das in Anbetracht der schwarzen Millionenmassen bis vor kurzem noch als unerschöpflich galt, aber wird auf einmal knapp. Südafrika will vom Zustrom von Wanderarbeitern aus den Nachbarstaaten auf Grund der radikalen politischen Änderungen in diesen Ländern unabhängig werden.

Aber auch schon vor dieser Entwicklung hatte die südafrikanische Wirtschaft einen Produktionsgrad erreicht, der von nun an Automatisierung geraten erscheinen ließ. In Südafrika werden technisch immer höherstehende, weiterentwickelte Produkte hergestellt, was den Einsatz von gut ausgebildeten Fachkräften erfordert. Die Drohung der Welt, Südafrika unter Umständen demnächst durch wirtschaftliche Sanktionen gerade von den technologisch hochwertigen Importgütern abzuschneiden, läßt die südafrikanische Wirtschaft größte Anstrengungen unternehmen, sich die Kapazität, solche Güter selbst zu erzeugen, rasch zu schaffen.

Auf einigen Sektoren ist dies bereits geschehen. Einer davon wurde schon genannt: Seit das Ölembargo in Kraft ist (auch wenn es von Südafrika durch Ölkäufe zu erhöhten Preisen auf dem schwarzen Markt durchbrochen wird), baut Südafrika die Sasol-Werke fieberhaft aus und erzeugt heute schon 25 Prozent seines Öl- und Benzinbedarfs aus Kohle. Es verwendet dabei die von den Deutschen im Zweiten Weltkrieg entwickelte Hydriertechnik, die solcherart in zwei Staaten überlebt hat – in Südafrika und in der DDR.

Noch eine weitere große Industriesparte hat Südafrika in den letzten zehn Jahren ausgebaut – die Rüstung. Hier kam es zu einer mit vielen Milliarden Rand finanzierten engen Zusammenarbeit zwischen Staat und Privatindustrie. Der neu entstandene Rüstungskonzern mit zentraler Planung heißt ARMSCOR und umfaßt rund hundert große Betriebe. Südafrika erzeugt nicht nur seine Gewehre und Maschinengewehre, seine Granatwerfer und Kanonen, sondern auch einen großen Teil seiner leichten und mittleren Panzer und eine ganze Reihe von Flugzeugtypen bereits selbst; unter den Flugzeugen so hoch entwickelte Kampfmaschinen wie die Mirage, die mit zweieinhalbfacher Schallgeschwindigkeit fliegt und in französischer Lizenz hergestellt wird. Aber viel brauchbarer in dem Kampf, für den sich Südafrika rüstet, sind die Hubschrauber und Jagdbomber, die es bereits am Fließband erzeugt.

All das braucht Menschen, und zwar gut geschulte, und das heißt in Südafrika auf Grund des bisherigen Schulsystems vor allem weiße Menschen. Aber gerade die zunehmende militärische Bereitschaft, der Krieg in Namibia, die Absicherung gegenüber Moçambique, die ständige Bereitschaft gegenüber Lesotho, Botswana und Swasiland und eine mögliche Konfrontation mit Zimbabwe – all das stellt stark erhöhte Personalanforderungen an die Armee, und diese stützt sich vor allem wieder auf Weiße. Armee und Polizei konkurrieren immer mehr mit der Wirtschaft um diese Menschen. Eine mit der Administration von mehr als 2 000 Apartheid-Vorschriften belastete Staatsverwaltung tritt als dritte konkurrierende Kraft auf, vielleicht sogar als die kräftigste, denn nach letzten Schätzungen sollen bereits mehr als 30 Prozent der in Arbeit stehenden Weißen in dieser Staatsverwaltung tätig sein.

Das war der Zustand, in dem der neue Premierminister P. W. Botha Südafrika bei seinem Amtsantritt 1979 vorfand. Eine Seite der Entwicklung kannte er besser als jeder andere – die Sorgen und die Überlegungen der Armee, denn Botha war 13 Jahre Verteidigungsminister. Die meisten der heutigen Generäle Südafrikas sind durch ihn gemacht worden. Er weiß, was sie denken, er weiß, was sie fordern. Und soweit dies auch Außenstehende erfahren können, zeigt sich die Armeeführung zutiefst besorgt. Sie glaubt mit der hochgradigen Rüstung, die ihr zur Verfügung steht, und mit einem aktiven Mannschaftsstand von rund 80 000 und mit einem Mobilisationsvolumen von sogar 404 500 Mann jeder Bedrohung der südafrikanischen Grenzen von außen erfolgreich entgegentreten zu können. Allein ihr normaler Aktivstand an Soldaten und an Kriegsgerät ist größer als alle kampftüchtigen Verbände sämtlicher sieben schwarzen Nachbarstaaten Südafrikas zusammengenommen. In ihrer Mobilisierungsstärke wäre die Armee auch imstande, mit jedem denkbaren kubanischen Expeditionskorps fertigzuwerden. Nur eine echte Großmacht, wie etwa die Sowjetunion selbst, oder eine unter UNO-Kommando operierende hochgerüstete internationale Streitmacht könnten eine echte Bedrohung für Südafrika darstellen. In Anbetracht der Weltlage ist wohl kaum mit der Intervention der einen oder der anderen zu rechnen.

Was also die äußere Verteidigung Südafrikas betrifft, ist der Generalstab der Überzeugung, daß die Armee alle ihre gestellten Aufgaben erfüllen kann. Aber Soweto hat 1976 auch der Armeeführung einen Schock versetzt. Käme es je zu einem das ganze Land umfassenden Massenaufstand der Schwarzen, wäre die etwa 40 000 Mann umfassende Polizei – von denen mehr als die Hälfte aus Schwarzen und Mischlingen besteht – nicht lange in der Lage, auch nur die weißen Städte und Siedlungen zu schützen, geschweige denn den Aufstand in den Townships und auf dem Land zu brechen. Schon bei den Unruhen in Sharpeville wurde die Armee gebeten, durch Tiefflüge über den Townships für Einschüchterung zu sorgen. Im Fall eines Massenaufstandes würde sie wohl auch eingreifen müssen. Das wären Aussichten, die der Armeeführung ganz und gar nicht gefallen würden. Erstens, weil ein solcher Einsatz zu Massakern führen könnte (die schon Luthuli befürchtet hatte) und die Armee diese Art von blutigem Geschäft möglichst nicht besorgen will. Zweitens hat diese Armee sowohl in Rhodesien, wo sie immer wieder „ausgeholfen" hatte, als auch in Namibia, wo sie bereits seit 1974 im Einsatz steht, einen engen Kontakt mit der schwarzen Zivilbevölkerung entwickelt und dabei deren Leben kennengelernt.

In Namibia ist die Armee beauftragt, alles zu tun, um die „Herzen und Hirne" dieser schwarzen Zivilbevölkerung zu gewinnen und sie nicht unter den Einfluß der SWAPO-Guerillas fallen zu lassen. Um diese Aufgabe zu erfüllen, mußte man vor allem Schulen und die entsprechenden Lehrerbildungsanstalten bauen. Die Armee stellt zu einem guten Teil die Lehrer in diesen Schulen und sorgt für die Lehrerausbildung. Sie entsendet auch ihre Ärzte in die neu errichteten Kliniken für die Schwarzen. Die Armee leitet die Schwarzen bei der Feldbestellung an, und sie hilft ihnen, neue Kleinindustrien zu gründen.

Die Armee tut damit, was jede von Guerillas bedrohte Armee in den letzten 35 Jahren auch getan hat, die Engländer in Malaya, die Franzosen in Algerien, die Amerikaner in Vietnam. Aber bei den Südafrikanern gibt es eine Rückwirkung: Die Armee – und das heißt die jungen Weißen – lernt zum erstenmal Schwarze kennen, sieht, wie sie leben, erkennt ihre Leiden, hört von ihren Sorgen. Das greift noch weiter: Da Namibia auf jeden Fall selbständig werden soll, werden dort auch schon schwarze Truppen ausgebildet, die unter südafrikanischem Kommando stehen. Sollen die schwarzen Truppen in Namibia jedoch das Gefühl haben, daß sie tatsächlich als Gleichberechtigte kämpfen, so kann die Armee diesen Truppen gegenüber ihre Apartheid-Gesetze nicht mehr zur Anwendung bringen. Insbesondere können sich die weißen Bürger Namibias kaum noch von ihren schwarzen Landsleuten in der Art separieren, wie dies in Südafrika der Fall ist. Denn in Namibia ist es den Weißen längst klar, daß sie eine schwarze Mehrheitsregierung zu akzeptieren haben und daß es künftig – so oder so – die Schwarzen sein werden, die im Lande den Ton angeben.

So dient in Namibia doch schon eine Anzahl von Weißen in schwarzen Regimentern. Erstmals werden weiße Rekruten von schwarzen Korporalen und Feldwebeln kommandiert. Gemeinsam ziehen sie in den Busch gegen einen gemeinsamen Feind. Für die Weißen wäre es sehr schlimm, wenn sie sich dabei nicht auf ihre schwarzen Kameraden neben sich verlassen könnten. Doch sie können es, was schon viele junge weiße Buren aus Südafrika mit Erstaunen festgestellt haben und was nicht nur sie, sondern offenbar auch einige Leute in ihrem Generalstab zum Nachdenken bringt.

Als ein weißer Geistlicher der Niederländisch-Reformierten Kirche im namibischen Kampfgebiet schwarzen Soldaten das Betreten seiner Kirche verbieten wollte, kam es zu einer erzürnten Protestaktion der weißen Soldaten, die auch in Johannesburg und Pretoria Schlagzeilen machte. Und als der Führer der ultrakonservativen Transvaal-Buren, Dr. Treurnicht, Einspruch gegen rassisch gemischte Sportkämpfe in Südafrika erhob, ging Ministerpräsident Botha vor den Parteikongreß der Nationalen Partei mit der Erklärung: „Was ist denn das für eine Mentalität, die zwar duldet, daß Schwarze neben weißen Soldaten sterben dürfen, aber die nicht dulden will, daß sie mit Weißen spielen!"

Botha weiß, was seine Generäle fordern: Die Armee kann die Sicherheit Südafrikas nach außen und nach innen nur unter der Voraussetzung garantieren, daß für die schwarze Frage eine politische Lösung gefunden wird. Und sie müßte gefunden werden, ehe es zu den ersten großen Konfrontationen kommt.

General Magnus Malan, von Botha zum Verteidigungsminister ernannt, hat seine eigene Strategie zur Bewältigung der Sicherheitsprobleme Südafrikas entwickelt. Die südafrikanische Wirtschaft müßte durch entsprechende Planung und finanzielle Unterstützung des Staates in die Lage versetzt werden, gleitend von Friedensproduktion auf Kriegsproduktion umschalten zu können, und zwar je nach dem Grad der äußeren und der inneren Bedrohung des Landes, wobei die Art dieser Bedrohung so sein könnte, daß Perioden stärkeren Kriegseinsatzes und längere Abschnitte totaler Ruhe einander abwechseln. Die Wirtschaft müßte flexibel genug sein, um sowohl den Kriegsbedarf zu decken als auch äußeren Sanktionen standzuhalten und trotzdem die lebenswichtigen Exporte aufrechtzuerhalten. Das sei nicht nur eine Frage der Umstellung von Maschinen, sondern in hohem Maß des elastischen Einsatzes von Menschen. Dieser Aufgabe werde die Wirtschaft nicht gewachsen sein, wenn sie nicht auch die Schwarzen gleichberechtigt in diesen Prozeß einschließt. Denn nur wenn diese einerseits gut ausgebildet und anderseits gut bezahlt seien, könnte von ihnen Einsatzbereitschaft erwartet werden.

Ihre wirtschaftliche Gleichstellung würde aber wohl auch die erste Voraussetzung für eine politische Lösung der schwarzen Frage erfüllen. Eine weitere Voraussetzung müßte die Vollbeschäftigung auch der schwarzen Bevölkerung sein. Die Arbeitslosigkeit der schwarzen Bevölkerung wurde 1980 auf etwa 20 Prozent geschätzt, obwohl in der Wirtschaft gleichzeitig 700 000 Arbeitsplätze nicht besetzt werden konnten, weil den arbeitslosen Schwarzen die entsprechende Schul- und Ausbildung fehlt. Unter den Arbeitslosen befanden sich vor allem Jugendliche bis zu 22 Jahren. Und gerade an sie wenden sich die Abgesandten des African National Congress und der Guerilla-Organisationen und versuchen sie zu rekrutieren.

Vom Sicherheitsstandpunkt aus ist auch die Aufrechterhaltung der Homeland-Politik falsch. Wenn die Armee den unabhängigen Status der Homelands respektieren muß, könnten sich dort schwarze Widerstandszentren bilden. Diese Homelands aber befinden sich mitten im weißen Land. Einer der vielen Teile von Bophuthatswana reicht bis wenige Kilometer an die Hauptstadt Pretoria heran, das Homeland Kwazulu kreist Durban ein, und das Homeland Ciskei umschließt die Stadt Port Elizabeth.

Die von der Apartheid-Politik erzwungene ständige Bevölkerungsbewegung zwischen Homelands und Townships, die Hunderttausenden Kontraktarbeiter, die Umsiedlungen, all das muß für die Sicherheitsbeauftragten Südafrikas ein Alptraum sein. Die essentiellen Bestandteile der Apartheid-Politik werden daher gerade von jenen Leuten in Zweifel gezogen und angegriffen, auf die sich diese Politik letzten Endes am meisten zu verlassen hätte.

Die Forderungen der Armeeführung treffen sich mit den Bedürfnissen der Wirtschaft. Diese Wirtschaft will ihren Aufstieg fortsetzen. Sie glaubt sich in der Lage, für alle Bürger Südafrikas Arbeitsplätze schaffen zu können, ja die Forderung nach Vollbeschäftigung auch der schwarzen Bevölkerung kommt einer Wunschvorstellung der Wirtschaft entgegen. Aus zwei Gründen: Sie würde nicht nur alle Arbeitskräfte erhalten, die sie dringend braucht, um weiter expandieren zu können, sondern diese Expansion würde auch auf einen sich gleichzeitig rasch erweiternden Inlandsmarkt rechnen können. Je mehr Schwarze im Arbeitsprozeß eingegliedert sind und je mehr sie verdienen, desto größer wird die Nachfrage sein.

Diese Situation wäre etwa mit den stärksten Konjunkturjahren der europäischen Wirtschaft in den sechziger Jahren vergleichbar, als es schien, daß das einzige Limit nur noch in der Aufbringung der entsprechenden Arbeitskräfte lag, und die nördlichen Industriestaaten Millionen Gastarbeiter aus Südeuropa, der Türkei und sogar Nordafrika aufnahmen. Südafrika hatte Anfang der achtziger Jahre genau diesen Punkt erreicht, und die Forderung der Wirtschaft nach rascher Integration der Schwarzen in alle Ebenen des Arbeitsprozesses war stärker als die Vorbehalte der Verteidiger der Apartheid.

„Anpassen oder sterben!"

Der neue Ministerpräsident Botha, dem man dies zunächst gar nicht zugemutet hatte, entpuppte sich als ein Mann, der offenbar bereit war, notwendige Reformen dynamisch in Angriff zu nehmen, ja diese sogar auch gegenüber den Apartheid-Politikern in den eigenen Reihen der Nationalen Partei durchzusetzen. Botha bediente sich einer auch schon von seinen Vorgängern oft benützten Methode, um der eigenen burischen Mehrheit im Parlament auszuweichen: Er forderte nicht die Abgeordneten auf, die Apartheid-Gesetze durchzuforsten und abzuändern, was zu endlosen Auseinandersetzungen und wahrscheinlich geringen Resultaten geführt hätte, sondern er setzte Kommissionen unter der Leitung von Professoren und Fachleuten ein. Diese Kommissionen hatten eine genaue Bestandsaufnahme der Probleme und ihrer Ursachen zu machen und Empfehlungen zu ihrer Überwindung abzugeben. Die wichtigste dieser Kommissionen trug den Namen ihres Vorsitzenden, des Professors Nic Wiehahn; ihre Aufgabe war die Arbeitsgesetzgebung. Es war übrigens die erste Kommission dieser Art, die nicht nur von Weißen gebildet wurde. Zu den elf weißen Vertretern der Regierung, der Industrie, der Gewerkschaften und der Wissenschaft lud man einen Schwarzen, einen Mischling und einen Inder ein.

Nach Abschluß ihrer Untersuchungen empfahl die Kommission, die bisherige Arbeitsplatzreservierung für Weiße, Schwarze, Mischlinge und Inder völlig aufzuheben. So bald wie möglich sollte es Angehörigen aller Rassen in Südafrika offenstehen, sämtliche Berufe zu ergreifen. Weiters sollte es auch Angehörigen aller Rassen ermöglicht werden, Gewerkschaften zu gründen und Gewerkschaften beizutreten. So bald wie möglich sollten auch die Löhne der Angehörigen aller Rassen auf ein möglichst gleiches Niveau gebracht werden. Die von den Apartheid-Gesetzen bisher vorgeschriebene Trennung der Rassen etwa in den Kantinen und Waschräumen sollte, wenn dies die Betriebsleitung und die Arbeitnehmerschaft wünschten, aufgehoben werden dürfen. Es sollte Angehörigen aller Rassen gestattet sein, ihre Ausbildung auch schon als Lehrling in den Fabriken selbst zu erhalten (was bisher weißen Lehrlingen vorbehalten war). Die Kommission empfahl der Regierung auch, prinzipiell die Erziehung der Schwarzen so bald wie möglich der Erziehung der Weißen gleichzustellen. Doch die Kommission forderte die Regierung auch auf, diese von ihr empfohlenen Maßnahmen möglichst im Einvernehmen mit allen betroffenen Gruppen, also auch mit der weißen Arbeiterschaft und den einzelnen Betriebsleitungen, durchzuführen. Wichtiger als alles andere sei die Erhaltung des Arbeitsfriedens und von Ruhe und Ordnung. Daher sollten diese Maßnahmen möglichst nur mit Zustimmung aller Beteiligten durchgezogen werden.

Eine zweite Kommission, die von dem Wirtschaftsexperten Dr. P. J. Riekert geleitet wurde, untersuchte den zweiten großen Aspekt der Apartheid, nämlich die Aufteilung der schwarzen Bevölkerung auf Homelands und Townships, die Kontrolle über die Bewegungen dieser Schwarzen, die damit verbundenen Paßgesetze, den Zustand der Townships, das Verbot für Schwarze, in den Townships größere Geschäfte einzurichten, das Verbot für Schwarze, im weißen Gebiet Geschäfte zu besitzen, das Verbot für Weiße, sich an Geschäften im schwarzen Gebiet zu beteiligen.

Wie die Wiehahn-Kommission empfahl auch die Riekert-Kommission die Abschaffung einiger wesentlicher Apartheid-Bestimmungen. Es sollte den Schwarzen künftig nicht mehr verboten sein, sich zu bestimmten Stunden etwa auf den Straßen der weißen Städte aufzuhalten, und die Besuchsdauer in schwarzen Townships, die bisher mit 72 Stunden begrenzt war, sollte in Zukunft freigegeben werden. Auch möge man die vielen Schwarzen, die wegen all der Verbote und Kontrollen zur Zeit illegal in Arbeit stehen, amnestieren und ihren Status legalisieren. Im wesentlichen sollte der Aufenthalt eines Schwarzen „im städtischen Gebiet" künftig nur noch davon abhängen, ob er über einen Arbeitsplatz und über Unterkunft verfüge. Wäre beides der Fall, sollte sein Aufenthalt in einer Township nicht noch nach anderen Kriterien bemessen werden, etwa ob er bei den Arbeitsämtern ordnungsgemäß registriert sei, ob er seinen Arbeitsplatz legal und mit Zustimmung seines Arbeitgebers gewechselt oder verlassen habe und so fort. Im Falle des Verlustes seines Arbeitsplatzes sollte der Schwarze künftig nicht gezwungen werden, sich als Arbeitsuchender registrieren zu lassen, sondern in der Lage sein, allein neue Arbeit zu suchen. Für Schwarze wäre dies eine wesentliche Erleichterung, da sie mit der Registrierung als Arbeitslose bisher automatisch zur Deportation ins Homeland vorgemerkt worden waren, sofern sie nicht innerhalb von vier Monaten neue Arbeit finden konnten.

Künftig sollte es Schwarzen auch gestattet sein, in den schwarzen Townships Geschäfte in jeder Größenordnung aufzumachen und für solche Unternehmungen weiße Partner in die Firma aufzunehmen, allerdings dürften die Weißen nur eine Minderheitsbeteiligung von maximal 49 Prozent erwerben. Da vermutlich viele Schwarze unter diesen Bedingungen noch immer nicht über das nötige Kapital verfügen würden, empfahl die Riekert-Kommission die Errichtung einer schwarzen Entwicklungsbank, die den Schwarzen entsprechende Kredite gewähren sollte. Weiters sollte es Schwarzen unter gewissen Bedingungen auch erlaubt sein, in bestimmten, von den jeweiligen Stadtverwaltungen selbst ausgesuchten Stadtteilen Kanzleien und Ordinationen zu eröffnen oder sich sogar an Geschäftsläden zu beteiligen – Rassen-Freizonen also, in denen Weiße, Schwarze, Mischlinge und Inder nebeneinander Geschäfte betreiben könnten. Auch da eine wesentliche Einschränkung: Dies müßte von der Zustimmung der Bürger der Stadt abhängig gemacht werden.

Andere Apartheid-Gesetze waren schon zuvor durchlöchert worden, und man war bestrebt, ihre Erleichterungen nun in einem größeren Maß zum Tragen zu bringen. Restaurants und Hotels in den weißen Städten konnten darum ansuchen, einen „internationalen Status" zugesprochen zu erhalten. Dieser Status räumt ihnen das Recht ein, auch Schwarze zu bedienen und anzustellen. Auch war es Sportvereinen gestattet worden, Sportler aller Rassen in ihren Reihen aufzunehmen und Sportteams verschiedener Rasse gegeneinander zum Wettkampf antreten zu lassen. Auf den Postämtern und in den meisten anderen öffentlichen Dienststellen wurden die getrennten Schalter für Weiße und Schwarze abgeschafft. Auf den Bänken in den Parkanlagen verschwanden die Aufschriften „Nur für Weiße" und die viel selteneren Aufschriften „Nur für Schwarze". In den meisten Theatern und auch in einigen Kinos der großen Städte wurde die strenge Trennung der Sitzreihen für Weiße, Schwarze und Mischlinge ebenfalls abgeschafft. Mit Zustimmung der zuständigen Stadtverwaltung konnten auch öffentliche Bibliotheken ihre Tore für Angehörige aller Rassen öffnen.

Die Schlebusch-Kommission lieferte den Überbau zu all diesen Empfehlungen: Sie riet dem Ministerpräsidenten, die Angehörigen aller Rassen an der politischen Verwaltung ihrer eigenen Angelegenheiten teilnehmen zu lassen. Die Schlebusch-Kommission machte jedoch einen Unterschied zwischen Mischlingen, Indern und Chinesen auf der einen und den Schwarzen auf der anderen Seite. Die einen hätten keine eigenen Homelands und würden auch in Zukunft keine haben, während den Schwarzen Homelands zur

Verfügung stünden. Daher sei das Schicksal der Mischlinge, Inder und Chinesen unmittelbar mit dem Schicksal der Weißen verbunden, in deren Territorium sie ja lebten und das schließlich auch ihre Heimat sein müßte.

Es sei aber auch klar, befand die Schlebusch-Kommission, daß sehr viele Schwarze (in der Tat die Hälfte der Bevölkerung) in urbanen Gebieten des weißen Landes wohnten und im weißen Land arbeiteten. Obwohl diese Schwarzen ihre Zuständigkeit in den eigenen Homelands hätten, sei ihre Präsenz im weißen Gebiet eine Realität, und so wären auch ihre Angelegenheiten in irgendeiner Form mit dem Wirken künftiger südafrikanischer Regierungen verbunden. Die Schlebusch-Kommission empfahl die Auflösung des Oberhauses des südafrikanischen Parlaments, also des Senats, und statt dessen die Errichtung eines Präsidentschaftsrates von etwa 60 Mitgliedern, die dem Staatspräsidenten, praktisch aber der Regierung, vorschlagen sollten, welche verfassungsmäßigen Formen diese Zusammenarbeit zwischen den Repräsentanten der verschiedenen Rassen annehmen sollte.

Für afrikanische Verhältnisse waren die Berichte der drei Kommissionen nahezu sensationell. Auf den ersten Blick schien es sogar, als würde hier an den Grundsätzen der Apartheid gerüttelt werden. Doch gerade die Umsetzung der Kommissions-Empfehlungen in die Praxis ließ bald erkennen, daß zwar eine Reihe besonders diskriminierender Apartheid-Gesetze nun aufgehoben wurden, der harte Kern der Apartheid aber durch die Kommissionen nicht nur nicht aufgeweicht, sondern eher noch zementiert worden war. So bestätigte die Riekert-Kommission, daß die Teilung des Landes in schwarze Homelands und weißes Gebiet aufrechtbleibe. Nach wie vor werden also Schwarze außerhalb des Homelands nur als vorübergehende Arbeiter im weißen Gebiet gelten, nach wie vor werden sie in den Townships nur Aufenthalt nehmen dürfen, wenn sie über Arbeitsplatz und Unterkunft verfügen. Nach wie vor werden Vertragsarbeiter ihre Familien nicht in die Townships mitnehmen können, sondern sie im Homeland zurücklassen müssen. Selbst die Empfehlung der Riekert-Kommission, zumindest das 72-Stunden-Limit für einen Besuchsaufenthalt in der Township abzuschaffen, wurde von der Regierung zurückgewiesen.

Nur die wirtschaftlich orientierten Empfehlungen der Riekert-Kommission wurden von der Regierung angenommen und in die Praxis umgesetzt – Schwarzen ist es nun gestattet, in den Townships Geschäfte jeder Größenordnung aufzumachen, sich eine weiße

Beteiligung zu verschaffen und Geld bei einer zu diesem Zweck errichteten Entwicklungsbank aufzunehmen. Schon die nächste Empfehlung, daß es auch Nichtweißen erlaubt sein sollte, innerhalb der weißen Städte Kanzleien und Ordinationen zu eröffnen und in einer Rassen-Freizone Geschäfte zu besitzen und Handel zu treiben, ist an die Zustimmung der Stadtverwaltung und damit der weißen Bürger gebunden, und hier gibt es bereits Widerstände, Verzögerungen, Ablehnungen.

Die „kleine Apartheid" ist gefallen, die getrennten Schalter im Postamt, die verschiedenen Bänke in den Parks. Aber viel mehr auch nicht. So wird etwa der „internationale Status", der es Restaurants und Hotels erlaubt, auch Nichtweiße zu bedienen, nicht etwa gesetzlich verfügt, sondern um die Zuteilung dieses Status muß der Besitzer des Restaurants beziehungsweise Hotels selbst ansuchen. Der Ausdruck „internationaler Status" wurde gewählt, weil man damit eigentlich zu verstehen geben wollte, daß die Freigabe eines Restaurants oder Hotels nicht so sehr der eigenen schwarzen Bürger wegen erfolge, sondern daß man Angehörige eines fremden Staates, also etwa der Transkei oder Bophuthatswanas, nicht von allen Restaurants und allen Hotels ausschließen könne. Es wäre ja auch schlimm, wenn etwa einem Minister oder hohen Staatsbeamten dieser für unabhängig erklärten schwarzen Staaten im befreundeten Südafrika in weißen Hotels und Restaurants die Tür gewiesen würde, mit der Aufforderung, sich doch in der schwarzen Township außerhalb der Stadt ein Quartier zu suchen. Es ist daher folgerichtig, daß fast ausschließlich nur Hotels der Luxusklasse und einige Spitzenrestaurants um diesen „internationalen Status" angesucht haben. Ihre Preise allein sorgen schon dafür, daß sie in der Praxis fast nur den hohen Funktionären der Homelands offenstehen oder jenen eigenen Schwarzen, die sich die Preise leisten können, also selbst Spitzenverdiener sind. Billigere Restaurants und billigere Hotels, die sich auch weniger gut verdienende Schwarze leisten könnten, haben von wenigen Ausnahmen abgesehen ihre Pforten den Schwarzen und den Farbigen bisher noch nicht geöffnet.

Nicht viel anders steht es um die Sportvereine. Denn um andersrassige Sportler in den Vereinen aufnehmen zu können, bedarf es auch in den Sportverbänden erst der Zustimmung der Vorstände, manchmal sogar der gesamten Mitgliedschaft der Vereine. Die meisten Vorstände kommen gar nicht auf die Idee, nun Schwarze oder Mischlinge in ihre Teams zu holen; in vielen anderen Fällen finden sich keine Mehrheiten, die solche Anträge genehmigen wür-

149

den, und das nicht nur, weil sich einige hartgesottene Apartheid-Verfechter dagegenstellen, sondern weil sich mittlerweile erwiesen hat, daß der Verein durch die Aufnahme andersrassiger Sportler mit einer Menge Schwierigkeiten konfrontiert wird. Er kann den schwarzen Sportler nur in solchen Sportstätten auftreten lassen, die die entsprechende „facilities" besitzen, das heißt also getrennte Toiletten, getrennte Duschen, getrennte Umkleideräume, denn diese Trennung ist weiterhin fast überall vorgeschrieben. Alle öffentlichen Anlagen dieser Art sind immer noch getrennt, keine Kommission hat die Abschaffung dieser Trennung empfohlen. Will man gar nach dem Wettkampf oder nach dem Freundschaftsspiel noch gesellig beisammensitzen, wie das nach allen Sportveranstaltungen in Südafrika der Brauch ist, so kann man den farbigen oder den schwarzen Sportler auch nur mit von der Partie sein lassen, wenn die entsprechende Bar „internationalen Status" hat, also nicht mehr rassengetrennt ist. Man hat das zu mildern versucht, indem es die Regierung den Vereinen gestattet, um eine Sondererlaubnis einzukommen, die gastliche Einladungen an Nichtweiße erlaubt. Diese Permits werden anstandslos erteilt, aber man muß eben um sie ansuchen, es bedarf also eines Entschlusses, eines Beschlusses und einer Aktion.

Das gilt übrigens in beide Richtungen. Ich habe in Durban einer schwarz-weißen Fußballbegegnung beiwohnen wollen, die im Stadion einer schwarzen Township stattfand. Der Hilfe eines Regierungsbeamten hatte ich es zu danken, daß ich die Township überhaupt betreten durfte. Und erneut nur mit seiner Hilfe gelang es mir, als Weißer auch in das Sportstadion zu gelangen. Die gesamte Zuschauerschaft war schwarz, und zwar ohne jede Ausnahme. Als ich mich beim weißen Coach der weißen Mannschaft danach erkundigte, ob denn sein Verein nicht auch weiße Fans hätte, die dieser Begegnung gerne beigewohnt hätten, und wo denn diese Fans geblieben seien, sah er mich überrascht an: Das Stadion liege doch in einer schwarzen Township, also könnten die Weißen nicht kommen, und Ausnahmen könne man nicht machen, da es in diesem Stadion keine „facilities" für Weiße gäbe, also keine „weiße" Toilette.

Ein größerer Durchbruch ist nach Abgabe der Kommissionsberichte jedoch erzielt worden: Die Arbeitsplatzreservierung ist gefallen, Angehörige aller Rassen können von nun an jeden gewünschten Beruf ergreifen. Ein entsprechendes Gesetz ist verabschiedet und in Kraft gesetzt. Aber auch hier zeigen sich die einschränkenden Wirkungen der von der Wiehahn-Kommission selbst festgelegten Voraussetzungen: Die gesetzlichen Bestimmungen können nur durchgesetzt werden, wenn die lokale Gewerkschaft keine Einwände erhebt. Eine Reihe weißer Gewerkschafter stellt sich jedoch ganz entschieden gegen die Zulassung von Schwarzen in ein und demselben Betrieb oder in ein und derselben Berufssparte. Die meisten Gewerkschaften lehnen es auch immer noch ab, Schwarze als Mitglieder aufzunehmen, obwohl dies nach dem Gesetz nun zugelassen wäre. Der stärkste Widerstand kam auch diesmal von der Gewerkschaft der Grubenarbeiter. Wie erinnerlich waren es die weißen Grubenarbeiter gewesen, die im Jahr 1922 gegen die Einstellung schwarzer Bergleute zu Felde zogen und schließlich eine regelrechte Revolte inszenierten, die von der Regierung blutig niedergeschlagen wurde. Diese Gewerkschaft der Grubenarbeiter wehrt sich auch jetzt wieder, die Gleichberechtigung der Schwarzen in allen Berufssparten zu akzeptieren. Der Führer dieser Gewerkschaft, Arrie Paulus, bezeichnete die Abschaffung der Arbeitsplatzreservierung als „den größten Verrat an den Weißen seit 1922". Es sagt im übrigen auch einiges über die wahre Souveränität der unabhängig gewordenen Homelands aus, wenn man erfährt, daß diese weiße Gewerkschaft der Grubenarbeiter ihren Widerstand gegen die Gleichberechtigung der Schwarzen selbst in den Platingruben des Staates Bophuthatswana erfolgreich aufrechterhalten konnte. Der südafrikanische Bergbauminister mußte den Generalrat dieser Gewerkschaft streng verwarnen: die Regierung werde es nicht dulden, daß sich die Gewerkschaft hindernd in den Weg des Fortschritts stelle. Insbesondere gelte dies für die Haltung der Gewerkschaft im Staatsgebiet Bophuthatswanas. Die Gewerkschaft habe auf die übergeordneten Interessen der Wirtschaft und des Landes als Ganzes Rücksicht zu nehmen. Es sei das Ziel der Feinde Südafrikas, Unruhen unter der Arbeiterschaft für ihre Ziele auszunützen. Außerdem sei die Industrie nicht mehr in der Lage, alle offenen Arbeitsstellen mit Weißen zu besetzen. So der Bergbauminister der Republik Südafrika an eine Gewerkschaft, die ihre eigenen Regeln auch in den Homelands aufrechtzuerhalten trachtet.

Die Schwarzen haben nun ihrerseits in den Jahren 1980 und 1981 eine Reihe eigener Gewerkschaften offiziell registrieren lassen. Mitte 1981 waren dennoch nicht mehr als rund 100 000 schwarze Arbeiter in ganz Südafrika in solchen Gewerkschaften organisiert. Hunderttausend von vielen Millionen. Das liegt nicht nur an der Ausschlußpolitik einiger weißer Gewerkschaften. Wie schon berichtet, sind in der Zeit strikten Gewerkschaftsverbots für Schwarze dennoch illegale Gewerkschaften entstanden, besonders in den Großbetrieben. Diese Gewerkschaften waren oft recht erfolgreich und sind es auch heute noch: Da sie illegal waren, brauchten sie sich an keinerlei gesetzliche Vorschriften zu halten, um ihre Arbeitskämpfe auszutragen. Sie befahlen die Arbeitsniederlegung, wann immer es ihnen notwendig schien, eine Forderung durchzusetzen. Das neue Gesetz, das nun die Zulassung schwarzer Gewerkschaften erlaubt, stellt gleichzeitig eine Reihe strikter Bedingungen auf: Schwarze Gewerkschaften müssen sich jetzt registrieren lassen und haben mit der offiziellen Zulassung auch den gesamten in Südafrika geltenden Mechanismus zu akzeptieren, der die Beziehungen zwischen Arbeitnehmern und Arbeitgebern regelt. Streiks müssen 30 Tage vorher angemeldet werden, vor jedem Streik sind Verhandlungen bindend vorgeschrieben. Wenn diese Verhandlungen ein bestimmtes Stadium der Annäherung erreichen, darf nicht mehr gestreikt werden. Den neuen offiziellen schwarzen Gewerkschaften ist auch vorgeschrieben, strikt unpolitisch zu bleiben und die allgemeine Ordnung nicht zu stören. Gleichzeitig müssen sie jedoch die Zahl ihrer Mitglieder und deren Herkunft melden, sie müssen alle ihre Geldquellen offenlegen, den Behörden Einsicht in ihre Bilanzen erlauben und die Verwendung der Gelder kontrollieren lassen. Weiters ist es den neuen Gewerkschaften verboten, „ausländische" Arbeitskräfte aufzunehmen, aber darunter werden nicht nur die Wanderarbeiter aus Moçambique, Botswana, Swasiland, Lesotho, Zimbabwe, Sambia und Malawi verstanden, sondern das könnte eines Tages auch für die Staatsangehörigen unabhängig erklärter Homelands gelten. Würden aber, wie es der Wille der südafrikanischen Regierung nach wie vor ist, alle Homelands für unabhängig erklärt und alle Schwarzen im weißen Gebiet gezwungen sein, die Staatsbürgerschaft der ihnen zugeteilten Homelands anzunehmen, blieben diese Schwarzen als „Ausländer" ohne Schutz.

Schon jetzt wird es den Gewerkschaften streng untersagt, Vertragsarbeiter aufzunehmen, also jene Schwarzen, die immer nur auf die Dauer von zehn Monaten Arbeitskontrakte erhalten und dann wieder ins Homeland zurückkehren müssen. Das bedeutet, daß ein großer Teil der schwarzen Arbeitskräfte nach wie vor von den Gewerkschaften ausgeschlossen bleibt und daß deren Rechte von den Gewerkschaften auch nicht mitvertreten werden können. Alle bisherigen illegalen schwarzen Gewerkschaften haben da keine

Unterschiede gemacht, ja die Vertragsarbeiter benötigten den Schutz der Gewerkschaften in der Regel noch mehr als alle anderen. Die ausländischen Gastarbeiter und die eigenen Vertragsarbeiter auszuschließen aber bedeutet darüber hinaus auch noch, daß sie unorganisiert blieben und daher bei gewerkschaftlichen Auseinandersetzungen als Streikbrecher und Lohndrücker eingesetzt werden könnten.

Es gibt also Gründe, weshalb sich die illegalen Gewerkschaften nicht legalisieren lassen wollten. Aber wo immer die südafrikanische Regierung mit ihren Vorstellungen in der Praxis steckenbleibt, weiß sie einen Ausweg – sie läßt Gesetze beschließen. So auch auf dem Gewerkschaftssektor. In Zukunft, so schreiben die Gesetze vor, dürfen nur registrierte Gewerkschaften von den Betrieben als Verhandlungspartner anerkannt werden. Und wie immer, wenn die Gesetze der Praxis widersprechen, setzt sich die Praxis auch über die Gesetze hinweg: Die Gewerkschaften lassen sich nun zunehmend registrieren, aber sie vertreten ihre Standpunkte weiter, derentwegen sie bisher in der Illegalität verharren wollten.

Eine andere, an sich weitreichende Empfehlung der Wiehahn-Kommission wird sehr unterschiedlich in die Tat umgesetzt: Der gleiche Lohn für gleiche Arbeit. Man hat keine bindende Vorschrift zur sofortigen oder auch nur zur gleitenden Gleichstellung des Entgelts für weiße und schwarze Arbeitskräfte erlassen. In einigen Teilen der Wirtschaft wurden und werden die Löhne der Schwarzen verhältnismäßig schnell aufgestockt und an die Höhe der Löhne der Weißen herangebracht. Aber ebenso gibt es Bereiche, in denen sich diesbezüglich noch sehr wenig ändert, so etwa in der Landwirtschaft, in der noch immer ein großer Teil der schwarzen Arbeitskräfte beschäftigt ist. Im Schnitt jedoch sind die Löhne der Weißen im Jahrzehnt zwischen 1970 und 1980 um 86 Prozent gestiegen, während im gleichen Zeitraum die der Schwarzen um 390 Prozent angehoben wurden. Da diese aber 1970 oft nur 10 bis 20 Prozent des Lohns eines weißen Arbeiters betrugen, hat sie auch diese starke Anhebung noch immer nicht in die Nähe der heutigen Löhne der Weißen gebracht.

Und doch könnte man sagen: Ein Anfang wurde gemacht, der Durchbruch zur wirtschaftlichen Gleichberechtigung von Schwarzen, Mischlingen und Indern ist eingeleitet. Die Wirtschaft folgt ihren marktwirtschaftlichen Gesetzmäßigkeiten, und werden diese einmal nicht mehr durch Apartheid-Gesetze verzerrt, dann wird die Wirtschaft die rassische Gleichberechtigung einfordern. Maßgebend ist daher, ob der politische Wille zur Aufhebung der meisten und eines Tages auch zur Abschaffung aller diskriminierenden Gesetze vorhanden sein wird.

Diesbezüglich gab es zunächst eine Enttäuschung. Ministerpräsident Botha löste zwar – gemäß den Empfehlungen der Schlebusch-Kommission – den Senat auf. Er ging auch daran, ihn durch den empfohlenen Präsidentschaftsrat zu ersetzen. Doch Botha schlug vor, statt eines Rates deren zwei zu schaffen. Im ersten der beiden Räte würden Vertreter der Weißen, der Mischlinge, der Inder und sogar ein Chinese beisammensitzen. Mischlinge, Inder und Chinesen sollten in Zukunft ihre Angelegenheiten selbst verwalten können.

Die Schwarzen würden im Präsidentschaftsrat Nummer zwei sitzen, in erster Linie die Führer der Homelands, verstärkt durch einige Schwarze aus den Townships, die sich jedoch vermutlich zum Homeland-Prinzip und damit zum Kern der Apartheid-Politik zu bekennen hätten. Die Führer der Schwarzen lehnten ab, und zwar auch die Führer der Homelands. Einige von ihnen protestierten sogar offiziell, so der Zulu-Chef Gatsha Buthelezi. Viel heftiger noch waren die Proteste jener wenigen Bürgerrechtskämpfer, die sich noch oder gerade wieder auf freiem Fuß befanden, an ihrer Spitze Dr. Nthato Motlana vom Komitee der Zehn in Soweto und Bischof Desmond Tutu vom südafrikanischen Kirchenrat.

In Anbetracht dieser geschlossenen schwarzen Ablehnung verweigerte auch eine Reihe prominenter Führer der Mischlinge und der Inder die Berufung in den anderen Präsidentschaftsrat. Ministerpräsident Botha hatte es nicht leicht, seine 60 Ratsmitglieder zusammenzubekommen, ohne sich dem Vorwurf auszusetzen, er hätte sich nur Marionetten in den Rat geholt. Aber es gab immerhin einige Weiße, Mischlinge und Inder, die die Berufung annahmen, mit der Begründung, sie gingen nur in den Rat, um sich dort für die Gleichberechtigung der Schwarzen und für die Aufnahme von Schwarzen in diesen Präsidentschaftsrat einzusetzen.

Botha hat sich gleichzeitig mit der von den einzelnen Kommissionen empfohlenen Liberalisierung auf den Weg gemacht, alle Homelands zu besuchen. Das war eine Sensation, denn bis zu dieser Zeit, 1980, hatte noch kein einziger südafrikanischer Ministerpräsident alle Homelands besucht und besichtigt. Bisher hatten nur jene Homelands mit so hohem Besuch rechnen dürfen, die die Apartheid-Politik zur Gänze vollstreckten, indem sie die scheinbare Unabhängigkeit annahmen. Man mußte nun freilich auch Bothas

Besuche in erster Linie als demonstrative Unterstreichung der Trennung zwischen Südafrika und den Homelands werten. So betonte er auch den Unterschied zwischen den „verschiedenen Nationen", womit er einerseits die Weißen, die Mischlinge und die Inder und anderseits die einzelnen Stämme der Schwarzen meinte. Die multinationale Zusammensetzung der Bevölkerung Südafrikas, erklärte Botha, „ist nicht unsere Schuld, sondern unser Erbe". Es sei jedoch sein Bestreben, die Beziehungen zwischen den verschiedenen Bevölkerungsgemeinschaften ständig zu verbessern, wobei er „das unveräußerliche Recht auf Selbstbestimmung aller Völker nicht aus dem Auge lassen würde". Also auch nur eine Bestätigung der Teilung, der Homeland-Politik, der großen Apartheid?

Da kündigte Botha seinen Besuch in einer Stadt an, die es gemäß dieser großen Apartheid gar nicht geben dürfte – in Soweto. Die Visite wurde größer aufgezogen als jeder Staatsbesuch: Ministerpräsident Botha wurde von sieben Ministern begleitet, und ein kleines Heer von Sicherheitsbeamten war eingesetzt, um zu verhüten, daß hier unter Umständen mehr als die Hälfte der südafrikanischen Regierung außer Gefecht gesetzt werden könnte. Zum ersten Mal in der Geschichte der Südafrikanischen Republik betraten weiße Spitzenpolitiker den Boden dieser schwarzen Stadt, die doch im Grunde genommen eine Vorstadt von Johannesburg ist.

In Soweto wurde die Regierungsspitze von jenem Bürgermeister David Thebehali empfangen, der mit den Stimmen von nur 97 Einwohnern von Soweto in sein Amt gewählt worden war. Die auf den Ministerpräsidenten und seine sieben Minister wartenden Einwohner von Soweto wurden von Presse und Polizei auf ungefähr 250 Personen geschätzt. Doch selbst diese wenigen Neugierigen jubelten nicht. Aber Botha wollte mit diesem Besuch etwas demonstrieren, und dieses Ziel verfolgte er hartnäckig, bis er es erreicht hatte. Fünf Stunden lang fuhr er kreuz und quer durch Soweto, ließ die Wagenkolonne immer wieder anhalten, stieg aus, besichtigte Kindergärten, Schulen, Kliniken, ging in einzelne Häuser, sprach die Menschen auf den Straßen an, versuchte mit ihnen über ihre Probleme zu diskutieren.

In der Millionenstadt Soweto gibt es zwar nur 6 000 Telefonanschlüsse, aber Soweto wäre keine schwarze Siedlung, würde man nicht an einem Ende der Stadt in wenigen Minuten wissen, was am anderen Ende zur Zeit vor sich geht. Und daß der weiße Ministerpräsident mit seinen sieben Ministern nicht nur gekommen war, sich den nichtgewählten Bürgermeister anzuhören, sondern tatsächlich von Haus zu Haus ging, ließ in dieser Stadt, die schon so viel Leid und Verzweiflung durchgemacht hatte, spontan Hoffnung aufkommen. Vielleicht würde sich nun doch vieles ändern. Am Ende seines Besuches, nach mehrstündiger Wanderung durch Soweto, sah sich Botha schon von einigen Tausend Einwohnern dieser Township umringt. Und er fand vor dieser Menschenmenge Worte, die deren Erwartungen zu bestätigen schienen. Botha bezeichnete seinen Besuch in Soweto als den bisherigen Höhepunkt seiner Karriere und rief den Menschen zu: „Soweto hat der südafrikanischen Regierung sein Herz geöffnet, und unsere Anwesenheit hier ist ein Beweis dafür, daß wir Soweto unsere Herzen geöffnet haben. Es handelt sich nicht um eine Höflichkeitsvisite. Ich diene meinem Land seit mehr als vierzig Jahren. Und ich betrachte es als eine Ehre, hierher eingeladen worden zu sein, um mich aus erster Hand über den Umfang der Probleme Sowetos zu informieren. Ich halte es für meine Pflicht, hierherzukommen. Ich glaube an Gott, den Allmächtigen. Ich glaube nicht an einen kleinen Gott, sondern an einen Gott für alle!"

Nicht nur in Soweto vernahm man die Botschaft mit Staunen. Die englischsprachige Presse Südafrikas war begeistert. Aber dementsprechend alarmiert reagierte der konservative Flügel der Nationalen Partei, reagierte vor allem die für den Kurs der Partei ausschlaggebende Parteispitze von Transvaal unter der Führung von Dr. Piet Treurnicht, dem Mann, der Botha als Ministerpräsident hatte verhindern wollen und der in Botha zunehmend einen Abtrünnigen, einen potentiellen Verräter an der burischen Sache sieht. Treurnicht forderte Botha auf, feste Zusicherungen zu geben, daß am Kernstück der Apartheid nichts geändert würde, daß das weiße Südafrika weiß bleiben werde, daß an den Homelands nicht gerüttelt und daß es vor allem keinerlei politische Rechte für die Schwarzen im weißen Land geben werde.

Auf diesen zunehmenden Druck der Verkramptes reagierte Botha, indem er seine Regierung schlagartig umbildete. Treurnicht, der bisher das Amt des Ministers für öffentliche Arbeiten innegehabt hatte, wurde von Botha nur noch das Ressort für Staatsverwaltung zuerkannt, womit er aus dem Kreis der wichtigen Minister und daher des engeren Kabinetts des Ministerpräsidenten ausschied und vor der gesamten Öffentlichkeit degradiert dastand. Botha, der bis dahin auch das Amt des Verteidigungsministers ausgeübt hatte, holte sich nun einen neuen Verteidigungsminister, seinen besten Freund und Mitstreiter General Magnus Malan, genau den Mann, der seit langem vom Standpunkt der Armee aus die Lösung der Schwarzen-Frage durch politische Mittel gefordert hatte. Und noch einen Prominenten berief Botha in sein Kabinett: Gerrit Viljoen, zu diesem Zeitpunkt Südafrikas Generaladministrator in Namibia, dem ehemaligen Deutsch-Südwestafrika. Er wurde zum neuen Unterrichtsminister bestellt. Aber Viljoen war zu diesem Zeitpunkt auch Chef des mächtigen burischen Geheimbundes, des Afrikaner Broederbond. Und nicht nur das, er stand an der Spitze des Lagers der Verligtes.

Hatte Viljoens Wahl zum Chef des Broederbond der südafrikanischen Öffentlichkeit schon signalisiert, daß die wohl einflußreichste Verbindung von Politik, Wirtschaft und Staat in Richtung Reform aufgebrochen war, so ließ nun die Berufung Viljoens in das Kabinett Botha erwarten, daß diese Regierung ihren Reformkurs verstärken würde. Botha selbst faßte dies in eine Kurzformel zusammen, die er seinen burischen Landsleuten zurief und jetzt an den Anfang und an das Ende aller seiner Reden stellte: „Adapt or die!" „Anpassen oder sterben!"

Botha hatte bis dahin schon mehr gewagt als je ein Burenführer vor ihm. Er mußte aber vorsichtig zu Werke gehen. Seine Reformbestrebungen stellte er in den großen Rahmen einer Gesamtstrategie und sprach von einem „totalen Ansturm" („total onslought") einer Welt von Feinden gegen Südafrika. An der Spitze der Feinde befände sich die Sowjetunion mit dem gesamten Ostblock. Schon stünden kubanische Truppen in Angola, schon stürmten SWAPO-Guerillas mit sowjetischen Waffen gegen die Stellungen der südafrikanischen Armee in Namibia, schon kreuzte die Sowjetflotte vor den Küsten Südafrikas, schon kämen die kommunistischen Guerillas von Moçambique über die südafrikanischen Grenzen, um mit ihren Bombenanschlägen und Überfällen den Krieg in die südafrikanischen Städte zu tragen, schon etablierte sich in Zimbabwe ein marxistisches Regime, das dem Kommunismus auch in diesem Land den Weg bereiten werde.

Diesem „totalen Ansturm", argumentierte Botha, müsse Südafrika eine „Strategie der totalen Verteidigung" entgegensetzen. Im Zentrum dieser Strategie habe die Stärkung aller Abwehrkräfte Südafrikas zu stehen. Die Basis der Abwehr aber könne nur eine starke Wirtschaft sein. Nur eine blühende Wirtschaft könne die Armee mit den notwendigen Verteidigungsmitteln ausrüsten, nur eine blühende Wirtschaft könne die Kosten tragen, die all die Sicherheitsmaßnahmen erforderten.

157

Wesentlicher Bestandteil der Sicherheit sei aber auch Ruhe und Ordnung im eigenen Lager, die Zufriedenheit der Bürger, und zwar aller und besonders der Schwarzen. So seien die Ursachen möglicher Unzufriedenheit und Empörung unter den Schwarzen zu beseitigen. Auch das könne man nur mit einer wachsenden Wirtschaft, die Arbeitsplätze für alle und ein steigendes Einkommen auch für die Schwarzen garantiere. Die Apartheid stünde diesen Lösungen im Weg, erklärte Botha, „unnötige Diskriminierungen" müßten abgeschafft werden.

Einige weitere seiner Aussprüche lauteten: „Apartheid ist nur ein Rezept für dauernden Konflikt, wir brauchen eine Alternative . . . Kein Gesetz darf als heilige Kuh betrachtet werden. Ich werde keine Gesetze dulden, die Menschen beleidigen und diskriminieren . . . Wir glauben nicht, daß Mischehen eine Sünde sind. Ich selbst glaube das auch nicht . . . Volle Gewerkschaftsrechte für die Schwarzen werden die Arbeitsregelungen in Südafrika mit den internationalen Normen in Einklang bringen . . . Die Homelands müssen konsolidiert und arrondiert werden . . . Getrennte Entwicklung ist kein passender Ausdruck für die Politik meiner Regierung. Ich ziehe die Bezeichnung gute Nachbarschaft vor, denn das setzt gegenseitigen Respekt voraus. Das beinhaltet die Anerkennung der Rechte des jeweils anderen, das Prinzip der Selbstbestimmung und das Recht der Menschen, über ihre eigenen Angelegenheiten zu entscheiden . . . Nur ein Narr kann glauben, daß ein einmal eingenommener Standpunkt nicht geändert werden kann. Nationen sind dynamisch, und jede Generation muß ihre Probleme neu überdenken. Die Welt ändert sich und die Umstände ändern sich. So muß jede Generation den Mut haben, ihre Probleme objektiv im Zusammenhang mit Veränderungen zu betrachten." So sprach Botha.

Die Hoffnung unter jenen, die Südafrikas Rettung nur in echten, durchgreifenden Reformen sehen, stieg beträchtlich. Die Sorge der Verkramptes ebenfalls. Nun hatte man schon eine ganze Reihe der Empfehlungen der Wiehahn-, Riekert- und Schlebusch-Kommissionen geschluckt. Was sollte noch alles kommen?

Botha bemühte sich, sie zu beruhigen. Den entscheidenden großen Schritt würde er niemals gehen: „Ich werde alles daransetzen, um das größtmögliche Maß an nationaler Einheit in Südafrika zu erreichen. Ich wage es nicht, das Land und seine Völker den Kräften des Chaos auszuhändigen. So wie meine Vorgänger werde ich nicht den Weg zur schwarzen Mehrheitsherrschaft und damit zur

Hoffnungslosigkeit einschlagen. Unsere Gegner und auch eine Anzahl unserer Freunde fordern eine Mehrheitsherrschaft und verlangen damit nicht nur die Vernichtung meines eigenen Volkes, sondern die Vernichtung jeder Minderheitengruppe in diesem Land. Es gibt nicht nur eine Minderheitengruppe, es gibt eine ganze Reihe, und ich möchte gerne wissen, welcher schwarzen Mehrheit wir uns ausliefern sollten, wenn wir dem zustimmten. Es gibt nur eine Möglichkeit für Veränderung. Und das ist ausschließlich die durch das Parlament, soweit es die politische Situation betrifft."

Das sollte die Verkramptes beruhigen. Im Parlament würde schon nichts gegen deren Willen beschlossen werden. Aber die Beruhigung kam zu spät. Ihre eigene geschwächte Rolle in der Regierung, die Stärkung der Verligtes eben dort, die vom Premierminister schon zugelassenen Einbrüche in die Apartheid-Politik, all das hatte sie alarmiert, all das führte auch schon an der Basis der Nationalen Partei zu Unruhe und Auflehnung. Denn nach wie vor besteht diese Basis aus der politisch aktiven Schicht der ärmeren Weißen, der Grubenarbeiter, der öffentlich Bediensteten im unteren Bereich, der Eisenbahner und der Postbediensteten, der Bau- und Hafenarbeiter, der kleinen Angestellten – all derer, die durch ein Hochkommen besser geschulter Schwarzer ihren eigenen Arbeitsplatz bedroht sehen würden.

Die Rückeroberung des Burenstaates

Theoretisch bot sich Botha eine Chance, wie sie kein Burenführer vor ihm je gehabt hatte. Denn diese Schicht der ärmeren Weißen ist in den letzten zehn Jahren zusammengeschmolzen. Das Burentum oder, wie es sich selber nannte, das Afrikanertum hat sich in diesen Jahren wirtschaftlich konsolidiert und ist daher viel selbstbewußter geworden. Das läßt sich an einer ganzen Reihe statistischer Daten erkennen. 1948, in dem Jahr, in dem die Buren wieder an die Macht kamen und wieder Herren im eigenen Land wurden, befanden sich rund zehn Prozent aller privatwirtschaftlichen Betriebe in burischer Hand. Die freien Berufe, also Ärzte, Rechtsanwälte, Architekten, Ingenieure und so weiter, waren nur zu 16 Prozent von Buren besetzt. Die wirklich großen Wirtschaftsunternehmungen wie die Gold-, Platin-, Diamanten-, Chrom- und Mangangruben wurden durchwegs von britischen und ausländischen Gesellschaften geführt, der burische Anteil an der die ganze Wirtschaft beherrschenden Minenindustrie betrug bloß ein Prozent. Auch nur etwa 14 Prozent der höchsten Staatsbeamten des Landes waren im Jahre 1948 Buren, der Rest Engländer, und obwohl sich das in den mittleren und niedrigeren Rängen zunehmend ausglich, war der britische Anteil am gesamten Staatsapparat prozentuell unvergleichlich höher, als es den englischen Südafrikanern zukam, denn sie stellten ja nur ein Drittel der weißen Bevölkerung. Aus dieser Position des weißen Unterprivilegierten begannen die Buren um die Rückeroberung ihres Einflusses auf das Land zu kämpfen. Dem überragenden Anteil der Briten an der Privatwirtschaft setzten die Buren neugegründete große Verstaatlichungskomplexe entgegen. 22 solcher Industriekonglomerate wurden von den nationalen Regierungen zwischen 1948 und 1980 geschaffen, gewaltige Stahlwerke, ein mehr als hundert Betriebe umfassender Rüstungskomplex, ein Verbund von Elektrizitätswerken aller Art, die großen Sasol-Hydrierwerke, chemische Kombinate, ausgedehnte Hafen- und Eisenbahnverwaltungen.

Dem Liberalismus und dem privaten Kapitalismus der Briten stellten die Buren eine antikapitalistische, zentralistische und protektionistische Planwirtschaft entgegen, deren Ziel es war, durch den Einsatz von Steuermitteln (anstelle des fehlenden burischen Privatkapitals) große Wirtschaftskörper zu schaffen, die die britisch beherrschte Privatwirtschaft an Einfluß und wirtschaftlicher Kraft überflügeln sollten. Gleichzeitig konnten über die verstaatlichten Betriebe Hunderttausende ärmerer Buren auf bessere Posten gebracht und versorgt werden. Nicht zuletzt im Staatsapparat selbst, der ebenfalls mächtig aufgebläht wurde, und zwar vor allem durch die Hunderten und Tausenden Apartheid-Gesetze und den zu ihrer Überwachung notwendigen Kontrollen. Mit Hilfe der vom Broederbond ins Leben gerufenen burischen Unterstützungsvereine und Volksbanken begann das burische Element auch eine Reihe größerer privatwirtschaftlicher Unternehmen aufzubauen. Das Versicherungswesen bot sich als Instrument gegenseitiger Hilfe durch rasche Akkumulierung von Prämien und Mitgliedsbeiträgen besonders an. So entstand etwa die Sanlam Versicherungsgruppe, die so rasch wuchs und so schnell Geld anhäufte, daß sie bald begann, Bergwerke und Banken aufzukaufen.

Von 1948 bis in die Mitte der siebziger Jahre dauert dieser Kampf der Buren um die Rückeroberung dessen, was sie als ihren Staat ansehen und als ihre Wirtschaft. Und in diesen knapp 30 Jahren

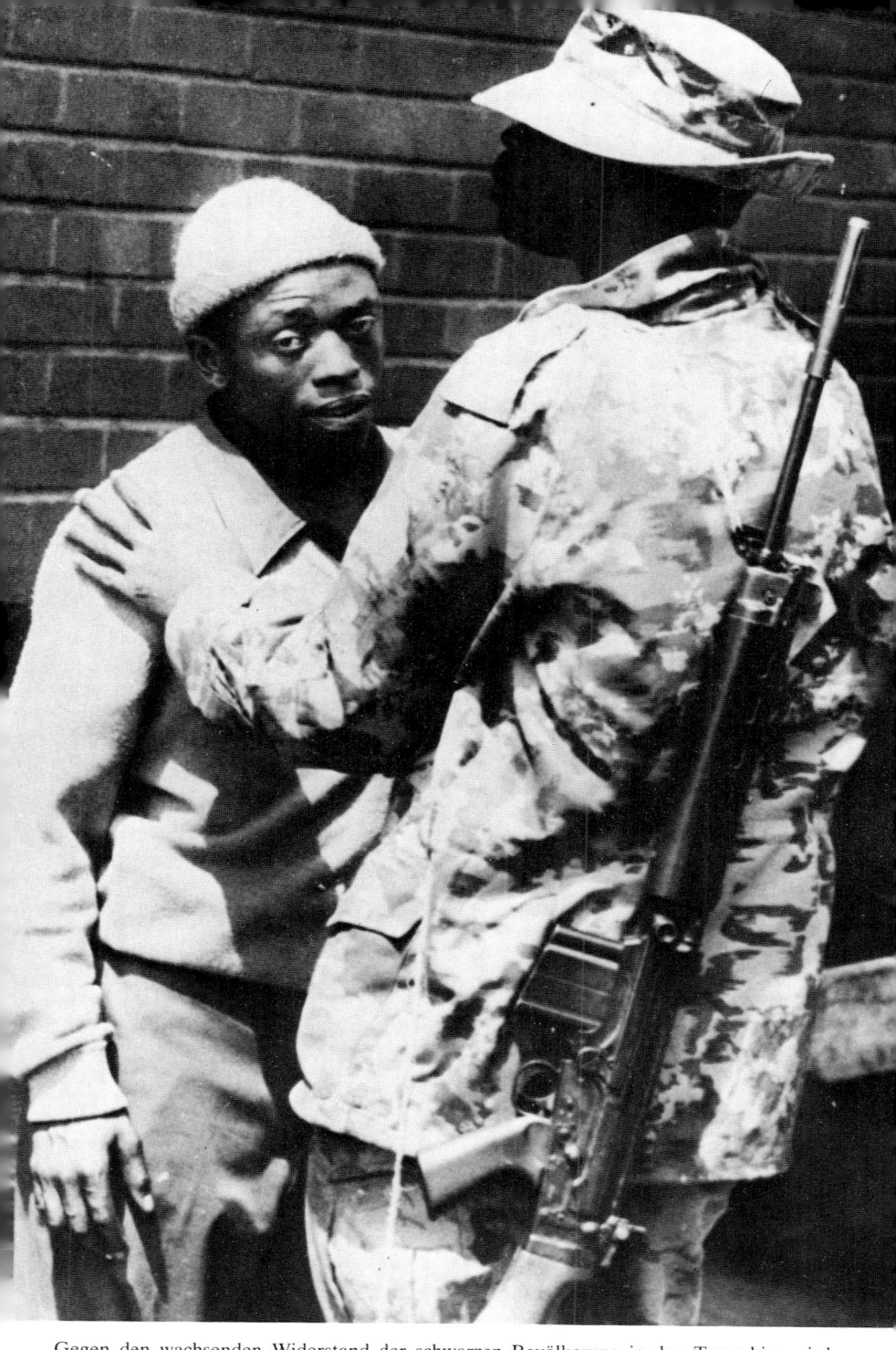

Gegen den wachsenden Widerstand der schwarzen Bevölkerung in den Townships wird weiße Polizei und schwarze Hilfspolizei eingesetzt. Sie soll verhindern, daß die schwarzen Städte Stützpunkte des bewaffneten Aufstandes werden.

Protestaktionen gegen ein unzureichendes Schulsystem für Schwarze führten in
Soweto zu blutigen Zusammenstößen mit weißer Polizei, bei denen es Hunderte Tote gab.

Bei den Zusammenstößen greifen auch immer wieder bewaffnete weiße Zivilisten ein.

Die Kooperationswilligen: Homeland-Chef der Ciskei, L. L. Sebe, wird von Ministerpräsident P. W. Botha die Oberhoheit über dieses Homeland übertragen.

Steve Biko, Führer des Schwarzen Selbstbewußtseins und im Polizeigewahrsam zu Tode gebracht, ist zum Märtyrer der Bewegung geworden.

Nelson Mandela, Mitbegründer des „African National Congress", seit Jahren Südafrikas prominentester Gefangener auf Robben Island.

Die Fabrik befindet sich im weißen Land, die Unterkünfte für die schwarzen Arbeiter im Homeland (Bild oben). Wo es aber keine weißen Fabriken gibt, hat das Homeland meist nur kargen Boden und die traditionellen Krals als Unterkunft zu bieten (Bild unten). Theoretisch sind alle Schwarzen in Südafrika Bürger dieses Homeland, denen im weißen Land keine staatsbürgerlichen Rechte zustehen.

Eine Bevölkerungsgruppe für sich bilden die sogenannten Coloureds, die Mischlinge.
Von den Weißen viele Jahrzehnte politisch entmachtet, soll ihnen ein beschränktes
Mitspracherecht eingeräumt werden.

Die Inder bilden die viertgrößte Bevölkerungsgruppe Südafrikas. Am Arbeitsplatz weitgehend gleichberechtigt (Bild oben), müssen sie dennoch in eigenen, von den Weißen separierten Wohnvierteln leben.

Manche dieser Häuser sind 300 Jahre alt: Burisches Farmhaus in der Kap-Provinz.
87 Prozent der Landfläche stehen den Weißen als Siedlungsraum zur Verfügung.

haben es die Buren geschafft. Die Statistiken der späten siebziger Jahre lassen erkennen, daß dort, wo 1948 fast ausschließlich Engländer saßen, heute fast ausschließlich Buren sitzen: 90 Prozent aller hohen Posten im Staatsapparat sind jetzt von Buren besetzt, der britische Anteil ist auf unter zehn Prozent gesunken. Erreicht wurde dies durch rasche Aufblähung des Staatsapparates, durch Nichtbeförderung der Briten beziehungsweise durch deren Ersetzung mit Buren nach natürlichem Abgang. Ein guter Teil der Gesamtwirtschaft wird heute dominiert von der verstaatlichten Industrie, gerade in den sensitiven Bereichen der Energie-, Stahl- und Rüstungswirtschaft, die fast ausschließlich von Buren geleitet wird. Aber auch in der Privatwirtschaft ist der burische Anteil von damals zehn Prozent auf heute 31 Prozent gestiegen, ja die Buren haben sogar die „Anglo-American", Harry Oppenheimers Bergwerks-Imperium, herausgefordert und 30 Prozent der gesamten Goldindustrie in ihre Hände gebracht. Unter den freien Berufen ist der burische Anteil von 16 auf 42 Prozent gestiegen, und in der Bergwerksindustrie insgesamt beherrschen die Buren jetzt einen Anteil von 21 Prozent.

Es ist sehr wichtig, sich diesen nahezu kometenhaften wirtschaftlichen Aufstieg des Burentums vor Augen zu halten, wenn man das politische Geschehen in Südafrika beurteilen will. Die Basis in der Nationalen Partei selbst wird noch immer von den ärmeren Weißen beherrscht oder jedenfalls von Leuten, die sich für solche halten oder sich abstammungsmäßig dieser Schicht zurechnen. Sie sind das konservativste und gleichzeitig auch das militanteste Element und total auf Apartheid eingeschworen. Aber die Partei ist längst zu einer Mittelstandspartei geworden, die meisten ihrer Wähler kann man als wohlhabend bezeichnen. Ihre politischen Führer, die früher einmal Kämpfer auf den Barrikaden der armen Weißen waren, sind heute in den Chefetagen der großen Unternehmen Südafrikas ebenso zu Hause wie auf den internationalen Finanzmärkten.

Daraus haben sich innerhalb der Nationalen Partei letztlich zwei grundverschiedene und in der politischen Zielsetzung entgegengesetzte Denkrichtungen entwickelt. Die eine folgt dem schon früher geschilderten Kurs der Einsicht in wirtschaftliche und politische Notwendigkeiten. Man fühlt sich stark und abgesichert genug, um auch größere Reformen durchzuziehen. Zunächst und in erster Linie wirtschaftliche Reformen. Wirtschaftliche Expansion muß aber nahezu automatisch auch gesellschaftliche Emanzipation bringen. Automaten lösen das Heer der Hilfsarbeiter ab; an den Steuerungsmechanismen der Automaten benötigt man geschulte Facharbeiter; ihre höhere Qualifikation bringt ihnen größere Einkommen; größeres Einkommen schafft mehr Kaufkraft; mehr Kaufkraft bedeutet sozialen Aufstieg; sozialer Aufstieg demontiert die Apartheid. Politische Reform folgt nach, doch würde eine neue schwarze Mittelklasse kaum radikale Forderungen stellen oder gar zur Durchsetzung dieser Forderungen auf die Barrikaden steigen, denn sie hätte bereits zuviel zu verlieren. Das ist die Denkrichtung der Verligtes im burischen Lager.

Die Verkramptes hingegen folgen ihrem burischen Urinstinkt: Wir kamen, um uns ein Land untertan zu machen, als auserwähltes Volk in das verheißene Land. Das Land war teils leer, teils haben wir es unter Opfern erobert. Es ist unser Land, und wir sind die eingeborenen Söhne dieses Landes. Der europäische Kolonialismus ist erst nach uns gekommen. Der britische Imperialismus bekämpfte uns, vertrieb und verfolgte uns, so wie er andere eingeborene Völker jagte, vertrieb und verfolgte. So wie andere eingeborene Völker haben auch wir, das Burenvolk, uns vor den stärkeren Regimentern der Imperialisten zurückgezogen. So wie andere eingeborene Völker wurden auch wir, das Burenvolk, von den Imperialisten eingeholt. So wie andere eingeborene Völker stellten wir uns zur Schlacht, als wir nicht mehr weiterwandern konnten. Der Krieg dauerte drei Jahre, und wir mußten ihn ebenso verlieren, wie alle anderen eingeborenen Völker ihre Kriege gegen die Imperialisten verloren haben. Am Ende stand Unterwerfung. Aber auch der Wille, sich aus fremder Herrschaft wieder zu befreien, wieder Herr im eigenen Land zu werden. Auch das haben wir Buren mit allen anderen eingeborenen, unterworfenen Völkern gemeinsam. Wir überwanden die Fremdherrschaft nahezu zum selben Zeitpunkt wie etwa die Inder, und wir errangen unsere Unabhängigkeit nur um wenige Jahre früher als all die anderen afrikanischen Völker.

Ihren politischen Sieg aber verdankten die Buren dem Wahlsystem der imperialistischen Unterdrücker, der Engländer. One man – one vote, das gleiche allgemeine Wahlrecht für alle, allerdings nur für alle Weißen, brachte die burische Mehrheit an die Macht.

Aber ebenso wie alle anderen afrikanischen Völker hatten auch die Buren mit dem politischen Sieg nicht ihre wirtschaftliche Abhängigkeit abgeschüttelt. Die Wirtschaft des Landes gehörte nach wie vor nicht ihnen. Nicht einmal der Verwaltungsapparat. So wie alle anderen afrikanischen Völker hatten sie sich die Wirtschaft und die Verwaltung im eigenen Land erst mühsam zu erobern. Sie waren besser ausgebildet als andere afrikanische Völker, sie waren Weiße, die einen weißen Staats- und Wirtschaftsapparat zu durchdringen hatten, und sie schafften es daher besser und totaler. Aber auch sie schafften es erst nach dreißigjährigem, zähem Ringen, etwa Mitte der siebziger Jahre. Erst jetzt gehörte ihnen Südafrika wirklich.

Doch im Augenblick ihres Triumphes nach mehr als hundertjährigem Kampf gegen das, was die Buren als europäisch-imperialistische Fremdherrschaft empfanden, verschwor sich die Welt erneut gegen sie, um ihnen das soeben erst errungene Land wieder abzujagen. Jetzt sollten die Buren dieses Land an die schwarzen Völker abtreten, die im politischen und im militärischen Denken der Buren nur eine sehr untergeordnete Rolle gespielt hatten. Diese Schwarzen waren zuerst Sklaven, dann Diener gewesen, waren von fern, aber auch von nah gekommen, und zwar aus Ländereien, in die man sie schon vor Jahrhunderten zurückgedrängt hatte. Der schwarze Anteil am Aufbau der Wirtschaft dieses Landes wird in diesem Denkschema als untergeordnet, als nebensächlich angesehen. Seit wann zählt die Arbeit eines Sklaven, eines Dieners, eines Hilfsarbeiters? Schließlich schienen die Schwarzen auch jederzeit ersetzbar – durch andere Schwarze; die Schwarzen, die von nahe kamen, durch solche, die man von ferne kommen lassen konnte. Gastarbeiter – die einen wie die anderen. Aber die Welt forderte nun, daß dieses mit so hohen Opfern, mit burischem Blut und burischem Fleiß und auch mit burischem Verstand und burischer Schläue zurückgewonnene Land diesen Gastarbeitern ausgehändigt werden solle. Kaum gewonnen, schon wieder verloren.

Doch das Land war zu teuer gewonnen worden, nie, niemals werde man es wieder hergeben, eher sei man bereit, das eigene Leben einzusetzen und zu verlieren.

So sehen die Buren ihre eigene Geschichte, so ihre heutige Position. Außenstehende aber sollten sich keiner Täuschung hingeben: In ihrer Schlußfolgerung sind Verligtes und Verkrampftes völlig einer Meinung, befinden sich beide ganz und gar in ein und derselben Wagenburg. Sie unterscheiden sich nur in der Auffassung, auf welche Weise dieses soeben zurückgewonnene Land vor dem Zugriff der feindlichen Welt, die sich der Schwarzen als Stoßtrupp bedient, bewahrt werden kann. Die Verligtes treten für einen Ausgleich mit den Schwarzen durch Reformen ein, so daß man sie gewinnen kann, ohne essentielle Macht an sie abtreten zu müssen. Die Verkrampftes glauben fest, daß jeder Versuch, die Schwarzen durch Reformen zu besänftigen, bereits der Anfang eines dann unvermeidlich werdenden totalen Ausverkaufs sei.

Beide Lager sind sich auch in der Einschätzung der Situation Südafrikas weitgehend einig: Das Land ist bedrängt, in erster Linie von außen, aber eben dadurch auch von innen – denn das lassen sich die Buren nicht nehmen, daß der zunehmende Widerstand der Schwarzen nur durch solche Feinde wie die UNO oder die Sowjetunion und durch dekadente, selbstzerstörerische Kräfte in Westeuropa und in den Vereinigten Staaten aufgestachelt wird. Dieser Druck von außen und innen sei gefährlich gewachsen. Meiner Ansicht nach überschätzen die Buren weitgehend den äußeren Druck und unterschätzen das Ausmaß der Unzufriedenheit und Empörung der eigenen schwarzen Bevölkerung. Doch wie auch immer, jedenfalls sehen sie die Wagenburg bedrängt, ja schon bestürmt. Die Verteidigung dieser Burg ist für sie heute zur Lebensfrage geworden.

Wenn es aber ums Überleben geht, wird hart gekämpft. Jede Regierung ist in dieser Situation dem Drängen des einen und dem Widerstand des anderen burischen Lagers ausgesetzt. Botha etwa, der seinen Reformkurs nahezu handstreichartig durchzusetzen versuchte und dabei vom Lager der Verligtes volle Unterstützung erhielt, sah sich sehr bald dem Widerstand der Verkramptes gegenüber, den er zunächst unterschätzte. Vermutlich unterschätzte er ihn unter anderem, weil ihn das Hexenbarometer unserer Zeit, die tägliche Meinungsumfrage, falsche Schlüsse hatte ziehen lassen: 82 Prozent der Wähler der Nationalen Partei, so lauteten die Umfragen 1981, stünden hinter ihrem Führer Botha, nur sechs Prozent unterstützten Dr. Treurnicht. Fast 80 Prozent bekannten sich auch zu mäßigen Reformen, und immerhin noch 52 Prozent konnten sich selbst eine Abschaffung der Apartheid vorstellen. So dächten die Wähler der Nationalen Partei – übertragen auf die gesamte weiße Bevölkerung waren diese Prozentsätze sogar noch höher.

Der Widerstand der Verkramptes schien also isoliert und ihre Drohung, eine Fortsetzung des Reformkurses würde einen großen Teil der Wähler der Nationalen Partei in die Arme der ultrakonservativen Herstigte National-Partei (HNP) jagen, war sicher stark übertrieben. Diese HNP gab es bereits seit dem Jahr 1968. Sie wurde von Leuten aufgezogen, die schon damals meinten, die Nationale Partei sei dabei, das burische Erbe zu verraten, die Apartheid zu lockern, Kompromisse mit den Schwarzen und den Farbigen zu suchen und damit die Oberherrschaft des weißen Mannes zu untergraben. Aber die HNP war eine Splitterpartei geblieben, eine Partei unverbesserlicher Rassisten. Doch die HNP knüpfte auch an eine Tradition an. Die Nationale Partei, der 1948 der Durchbruch gelungen war und die bis heute an der Macht geblieben ist, war einst auch nur eine Splittergruppe, die sich gegen die etablierte Führung von Jan Smuts und Hertzog erhoben hatte und sich danach auch die „reine", die „gereinigte", „purifizierte" Nationale Partei nannte. Auch sie beschuldigte damals die allerdings noch England hörige Regierung des Verrats an der burischen Sache, des Ausverkaufs. Und mit diesem Appell an burische Urinstinkte wuchs sie und wuchs sie und schaffte schließlich den Durchbruch zur Macht. Eine Partei, die auf solche Art groß geworden ist, muß empfindlich bleiben gegenüber Ideologen, die sich derselben Argumente bedienen.

Ministerpräsident Botha hätte noch zwei Jahre Zeit gehabt, das Mandat dieser Regierung auszudienen, und mit einer Vierfünftelmehrheit im Parlament schien es auch kein Wagnis, selbst kühnere Reformen durchzuziehen. Aber genau das widersprach den inneren Gesetzen des Burentums. Wenn die Richtung des weiteren Kurses eine Überlebensfrage für dieses Burentum war, dann, so glaubte Botha, mußte er sich für das, was er jetzt vorhatte, ein ausdrückliches Mandat aus dem Lager der Buren holen. Dies um so mehr, da er ja nur durch den Mulder-Skandal in das Amt des Ministerpräsidenten gekommen war und die letzte Wahl noch von seinem Vorgänger, Vorster, gewonnen worden war. Das Burenlager hatte damals den Vorsters und den Mulders zugestimmt, nicht den Bothas, den Malans und den Viljoens.

Das Wahlsystem in Südafrika ist nach wie vor ein britisches, die Regeln der südafrikanischen Politik aber sind burisch. Und die Buren wissen, daß ihnen der Auftrag zur Führung nicht aus gestern zustande gekommenen Mehrheitsverhältnissen im Parlament zukommt, sondern der Zustimmung des Burenvolkes von heute bedarf. So setzte Botha im April 1981 ohne sichtbaren parlamentarischen Zwang Neuwahlen an, aber, wie jeder glaubte, mit der Aufforderung an die Buren, ihm ein Mandat zur Durchführung weitgehender Reformen zu übertragen. Die Zeichen sprachen dafür, daß mit dieser Wahl eine schicksalhafte Wende für Südafrika eingeleitet würde.

Doch der Wahlkampf hatte kaum begonnen, als Botha und seine Verligtes-Regierungsgarnitur das volle Ausmaß der Enttäuschung und Unzufriedenheit, der Verdächtigungen und der Empörung der

Verkramptes zu spüren bekam, und die noch viel radikalere HNP hatte einen unerwartet großen Zulauf bei ihren Wahlversammlungen. Botha hätte dies zum Anlaß nehmen können, die politische Landschaft Südafrikas mit einem Schlag total zu verändern. Gestützt auf das neue Selbstbewußtsein der Buren, auf ihre uneingeschränkte Macht im Staatsapparat und ihre neugewonnene Wirtschaftskraft hätte er bewußt die Spaltung der Nationalen Partei riskieren können: Was sie an Verkramptes dabei verloren hätte, hätte sie aus dem liberalen Lager dazugewonnen. Aus einer noch immer weitgehend burischen Partei hätte dadurch eine breite Volkspartei der Mehrheit aller Weißen, der Buren wie der englischsprachigen Südafrikaner, werden können.

Auch gibt es eine neue Erscheinung im burischen Lager – liberale Buren, Leute, deren politisches Denken über die Schlußfolgerungen der Verligtes noch hinausgewachsen ist. Ihr Denken trifft sich mit dem eines großen Teils der englischsprachigen Südafrikaner, die auf eine lange liberale Tradition zurückblicken. Aus dieser Kombination liberaler Buren und englischsprachiger Liberaler ist die heute Progressive Federal Party, die PFP, in Südafrika gewachsen. Alle Vorläufer dieser Partei waren englisch dominiert. Die PFP ist die erste liberale Partei, deren Führung mehrheitlich von Buren gestellt wird. An ihrer Spitze der junge Dr. Frederick van Zyl Slabbert, aber neben und hinter ihm eine eindrucksvolle Gruppe von ebenfalls jungen, energischen und gescheiten Buren liberaler Prägung. Daß die Partei weiterhin vor allem einen Großteil der englischsprachigen Südafrikaner anspricht und viele ihrer Mandatare aus dem britischen Element kommen, entspricht dem Ursprung dieser Partei, der englisch war.

Die PFP geht viel weiter als die Verligtes der Nationalen Partei. Sie glaubt nicht, daß die Stabilität des Landes durch kleine Reformen gesichert werden kann, durch kosmetische Eingriffe in die Apartheid. Für die PFP geht es, ebenso wie für die Schwarzen selbst, um die zentrale Frage, ob man an der Fiktion der Teilung Südafrikas in schwarze Homelands und ein großes Vaterland der Weißen und aller sich daraus ergebenden diskriminierenden Maßnahmen gegen die schwarzen „Gastarbeiter" festhalten will oder ob man endlich den Tatsachen Rechnung zu tragen bereit ist. Diese Tatsachen sind nach Auffassung der PFP zehn Millionen Schwarze, die nicht in den Homelands, sondern im weißen Gebiet wohnen und dort wohl immer wohnen werden. Zehn Millionen, aus denen schon bald viele Millionen mehr werden müssen, was vom Statistischen

166

Zentralamt Südafrikas in wissenschaftlichen Hochrechnungen klar vorausgesagt wird. Im Jahr 2000 wird der Anteil der weißen Bevölkerung in Südafrika nur noch zwölf Prozent betragen. Damit wird es in Südafrika prozentuell gerade so viele Weiße geben, wie es Schwarze in den USA gibt. Die Weißen werden den Minderheitenschutz brauchen, den die Schwarzen sich in den USA mühsam errungen haben. In Südafrika sind die Weißen heute in einer Position, sich diesen Schutz für lange Zeit, wenn nicht für immer zu sichern.

Das Rezept der PFP: Man berufe einen Nationalkonvent von führenden Vertretern aller Rassengruppen ein und lasse sie gemeinsam beraten, wie das Zusammenleben aller Rassen in Zukunft gestaltet werden soll und wie ein entsprechendes Regierungssystem auszusehen hätte. Solche Verhandlungen dürften jedoch nur mit kompetenten Politikern geführt werden, nicht mit Marionetten. Zu diesem Zweck solle man die Tore des Gefängnisses auf Robben Island öffnen und nicht nur Nelson Mandela, sondern auch all die anderen schwarzen Führer freilassen, die dort im Laufe der letzten 20 Jahre hinter Gittern gelandet sind. Mit einem solchen Ausgleich will die PFP erreichen, daß in Zukunft keine der Rassengruppen die andere dominiert. Keine Mehrheitsregierung, sondern eine Koalitionsregierung, in einer allerdings von der PFP noch nicht definierten Zusammensetzung, soll die Geschicke Südafrikas leiten.

Es ist fraglich, ob die gefangenen Führer der Schwarzen auf Robben Island einer solchen Lösung heute noch zustimmen würden. Aber eines ist aus diesem Programm der PFP klar ersichtlich: Diese Partei wagt es, ihren weißen Landsleuten burischer und englischer Herkunft ein Modell vorzulegen, das die Teilung des Landes und mit ihr die Apartheid abschaffen würde. Ein burischer Ministerpräsident, der ähnliche Ziele ins Auge faßt, könnte daher auf die volle Unterstützung dieser Partei zählen, wenn er nicht sogar schon von vornherein einen guten Teil ihrer Wählerstimmen bekäme. Damit aber wäre, wie schon gesagt, auch die große und in Südafrika noch immer fehlende Brücke zwischen dem burischen und dem englischsprachigen Bevölkerungsteil geschlagen, die Weißen in ihrer breiten Mehrheit wären von einer Partei vertreten, die auf die Verkrampftes verzichten könnte. Einer so breit fundierten Partei könnte auch die gemeinsame Opposition dieses verkrampften Lagers und der HNP nichts anhaben.

P. W. Botha hat diesen historischen Schritt damals nicht gewagt. Als im Wahlkampf von der HNP laut der Vorwurf des „Verrats" erhoben wurde, als in der Nationalen Partei selbst, vor allem im Stammland der Buren, im Transvaal, zunehmend Mißtrauen gegen Botha aufkam, da steckte Botha um. Mit keinem Wort mehr sprach er in jenem Wahlkampf von Reformen. In den Wahlversammlungen gab er statt dessen feste Garantieversprechen ab, daß er am Kern der Apartheid, an der Teilung des Landes, nicht rütteln werde, daß die Schwarzen ausgebürgert bleiben würden und es niemals eine südafrikanische Nation unter Einschluß der Schwarzen geben werde; nicht, solange er Ministerpräsident sei.

Die HNP aber ließ sich dadurch von ihren Angriffen gegen Botha nicht abbringen. Ihr Führer, Jaap Marais, holte sich bei Wahlversammlungen größte Beifallsstürme mit markigen Aussprüchen wie: „Man nennt uns eine Partei des Hasses! Ja, wir hassen! Wir hassen die Verräter unseres Volkes!" Um jeden Zweifel zu zerstreuen, wer mit dem Wort Verräter gemeint war, ergänzte Jaap Marais bereitwillig: „Soweto wird ja in Kürze nicht mehr Soweto heißen, sondern Bothastown." Und weiter: „Freunde, die HNP ist entstanden, weil das Volk es ablehnt, seinen eigenen Prinzipien untreu zu werden, nicht nur den Prinzipien der Nationalen Partei, sondern den Prinzipien, auf denen unsere Gesellschaft beruht. Darunter das sehr klare Grundprinzip, daß es eine Gleichberechtigung der Rassen in Südafrika nicht geben kann! Wir werden an diesem Grundprinzip nicht rütteln lassen! Das ist der Punkt, an dem sich unsere Wege scheiden. Wir weigern uns aber auch, gegenüber den Menschen in Südafrika unehrlich zu sein und sie mit falschen Zusicherungen und falschen Versprechungen auf einen Weg zu führen, den sie nicht zu gehen bereit sind. Dies sind die beiden großen Unterschiede, die uns heute von der Nationalen Partei und ihren Führern trennen. Es sind die Unterschiede zwischen Treue und Verrat.

Und genau das, was Wirtschaft und Armee so heftig urgieren und was Botha bereit war, ihnen zu geben, die Einbeziehung des schwarzen Mannes in ein wirtschaftliches und militärisches Sicherheitskonzept, griff die HNP vehement an: „Im Kampfgebiet (in Namibia) werden unsere weißen Soldaten von Sergeanten gedrillt, die Farbige sind! Unsere Kinder schreiben uns, daß ihr Korporal ein Schwarzer ist! Das ist genau die Position, in die uns Botha und die Nationale Partei bringen wollen. Sie wollen uns einreden, daß auf den schwarzen Mann nicht mehr verzichtet werden kann. Und sie wollen die weißen Kinder an die Autorität der Schwarzen gewöhnen, eine Autorität, die künftig über ganz Südafrika herrschen soll!"

Diese Angriffe blieben nicht ohne Wirkung. Die HNP erhielt

starken Zulauf, innerhalb der Nationalen Partei stieg die Nervosität, und nicht nur die Verkramptes begannen Druck auf Botha auszuüben. Die Nationale Partei und schließlich auch Botha gaben dem Druck nach. Vergessen – zumindest vorderhand – war das eigentliche Ziel dieser Wahl, nämlich ein Mandat für Reformen zu erhalten. Statt dessen waren Botha und die Nationalen nur noch bemüht, die Verkramptes zu beruhigen, sie bei der Stange zu halten. Nicht die HNP, sondern die PFP wurde vehement angegriffen. Botha im Wahlkampf: „Die PFP spricht von einer gemeinsamen Gesellschaft aller. Das wäre dieselbe Situation, wie sie heute in Zimbabwe existiert, und ich sage euch, daß dies der sichere Weg in die kommunistische Diktatur ist. Das ist es, wohin euch diese Anarchisten führen wollen!" Und für ein Südafrika nach den Vorstellungen der PFP sagte Botha voraus: „Dann könntet ihr eure Kinder nicht mehr in die Schulen eurer eigenen Wahl schicken. In die Schulen würden die Kinder aller Rassen gehen können! In euren Wohnbezirken wäret ihr nicht mehr sicher, eine Regierung nach PFP-Art würde euch nicht mehr schützen! Der Wert eurer Grundstücke würde verfallen! Es würde euch so ergehen wie den Leuten in Nottinghill in London und in bestimmten Teilen New Yorks und Washingtons!"

Das waren Argumente aus den schlimmsten Apartheid-Tagen. Und an die Stelle der großen Reformvisionen traten nun Flugblätter der Nationalen Partei, mit denen sie den Vorwurf des Verrats zurückzuweisen versuchte. Ihr Inhalt war mehr als bloß Wahlpropaganda und ist daher wert, beachtet zu werden. Wörtlich hieß es auf diesen Flugblättern: „Du als Weißer hast ein viel besseres Leben als alle anderen Bevölkerungsgruppen. Hast du gewußt, daß die Weißen in Südafrika 1 656 080 Automobile besitzen, während alle anderen Bevölkerungsgruppen zusammen nur 366 553 Automobile ihr eigen nennen? Hast du gewußt, daß für die schulische Ausbildung jedes weißen Kindes pro Jahr 650 Rand ausgegeben werden, während für jedes schwarze Kind nur 50 Rand pro Jahr in die Erziehung gesteckt werden? Hast du gewußt, daß ein verheirateter Schwarzer mit einem Kind oder mehr Kindern mehr Steuern zu zahlen hat als ein weißer Mann mit demselben Einkommen? Hast du gewußt, daß es für alle Weißen genügend Wohnungen und Häuser gibt, während für die Unterbringung der Mischlinge zur Zeit 34 693 Häuser fehlen, für Asiaten 11 275 und mehr als 160 000 für die Schwarzen?"

So der Wortlaut eines Wahl-Flugblattes der Nationalen Partei.

Noch knapp vor der Wahl hatte Botha erklärt: „Diskriminierung wird nur noch eine entfernte Erinnerung sein." Die Kehrtwendung im Wahlkampf hat Botha und der Nationalen Partei nichts geholfen. Jene, die bereit gewesen wären, Botha mit ihrer Stimme ein Mandat zur Durchführung von Reformen zu geben, begannen nun daran zu zweifeln, daß der Ministerpräsident solche Reformen überhaupt weiterhin anstrebe. Wähler dieser Gesinnung blieben entweder zu Hause, oder sie gaben ihre Stimme der PFP, die unbeirrt für ihr Konzept der Gleichberechtigung der Rassen eintrat. Wer aber an der Vorherrschaft der Weißen, an der Apartheid, festhalten wollte, der ließ sich durch Bothas Zusicherungen auch nicht mehr beruhigen, sondern wählte gleich die HNP.

Und doch waren bei dieser Wahl bisher festgefügte Wählerstrukturen aufgebrochen, bahnten sich mit dieser Wahl neue Weichenstellungen an. Das ließ sich zunächst weder an der Mandatsverteilung noch auf den ersten Blick an der Stimmverteilung erkennen. Und doch war dem so.

Die Nationale Partei erhielt mit 131 von 165 Mandaten wie bisher nicht nur die absolute Mehrheit aller Parlamentssitze, sondern erneut die Zweidrittelmehrheit. Die HNP, der radikalste Herausforderer, brachte es auf kein einziges Mandat. Die PFP konnte neun Mandate hinzugewinnen, für südafrikanische Verhältnisse ein großer Erfolg; durch das Wahlsystem bedingt, errang die PFP insgesamt doch nur 25 Mandate. Ein Sieg, wie ihn Botha errungen hatte, wäre daher in Europa so eindeutig, daß man daraus nur schließen könnte, der Ministerpräsident habe in dieser Wahl jenes Mandat erhalten, das er sich wünsche. Doch wie schon gesagt, das Wahlsystem in Südafrika ist britisch, die Politik aber burisch.

Nach dem britischen Wahlsystem kann sogar eine Minderheit an Wählerstimmen eine Mehrheit an Parlamentssitzen herbeiführen. Bei den Buren jedoch zählt, wer sich hinter wen gestellt hat und wie viele es waren. Und diese Ziffern sprechen eine andere Sprache: 778 371 hatten die Nationale Partei gewählt, 265 297 die PFP, 191 249 die HNP und 93 603 die National Republican Party, die jedoch nur in der Provinz Natal Bedeutung hat und die dort auch acht Mandate bekam. Dieses Wahlergebnis bedarf einer Interpretation. Für die PFP hatten prozentuell mehr Engländer als Buren gestimmt. Die HNP hatten fast ausschließlich nur Buren gewählt. Damit waren 20 Prozent der Buren in das Lager der HNP übergewechselt. Die Tatsache, daß die HNP aufgrund des Wahlsystems kein einziges Mandat erringen konnte, war für die Nationale Partei kein Trost, sondern sogar noch beunruhigender. Denn eine HNP mit etwa zehn Mandaten wäre, für alle sichtbar, nur eine kleine Partei gewesen. Einer solchen Minifraktion gegenüber hätte sich die Nationale Partei im Parlament als eine Partei der breiten Mitte ausweisen und profilieren können. So aber war die Nationale Partei von jedem fünften Buren im Stich gelassen worden. Nicht zehn Mandate standen gegen 131, sondern 191 249 Buren der HNP gegen 778 371 der Nationalen Partei. Und in Gesamtprozenten gerechnet hatte die Nationale Partei 53,32 Prozent aller abgegebenen Stimmen erhalten – und das hieß, daß alle Oppositionsparteien gemeinsam an die 47 Prozent der Stimmen auf sich vereinen konnten. Intern das schlechteste Ergebnis der Nationalen Partei seit langem.

Welches Mandat hatte Botha nun bekommen? Nach welchem hatte er verlangt?

Der Abgang konservativer Buren an die HNP darf jedoch nicht darüber hinwegtäuschen, daß zum gleichen Zeitpunkt die PFP wesentlich gestärkt worden ist. Dem deutlichen Nein zu Reformen von rund 190 000 HNP-Wählern steht ein ebenso deutliches Ja von rund 256 000 PFP-Wählern gegenüber. Könnte Botha nun das Gros seiner eigenen Nationalen Partei auf den Weg zu weiteren durchgreifenderen Reformen mitnehmen, und die PFP würde ihn dabei unterstützen, so wären die Meinungsumfragen voll bestätigt – an die 80 Prozent der weißen Bevölkerung Südafrikas wären zu Reformen bereit. Doch welche Reformen könnten dies überhaupt sein? Botha hat seiner Theorie des „totalen Angriffs", der gegen Südafrika von außen und innen im Gange sei, eine „totale Strategie" der Verteidigung entgegengesetzt. Diese Strategie hat er in zwölf Prinzipien zusammengefaßt:

1. Anerkennung einer multinationalen Gesellschaft und der Existenz von Minderheitengruppen.
2. Anerkennung des Prinzips einer vertikalen Differenzierung gemeinsam mit dem Prinzip der Selbstbestimmung in so vielen Bereichen wie möglich.
3. Größtmögliche Konsolidierung der Autonomstaaten (Homelands).
4. Umstrukturierung der Macht zwischen Weißen, Indern und Mischlingen bei ständiger Konsultation und gemeinsamer Verantwortung für Belange von gemeinsamem Interesse.
5. Anerkennung des Prinzips getrennter Schulen.
6. Abschaffung der auf Hautfarbe begründeten diskriminierenden Maßnahmen.

7. Wirtschaftliche Interdependenz (gegenseitige Abhängigkeit).

8. Streben nach einer Konstellation von Staaten im südlichen Afrika bei gegenseitigem Respekt vor den Standpunkten der anderen.

9. Entschlossenheit, Südafrika gegen jede ausländische Intervention zu verteidigen.

10. Eine neutrale Position Südafrikas, das von nun an die eigenen Interessen in den Vordergrund stellen werde.

11. Wirkungsvolle Entscheidungen auf der Grundlage einer starken Verteidigungsstreitmacht und einer leistungsfähigen und sauberen Verwaltung.

12. Beibehaltung des freien Unternehmertums als Grundlage für eine starke südafrikanische Wirtschafts- und Finanzpolitik.

Wie fast alle Programme der Nationalen Partei in der Vergangenheit so scheint auch dieses für viele Interpretationen offen zu sein und damit der Regierung die Möglichkeit zu geben, es der jeweiligen Tageslage anzupassen. Trotz seiner verschlüsselten Sprache aber ist das Programm eindeutig. Punkt 1 bedeutet nichts anderes, als daß man an der Grundvoraussetzung der Apartheid festhält: es gäbe in Südafrika nicht Weiße und Schwarze, Inder und Mischlinge, sondern Weiße, Inder und Mischlinge sowie eine ganze Reihe völlig selbständiger, voneinander verschiedener schwarzer Nationen, Zulu, Xhosa, Venda, Tswana, Sotho und so weiter. Könnte man auch die Schwarzen dazu bringen, diese Aufteilung in „Nationen" anzuerkennen, so stünden den 4,5 Millionen Weißen nicht mehr 20 Millionen Schwarze gegenüber, sondern verschiedene Völker verschiedener Größenordnung, und selbst die zahlenmäßig stärksten unter ihnen, die Zulu und die Xhosa, hätten mit rund 5 Millionen Menschen kein viel größeres Gewicht als die 4,5 Millionen Weißen.

Bothas Prinzip Nummer 2, die „vertikale Differenzierung und Selbstbestimmung", hieße, daß jede dieser „Nationen" weiterhin ihren getrennten Weg zu gehen hätte, jede müßte sich separat weiterentwickeln, sollte über ihre Angelegenheiten volle Selbstbestimmung haben, was bedeutet, daß sie sich in die Angelegenheiten der anderen nicht einmischen soll.

Folglich das Prinzip Nummer 3, die Konsolidierung der Homelands. Denn an eine getrennte selbständige Entwicklung samt Selbstbestimmung kann natürlich nur im Zusammenhang mit eigenem Territorium gedacht werden. Da die Homelands aber in ihrer jetzigen Zersplitterung und Größenordnung nicht lebensfähig sind, müßten sie konsolidiert werden. Das ist vielleicht der entscheidendste und gleichzeitig der wundeste Punkt der gesamten Botha-Strategie. Denn die ersten drei Prinzipien würden sich nicht in die Praxis umsetzen lassen, wenn es nicht gelänge, die Homelands zu echten, lebensfähigen Staaten zu machen. Und auch die restlichen Prinzipien blieben wirkungslos. Denn selbst wenn die Weißen sich mit Indern und Mischlingen auf eine Art gemeinsamer Regierung im „weißen Südafrika" einigen könnten, so hätten sie es immer noch mit zehn Millionen Schwarzen zu tun, die im gleichen Gebiet wohnten und immer heftiger nach gleichen Rechten riefen.

Auch das Prinzip Nummer 6, nämlich die Abschaffung der auf Hautfarbe begründeten diskriminierenden Maßnahmen, wird der Grundforderung der Schwarzen nach politischer Gleichberechtigung und nach Mitbestimmung nicht gerecht. Und der Verdacht liegt nahe, daß es sich auch dabei nur um Kosmetik handelt: Die Tatsache, daß ein Schwarzer im weißen Gebiet weder Grund und Boden erwerben noch in den weißen Vierteln wohnen darf, ist zwar eindeutig Diskriminierung auf Grund seiner Hautfarbe, aber die Regierung selbst sagt schon jetzt, daß dies nichts mit Hautfarbe, sondern nur mit fremder Staatsbürgerschaft zu tun habe.

So bleibt das Botha-Programm an diesem einen entscheidenden Punkt hängen: Was geschieht mit den Homelands oder, wie die Schwarzen sie nennen, den Bantustans? In ihrer jetzigen Form sind sie viel zu klein, um die ihnen zugeteilten Bürger je aufnehmen zu können, sie sind viel zu arm, um die schon dort wohnenden Bürger ernähren zu können, sie haben so wenig wirtschaftliche Ressourcen, daß sie sich nie zu selbständigen, selbsterhaltenden Staaten werden entwickeln können. Das stellt die Regierung vor eine Entscheidung: Soll man nun den Homelands weitere Teile Südafrikas abtreten und einverleiben, sollen mit den Gebieten auch große Städte und entwickelte Industrien an die Homelands übergeben werden, vielleicht sogar auch Häfen, Autobahnen, Eisenbahnlinien, Flughäfen, Bergwerke und Bodenschätze?

In den letzten Jahren hat die Regierung versucht, fruchtbare weiße Farmen, die bei der Grenzziehung der Homelands ebenfalls ausgespart worden waren, aufzukaufen und den Homelands einzuverleiben. Das ergab ganz geringfügige Grenzänderungen und hat den Homelands an wirtschaftlicher Kraft fast nichts eingebracht, die Regierung aber hat dieser Ankauf 226 Millionen Rand gekostet. Sollten nun viel größere Gebiete und viel wertvollere Objekte den

Homelands einverleibt werden, so müßten auch diese den weißen Eigentümern erst abgekauft werden. Soviel Geld hätte keine Regierung, und darüber hinaus wäre es der größte wirtschaftliche Unsinn. Aber ist es denkbar, daß die weißen Eigentümer und die weißen Einwohner einer Abtretung ihrer Gebiete an ein Bantustan freiwillig zustimmen? Nach der heute in Südafrika vorherrschenden Mentalität wäre das völlig unvorstellbar. Eine burische Regierung könnte es sich schon gar nicht erlauben, Weiße der Oberhoheit schwarzer Häuptlinge zu unterstellen.

Die Konsolidierung der Homelands, wie sie im Prinzip Nummer 3 gefordert ist, kann also tatsächlich nur „größtmöglich" sein, und das ist für die Zielsetzung dieser Strategie viel zuwenig. Das Homeland-Konzept bleibt zum Scheitern verurteilt. Es sei denn, Botha versteht es, dieses Konzept in etwas völlig Neues, ganz anderes zu verwandeln.

Sein Prinzip Nummer 8 könnte ihm dazu die Möglichkeit geben. Mit diesem Prinzip strebt er „nach einer Konstellation von Staaten im südlichen Afrika". Auf einen einfachen Nenner gebracht, könnte das heißen: Die neun Homelands werden geringfügig konsolidiert und zu Staaten erklärt, die mit den anderen Provinzen Südafrikas, die unter Umständen auch noch in kleinere Einheiten aufgeteilt werden, einen gemeinsamen Staatenverband bilden. Wäre dieser Staatenverband ein Bundesstaat, der etwa nach dem Muster der Schweiz organisiert wäre, so könnte dies den Beginn einer echten Reorganisation des gesamten Staatswesens darstellen.

Die Nationale Partei und Botha aber haben bisher energisch bestritten, daß ihre Pläne in diese Richtung gingen. Niemals würden sie gemeinsam mit den Homelands einen Bundesstaat formen; denn das hieße ja, das Bestehen einer schwarzen Mehrheit innerhalb dieses Staates anzuerkennen.

Anderseits hat dieselbe Regierung sich auch nicht auf die Formel eines Staatenbundes festlegen lassen, obwohl die derzeitige Politik ja eindeutig auf die Verselbständigung der einzelnen Homelands abzielte und die logische Folge die Gründung eines solchen Staatenbundes wäre, allein schon deshalb, weil keines der Homelands außerhalb eines solchen Bundes existieren könnte. Schon jetzt sind ja alle Homelands mit Südafrika durch eine feste Wirtschafts-, Währungs- und Zollunion verbunden.

Weshalb spricht Botha dann von einer Konstellation von Staaten statt von einem Staatenbund? Wahrscheinlich gerade, weil man sich unter „Konstellation" einfach nichts vorstellen kann; den Begriff gibt es weder im Völkerrecht noch im Staatsrecht, noch in der Politik. „Anpassen oder sterben!" – unter diesem Motto will P. W. Botha Südafrika in die Zukunft führen. Offenbar hat er sich vorbehalten, welchen Grad der Anpassung er mit dem Wort „Constellation" letzten Endes wird meinen müssen.

Verhandeln, bevor geschossen wird

Die Progressive Federal Party ist der Überzeugung, daß Bothas „totale Strategie" mit ihren zwölf Prinzipien nicht mehr zum Tragen kommen werde. Die Zeit sei über derartige Vorstellungen bereits hinweggerollt.

Auf einer der schönsten Farmen Südafrikas, in den Weinhügeln der Kap-Provinz bei Stellenbosch, empfing mich der PFP-Politiker P. Myburgh, Nachfahre einer der ältesten und angesehensten burischen Familien, und schätzte die Situation so ein: „Wenn die Regierung nicht schon in allernächster Zeit bereit ist, den Schwarzen die volle südafrikanische Staatsbürgerschaft zuzuerkennen, also die Fiktion der Homelands zu beenden, wenn sie den Schwarzen nicht das gleiche Recht auf Aufenthalt und Eigentum im sogenannten weißen Gebiet zugesteht und wenn sie den Schwarzen nicht die gleichen Möglichkeiten der Schulung und Erziehung bietet wie den Weißen, dann gehen wir in eine stürmische und sehr unsichere Zukunft."

Die Vorstellungen der PFP vom Weg, den Südafrika statt dessen gehen sollte, formulierte Myburgh so: „Anerkennen wir zuerst, daß alle 28 Millionen Einwohner dieses Landes Südafrikaner sind. Laden wir dann die politischen Führer aller dieser Menschen zu einem Nationalkonvent ein, bei dem ein neuer Verfassungsmechanismus gemeinsam erarbeitet werden müßte. Diese Verfassung müßte allen Bevölkerungsgruppen einen Minderheitenschutz gewähren. Wenn ich aber sage: Laßt alle politischen Führer zusammentreten, dann meine ich alle, besonders die, die heute im Gefängnis sitzen, aber eindeutig die gewählten und respektierten Führer ihrer Bevölkerungsgruppen sind. Namibia sollte uns eine große Lehre sein. Dort haben wir einen Nationalkonvent einberufen, die sogenannte Turnhalle-Versammlung, haben die Politiker fast aller Bevölkerungsgruppen an einen Tisch zusammengebracht – nur nicht die SWAPO. Das war ein schwerer Fehler. Wäre die

SWAPO von Anfang an mit dabei gewesen, das Namibia-Problem wäre längst gelöst. Ein solcher Fehler darf uns in Südafrika nicht unterlaufen. Alle haben an diesem gemeinsamen Tisch zu sitzen, alle über die Zukunft Südafrikas gemeinsam zu befinden."

Und während Myburgh von seinem im Jahre 1765 erbauten Gutshaus über die Weingärten seiner Farm blickte, meinte er dezidiert: „Ob die Regierung dies heute glaubt oder nicht, einen derartigen Nationalkonvent wird es geben in Südafrika. Und wir können nur hoffen, daß es ihn gibt, bevor geschossen wird und nicht erst danach. Wir wissen, daß man nicht zur gleichen Zeit schießen und verhandeln kann. Aber wir wissen auch, daß das Verhandeln nach einem Krieg bereits einer Kapitulation gleichkommt. Und deshalb meinen wir: Laßt uns diesen Nationalkonvent einberufen. Jetzt, schnell, solange es noch dieses große Reservoir an gutem Willen auch unter unserer schwarzen und braunen Bevölkerung in Südafrika gibt."

Mit dieser Ansicht stimmt der Generalsekretär des südafrikanischen Kirchenrates, der schwarze Bischof Desmond Tutu, nahezu wörtlich überein, nur sprach er in einer Fernseherklärung nicht das noch offene Problem Namibia, sondern das unabhängig gewordene Zimbabwe an: „Wir glauben, daß wir uns am Beispiel Zimbabwe orientieren sollten. Die Regierung sollte mit den echten Führern unseres Landes verhandeln. Das ist der Grund, weshalb wir alle in einer großen Kampagne dafür eintreten, daß die Regierung Nelson Mandela und die anderen politischen Gefangenen freilassen und die exilierten Politiker wieder heimkehren lassen sollte. Wir alle haben dann am Verhandlungstisch Platz zu nehmen. Ich glaube, daß es einen schwarzen Ministerpräsidenten in diesem Land geben wird, in etwa fünf bis zehn Jahren. Und ich glaube auch, daß dieser Ministerpräsident Nelson Mandela heißen wird. Und so sage ich der weißen Regierung: Ihr könnt das eine oder das andere tun. Ihr könnt euch dazu entschließen, daß dies alles auf friedlichem Weg geschieht oder ihr könnt euch dagegenstellen, dann wird dies alles nach einem großen Blutvergießen geschehen. Und ich denke auch, daß wir mit jeder Faser unseres Daseins die Zwölf-Punkte-Strategie des Ministerpräsidenten zurückzuweisen haben. Wer dem Land Gutes tun will, der hat diesen Plan abzulehnen."

Diese Generation von schwarzen Politikern ist, wie man sieht, durchaus bereit, sich mit den Weißen an einen Tisch zu setzen und eine Verfassung und ein Regierungssystem auszuarbeiten, das allen Bürgern den vollen Schutz ihrer Rechte und ihres Eigentums garantieren würde. In meinen Gesprächen mit vielen schwarzen Aktivisten gewann ich auch den Eindruck, daß sie sich mit einem Regierungsmechanismus abfinden würden, der Weißen, Schwarzen, Indern und Mischlingen ein gleiches Maß an Mitsprache und ein gegenseitiges Vetorecht einräumen würde. Das hieße, daß die Schwarzen, zumindest vorderhand und wahrscheinlich auf lange Zeit, auf eine von ihnen beherrschte Mehrheitsregierung zu verzichten hätten. Das ist das große Reservoir guten Willens, von dem die PFP spricht, wobei sie darauf drängt, diesen guten Willen zu nützen, solange er noch da ist.

Denn auch das ist mein Eindruck nach einer Reihe von Gesprächen in verschiedenen schwarzen Townships: Die schwarze Jugend glaubt nicht mehr daran, daß die Weißen ihre Vormachtstellung je freiwillig aufgeben würden, daß die Weißen bereit wären, mit den Schwarzen über eine echte Gleichberechtigung und Mitbestimmung zu verhandeln.

In einer der Townships in der Nähe von Kapstadt besuchte ich einen schwarzen Universitätsprofessor. Auch für ihn gab es in dieser Township nur ein Zündholzschachtelhaus in der Größe von 5 mal 10 Meter. Er lebt dort mit seiner Frau und vier bereits erwachsenen Kindern. Zwei Stunden lang plädierte der Doktor der Rechte und der Philosophie für eine Aufhebung der diskriminierenden Apartheid-Gesetze und für Erleichterungen der Schwarzen im weißen Gebiet. Er selbst gehört einem Bürgerkomitee an, das seit Jahren darum ringt, für die schwarzen Kinder bessere Erziehungsmöglichkeiten sicherzustellen, billigere Preise für den Autobus, der die Menschen von der weit außerhalb der Stadt liegenden Township zu ihren Arbeitsplätzen bringt. Als ich mich verabschiedete, wandte ich mich an seine Söhne und Töchter. Wie denn sie die Lage beurteilten, und welche Zukunft sie für sich sähen?

Der Vater, so meinten sie, sei ein Illusionist. Die weiße Regierung werde nichts zugestehen, was man ihr nicht gewaltsam entreiße. Verhandeln habe keinen Sinn mehr. Was immer die Weißen täten, es ziele nur darauf ab, die Schwarzen um ihre Rechte zu bringen. Die ganze Geschichte weiß-schwarzen Zusammenlebens sei ein einziger Betrug der Weißen an den Schwarzen gewesen. Sie jedenfalls hielten nichts mehr von Verhandlungen. Die Schwarzen würden sich ihre Rechte holen müssen, wie in Angola, wie in Moçambique, wie in Zimbabwe und auch wie in Namibia. Man werde kämpfen müssen. Sie seien zu diesem Kampf entschlossen. Ich wandte mich an die Mutter, was sie von alldem hielte. Recht hart antwortete sie: „Unsere Väter haben sich noch unterworfen. Wir gingen in die Gefängnisse. Unsere Kinder werden ihr Blut geben müssen."

Über diese Eindrücke sprach ich mit dem südafrikanischen Außenminister R. F. Piek Botha an dessen Amtssitz im Regierungsgebäude von Pretoria. „Wenn man von uns verlangt, das allgemeine und gleiche Wahlrecht (one man – one vote) auch für die Schwarzen einzuführen, dann können wir das nicht tun. Wir können einen Wandel herbeiführen, wir können gesellschaftliche und wirtschaftliche Diskriminierung beenden, aber niemals werden die Weißen in diesem Land ihr Selbstbestimmungsrecht aufgeben, ihr Recht, nach ihrem eigenen kulturellen Erbe und nach ihrem eigenen Wertsystem zu leben. Nicht, daß wir glauben, daß wir besser wären als andere. Es ist nicht eine Frage der Überlegenheit. Das ist für uns eine Frage des Überlebens."

Ob diese Regierung bereit sei, den Schwarzen zumindest die Mitbestimmung einzuräumen, das Mitregieren anzutragen? Bothas Antwort: „Sehen Sie, solange uns der Rest der Welt immer noch als einen Einheitsstaat betrachtet, werden sie uns ewig vorhalten, daß wir nicht bereit seien, die Macht mit den Schwarzen zu teilen. Dazu sind wir tatsächlich nicht bereit, aber sind Sie bereit, die Macht mit den Japanern oder den Russen oder den Amerikanern zu teilen? Das ist der Punkt, den wir versuchen, der Welt klarzumachen. Es ist nicht wahr, daß es in diesem Land eine schwarze Mehrheit gibt, das ist einfach nicht wahr. Wir alle sind hier Minoritäten. Die Tswana-Nation ist eine Minderheit genauso wie die Weißen. Und so sind das die Venda, die Xhosa und die Zulu. Wir haben die nicht geschaffen! Gott hat sie geschaffen!"

Botha zählte dann auf, auf wie vielen Gebieten diese Regierung die Apartheid-Gesetze schon aufgehoben oder gemildert habe: „Es ist höchst bedauerlich, daß uns die europäischen Regierungen die Anerkennung verweigern für den enormen Weg, den wir diesbezüglich schon zurückgelegt haben in den letzten paar Jahren. Ein Besucher, der vor etwa fünf Jahren in dieses Land kam, dem war es so gut wie unmöglich, sich irgendwo mit Schwarzen zu treffen, irgendwo mit einem Schwarzen ein gemeinsames Mahl einzunehmen oder ein Glas Wein zu trinken. Im Sport traten Weiße und Schwarze nicht gegeneinander an. In den Industrien hatten wir eine strikte Arbeitsplatzreservierung, die den Schwarzen verboten hat, bestimmte Berufe zu ergreifen. Das alles haben wir aufgehoben. Schwarze können heute Gewerkschaften beitreten, können an allen

Sportaktivitäten teilhaben. Und wir sind dabei, den Unterschied in der Entlohnung zwischen Schwarz und Weiß zu beseitigen. Der Ministerpräsident hat höchstpersönlich Soweto besucht. Er war in allen schwarzen Territorien. Wir haben einen Präsidentenrat einberufen, in dem Weiße, Mischlinge und Asiaten Seite an Seite sitzen werden, um über die verfassungsmäßige Zukunft dieses Landes zu diskutieren. Und doch wirft uns die Welt vor, Rassisten zu sein."

Wenn sie dies nicht wären, weshalb gebe es dann keine Schwarzen im Präsidentenrat, frage ich. Sehr erregt erklärt Botha, daß der Präsidentenrat ja nur für das weiße Gebiet zuständig sei, die Schwarzen hätten das volle Sagen, was ihre Territorien betreffe, die Homelands.

Und die Schwarzen im weißen Gebiet, die zehn Millionen in den Townships? Darauf Botha: „Wir geben zu, daß wir uns in einem Dilemma befinden, was die Schwarzen in den städtischen Gebieten betrifft. Doch wir glauben, wir können eine Lösung finden, wenn wir uns mit Toleranz und gutem Willen und gegenseitigem Verständnis entgegenkommen. Jedoch unter einer Bedingung: keine der Minoritäten darf sich dabei bedroht fühlen. Das ist der Kern des Problems. Wenn wir den Weißen sagen, daß sie einen Wandel zu akzeptieren haben, dann werden sie das tun. Und sie werden auch großen, einschneidenden Veränderungen zustimmen. Nur eines werden sie nie – sie werden nicht einer Änderung zustimmen, die ihre eigene Vernichtung mit sich bringen würde."

Und schließlich verwendet auch Außenminister Botha das Argument, von dem alle Buren glauben, daß es die Welt bisher nicht begriffen hätte: „Nach 325 Jahren unseres Daseins in diesem Land, nach einem Krieg, in dem wir der größten Kolonialmacht der Welt, Großbritannien, getrotzt haben und in dem wir mehr als 16 000 Frauen und Kinder verloren haben, und nach all dem, was wir aus diesem Land gemacht haben, sind wir ein Teil von Afrika und haben das Recht, hier zu sein wie alle anderen Afrikaner. Auch im Interesse des schwarzen Afrikas. Denn die Schwarzen brauchen die Weißen, so wie die Weißen die Schwarzen brauchen. Die Schwarzen sind unsere Verbündeten und Freunde, so wie wir die Verbündeten und Freunde der Schwarzen sind. Aber es sind die Supermächte, die Zwietracht zwischen uns bringen. Die Vereinten Nationen und die Organisation für Afrikanische Einheit. Sie erzeugen diese Gegensätze künstlich, sie schaffen die Krise um Südafrika. Und in der Zwischenzeit stirbt das übrige Afrika, wie das der Generalsekretär der Organisation für Afrikanische Einheit unlängst ganz offen sagte. Sehen Sie sich die afrikanischen Länder an mit ihren gewaltigen Defiziten, ihren Hungersnöten, ihren bankrotten Wirtschaften. Was tut denn die Welt für diese Länder? Aber nein, diese Welt ist nur darauf aus, den einzigen Staat in Afrika zu zerstören, der noch in der Lage ist, Lebensmittel zu exportieren, Straßen und Eisenbahnen zu bauen, einen ordentlichen Gesundheitsdienst aufrechtzuerhalten, und der mit den Schwarzen besser auskommen kann als irgend jemand sonst in der Welt. Also was wird es euch helfen in Europa, Boykotte gegen uns zu beschließen und Sanktionen? Nur damit hier das allgemeine und gleiche Wahlrecht für alle durchgesetzt wird. Als ob dieses Wahlsystem irgendwo in Afrika irgendeiner Nation bisher geholfen hätte! Oder wären etwa die Deutschen, die Österreicher, die Schweizer bereit, irgendeines der Regierungssysteme im heutigen Schwarzafrika für sich zu akzeptieren?"

Das Gespräch mit Außenminister Botha dauerte mehr als zwei Stunden. Der Tenor blieb der gleiche. Das Südafrika der Nationalen Partei sieht sich von einer Welt verfolgt, die nur im Sinn hätte, die Weißen in die Knie zu zwingen und sie einer schwarzen Mehrheitsregierung zu unterwerfen, und das wird von dieser Regierung automatisch gleichgesetzt mit einer Auslieferung der Weißen an eine Willkürherrschaft, die letzten Endes alles vernichten würde, was der weiße Mann hier aufgebaut hat. Völliges Unverständnis zeigte der Außenminister auch dafür, daß die Welt sich überhaupt „in Angelegenheiten einmischt, die doch nur die Menschen dieses Landes etwas angehen". Botha erhob Vorwürfe gegen den Westen: Mit der Sowjetunion, mit Kuba, mit Vietnam, mit den härtesten kommunistischen Diktaturen unterhalte dieser Westen beste politische, wirtschaftliche und kulturelle Beziehungen, obwohl „dort schon Millionen in Gefängnissen und Konzentrationslagern umgebracht worden seien, obwohl dort die Menschenrechte schwer verletzt würden." Ja, Westeuropa sei sogar ängstlich bedacht, diese Regime nicht zu provozieren und zeige sich alarmiert, wenn die Entspannungspolitik gefährdet werden könnte. Aber Südafrika werde vom gleichen Westen dauern angegriffen, teilweise boykottiert, mit den Stimmen westlicher Staaten aus internationalen Organisationen ausgeschlossen und wie ein Paria behandelt. Und doch gehe es der schwarzen Bevölkerung nirgendwo in Afrika besser als in Südafrika. In den meisten afrikanischen Staaten herrsche Diktatur und die Menschen wären rechtlos. Nirgendwo sonst gehe ein höherer Prozentsatz von Schwarzen zur Schule als in Südafrika,

180

nirgends sei auch der Durchschnittslohn für Schwarze so hoch wie hier, kein afrikanischer Staat sorge auch nur annähernd im gleichen Ausmaß für die Gesundheit seiner Bevölkerung, keiner kleide sie so gut, keiner stelle ihnen in diesem Ausmaß Häuser zur Verfügung. Aber die ganze Welt habe sich verschworen, die weiße Regierung Südafrikas zu stürzen und aus Südafrika, das „heute ein Paradies sei, die gleiche Hölle zu machen, wie sie im Rest von Afrika herrsche".

Soweit Außenminister Botha. Es ist meiner Ansicht nach notwendig, sich mit diesen Argumenten auseinanderzusetzen. Denn es gibt nicht wenige Westeuropäer und Amerikaner, die sich von solcher Argumentation beeindruckt zeigen. Und sollte sich der Konflikt um Südafrika verschärfen, so werden auch bei uns – wie einst schon während des Burenkrieges – die Meinungen scharf aufeinanderprallen. Ja, sie tun es sogar bereits, etwa wenn die Westmächte im Sicherheitsrat ihr Veto einlegen, um Sanktionsbeschlüsse gegen Südafrika zu verhindern. Oder wenn umgekehrt europäische demokratische Regierungen sich weigern, in Fragen des Handels oder der Sportbeziehungen für beziehungsweise gegen Südafrika Stellung zu beziehen. Ob man für oder gegen das Apartheid-Regime in Südafrika ist, ist zur Testfrage für aufrechte oder verwerfliche Gesinnung geworden.

Auch ich habe dazu meine Meinung und glaube sie in dem bisher hier vorgelegten Bericht begründet zu haben. Dazu kommt: Der Hinweis auf schlechtere Zustände in anderen, in schwarzafrikanischen Staaten kann für die Zustände im eigenen Land keine Entschuldigung sein. Eine weiße Regierung, die über viel größere finanzielle und wirtschaftliche Mittel verfügt als die schwarzafrikanischen Staaten, die sich auf das Christentum und dessen moralische Prinzipien beruft, die für sich in Anspruch nimmt, eine Demokratie und ein fester Bestandteil der freien Welt zu sein, die das gesamte humanistische Erbe Europas zu vertreten vorgibt, kann keine ihrer Handlungen mit dem Hinweis auf Unrecht und Diskriminierung und Unterdrückung in anderen Ländern rechtfertigen, seien es nun schwarzafrikanische oder kommunistische.

Die südafrikanischen Rechtfertigungsversuche übersehen meiner Ansicht nach auch völlig, daß unterprivilegierte, entrechtete und entwürdigte Menschen ihre Bezugspunkte und Vergleichswerte ja nie in einem anderen, fremden Land, sondern immer nur im eigenen Staat finden können. Die Bürger Ugandas vergleichen ihr Schicksal und ihren Standard mit dem ihrer eigenen Eliten. Die schwarzen und braunen Bürger Südafrikas können ihre Rechte, ihre Bewegungsfreiheit, ihre Chancen in Schule, Ausbildung und Beruf, ihren Lohn, ihren Lebensstandard, ihre Zukunftsaussichten nur im Vergleich zum Los ihrer Mitbürger anderer Hautfarbe messen. Das Recht dazu haben sie sich übrigens voll und ganz selbst erworben, denn sie haben ja den wirtschaftlichen Aufschwung, die industrielle Entwicklung, den Wohlstand Südafrikas durch ihrer eigenen Hände Arbeit mitgeschaffen. Wer kann bestimmen, was nun mehr wiegt – Kapital, Organisationstalent, technisches und kaufmännisches Wissen oder die Arbeit, die Millionen Schwarze zu vollbringen hatten, um aus diesen Beiträgen der Weißen überhaupt erst blühende Farmen, funktionierende Bergwerke und produzierende Industrien zu machen.

Unterschiede zwischen reich und arm gibt es überall, aber sie dürfen nicht von der Hautfarbe bestimmt werden. Und sie dürfen nicht gleichbedeutend sein mit Entrechtung und Entwürdigung und Ausbürgerung. Ein Gefängnis wird um kein Jota akzeptabler, wenn die Gefangenen dort besser ernährt werden als in anderen Gefängnissen.

Auch der Vergleich, daß etwa die kommunistischen Diktaturen ihre Völker viel schlimmer unterdrückten als die weiße Regierung die Schwarzen und Braunen in Südafrika, geht an einem wesentlichen Punkt vorbei, der in der Weltöffentlichkeit immer eine große Rolle gespielt hat: Es macht einen Unterschied, ob ein Volk in seiner Gesamtheit von einer diktatorischen Clique aus den eigenen Reihen unterdrückt wird – wobei im Prinzip alle Bürger den gleichen Drangsalen ausgesetzt sind – oder ob innerhalb eines Landes ein Volk ein anderes unterdrückt, eine Rasse eine andere erniedrigt und demütigt. Im ersten Fall steht ein Volk gegen seine Regierung und darf hoffen, sich dieser Regierung irgendwann zu entledigen; im anderen Fall macht sich ein Volk zum Herrn über ein anderes, nützt eine Rasse ihre überlegenen Machtmittel zur Unterdrückung einer anderen aus.

Auch fühlen sich die westlichen Demokratien ihren eigenen öffentlichen Meinungen gegenüber dafür verantwortlich, daß die von ihnen vertretenen politischen und moralischen Prinzipien Grundlage und Maßstab der Ordnung im demokratischen Staatsbereich zu sein haben. Südafrika betrachtet sich als Mitglied dieser Gemeinschaft freier und demokratischer Staaten. Es unterwirft sich damit selbst der Beurteilung nach den politischen und moralischen Prinzipien dieser Gemeinschaft. Auch durch die Betonung des

Christlichen und Abendländischen, wann immer sie ihren eigenen kulturellen Standort bestimmt, unterwirft sich die südafrikanische Regierung den Maßstäben, die mit diesem Anspruch verbunden werden. Dies alles bleibt gültig, auch wenn es wahr ist, daß ein Teil der westlichen Kritik an Südafrika dem Eigeninteresse entspringt.

Die Rassenpolitik Südafrikas provoziert Schwarzafrika, provoziert die gesamte dritte Welt. Da der Westen Südafrika braucht und sich daher nicht völlig von ihm distanzieren kann, richten sich Vorwürfe und Angriffe der dritten Welt auch gegen ihn. Das schadet westlichen Interessen schon an sich. Aber es führt außerdem noch zu einer Solidarisierung der dritten Welt mit der Sowjetunion und den anderen kommunistischen Staaten und gibt dem Ostblock damit die Möglichkeit, seinen Einfluß zu erweitern und in strategisch wichtige Positionen einzurücken, die ihm ansonsten vermutlich verschlossen geblieben wären. Was die Regierung in Pretoria als totalen Angriff des Kommunismus gegen Südafrika bezeichnet, ist nach europäischer Auffassung in erster Linie von Südafrika selbst verschuldet, ja herbeigeführt. Es ist Südafrikas Verhalten, das der Sowjetunion und deren Hilfstruppen überhaupt erst die Möglichkeit gibt, sich in Südafrikas Nachbarstaaten festzusetzen.

Der Einfluß des Ostblocks aber wird nur dann abgebaut und der ungestörte westliche Zugang zu den südafrikanischen Einrichtungen nur dann erst wieder möglich werden, wenn Südafrika auch von den schwarzafrikanischen Staaten als Partner akzeptiert werden kann. Der steigende Wert Südafrikas für den Westen wird daher dessen Druck auf die südafrikanische Regierung kaum vermindern, sondern eher erhöhen. Wenn die Westmächte dennoch gegen die Forderung nach Wirtschaftssanktionen und Boykotte ihre Vetos einlegen, so geschah dies zwar auch aus wirtschaftlichem Eigennutz, aber auch weil man sich im Westen zur Zeit von Verhandlungen mit Südafrika über eine Lösung der Probleme mehr verspricht, als durch Sanktionen zu erreichen wäre. Obwohl es in der Reagan-Regierung Kräfte gab, die in Südafrika jenes „Bollwerk gegen den Kommunismus" sehen wollten, das zu sein es selbst vorgibt.

In der Abwehr westlicher Kritik wird von südafrikanischer Seite immer wieder das Argument gebraucht, daß es den Schwarzen ohne die Weißen viel schlechter ginge und ja überall dort viel schlechter geht, wo die weißen Strukturen zu existieren aufgehört haben. Auch das ist keine Rechtfertigung für das Apartheid-Regime.

Bevor die Europäer nach Afrika kamen, ging es dort zu wie überall sonst auf der Welt: Stamm stand gegen Stamm und machte sich den Lebensraum streitig. Es gab Kriege, Eroberungen, Vertreibungen und viele Tote. Es gab in Afrika auch Krankheiten und große Epidemien. Und die meisten Afrikaner konnten nicht lesen und schreiben. Aber sie hatten ihre Sozialstrukturen, ihre Gesellschaftssysteme, ihre Art, sich selbst zu regieren. Die Europäer reklamieren für sich, daß sie den schwarzafrikanischen Völkern den Frieden gebracht hätten, die medizinische Betreuung, die Zivilisation. Ohne die Europäer wären die Afrikaner noch heute Menschen der Steinzeit oder der Bronzezeit oder lebten bestenfalls im Mittelalter. Sie würden sich weiterhin in Stammesfehden aufreiben, und Millionen von ihnen wären an Krankheiten zugrunde gegangen.

Was beweisen diese Argumente?

Wenn sie stimmten, würde es viel weniger Afrikaner geben. Sie hätten folglich genügend Raum, so zu leben, wie es ihrer Art entsprach, sie könnten von Ackerbau und Viehzucht leben, und hätten sie es inzwischen nicht selbst erfunden und gelernt, so würde ihnen auch das Lesen und Schreiben kaum abgehen. Mit all den Segnungen, die die Europäer den Afrikanern brachten, haben sie deren normale Weiterentwicklung im Rahmen ihres eigenen sozialen und wirtschaftlichen Systems unterbunden und sie gezwungen, die Sozial- und Wirtschaftsstrukturen des ihnen völlig fremden Europa anzunehmen. Ihre eigene Entwicklung, die sie höchstwahrscheinlich in ganz andere Kultur- und Sozialformen geleitet hätte, wurde jäh unterbrochen, statt dessen wurde von ihnen verlangt, von nun an so zu denken, so zu handeln, so zu arbeiten, sich so zu benehmen wie Europäer. Durch den – ohnehin erst oft nach langen blutigen Unterwerfungskriegen – erzwungenen Frieden, durch medizinische Betreuung, ausreichende Ernährung und Unterbringung haben sie sich nun rasch vermehrt und könnten heute gar nicht mehr in jene Lebensformen zurückkehren, die ihnen noch vor hundert Jahren ein gutes und relativ sorgenfreies Dasein erlaubt haben.

Um die Jahrhundertwende lebten 400 000 Menschen auf dem Gebiet des heutigen Zimbabwe, zur Zeit sind es 7,2 Millionen, und im Jahr 2000 werden es an die 15 Millionen sein. In Südafrika wurden 1980 etwas mehr als 20 Millionen schwarze Menschen gezählt, im Jahr 2000 dürften es an die 40 Millionen sein. In anderen Worten: Mit Einführung der europäischen Sozial- und Wirtschaftssysteme haben die Europäer den Schwarzen auch nur noch eine Möglichkeit des Überlebens gelassen – sie haben sich in den arbeitsteiligen, industriellen Prozeß einzufügen, so wie dies auch alle

Europäer getan haben. Um aber in dieser arbeitsteiligen Industriewelt sein Auskommen zu finden, muß man über eine Menge Fähigkeiten verfügen, die die Europäer erst über einen Zeitraum von vielen Generationen langsam erlernt haben. Den Schwarzen wurde nicht nur keine Zeit gelassen, diese Prozesse langsam zu erlernen, vielfach wurde ihnen der Zugang dazu überhaupt verwehrt.

Wenn man von der sendungsbewußten Tätigkeit der Missionare absieht, so lag ja auch kein besonderes Interesse vor, die Schwarzen überhaupt mehr lernen zu lassen als die paar Handgriffe, die sie brauchten, um auf den Farmen und in den Bergwerken der Weißen zu arbeiten. Daher lehrte man die Schwarzen sehr oft nur das, wozu man sie gerade als Hilfskräfte brauchte. Daß schlecht ausgebildete und ungebildete Eltern dann auch nicht in der Lage sind, ihren Kindern besondere Kenntnisse weiterzugeben, ja daß sie oft nicht einmal die Notwendigkeit einer Ausbildung für ihre Kinder begreifen, ist kein afrikanisches Phänomen, mit diesem Problem rangen die christlichsozialen und die sozialdemokratischen Parteien Europas noch in den ersten Jahrzehnten dieses Jahrhunderts, und selbst heute noch trifft der Ruf nach Chancengleichheit nur einen Teil dieses Problems.

In Afrika sollen nun Menschen, denen man erst vor wenigen Jahrzehnten ein ihnen völlig fremdes Sozial- und Wirtschaftssystem verpaßt hat, in diesem System so funktionieren wie gut ausgebildete und spezialisierte Europäer, ohne daß man ihnen die Möglichkeit geboten hat, dies auch zu erlernen. Jetzt auf sie zu zeigen und zu meinen, sie könnten es nicht oder gar, sie würden es nie können, ist unfair, ungerecht und – wie ich aus eigener Erfahrung als Gastvortragender an einer afrikanischen Universität bezeugen kann – auch absolut unwahr.

Im übrigen steckt in diesem weißen Argument auch immer ein Stück Vergangenheit. Als man in Südafrika die Arbeitsplatzreservierung einführte, wurde sie unter anderem auch damit begründet, daß die Schwarzen einfach unfähig seien, diese oder jene Arbeiten zu verrichten, ja daß selbst langjährige Schulung sie nicht befähigter machen würde. Jetzt, da die südafrikanische Wirtschaft auf Grund ihrer raschen Expansion Hunderttausende Fachkräfte benötigt, hat man die Arbeitsplatzreservierung mit einem Schlag abgeschafft, und es ist ganz selbstverständlich, daß ein Großteil der benötigten Fachkräfte nun von den Schwarzen gestellt wird. Diese Fachkräfte, so heißt es im Bericht der Wiehahn-Kommission, werde man durch die Errichtung entsprechender Ausbildungsstätten in relativ kurzer Zeit herangebildet haben. Diese Zuversicht ist berechtigt.

Als Dr. Robert Mugabes ZANU-Partei in Zimbabwe siegte und dieser Guerillaführer Ministerpräsident der neuen schwarzen Mehrheitsregierung wurde, zeigte man sich in Zimbabwe selbst und in Südafrika überrascht über Mugabes Intelligenz, sein politisches Geschick, seine Fähigkeit, mit Menschen umzugehen und sie zu motivieren. Nur, so meinte man in Südafrika, ließe sich das nicht verallgemeinern. Wo finde man schon schwarze Politiker mit vergleichbarer Ausstrahlung? Die Antwort ist einfach: in Südafrika, denn Mugabe hat seine beiden Doktorate in Südafrika erworben. Was übrigens auch für Südafrika spricht.

Doch die Argumente hören damit nicht auf: Niemals könne man zulassen, daß die primitiven Steinzeitmenschen draußen im Kral das gleiche Stimmrecht besäßen wie etwa die Weißen oder vielleicht noch einige wenige gebildete Schwarze in der Stadt. Was verstünden die Leute im Busch schon von der Politik und von den komplizierten wirtschaftlichen und gesellschaftlichen Prozessen, die in einem so entwickelten Staatswesen wie Südafrika vor sich gingen.

Ich habe unlängst einen Schweizer Film über das Leben in zwei Schweizer Bergdörfern gesehen, und ich glaube nicht, daß das Schweizer Fernsehen diesen Film ausgestrahlt hätte, wäre er nicht tatsachengetreu gewesen. Die Grundaussage dieses Films jedoch war die erschreckende Primitivität, Unwissenheit, ja auch Gehässigkeit und sogar Gemeinheit, die – immer nach der Aussage dieses Films – unter diesen Dorfbewohnern offenbar zu finden ist. Und doch ist nirgendwo sonst in Europa die direkte Mitsprache und die ständige Stimmabgabe aller Bürger in allen öffentlichen Angelegenheiten so entwickelt wie gerade in der Schweiz. Auch wird niemand behaupten können, daß es „Hinterwäldler", wie sie in diesem Schweizer Film porträtiert worden sind, nur in der Schweiz gebe. Sie sitzen in vielen europäischen „Kralen", und dennoch würde es niemandem einfallen – und es wäre auch grundfalsch –, ihnen Stimme und Mitsprache im demokratischen Prozeß abzusprechen. Die indische Demokratie funktioniert seit mehr als 30 Jahren, und auch dort waren die Analphabeten in der Mehrheit und haben durch ihre Mitbestimmung dafür gesorgt, daß die Analphabeten heute einen immer geringeren Teil der Bevölkerung darstellen.

Gewiß, komplizierte industrielle, kommerzielle und selbst landwirtschaftliche Prozesse werden in Afrika von den Europäern nach wie vor besser beherrscht, unter Umständen sogar nur von ihnen.

Aber wie lange noch? Mit dem Heranwachsen einer breiten gebilde-
ten Schicht auch in den afrikanischen Staaten wird eine Bildungs-
elite entstehen, die über die gleichen Fähigkeiten verfügt. Aber in
der Zwischenzeit, so wird argumentiert, da brauchen sie uns, da
geht es nicht ohne uns. Vollkommen richtig. Es gibt kaum ein Volk,
das nicht in bestimmten Stadien seiner eigenen Entwicklung auf
ausländische Experten zurückgegriffen hätte. Gerade die beiden
heutigen Supermächte, die USA wie die Sowjetunion, hätten ihre
gewaltigen industriellen und technischen Fortschritte und Durch-
brüche ohne diese „Gastarbeiter" nie erzielen können. Ein guter
Teil der amerikanischen Nobelpreisträger stammt aus Europa,
wurde an europäischen Universitäten herangebildet, brachte europäische Expertise nach Amerika. Und fast alle industriellen und
technischen Großleistungen des zaristischen Rußlands und auch
noch entscheidende während der ersten Industrialisierungsphasen
der Sowjetunion wurden von westeuropäischen und amerikanischen
Fachleuten eingebracht. Das erst vor wenigen Jahren errichtete
größte Autowerk der Sowjetunion wurde von Fiat-Ingenieuren
aufgebaut, wofür die Sowjets der neuen Autostadt aus Dankbarkeit
den Namen eines früheren italienischen KP-Chefs gaben – Togliatti.
Wenn jedoch solche europäische Expertise von schwarzafrikanischen Staaten erwünscht wird, ist man rasch mit der Bemerkung zur
Hand: „Die können es halt nicht."

Aber, so wird weiter ins Treffen geführt, eines läßt sich doch
nicht leugnen, nämlich daß überall dort, wo schwarze Regierungen
die Macht angetreten haben, die Standards auf allen Gebieten rasch
gesunken seien. Die Verwaltungen seien nicht mehr so effizient,
Lieferfristen würden nicht eingehalten. Maschinen nicht mehr entsprechend gewartet, die öffentlichen Dienste funktionierten nicht
mehr klaglos, es gebe Störungen in der Elektrizitätsversorgung, im
Telefonbetrieb, in der Müllabfuhr und im Transportwesen, die
Straßen seien nicht mehr so rein, die Parks nicht mehr so gepflegt,
die Züge gingen nicht mehr pünktlich. Allenortes gebe es auch
Bettler und eine steigende Kriminalität.

Das stimmt zwar nicht überall, doch im allgemeinen treffen diese
Vorwürfe schon zu. Das war allerdings auch in Europa nicht anders.
Jedesmal, wenn ein wirtschaftlicher Prozeß die Befreiung einer
neuen Volksschicht, etwa einer ganzen Klasse, erzwang, wurden die
bis dahin gut funktionierenden Institutionen von Menschen in
Anspruch genommen und gehandhabt, die sich an den Umgang mit
diesen Einrichtungen erst gewöhnen und ihre Beherrschung erst

lernen mußten. Wie stöhnte der Adel, als sich die Bauern aufs Roß setzten, wie schreckte es die Bürger, als das Proletariat marschierte. Aber letztlich stammt im heutigen Europa der größte Teil der politischen und auch wirtschaftlichen Führungsschicht von diesen Bauern und diesen Proletariern ab.

Die Schwarzen seien dennoch unvergleichbar, heißt es weiter, weil niemals fähig, eine solche Entwicklung zu nehmen. Erstens gibt es dafür eine lange Reihe von Gegenbeispielen, zweitens haben sie zu der von ihnen geforderten Entwicklung noch keine hundert Jahre, ja die meisten noch nicht einmal dreißig Jahre Zeit gehabt, und drittens gibt es schließlich auch noch viele Europäer, die es in diesem Sinn bis heute nicht geschafft haben.

Und die Massaker? Die Massaker in Uganda? In Burundi? Im Kongo? Auf Zanzibar? Wollte man zynisch sein, könnte man darauf antworten, daß die Zahl ihrer Opfer verschwindend klein sei im Verhältnis zu den Millionen Opfern, die die letzten europäischen Massaker gefordert haben, und das erst vor gar nicht so langer Zeit. Es war Idi Amin, der sich selbst mit Hitler verglich, aber gemessen an dem, was Amin und was Hitler angestellt haben, war das schierer Größenwahn. Tatsache ist, daß es in Afrika bei weitem nicht so viele Massaker, Kriege und Bürgerkriege gegeben hat wie im gleichen Prozeß der Nationen- und Staatwerdung in Europa. Auch nicht so viele Opfer. Afrika könnte mit seinen Konflikten noch viele Jahrzehnte weitertun, ehe es auch nur die Anzahl der Toten des Dreißigjährigen Krieges erreichen würde, nämlich 16 Millionen.

Ganz abgesehen davon sind die Massaker in Afrika durchwegs von Schwarzen an Schwarzen begangen worden. Das gerade in Südafrika so oft gebrauchte Wort von der „schwarzen Gefahr" und die Angstvorstellung, es kämen morgen schon die Schwarzen mit dem Messer zwischen den Zähnen, um sich auf jeden Weißen zu werfen und insbesondere den weißen Frauen nachzustellen, ist durch keinen bisherigen Vorgang in Afrika begründet. Gewiß hat es Überfälle auf Missionsstationen und Farmen gegeben. Dabei wurde auch getötet, gefoltert, vergewaltigt. Aber es waren durchwegs vereinzelte Vorkommnisse, nie stand ein ganzer Stamm gegen alle Weißen auf, um sie auf solche Art zu verfolgen, zu quälen und umzubringen. Während des gesamten viele Jahre dauernden Mau-Mau-Aufstands in Kenia starben zwar Tausende Schwarze, aber nur 36 Europäer. Der Krieg in Zimbabwe-Rhodesien dauerte sieben Jahre und forderte mehr als 30 000 Menschenleben, aber nur ein Bruchteil der Opfer waren Europäer, und von einzelnen Übergriffen abgesehen, haben auch die siegreichen Partisanenarmeen nirgends Rache an den Europäern genommen. Selbst Massenvertreibungen von Europäern fanden nirgends in Afrika statt. Der Massenexodus der Belgier aus dem Kongo wurde von diesen selbst verursacht, weil sie ihrer eigenen Angstpropaganda geglaubt hatten. Heute leben in Zaire (Kongo) wieder mehr Belgier als zur Zeit der belgischen Kolonialherrschaft.

Auch die Portugiesen in Angola und selbst in Moçambique sind zunächst aus eigenen Stücken in großer Zahl aufgebrochen, und zwar ebenfalls aus Angst, die nicht zuletzt von der eigenen Propaganda geschürt war. Tatsächlich entzogen die marxistischen Befreiungsbewegungen, die dann in Angola und Moçambique an die Macht kamen, durch weitgehende Enteignungsmaßnahmen den verbliebenen Europäern die Existenzgrundlage und zwangen sie damit zur Auswanderung. Ich war selbst in Angola und Moçambique zu einer Zeit, da dort die nichtmarxistischen Befreiungsbewegungen weit stärker und erfolgreicher waren als die Marxisten. Portugal war damals nicht bereit, mit den Führern dieser Bewegungen zu verhandeln. Portugal setzte den Krieg so lange fort, bis jene siegen mußten, die auf den Waffennachschub aus der Sowjetunion und den anderen Ostblockstaaten zählen konnten beziehungsweise denen die Kubaner zu Hilfe eilten. Das Argument also, mit politischen Vereinigungen der Schwarzen oder Befreiungsorganisationen sei kein Verhandeln möglich, weil diese nur die Vertreibung des weißen Mannes und die Konfiszierung seiner Farmen und Betriebe im Auge hätten, ist einfach unwahr. Wo immer rechtzeitig mit schwarzen Parteien und auch Befreiungsorganisationen verhandelt wurde, sind die Rechte der Weißen und meist auch ihr Eigentum respektiert worden.

Gewiß, in all diesen Staaten gibt es das, was man Afrikanisierung nennt. Die bis dahin in weißer Hand befindlichen Zeitungen werden afrikanisiert, Industrieunternehmungen haben afrikanische Partner aufzunehmen, selbst in kleineren Geschäften, Hotels und Restaurants müssen entweder mehr Afrikaner angestellt oder afrikanische Beteiligungen gewährt werden. Aber diese Beispiele wären nicht so ohne weiteres auf Südafrika übertragbar. In allen diesen Ländern gab es einige zehntausend, in Zimbabwe 270 000 Weiße. In Südafrika gibt es 4,5 Millionen. In allen diesen Ländern gab es keine sehr große Anzahl von Farmen oder Betrieben, die Weißen gehörten (wieder mit Ausnahme Zimbabwes), wohl weil die Gesamtzahl solcher Farmen und Betriebe nicht sehr hoch war. In Südafrika

189

existiert eine Industrie und eine wirtschaftliche Infrastruktur wie in den höchstentwickelten europäischen Staaten. Keine politische Führung, aus welchen Hautfarben auch immer sie sich zusammensetzt, wird auf diese Industrie und deren Weiterentwicklung verzichten wollen oder können.

Ich traf in all meinen Gesprächen auf keinen einzigen schwarzen Politiker innerhalb und außerhalb Südafrikas, der gemeint hätte, die Schwarzen wären jetzt oder innerhalb der nächsten zwei Generationen in der Lage, die Leitung dieser Wirtschaft zu übernehmen. Es war eher traurig und stellte meiner Ansicht nach eine Anklage dar, daß diese schwarzen Politiker von sich aus erklärten, unter den 20 Millionen Schwarzen in Südafrika gebe es ja kaum irgend jemanden, der sich an die Stelle der hochqualifizierten Weißen setzen ließe. Aber es war nicht als Anklage gemeint, sondern bloß als sachliche Feststellung, als Beweis, daß niemand die Weißen vertreiben wolle, weil man das einfach gar nicht könne.

Ich traf auch keinen schwarzen Politiker, der nicht voll anerkannt hätte, daß die Weißen in Südafrika genauso Afrikaner seien wie die Schwarzen, daß alle dort das gleiche Heimatrecht hätten. Die von den Weißen – wie wir gesehen haben, keineswegs mit Recht – vertretene Theorie, sie hätten ein völlig menschenleeres Land vorgefunden, eines, das niemandem gehörte, und sie hätten aus diesem Land auch niemanden verdrängt, wird von den meisten schwarzen Führern sogar in der Form anerkannt, daß da eben zwei Völkerwanderungen aufeinandergetroffen seien und sich seither zu einer einzigen Siedlungsgemeinschaft verflochten hätten.

Das heißt nicht, daß nicht ein guter Teil der schwarzen Führer nach dem gleichen und allgemeinen Wahlrecht ruft und Südafrika künftig von einer schwarzen Mehrheitsregierung geleitet sehen möchte. Hätten die Weißen eine Mehrheit in Südafrika, würden sie von diesem Prinzip wohl auch nicht abgehen wollen. Und jemand, der seit Jahrhunderten als Minderheit regiert und alle Macht für diese Minderheit in Anspruch nimmt, wird wohl zumindest für die Forderung der Mehrheit nach einer Mehrheitsregierung Verständnis aufbringen müssen. Die Schwarzen wissen dennoch sehr genau, daß sich alle Mittel der Macht nach wie vor in den Händen der Weißen befinden. Die oft in Europa und Amerika aufgestellte Forderung nach einem Sturz dieser weißen Regierung und deren Ablösung durch eine schwarze Mehrheit wird zwar von den schwarzen Befreiungsorganisationen auch als eigene Forderung vertreten, aber sie wissen viel besser als die Europäer und Amerikaner, wie schwer dieses Ziel zu erreichen ist; wie viele Opfer da erst zu erbringen wären; wie lang und blutig der Kampf um eine solche Ablöse sein würde.

Südafrika ist nicht Zimbabwe und nicht Namibia, auch nicht Angola oder Moçambique. In allen diesen Ländern gab es nur wenige Weiße, und mit Ausnahme von Zimbabwe waren die in diesen Ländern kämpfenden weißen Armeen ausländische Armeen. Kolonialarmeen im Fall Angola und Moçambique, ein südafrikanisches Expeditionskorps ist es im Fall Namibia. Nur in Rhodesien kämpften heimische Rhodesier, und da hat der Krieg auch sieben Jahre lang gedauert – obwohl es nur 270 000 Weiße gab, Frauen, Kinder und Alte eingeschlossen, und sieben Millionen Schwarze; und obwohl die Weißen von beinahe der ganzen Welt boykottiert und sanktioniert waren, während Waffen, Munition und Geld in großen Mengen in die schwarzen Guerilla-Armeen flossen. Hätte schließlich nicht die gesamte Welt die Rhodesier zum Nachgeben gezwungen, von sich aus würden die heute noch kämpfen. Es gab keinen Massenaufstand in Rhodesien, keinen Generalstreik, nicht einmal einen passiven Widerstand der Schwarzen.

Und wie wäre das morgen in Südafrika? Die südafrikanische Armee fordert politische Lösungen, weil sie im Falle eines Massenaufstandes der Schwarzen sich nicht in der Rolle des Schlächters wiederfinden möchte. Aber die schwarzen Politiker, mit denen ich sprach, waren bezüglich eines solchen Massenaufstandes sehr skeptisch: Jeder einzelne von ihnen war schon mehrfach im Gefängnis gesessen, für nur geringe politische Betätigung; für politische Arbeit im größeren Stil hätten sie wohl lebenslänglich sitzen müssen. Die südafrikanische Polizei unterhält eines der dichtesten Spitzelnetze der Welt: in den Townships, in den Homelands und selbst unter den Weißen. Sie verhaftet sofort, und sie braucht nicht einmal anzuklagen, geschweige denn zu beweisen. Die Presse kann kritisieren und protestieren, aber sie darf nichts berichten, was irgendeiner schwarzen Gruppe Nachricht von der Aktivität anderer schwarzen Gruppen geben könnte. Keine Demonstration, kein Sabotageakt, kein Bombenopfer, keine Polizeiaktionen sind im Fernsehen zu sehen. Das unterbindet Solidarisierungseffekte und Sympathieaktionen, und das hindert eine raschere Entwicklung politischen Bewußtseins.

Vom Standpunkt der weißen Regierung aus sind das alles richtige und wirkungsvolle Maßnahmen. Wo sich ein profilierter politischer Führer zeigt, wird er von der Polizei aus dem Verkehr gezogen. Und während solche Führer früher einmal nach einiger Zeit wieder freikamen und aktiv werden konnten, bleiben sie heute einfach ohne Urteil auf unbestimmte Zeit im Gefängnis, oder sie sterben schon in Untersuchungshaft.

Dies zeigt, um wieviel schwerer es in Südafrika ist, einen nennenswerten breitangelegten Widerstand von innen zu organisieren, der die Weißen in absehbarer Zeit in die Kapitulation zwingen könnte. Daher auch das unablässige Drängen schwarzafrikanischer Staaten, Südafrika durch internationale Aktionen zum Nachgeben zu bringen, durch Boykotte und Sanktionen von außen. Da zögert immer wieder der Westen, schon wegen der eigenen Investitionen in Südafrika. Und erst recht wegen der eigenen Abhängigkeit von den Rohstoffen und Mineralien, die er aus Südafrika bezieht und nur von dort beziehen kann, will er nicht in größere Abhängigkeit von der Sowjetunion geraten. In Anbetracht wirtschaftlicher Stagnation und zunehmender Arbeitslosenziffern läßt sich auch nicht leicht auf die westlichen Exporte nach Südafrika verzichten. Und Südafrika ist fast bei allen Industriestaaten ein guter und prompt zahlender Kunde.

Ließe sich Südafrika von außen angreifen, etwa durch eine gemeinsame Anstrengung vieler afrikanischer Staaten, die ihre Armeen vereint marschieren lassen könnten? Es ist keine Kombination afrikanischer Armeen denkbar, der die südafrikanische Armee mit ihrer Stärke und ihrer Ausrüstung nicht erfolgreich Widerstand leisten könnte.

Ließe sich der Konflikt um Südafrika in einem solchen Maß verschärfen und internationalisieren, daß die Supermächte oder auch nur eine der Supermächte, etwa die Sowjetunion, mit eigenen Flotten und eigenen Armeen gegen Südafrika aufmarschieren würden? Das ist in der heutigen Weltsituation kaum denkbar. Der Aufwand wäre zu teuer, das Operationsgebiet zu weit, das Risiko einer Konfrontation mit anderen Weltmächten zu groß. Waffen würde man liefern, Geld beisteuern, Sabotagetrupps trainieren, Partisanen ausbilden, aber das Leben hätten dann andere zu riskieren.

Das wissen die Exilorganisationen der schwarzen Südafrikaner, der ANC, der PAC und wie sie sonst alle heißen. Selbst die südafrikanische kommunistische Partei, die ihr Hauptquartier in Moçambique bezogen hat, setzt ihre Erwartungen nicht auf einen siegreichen Befreiungskampf von außen, sondern interessanterweise auf die Reformmaßnahmen der Regierung Botha: mit einer Zulassung der Schwarzen in alle Berufssparten werde nicht nur das schwarze Proletariat wesentlich größer werden, durch bessere Berufsausbildung werde auch sein politisches Bewußtsein rascher wachsen, mit der Zulassung schwarzer Gewerkschaften werde es möglich sein, dieses Proletariat organisatorisch zu erfassen und einer ständigen politischen Agitation auszusetzen. Die jetzt in Südafrika einsetzende gesellschaftliche Entwicklung folge ganz und gar den klassischen Vorstellungen des Marxismus von steigender Bewußtseinsbildung bis zur Revolution. Es ist die südafrikanische KP, die in ihren offiziellen Stellungnahmen so argumentiert.

Zuwenig zu spät?

Aus alldem läßt sich meiner Ansicht nach schließen: Der Versuch der weißen Regierung Südafrikas, das Land in schwarze Homelands und ein weißes Südafrika zu teilen, ist nicht durchführbar. Was die Regierung heute tut, ist nur noch die Aufrechterhaltung einer Fiktion, wahrscheinlich in Ermangelung einer neuen brauchbaren Idee. Aber man wird neue brauchbare Ideen entwickeln müssen, will man nicht in eine Situation schlittern, die zu permanenten Konfrontationen zwischen Weißen und Schwarzen führt und aus der sich zu lösen immer schwerer fallen würde. Ja, die letztlich in einer Revolution der Schwarzen gipfeln muß.

Es ist leider zu befürchten, daß die Buren – trotz aller wirtschaftlichen und sicherheitspolitischen Zwänge – es nicht über sich bringen werden, über ihren eigenen Schatten zu springen und ihre seit Jahrhunderten entwickelten Vorurteile und Ängste zu überwinden. Außenstehende werden das nie ganz begreifen. Denn wenn man nebeneinanderstellt, was die meisten Weißen in Südafrika für sich selbst wünschen und was die meisten Schwarzen für sich erwarten, dann liegen diese beiden Vorstellungen theoretisch nicht so weit auseinander.

Die Weißen: Sie haben Angst vor einer Majorisierung durch die Schwarzen, daher möchten sie die Instrumente der Macht nicht aus der Hand geben. Auch glauben sie, daß nur sie allein in der Lage sind, die Wirtschaft des Landes in Gang zu halten, Law and Order aufrechtzuerhalten.

Die Schwarzen: Sie wollen endlich über ihre eigenen Angelegenheiten selbst bestimmen können, sie wollen nicht, daß die Weißen ihre Instrumente der Macht weiterhin gegen die Schwarzen einsetzen können, sie wollen gleiche Rechte wie die Weißen, sie wollen ihre Würde bewahren können, die die Apartheid-Gesetze unentwegt verletzen.

Im Prinzip wollen alle Bevölkerungsgruppen in Südafrika ihre persönlichen Freiheiten und ihre wirtschaftlichen Entwicklungsmöglichkeiten uneingeschränkt in Anspruch nehmen. Die überwältigende Mehrheit aller Bevölkerungsgruppen wünscht keine Konfrontation, keinen Kampf, kein Blutvergießen.

Versucht man nun, diese Vorstellungen deckungsgleich zu machen, so würde sich unter anderen folgendes Szenario zur Lösung des Problems Südafrika anbieten: So wie es schon viele fordern, sollte es zu einer Verhandlungsrunde der politischen Führer aller Rassengruppen kommen. Die gemeinsame Staatsbürgerschaft, das gemeinsame Vaterland sollte für niemanden mehr in Frage gestellt sein. Alle Rassengruppen sollten an einer künftigen Regierung Südafrikas beteiligt werden, power sharing, wie das englische Fachwort heißt, gemeinsame Beteiligung an der Macht. Dabei sollte es keiner Rassengruppe möglich sein, Entscheidungen ohne Zustimmung aller anderen Gruppen zu fällen. Beschlüsse der Regierung müßten einstimmig, und das heißt daher stets in vollem Einvernehmen aller Gruppen, gefaßt werden. Solcherart könnte keine Gruppe die andere dominieren oder ausschalten.

Es ist interessant, daß derartige Vereinbarungen überall dort vorstellbar sind, wo traditionell das proportionale Wahlrecht angewandt wird, und daß sie fast unvorstellbar sind, wo man bisher nur das britische Wahlrecht, das Westminster-Modell, kennt. In der Schweiz, in der Bundesrepublik Deutschland, in Österreich, in Italien sind Koalitionsregierungen entweder die Regel oder doch schon oft erprobt. Dabei ist ganz selbstverständlich, daß der Koalitionspartner – einerlei, wie groß nun sein Stimmenanteil bei der letzten Wahl gewesen ist – in der Regierung nicht überstimmt werden darf, daß Regierungsbeschlüsse im Einvernehmen zu fassen sind.

Konsensdemokratie ist in der Schweiz Tradition. Im Zusammenhang mit Südafrika aber ist das Beispiel Österreich noch interessanter. Die österreichischen Regierungskoalitionen wurden 1945 aus tiefem gegenseitigen Mißtrauen der Parteien geboren, aus einem Bürgerkriegstrauma. Diese Parteien muteten einander immer noch die gewaltsame Unterdrückung eines Teiles der Bevölkerung zu. Es war daher nicht nur die Anwesenheit alliierter Besatzungsmächte, die die österreichischen Parteien an den Verhandlungstisch und zu umfassenden Koalitionsvereinbarungen brachte – vor allem kam es ihnen darauf an, keine Bevormundung durch die andere Seite zuzulassen und alle politischen und wirtschaftlichen Machtinstrumente gegenseitig zu kontrollieren. Über alle Streitfragen wurde in Koalitionsausschüssen so lange verhandelt, bis Kompromisse gefunden waren, die allen erträglich schienen, und erst diese wurden dem Parlament oder der Regierung zur Beschlußfassung vorgelegt.

Man möge nicht einwenden, daß derartige Konstruktionen nur von politisch sehr reifen Völkern vereinbart werden könnten. Wann sind Völker politisch reif? Machen Völker die Kriege, erfinden Völker Diktaturen, bauen Völker Konzentrationslager? Es sind stets und immer ihre politischen Führer, die das tun oder unterlassen. Es kommt also auf die Reife der politischen Führer an. Ich kenne eine ganze Reihe schwarzer Führer Südafrikas, innerhalb und außerhalb des Landes, denen niemand politische Reife absprechen würde.

Ein Lösungsmittel dieser Art wäre für Südafrika also denkbar. Es ist sogar für viele Buren denkbar. Im selben Moment aber haben sie die alten Zweifel, daß ein solches Modell gegen den Willen eines Teiles ihrer Landsleute durchgesetzt werden kann.

Nach der Wahl 1981 hatte es ganz den Anschein, als würde auch Botha von den Ansätzen einer Reformpolitik wieder zurückweichen. Als würde auch er die Herausforderung des verkrampften Flügels im Burenlager nicht wagen. Denn was jetzt zu tun war, erforderte den Mut, über den eigenen burischen Schatten zu springen: die fortschrittlichen Elemente der Buren, die Verligtes, mit den unterstützungswilligen Liberalen aus dem englischen Lager zusammenzuführen und daraus eine neue Machtbasis in Südafrika zu schaffen. Etwas also, was noch nie da war, was bisher auch immer für „letzten Endes unmöglich" gehalten worden ist. Aber in der Theorie stimmte alles: Fortschrittliche Buren und liberale Engländer mußten zusammen eine starke, tragfähige Mehrheit ergeben – abermals eine Zweidrittelmehrheit unter Abstoßung der ultrakonservativen Kräfte bei den Buren.

Am 2. November 1983 hat Botha, so scheint es, zumindest den ersten Schritt in Richtung auf die Formierung einer solchen neuen Kraft der Mitte gesetzt – obwohl er sich in alter burischer Vorsicht noch nicht verpflichtet hat, nach dem ersten auch einen zweiten und dritten Schritt zu setzen.

Immerhin: Am 2. November 1983 rief Botha alle Weißen des Landes zu einer Volksabstimmung auf. Das war an sich schon eine große Sache. Denn bis dahin hatte es in Südafrika erst eine einzige Volksabstimmung gegeben – jene, mit der sich die Südafrikaner vom britischen Commonwealth losgesagt hatten. Mit dieser zweiten Volksabstimmung in der Geschichte Südafrikas sollten die Weißen entscheiden, ob den Mischlingen und den Indern im Land eine politische Vertretung und damit ein Mitspracherecht in der Führung des Landes zugebilligt werden solle.

Der Reformplan Bothas ging dabei über die seinerzeitige politische Beteiligung der Mischlinge in der Kap-Provinz hinaus: Denn erstens sollte dieses Mitspracherecht künftig für ganz Südafrika und nicht wie seinerzeit nur für die Kap-Provinz gelten; zweitens würden Mischlinge und Inder nicht durch einige wenige weiße Abgeordnete im Parlament vertreten werden, sondern sie sollten durch eigene Abgeordnete künftig selbst politisch tätig sein.

Allerdings – und das war und ist eine starke Einschränkung – sollten diese Abgeordneten der Mischlinge und der Inder nicht die gleichen Parlamentsbänke drücken wie ihre weißen Kollegen. Botha sah für die 2,8 Millionen Mischlinge und 850 000 Inder je ein weiteres zweites und drittes Abgeordnetenhaus vor. In diesen Kammern könnten Mischlinge und Inder über ihre eigenen Angelegenheiten weitgehend selbst bestimmen. Gesetze jedoch, die das gesamte Land betreffen, könnten nur von allen drei Abgeordnetenhäusern gemeinsam beschlossen werden, wobei die Mehrheit der Stimmen ausschlaggebend wäre. Diese Mehrheit würde jedoch stets bei der Abgeordnetenkammer der Weißen liegen – und zwar verfassungsmäßig festgeschrieben; eine Mehrheit also auch dann, wenn die weiße Bevölkerung je von Mischlingen und Indern zahlenmäßig überflügelt würde. Es ist das alte burische Prinzip.

Darüber hinaus würde Südafrika im Zuge weiterer Reformen in eine Präsidentschaftsdemokratie umgewandelt werden. Die Ämter des Ministerpräsidenten und des Staatspräsidenten würden verschmolzen und von einer einzigen Person ausgeübt werden. Dieser neue Präsident Südafrikas würde mit weitgehenden, nahezu autoritären Vollmachten ausgestattet sein. Zu den Vollmachten würde auch zählen, daß der Präsident von sich aus bestimmen kann, welche Fragen überhaupt vor welche Abgeordnetenkammer gebracht werden sollen. Mit Hilfe des Präsidentenrates könnte dieser neue Präsident auch jeden Beharrungsbeschluß jeder der Abgeordnetenkammern und sogar aller drei gemeinsam mit einem Veto blockieren. Die Vorherrschaft der Weißen ist also diesen Reformplänen nach doppelt und dreifach gesichert.

Dennoch könnte ein mit so weit gehenden Vollmachten ausgestatteter Präsident seine Autorität auch dazu nützen, Mischlingen und Indern mehr Mitsprache zu gewähren, und er könnte sie auch nützen, um endlich auch die Schwarzen in den politischen Entscheidungsprozeß Südafrikas mit einzubinden; genauso wie er die Vollmachten dazu verwenden könnte, jeglichen Fortschritt auf dem Gebiet der politischen Integration in Südafrika zu verhindern, ja die Apartheid-Politik sogar noch zu festigen.

Was also aus der Reform letzten Endes werden sollte, war am Tag der Volksabstimmung keineswegs klar. Die Ultrakonservativen aus dem nationalen Lager, die neue Opposition unter Treurnicht, ebenso wie die HNP, riefen erneut „Verrat!" und sahen Botha bereits die Apartheid demontieren, auf eine Gleichberechtigung der Schwarzen hinarbeiten und damit das Ende des Burenstaates herbeiführen. Die PFP erklärte parteioffiziell, daß der Reformvorschlag Bothas in Wirklichkeit nur einer Festigung der Apartheid dienen solle. Mischlinge und Inder sollten lediglich davon abgebracht werden, sich mit den Schwarzen weiterhin zu solidarisieren, das nichtweiße Lager sollte nur erneut gespalten werden, nach der alten Regel des Teilens und Herrschens. Die Schaffung zweier verschiedener rassisch getrennter Abgeordnetenkammern werde der Verfestigung der Apartheid-Politik dienen, nicht deren Auflösung. Die Gewährung gewisser politischer Rechte an Mischlinge und Inder, während den Schwarzen weiterhin jegliche politische Betätigung, ja auch nur Anerkennung als südafrikanische Staatsbürger verweigert würde, werde zu einer weiteren Radikalisierung des schwarzen Lagers führen.

Botha bestritt zwar die Argumente der Ultrakonservativen und der PFP, doch war er nicht bereit, klipp und klar zu erklären, wohin letzten Endes die von ihm nun weitergetriebene Reform führen würde. Die Wähler blieben also über die Fernziele im unklaren. Und doch war sich die große Mehrheit dieser Wähler offenbar darin einig, daß die Reformvorschläge Bothas zumindest ein Ansatz in eine mögliche richtige Richtung sein könnten: Zu dieser Hoffnung bekannten sich am 2. November 1983 66 Prozent der weißen Wähler Südafrikas.

Die Volksabstimmung hatte zum erstenmal in der südafrikanischen Geschichte einen neuen Wählerblock zusammengeschmiedet – fortschrittliche Buren und liberale Engländer hatten sich zu einer Mehrheit zusammengefunden, die, zumindest was die Prozentzahlen betrifft, so tragfähig sein könnte, wie es die bisherigen rein burischen Mehrheiten waren. Gestützt auf eine solche neue Mehrheit der Mitte, könnten in Südafrika viel weiter gehende, echte Reformen gewagt werden.

Es ist diese innenpolitische Entwicklung, die letztlich für das Schicksal Südafrikas ausschlaggebend sein wird. Für die Welt aber fallen die Entscheidungen nicht nur in Südafrika selbst, sondern auch entlang seiner Grenzen, in seinen Nachbarstaaten. Und vor allem dort, wo Südafrika in und mit diesen Nachbarstaaten im offenen Konflikt steht. Einer dieser Konflikte beschäftigt seit vielen Jahren die internationalen Gremien und fast alle Staatskanzleien der Welt – der Konflikt in und um Namibia.

Im Kampfgebiet in Namibia

Der Pilot drückt den Hubschrauber bis auf wenige Meter über die Baumwipfel hinunter und gibt gleichzeitig Vollgas. „So tief wie möglich und so schnell wie möglich, das ist hier Vorschrift", hatte er mir gesagt, als wir in Oshakati in die Maschine kletterten. Wir befinden uns im Owamboland, der nördlichsten Provinz Namibias. Owamboland ist Guerillaland. Im dichten Busch unter uns können sie überall sein, und sie sind es wahrscheinlich auch, die Guerillas der SWAPO.

SWAPO steht für Southwest African People's Organization – die schwarze Befreiungsorganisation für Namibia. Die Hauptquartiere und Basislager der SWAPO befinden sich jenseits der Grenze in Angola. Aber ihre Partisanen sickern in das Owamboland ein, legen Landminen, überfallen südafrikanische Posten, machen ihre nächtlichen Streifzüge durch die Krale der Owambo, erschießen jene, die mit den Südafrikanern zusammenarbeiten, verwarnen die anderen, sammeln Informationen, holen sich Nahrung, verpflichten Träger für ihre Minen und werben. Werben für ihre Ideen und werben für den Kampf in ihren Reihen. Manchmal setzen sie hinter die Werbung auch Druck: Wer nicht mitgehen will, riskiert sein Leben oder das seiner Familienangehörigen.

Ab und zu gelingt der SWAPO auch ein größerer Coup, wenn sie etwa an eine Schule herankommt und die Schüler mitnehmen kann – hinüber nach Angola, wo die SWAPO ihre eigenen Schulen unterhält, ihre eigenen Trainingslager. Man benötigt nicht nur Rekruten für den Kampf, man will auch über geschultes und den

198

SWAPO-Idealen ergebenes Personal verfügen, wenn man eines Tages siegreich in Windhoek einmarschieren sollte.

Die SWAPO muß die Kinder aber gar nicht immer entführen, viele gehen freiwillig mit. Die Kinder im Owamboland hören viel vom Partisanenleben im Busch, und die selbstbewußten nationalen Parolen der Werber imponieren ihnen.

Der Kampf der SWAPO ist, so meinen auch viele der Eltern hier oben im Owamboland, der Kampf um ihre eigene Befreiung, ihr Kampf. Die SWAPO-Partisanen sind fast ausschließlich Owambo. Owambo tun sich leicht mit Owambo, leichter jedenfalls als die weißen Soldaten der südafrikanischen Armee, die die Grenze abriegeln und die SWAPO außer Landes halten sollen.

Den Hubschrauber, mit dem ich fliege, habe ich von einem Mietflugunternehmen geheuert – „Hire und Fly", mit dem Hauptbüro in Windhoek, aber nirgends werden seine Dienste zur Zeit mehr gebraucht als hier im Norden Namibias, wo es keine Eisenbahn gibt und die Landstraßen oft über Nacht von der SWAPO mit Landminen gespickt werden.

Der Pilot ist Deutscher. Er war zeitverpflichteter Soldat bei der Bundeswehr, auch dort Hubschrauberflieger, sechs Jahre lang. Dann ging er nach Südafrika, flog dort Hubschrauber für die Farmer, zur Jagd auf Geparden und Schakale. Das war ihm zu blutig, er wollte endlich einmal ein normaler Pilot sein. Ganz hat er es nicht geschafft; aus der friedlichen Etappe Windhoek hat ihn sein neuer Arbeitgeber ins Owamboland geschickt. Jetzt fliegt er mit dem automatischen Gewehr im Ständer gleich neben seinem Sitz.

„So tief wie möglich, so schnell wie möglich, dann können die da unten nicht gut Ziel nehmen. Wir sind schon wieder weg, bevor sie schießen. Und nicht zu hoch, die haben manchmal Raketen, die fliegen einem nach, immer hinter der Hitze des Auspuffs her. Aber die erwischen einen nur, wenn man hoch fliegt, da unten passiert nichts."

Es passiert auch nichts. Wir rasen so knapp über die Baumwipfel dahin, daß man deren schöne rote und weiße Blüten mit den Händen hätte pflücken können. Für Bruchteile von Sekunden tauchen da und dort Menschen auf, Köpfe hochgereckt, um nach dem ratternden Ungetüm Ausschau zu halten. SWAPOs? Wir wissen es nicht. Aber einmal lenkt der Pilot den Hubschrauber in scharfem Bogen zu einem langgezogenen Einschnitt im Busch, aus dem Staubwolken aufsteigen – eine Straße und auf ihr eine Armeekolonne in voller Fahrt. Die Soldaten halten ihre Gewehre im

Anschlag: Südafrikaner, einige winken zu uns herauf – die SWAPO hat keine Hubschrauber. Aber wir gleiten schnell wieder zurück über den dichten Busch. Guerillas, die irgendwo an der Straße im Hinterhalt sitzen, haben über der Straße freies Schußfeld. „Ist ja alles halb so arg", wird mir der Pilot später sagen. Er fliegt schon seit einigen Monaten hier und ist erst zwei- oder dreimal unter Beschuß gekommen. „Genau kann man das nur wissen, wenn man getroffen wird, denn in der Kiste hört man ja nichts, und sehen kann man die auch nicht."

Der Busch ist zu Ende, vor uns liegen weite Viehweiden. In großen Kreisen stehen die Zäune aus trockenen Dornenholzästen in den Grasflächen, drei, vier, fünf runde Hütten in ihrer Mitte, zwischen diesen die stets rauchenden Feuer, auf denen die nächste Mahlzeit bereitet wird. Es sind die kleinen Krale der Owambobauern, ihre „Höfe".

Wir aber steuern dem Kral des Häuptlings zu. Als der Kral vor uns auftaucht, glaube ich zunächst ein größeres Dorf vor mir zu haben. Statt der trockenen Dornenholzäste stehen feste Palisaden im Boden, auch sie in einem großen Rund und hinter diesem Palisadenzaun an die 30, 40 Hütten, eng nebeneinander und doch, wie ich dann bemerke, durch Wege verbunden, die in einem verwirrenden Labyrinth von Hütte zu Hütte führen und auf beiden Seiten ebenfalls von hohen Palisaden eingezäunt sind. Der Pilot zieht den Hubschrauber jetzt hoch, beginnt den Kral zu umkreisen, einmal, zweimal, dreimal. Er brüllt mir ins Ohr, daß er dies dem Häuptling zuliebe tue. Später erfahre ich, daß es für der Häuptling wichtig ist, vor seinen Leuten zu zeigen, daß er besucht wird, daß die Hubschrauber, höchster Ausdruck der Macht, ihm zu Ehren kommen.

Der Platz, auf dem wir landen werden, liegt außerhalb der Palisadenburg. Seit wir kreisen, sammelt sich da unten ein kleines Empfangskomitee: ein Dutzend schwarzer Soldaten in Khaki, Angehörige einer Art von Homeguard, von den Südafrikanern ausgebildet und bewaffnet und den regierungstreuen Häuptlingen und Politikern als Leibwache zugeteilt. Sie geben ihre Sturmgewehre nie aus der Hand, sind immer auf einen Feuerüberfall von irgendwoher gefaßt.

Dann sehen wir auch den Häuptling und dessen Frau. Sie verlassen gemessenen Schrittes den Kral und begeben sich zu den Soldaten am Rand des Landeplatzes. Beim Aufsetzen wirbelt der Rotor des Hubschraubers den roten Sand hoch und treibt ihn in dichten Wolken mitten in das Empfangskomitee. Das tut mir leid. Der

Häuptling, ein starker, hochgewachsener Mann mit Bart ist im elegant geschnittenen dunkelgrauen Nadelstreif erschienen, seine Frau in einem langen Seidenkleid. Sie empfangen uns überschwenglich. Besuch von draußen ist für sie Lebenselixier. Denn der Kral, das wird jetzt deutlich, gleicht einer belagerten Burg. Und er ist eine Burg. Die vielen Hütten sind genaugenommen nur die Einzelräume dieser Burg, und die Wege sind die Korridore, die sie miteinander verbinden.

Ich sehe hier ein kleineres Modell des großen Häuptlingskrals, von dem sich schon Briten und Buren tief beeindruckt gezeigt haben, als sie einst die ersten Kontakte zu den obersten Kriegsherren der Zulu aufnahmen. Die Häuptlingsburg der Zulu gibt es nicht mehr, aber hier oben im Owamboland regieren die Häuptlinge noch von ihren Kral-Burgen aus. Unser Gastgeber ist Kapitän Taaipopi. Die holländischen Seefahrer übertrugen die Bezeichnung für die höchste Autorität an Bord ihrer Schiffe, Kapitän, auf die Häuptlinge der Eingeborenenstämme.

Taaipopi und seine Frau führen uns nun in den Kral. Er wird heute weniger durch die hohen Palisaden geschützt als durch die Leibgarde, die hinter Sandsackbarrieren und Schutzwällen mit dem Gewehr im Anschlag auf Wache steht. Sie hat auch immer wieder Feindberührung. Die Spuren der Kämpfe bekommen wir gleich zu sehen: Das Dach aus Wellblech über dem Abstellplatz der beiden Landrover des Häuptlings ist von einer Granate zerrissen, die Windschutzscheibe eines der beiden Autos von mehreren Kugeln durchlöchert. Der Häuptling war im Auto, als es beschossen wurde.

Hinter den Palisaden warten fünf Mädchen im Alter zwischen zehn und zwanzig Jahren auf uns; es sind die Töchter des Häuptlings. Sie werden uns vorgestellt und schließen sich uns an. Der Häuptling kann weder Englisch noch Afrikaans, noch Deutsch. Er spricht Owambo. Ich frage den Dolmetscher, ob der Häuptling auch Söhne hätte. Diese Frage, so meint er, sollte ich wenn möglich nicht an den Häuptling stellen. Die Söhne seien nicht mehr hier. Die Söhne, so würde mir der Häuptling erklären, falls ich ihn fragen sollte, seien von der SWAPO entführt worden. Seien? Sind sie es nicht? Der Dolmetscher zuckt die Achseln. „Wir hören, daß einer von ihnen Abschnittskommandant der SWAPO sein soll, nicht weit von hier."

Während der Häuptling in seinem Nadelstreif und seine Frau im Seidenkleid in den engen Palisadenwegen vor uns hergehen und die Töchter uns in geziemendem Abstand folgen, begreife ich, daß die

Front, von der alle sagen, daß es sie nicht gibt, für die Menschen hier eine harte Realität ist – sie schneidet mitten durch die Familien. Auf den endlos scheinenden, gewundenen Palisadenkorridoren geht es an den Hütten vorbei, die Zimmer dieses Palastes sind, Aufenthaltshütten, Schlafhütten, Gästehütten, Teehütten, Morgenhütten, Nachmittagshütten, Abendhütten, Kinderhütten, Ammenhütten, Dienerhütten, dazwischen Speicherhütten, Getreidehütten, Trockenfleischhütten, Saatguthütten, Töchterhütten, Söhnehütten (diese sind leer), bis wir etwa in der Mitte des Labyrinths das Haus des Häuptlings erreichen. Es ist leider ein Neubau, aus Ziegeln und Wellblech, und auch europäisch eingerichtet, Symbol einer Macht, die sich als stärker erwiesen zu haben scheint und deren Zivilisation man daher übernommen hat.

Im Wohnzimmer sitzen fünf Angehörige einer südafrikanischen Polizeipatrouille. Sie begrüßen uns freundlich, aber sie stehen vor dem Häuptling nicht auf. Der Häuptling und seine Frau nehmen auf zwei Stühlen an der Wand Platz. Ich bekomme von den Polizisten einen Whisky angeboten. Sie berichten, daß sie hier in regelmäßigen Abständen vorbeisehen, das sei für die Moral des Häuptlings und seiner Leibgarde wichtig. Käme es zu einem ernsten Überfall, würden sie den Kral relativ entsetzen können, sie würden mit Hubschraubern einfliegen. Feindberührung gäbe es immer wieder, es werde auf sie geschossen, aber die SWAPOs bekomme man selten zu Gesicht. Am schlimmsten seien die Landminen. Jede Nacht würden Minen verlegt, jeden Morgen müsse man sie erst mühsam suchen. Nicht alle würden gefunden. Immer wieder einmal fliege ein Auto in die Luft. Aber die Autos der Armee und der Polizei seien ja durchwegs gepanzert und minensicher. Hauptopfer sei die schwarze Zivilbevölkerung, denn die Minen sprächen auch auf Menschen an.

Erst nach einer Weile bricht die Patrouille auf. Der Patrouillenführer schenkt dem Häuptling den Rest des Whisky, dazu noch eine zweite, volle Flasche. Der Häuptling nimmt sie dankbar an. Der schwarzen Leibgarde bringen die weißen Polizisten mit, was diese sich aus großen bunten Warenhauskatalogen vorher ausgesucht haben, vor allem modische Schuhe mit zentimeterhohen Sohlen und ganz hohen Absätzen.

Ich frage den Häuptling nach seiner Einschätzung der Lage. Er ist der Meinung, daß die SWAPO keine Chance hätte, würde sie mit ihm und anderen Owambo-Häuptlingen politisch konkurrieren. Die Bevölkerung, so glaubt er, fürchte die SWAPO. Ihre Guerillas kämen des Nachts und schüchterten die Menschen ein. Sie kämen in die Krale und verlangten Verpflegung, Unterkunft und Informationen. Sie nähmen auch die jungen Menschen mit. Oder sie suchten sich jemanden aus, behaupteten, er sei ein Verräter und schnitten ihm die Lippen, die Nase und die Ohren ab. Manchmal auch gleich den Kopf. Das verfehle seine Wirkung nicht, schüchtere die Bevölkerung ein und mache sie gegenüber der SWAPO gefügig. Untertags kämen dann die Soldaten der Südafrikaner. Diese verlangten zwar keine Lebensmittel und keine Unterkunft, aber auch sie wollten Information. Sie wollten wissen, ob die SWAPO des Nachts dagewesen sei, wie viele es gewesen seien, wie sie bewaffnet gewesen, woher sie gekommen und wohin sie gegangen seien. Und mit wem sie gesprochen hätten, wer Sympathie für sie gezeigt habe, wen sie eingeschüchtert hätten, und auf welche Weise. Später setzte einer der Anwesenden hinzu: Die Südafrikaner schnitten zwar niemandem die Lippen, die Nase oder die Ohren ab, aber auch sie nähmen Menschen mit. Manche kämen nicht wieder zurück. Andere seien wiedergekommen mit geschundenen Leibern und gebrochenen Knochen. Aus der südafrikanischen Polizeistation.

Partisanenkrieg. Beide Seiten glauben, daß ihr Leben davon abhängt zu wissen, wo der Feind steht. Keine Front? Überall Front. Wer ist Freund, wer ist Feind, niemand weiß es genau. Wer kann, schickt die Kinder weg. Die südafrikanische Armee hat Sammelplätze eingerichtet, Dörfer hinter Stacheldraht und hohen Verteidigungswällen, Schutzzonen. Hinter die Wälle kommt keine SWAPO.

Wir ersuchen Häuptling Taaipopi um ein Interview, das wir filmen wollen. Er fragt, ob der Film außerhalb Südwestafrikas gesehen würde. Als wir das bejahen, ist er sofort zu reden bereit. Aber ich komme nicht dazu, eine erste Frage an ihn zu stellen. Mit aufgeregter Stimme und lebhafter Gestik erklärt er etwas in Owambo. Der Dolmetscher flüstert mir ins Ohr: „Er appelliert an Sam Nujoma [den Führer der SWAPO], er soll ihm seine Söhne wiedergeben." Der Häuptling wird später auch politisch: Sam Nujoma möge von Angola herüberkommen, er möge sich hier mit Kapitän Taaipopi den Owambo zur Wahl stellen. Sollte Nujoma siegen, würde Taaipopi sich ihm unterwerfen. Aber der Krieg müßte aufhören, endlich aufhören, erklärt Taaipopi.

1974 räumten die Portugiesen das benachbarte Angola. Noch im gleichen Jahr rückte die SWAPO bis an die Grenze vor und kam sogar über die Grenzen. Seither lebt man hier mit dem Krieg.

Als wir aufbrechen, führt uns der Häuptling ins Lager seiner

Leibwache. Diese ist gerade damit beschäftigt, eine geschlachtete Kuh zu zerlegen. Der Häuptling hat sie uns zu Ehren schlachten lassen, als Gastgeschenk. Er besteht darauf, daß wir das Fleisch mitnehmen. Es wird in große Pappkartons verpackt, die Leibgarde trägt die Kartons zum Hubschrauber. Im Hubschrauber ist aber nicht genug Platz, und wir müssen die halbe Kuh zurücklassen. Es kostet große Mühe, den Häuptling und dessen Frau davon zu überzeugen, daß wir das Gastgeschenk nur aus technischen Gründen nicht zur Gänze mitnehmen können. Die beiden lassen es sich auch nicht nehmen, wieder am Rande des Landeplatzes zu stehen, als der Pilot den Rotor in Gang setzt. Wieder wird der rote Sand aufgewirbelt und in die Gesichter der abschiednehmenden Häuptlingsfamilie gepeitscht. Aber sie winken und winken, solange wir um den Kral kreisen. Drei Runden. Das nützt dem Häuptling. Dann drückt der Pilot den Hubschrauber wieder dicht über die Baumkronen und gibt Vollgas, damit die da unten, wenn es welche gibt, nicht Ziel nehmen können.

Unser nächster Stop ist ein Militärcamp. Über hundert große Zelte, jedes für zehn, zwölf Mann, stehen in straff geordneten Reihen in einem großen Planquadrat. Es ist ein Camp besonderer Art, wie wir bald nach der Landung erfahren. Der Offizier, der uns empfängt, trägt die Rangabzeichen eines Hauptmanns der südafrikanischen Armee, ist auch südafrikanischer Staatsbürger, aber weder ist er Südafrikaner, noch sind es die Truppen. Es handelt sich um eines der ersten Bataillone, die als neue Armee des Staates Namibia aufgestellt worden sind. 90 Prozent der Soldaten sind Schwarze, die meisten von ihnen Owambo. Ein Sergeant und drei Korporale sind ebenfalls Schwarze. Die übrigen Korporale, Sergeanten und Leutnants sind Weiße. Aber es gibt auch Weiße unter den gewöhnlichen Soldaten. Wenn der schwarze Sergeant an ihnen vorbeigeht, haben sie Haltung anzunehmen.

Mit der Aufstellung solcher Bataillone soll unter Beweis gestellt werden, daß es Südafrika mit der Übergabe der Macht in schwarze Hände ernst meint. In schwarze Hände schon, aber eben nicht – oder nicht notwendigerweise – in die Hände der SWAPO. Ja die Bataillone sind eher Ausdruck des südafrikanischen Wunsches, die Bürger aller Rassen in Namibia zur Verteidigung gegen die SWAPO zu mobilisieren.

In dem Bataillon gebe es, so wird mir versichert, keinerlei Rassenschranken. Die Apartheid sei schon seit einigen Jahren in ganz Namibia abgeschafft. In diesem Bataillon würden auch die

Duschanlagen und Toiletten von allen gemeinsam benützt. Auch im Offiziersklub und an der Bar gebe es keine Diskriminierung. Es sei zwar so, daß es noch keinen schwarzen Offizier gäbe und auch erst einen schwarzen Sergeanten, aber das werde sich demnächst ändern: der Sergeant sei bereits zur Beförderung zum Leutnant vorgemerkt, und die Korporale würden demnächst Sergeanten werden.

Wir begleiten die Patrouille. Sie durchkämmt den Busch und sucht nach SWAPOs. Die Kommandos werden in Afrikaans, in der Sprache der Buren gegeben. Jedes der Kommandos wird auf Owambo übersetzt. Neben jedem weißen Offizier, Unteroffizier oder Korporal steht ein schwarzer Dolmetscher. Nein, die Leute verstünden in der Regel nicht Afrikaans. Und die Weißen verstünden auch kein Owambo. Auf den weißen Schulen in Südwest sei, zumindest bis vor kurzem, noch keine schwarze Sprache als Pflichtgegenstand gelehrt worden. Und in den schwarzen Schulen kein Afrikaans? Schwarze Schulen habe es hier oben nur sehr wenige gegeben. Aber, setzt man rasch hinzu, heute sei das schon ganz anders. Seit 1975 habe man im Owamboland sehr viele Schulen errichtet. Die Armee allein habe im Owamboland 400 Schulen gebaut. Und die Lehrer? Noch stelle die Armee die meisten Lehrer. Aber man habe auch eine große Lehrerbildungsanstalt für Schwarze errichtet, in Oshakati. Sehr sehenswert. Wir sollten sie unbedingt besuchen.

Doch noch standen uns einige Nächte im Busch bevor. Die nächste verbrachten wir in Ruacana, unmittelbar an der Grenze zu Angola. Dort gibt es eine weiße Siedlung. Vielmehr, es hat sie gegeben. Ein Großteil der Bungalows steht leer. Die meisten haben auch keine Fenster mehr, und einigen fehlen die Dächer. Die Bungalows am Rande der Siedlung liegen überhaupt in Trümmern. Erst vor wenigen Tagen hat die SWAPO hier ihren letzten größeren Granatwerferüberfall durchgeführt. In der Siedlung wohnten noch Techniker und Ingenieure, die das gewaltige Elektrizitätswerk bedienen, das einige Kilometer außerhalb von Ruacana, bei den Ruacana-Wasserfällen, von Portugiesen und Südafrikanern gemeinsam erbaut worden ist.

Das Werk befindet sich tief unter der Erde. Über einen spiralenförmig in die Tiefe führenden Tunnel erreicht man eine in den Berg gesprengte Riesenhöhle, Hunderte Meter breit, Hunderte Meter lang und mehr als 50 Meter hoch. Über unterirdisch verlegte Riesenrohre wird von der angolanischen Seite her Wasser herangeführt, das in diesem Werk Riesenturbinen betreibt, die so viel Strom erzeugen, daß damit der Bedarf ganz Namibias gedeckt werden könnte. Ein einziges E-Werk für ein ganzes Land.

Dieses Land ist wahrlich kein kleines Land. Auf eine europäische Landkarte projiziert, würde die Nordgrenze Namibias etwa bei London liegen, während die Südspitze des Landes Rom erreichte; die namibische Küste im Westen läge etwa bei Paris, seine Ostgrenze bei Berlin und der langgestreckte Caprivi-Zipfel reichte bis Danzig. In diesem Riesengebiet wohnten im Jahr 1980 schätzungsweise 950 000 Menschen. Und doch stellt dieses Namibia eines der brisanten Probleme der Welt dar.

Namibias Einwohner sind allerdings ungleich verteilt. Rund die Hälfte von ihnen, etwa 450 000, sind Owambo und wohnen im Owamboland, also in jenem relativ kleinen Landstreifen an der Grenze Angolas, in dem wir uns zur Zeit befinden. Die übrige Hälfte seiner Einwohner wird von zehn anderen Stämmen gestellt, von denen die meisten unterschiedlicher Abstammung sind, ein unterschiedliches Aussehen haben und Sprachgruppen angehören, die untereinander keinerlei Gemeinsamkeit aufweisen. All das ergibt sich aus Geschichte und Geographie des Landes. Was heute beinahe eine Million Einwohner sind, waren noch vor 80 Jahren erst einige Hunderttausend.

Die Ureinwohner des Landes, hier wie in der Kap-Provinz Südafrikas, waren Buschmänner und „Hottentotten", die man hierzulande Nama nennt. Beide Volksgruppen sind nicht schwarz, sondern bräunlich-gelb, haben geschlitzte Augen, sind klein von Wuchs und mit den schwarzen Stämmen Afrikas nicht verwandt. Andere, die hochgewachsenen stolzen Herero, sind aus Zentralafrika eingewandert, aus den Seengebieten des heutigen Tansania.

Die Owambo sind ein viel größeres, grenzüberschreitendes Volk: Durch ihr Stammesgebiet haben Deutsche und Portugiesen eine künstliche Grenze gezogen und den Stamm damit geteilt. Das kommt der SWAPO heute sehr zustatten. Denn auch jenseits der Grenze in Angola befindet sich ein Owamboland, die Menschen hier und dort sind miteinander verwandt, der Grenzverkehr ist rege und die Guerillas verkehren mit. Diesseits und jenseits der Grenze wird die gleiche Sprache gesprochen. Die Owambo jenseits der Grenze leben in einem Staat, aus dem die Weißen bereits abgezogen sind, der nicht nur schwarz, sondern auch marxistisch regiert wird und die SWAPO voll unterstützt. Ein Teil des gleichen Volkes also steht bereits in einem politisch anderen Lager.

Was der SWAPO im Owamboland jedoch Vorteil verschafft, ist für sie im übrigen Namibia ein Handicap. Denn obwohl sie sich als Organisation aller Völker Südwestafrikas bezeichnet, ist die SWAPO weitgehend – und wie viele meinen fast ausschließlich – eine Stammesorganisation der Owambo. In der politischen Führung der SWAPO sitzen zwar Vertreter auch der anderen namibischen Stämme, welches Ansehen sie innerhalb ihrer Stämme besitzen, ist jedoch schwer feststellbar. Die meisten derer, die ich in Namibia danach gefragt habe, gaben an, diese Namen zum ersten Mal zu hören. Hingegen sind die Namen der Owamboführer der SWAPO in Namibia überall bekannt, und, um es gleich vorwegzunehmen, diese Führer genießen auch ein gutes Maß an Ansehen unter Angehörigen anderer Stämme.

Zwölf Prozent der Gesamtbevölkerung Namibias sind weiß, insgesamt wohnen und siedeln hier rund 100 000 Europäer, davon etwas mehr als 30 000 Deutsche, rund 60 000 Buren und 10 000 Briten. Amtssprachen sind Afrikaans und Englisch, aber auf fast allen Formularen scheint Deutsch als dritte gleichberechtigte Sprache auf. Denn Namibia begann sein europäisch-staatliches Dasein unter der Bezeichnung Südwestafrika als deutsche Kolonie. Doch davon später.

Vorläufig stehen wir in der gewaltigen Turbinenhalle des unterirdischen Kraftwerks von Ruacana. Die Turbinen laufen, wenn auch nicht alle und nicht mit voller Kraft. Daß sie überhaupt laufen, ist dem Husarenstück eines wagemutigen Hubschrauberpiloten zu verdanken. Er flog hinüber in das SWAPO-Gebiet, landete bei den längst zerstörten und von der SWAPO offenbar für endgültig ausgeschaltet gehaltenen Schleusenanlagen auf angolanischem Gebiet. Es gelang ihm, in die Anlagen einzudringen, die unterirdischen Wege zu den Schalträumen zu finden und einen Teil der Schleusen zu öffnen. Seither laufen die Turbinen hier in Namibia, und obwohl die SWAPO dies genau weiß, ist es ihr bis zum Tag meines Besuches jedenfalls nicht gelungen, die Schleusen wieder zu schließen. Oder sie hat Auftrag, das Kraftwerk arbeiten zu lassen. Die angolanischen Gastgeber der SWAPO sind an guten Wirtschaftsbeziehungen zu jedermann sehr interessiert.

Der große Steuerungsraum des unterirdischen Kraftwerks gleicht einer Festung. Neben den Steuerungsapparaten mit den Kontrolllichtern, Meßzeigern und Schalthebeln sind Maschinengewehre aufgebaut, deren Mündungen auf den Turbinenraum gerichtet sind. Wenn es der SWAPO gelänge, hier unten einzudringen, müßte sie ihren Weg an den Turbinen vorbei nehmen, um in den Kontrollraum zu gelangen. Gemessen an den Munitionskisten, die ich dort gestapelt sah, würde dies ein langes und blutiges Gefecht werden.

Das Kraftwerk ist ein technisches Meisterwerk. Die großen Verschlußkappen im Turbinenraum tragen die Aufschrift „General Electrics, USA". Begibt man sich aber in das nächste Stockwerk unter diese Kappen, um die eigentlichen Turbinen, Schaltwerke und Anlagen zu inspizieren, findet man fast durchwegs die Aufschrift „VÖEST-Alpine, Austria". Ein Großkontraktor hat hier offenbar einen auf den Bau solcher Wasserkraftwerke spezialisierten Subkontraktor eingeschaltet.

Als wir das Kraftwerk wieder verlassen, bemerken wir im Geäst der Bäume rund um den Tunneleingang Plattformen, auf denen Schnellfeuergeschütze aufgebaut sind. Die Bedienungsmannschaften sind südafrikanische Soldaten; mit ihren Feldstechern suchen sie den Wald oberhalb der imposanten Wasserfälle ab, die zur Gänze auf angolanischem Gebiet liegen.

In der zerschossenen Siedlung bei Ruacan finden wir ein noch funktionierendes Hotel im Bungalowstil. Eine fröhliche Wirtin empfängt uns: Sie sei schon seit Monaten allein, habe kaum Personal, und so müßten wir selbst für uns sorgen, aber die Zimmer stünden zur Verfügung. Bier gebe es keines und auch nicht immer elektrischen Strom. Um so wichtiger sei es, sich noch jetzt in der Abenddämmerung den Weg einzuprägen, der von den Zimmern in die granatensicheren Unterstände hinter den Bungalows führe. Im Finstern sei der Weg nicht so leicht zu finden.

Einige Stunden nachdem wir schlafengegangen waren, hebt uns auch schon der Donner von Geschützen aus den Betten. Aber es ist nicht die SWAPO. Die südafrikanischen Soldaten haben, so meint die Wirtin, offenbar nur wieder einmal Langeweile gehabt: „Dann böllern sie in die Gegend." Die SWAPO hätte sich ganz anders angekündigt. Die müßte versuchen, so nahe wie möglich heranzukommen, und das würde man vermutlich hören. Denn rund um das Hotel sind dichte Stacheldrahtzäune gespannt und die Stacheldrähte

Die Landkarte rechts zeigt Namibia und seine Ausdehnung gemessen an europäischen Dimensionen: Die grauweißen Linien geben die Landkarte Europas wieder, links oben England mit London, in der Mitte oben Dänemark, im Mittelfeld links Paris und rechts Berlin und an der Südgrenze von Namibia den italienischen Stiefel mit der Hauptstadt Rom. Namibia würde sich, auf Europa übertragen, von London bis Rom und von Paris bis Berlin erstrecken.

mit Hunderten leeren Coca-Cola-Büchsen bespickt, in die man kleine Steinchen gesteckt hat. „Wenn die da durchwollen, dann klingeln die Büchsen." Außer natürlich, sie schießen aus einiger Entfernung mit ihren Granatwerfern herüber. Aber dazu sind ja die Unterstände da.

Am nächsten Tag fliegen wir nach Omega. Auf älteren Karten ist Omega nicht zu finden. Es ist ein Lager besonderer Art. Hier hat man eine Flugzeug-Landebahn mitten in den Busch gelegt. Am Rande der Landebahn werden gerade einige große Transporter entladen, während ein Bataillon farbiger Soldaten mit umgeschnallten Marschtornistern darauf wartet, zum Einsatz abgeholt zu werden.

Rund um die Soldaten aber tollen Kinder, und einige Frauen sind mit den Soldaten in ein lebhaftes Gespräch verwickelt. Ein merkwürdiger Anblick für einen Militärstützpunkt.

Das Areal des Flugplatzes geht ohne Zaun, ohne Schlagbaum und ohne Posten in eine Urwaldsiedlung über. Viele kleine Hütten drücken sich an die mächtigen Stämme der Bäume, davor die Küchenfeuer, an denen gebraten und gekocht wird. Kinder jagen mit Hühnern, Gänsen und Schweinen um die Wette, alte Männer schimpfen, und da und dort versucht ein Soldat mit umgegurtetem Gewehr heftig argumentierenden Frauen zu entkommen.

Das ist Omega. Der uns begleitende Offizier lacht vor sich hin, schlägt sich ab und zu auf die Schenkel und freut sich über unsere Verblüffung.

Wir befinden uns in einer Buschmann-Siedlung, die von der südafrikanischen Armee errichtet wurde. 1974 kamen die ersten 45 Buschmann-Familien als Flüchtlinge aus Angola und wurden hier angesiedelt. Heute leben in Omega mehr als 6 000 Buschmänner. 750 von ihnen sind von den Südafrikanern in Uniformen gesteckt worden, haben schießen gelernt und dienen im Bataillon Nr. 31, das von 250 weißen Offizieren und Unteroffizieren angeführt wird. Das Regimentszeichen ist eine Krähe mit weißer Brust. „Das Weiß steht für die weiße Führung", erklärt der uns begleitende Offizier. Auch dazu lacht er.

Was ihn so zum Lachen bringt, was fast alle weißen Offiziere und Unteroffiziere in Omega fast immer zum Lachen bringt, sind ihre Soldaten. Ihre Buschmann-Soldaten. Sie sind gerade so groß, daß sie den meisten weißen Offizieren bis unter die Achselhöhle reichen. Wenn sie nicht gerade auf Einsatz im Busch sind, reden sie ununterbrochen, auch wenn sie in Reih und Glied angetreten sind.

210

Sie reden eine Sprache, wie es sie nirgendwo sonst in der Welt gibt, denn viele ihrer Worte bestehen aus Schnalzlauten aller Art, aus Gurren und aus Krächzen. Sie haben sich unentwegt etwas zu sagen. Sie sind auch nicht bereit, ohne ihre Frauen und Kinder zu dienen, diese müssen stets in der Nähe sein. So gibt es also auch öfters Kommunikation zwischen den angetretenen Soldaten und den sich ihnen nähernden Frauen und Kindern. Es hätte, so versichern uns die Offiziere, überhaupt keinen Sinn, zu versuchen, ihnen irgendeine andere Art von Disziplin beizubringen.

Dabei können diese Buschmänner höchst diszipliniert sein, disziplinierter als irgendeine Gruppe weißer Soldaten. Dann nämlich, wenn es ernst wird. Dann wissen sie, daß im Busch nichts so wichtig ist wie das Schweigen, wie die lautlose Fortbewegung, nichts so wichtig wie die Tarnung, die Fähigkeit, aufzutauchen und zu verschwinden, ehe der andere bemerkt hat, daß man da war.

Im Grunde genommen ist es ein Riesenjammer, was da vor sich geht. Diese Buschmänner waren noch vor wenigen Jahren die letzten Ureinwohner Afrikas, die sich jedem Versuch, sie zu „zivilisieren", entzogen hatten. Sie lebten immer noch als Jäger und Sammler am Rande der Wüsten Kalahari und Namib, oder sie hatten sich tief in den Busch zurückgezogen. Ihre Organisationsform ist nicht der Stamm, sondern die Großfamilie, und jede dieser Familien versucht möglichst für sich zu leben. Sie waren Nomaden, bekleideten sich mit einem einfachen Lendenschutz, und beinahe ihr einziges, allerdings auch wertvollstes Eigentum waren Pfeil und Bogen. Die Pfeilspitzen tränkten sie mit einem Pflanzengift, das auch große Tiere betäuben kann. Die Größe des zu jagenden Tieres wurde von der Anzahl der Familienmitglieder und dem Ausmaß ihres Hungers bestimmt. Tiere und Pflanzen erachten die Buschmänner als den Menschen völlig gleichgestellt, als gleichwertige Teile der Schöpfung. Der große Schöpfer hat Lehmklumpen auf die Erde geworfen, die beim Aufprall in Stücke und Staub zerstoben. Aus den Stücken wurde allerlei Natur, aus dem Staub wurden die Buschmänner. Das Tier, das die Buschmänner jagen, betäuben sie mit dem Gift ihrer Pfeile. Vor dem betäubten Tier hocken sie nieder und beginnen ihm zu erklären, weshalb sie gezwungen seien, es zu töten. Dann bitten sie das Tier um Verzeihung. Erst dann wird es in betäubtem Zustand geschlachtet.

Die Buschmänner erkennen selbst noch auf blankem Gestein die Spuren von Menschen und Tieren. Ein geknickter Zweig reicht aus, um sie die Art des Tieres, die Zeit, zu der es vorbeigekommen ist, erraten zu lassen, seine Gangart und meist sogar das Ziel, dem es zustrebte. Die Buschmänner brauchen nichts, um in der scheinbar vollkommen wasserlosen Kalahari zu überleben. Sie wissen, unter welcher Sanddüne sie zu graben haben, um im Nu große wasserhältige Wurzeln zu finden. Sie wissen, in welchen Löchern die Käfer hausen, die in der Morgendämmerung ihre Flügel wie Segel aufstellen, um den Tau einzufangen, den der Morgen bringt. Und sie kennen die Steine, unter denen die Skorpione sitzen, die noch immer ein Mahl ergeben, wenn kein anderes Tier mehr zu finden ist. Wenn die Buschmänner „reisen", legen sie in kurzer Zeit unglaubliche Strecken zurück, denn sie bewegen sich wie Antilopen durch Wüste und Busch.

Und doch hat sie der Krieg eingeholt. Zuerst in Angola, wo sie zwischen den Fronten der Befreiungsorganisationen und der portugiesischen Armee zermalmt worden wären, hätten sie sich nicht in die Lager der einen oder der anderen begeben. In diesen Lagern hat man sie für völlig untauglich erklärt, irgendeine nützliche Arbeit zu leisten. Man hat sie als Wasserträger eingesetzt. Den Weißen galten sie als lächerlich und unzivilisiert, den Schwarzen waren sie unheimlich und wurden wie alles Unheimliche von ihnen abgelehnt.

Es blieb der südafrikanischen Armee vorbehalten, die Qualitäten der Buschmänner zu entdecken, Qualitäten, die für die Art des Krieges, der hier zu führen ist, wie geschaffen sind. Den Buschmännern des Bataillons Nr. 31 kann man die Aufgabe stellen, einige hundert Kilometer tief nach Angola einzudringen, die Basislager und Hauptquartiere der SWAPO ausfindig zu machen, festzustellen, wo sich die Truppen der angolanischen Regierungsarmee befinden, und ob Kubaner oder Ostdeutsche in der Nähe sind. Nach Erhalt des Befehls verschwinden die Buschmänner im Urwald, um einige Tage, eine Woche oder Wochen später mit den gewünschten Informationen wiederzukehren. Fast immer vollzählig. Ohne Feindberührung gehabt zu haben. Sie haben den Feind immer gesehen, er sie nie.

Die Buschmänner leisten diese Dienste unter der Bedingung, daß die südafrikanische Armee während ihrer Abwesenheit und im Falle ihres Todes für Unterkunft, Ernährung und Schutz der auf sie angewiesenen Großfamilie sorgt. Die 750 Buschmann-Soldaten haben rund 2 300 Angehörige. Sie alle leben innerhalb des Militärcamps, sind mit den Soldaten in Militärzelten untergebracht, werden von der Armee mit Unmengen von Nahrungsmitteln, Toiletteartikeln, Waschpulver und anderen Zivilisationsprodukten versorgt, die die Buschmann-Frauen in unglaublich geschickt geschichteten Pyramiden auf dem Kopf balancierend von den Verteilerstellen davontragen.

Inmitten des Camps hat man einige Blockhütten errichtet, die als Schulen eingerichtet sind. Die Lehrer sind weiße Soldaten. Die Schüler wären, so meinte ich, die Kinder der Buschmänner. Was den Begleitoffizier erneut zu einem Lachkrampf herausfordert: Die „Kinder" seien die Frauen der Buschmänner, oder doch wenigstens einige von ihnen; das Alter eines Buschmannes ab dem zwölften Lebensjahr könne ein Weißer nämlich kaum noch an dessen Körpergröße oder Aussehen erkennen.

Was wird mit den Buschmännern geschehen, wenn der Krieg vorüber ist? Man versucht ihnen das Stricken und Körbeflechten beizubringen, denn nach diesem Krieg würden sie kaum mehr in den Busch zurückkehren können. Niemand werde sie künftig ungeschoren über die Steppen und Wüsten ziehen lassen. Auf den Steppen wird schon heute Vieh gezüchtet, oder man hat sie als Jagdfarmen für gut zahlende Jäger aus Europa eingezäunt. Und in den Wüsten werden Straßen gebaut, die zu den Vorkommen an Uran, Mangan, Chrom, Kupfer und Blei führen. Die halbe Namib-Wüste ist ohnedies schon seit langem absolutes Sperrgebiet, in dem sich außer den Wächtern niemand aufhalten darf. Dort liegen nämlich überall Diamanten. Kein Platz mehr für Buschmänner, außer in einem von der Regierung zu garantierenden Reservat. Ich hoffe, daß diese düstere Prognose nicht eintrifft.

Unsere nächste Nacht verlief ungestört. Im Owamboland gibt es auch sichere Plätze. Oshakati ist ein solcher. Im Fachjargon heißt das „protected area". Das ist eine Siedlung, die mit Verteidigungswällen umgeben ist, mit stacheldrahtgekrönten Zäunen; dazwischen sind hinter Sandsackbarrikaden Posten aufgestellt. In regelmäßigen Abständen stehen auf erhöhten Plattformen Schnellfeuergeschütze, die auf die Zufahrtstraßen und den Busch gerichtet sind, der diese befestigte Siedlung umgibt.

Oshakati kann nur mit Passierschein betreten werden. Südafrikanische Soldaten kontrollieren an den Straßensperren die Papiere. Hinter den Barrikaden befindet man sich in einer anderen Welt, einer Welt ohne Sorge vor Landminen und Feuerüberfällen. Oshakati ist ein Militärstützpunkt der Südafrikaner. Die Soldaten führen in den Baracken ihr eigenes Leben. Die Zivilisten kommen am Abend in den Country Club, setzen sich an die Bar, schwimmen im Pool oder sehen sich einen Film an.

In dem kleinen Hotel der Siedlung läuft ein Fernsehapparat, obwohl es in Namibia kein Fernsehen gibt. Fernsehgeräte findet man dennoch fast in jedem weißen Haushalt. Jedes Flugzeug, das aus Frankfurt, London oder Johannesburg nach Windhoek kommt, bringt TV-Kassetten mit. An diesem Abend sahen wir in Oshakati die Tagesschau der ARD von vorgestern abend. Im Owamboland war sie hochaktuell. Danach war Kulenkampff auf dem Programm. Die Wirtin ist Deutsche. Als wir am nächsten Morgen die Rechnung bezahlen, will sie von uns wissen, wie lange der Krieg hier noch dauern wird. Wir wissen es nicht; was sie wohl meine? „Ist doch schon egal", bricht es aus ihr hervor, „eine schwarze Regierung haben wir ohnedies schon, ob da nun die SWAPO dabei ist oder nicht, wird keinen großen Unterschied mehr machen. Nur der Krieg, der soll endlich zu Ende sein!"

Seit wir im Owamboland sind, hören wir das immer wieder, von Weißen und von Schwarzen. Der Belagerungszustand hier oben zehrt an den Nerven. Gleich darauf bekommen wir eine weitere Ursache für diesen Auszehrungsprozeß zu sehen. Wir wollen nach Ongwediva hinüberfahren, in eine kleine Ortschaft zehn Kilometer von Oshakati entfernt. „Es geht noch nicht", sagt man uns. Es geht noch nicht, weil die Straße zwischen Oshakati und Ongwediva noch nicht „geräumt" ist.

Jeden Morgen läuft hier das gleiche Ritual ab; und nicht nur hier, sondern überall im Owamboland: Die Minensuchtrupps der südafrikanischen Armee brechen auf, um mit ihren elektromagnetischen Suchgeräten die Straßen zu entminen. Vorneweg eine Schwarmlinie von Minensuchern, entlang beider Straßenseiten hinter ihnen im Gänsemarsch die sichernde Infanterie mit den Sturmgewehren im Anschlag, auf der Straße inmitten dieses Infanterieschwarms die minensicheren Panzerwagen mit aufgepfropften Geschützen. Erst wenn alle Straßen abgegangen, wenn die in der Nacht von der SWAPO gelegten Minen entdeckt und von den nachfolgenden Sprengtrupps entschärft oder zur Explosion gebracht worden sind, erst dann beginnt das Leben im Owamboland normale Formen anzunehmen – erst dann setzen sich die Kolonnen von Personenwagen, Lastkraftwagen, Tankern und Armeefahrzeugen in Bewegung, die auf dieses Signal „Alles klar" gewartet haben.

Alles klar und normal – bis zum Abend. Wenn die Sonne sinkt, zieht sich dieses Leben wieder in die Festungen der geschützten Dörfer zurück, als wären es Arme eines Polypen, die in Abwehrstel-

214

lung zusammengezogen werden. Nachts gehören die Straßen und vor allem der dazwischenliegende Busch der SWAPO.

Mit etwas Verspätung treffen wir in Ongwediva ein. Unser Ziel ist das schon erwähnte Ausbildungszentrum für Lehrer und Studenten. Es besteht aus einer Reihe großer moderner Gebäude, schön gestaltet in einem gelungenen Versuch, alte afrikanische Formen mit westlicher Architektur zu verbinden. Aber auch hier bietet sich das gleiche Bild: ein hoher Sicherheitszaun rund um das College, die Zufahrt mit Schlagbaum blockiert, davor zwei südafrikanische Soldaten, Gewehr schußbereit. Hinter dem Schlagbaum wird das Bild nicht viel friedlicher. Zwei Drittel der Lehrer sind Offiziere der südafrikanischen Armee. Sie stehen in ihren Uniformen in den Klassen, Pistole am Gürtel, und unterrichten.

Die Schüler, Burschen und Mädchen im Alter zwischen 14 und 22 Jahren, insgesamt über 500, kommen nicht nur zum Lernen her. Sie verbringen das gesamte Schuljahr mehr oder weniger auf dem Gelände der Schule, hinter den Sicherheitszäunen und Sandsackbarrikaden. Nicht, daß ihnen das Ausgehen verboten wäre, aber es ist einfach sicherer hier. Die militärische Leitung weiß und die Schüler wissen auch, daß das Trainingscollege ein Traumziel für die SWAPO sein muß: Es ist das erste und einzige Ausbildungszentrum dieser Art für junge Schwarze in Namibia. Nur Schüler mit besten Abschlüssen werden hier aufgenommen. Obwohl es nur eine Mittelschule mit Lehrerbildungsanstalt umfaßt, beherbergt es einen guten Teil der heranwachsenden schwarzen Elite des Landes.

Dieses Trainingszentrum wurde 1975 errichtet. Dieser Jahreszahl begegnet man hier immer wieder. 1975, ein Jahr nach der Räumung Angolas durch die Portugiesen, das Jahr, in dem die SWAPO in breiter Front an die Grenzen Namibias herangerückt ist. Der Schock hat die Südafrikaner damals aufgerüttelt. Erstmals waren sie mit einem Guerillakrieg großen Ausmaßes und unbestimmter Dauer konfrontiert. Sie taten, was in den Handbüchern aller Armeen steht, die je einen solchen Krieg zu führen hatten: Aussicht auf Erfolg gibt es nur, wenn es gelingt, die Bevölkerung für sich zu gewinnen, militärischer Sieg kann sich erst einstellen, wenn man den „Kampf um die Herzen und die Hirne" der Menschen gewonnen hat.

Als man eine erste Bestandsaufnahme des für diesen Kampf um die Herzen und Hirne zur Verfügung stehenden Arsenals durchführte, erkannte man, wie schlecht es um dieses Arsenal bestellt war. Der Großteil der Bevölkerung im Owamboland konnte noch immer nicht lesen und schreiben. An allen Ecken und Enden fehlten Schulen, Krankenhäuser und Sanitätsstationen. Große Teile der Bevölkerung lebten von einer Primitivlandwirtschaft, die gerade so viel abwarf, daß man nicht verhungerte. Industrien gab es keine.

Dabei ist Owamboland nicht irgendein letzter Winkel dieses Riesenlandes, es ist die dichtestbesiedelte Provinz Namibias, die Hälfte der Gesamtbevölkerung des Landes lebt hier. Zugegeben, vom Owamboland bis zur Hauptstadt Windhoek sind es 800 Kilometer, und wegen der dichten schwarzen Besiedlung wurden nur sehr wenige weiße Farmen eingerichtet. Auch die Bodenschätze, die hier gefunden wurden, sind kaum nennenswert. Schon die deutschen Kolonialbehörden haben daher nicht versucht, das Land zu erschließen und den Entwicklung bringenden Eisenbahnbau bis hierher voranzutreiben. Die Endstationen der Eisenbahn liegen bei Tsumeb und Grootfontein, in den letzten Ausläufern des großen Farmlands und in der Nähe der nördlichsten Mineralienlager. Im Owamboland war dem Boden kaum etwas abzuringen. Die Owambo dürften es diesem Umstand verdanken, daß sie heute der mit Abstand größte Einzelstamm in Namibia sind. Die meisten anderen Stämme des Landes sind in den Eroberungskriegen der Weißen schon dezimiert worden. Doch wo nach den Maßstäben der Weißen nichts zu holen war, weder fruchtbare Farmgebiete noch abbauwürdige Rohstoffe, wurde die eingeborene afrikanische Bevölkerung im großen und ganzen in Ruhe gelassen. Allerdings haben die weißen Verwaltungen auch kaum etwas für sie getan.

Erst als die SWAPO auftauchte und deren politische Kommissare die Bevölkerung für sich und gegen die weiße Oberherrschaft zu gewinnen suchten, wurde man in Windhoek und in Pretoria hellhörig. Die SWAPO versprach den Owambo den Bau von Schulen und Kliniken. Was aber der Bevölkerung am meisten imponierte, war das Versprechen, daß jedes schwarze Kind einen Platz in der Schule bekommen würde. Künftig werde es überall Schulen und genügend Lehrer geben, und jedes schwarze Kind werde genau das lernen können, was bisher nur weiße Kinder lernen durften. Und wenn die schwarzen Kinder dann genauso viel wüßten, könnten sie auch Farmen betreiben und Geschäfte führen wie heute die Weißen in Windhoek oder Swakopmund. Das waren nicht nur leere Versprechungen der SWAPO; sie errichtete drüben in Angola sogar einige Musterschulen, holte Kinder herüber und konnte damit beweisen, daß sie meinte, was sie sagte. Der Kampf um die Herzen und Hirne hatte begonnen, und die SWAPO war im Angriff.

Südafrika entschloß sich zum Gegenangriff. Seither haben die Südafrikaner im Owamboland 400 Schulen und das Lehrerausbildungszentrum in Ongwediva gebaut. Sie haben im Owamboland Krankenhäuser und kleinere Kliniken eingerichtet, sowie auch größere Bewässerungsprojekte und Musterfarmen. Quer durch das Land wurden Hunderte Kilometer an Wasser-Pipelines gelegt. Das alles geschah seit 1975. Das Geld wurde von der südafrikanischen Regierung aufgebracht, die Menschen, die zu dieser Gewaltanstrengung notwendig waren, hatte größtenteils die südafrikanische Armee zu stellen. Nicht nur in der neuen Lehrerbildungsanstalt, auch in den kleineren Schulen in den befestigten Dörfern und selbst im Busch stellt die Armee einen Großteil der Lehrer. In den Krankenhäusern werden neben zeitverpflichteten, meist südafrikanischen Zivilärzten ebenfalls Militärärzte eingesetzt. Auf den neuen Farmen im bewässerten Gebiet leisten die Söhne deutscher Farmer in Namibia ihren südafrikanischen Militärdienst ab und helfen dabei als Farmer aus.

Alle Weißen in Namibia sind noch immer südafrikanische Staatsbürger und müssen – wenn sie nicht schon einer neuen Namibia-Einheit angehören – in der südafrikanischen Armee dienen: zwei Jahre Ausbildung, davon sechs Monate im SWAPO-Gebiet, danach jährliche Wehr- und Einsatzübungen und Bereithaltung in der Reserve bis zum 60. Lebensjahr. Auch das ist ein Resultat des SWAPO-Schocks, zuvor hatten die Südafrikaner einen viel kürzeren Wehrdienst zu leisten.

Welche Funktion die Soldaten und Offiziere hier auch ausüben, sie haben immer bewaffnet und auf einen Überfall gefaßt zu sein. In der Lehrerbildungsanstalt spielten zwei Mädchenklassen Volleyball, der weiße Turnlehrer, ein Offizier, war Schiedsrichter. An der Wand hinter ihm lehnte das Schnellfeuergewehr.

Nach dem Besuch im Trainingszentrum fuhren wir – in minengesicherten Panzerwagen – nach Ondangwa zu einem Gespräch mit Pastor Njoba. Er ist evangelischer Geistlicher und gleichzeitig Chef der Provinzregierung des Owambolandes und war zu diesem Zeitpunkt sogar Präsident der Demokratischen Turnhalle-Allianz, kurz DTA. Die DTA war unter der Ägide Südafrikas erreicht worden – eine Koalition von Vertretern aller in Namibia beheimateten Völker und Stämme, der Schwarzen, der Mischlinge und der Weißen. Diese Koalition war in langen zähen Verhandlungen zustande gekommen, die im Turnhallengebäude von Windhoek geführt worden sind. Da die vielen Meldungen von diesen Verhandlungen stets auf die

Turnhalle Bezug nahmen, nannte man die endlich erzielte Koalition „Demokratische Turnhalle-Allianz". Als wir Pastor Njoba besuchten, war die DTA bereits als eine Art Regierung für Namibia eingesetzt, und der schwarze Pastor Njoba war Präsident der DTA. Vermutlich nicht zuletzt deswegen, weil er selbst dem Stamm der Owambo angehörte und somit schon in seiner Person die Gegenthese zur UNO-Behauptung verkörperte, daß die SWAPO die einzige Vertreterin aller Bevölkerungsteile Namibias sei.

Auch Pastor Njoba besaß seine eigene Festung, nur waren hier die Verteidigungswälle womöglich noch höher und breiter als in den Stellungen, die wir bisher gesehen hatten. Die Leibgarde lag mit dem Gewehr in Anschlag an den Schießscharten, und unser Wagen mußte selbst nach dem Passieren der strengen Torkontrolle in Serpentinen um mehrere Sandsackbarrikaden fahren, ehe wir auf den Platz gelangten, in dessen Mitte sich das Haus des Pastors befand.

An jeder Ecke des Hauses stand ein bewaffneter Posten. Wir konnten bald feststellen, daß dieses Haus viel raffinierter gesichert war als etwa der Kral des Häuptlings Taaipopi. Während wir uns der Tür näherten, bemerkten wir, wie uns an den Außenwänden angebrachte Fernsehkameras folgten. Jedes Fenster des Hauses war mit einem dichten Doppelgitter versehen, nicht etwa zur Sicherung vor Einbrechern, sondern zum Schutz vor geworfenen Handgranaten. Der Pastor, der uns im schwarzen Anzug und weißen Kragen des Geistlichen entgegentrat, war von vier Leibwächtern umringt.

Ich konnte mir nicht gut vorstellen, wie man unter solchen Bedingungen noch Politik machen kann, wie die Verbindung zu den Parteistellen aufrechtzuerhalten ist, zu den Ämtern der Verwaltung und – was in solch einer Situation doch sehr wichtig sein müßte – zu der Bevölkerung, zu den bedrängten, verängstigten und doch hoffenden Menschen.

Wir fanden in Pastor Njoba einen freundlichen, aber verbitterten Mann. Die SWAPO und die UNO haben ihn als Marionette der Südafrikaner bezeichnet. Und doch war es interessant, seinen Standpunkt zu hören.

Erst seit es die Turnhalle-Allianz gebe, so erklärte er mir, sei es schwarzen Politikern überhaupt möglich, in Namibia eigene politische Organisationen aufzuziehen, Parteiversammlungen abzuhalten, die Menschen politisch zu motivieren. Erst seit Südafrika, der Not gehorchend, die Turnhalle-Allianz als Partner anerkennen mußte, sei es den Politikern dieser Allianz möglich, ins Ausland zu reisen und mit internationalen Organisationen Kontakt aufzunehmen. Bis dahin habe man nur die Wahl gehabt, entweder nichts zu tun oder zu fliehen und sich für die SWAPO zu entscheiden. Die SWAPO aber sei eine marxistische Bewegung, die in erster Linie von der Sowjetunion und deren Verbündeten unterstützt würde, meinte Njoba mit Nachdruck.

Die UNO mache einen entscheidenden Fehler, indem sie die SWAPO als einzige legitime Vertreterin aller Völker Namibias anerkenne (was sie tut). Dadurch zwinge die UNO de facto auch alle anderen, die für die Unabhängigkeit und Freiheit Namibias eintreten – die sich also gegen die südafrikanische Vorherrschaft stellen –, sich ohne Rücksicht auf ihre eigene politische Überzeugung den marxistischen Doktrinen der SWAPO zu unterwerfen oder aber zum Feind der SWAPO gestempelt zu werden, also automatisch zum Verbündeten der Südafrikaner. Es sei ein großes Unglück, daß die UNO diese Haltung angenommen habe, erklärte Njoba. Die südafrikanische Herrschaft in Namibia sei dadurch zementiert worden. Denn, so behauptete der Pastor, ein erheblicher Teil der schwarzen Bevölkerung lehne die SWAPO ab; teils weil sie Angst vor einer Organisation habe, die sehr weitgehend vom stärksten und daher dominierenden Stamm des Landes gestellt werde, und teils weil man mit der SWAPO auch den Kommunismus akzeptieren müßte. Käme es jetzt zu den vorgesehenen, von der UNO beaufsichtigten Wahlen, wäre das Eintreffen von UNO-Kontingenten und die Ablöse der südafrikanischen Armee durch UNO-Soldaten in den Augen der namibischen Bevölkerung bereits ein voller Sieg der SWAPO. Denn in Afrika, so meinte Pastor Njoba, werde stets der Stärkere gewählt, man stimme für den voraussehbaren Sieger. Da es anderseits aber völlig klar sei, daß Südafrika die internationale Lösung für Namibia eines Tages akzeptieren werde, sei ohnedies schon fast alles verloren.

Nach der Unterredung begab sich Pastor Njoba zum nahe gelegenen Militärflughafen, um nach Windhoek zu fliegen. Als wir aus dem Haus traten, war der schwarze Dienst-Mercedes vorgefahren. Dahinter wartete eines dieser merkwürdigen insektenartigen Panzerfahrzeuge, die man im Owamboland auf allen Straßen antrifft – auf dem Stahlgestänge des Fahrgestells sitzt ein auf die Spitze gestellter Keil aus dickem Stahl, dessen zugespitzter unterer Teil mit Wasser gefüllt ist. Darüber, hinter dicken Panzerwänden, der „Fond" des Wagens, der Raum für Chauffeur und Fahrgäste. Fährt man auf eine Mine auf, gleiten deren Sprengstücke an den schiefen

Wänden des nach unten gerichteten Keils ab, während das durch den Wasserballast vergrößerte Gewicht des Fahrzeugs auch der starken Explosionskraft trotzt, so daß es nicht umgeworfen wird. Pastor Njoba zögerte einen Moment, ging um den Mercedes herum und bestieg seinen Kleinpanzer.

Einige Wochen später trat Pastor Njoba als Präsident der Turnhalle-Allianz zurück. Aus gesundheitlichen Gründen. Die Allianz selbst hat zwar noch gehalten, aber zwei Jahre später, 1983, war sie als Regierung auch schon zurückgetreten. Doch davon später.

Die deutsche Vergangenheit

Als wir am Abend dieses Tages wieder in unserem Hotel in Oshakati eintrafen, hing im Empfangsraum ein neu angebrachtes Plakat: Einladung zum großen Karneval in Tsumeb. Heuer als besondere Attraktion prominente Gäste aus dem Ausland: ein Faschingsprinzenpaar aus Wien samt Ehrengarde, eine bekannte Musikkapelle aus dem Rheinland, ein Original-Bierzelt aus München, ein Chor aus Stuttgart. Tsumeb, die Hauptstadt der im Süden an das Owamboland angrenzenden gleichnamigen Provinz, ist keine 250 Kilometer von Oshakati entfernt. Ein Karneval mitten im Kriegsgebiet? Meine Frage erregte Heiterkeit. Es sei ja nur im Owamboland Krieg, sonst nirgends in Namibia. Die SWAPO könne nur innerhalb der Bevölkerung ihres eigenen Stammes operieren und brauche auch die rasche Rückzugsmöglichkeit nach Angola. Mehr als 200 Kilometer über die angolanische Grenze hinaus reiche ihr Radius nicht.

Beim Verlassen des Owambolandes betritt man mit einem Schlag ein anderes Namibia. Im Karnevalszug von Tsumeb fuhren mehr als 50 Wagen, auf deren Plattformen – wie in Nizza oder Florida – Karnevalsfiguren aufgebaut waren. Um sie herum oder in ihrem Schoß saßen hübsche Mädchen in leichter Bekleidung, streuten Blumen und winkten einer applaudierenden Zuschauerschaft zu. Kapellen spielten, Faschingsgarden marschierten, die Wiener Prinzen regierten, Bier und Wein floß in Strömen. Noch etwas fiel auf: Hier wurde deutsch gesprochen, und deutsch sprachen selbst die, die gar nicht Deutsche waren: Buren, Engländer und – nicht wenige Schwarze.

Wer also nach Süden fährt, läßt das Kriegsgebiet rasch hinter sich. Für das bevorstehende Wochenende hatte sich eine Gruppe von Hotelgästen für einen Besuch in der sogenannten Etosha-Pfanne gemeldet, einer Tiefebene, die etwa 100 Kilometer südlich von Oshakati beginnt und in der der größte und schönste National-park Namibias angelegt wurde. Zur Regenzeit füllt sich die Etosha-Pfanne mit Wasser, wird zu einem riesigen See, etwa 100 Kilometer lang und 50 Kilometer breit. Hunderttausende Flamingos und Peli-kane fliegen ein, um hier zu nisten. Am Rande dieses Sees ziehen Herden von Elefanten, Zebras, Gnus, Büffeln, Giraffen und Anti-lopen aller Art durch den Busch. Selbst die selteneren Tiere sind hier nicht so selten, Nashörner, Löwen, Geparden, Leoparden.

Auch am Rande der Etosha-Pfanne waren an diesem Wochen-ende sämtliche Ferienbugalows ausgebucht. Über die Wege des riesigen Nationalparks fuhren Autos mit schau- und photographier-lustigen Touristen. Ein Teil von ihnen wohnte im erst vor wenigen Jahren eröffneten Hotel „Fort Namutoni", einer alten Festung der deutschen Schutztruppen, die viele Jahre dem Verfall preisgegeben war und dann renoviert und in ein Hotel umgewandelt wurde.

Einige Tage später sah ich in einer anderen ehemaligen deutschen Festung, der „Alten Feste" in Windhoek, die heute als Museum dient, eine vergilbte Photographie: sieben Soldaten der deutschen Schutztruppe, gestützt auf ihre Karabiner. Darunter war zu lesen, daß sie im Fort Namutoni dem Ansturm von 500 Owambo getrotzt hatten. Sie schossen aus ihren Karabinern, solange die Munition reichte, dann räumten sie das Fort im Schutze der Dunkelheit. Die siegreichen Owambo zerstörten das Fort Namutoni. Interessant ist, daß Namutoni der am weitesten vorgeschobene feste Posten der deutschen Kolonialverwaltung war – in das Owamboland sind auch die deutschen Schutztrüppler offenbar nicht gern gezogen.

All das erinnert an die deutsche Vergangenheit Namibias. Bevor man dem Land den Namen Namibia gab, hieß es Südwestafrika und davor „Deutsch-Südwestafrika". Doch seine verschiedenen Gebiete hatten natürlich schon Namen, bevor die ersten Europäer hierher-kamen, Namen, die zum Teil noch heute als Bezeichnungen einzel-ner Stammesgebiete erhalten sind.

In diesen Teil Afrikas kamen die Europäer recht spät. Die Portugiesen waren im 15. Jahrhundert hier vorbeigesegelt, der erste, der so weit kam, Diego Cao, ging sogar an Land und errichtete als Zeichen dafür, daß er als christlicher Seefahrer hierge-wesen war, ein Kreuz aus Kalkstein. Die Landzunge heißt heute noch Kreuzkap. Das von Diego Cao errichtete Kreuz haben vierhundert Jahre später die Deutschen nach Berlin gebracht. Es ist jenseits der Mauer im DDR-Museum für Geschichte zu sehen. Anstelle des Kalksteinkreuzes des Portugiesen steht heute ein von den Deutschen aufgestelltes Bronzekreuz am Kap.

Was die ersten Seefahrer von der Küste zwischen Angola und der Mündung des Oranje-Flusses zu berichten hatten, war entmutigend. Von der Antarktis kommend, zog eine eiskalte Meeresströmung diese Küste entlang, senkte die Temperaturen im Winter bis auf 5 bis 10 Grad ab, und ließ gewaltige Nebelbänke entstehen, die die vielen kleinen Eilande und schroffen Klippen, die der Küste bis weit hinaus ins Meer vorgelagert sind, auch untertags der Sicht des Seefahrers verbergen; das Navigieren in diesen Gewässern war gefährlich. Obwohl die Küste 1 600 Kilometer lang war, gab es nur ganz wenige natürliche Buchten und daher fast keine Landeplätze. Schaffte man es aber, heil an Land zu kommen, so setzte man den Fuß in eine Wüste. Der ständige Westwind trieb heulend und ohne Unterlaß enorme Sandmassen von der Küste landeinwärts und baute Dünen bis zu einer Höhe von 20 und 30 Metern auf, die in die Wüste hineinwanderten und das wenige pflanzliche Leben, das es da noch gab, unter sich begruben. Versuchte man aber, tiefer in die Wüste hineinzustoßen, so geriet man in bizarre Felsentäler und Canyons, deren von der Sonne aufgeheizte Felswände zu Backöfen wurden.

Die ersten Europäer, die in das Landesinnere vorgestoßen waren, hatten offenbar nichts als Sand und Steine gesehen. Auch wer heute achtlos durch die Wüste Namib fährt, wird nicht viel mehr bemerken, obwohl man zumindest von den bizarren Gesteins- und Gebirgsformen tief beeindruckt sein wird, von dem Spiel der Farben; sie wechseln je nach den Sandschichten, die der Wind gerade vor sich her treibt, je nach dem Winkel, in dem das Sonnenlicht auftrifft, je nach der Jahreszeit. Es sind atemberaubende Farben. Vom hellen Gelb bis zum Violett, vom Türkis bis zum Rubinrot. Und wer genauer hinschaut, sieht einige Kilometer von der Küste entfernt, dort wo die großen Sanddünen langsam zum Stehen kommen, neben den feinen gelben Grashalmen auch noch eine große Zahl anderer Pflanzen aus der Wüste wachsen. Sie sind nicht gleich erkennbar, das Auge muß sich erst an sie gewöhnen oder einer der spärlichen Regen sie über Nacht zur Blüte bringen. Und doch wächst hier genug, um offenbar auch großen Tierherden ausreichend Nahrung zu bieten. Ich habe in dieser Wüste, und zwar während der Trockenzeit, ganze Rudel von Oryx-Antilopen gese-

222

hen, mehrere Herden von Straußen, dazwischen Füchse und Schakale.

Doch mehrere hundert Jahre lang warnten die Seefahrer, die hier an Land gegangen waren, alle, die ihnen nachkamen: diese Küste sei tunlichst zu meiden. Man könne dabei leicht sein Schiff und auch sein Leben verlieren. Außerdem sei an dieser Küste nichts, aber auch schon gar nichts zu finden. Skelett-Küste heißt noch heute ihr nördlicher Teil.

Später drangen vom Kap kommend einige Buren in das Landesinnere des späteren Südwestafrika vor. Ihre Berichte sahen schon anders aus: Die Wüste sei offenbar nur ein langgestreckter Streifen entlang der Küste, etwa zwischen 120 und 150 Kilometer breit. Dahinter aber erhebe sich das Land zu einem mächtigen, savannenbewachsenen Plateau. Auf diesen Savannen tummelte sich nicht nur viel Wild, sie dienten den nomadisierenden Einheimischen auch als offenbar gutes Weideland. Jedenfalls seien die dort angetroffenen afrikanischen Stämme wohlhabend, denn sie besäßen Zehntausende Stück Vieh.

Das wurde für viele Händler in dem Moment interessant, als der Viehexport von der Kap-Provinz angekurbelt wurde und die Wanderburen in Südafrika nicht genügend oder vielmehr zu teure Rinder anboten. In den von der Welt abgeschnittenen Savannen konnten Händler gute Geschäfte machen, Männer, die bereit waren, die Strapazen auf sich zu nehmen, und skrupellos genug, für einige Fässer Schnaps oder ein paar alte Flinten den Schwarzen ganze Herden von Vieh abzukaufen. Hinter den Händlern kamen die Missionare, zuerst britische, dann bald auch deutsche von der Rheinischen Mission. Sie versuchten zu bekehren, zu lehren und, wo es ging, auch gegen die Methoden der Händler anzukämpfen. Sie bemühten sich auch, Frieden zu stiften. Denn zwischen den einzelnen Hirtenvölkern kam es immer wieder zu blutigen Kämpfen um die besseren Weiden und um den Besitz der Herden selbst. Der sehr unregelmäßig und selten fallende Regen ließ mal diese, mal jene Gegend zur besseren Weide werden, so daß es in diesem schier endlos großen Land doch immer wieder nur einige wenige kostbare Flächen gab, um die es sich zu streiten lohnte. Allerdings glaubten auch einige der Missionare, der endgültige Friede würde nur unter europäischer Schutzherrschaft zu erzielen sein, und sie gehörten zu den ersten, die sich um solche Schutzherren in Europa umzusehen begannen.

Die Nachricht, daß es Tausende Kilometer vom Kap der Guten

223

Hoffnung entfernt, hinter den unwirtlichen Küsten Südwestafrikas, gutes Weideland für große Rinderherden gab, bewog auch einige der ständig bedrängten und verdrängten Bevölkerungsgruppen im Süden Afrikas aufzubrechen und sich auf ihren eigenen großen Trek zu begeben. Es handelte sich vor allem um die von ihren gemeinsamen Ahnen, den Holländern und den Hottentotten, verstoßenen Mischlinge. Nach der Art ihrer weißen Väter waren sie Buren, die mit ihren Ochsenwagen über das Land zogen, nach der Art ihrer Mütter waren sie Afrikaner, die überall zu Hause waren und sich daher auch in Südwestafrika rasch zu Hause fühlten. Sie gründeten regelrechte Stämme; innerhalb dieser Stämme wurde nur untereinander geheiratet, wodurch sie sich bis heute als Mischung aus weißen Holländern und gelben Hottentotten erhalten haben. Sie ließen sich bei Rehoboth nieder und nennen sich noch heute stolz Rehoboth Baster (Bastarde).

Andere wieder stießen in Südwestafrika auf einheimische Hottentottenstämme, so zum Beispiel die Orlam, die „Gerissenen". Sie gingen in diesen Stämmen auf, wurden Nama, wie die Hottentotten hier genannt wurden, und stellten lange Zeit deren Führer. Wie die Baster tragen auch sie holländische Namen und gaben dadurch vielen Bergen, Flüssen und Ortschaften in Südwestafrika holländische Namen. So kam Windhoek zu seiner Bezeichnung. Und der Waterberg und Grootfontein und Keelmanskop.

Diese Mischlingsstämme gaben sich selbst auch holländische Namen, etwa die Sippen Witbooi (weißer Junge) und Afrikaner (sie verwenden den stolzen Namen, mit dem sich die weißen Verwandten am Kap, die Buren selbst, bezeichnen). Diese Mischlinge rüsteten zu Raubzügen gegen die einheimischen Völkerschaften Südwestafrikas, vorwiegend gegen die Herero. Sie leisteten später auch den eindringenden Deutschen Widerstand.

Diese Deutschen wollten zunächst einmal gar nicht kommen. Die Hilferufe der Missionare der Rheinischen Mission, immer dann, wenn rings um sie Viehraubkriege wüteten, trafen in Berlin auf taube Ohren. Reichskanzler Otto von Bismarck sah künftige deutsche Größe zunächst nicht in Übersee. Jedesmal wenn Missionare und Händler um den Schutz des Reiches ersuchten, ließ Bismarck deren Klagen an die Briten weiterleiten, mit der stillen und manchmal auch ausgesprochenen Hoffnung, die britische Verwaltung am Kap möge doch auch für die paar Europäer in Südwestafrika die Verantwortung übernehmen. Aus der Geschichte der Kap-Kolonie wissen wir aber, wie sehr England zögerte, sich in dieser Region

Das deutsche Element prägt noch immer Straßenbild und Gesellschaft von Windhoek. Die Straßennamen sind noch wilhelminisch, die Bauten sind von heute, die Schlagzeilen künden das Morgen.

Die Kaiserstraße in Windhoek mit ihren modernen Geschäftsgebäuden (oben). Die Kunden der Warenhäuser werden nach Bomben abgesucht (unten).

Künder deutscher kolonialer Vergangenheit: Der Südwester Reiter als Denkmal der deutschen Schutztruppe (oben). Als Brücke zum Morgen sollte die deutsche Turnhalle in Windhoek dienen (unten).

Sam Nujoma führt an der Spitze der
SWAPO den Kampf gegen die südafrikanischen Truppen in Namibia (links).
Sympathien für die SWAPO können in
Namibia offen zum Ausdruck gebracht
werden, solange sie nicht in Gewalt
umgesetzt werden (unten).

Wie bisher alle Armeen, die Guerilla-Bewegungen zu bekämpfen hatten, versucht auch die südafrikanische Armee, die „Herzen und Hirne" der Bevölkerung zu gewinnen (oben) und gleichzeitig möglichst viele Guerilla-Kämpfer und deren Waffenlager auszuschalten.
Unten: Beutewaffen kommunistischen Ursprungs.

Herero-Frauen (links): In der Stunde der Niederlage nahmen die Herero den Habitus der damaligen deutschen Sieger an.

Die Owambo (rechts) konnten sich bis zum heutigen Tag weitgehend selbständig entwickeln. Die Buschmänner (links unten) sind heute Verlorene zwischen den Fronten. Das Land ist karg und doch reich an Weiden und Mineralien (unten).

Die Wüste Namib, von der Südwestafrika seinen neuen afrikanischen Namen bezieht (oben). In der kurzen Regenzeit verwandeln sich die Schluchten in reißende Flüsse, um gleich danach wieder auszutrocknen (unten).

Afrikas noch mehr zu engagieren, wie unwillig es war, noch mehr Geld und Truppen in dieses „Faß ohne Boden" zu stecken. Eine Tendenz, die sich erst nach den Gold- und Diamantenfunden umkehrte.

Was an Südwest wertvoll erschienen war, hatte sich die britische Kap-Verwaltung anscheinend ohnedies schon geholt: die einzige ausbaufähige Hafenbucht an der Küste von Südwest, das heutige Walvis-Bay, die den britischen Wal- und Robbenfängern als Stützpunkt und Trankocherei diente, wenn sie mit reichen Fängen aus antarktischen Gewässern zurückkehrten; und jene Inseln vor der Südwestküste, auf denen buchstäblich Millionen Kormorane und Pelikane hausten und den Boden mit einer dicken Düngerschicht überzogen, dem Guano, das sich, in Säcke abgefüllt und nach Europa transportiert, gut verkaufen ließ. Guano ist übrigens auch heute noch eine große Einnahmequelle, nur hat man den Vögeln inzwischen künstliche Inseln ins Meer gebaut, von deren glatten, ebenen Oberflächen sich der Guano leicht mit Maschinen abschaben läßt. Auf Grund dieser frühen Annektierung durch die britische Kap-Verwaltung werden Walvis-Bay und die Guano-Inseln heute noch von Südafrika als Teile der Kap-Provinz für sich beansprucht.

Das eigentliche Südwestafrika aber wollten vorläufig weder Großbritannien noch das Deutsche Reich haben. Da beschloß ein Bremer Tabakhändler, Adolf Lüderitz, auf eigene Faust zu handeln. Er hatte einen Handelsagenten in Westafrika, Heinrich Vogelsang, der ihm schon mehrfach berichtet hatte, daß es an der Küste nördlich und südlich des Kreuzkaps noch afrikanisches Land zu erwerben gäbe, was im übrigen Afrika kaum noch möglich war, weil europäische Kolonialmächte überall schon Ansprüche angemeldet hatten. Das reizte Lüderitz. Er beauftragte Vogelsang, an diese Küste zu reisen und den dort regierenden eingeborenen Häuptlingen möglichst billig möglichst viel Land abzukaufen.

Vogelsang machte sich auf den Weg und landete im April 1883 in einer der kleineren Buchten, der die Portugiesen den Namen Angra Pequena gegeben hatten. Die Situation war die gleiche wie 200 Jahre zuvor am Kap der Guten Hoffnung. Das Land war nicht herrenlos. Hier wie dort gehörte es den Hottentotten, die sich in Südwest Nama nannten. Der europäische Einfluß war hier schon zu spüren: Ihr Häuptling trug bereits einen europäischen Namen, Joseph Fredericks von Bethanien. Dieser wußte auch schon Geld und Ware zu schätzen, und wie die nachfolgenden Ereignisse zeigten, überschätzte er sie sogar gewaltig. Denn er verkaufte Heinrich

Vogelsang die gesamte Bucht und das umliegende Territorium von rund 1 400 Quadratkilometern für den Preis von 100 britischen Pfund und 200 Gewehren. Das Land hinter der Bucht bestand aus nichts als aus Sand und Steinen – scheinbar unfruchtbare Wüste. Doch Vogelsang war überzeugt, daß sich in dieser Wüste wertvolle Mineralien entdecken ließen. In Südafrika hatte man Diamanten und Gold gefunden, warum sollte es hier anders sein?

Lüderitz läßt sich von den Berichten Vogelsangs in immer größere Begeisterung steigern und fordert diesen auf, möglichst noch weitere Gebiete zu erwerben. Im August 1883 stimmt Häuptling Joseph Fredericks einem zweiten Vertrag zu. Mit diesem Vertrag tritt der Häuptling dem Kaufmann Lüderitz den gesamten Küstenstreifen vom Oranje-Fluß bis zum 26. Breitengrad ab, und zwar in einer Tiefe von 20 Meilen.

Dieser Vertrag spielt heute in der Argumentation der SWAPO noch eine Rolle. Anhand dieses Vertrages soll sich nämlich beweisen lassen, daß die Landerwerbungen Vogelsangs nicht auf Treu und Glauben beruhten, sondern auf Betrug. Vogelsang bezahlte die zweite Landabtretung mit 500 britischen Pfund und 60 Gewehren. Für Häuptling Fredericks war das britische Pfund die gültige Währung und die Meile das einzige Längenmaß, das er kannte, die britische Meile von rund 1,6 Kilometern. Vogelsang aber sprach von geographischen Meilen, und eine geographische Meile entspricht 7,5 Kilometern. Vogelsang machte Lüderitz darauf aufmerksam, daß Fredericks den Unterschied offenbar nicht begriffen hatte. Darauf Lüderitz an Vogelsang: „Lassen Sie den Häuptling vorderhand bei der Meinung." Vogelsang und Lüderitz setzten ihre Aufkäufe fort, schickten schließlich auch Agenten in das Land hinter der Wüste und holten sich erstmals auch Weideland.

Durch diese Aktivitäten geraten die deutschen Handelsleute mit Händlern und Abgesandten der Kap-Provinz, mit den Kapitänen und Verwaltern der Walvis-Bay in Konfrontation, und auch zwischen einzelnen afrikanischen Stämmen treten erste Konflikte im Zusammenhang mit Landkäufen auf. Unterstützt von den Missionaren der Rheinischen Kommission, richtet Lüderitz nun an den Reichskanzler Otto von Bismarck die Aufforderung, die von ihm erworbenen Gebiete in Südwestafrika unter den Schutz des Reiches zu stellen. Bismarck, der nach wie vor wenig Lust hat, mit den Briten wegen solcher Ambitionen in Konflikt zu geraten, steht der Sache weiterhin skeptisch gegenüber. Doch in der deutschen Bevölkerung wird der Ruf nach eigenen Kolonien immer lauter. Es ist der große Drang der Deutschen nach Weltgeltung. Man hat Österreich-Ungarn 1866 in die Schranken gewiesen, man hat Frankreich 1871 besiegt, es wird Zeit, daß Deutschland so wie England und Frankreich auch sein eigenes Stück Welt erhält.

Bismarck ist kein Draufgänger, er schafft sich nie mehr Feinde, als er unbedingt haben muß. Er läßt in London sondieren. Und die Antwort ist erstaunlicherweise positiv. Großbritannien braucht deutsche Unterstützung in einer Reihe anderer Fragen. Wenn England diese deutsche Unterstützung mit dem Stück unfruchtbarer Wüste in Südwest erkaufen kann, das es ohnedies selbst nicht will, soll es recht sein.

Die deutschen Kanonenboote „Elisabeth", „Leipzig", „Wolf" und „Möwe" werden im Laufe des Jahres 1884 nach Südwestafrika in Marsch gesetzt. Sie haben den Auftrag, an allen markanten Punkten der Küste Kommandos an Land zu bringen, um mit militärischem Ritual deutsche Fahnen zu hissen und durch feierliche Proklamationen, die die Kapitäne vor angetretener Mannschaft vortragen, das Land unter den Schutz des Deutschen Reiches zu stellen. Mit den Kriegsschiffen kommt auch schon ein Reichskommissar, Dr. Gustav Nachtigall. Die allererste Lüderitzsche Landerwerbung, die Bucht Angra Pequena, wird im Namen des Reiches vom Kommandanten des Kanonenbootes „Möwe" in Besitz genommen. Als Geste gegenüber dem Erfinder Südwestafrikas tauft er die Bucht Angra Pequena auf Lüderitzbucht um.

Die deutschen Abgesandten haben den Auftrag, nun auch den großen Rest des Landes hinter der Wüste möglichst rasch durch Schutzverträge der Oberhoheit des Reiches zu unterstellen. Die Häuptlinge der einzelnen afrikanischen Völker sollen möglichst durch Überredung dazu bewogen werden, den Schutz des Kaisers anzunehmen. Der Kaiser werde die Stammeskriege beenden und alle Völker vor ihren Feinden schützen. Das Deutsche Reich einigt sich mit Portugal und bald danach mit Großbritannien über die Grenzen, die dieses Schutzgebiet haben wird. Nach Norden soll es bis an den Fluß Cunene ausgedehnt werden und damit bis an die Südgrenze Angolas reichen, im Osten soll es sich bis zum britischen Protektorat Botswana und im Süden bis an den Oranje-Fluß erstrecken. Das Deutsche Reich übernimmt damit ein Land, das viermal so groß ist wie Großbritannien.

Damals hieß es, das Land sei so gut wie menschenleer, tatsächlich dürfte die Zahl aller afrikanischen Einwohner jedoch bei etwa 400 000 gelegen sein. Das waren zwar für ein derart ausgedehntes

Gebiet sehr wenige Menschen, in den folgenden Jahren stellte sich jedoch heraus, daß es immer noch genug waren, um der deutschen Landnahme zähen und blutigen Widerstand zu leisten. Die relativ kurze deutsche Kolonialperiode in Südwest war durchdrungen von Aufständen und Kriegen, die oft jahrelang dauerten. Bismarck hatte ähnliches befürchtet.

So groß Südwest auch war, alles fruchtbare Land war unter den Stämmen verteilt, und nicht alle Häuptlinge waren gewillt, es zu verkaufen oder auch nur unter den Schutz der weißen Männer zu stellen. Einer, der diesen Schutz vom Fleck weg ablehnte, war Hendrik Witbooi. Er hielt sich und seine Namastämme für stark genug, die Gebiete selbst zu beanspruchen, die sich die Deutschen da holen wollten. Er brauche keinen Schutz, ließ er dem nächsten deutschen Reichskommissar, Dr. Heinrich Göring, dem Vater des späteren Reichsmarschalls Hermann Göring, bestellen.

Witbooi führte seine eigenen Kriege gegen die Herero. Vom gefürchteten Witbooi bedrängt, waren die Herero jedoch geneigt, deutschen Schutz anzunehmen. Als Witbooi zum nächsten großen Viehraubzug rüstet, wird Reichskommissar Göring von Kamaherero, dem Oberhäuptling aller Herero, aufgefordert, den Schutzvertrag nun zu honorieren. Doch Görings Schutztruppe besteht zu diesem Zeitpunkt aus einem einzigen Unteroffizier. Göring kann die Herero nicht verteidigen. Als er das dem Oberhäuptling Kamaherero eingesteht, zerreißt dieser den Schutzvertrag. Göring flieht in das britische Walvis-Bay und muß bei den Engländern Schutz suchen.

Die Nachricht bringt in Berlin nationale Gefühle ins Wallen. Das Reich habe sofort etwas zu unternehmen. Göring ist in Berlin nicht ohne einflußreiche Fürsprecher. Längst schon wurde dort die „Deutsche Kolonialgesellschaft für Südwestafrika" gegründet, in der Hoffnung, die von Lüderitz angestellte Prognose, man würde auch in Südwest Diamanten, Gold und andere wertvolle Mineralien finden, würde demnächst bestätigt werden. Die Gesellschaft gehört einem Konsortium einflußreicher Banken Deutschlands. Lüderitz selbst hat die von ihm erworbenen Küstenstriche für eine halbe Million Mark und einen Aktienanteil an die Gesellschaft verkauft.

Doch die Erwartungen der Gesellschaft lasten auf ihm. Er will unbedingt beweisen, daß er die Kapazität Südwestafrikas richtig eingeschätzt hat. Was ihm nach Abdeckung seiner Schulden von dem Geld übrigbleibt, steckt er in ein kleines Schiff, mit dem er den Oranje-Fluß hinauffahren will, um die Ufer nach Diamanten abzusuchen. Als sich das Unternehmen als undurchführbar herausstellt, entschließt sich Lüderitz, die gesamte Küste Südwestafrikas abzufahren und in kurzen Abständen Gesteinproben aus der Wüste zu holen. Seine Mannschaft meutert: in diesen gefährlichen Gewässern, in den Nebelbänken will sie nicht zwischen spitzen Klippen und Riffs kreuzen. Lüderitz segelt schließlich nur von seinem Steuermann begleitet in einem kleinen Boot los. Am nächsten Tag tobt ein Sturm über dem Meer. Als nach einigen Wochen noch immer keine Nachricht von Lüderitz und seinem Steuermann eintrifft, beginnt man nach ihnen zu suchen. Man hat sie nie gefunden.

22 Jahre später wurde nur wenige Kilometer von der Stelle entfernt, wo Lüderitz die Segel zu dieser seiner letzten Fahrt setzte, der erste Diamant gefunden. In dem Küstenstreifen, den Lüderitz durch Vogelsang zuallererst hatte erwerben lassen, befinden sich heute die ertragreichsten Diamantenfelder der Welt.

Die Hoffnung auf den Fund von Diamanten und Gold hielt 1889 das Interesse der „Deutschen Kolonialgesellschaft für Südwestafrika" hellwach, und als der SOS-Ruf des Reichskommissars Dr. Göring aus dem britischen Stützpunkt Walvis-Bay in Berlin eintraf, kam die Gesellschaft bei Bismarck um die Aufstellung einer ernst zu nehmenden militärischen Schutztruppe für Südwestafrika ein.

Bismarck stimmte zu. Ein Hauptmann, Curt von François, wurde nach Südwest in Marsch gesetzt. Man gab ihm so viele Waffen, Munition und Geld auf den Weg, daß er, in Walvis-Bay angekommen, Söldner anwerben und von den mitgebrachten Unteroffizieren ausbilden lassen konnte. Der Hauptmann wollte seinen Auftrag, das ganze Land unter kaiserlichen Schutz zu stellen, so rasch wie möglich erfüllen. Er zog mit seiner Reiterschar los und errichtete ein Fort, das er Wilhelmsfeste taufte. François versuchte nun, den Oberhäuptling der Herero, Kamaherero, davon zu überzeugen, daß die Deutschen sehr wohl in der Lage wären, den seinerzeit abgeschlossenen Schutzvertrag zu honorieren.

Die Herero, obwohl noch immer nicht davon überzeugt, waren gerade erst wieder Opfer einiger Viehraubzüge der Nama geworden und fürchteten den Angriff des Großkapitäns Hendrik Witbooi mehr als die kleine deutsche Schutztruppe. Es konnte keinesfalls schaden, diese Truppe auf seiner Seite zu haben, wenn Witbooi angriff. Die Herero forderten die Deutschen auf, ihnen doch zu beweisen, daß sie Witbooi in Schach zu halten vermochten. Hauptmann von François zog mit seiner Schutztruppe los, um Witbooi zu besiegen.

Hendrik Witbooi unterschätzt die Deutschen nicht. Er hat seinen Stamm nach Norden geführt, in die Berge, und sich dort eine Festung gebaut – Hoornkrans. Für Curt von François ist Hoornkrans damit so etwas wie eine „Hauptstadt" der Witbooi-Nama, und gegen diese Hauptstadt läßt er seine Truppen nun marschieren. Sie marschieren schnurstracks in einen Hinterhalt. Ehe sie noch die Felsmauern von Hoornkrans zu Gesicht bekommen, werden sie von Witboois Reitern umzingelt und verlieren in diesem ersten Gefecht bereits so viele Soldaten, daß von François den Rückzug anordnet.

Dennoch war damit erneut eine wesentliche Weiche für die weiteren Entwicklungen in Südwestafrika gestellt. Denn nun berichtet Curt von François nach Berlin, daß die Lage in Südwest mit ein paar Dutzend deutschen Offizieren und Unteroffizieren und ein paar hundert Söldnern einfach nicht zu beherrschen sei. Die deutsche Armee selbst habe als solche hier aufzutreten.

In Berlin wird eine regelrechte Schutztruppe für Südwestafrika aufgestellt. Im März 1893 treffen in Swakopmund die ersten 250 deutschen Kavalleristen ein. Sie sind mit den modernsten Karabinern bewaffnet und bringen auch Kanonen mit. Einen Monat später marschiert diese Streitmacht vor Hoornkrans auf. Als die deutschen Soldaten zum Sturm antreten, treffen sie auf keinen nennenswerten Widerstand mehr. Witbooi und seine Reiter haben Hoornkrans geräumt. In der Feste finden die deutschen Soldaten nur noch Frauen, Kinder und Greise.

Die „Hauptstadt" ist erobert, aber Witbooi ist frei und mobilisiert den Widerstand des gesamten Nama-Volkes. Es gibt keine Front mehr. Witbooi selbst zieht mit seinen Reitern durch die Savanne, lockt die deutschen Patrouillen in Hinterhalte und unterbricht deren Nachrichtenverbindungen. Curt von François muß nach Berlin melden, daß er mit den Nama nicht fertig wird. Im Großen Generalstab wird protokolliert: „Die kriegerischen Eigenschaften der Führer und der einzelnen Kämpfer der Namas sind in einem hohen Maß entwickelt, zeigen ausgesprochenes Geschick für Geländenutzung im Kleinkrieg und nicht zum wenigsten großen persönlichen Mut. Sie sind von unglaublicher Ausdauer und Beweglichkeit und besitzen eine außerordentliche Schieß- und Reitfertigkeit."

Curt von François wird abberufen. Anstelle des Hauptmanns wird diesmal ein Major nach Südwest entsandt: Theodor Gotthilf Leutwein. Hand in Hand mit Leutweins Bestellung wird die kaiserliche Schutztruppe für Südwest in Marsch gesetzt: „Die Uniform besteht aus geripptem Manchesterstoff, der Rock trägt weiße Knöpfe und schwarzweißrot geflochtene Achselstücke. Die Manchesterhosen gehen in gelbe Ledergamaschen über, die hohen Schnürschuhe tragen Reitersporen." Was an diesen Reitern am meisten auffällt und noch bis zum heutigen Tag als Symbol weißer bewaffneter Macht in Südwestafrika gilt, ist die eigenartige Kopfbedeckung, die die Offiziere tragen: breitkrempige Hüte, deren Rand auf einer Seite keck hochgesteckt und mit einer Kokarde befestigt ist.

Der neue Oberbefehlshaber in Südwest weiß, was auf hoher See an Verstärkung im Anmarsch ist. Er stellt Witbooi ein Ultimatum. Auf dieses Ultimatum antwortet Witbooi: „Ich lag ruhig in meinem Haus und schlief, da kam François, um mich wachzuschießen, und das nicht um des Friedens willen oder einer Missetat, deren ich mich schuldig gemacht haben könnte, sondern darum, daß ich etwas, was allein mein Eigentum ist und worauf ich Recht habe, nicht aufgegeben habe. Wenn Euer Edlen mit wahrer Aufrichtigkeit zu mir von Frieden sprechen, dann hat François meinen Frieden weggenommen. Und wenn Euer Edlen nun gekommen sind, um alles, was François Unrecht an mir gehandelt hat, in Richtigkeit zu bringen und nur Frieden zu machen, dann will ich dem Frieden nicht widerstreben."

Leutwein nimmt dieses Verhandlungsangebot nicht mehr zur Kenntnis: „Ich habe dir klargemacht, daß du jetzt keine andere Wahl mehr hast als bedingungslose Unterwerfung unter den Willen Seiner Majestät des Kaisers oder Krieg bis zur Vernichtung."

Diesen Krieg führt Leutwein nun, und diesmal ist nicht mehr Witbooi der Verfolger der Deutschen, sondern die Deutschen jagen Witbooi. Sie reiben seine Reiterscharen auf, unterwerfen seine Stämme. Zuletzt ist Witbooi nur noch mit einer Handvoll Reiter auf der Flucht. Immer wieder wird er von deutschen Patrouillen gestellt, immer wieder gelingt es ihm, sich freizuschießen. Als Leutweins Truppen auf fünf tote deutsche Reiter stoßen, die erst vor wenigen Stunden gefallen sind, finden sie bei den Toten ein Stück Papier mit einer Nachricht Witboois: „Mein lieber edler Major. Hierdurch mache ich diese Zeilen für Sie bei den fünf Toten und bitte Sie darum, seid doch so gut und dreht um. Sehen Sie denn nicht, daß ich fliehe, ich bin doch nicht so Großes schuldig. So bitte ich Euer Edlen, laßt mich doch stehen und dreht um."

Zwei Wochen später findet sich Witbooi umzingelt und ergibt sich. Er unterstellt sich und sein Volk dem Schutz des Deutschen

Reiches. Man schreibt 1894. Es folgt die längste Friedensperiode, die es in Deutsch-Südwest je gegeben hat. Sie dauert zehn Jahre.

In diesen zehn Jahren aber wurde der Charakter des Landes fast völlig verändert. Kaum galt Südwest als „endgültig befriedet", kam ein Strom deutscher Siedler ins Land. Man hatte in Südwest bis dahin weder Diamanten noch Gold gefunden, alle Hoffnungen auf reiche Mineralienlager waren zerstoben. Gerade deshalb mußte die Kolonie auf andere Weise wirtschaftlich genützt werden. Die Deutschen erkannten, was Herero und Nama schon lange vor ihnen wußten, daß nämlich die scheinbar so unfruchtbaren Halbwüsten und Savannen nutzbare Weiden für Rinder und Schafe abgeben. Zwar ernährt ein Hektar Weidefläche hierzulande nur ein Schaf, aber dafür ist dieses Land auch unendlich groß.

Es ist nicht nur der unbegrenzte Raum, der die deutschen Siedler anlockt, es ist auch das Klima des Landes und dessen Schönheit. Mit Ausnahme weniger Stellen in Südafrika gibt es nirgendwo sonst in Afrika ein Gebiet von solcher Ausdehnung, in dem – von den geringen Niederschlagsmengen abgesehen – sehr ähnliche klimatische Verhältnisse herrschen wie in den Mittelmeerregionen Europas. Der kalte Winter fehlt. Dazu fast jeden Tag Sonnenschein, kristallklare Luft und eine Landschaft, die mit ihrer unendlichen Weite, ihren atemberaubenden Wüsten- und Gesteinsformationen, ihren lieblichen Savannen und ihrem Farbenspiel die Menschen packt und nicht mehr losläßt. Dies alles, so scheint es – und so heißt es auch in den in Deutschland verbreiteten Berichten –, liege nun da, um von deutschen Siedlern in Besitz genommen zu werden.

Die Häuptlinge der einzelnen afrikanischen Völker beginnen jetzt erst zu begreifen, was sie da in verschiedenen Verkaufs- und Schutzverträgen für ein paar Pfund, einige hundert Gewehre und einige Faß Branntwein alles hergegeben haben. Andere, denen weite Teile der Savannen noch gehören, unterliegen jetzt der Versuchung, die Stammesgebiete zu verkaufen.

Was die europäischen Händler anbieten, erscheint den Afrikanern äußerst begehrenswert: billigste Konsumgüter der damaligen Zeit, europäische Kleidung, Hüte und Zylinder, Gamaschen und Schuhe, bürgerlicher Hausrat aller Art und immer wieder auch Bier, Schnaps und Gewehre. Die Schwarzen haben kein Geld, doch man erlaubt ihnen Schulden zu machen. Es wird aufgeschrieben, so lange, bis die Summen groß genug sind, um dafür Schafe und Rinder konfiszieren zu können. In einem beängstigenden Tempo verlieren die Schwarzen ihre Weiden und ihre Herden.

232

80 Jahre später kommt es zwischen den in Südwest ansässigen Deutschen und ihrem Schutzherrn in Südafrika, dem Ministerpräsidenten Vorster, zu einem Konflikt, weil Vorster erklärt, die Südwester Deutschen sollten sich über die Bereitschaft der südafrikanischen Regierung, Namibia einer schwarzen Mehrheitsregierung zu unterstellen, nicht so erregen, die Deutschen hätten das Land seinerzeit „ohnedies nur geraubt". (Während die Buren daran festhalten, daß sie in Südafrika in herrenloses Land eingezogen wären.) Das ist der Grund, weshalb die Deutschen in Namibia mit großer Akribie nachzuweisen versuchen, daß sie jeden Quadratmeter ihrer großen Farmen ordnungsgemäß gekauft und bezahlt hätten. Meiner Ansicht nach eine müßige Diskussion, denn eine künftige Regierung Namibias wird diese Farmen entweder intakt lassen, weil sie überzeugt ist, daß dies zum wirtschaftlichen Überleben des Landes notwendig sei, oder sie wird sie verstaatlichen, weil sie glaubt, dies ihren marxistischen Überzeugungen schuldig zu sein. Welche Art von Begründung man dabei verwendet, ist höchstens von propagandistischem Wert.

1897 wird Südwestafrika auch noch von der Rinderpest heimgesucht. Die Seuche wird aus Europa eingeschleppt und rafft die ohnehin schon zusammengeschmolzenen Herden, besonders der Herero, hinweg. Die deutschen Farmer hingegen besitzen bereits Impfstoffe und können ihre Herden weitgehend erhalten. Nach der ersten amtlichen Viehzählung in Deutsch-Südwest, die im Jahre 1902 durchgeführt wird, befinden sich nur noch 46 000 Rinder im Besitz der rund 80 000 Herero. Zehn Jahre zuvor war die Herero-Herde auf über eine halbe Million Rinder geschätzt worden.

Diese Entwicklung löste in Deutschland selbst heftige Debatten aus. Auf der einen Seite standen die Vertreter einer Politik, die in Südwestafrika jene Ziele anstrebten, die die europäische Kolonisierung in Nordamerika zu diesem Zeitpunkt bereits voll erreicht hatte: Zurückdrängung, wenn nicht Auslöschung der Eingeborenen, zumindest aber deren Reduzierung zu einem billigen Arbeitskraft-Reservoir. Das Land müsse zur Gänze von Siedlern in Besitz genommen und entwickelt werden. Es wäre eben nicht als Kolonie zu betrachten, sondern als ein Teil Deutschlands, den es ebenso zu besiedeln und zu entwickeln gelte wie etwa Pommerland. In diesem Sinne sei es zu begrüßen, daß die Herero und die Nama und die anderen Stämme Südwestafrikas ihre eigenständige wirtschaftliche Basis zu verlieren im Begriffe waren.

Diese Thesen blieben nicht unwidersprochen. Die deutschen Sozialdemokraten meldeten Bedenken an, forderten eine menschliche Behandlung der Eingeborenen. Kirchliche Stellen erhoben Einspruch und warnten, man möge die Eingeborenen nicht in äußerste Verzweiflung treiben.

Doch Südwest galt als befriedet. Theodor Gotthilf Leutwein, inzwischen zum Gouverneur der Kolonie aufgestiegen, sah keinerlei Gefahren, ja hielt gerade die früheren Widersacher der Deutschen, die Herero und die Nama unter Witbooi, für seine ergebensten Untertanen.

Der Oberhäuptling der Herero, Kamaherero, war gestorben, sein Sohn Samuel Maherero, hatte nur mit deutscher Hilfe seine Nachfolge antreten können – denn das unter den Herero herrschende Nachfolgesystem hätte an sich den erstgeborenen Sohn der Schwester des verstorbenen Oberhäuptlings an die Macht bringen sollen. So galt Maherero geradezu als Günstling der Deutschen und als Freund Leutweins. Er räumte den alten Häuptlingssitz der Herero, Okahandja; fortan benützten ihn die Deutschen als Verwaltungszentrum und als Garnison der Schutztruppe.

Am 10. Januar 1904 tauchen in Okahandja einige hundert Herero auf. Sie sind bewaffnet und erklären den erstaunten Deutschen, sie seien in die alte Häuptlingsstadt gekommen, um hier nach alter Sitte einige Unterhäuptlinge zu wählen. Sie lassen sich in der Stadt nieder. Am 11. Januar treffen deutsche Händler in Okahandja ein. Sie seien soeben an einem Herero-Lager vorbeigeritten, in dem sie Hunderte bewaffnete Krieger gesehen hätten. Die Herero-Posten hätten eine feindselige Haltung eingenommen. Der deutsche Distriktchef in Okahandja schickt ein Telegramm nach Windhoek: Er sei durch das Auftauchen bewaffneter Herero-Gruppen beunruhigt, man möge der schwachen Schutztruppe in Okahandja Verstärkung schicken.

Am Morgen des 12. Januar werden der Amtssitz des Distriktkommissars, die deutschen Verwaltungsstellen, die Häuser der Beamten und Siedler und das Fort der Schutztruppe von Herero umstellt. Als der Distriktchef noch einmal den Telegraphen nach Windhoek in Gang setzen will, ist die Leitung tot. Da bricht der Sturm los. Die Herero stürmen das Distriktsamt, dringen in die Häuser der Deutschen ein, überrennen die sich erst jetzt formierende erste Verteidigungslinie der Schutztruppe.

Die Schutztruppe zieht sich kämpfend in das Fort zurück, ein Teil der deutschen Zivilisten kann sich einzeln oder in Gruppen bis zum

234

Fort durchschlagen. Dennoch werden viele in ihren Häusern, Amtsstuben und Geschäftsläden niedergemacht. Daß sich unter den Opfern auch Frauen und Kinder befinden, wird in den nächsten Wochen und Monaten nicht nur die deutsche Öffentlichkeit zum Ruf nach einem großen Vergeltungsfeldzug motivieren, sondern dem Kommandanten an Ort und Stelle auch als Rechtfertigung für diese Vergeltung dienen.

Die Herero haben nicht nur in Okahandja zugeschlagen. Oberhäuptling Maherero hat alle Stämme der Herero mobilisiert und läßt sie gegen die Deutschen marschieren. Die Eisenbahnlinie zwischen Swakopmund, Okahandja und Windhoek wird von den Herero an mehreren Stellen zerstört, die Telegraphenleitungen der Deutschen unterbrochen. Die deutschen Siedlungen werden angegriffen, die meisten teilen das Schicksal Okahandjas – was den Kugeln und Speeren der Herero entkommt, kann nur noch in die Forts der Schutztruppe flüchten.

Daß der deutschen Verwaltung die Vorbereitungen zum Aufstand bis zum letzten Moment verborgen geblieben waren, wird Berlin gegenüber mit der amtlichen Mitteilung begründet: „Der listige, versteckte Charakter der Herero hatte es ihnen ermöglicht, ihre innersten Gedanken monate-, ja jahrelang vor den Deutschen geheimzuhalten, so daß sie selbst den mit den Verhältnissen vertrauten Personen, die jahrelang unter den Herero gelebt, ja sogar den Regierungsvertretern, völlig überraschend gekommen war."

Leutwein setzt die Schutztruppe in Marsch, um die belagerten Forts zu befreien und den Widerstand der Herero zu brechen. Die Entsatzkolonnen werden von den Herero zunächst zurückgeschlagen. Erst in Wochen gelingt es dem Hauptmann Frankl mit der 5. Feldkompanie, die belagerten Forts nacheinander zu entsetzen. Es ist ein wochenlanges hartes Ringen.

Nicht nur haben die Nachrichten von der Ermordung deutscher Frauen und Kinder in Deutschland eine öffentliche Meinung geschaffen, die die Regierung zu einem raschen Sieg und zur Bestrafung der Herero drängt, auch Deutschlands Prestige als jüngste Kolonialmacht steht auf dem Spiel. so ist man mit der Entsendung von Verstärkungen nicht kleinlich: Im Verlauf des Krieges werden 20 000 Mann nach Südwest verschifft, fast ebenso viele Pferde, dazu Geschütze und modernste Maschinengewehre. Die Deutschen bringen auch ein neues Nachrichtenübermittlungssystem nach Südwest, sogenannte Heliostationen, mit denen gebündeltes

Sonnenlicht als Morsezeichen über Spiegel von Stützpunkt zu Stützpunkt „gefunkt" wird.

Berlin schickt mit den Truppen auch einen neuen Oberkommandierenden nach Südwest, diesmal ist es schon ein General: Lothar von Trotha. Der General hat Kolonialerfahrung, er hat die deutschen Truppen im Kampf gegen den Boxeraufstand in China befehligt und ist an der Niederwerfung des Aufstands der Wahehe in Deutsch-Ostafrika beteiligt gewesen. Sein Adjutant wird zehn Jahre später in Deutsch-Ostafrika viel von sich reden machen. Er heißt Paul von Lettow-Vorbeck.

Vor der wachsenden deutschen Übermacht ziehen sich die Herero nach Norden zurück. Schließlich befiehlt Maherero allen Stämmen, die Savannen zu räumen und ihre Herden in das Gebirgsmassiv des Waterbergs zu treiben. Auf dem Hochplateau gibt es fruchtbare Weiden und ausreichend Wasser. Das gesamte Volk der Herero wird hier zusammengezogen – es sind ihrer 80 000. Generalleutnant von Trotha setzt nach und läßt das Gebirgsmassiv von seinen Truppen umstellen.

Am Morgen des 10. August gibt Trotha den Befehl zum Angriff. Von Norden, Westen und Süden schließt sich der deutsche Belagerungsring. Die Herero kämpfen mit dem Mut der Verzweiflung. Auf beiden Seiten gibt es hohe Verluste, aber die Deutschen rücken vor. Maherero muß erkennen, daß er die Festung nicht wird halten können. Und seine Melder bringen ihm eine unerwartete Nachricht: Der deutsche Belagerungsring ist nicht vollständig geschlossen, im Osten stehen offenbar nur schwache deutsche Kräfte. Im Osten liegt die Omaheke, eine fast wasserlose Wüste, ein Ausläufer der Kalahari. Die Rinderherden mitzunehmen erscheint aussichtslos. Aber mit 80 000 Menschen in die Wüste aufzubrechen fast ebenso. Dennoch: Die Herero kennen die Wasserstellen. Es könnte gelingen, von einer Wasserstelle zur anderen die Wüste zu überwinden und im britischen Protektorat Betschuanaland Zuflucht zu finden.

Die Herero treten den Marsch in die Wüste an. 80 000 Männer, Frauen und Kinder. Als sich ihre Vortrupps den ersten Wasserstellen nähern, finden sie diese von deutschen Truppen besetzt. Die Truppen sind im Besitz eines Befehls ihres Oberkommandierenden von Trotha. Der Befehl sagt klipp und klar: Es ist auf jeden Herero zu schießen, einerlei, ob es sich um Männer, Frauen oder Kinder handelt, keiner darf sich den Wasserstellen nähern. Trotha wendet sich auch in einer Proklamation an die Herero: „Innerhalb der deutschen Grenze wird jeder Herero mit oder ohne Gewehr, mit oder ohne Vieh erschossen. Ich nehme keine Weiber mehr auf, treibe sie zu ihrem Volk zurück oder lasse auch auf sie schießen. Dies sind meine Worte an das Volk der Herero."

Gouverneur Leutwein, dem der Befehl Trothas überbracht wird, ist so entsetzt, daß er sich als Gouverneur selbst an die Schutztruppe wendet: Er vertraue darauf, daß jeder deutsche Soldat wisse, was mit seiner Ehre vereinbar sei. Aber selbst wenn dieser Appell Leutweins die Soldaten draußen an den Wasserstellen der Wüste erreicht haben sollte, ihre Offiziere haben einen Befehl. Sie lassen auf alles schießen, was sich den Wasserlöchern nähert. Gleichzeitig sperren die nachrückenden deutschen Truppen den Herero den Rückweg ab.

80 000 Herero haben den Zug in die Wüste angetreten, etwa 16 000 haben ihn überlebt.

Noch heute findet man im Boden der Omaheke Löcher. Schaufelt man den Sand aus, der sich an ihrem Grund gesammelt hat, so findet man die Gebeine der Menschen, die diese Löcher gegraben haben: Herero, die verzweifelt versuchten, Wasser zu finden.

In der Chronik des deutschen Generalstabs über den Herero-Aufstand heißt es dazu: „Die Verfolgung der Herero, insbesondere der Vorstoß der Abteilung Deimling und Klein in das Sandfeld, war ein Wagnis gewesen, das von der Kühnheit der deutschen Führer, ihrer Tatkraft und verantwortungsfreudigen Selbständigkeit ein beredtes Zeugnis ablegte und dessen Gelingen nur durch gründlichste, bis ins kleinste Detail vorher durchdachte Vorbereitung und eine ebenso kraftvolle Durchführung ermöglicht wurde. Diese kühne Unternehmung zeigt die rücksichtslose Energie der deutschen Führung bei der Verfolgung des geschlagenen Feindes in glänzendem Licht. Keine Mühen, keine Entbehrungen wurden gescheut, um dem Feind den letzten Rest seiner Widerstandskraft zu rauben. Wie ein halb zu Tode gehetztes Wild war er von Wasserstelle zu Wasserstelle gescheucht worden, bis er schließlich willenlos ein Opfer der Natur seines eigenen Landes wurde. Die wasserlose Omaheke sollte vollenden, was die deutschen Waffen begonnen hatten, die Vernichtung des Herero-Volkes. Das Drama spielte sich auf der dunklen Bühne des Sandfeldes ab. Aber als die Regenzeit kam, als sich die Bühne allmählich erhellte und unsere Patrouillen bis zur Grenze des Betschuanalandes vorstießen, da enthüllte sich ihrem Auge das grauenhafte Bild verdursteter Heerzüge. Das Röcheln der Sterbenden und das Wutgeschrei des Wahnsinns, sie verhallten in der erhabenen Stille der Unendlichkeit. Das

Strafgericht hatte sein Ende gefunden. Die Herero hatten aufgehört, ein selbständiger Volksstamm zu sein."

General Lothar von Trotha wurde auch von den Deutschen in Südwestafrika stürmisch gefeiert. Wer Zweifel hatte, ob es richtig gewesen sei, auch Frauen und Kinder in den Tod zu treiben, dem wurde geantwortet, daß die Herero zuerst deutsche Frauen und Kinder getötet hätten. Diese Tötungsabsicht wurde übrigens von britischen und burischen Augenzeugen des Krieges bestritten. Es gab einen Befehl Mahereros, Missionare, Briten und Buren unter keinen Umständen anzugreifen. Nach Aussagen der solcherart im Herero-Land völlig unbelästigt gebliebenen Missionare, Briten und Buren habe sich dieser Befehl Mahereros auch auf alle Frauen und Kinder erstreckt. Die deutschen Kommandanten seien aufgefordert worden, Frauen und Kinder aus den belagerten Festungen zu evakuieren, doch hätten die Deutschen auf diese Aufforderungen nicht reagiert. Da die Herero keine Aufzeichnungen hinterlassen haben, bleibt diese Frage umstritten.

Doch die Art der Aufrechnung wäre schon aus zwei anderen Gründen nicht zulässig gewesen: Im Herero-Aufstand starben einige Dutzend deutscher Frauen und Kinder, in der Omaheke gingen Tausende Frauen und Kinder der Herero zugrunde. Auch waren es die Deutschen selbst, die zwischen ihrer eigenen Zivilisationsstufe und der der Herero einen großen Unterschied machten. Im „Deutschen Kolonialbuch" heißt es zum Herero-Aufstand: „Die Herero fühlten sich in ihrer Existenz bedroht und erhoben sich Anfang 1904 zu einem allgemeinen Aufstand, bei dessen Bekämpfung durch die deutschen Waffen ein Teil des Volkes und fast das gesamte Vieh der Eingeborenen zugrundeging. Die schließliche Auseinandersetzung war unvermeidlich, denn es ging nicht an, daß die völlig unproduktive Viehwirtschaft eines barbarischen Negerstammes und eine Werte schaffende weiße Kolonisation gleichzeitig auf demselben Raum miteinander existieren."

Es war übrigens nicht der letzte Waffengang der deutschen Schutztruppe. Noch im Jahr des Herero-Aufstandes, im Oktober 1904, kündigt, wahrscheinlich unter dem Eindruck des unerwartet harten Kampfes der Herero, der nun schon fast achtzigjährige Hendrik Witbooi seinen Unterwerfungsvertrag. Auch diesmal hält er sich an europäische Formen. Er schickt einen Kündigungsbrief: „Ich habe mich eine geraume Zeit an das Gesetz gehalten, mit aller Gehorsamkeit, doch in der Hoffnung, Erlösung zu finden aus dieser Mühsal. Ich habe alles mit Geduld getragen. Aber ich kann nicht mehr, ich will jetzt aufhören, der deutschen Regierung zu folgen. Hendrik Witbooi, Großkapitän."

Die deutsche Schutztruppe muß erneut marschieren. Wieder einmal versucht sie, Witbooi zu vernichten. Aber wie bei den Herero schließen sich auch bei den Nama alle Einzelstämme zusammen und beginnen einen ausgedehnten Guerillakrieg. Ihre Hauptquartiere werden von den Deutschen aufgespürt, aber sie sind leer. Witbooi und seine Unterführer können immer wieder entkommen, führen ihre Reiter in die Savannen hinaus, wo sie deutschen Vorstößen ausweichen. Gleichzeitig überfallen sie die deutschen Nachschubkolonnen greifen da und dort ein deutsches Fort an und ziehen wieder ab, ehe die Entsatztruppen eintreffen. In der Beschreibung des deutschen Generalstabs: „Der Hottentott war ein sehr gefährlicher Gegner, gewandt wie ein Wiesel, scharfsichtig wie ein Luchs. Weither erspähte er die anrückende Truppe und legte sich ihr im Hinterhalt vor. Nichts verriet seine Anwesenheit, kaltblütig wie ein Jäger wartete er, bis er seines Schusses sicher war. Viele unter ihnen waren Kunstschützen in Sicherheit und Schnelligkeit des Schusses. Auf wenige Schritte ergoß sich dann das Feuer auf die Patrouille, und unter solchen Umständen trat die Truppe in das Gefecht."

Ein Jahr lang setzte Witbooi der deutschen Truppe auf diese Art zu. Als er sich mit seiner Reiterschar im Oktober 1905 einer Wasserstelle mit dem Namen Fahlgras nähert, findet er diese von Deutschen besetzt. Er weiß, daß er im offenen Angriff den deutschen Verteidigern unterlegen ist. Doch Witbooi hat keine andere Wahl, seine Leute und ihre Pferde brauchen das Wasser. Sie greifen an, Witbooi wird getroffen und schwer verwundet von seinen Leuten aus dem Gefecht getragen. Sie binden ihn auf ein Pferd und versuchen, zu einer anderen Wasserstelle durchzukommen. Auf dem Weg ist der Achtzigjährige verblutet.

Die Nama-Stämme geben den Krieg jedoch nicht auf. In den Karasbergen erhebt sich Jakob Morenga, ein Missionsschüler, der als Grubenarbeiter in den Goldbergwerken Südafrikas politisch motiviert worden ist. Zuerst überfällt er nur einzelne Farmen, dann belagert er deutsche Festungen, legt Hinterhalte, in die er die deutschen Entsatzkolonnen lockt, und fügt den Deutschen empfindliche Verluste zu. Auf Jakob Morenga wird ein Kopfpreis ausgesetzt, tot oder lebendig würde man für ihn tausend Reichsmark bezahlen. Ein Jahr später wird dieser Preis auf 20 000 Reichsmark erhöht. Doch niemand bringt ihn, weder tot noch lebendig.

Statt dessen ereilt Morenga beinahe das Schicksal Witboois. Er gerät in einen deutschen Hinterhalt und wird schwer verwundet. Aber er kann sich auf britisches Gebiet retten und wird von der britischen Kap-Verwaltung interniert. Die Internierung wird von den Briten in eine Ehrenhaft umgewandelt, und Morenga darf sich frei bewegen. Ein Jahr später ist er verschwunden und taucht prompt wieder in Deutsch-Südwest auf. Doch man schreibt das Jahr 1904, es ist die Zeit britisch-deutscher Verständigung in der Weltpolitik. Auf den deutschen Vorwurf, die britische Kap-Verwaltung habe zur Flucht Morengas beigetragen, antworten die Briten mit einem Hilfsangebot an die Deutschen: man werde Morenga den Rückzug abschneiden. Von den Deutschen angegriffen, versucht Morenga wie erwartet wieder über den Oranje-Fluß in die britische Kap-Provinz zu entkommen. Britische Soldaten stellen sich ihm in den Weg, es kommt zum Gefecht, Morenga wird tödlich getroffen. Die Nama-Aufstände dauern insgesamt fast vier Jahre.

Die Bilanz all dieser Auseinandersetzungen ist grauenhaft: 64 000 Herero kamen in den Kämpfen um oder verdursteten in der Wüste. Die Nama büßten fast die Hälfte ihrer Bevölkerung ein. Zur Strafe für ihre Aufstände wurden beiden Völkern ihre Viehherden weggenommen und ihre Land konfisziert. Ein Teil der Herero ging in Gefangenschaft, die zum Teil erbarmungswürdig war. Erst 1908 wird die Kriegsgefangenschaft für die Herero aufgehoben und ihnen wieder ein Stück Land zugeteilt. Tatsächlich aber sind sie weitgehend um die letzte Lebensgrundlage gebracht. So müssen sich viele von ihnen auf den Farmen der Weißen als Hilfskräfte verdingen. Der Oberhäuptling der Herero, Samuel Maherero, überlebte den Marsch durch die Wüste und starb als gebrochener Mann.

In der deutschen Schutztruppe waren während der Aufstände insgesamt an die 20 000 Mann eingesetzt. Von ihnen sind rund 1 400 gefallen oder an Krankheiten gestorben. Auf fast allen Friedhöfen Namibias findet man heute ihre Gräber. Gleich hinter dem Haupteingang des Friedhofs von Swakopmund hat man den Gefallenen der Schutztruppe ein großes Ehrenmal errichtet mit der Aufschrift: „Sie gaben ihr Leben für dich." Auf dem Soldatenfriedhof neben der „Alten Feste" in Windhoek haben die Kreuze auf den Gräbern die Form des deutschen Eisernen Kreuzes und tragen in der Mitte das Todesjahr des Gefallenen. Fast ausnahmslos stehen in diesen Kreuzen die Zahlen 1904, 1905, 1906 und 1907. Und unter erstaunlich vielen dieser Zahlen die Aufschrift „Unbekannter Soldat".

Der größte aller Soldatenfriedhöfe befindet sich auf dem Hochplateau des Waterbergs. Der Herero-Krieg hat in Südwest einen tiefen geschichtlichen und psychischen Einschnitt hinterlassen. Jahr für Jahr marschierten am Waterberg am 10. August die überlebenden ehemaligen Soldaten der deutschen Schutztruppe auf, um ihres Sieges über die Herero zu gedenken. An den Feiern hat sich bis heute nichts geändert, obwohl es keine Überlebenden des Herero-Krieges mehr gibt. Auch am 10. August 1980 fanden sich zur Gedenkfeier auf dem deutschen Friedhof am Waterberg Abordnungen des „Verbandes deutscher Soldaten", Veteranen des Ersten und des Zweiten Weltkrieges, deutsche Pfadfinder und ihre Ehrengarde der südafrikanischen Armee ein. Die alte deutsche Kriegsflagge wurde neben der Fahne Südafrikas gehißt, an den Gräbern der deutschen Soldaten wurden Kränze niedergelegt. Man sang „Ich hatt' einen Kameraden" und am Schluß das deutsche Südwesterlied.

Im Ritual unterschied sich die Feier in nichts von all den vorhergegangenen Gedenkstunden am Waterberg. Doch der Inhalt der Gedenkreden hatte sich geändert. Zwar hieß es noch immer, daß die Gefallenen ihr Leben „für Frieden und Aufbau unseres schönen Landes Südwest" gegeben hätten, aber man ist in der Darstellung der Ereignisse von damals nicht mehr gar so selbstsicher. Galt der Schießbefehl des Generals von Trotha noch bis vor kurzem als absolut tabu, so wird er jetzt zum ersten Mal zur Diskussion gestellt. Eines der deutschsprachigen Blätter in Windhoek druckte diesen Befehl sogar im vollen Wortlaut ab, daneben den Versuch Gouverneur Leutweins, an die Ehre der deutschen Soldaten zu appellieren.

Einige Tage später wurde ich in Okahandja Zeuge einer anderen Feier. Hier hatten sich, auch wie jedes Jahr, einige hundert Nachfahren der Herero eingefunden, um ihrer toten Häuptlinge zu gedenken. In einem Park, nicht weit von der lutherischen Kirche entfernt, hat Samuel Maherero seine letzte Ruhestätte gefunden. Die Grabinschrift ist in deutscher Sprache.

Die Feier ist aus mehreren Gründen aufwühlend, erschütternd. Die Herero-Männer sind in Uniform erschienen. Wie mir erklärt wird, trugen sie bis zum Zweiten Weltkrieg die Uniformen ihrer Besieger, der deutschen Schutztruppe. Als ihnen das dann von den südafrikanischen Behörden verboten wurde, legten sie die Uniform der Südafrikaner an. Sie tragen sie noch heute. Die Frauen der Herero sind farbenprächtig und eindrucksvoll gekleidet: rote Kopftücher, die so verknotet sind, daß ihre Maschen wie das Gehörn eines Büffels aussehen; lange rot-schwarze Gewänder, fast so breit wie Krinolinen. Der Stil ist bei Wilhelm Busch nachzusehen: die Witwe Bolte sieht so aus. Auch die Frauen der Herero haben die

Tracht der deutschen Frauen im Jahr ihrer Niederlage angenommen.

Die Abordnungen besuchen zuerst die Gräber der Häuptlinge. Sie bleiben in Respektabstand stehen. Ihre heutigen Häuptlinge in ihren Phantasieuniformen schildern in der Form eines Gebetes die Geschichte der Herero, knien auf dem Boden und rutschen auf allen vieren zu den Gräbern vor. Mit ihren Fingernägeln kratzen sie Erde aus dem Boden, heben sie in ihrer hohlen Hand zum Mund und küssen sie. Dann halten sie Zwiegespräche mit den Seelen der toten Häuptlinge, ein lautes Gespräch, dem alle Anwesenden zuhören. Schließlich erheben sie sich und berühren mit ihren Händen die Umfassung der Gräber. Alle Abordnungen folgen. Jeder legt nun seine Hand auf die Gräber der Häuptlinge. Danach begibt man sich in den großen Friedhof hinter der Kirche. Hier liegen die Ahnen in vielen Dutzend Herero-Gräbern, und die Männer und Frauen der Herero ziehen nun einzeln durch die Grabreihen und berühren jedes dieser Gräber. Beim Verlassen des Friedhofs gehen sie an zwei großen Grabsteinen vorbei. Unter diesen liegen zwei deutsche Missionare begraben. Einzeln treten die Herero auch an diese Grabsteine und berühren sie mit beiden Händen.

Dem Zug der Herero hatten sich drei ältere weiße Herren angeschlossen. Sie trugen graue Flanellhosen und blaue Blazer, auf der Brust ein großes weißgerandetes schwarzes Kreuz, das Kriegsabzeichen der deutschen Flugzeuge und Panzer im Zweiten Weltkrieg: eine Abordnung deutscher Veteranen. Sie brachten einen Kranz mit weißer Schleife und dem schwarzen Kreuz und der Aufschrift: „Verband deutscher Soldaten." Sie blieben nicht an der Grabumfriedung stehen, sondern betraten das Grabmal und legten ihren Kranz vor dem Marmorkreuz Mahereros nieder. Ein knappes Kommando, die drei Herren nahmen Haltung an. Noch ein Kommando und sie machten militärisch kehrteuch. Ich habe danach mit ihnen gesprochen. Sie bezeichneten ihr Erscheinen bei diesem Gedenktag der Herero als einen Durchbruch, als eine Wende der Beziehungen zwischen den Deutschen und den Schwarzen des Landes. Sie waren gekommen, um den Feind von damals zu ehren. Sie taten es auf ihre Weise: Sie ehrten den Toten als Helden. Sie wollten mich danach in die deutsche Bäckerei von Okahandja einladen, auf ein Hörnchen mit Kaffee. Aber es war Sonntag, die berühmte Bäckerei hatte geschlossen.

Die deutsche Gegenwart

Das Leben in den Städten Namibias ist noch immer deutsch geprägt. Dabei dauerte die deutsche Herrschaft über dieses Land nur bis 1915. Schon zu Weihnachten 1914 waren südafrikanische Unionstruppen als Verbündete der Briten in Walvis-Bay gelandet, und südafrikanische Flotteneinheiten zogen vor Swakopmund auf und begannen die Kanonade der Stadt. Die deutsche Schutztruppe zählte bei Ausbruch des Ersten Weltkriegs 2 000 Mann und konnte aus der Zivilbevölkerung 7 000 Reservisten einziehen. An der Spitze der Südafrikaner war niemand Geringerer gelandet als der Premierminister Südafrikas persönlich, der alte Buren-General Louis Botha. Mit 40 000 Mann durchquerte er die Wüste Namib und marschierte auf Windhoek.

Der deutsche Gouverneur Dr. Theodor Seitz tat genau das, was Häuptling Maherero vor ihm getan hatte, als er von deutscher Übermacht bedrängt war: Seitz zog sich auf das Plateau des Waterbergs zurück. An die deutschen Truppen ergeht Befehl, sich hier zu sammeln. Zunächst kommt auch die Idee auf, so wie es seinerzeit die Herero getan haben, den Ausbruch in die Wüste zu versuchen, durch die Omaheke zu ziehen, jedoch nicht, um im britischen Betschuanaland Schutz zu suchen, sondern um dort die Engländer zu überwinden und sich nach Deutsch-Ostafrika durchzukämpfen. Der Oberbefehlshaber der deutschen Schutztruppe in Ostafrika ist Lettow-Vorbeck, der einst am Herero-Krieg teilgenommen hatte. Aber der Durchbruch durch die Omaheke erscheint dem deutschen Kommando ein kaum durchführbares Unternehmen zu sein. Auch kennen die Buren die Geschichte der Herero-Kriege. Als deutsche Patrouillen in die Omaheke vorstoßen, kommen ihnen von dort die Buren schon entgegen – sie hatten tausend Lastkraftwagen eingesetzt, die sie bei ihrem Umgehungsmanöver durch die Wüste mit Wasser versorgten. Die Deutschen versenkten daraufhin ihre Waffen und Munition im Otjikoto-See bei Tsumeb und kapitulierten.

Die Südafrikaner aber waren nach Südwest gekommen, um zu bleiben. Bei der Friedenskonferenz von Versailles traten sie für die bedingungslose Annexion der eroberten Kolonialgebiete ein. Der damalige US-Präsident Woodrow Wilson bestand jedoch auf die Entlassung der deutschen Ex-Kolonien in die Selbstbestimmung. Schließlich wurde der neugegründete Völkerbund beauftragt, das

Problem zu lösen. 1920 übergab der Völkerbund der Südafrikanischen Union Südwestafrika zur Verwaltung unter einem besonderen Mandat: Südafrika habe für die Verbesserung der Lebensverhältnisse der Einwohner Südwestafrikas zu sorgen und diese auf ihre spätere Selbständigkeit und Unabhängigkeit vorzubereiten. Über die diesbezüglichen Fortschritte habe Südafrika der ständigen Mandatskommission des Völkerbundes jährlich zu berichten.

1925 gestand Südafrika dem Mandatsgebiet eine beschränkte Verfassung zu und erlaubte den weißen Bürgern des Landes, ihre eigenen Parteien zu gründen und eine gesetzgebende Versammlung zu bilden. Zu den beiden großen Antagonisten unter den neugegründeten Parteien wurden die prompt in Windhoek gegründete Filiale der NSDAP, die die Rückgabe Südwestafrikas an das Deutsche Reich forderte, und die von den zugewanderten Buren gegründete United National Southwest Party, die für den bedingungslosen Anschluß Südwests an Südafrika eintrat.

Den Deutschen in Namibia wird auch und gerade noch heute von vielen Bundesdeutschen vorgeworfen, sie hätten sich nahezu ausnahmslos der Naziideologie ergeben. Tatsache ist, daß die „Heimholung" der früheren deutschen Kolonien eine jener Forderungen Hitlers war, die in Deutschland an die nationalen Gefühle selbst von Nichtnazis appellierte und daß die zahlreichen von der NSDAP und ihren Unterorganisationen nach Südwest ausgesandten Organisatoren und Agitatoren sich mit der Heimkehrparole an Menschen wandten, die sich noch immer als Besiegte unter einem Besatzungsregime fühlten. Deshalb findet man bei den Deuschen in Namibia auch heute viel weniger Reue und Schuldgefühle für ihre damalige Haltung als unter den Deutschen der Bundesrepublik. Das macht sie in den Augen mancher Bundesdeutscher verdächtig, stempelt sie als Ewiggestrige. Und tatsächlich findet sich in ihrem Jargon, in ihrer Geschichts- und Weltbetrachtung vieles aus früherer Zeit.

Doch für sie hat diese Geschichte auch einen anderen Lauf genommen als für die Deutschen in Europa. Die Südafrikaner ließen die NSDAP in Südwestafrika verbieten und setzten zu Beginn des Zweiten Weltkrieges die Funktionäre aller NS-Gliederungen und alle Deutschen, die ihnen als besonders hitlerbegeistert bekannt waren, fest. Sie wurden in Anhaltelager nach Südafrika gebracht. Sie gingen also in die Internierung zu einem Zeitpunkt, da die deutschen Armeen in Europa siegten und man in Südwestafrika von den Verbrechen des Hitler-Regimes noch nichts wußte. Unter den Internierten in den Anhaltelagern selbst wurde automatisch die bisherige Führungs- und Befehlshierarchie der NSDAP auch im Lager anerkannt. Da es bei jahrelanger Internierung darauf ankommt, wie man sie durchsteht, trugen die Durchhalteparolen und die bis zuletzt zur Schau getragene Siegesgewißheit der NS-Funktionäre wesentlich dazu bei, daß sich die Internierten völlig von ihnen beherrschen ließen.

Im Veteranenklub von Windhoek, der seit langem Kriegsteilnehmer aller Lager ohne Unterschied aufnimmt, hängt über der Bar eine merkwürdige Fahne: das Schwarz-Weiß-Rot des kaiserlichen Deutschland, in der Mitte ohne weißes Umfeld ein Hakenkreuz und im Weiß der Fahne die Aufforderung: „Du sollst an Deutschlands Zukunft glauben!" Handgenäht und handgestickt, daneben die Jahreszahl 1944 und der Name eines Internierungslagers in Südafrika. An der Bar unter der Fahne schenkte mir ein etwa sechzigjähriger Engländer einen Whisky ein – er hatte als Sergeant in Montgomerys Armee vor El Alamein gegen Rommels Afrikakorps gekämpft.

Die Südafrikaner in Südwestafrika standen zwar selbst unter britischer Oberhoheit, gingen aber bei weitem nicht so rigoros gegen die Deutschen vor wie etwa die Briten in ihrem Mandatsgebiet, im ehemaligen Deutsch-Ostafrika. Dort hatte man alle Deutschen festgesetzt, auch die Frauen und Kinder. Die Südafrikaner hatten sich in Südwest nur die Männer geholt, den deutschen Frauen aber gestattet, die Farmen und die Geschäfte weiterzuführen. Auch an den deutschen Schulen durfte weiterhin unterrichtet werden. Das bedeutete für die große deutsche Internatsschule in Windhoek, daß sie über Nacht zwar alle ihre Lehrer verlor, die NSDAP-Mitglieder waren, daß deren Posten aber schon am nächsten Tag von deren Frauen und den Frauen anderer Internierter eingenommen wurden. Motto auch ihres Unterrichts: Du sollst an Deutschlands Zukunft glauben!

Die Internierungswelle begann jedoch nicht gleich bei Kriegsbeginn, sondern erst Anfang 1940. In den Monaten bis dahin machten sich Tausende junger Deutscher aus Südwestafrika auf, um auf Schleichwegen nach Deutschland zu gelangen. Sie empfanden es als ihre Pflicht, im Krieg dem Vaterland zu dienen. Im Foyer der deutschen Schule in Windhoek ist eine schwarze Marmortafel eingelassen: „Die Gefallenen unserer Schule 1939–1945", darunter eine sehr lange Liste von Namen. In der Ortskirche von Lüderitzbucht sind die Namen der Gefallenen dieser Stadt aufgezählt, daneben Datum und Ort ihres Todes. Da fehlt keine große Schlacht des

Zweiten Weltkrieges: Tobruk und Stalingrad, Narvik und Kreta, Lüttich und Monte Cassino.

1945 erging an alle britischen Verwaltungen in der Welt die Weisung, bisher internierte Deutsche zur Deportation nach Deutschland bereitzustellen. Die gleiche Weisung wurde von London auch der südafrikanischen Regierung erteilt. Doch die Südafrikaner verweigerten den Befehl. Wohl noch mit der Aufforderung, sich mit ihren Familien für den möglichen Abtransport bereitzuhalten, entließen sie die Deutschen aus ihren Lagern und ließen sie nach Südwestafrika zurückkehren. Die Wartezeit konnten sie schon wieder auf ihren Farmen verbringen. Sie hatten nicht lange zu warten. Die burische Regierung in Pretoria beschloß schon Anfang 1946, die Deutschen nicht auszuweisen, sondern sie vollrechtlich als südafrikanische Staatsbürger anzuerkennen. Eine Entnazifizierung fand nicht statt. Es gab auch keine Kampagne zur Reorientierung, zur Umerziehung.

Für die Deutschen in Südwestafrika war mit dem Jahr 1946 daher alles vorüber. Einer besonderen Schuld, irgendeiner Schuld, waren sie sich nicht bewußt. Für den Anschluß an Deutschland eingetreten zu sein, war in ihren Augen patriotische Pflicht gewesen; dieser im Rahmen der NSDAP Ausdruck gegeben zu haben, galt als selbstverständlich, denn die NSDAP allein verkörperte diese Forderung nach Heimkehr ins Reich. Daß das Regime verbrecherisch gewesen ist, war eine Angelegenheit der Deutschen in Europa, die waren ja an Ort und Stelle. Im übrigen hatte man während der Internierungsjahre von den südafrikanischen und den britischen Bewachern ununterbrochen gehört, wie verbrecherisch das Hitler-Regime sei, und hatte dies bis zum letzten Tag des Krieges für Feindpropaganda gehalten. Daher gibt es unter den Deutschen in Südwest auch heute noch einige, die sich nach wie vor von Feindpropaganda umgeben glauben. Dazu zählen sie auch die heutige deutsche Presse.

Doch für die Mehrzahl der Deutschen in Namibia gilt das nicht mehr. Auf ihre Weise haben sie und ihre Kinder, die ja heute schon wieder Väter sind, aus den Erfahrungen der Vergangenheit ihre Konsequenzen gezogen: Seit 1945 wissen sie, daß der noch in der Zwischenkriegszeit gehegte Wunsch nach einer Rückkehr in das Deutsche Reich eine Illusion war. Die außerordentlich gute Behandlung, die die Deutschen von seiten der Südafrikaner erfahren haben, hat sie jedoch nicht nur zur Dankbarkeit, sondern sogar zu einer Art Nibelungentreue gegenüber den Südafrikanern verpflichtet. Sie hatten die Deutschen in der Stunde der Not großzügig behandelt, die Deutschen würden die Südafrikaner in ihrer Stunde der Not nicht im Stich lassen. Die Deutschen verzichteten rundweg auf die Gründung irgendeiner neuen deutschen Partei – ihre Stimmen gehören seit 1946 den südafrikanischen Parteien. Die regierende Nationale Partei hat diesem Umstand Rechnung getragen und in ihren Reihen deutsche Abgeordnete aufgestellt.

Daß es in Namibia offiziell zwar nur zwei Amtssprachen, Afrikaans und Englisch, tatsächlich aber drei, nämlich auch Deutsch, gibt, habe ich schon berichtet. Die Städte des Landes sind durchwegs noch stark deutsch geprägt. Die Hauptgeschäftsstraßen heißen entweder Kaiserstraße oder Kaiser-Wilhelm-Straße, die wichtigsten Nebenstraßen sind nach Bismarck und Moltke benannt, aller früheren Reichskommissare wird ebenfalls mit Straßentafeln gedacht – Göring, von François, Leutwein, Seitz.

Das gilt auch für die Hauptstadt Windhoek. Die Kaiserstraße beherrscht das Geschäftsleben der Stadt, die Straßen im vornehmeren Villenviertel tragen die Namen deutscher und österreichischer Komponisten und Dichter. Als traditionsreichstes Hotel der Stadt gilt das Hotel „Fürstenhof", den populärsten Biergarten gibt es im Hotel „Thüringerhof", während das Hotel „Kaiserkrone" seine besondere Art besitzt. Viele Geschäfte tragen deutsche Aufschriften, in der Luisen-Apotheke, im Zeitungsladen daneben und im Modegeschäft ein Haus weiter wird jeder Kunde zunächst einmal mit einem deutschen „Guten Tag" begrüßt und auf deutsch nach seinem Begehr gefragt. Eine große Reklametafel lädt ein, Seelenbinders Pelzparadies zu besuchen.

Über Windhoek herrscht noch immer das Fort der deutschen Schutztruppe, die „Alte Feste", nur ist sie heute, wie schon erwähnt, ein Museum. Die Ausstellungsstücke stammen fast durchwegs aus der deutschen Kolonialzeit: eine große goldene Büste Kaiser Wilhelms, frisch poliert, als wäre sie erst heute aufgestellt worden, daneben die Tafeln mit dem Reichsadler und den Aufschriften „Kaiserliche Post" und „Kaiserliche Zollabfertigungsstelle Windhoek". In den Vitrinen Uniformen der Schutztruppe, „Dienstanzug, gewöhnlicher Reiter" und „Ausgehuniform, Leutnant". Photographien aus den verschiedenen Feldzügen der deutschen Schutztruppe, Soldaten vor der Schlacht, Soldaten nach der Schlacht, Häuptling Maherero, Hendrik Witbooi. Tote Herero, gefangene Herero, Rindermärkte in der Stadt. Trompeten und Patronentaschen. Historische Momente, Flaggenhissung, Grundsteinlegung, Schuleröffnung, Kaisers Geburtstag. Die erste Eisenbahn trifft in Windhoek ein – 19. Juni 1902. Die Strecke nach Swakopmund ist eröffnet. Das ist achtzig Jahre her.

Nicht weit von der Alten Feste steht der „Südwester Reiter", das Denkmal zu Ehren und zum Gedenken der deutschen Schutztruppe. Gleich unterhalb befindet sich das schöne alte Gebäude der Deutsch-Lutherischen Kirche. Die Gottesdienste finden in deutscher Sprache statt. Der deutsche Landespropst wohnt gegenüber.

Von den wenigen verbliebenen Kolonialbauten abgesehen, ist Windhoek heute eine recht moderne Geschäfts- und Verwaltungsstadt, die von Warenhäusern, Einkaufszentren, Banken und Bürohäusern mit ihren glatten Betonfassaden dominiert wird. Dennoch eine liebliche Stadt, denn sie schmiegt sich an eine Hügelkette, an deren Abhängen schöne Villen zwischen üppiger Blütenpracht stehen, in den Parkanlagen erinnern Palmen und Riesenkakteen an die afrikanische Geographie der Stadt. Die Zeitungsverkäufer bieten Tageszeitungen in drei Sprachen an, in Afrikaans, in Englisch und die deutsche „Allgemeine Zeitung". Im „Bücherkeller" sind die jüngsten Neuerscheinungen aus der Bundesrepublik eingetroffen. Im Fleischerladen wird deutscher Sautanz angeboten. Die deutsche Schule lädt zu einem Kulturabend mit deutschem Vortrag, und die deutsche Liedertafel bietet einen Gesangsabend.

Ein Drittel der 75 000 weißen Einwohner Windhoeks sind Deutsche, und sie dominieren, denn sie beherrschen weitgehend das Geschäftsleben der Stadt, die Hotels und die Gastronomie, sie entfalten die meisten gesellschaftlichen Aktivitäten. Das Kulturleben der Stadt wird fast ausschließlich von ihnen und der kleinen jüdischen Gemeinde getragen. Die deutsche Schule gilt als die beste des Landes, und auch sie ist ein kulturelles Zentrum. Die Briten, die in den südafrikanischen Städten eine sehr ähnliche Rolle spielen, sind in Namibia mit einem Anteil von nur zehn Prozent der weißen Bevölkerung eine zu kleine Minderheit. Sechzig Prozent der Weißen Namibias werden von burischen Südafrikanern gestellt. Diese setzen sich im wesentlichen aus Farmern, Beamten und Angestellten der südafrikanischen Verwaltung zusammen. Gesellschaftlich haben sie den Deutschen das Feld überlassen.

Aus dem Owamboland kommend, ist man zunächst nicht so sehr durch den Gebrauch der deutschen Sprache oder die Begegnung mit wilhelminischen Menschen überrascht als, wie schon in Tsumeb oder in der Etosha-Pfanne, durch das völlige Fehlen des Krieges. Das beginnt schon auf dem Flugfeld der Stadt, das vielen Kleinflugzeugen dient, mit denen die Geschäftsleute und Farmer, Mineningenieure und Verwaltungsräte, Pelzaufkäufer und Beamte kreuz und quer über dieses weite Land reisen. Der Flughafen im Owamboland, wo wir starteten, war an allen Seiten mit Sandsackbarrikaden abgeriegelt, von Gefechtsständen umgeben, und an der Rollbahn standen einsatzbereite Kampfflugzeuge der südafrikanischen Luftwaffe. Als wir nach drei Stunden Flug in Windhoek landeten, war weit und breit keine Uniform zu sehen, kein Sandsack und kein Gewehr. Wir parkten unseren Viersitzer inmitten einer langen Reihe anderer Kleinflugzeuge, die völlig unbeachtet dastanden. Einige Tage später kamen wir frühmorgens, noch in der Dämmerung, hier heraus. Das Tor zum Flughafen stand weit offen, wir fuhren ohne Kontrolle hinein, holten uns unsere Maschine vom Parkplatz, schoben sie zur Benzinpumpe hinüber und tankten sie, ohne bis dahin auch nur einen Menschen gesehen zu haben.

Die SWAPO kommt nicht bis hierher. Sie hat es mehrmals versucht, doch ihre Trupps sind im dichten Netz der weißen Farmen hängengeblieben. Die gewaltige Savanne zwischen Etosha-Pfanne und Windhoek ist über eine Strecke von 500 Kilometern in Farmland aufgeteilt. Alle Farmen sind eingezäunt, alle weißen Farmer dienen in einem besonderen Kommandosystem, das sie verpflichtet, ihre eigenen Farmen ständig zu patrouillieren, verdächtige Bewegungen zu melden und dem Nachbarn zu Hilfe zu eilen, wenn dieser das automatisierte Notrufsystem betätigen sollte, über das er schon beim Abheben des Hörers mit den Nachbarfarmen und der nächsten Einsatzzentrale der Armee verbunden ist.

In den Straßen Windhoeks sieht man fast nur an Samstagen Militär, wenn die Soldaten nahe gelegener Garnisonen Ausgang haben oder die Offiziere im Owamboland Kurzurlaub erhalten. Nur beim Betreten der großen Warenhäuser in Windhoek kontrolliert ein schwarzer Angestellter die Handtaschen der Damen und die Anzugtaschen der Herren nach eventuell versteckten Bomben. Selbst Polizisten sind in der Stadt höchst selten zu sehen, und mit Verwunderung steht man vor Juwelierläden, in deren unvergitterten Schaufenstern auch noch zu mitternächtlicher Stunde wertvolle Geschmeide um Kunden werben. Keine SWAPO und offenbar nur wenig Kriminalität.

In Südwestafrika galten noch bis zum Jahre 1978 alle südafrikanischen Apartheid-Gesetze. Das hat auch in Windhoek zur scharfen Trennung zwischen den Wohnbezirken der Weißen, der Schwarzen und der Mischlinge geführt. So wie Johannesburg sein schwarzes Soweto hat, gibt es auch hier einige Kilometer außerhalb Windhoeks die schwarze Zwillingsstadt Katutura. Auch hier wohnen mehr Schwarze, als es in Windhoek Weiße gibt. Auch hier derselbe, ja noch krassere Unterschied im Lebensstandard der Weißen und der Schwarzen.

Die Township besteht zum Teil aus elenden Hütten. In vielen Häusern gibt es keine Elektrizität, und die sanitären Anlagen sind ein Verschlag hinter dem Haus. Und auch hier gibt es keine größeren Warenhäuser und Einkaufszentren. Obst, Gemüse und Fleisch werden in kleinen Häufchen auf einem Stück Papier angeboten, das auf dem Boden liegt. Nur die wenigen größeren Straßen sind asphaltiert, alle anderen Straßen der Township sind staubige Sandwege. Schulpflicht für schwarze Kinder gibt es nicht, und sie könnte auch jetzt noch nicht eingeführt werden, weil es an Schulgebäuden und Lehrern fehlt.

Wie in Soweto steht aber auch hier das größte Krankenhaus des Landes. Es ist gleichzeitig auch das modernste in Namibia, das einzige beispielsweise, das über eine Intensivstation verfügt. Deshalb liegen auf der Intensivstation auch weiße Patienten unter dem Sauerstoffzelt, obwohl es sich ansonsten um ein rein schwarzes Spital handelt.

In Namibia sind fast alle Apartheid-Gesetze seit 1978 aufgehoben. Das heißt, in Namibia hätte schon alles passieren können, was die Befürworter der Apartheid in Südafrika als unausweichliche Konsequenz jeder Aufhebung der Rassentrennung prophezeien. In Namibia sind alle Schwarzen von der Paßpflicht befreit, sie können sich erstmals überall im Land – mit Ausnahme des militärischen Operationsgebietes – frei bewegen. Sie können sich ihren Arbeitsplatz selbst suchen und sich überall niederlassen. Sie können die öffentlichen Verkehrsmittel benützen, in alle Hotels gehen, alle Restaurants und Bars frequentieren. Daß es dennoch zwei ganz entscheidende Einschränkungen in dieser neuen Politik gibt, davon werde ich noch in einem anderen Zusammenhang berichten. Tatsache ist, daß „die schwarze Flut" in Namibia nun ohne weiteres „über die Weißen hinwegrollen" könnte. Sie tut es nicht. Wohlhabendere Schwarze, darunter auch die rasch aufgestiegene neue politische Klasse, kaufen Grundstücke und Häuser in den weißen Vierteln. Aber es ist deshalb zunächst nirgends zu Spannungen oder zum Verfall der Grundstückspreise gekommen. Zunächst hielt sich auch die Zuwanderung von Schwarzen aus den Stammesgebieten in die Städte in Grenzen. Auch ohne Pässe und Zuzugskontrolle wurden die weißen Viertel nicht „von Schwarzen belagert". Selbst die

Kriminalität ist nicht mehr gestiegen als anderswo auch. Zunächst. Das alles hat sich in den Jahren 1982 und 1983 geändert – aber nicht, weil die Apartheid gelockert worden ist, sondern weil zwei wirtschaftliche Katastrophen gleichzeitig das Land heimgesucht haben – die längste und unerbittlichste Trockenperiode, seit es darüber Aufzeichnungen gibt, und der Verfall der Diamantenpreise als Folge der Weltwirtschaftskrise. Die Trockenheit erzwang die Notschlachtung von fast zwei Dritteln der drei Millionen Karakulschafe und der Hälfte aller Rinderherden; der Verfall der Diamantenpreise reduzierte den Anteil der Diamantenerträge am Budget Namibias von 35 Prozent auf vier Prozent. Das waren Schläge, die selbst ein politisch gefestigtes Land kaum ohne schwere Erschütterung hätte hinnehmen können.

Dazu kam aber, daß gerade das von den Südafrikanern erdachte System der Beteiligung der Schwarzen an der Verwaltung des Gebietes sich als die teuerste und wohl auch verschwenderischste Art von Verwaltung erwiesen hat, die man sich hatte ausdenken können.

Um das zu verstehen, aber auch um das heutige Ringen um Namibia und die an diesem Ringen beteiligten Kräfte zu begreifen, muß man sich zunächst mit dem Phänomen der Turnhalle-Allianz, der DTA, befassen.

Im Zentrum von Windhoek befindet sich ein prominentes Gebäude aus kolonialer Zeit – die Turnhalle. Vater Jahn stand um die Jahrhundertwende unter Deutschen groß in Mode, und als Windhoek Kolonialhauptstadt war, hat man den Bürgern der Stadt eine große Turnhalle erbaut. Die Halle diente gleichzeitig der Unterhaltung und für politische Versammlungen. Bis Anfang 1983 befand sich in der Turnhalle der Sitz einer von Südafrika bereits eingesetzten Regierung Namibias. Die Regierung wurde von der Turnhalle-Allianz gebildet, und sie war bereits eine schwarze Mehrheitsregierung – obwohl sie noch einen weißen Ministerpräsidenten hatte, Dirk Mudge, einen liberalen Buren. Die ehemalige Turnhalle wurde zu einem schönen holzgetäfelten Sitzungssaal umfunktioniert, die Nebenräume zu Amtszimmern für den Ministerpräsidenten und seine Minister ausgebaut. Ich besuchte Ministerpräsident Dirk Mudge noch zu seiner Amtszeit und fragte ihn damals, welche Chancen er seiner Turnhalle-Regierung gebe. „Diese Regierung ist ganz eindeutig nur eine Interims-Regierung", gab er zur Antwort. „Wir haben mit den fünf Westmächten verhandelt und mit den Vereinten Nationen, und das geht nun schon seit Jahren so. In der

Zwischenzeit mußte etwas geschehen. Wir konnten es entweder der südafrikanischen Regierun̲̺ überlassen, das Territorium weiterzuverwalten, oder wir konnten versuchen, uns selbst zu regieren, unsere eigenen Entscheidungen zu fällen. Wir haben uns für die Interimsregierung entschieden, in der alle Bevölkerungsgruppen des Landes vertreten sind."

Wie stellte sich Mudge eine endgültige Regierung für Namibia vor? Dazu Mudge: „Es soll eine demokratische Regierung sein, hervorgegangen aus allgemeinen, freien und geheimen Wahlen. Wir werden als Turnhalle-Allianz an diesen Wahlen teilnehmen und, sollten wir gewinnen, eine Regierung vorziehen, an der zumindest am Anfang alle Bevölkerungsgruppen beteiligt sind, eine Regierung der nationalen Einheit." Halten Sie einen Sieg der SWAPO für möglich? Mudge: „Das ist immer eine Möglichkeit, aber ich werde alles in meiner Macht Stehende tun, um sie nicht Wirklichkeit werden zu lassen."

Wie könnte der Namibia-Konflikt gelöst werden? Mudge: „Wir müssen alle Möglichkeiten ausschöpfen, um aus den von den Vereinten Nationen durchzuführenden und zu überwachenden Wahlen einen Erfolg zu machen. Wir müssen mit voller internationaler Anerkennung unabhängig werden. Was mich betrifft, so ist das die beste Lösung unseres Problems." – „Eine einseitige Unabhängigkeitserklärung, die sich gegen die Pläne der UNO richtet, schließen Sie aus?" Mudge: „Ganz und gar. Eine Unabhängigkeitserklärung ohne volle internationale Anerkennung kommt für uns nicht in Frage."

Der Führer der SWAPO, Sam Nujoma, bezeichnete die Turnhalle-Regierung und ihren Ministerpräsidenten Mudge als Marionetten der Südafrikaner. Er sah in der Turnhalle eine Parallele zu der letzten Regierung in Rhodesien unter Bischof Muzorewa. Doch zwischen den Entwicklungen in Rhodesien und in Namibia gibt es Unterschiede. Der wesentlichste: Die Weißen in Namibia wissen, daß sie ihre Vorherrschaft aufzugeben haben, sind mehrheitlich auch dazu bereit, und haben den Prozeß der Übergabe der Geschicke des Landes in schwarze Hände bereits begonnen. Ian Smith wollte, als er schließlich eine schwarze Mehrheitsregierung anerkennen mußte, verfassungsmäßig eine überstarke weiße Präsenz im Parlament verankern, eine weiße Sperrminorität, ohne deren Zustimmung die schwarze Regierung keine Verfassungsbestimmungen hätte ändern dürfen. Die Weißen in Namibia beanspruchen keinen Parlamentssitz für sich selbst, sondern hoffen, über normale Parteien und normale Wahlen innerhalb eines normalen Wahlsystems Abgeordnete ins Parlament zu bringen, da sie ja zwölf Prozent der Bevölkerung stellen. Sie hoffen, daß die Weißen auch in einer künftigen schwarzen Mehrheitsregierung mit ein, zwei Ministern vertreten sein würden, aber dies käme allein auf den guten Willen der schwarzen Mehrheit an. Mit anderen Worten: Die Weißen in Namibia sind schon jetzt mit einer Regierungsform einverstanden, wie sie in Zimbabwe-Rhodesien erst nach der Lancaster-House-Konferenz, nach der Beendigung des Krieges und nach dem Wahlsieg der schwarzen Befreiungsorganisationen zustande gekommen ist. Gerade den Weg des Ian Smith will man in Namibia unter keinen Umständen gehen – die einseitige Unabhängigkeitserklärung, die von der gesamten übrigen Welt nie anerkannt würde und die nur zur Folge hätte, daß die Welt sowohl Südafrika als auch Namibia wirtschaftlich mit Sanktionen belegen würde.

Wenn man das hört, scheint es zunächst unverständlich, weshalb die Pläne der UNO und der fünf Westmächte – der Bundesrepublik Deutschland, Großbritanniens, Frankreichs, der USA und Kanadas – für die Durchführung international überwachter Wahlen unter Beteiligung sowohl der SWAPO wie der Turnhalle-Allianz nicht schon längst in die Tat umgesetzt worden sind. Forscht man weiter, kommt man zu dem Schluß, daß beide Seiten – Südafrika/Turnhalle und die SWAPO – zu verschiedenen Zeitpunkten versucht haben, ihre Positionen zu Lasten des Gegners entscheidend zu verbessern, was auf der anderen Seite zu Verärgerung und Abbruch der Verhandlungen geführt hat. Jeder der beiden Seiten wollte ihren Sieg bei solchen Wahlen möglichst sicherstellen, und wenn sie die eigenen Siegesaussichten für gefährdet hielt, wurde die Durchführung der schon vereinbarten Maßnahmen verhindert.

Wie bereits erwähnt, hatte der Völkerbund 1920 Südafrika mit dem Mandat betraut, Südwestafrika zu verwalten, gleichzeitig aber für eine spätere Unabhängigkeit vorzubereiten. Der Völkerbund wurde nach dem Zweiten Weltkrieg aufgelöst. Die UNO wurde gegründet. Sie hat viele Agenden des Völkerbundes übernommen. Im Auflösungsbeschluß des Völkerbundes wurde aber vergessen, die Mandatshoheit des Bundes an die UNO zu übertragen. Prompt versuchte Südafrika schon 1946, das bisherige Mandatsgebiet Südwestafrika zu annektieren und es als fünfte Provinz Südafrikas einzuverleiben. Die UNO lehnte ab; sie erklärte das Mandat der Südafrikaner über Südwestafrika für erloschen und forderte Südafrika auf, das Gebiet unverzüglich in die Unabhängigkeit zu entlassen. Südafrika sprach der UNO das Recht ab, anstelle des Völkerbundes über Südwestafrika zu befinden.

Bis 1975 blieb es die Absicht Südafrikas, Südwestafrika zu annektieren. Bis 1978 galten in Namibia nahezu alle südafrikanischen Gesetze, auch alle Apartheid-Gesetze. Namibia war und ist noch immer ein fester Bestandteil der südafrikanischen Verwaltung, ist mit Südafrika in einer engen Wirtschafts-, Währung- und Zollunion verbunden. Alle Einnahmen und Ausgaben Namibias laufen über das südafrikanische Staatsbudget. Alle Weißen in Namibia sind nach wie vor südafrikanische Staatsbürger. Gegenüber der Welt wird Namibia von Südafrika vertreten, seine Verteidigung wird von der südafrikanischen Armee besorgt, auch wenn eine neue namibische Armee im Aufbau ist.

Ab 1975 erkennt die südafrikanische Regierung jedoch, daß sie sich in der Frage Namibia/Südwestafrika dem Druck der Welt auf die Dauer nicht werde widersetzen können. Die portugiesische Herrschaft in Angola und in Moçambique ist zusammengebrochen. Die SWAPO, die bereits seit 1966 den Guerillakrieg gegen die Südafrikaner in Namibia führt, findet bei der neuen marxistischen Regierung in Angola volle Unterstützung und kann entlang der Grenze Hauptquartiere, Trainingslager und Operationsbasen auf angolanischem Gebiet aufbauen. Bei der UNO wird die Namibia-Frage mit der Einstellung der Welt zu Südafrika selbst gekoppelt. Sollte Südafrika nicht bereit sein, Namibia freizugeben, so würde man Südafrika zunehmend mit Boykotten und Wirtschaftssanktionen belegen. Um Namibias willen gerät Südafrika in eine immer größere Isolation.

Was es selbst betrifft, glaubt Südafrika eine völkerrechtlich legale Position zu vertreten, seine Angelegenheiten gingen niemanden etwas an. In der Frage Namibias aber macht sich Südafrika der Illegalität schuldig, einerlei wie man die Frage des Mandats auch zu drehen und zu wenden versucht. Ein Festhalten an der Illegalität verstärkt nicht nur die internationale Front in der Frage Namibia, sondern bezieht auch die Illegalitätsbeschuldigungen auf Südafrika selbst, auf dessen interne Lage. Das wieder gibt dem schwarzen Widerstand innerhalb Südafrikas Auftrieb, erschwert die Lage der Regierung.

Dazu kommt, daß der Krieg im Owamboland immer größere Kosten verursacht. Südafrika hat im Operationsgebiet rund 20 000 Soldaten stationiert. Das kostet Geld. Immer wieder unternimmt die Armee Vorstöße gegen SWAPO-Stützpunkte in Angola. Tausende Mann ziehen ins Gefecht, unterstützt von den Kampfflugzeugen und Hubschraubern der Luftwaffe. Das kostet noch mehr Geld. Das Zivilprogramm der Armee zur „Gewinnung der Herzen und Hirne" der Bevölkerung verschlingt weiteres Geld. Der Kampf kostet auch Menschenleben. Und all das spielt sich rund 2 000 Kilometer von Südafrika entfernt ab.

In Pretoria macht man auch die Gegenprobe: Würde sich Südafrika einer internationalen Lösung für Namibia fügen, würde es seine Truppen abziehen. Gelänge es ihm, zur neuen Regierung in Namibia halbwegs gute Beziehungen herzustellen, so würde ein Teil des internationalen Drucks auf Südafrika wegfallen, Pretoria könnte zur Regelung seiner eigenen Angelegenheiten Zeit gewinnen, es würde sich die hohen militärischen Kosten des jetzigen Guerillakriegs ersparen und nicht zuletzt auch die wachsende Sorge der eigenen Bevölkerung über das Ausmaß der Verluste in diesem Krieg.

Dennoch verzögert Südafrika eine Namibia-Lösung. Die südafrikanische Regierung will sich nicht dem Vorwurf der eigenen Wähler aussetzen, die weiße Minderheit in Namibia, davon 60 Prozent Buren, einer schwarzen und vielleicht sogar marxistischen Mehrheit ohne Absicherung „ausgeliefert" zu haben. Die Rückwirkungen auf die Moral vor allem im Lager der Verkramptes wären verheerend und ein Aufstand der Verkramptes in der Nationalen Partei nicht auszuschließen. Aus Gründen der eigenen Sicherheit will die südafrikanische Regierung auch versuchen, die Etablierung eines Südafrika feindlich gesinnten Regimes im benachbarten Namibia möglichst zu verhindern. Erst recht, wenn damit zu rechnen wäre, daß diese neue Regierung in Namibia schwarzen Befreiungsorganisationen Stützpunkte einräumen würde, von denen sie gegen Südafrika operieren könnten, oder gar, wenn etwa auf Einladung dieser Regierung Sowjets oder Kubaner Stützpunkte in Namibia bezögen.

Daraus läßt sich ziemlich klar ableiten, was Südafrika in Namibia vor einem Abzug sicherstellen möchte: eine Amtsübergabe an eine schwarze Mehrheitsregierung, die auch volle internationale Anerkennung findet, die aber die Rechte der weißen Minorität garantiert und die Südafrika gegenüber möglichst freundlich eingestellt sein sollte.

Man würde meinen, daß ein Staat, der, wie Südafrika in Namibia, alle wirtschaftlichen und militärischen Trümpfe in der Hand hat, in der Lage sein müßte, derart eindeutig definierte Zielsetzungen auch geradlinig anzustreben und zu verwirklichen. Aber es geht mit der südafrikanischen Namibia-Politik nicht anders als mit der internen Politik in Südafrika selbst. Die Regierung setzt zu Veränderungen an, setzt sie in Gang, hält auf einmal inne und zieht ängstlich zurück.

Der Plan der UNO, in Namibia international überwachte Wahlen durchzuführen, wurde nach jahrelangen Verhandlungen auch von Pretoria angenommen. Mit Zustimmung Südafrikas wurde sogar schon der Sonderbeauftragte der UNO für die Durchführung dieser Wahlen ernannt, der Finne Martti Ahtisaari. Auf Einladung Südafrikas besuchte Ahtisaari schon im August 1978 Namibia, um die Arrangements zur Durchführung des UNO-Plans zu besprechen. Der Plan sieht vor, daß die kriegführenden Parteien alle Kampfhandlungen einstellen, daß sich die SWAPO auf ihre Stützpunkte zurückzieht, daß die südafrikanische Armee ihre Kontingente stark reduziert und nur noch mit etwa 1 500 Mann für die Aufrechterhaltung der Ordnung sorgt. UNO-Kontingente, ursprünglich unter dem Befehl des österreichischen Generals Johann Philipp, sollten dann die Abhaltung geheimer Wahlen überwachen, wobei alle politischen Gruppierungen sich an diesen Wahlen beteiligen würden. Die aus den Wahlen hervorgehende Volksvertretung sollte Namibia eine neue Verfassung geben, und eine dieser Verfassung entsprechende Regierung würde das Land in die Unabhängigkeit führen. All dies hätte bis zum Dezember 1978 geschehen sollen. Es kam anders.

Es wäre müßig, all die Noten, Proteste, Gegenproteste, Resolutionen, bedingten Zustimmungen, bedingungslosen Ablehnungen, direkten und indirekten Verhandlungen und deren Resultate hier aufzuzählen, die aus dem Mißtrauen und den Ängsten beider Seiten entstanden sind. Studiert man diese Unterlagen und spricht man mit ihren Verfassern, so ergibt sich, von allem Gestrüpp befreit, folgendes Bild der Situation: Südafrika dürfte ursprünglich der Meinung gewesen sein, daß Wahlen, sollten sie tatsächlich frei und geheim durchgeführt werden, nicht zugunsten der SWAPO ausgehen würden. Diese Einschätzung basierte auf der Annahme, daß die SWAPO fast ausschließlich von Politikern beherrscht wird, die dem Owambo-Stamm angehören und folglich unter den anderen Stämmen Namibias wenig Zustimmung finden würden. Die Owambo stellen zwar 50 Prozent der Bevölkerung, aber auch innerhalb der Owambo, so meinten die Südafrikaner, würde sich ein guter Teil der Bevölkerung gegen die SWAPO entscheiden, da – erneut nach der Einschätzung der Südafrikaner – die Kampftaktik der SWAPO unter den Owambo Ablehnung hervorgerufen habe. Durch die Landminen der SWAPO kämen hauptsächlich Zivilisten ums Leben, durch die Entführung der Kinder ziehe sich die SWAPO den Haß der Eltern zu, durch die Einschüchterungstaktik bei der Beschaffung von Lebensmitteln, Informationen und Rekruten erwecke die SWAPO den Unmut der Bevölkerung. In einer wirklich freien Wahl würde die SWAPO daher verlieren.

Allerdings, dachten die Südafrikaner weiter, müßte man der Bevölkerung gleichzeitig ein in deren Augen bessere politische Vertretung anbieten. Ansätze zur Schaffung einer solchen politischen Vertretung gibt es seit 1975. Unter der Patronanz Südafrikas waren die einzelnen Bevölkerungsgruppen Namibias aufgefordert worden, Vertreter aus ihren Reihen zu einer Konferenz nach Windhoek zu entsenden, die einen Entwurf für die künftige Verfassung und für das künftige Regierungssystem Namibias ausarbeiten sollten. Die Konferenz trat im September 1975 in der Turnhalle von Windhoek erstmals zusammen und einigte sich nach endlosen Auseinandersetzungen 1977 darüber, eine Interimsregierung für Namibia bilden zu wollen.

Von da an fuhr die südafrikanische Politik auf zwei Gleisen: Einerseits versuchte Südafrika, mit Hilfe der Vermittlung der fünf Westmächte, eine akzeptable Lösung mit der UNO zu erreichen, andererseits bauten die Südafrikaner die aus der Windhoeker Konferenz hervorgegangene Turnhalle-Allianz als Gegengewicht zur SWAPO auf, mit der Möglichkeit, notfalls auch eine interne Lösung des Namibia-Problems über die Bühne bringen zu können. Ziemlich analog zu dem fast gleichzeitigen Versuch Ian Smiths in Rhodesien, durch interne Wahlen und die Installierung des schwarzen Bischofs Muzorewa als neuen Ministerpräsidenten, ebenfalls zu einer Lösung ohne Mitwirkung der schwarzen Befreiungsorganisationen zu gelangen.

In dieser Situation machte auch die UNO Fehler. Schon 1973 hatte die UNO die SWAPO als „authentischen Vertreter" des Volkes von Namibia anerkannt. 1976 ging die Generalversammlung viel weiter – sie anerkannte die SWAPO als „einzigen authentischen Vertreter aller Völker Namibias". Gleichzeitig beschlossen verschiedene UNO-Organisationen, die SWAPO auch finanziell zu unterstützen. Die UNO kommt für die SWAPO-Vertretung in New York auf, die UNO unterhält einen Namibia-Fonds, aus dem allein die SWAPO Geld bezieht, die UNO unterstützt die SWAPO-Truppen in Angola mit Nahrungsmitteln, die UNESCO, die UNDP und mehrere weitere Unterorganisationen zahlen für die verschiedensten Aktivitäten der SWAPO. Insgesamt erhält die SWAPO also mehrere Millionen Dollar im Jahr aus UNO-Fonds. Gleichzeitig wird die SWAPO von der Sowjetunion, ČSSR, DDR und von Kuba mit Waffen und Ausbildnern versorgt. Dies gibt der südafrikanischen Regierung die Möglichkeit, die UNO der Parteilichkeit zu beschuldigen und daher die Überparteilichkeit eines UNO-Kontingents in Zweifel zu ziehen, dem die Überwachung der freien Wahlen übertragen wäre.

Durch die Vermittlung der fünf Westmächte wurden diese Einwände Südafrikas überwunden. Südafrika stimmte dem UNO-Plan schließlich zu. Nun zögerte die SWAPO und hielt mit ihrer Zustimmung zurück. In diesem Moment werden die einzelnen Bedingungen des UNO-Plans vom Generalsekretär der UNO spezifiziert. Daraus geht hervor, daß das UNO-Kontingent für Namibia 7 500 Mann umfassen soll. Aufschrei bei den Südafrikanern: Voraussetzung für die Abhaltung der Wahlen war Waffenstillstand und absoluter Friede. Nur unter diesen Bedingungen sei es überhaupt vorstellbar, daß die südafrikanische Militärpräsenz auf 1 500 Mann gesenkt werden könne. Aus dem Aufmarsch von 7 500 UNO-Leuten schließt Südafrika, daß es die erwartete Ruhe und Ordnung nicht geben werde, daß aber dann die zugesagte Reduzierung südafrikanischer Truppen nicht gerechtfertigt wäre und daß der ganze Prozeß freier Wahlen unter solchen Umständen in Frage gestellt sei.

Nach meinem Dafürhalten gab es für die Südafrikaner ein ganz anderes Bedenken. Seit Jahren weiß die schwarze Bevölkerung in Namibia, daß nur die SWAPO von der UNO als einziger Vertreter aller Völker Namibias anerkannt wird. Die südafrikanische Propaganda hat dies noch wesentlich verstärkt. Mit jedem Angriff gegen die SWAPO verband sie nämlich auch Angriffe gegen die UNO. Ein Rückzug der südafrikanischen Soldaten in ihre Kasernen oder ihr völliger Abzug und das gleichzeitige Auftauchen von UNO-Soldaten in den kritischen Gebieten Namibias würde für die schwarze Bevölkerung automatisch bedeuten, daß Südafrika verloren und die SWAPO gewonnen habe, da die UNO-Soldaten ja schon als Statthalter der SWAPO kämen. Das Risiko schien Südafrika nicht so groß, solange es mit einer nicht allzu hohen Anzahl von UNO-Vertretern rechnete, die sich außerdem vor allem aus Verwaltungsbeamten und Polizisten zusammensetzen würden und erst in zweiter Linie aus Soldaten. Die Absicht der UNO, nun 7 500

Soldaten zu entsenden, warf die südafrikanischen Vorstellungen über den Haufen.

Die Tatsache, daß die Größe des UNO-Kontingents mit Südafrika nicht abgesprochen worden ist, ließ Südafrika entweder wirklich an ein Überrumpelungsmanöver glauben oder gab ihm zumindest Gelegenheit, nun von sich aus den UNO-Plan wieder in Frage zu stellen. Dabei bezog sich das Mißtrauen der Südafrikaner nicht nur auf die vorgesehene Zahl der UNO-Vertreter. Im UNO-Bericht hieß es nämlich weiter, daß sich die SWAPO in von der UNO überwachte Lager in Namibia zurückziehen werde. Auch das brachte Südafrika in Harnisch. Denn, so behaupten die Südafrikaner, es sei der SWAPO bis zum heutigen Tag nicht gelungen, irgendwo in Namibia eine feste Basis aufzubauen. Ihre Truppen operierten ausschließlich von Angola aus und müßten sich auch immer wieder dorthin zurückziehen. Mit Hilfe der UNO würden sie nun zum ersten Mal feste Stützpunkte in Namibia erhalten. Dies aber wäre dann ein weiterer überzeugender Grund für die einheimische Bevölkerung, die ganze Operation bereits als einen Sieg der SWAPO anzusehen. Statt dessen müßte Südafrika darauf bestehen, daß sich die SWAPO in ihre Stützpunkte nach Angola zurückziehe und daß die UNO diese SWAPO-Stützpunkte in Angola zu überwachen habe, damit während des Waffenstillstands von dort keine militärischen Einschüchterungsaktionen gegen Namibia unternommen werden könnten.

Das lehnte die SWAPO rundweg ab. Angola bezeichnete die südafrikanische Forderung als eine Einmischung in seine inneren Angelegenheiten und jede UNO-Aktion auf angolanischem Territorium als eine nicht zu tolerierende Einschränkung der Souveränität Angolas. Antwort der Südafrikaner: Wenn Angola der SWAPO gestatte, von seinem Territorium aus über die Grenzen zu operieren, so müsse es sich auch eine internationale Überwachungsaktion gefallen lassen. Die Lage war wieder einmal völlig festgefahren.

Inzwischen aber hatte Südafrika seine interne Alternative in Namibia entscheidend weitergetrieben: Unter dem Hinweis, daß sich Südafrika der UNO gegenüber verpflichtet habe, Namibia spätestens bis zum 31. Dezember 1978 in die Unabhängigkeit zu entlassen, und da der Plan, dies durch eine Aktion der UNO herbeizuführen, offenbar nicht mehr rechtzeitig zur Durchführung gelangen könne, Südafrika anderseits aber der Welt gegenüber nicht wortbrüchig werden wolle, sehe es sich veranlaßt, noch vor diesem 31. Dezember 1978 freie allgemeine und geheime Wahlen durchzuführen. Alle politischen Gruppierungen seien eingeladen, an den Wahlen teilzunehmen, auch die SWAPO. Aus diesen Wahlen würde eine Volksvertretung hervorgehen, der es offenstünde, über das Schicksal Namibias zu entscheiden. Diese Vertretung könnte eine Verfassung erstellen oder den ursprünglichen UNO-Plan zur Abhaltung freier Wahlen in Namibia annehmen oder sich auch den Bedingungen unterwerfen, die der Generalsekretär der UNO, Kurt Waldheim, diesem Plan beigefügt habe. Im übrigen sei es nicht die Absicht Südafrikas, mit diesem Schritt die Türe gegenüber der UNO zu schließen.

Das war eine Mischung von allem, aber kaum noch eine zielstrebige Politik. Fünf Parteien stellten sich zur Wahl, an der Spitze die Demokratische Turnhalle-Allianz. Diese bestand aus Vertretern von Parteien aller elf in Namibia lebenden Bevölkerungsgruppen – Owambo, Damara, Herero, Kavango, Ost-Caprivi, Kaokoländer, Tswana, Nama, Mischlinge, Buschmänner und Weiße. Die Weißen innerhalb der Allianz sahen ihre eigene politische Vertretung in der Nationalen Partei, die gleichzeitig die Regierungspartei Südafrikas ist. Ein Teil der Funktionäre der Nationalen Partei lehnte jedoch das Zusammengehen der Weißen mit all den Schwarzen und Braunen innerhalb der Turnhalle-Allianz ab und gründete eine neue Partei, die AKTUR, die im wesentlichen zum Apartheid-Konzept der vergangenen Jahre zurückkehren wollte – die schwarzen Stämme sollten auch in Namibia ihre Homelands beibehalten, und Vertreter der Homelands sollten zusammen mit den Vertretern der Weißen eine Regierung bilden, nicht aber gemeinsam mit den Weißen eine Partei, wie dies in der Turnhalle-Allianz geschah.

Das bedeutete Revolte in der Nationalen Partei und deren Sprengung. Mit Dirk Mudge zog ein Teil der Funktionäre in die Turnhalle-Allianz ein, während sich die anderen als AKTUR zur Opposition formierten. Doch wie in Südafrika gab es natürlich auch in Namibia die völlig kompromißlosen Vertreter der Apartheid, die die Schwarzen überhaupt in die Homelands verbannt sehen und den Anschluß Namibias an Südafrika herbeiführen wollten. Sie sammelten sich auch in Namibia in der HNP.

Doch auf der anderen Seite des politischen Spektrums wurden Parteien gegründet, die sich zum Ziel setzten, Weiße und Schwarze ohne Rassenschranken zu vertreten, so die Liberation Front, die Namibia Christian Democratic Party, die Namibia National Front. Selbst ein Teil der SWAPO ließ sich registrieren, unter der Abkürzung SWAPO (D), wobei das D für demokratisch steht. Ihr Anführer Andreas Shipanga hat mit Sam Nujoma gebrochen, hält diesen für einen Diktator, der keine politischen Gegner dulde und sich auch an die Sowjets ausgeliefert hätte.

Nujomas SWAPO aber rief zum Boykott der Wahlen auf. Wer sich an dieser Wahl beteilige, unterstütze Südafrika in seinem Bestreben, das Kolonialregime in Namibia aufrechtzuerhalten. Südafrika und die Turnhalle-Allianz gerieten auf diese Weise zwischen zwei Feuer. Eine geringe Wahlbeteiligung der Bevölkerung wäre einem stillen, aber eindeutigen Votum für die SWAPO gleichgekommen. Es galt also, unter der schwarzen Bevölkerung mit allen Mitteln um Wahlbeteiligung und Zustimmung zu werben. Dazu mußte ein eindeutiges und verständliches politisches Ziel formuliert werden, und dieses konnte nur so aussehen: Wer die Turnhalle-Allianz wählt, stimmt für das Ende des Krieges und für die Unabhängigkeit Namibias unter einer schwarzen Mehrheitsregierung. So eindeutige Bekenntnisse hatte die südafrikanische Regierung bisher vermieden, und zwar aus den gleichen Gründen, weshalb sie auch in Südafrika eindeutige Bekenntnisse vermeidet: Rücksichtnahme auf den rechten Flügel, Angst vor einer Spaltung des Burenlagers, Sorge vor dem Bruderkampf innerhalb der Wagenburg.

74,84 Prozent der Wahlberechtigten Namibias beteiligten sich an dieser Wahl. Die Turnhalle-Allianz erhielt rund 270 000 Stimmen und 41 Mandate, die AKTUR rund 39 000 Stimmen und 6 Mandate, die HNP rund 6 000 Stimmen und 1 Mandat, die LF rund 5 000 Stimmen und 1 Mandat, die NCDP rund 9 000 Stimmen und 1 Mandat. Die hohe Wahlbeteiligung wurde als Absage an die SWAPO ausgelegt.

Aus diesen Zahlen allzu große Rückschlüsse zu ziehen, wäre meiner Ansicht nach jedoch ein Fehler. In Zimbabwe-Rhodesien siegte Bischof Muzorewa mit einem sehr ähnlichen Resultat und wurde kurz darauf bei einer international überwachten Wahl hinweggefegt. Bei der Wahl 1978 in Namibia trat praktisch nur die Turnhalle-Allianz mit einer breitangelegten Wahlwerbung auf, zu der ihr offenbar fast unbegrenzte Geldmittel zur Verfügung standen. In einem Land, in dem es noch kein Fernsehen gibt, setzte die Turnhalle-Allianz unzählige fahrbare Videogeräte ein, über die auf jedem Dorfplatz und in jedem Kral Wahlfilme vorgeführt wurden, die als Sensation wirkten. Es gab Wahlgeschenke an eine Bevölkerung, für die ein Luftballon noch immer ein kleines Wunder ist. Flugzeuge erschienen und warfen Flugzettel mit Wahlaufrufen ab.

Natürlich kann man nicht beweisen, daß die Bevölkerung ohne diese Wahlwerbung nicht auch die Turnhalle-Allianz gewählt hätte. Tatsache aber war, daß die SWAPO so gut wie überhaupt keine Möglichkeit hatte, auch nur für ihren Boykott zu werben. Ihr Boykott-Aufruf wurde mehr oder weniger nur durch Flüsterpropaganda weitergegeben. Der Wahlkampf wurde also mit ungleichen Mitteln ausgefochten.

Die Turnhalle-Allianz konnte folglich nicht von sich behaupten, der einzige authentische Vertreter aller Völker Namibias zu sein. Andererseits waren die in ihr vertretenen Parteien gewiß nicht ohne Anhängerschaft und hätten sich in einer freien Wahl durchaus der SWAPO stellen können. Ich sage dies, weil es die SWAPO und mit ihr die UNO abgelehnt haben, die Turnhalle-Allianz als Gesprächspartner bei Verhandlungen über die Zukunft Namibias zuzulassen. SWAPO und UNO anerkennen allein Südafrika als Verhandlungspartner. An sich eine merkwürdige Position, denn nach Auffassung der UNO befindet sich Südafrika völlig illegal in Namibia und hätte das Land bedingungslos zu räumen. Doch Südafrika verfügt über die tatsächliche Macht in Namibia. Und so ist es als Verhandlungspartner nicht zu umgehen.

Die einseitig durchgeführten Wahlen hatten übrigens Südafrikas Lage erheblich erschwert. Intern, weil die Turnhalle mit dem Versprechen siegte, sie würde den Krieg beenden, den Frieden bringen und das Land in die Unabhängigkeit führen. Keines der Versprechen konnte sie erfüllen. Der Friede hängt von einer Einigung mit der SWAPO ab. Unabhängigkeit, das sehen auch Südafrika und die Turnhalle-Allianz ein, kann es nur mit internationaler Zustimmung geben. Andererseits hatte Südafrika die Turnhalle-Allianz als demokratische Vertretung aller Volksgruppen Namibias anerkannt und seine eigene Politik zunächst auf diese Allianz gestützt. Solange die Turnhalle-Allianz an der Regierung blieb, konnte es sich Südafrika nicht leisten, über deren Kopf hinweg mit der UNO und der SWAPO eine Lösung ohne direkte Beteiligung der Turnhalle-Allianz auszuhandeln.

Dazu kam es auch noch zu der erwähnten Spaltung des burischen Lagers. Ein Teil der Buren hielt zu Dirk Mudge in der Turnhalle-Allianz, andere machten in der AKTUR gegen die von Südafrika geförderte Turnhalle scharfe Opposition, und manche formierten sich sogar in der extremen HNP.

Diese Situation spiegelt meiner Ansicht nach das ganze Ausmaß des Dilemmas wider, vor dem die Nationale Partei steht – nicht nur in Namibia, sondern, wenigstens bisher, auch in Südafrika. In Namibia war bereits einiges geschehen: Um überhaupt auf den UNO-Plan eingehen zu können und das Land für eine internationale Lösung vorzubereiten, mußten die Südafrikaner ihr eigenes Gesellschaftssystem in Namibia aufheben. Die Apartheid mußte weichen. Südafrika hatte nämlich auch in Namibia Homelands für die einzelnen schwarzen Stämme eingerichtet, hatte die Wohnviertel in den Städten ebenso getrennt wie alle anderen Bereiche des gesellschaftlichen Lebens. Auch in Namibia gab es für die Schwarzen keinerlei politischen Rechte und schwerste Benachteiligungen. Auch in Namibia unterstanden sie strikter weißer Kontrolle, hatten keine volle Bewegungsfreiheit und waren auch hinsichtlich Arbeitsplatz und Lohn stark benachteiligt.

All das mußte nun über Nacht aufgehoben werden. Zu diesem Zweck entsandte die südafrikanische Regierung den angesehenen Richter Martinus T. Steyn als ersten Generaladministrator nach Namibia. Denn eines hat in Südafrika bisher doch noch immer gehalten – die Autorität der Richter. Steyn ging nun daran, das Apartheid-System fast zur Gänze zu demontieren. Dabei versuchte er, auch alle widerspenstigen Buren mit auf den Weg zu nehmen. Im großen und ganzen rang er ihnen die Zustimmung zu allen seinen Maßnahmen ab, mit zwei Ausnahmen: Die Rassentrennung in den Schulen und die Rassentrennung in den Krankenhäusern konnte er nicht überwinden. Viele nationale Buren hielten da an der Überzeugung fest, daß der Verzicht auf weiße Eliteschulen und auf weiße Exklusivität in den Krankenhäusern unbedingte Voraussetzungen für den Verbleib der Weißen im Lande seien. Schaffe man dies ab, würden sie gehen.

Die Vertreter aller schwarzen Stämme innerhalb der Turnhalle-Allianz stimmten letztlich der Beibehaltung der Rassentrennung in diesen beiden Institutionen zu. Auch ihnen schien die Konfrontation mit den Weißen in dieser Frage zu gewagt. Sie nannten allerdings ihre Bedingungen: Für den Unterricht schwarzer Kinder müsse in Zukunft pro Kind der gleiche Geldbetrag aufgewendet werden wie für weiße Kinder, und das gleiche habe auch für den Gesundheitsdienst zu gelten. Das mag vernünftig klingen, aber in der politischen Auseinandersetzung, die in und um Namibia tobt, war das Nachgeben der Turnhalle-Allianz in dieser Frage ein großer Gesichts- und Prestigeverlust, denn sie hatte damit zwei wesentliche Apartheid-Bestimmungen akzeptiert.

Andererseits muß man sich allerdings auch vor Augen halten, was die südafrikanische Regierung von ihrem Standpunkt aus gewagt hatte: Nämlich die Abschaffung der Teilung des Landes in Homelands und in weißes Land, die Wiederherstellung eines einzigen, allen seinen Bürgern gehörenden Namibia, die Anerkennung, daß alle diese Bürger die gleiche Staatsbürgerschaft besitzen, daß allen Bürgern, ohne Unterschied der Rasse, volle politische Rechte eingeräumt werden. Und das größte aller Zugeständnisse: Das Prinzip des „One man – one vote", des allgemeinen, für alle gültigen Wahlrechts, wurde von Südafrika in Namibia anerkannt und eingeführt. Es ist genau dieses Prinzip, das die südafrikanischen Politiker für ihr eigenes Land ablehnen. Denn ihrer Meinung nach bedeute dies folgerichtig die Anerkennung des Mehrheitsprinzips, die Anerkennung einer schwarzen Regierung.

Nun ist es eine Sache, ob das alles in einem Land vor sich geht, an dem Südafrika nur als Außenstehender interessiert ist, wie etwa in Zimbabwe oder in Botswana. Eine ganz andere Sache aber ist das in Namibia, das Südafrika sechzig Jahre lang als voll integrierten Teil des eigenen Landes verwaltet hat, in dem alle südafrikanischen Gesetze galten und in dem, so wie in Südafrika, das burische Element die absolute Mehrheit innerhalb der weißen Bevölkerungsschicht stellt. Kann die südafrikanische Regierung sozusagen in der „fünften Provinz" Südafrikas etwas zulassen und es auf die Dauer in den anderen vier Provinzen verweigern? Die Diskussion darüber hat innerhalb des burischen Elements in Namibia zu heftigen Auseinandersetzungen geführt. Und zu einem Putschversuch.

Während Richter Steyn seine Maßnahmen durchzog, schloß sich ein Teil der Buren in Namibia zur Verschwörung zusammen. Das schon erwähnte Kommandosystem, in dem alle weißen Farmer militärisch ausgebildet, bewaffnet und mit einem gut funktionierenden Kommunikationssystem verbunden wurden, wollten die Verschwörer als ideale Basis für einen Staatsstreich benützen. Sie fanden darüber hinaus unter den Offizieren der südafrikanischen Armee Sympathisanten für ihr Vorhaben. Dabei ist nicht zu vergessen, daß die Weißen Namibias auch in dieser Armee dienen. Jedenfalls gab irgend jemand den Befehl, die Waffenlager zu öffnen, und LKW-Ladungen an Gewehren, Pistolen und Munition wurden den Verschwörern zugeführt. Es ist ein Teil dieses für Außenstehende nie ganz zu begreifenden Gefechts burischer Kabale und burischen Zusammenhalts, daß es bisher keinerlei offizielle Darstellung dieser damaligen Vorgänge gibt.

Der südafrikanische Sicherheitsdienst bekam von der Sache

Wind. Pretoria stand vor der Wahl, die Verschwörung zu zerschlagen, die Schuldigen zu verhaften und anzuklagen oder sich auf burische Art innerhalb der Wagenburg mit den Verschwörern zu verständigen. Die Sache wurde auf burische Art beigelegt. Richter Steyn wurde über Nacht von seinem Posten abberufen. Der erste Preis war bezahlt – der Mann, der die Apartheid abgeschafft und die Liberalisierung durchgeführt hatte, war weg. An seiner Stelle entsandte Pretoria Gerrit Viljoen, einen Universitätsprofessor. Doch Viljoen hatte – wie schon früher berichtet – noch eine zweite Funktion: er war Präsident des Broederbond, jener Geheimorganisation der Buren, die im Widerstand gegen die burische Oberherrschaft entstanden ist, die die Zurückgewinnung Südafrikas durch die Buren geplant und erfolgreich bewerkstelligt hat und die anschließend half, fast alle Bereiche des staatlichen und wirtschaftlichen Lebens burischer Lenkung zu unterstellen. Mit der Abreise Steyns und der Ankunft Viljoens in Windhoek war der burische Aufstand in Namibia abgewendet.

Ich habe auch Viljoen in dessen Amtssitz in Windhoek besucht und ihn nach seinen Ansichten über die Zukunft Namibias, aber auch Südafrikas gefragt. Er gab mir einige interessante Antworten. Zu Namibia: „Zum ersten müssen wir unsere Anstrengungen fortsetzen, die Unabhängigkeit Namibias unter gleichzeitiger internationaler Anerkennung zu erreichen, zum anderen müssen wir in der Interimsperiode sicherstellen, daß sich Namibia von südafrikanischer Kontrolle emanzipiert und daß dies ein irreversibler endgültiger Prozeß ist. Die südafrikanische Regierung verfolgt dabei eine Reihe von politischen Grundsätzen, die sich ganz entscheidend von der internen Politik in Südafrika unterscheiden und davon abweichen."

Im Gespräch mit Viljoen hörte ich zum ersten Mal, daß die südafrikanische Regierung auch eine andere internationale Lösung für Namibia für möglich hielte, sollte der UNO-Plan scheitern. Viljoen zu dieser Frage: „Falls wir das Problem nicht mit den Vereinten Nationen lösen können, müssen wir einen anderen Weg finden, um die internationale Anerkennung für die Unabhängigkeit Namibias zu erreichen. Eine einseitige Unabhängigkeitserklärung wäre nicht der richtige Weg. Das Problem ist so internationalisiert, daß eine einseitige Unabhängigkeitserklärung mehr Probleme aufwerfen würde, als sie zu lösen imstande wäre. Aber ich würde zum Beispiel direkte Verhandlungen zwischen Südafrika und den politischen Parteien Namibias auf der einen Seite und den Frontlinienstaaten (Angola, Sambia, Zimbabwe, Botswana, Tanzania, Moçambique) für sehr nützlich halten, denn die Frontlinienstaaten sind die Gastgeber der SWAPO und haben ein sehr unmittelbares Interesse daran, daß in diesem Teil der Welt wieder Friede und Stabilität einkehrt. Ich glaube, wenn wir uns an einen runden Tisch setzen, Südafrika, Namibia, die Frontlinienstaaten und die SWAPO, könnten wir eine alternative Lösung finden."

Dieser Gerrit Viljoen ist von Ministerpräsident Botha in die neue südafrikanische Regierung berufen worden, wo ihm das Ressort für Unterricht gegeben wurde. Zum ersten Mal liegt die Verantwortung für den weißen und für den schwarzen Unterricht in Südafrika in einem Ressort vereint. Bisher unterstand die „Bantu-Education" einer getrennten Verwaltung. Bedeutungsvoll für Südafrika? Zukunftsweisend? Kenne sich einer aus in der burischen Politik: Gerrit Viljoen hat fast zur gleichen Zeit, da er zum Unterrichtsminister gemacht wurde, die Präsidentschaft im Broederbond abgegeben. Er gilt als Vertreter des Lagers der Verligtes.

Eines aber ist inzwischen klar geworden. Wenn irgend möglich, möchte Südafrika den UNO-Plan für Namibia in seinem Kern abgeändert sehen. Denn inzwischen haben die Ereignisse in Rhodesien-Zimbabwe Südafrika eine Lehre erteilt.

Ian Smith in Zimbabwe war fest davon überzeugt, daß die schwarzen Befreiungsorganisationen bei freien international überwachten Wahlen verlieren würden. Er dachte genauso wie Südafrika, als es dem UNO-Plan ursprünglich zustimmte: Die Guerilla-Organisationen seien wegen ihrer Gewaltanwendung und Einschüchterungstaktik bei der schwarzen Bevölkerung unbeliebt. Smith gab sich darüber hinaus auch noch dem Glauben hin, daß jedermann, also auch die Schwarzen, einsehen müßten, daß seine Verwaltung und Wirtschaft bestens funktionierten. Folglich müsse sich dies auch zugunsten Bischof Muzorewas auswirken, in dessen schwarzer Minderheitsregierung Smith als Minister diente. Aber es kam anders: Die beiden Parteien der Patriotischen Front, die ZANU Dr. Robert Mugabes und die ZAPU Joshua Nkomos, siegten haushoch über Bischof Muzorewa.

In Südafrika und in Namibia wurden die Vorgänge in Zimbabwe genau analysiert. Schlußfolgerung Nummer eins: Der Befreiungskampf ist nicht so unpopulär, wie Ian Smith geglaubt hatte. Vieles an der Vorgangsweise der Guerillas mag auch die schwarze Bevölkerung gestört, schockiert haben. Aber daß da Schwarze ihr Leben einsetzten, um ein Regierungssystem zu beseitigen, das fast ein

Jahrhundert lang Schwarze diskriminiert hat (und Diskriminierung wird von Diskriminierten ganz anders empfunden als von dem, der diskriminiert), wird von der schwarzen Bevölkerung grundsätzlich honoriert.

Schlußfolgerung Nummer zwei: Nach vielen Jahren des Krieges, der Drangsal, der Einschüchterung, der Angst und des Leids, ist der Wunsch nach einem Ende dieser Not, ist der Wunsch nach Frieden in der Bevölkerung überragend groß. Dabei stellt die Bevölkerung eine einfache Rechnung an: Siegen die Weißen und ihre Verbündeten, geht der Krieg weiter, denn die schwarzen Befreiungsorganisationen können nicht aufgeben, wofür sie nun schon jahrelang gekämpft und Blut vergossen haben. Siegen die Befreiungsorganisationen, ist der Krieg zu Ende, denn die Weißen und ihre Verbündeten können und werden eine internationale Vereinbarung nicht brechen und sind außerdem nach einer solchen Wahl zur Fortsetzung des Widerstandes nicht mehr fähig. Eine Entscheidung für den Frieden muß folgerichtig eine Entscheidung für die Befreiungsorganisationen sein.

Um die Bevölkerung zu diesem Schluß kommen zu lassen, bedarf es keiner Einschüchterung mehr, höchstens eines bestätigenden Worts. Es ist richtig, daß in Namibia nur das Owamboland, also eine einzige Provinz entlang der Grenze, den Kriegseinwirkungen voll ausgesetzt ist und daß der Zermürbungsprozeß daher wahrscheinlich nur das Volk der Owambo erfaßt hat. Die Owambo stellen aber nun einmal die Hälfte der Gesamtbevölkerung Namibias, und nach den Erfahrungen aus Zimbabwe dürfte die SWAPO auch unter den anderen Volksstämmen Namibias nicht in dem Maß unbeliebt sein, wie die Südafrikaner und die Turnhalle-Leute früher geglaubt haben. Oder umgekehrt: Die Weißen und ihre Verbündeten sind nicht so beliebt, wie sie geglaubt haben.

Meiner Ansicht nach ist man in Pretoria und in Windhoek nach den Ereignissen in Zimbabwe zu dem Schluß gekommen, daß Wahlen nach dem UNO-Plan mit aller Wahrscheinlichkeit auch in Namibia einen Sieg der Befreiungsfront, einen Sieg der SWAPO bringen würden, einerlei, wie stark nun die UNO-Präsenz wäre oder ob SWAPO-Truppen nun in Lagern in Namibia interniert würden oder in Angola blieben. Mit dem Glauben, wenn es bei solchen Wahlen fair zuginge, müßten diese zugunsten etwa der Turnhalle ausgehen, war es seit Zimbabwe vorbei. Siegt aber die SWAPO in Namibia, dann würde dies bedeuten, daß die künftige Verfassung Namibias von einer Volksvertretung mit SWAPO-Mehrheit ausgearbeitet würde. Weder Südafrika noch die Turnhalle-Allianz noch irgendeine der jetzigen Parteien in Namibia hätte da noch ein Wort mitzureden. Da hatte Großbritannien zumindest vorausschauender gehandelt, als es vor den Wahlen in Zimbabwe alle Parteien im Lancaster House um einen Tisch versammelte und sie nicht eher auseinandergehen ließ, als sie sich auf eine Verfassung geeinigt hatten, die allen Minderheiten in Zimbabwe Schutz gewährte, darunter besonders den Weißen. Die siegreiche Befreiungsorganisation, die Patriotische Front, hat sich nach ihrem Sieg nicht über diese Verfassung hinweggesetzt, sondern zunächst einmal alle ihre Bestimmungen eingehalten – obwohl es seither an Versuchen verschiedenster Kräfte in Zimbabwe nicht fehlt, die verfassungsmäßig verankerten Konzessionen an die Weißen auf Umwegen oder auch direkt einzuengen und eines Tages vielleicht zur Gänze aufzuheben.

Dennoch: Wenn Südafrika sich unter internationalem Druck oder aus wirtschaftlich-militärischen Erwägungen in Namibia nicht halten könnte, wäre eine direkte Vereinbarung mit der SWAPO und den Frontlinienstaaten eine der möglichen Lösungen: Ausarbeitung einer Verfassung mit Minderheitenschutz und dann erst Wahlen.

Doch auch die SWAPO hat aus dem Beispiel Zimbabwes ihre Schlüsse gezogen. Sie dürfte heute von ihrem Sieg bei einem Wahlkampf überzeugter sein denn je. Vielleicht glaubt sie auch, daß Südafrika unter dem Druck der Welt und unter dem Druck der Kosten des Krieges eines Tages doch dem ursprünglichen UNO-Plan werde zustimmen müssen.

Beide Seiten haben ihre Schlußfolgerungen gezogen und verhalten sich seither dementsprechend. Südafrika hat immer wieder versucht, seiner eigenen Zustimmung zum UNO-Plan zu entkommen und statt dessen durch starken militärischen Druck auf Angola und die SWAPO eine Änderung der Lage herbeizuführen. Zumindest will es durchsetzen, daß im Zuge einer Namibia-Lösung die kubanischen Truppen aus Angola abgezogen werden, womit der Einfluß kommunistischer Staaten nicht nur auf Angola, sondern auch auf das benachbarte Namibia erheblich reduziert würde. Aber gerade einer direkten Verständigung mit den Frontlinienstaaten und erst recht der SWAPO wäre die ursprünglich starke Verpflichtung Südafrikas gegenüber der Turnhalle-Allianz im Wege gestanden. Die Turnhalle-Allianz erwies sich für Südafrika auch sonst zunehmend als Belastung. Die Allianz betätigte sich als Kritiker Südafrikas überall dort, wo die Südafrikaner noch immer ihre Interessen in Namibia vertraten und nicht die der Menschen in Namibia. Diese

Kritik hatte Gewicht, solange die Turnhalle-Allianz als Regierung Namibias amtierte.

So fühlte sich Südafrika intern und extern durch die von ihm selbst geschaffene Turnhalle-Allianz beeinträchtigt.

Dazu kam zusätzlich noch ein wirtschaftliches Element: Um die Dominanz der Weißen innerhalb dieses schwarzen Mehrheitssystems zu verankern, hatte Südafrika für Namibia ja drei Ebenen der Verwaltung geschaffen: Die oberste Regierungsebene, zuständig für Fragen, die den Gesamtstaat betreffen; die Regionalverwaltungen, die selbständig für jede der elf verschiedenen Bevölkerungsgruppen zuständig sind, wodurch es elf Departments für Erziehung, elf Departments für Gesundheit und für soziale Verwaltung, elf Departments für Verkehr usw. gibt – und dies alles für eine Bevölkerungszahl von kaum mehr als einer Million Menschen. Dazu aber kam noch die dritte Verwaltungsebene der Bezirks- und Gemeindevertretungen, und auch diese sind erneut in elf verschiedene, rassisch getrennte Sektoren unterteilt.

Für ein raffiniert ausgeklügeltes System, das auf vielen Umwegen die Vorherrschaft einer der elf Gruppen sicherstellen soll, ist diese dreifach in sich verschlungene Verwaltung wahrscheinlich ein Meisterwerk. Funktionieren kann sie kaum, und wie sich bald herausstellte, kostet sie ein Heidengeld. 75 Prozent des gesamten Budgets Namibias werden allein schon von dieser Verwaltung verschlungen. Das ist schon in wirtschaftlichen Blütezeiten nicht zu verkraften, geschweige denn in Zeiten schwerer wirtschaftlicher Rückschläge, wie sie sich Anfang der achtziger Jahre eingestellt haben. Dazu kommt, daß in dieser dreifachen Verwaltung viele hundert Posten besetzt werden müssen, für die es nach wie vor noch keine geschulten Leute gab – woher hätten sie auch so rasch kommen sollen. Inkompetente Beamte aber bringen nicht nur zusätzliche Verwirrung, sondern werden mit der Zeit auch korrupt. Die von Südafrika selbst geschaffene „vorläufige interne Lösung" erwies sich zumindest um kein Haar besser als jene von Südafrika als abschreckendes Beispiel angeprangerten Verwaltungen in schlecht regierten schwarzafrikanischen Staaten.

Anfang 1983 kam es daher zu einer Art Selbstbefreiungsakt der Südafrikaner. Da es ihnen nicht gelungen war, die Turnhalle-Allianz international anerkennen zu lassen, ja nicht einmal als Verhandlungspartner gegenüber der UNO durchzusetzen, und da die Allianz intern zunehmend lästig wurde und teuer zu stehen kam, wurden ihr die Regierungsgeschäfte vom südafrikanischen Generaladministrator wieder abgenommen. Als politische Allianz blieb sie zwar bestehen, aber einmal von der Regierung verdrängt, dürfte der Zusammenhalt der so unterschiedlichen Parteien und Stammesvertretungen bald nachlassen.

Inzwischen wartet Südafrika auf eine bessere Ausgangslage zur Lösung der Namibia-Frage. Doch wie immer diese Lösung aussehen wird, die SWAPO wird einen entscheidenden Anteil an ihr haben.

Die SWAPO und Namibia

Sam Nujoma bekennt sich zu einem sozialistisch-marxistischen Gesellschaftsmodell für Namibia. Sein Vorstoß bei der UNO zur Anerkennung der SWAPO als einzige authentische Vertreterin aller Völker Namibias läßt den Schluß zu, daß Nujoma für Namibia künftig ein Einparteiensystem vorsieht. In den Richtlinien und Programmen der SWAPO sind auch viele ähnliche Grundsätze verankert, wie sie von den kommunistischen Parteien vertreten werden. So setzt sich die SWAPO das Ziel, „das gesamte namibische Volk, vor allem die Arbeiterklasse, die Bauernschaft und die fortschrittliche Intelligenz in einer Partei zusammenzuschließen, die als Vorhut in der Lage ist, die nationale Unabhängigkeit und den Aufbau einer klassenlosen Gesellschaft ohne Ausbeutung zu sichern, die auf den Grundsätzen und Idealen des wissenschaftlichen Sozialismus begründet ist". Weiters will die SWAPO „in solidarischer Zusammenarbeit mit anderen antiimperialistischen, fortschrittlichen und friedlichen Kräften in der ganzen Welt dazu beitragen, Namibia, den afrikanischen Kontinent und die gesamte Menschheit von kolonialistischer und imperialistischer Herrschaft zu befreien". Zu diesem Punkt heißt es in den politischen Prinzipien der SWAPO ergänzend: „Unsere antiimperialistische internationale Solidarität mit den sozialistischen Ländern, den Bewegungen der Arbeiterklasse der kapitalistischen Länder, der volksverbundenen Organisationen, den befreundeten Regierungen und mit den einfachen Menschen muß verstärkt werden." Ihre bewaffneten Einheiten nennt die SWAPO „People's Liberation Army of Namibia", kurz PLAN, Volksbefreiungsarmee von Namibia.

Die SWAPO hat auch ganz konkrete Vorstellungen, wie Gesellschaft und Wirtschaft in Namibia umgestaltet werden sollten, sobald die SWAPO an die Macht käme. Sie geht in ihrem Programm davon aus, daß die Weißen und insbesondere Südafrika die Entwicklung einer nahrungproduzierenden Landwirtschaft in Namibia nicht zugelassen hätten, um südafrikanische Lebensmittel in Namibia absetzen zu können, während die weißen Farmer vorwiegend mit ihren Karakulschafen Pelzexport betrieben, der ihren eigenen Reichtum, aber nicht den des Landes gefördert hätte. Auch seien die Bodenschätze des Landes nicht zugunsten des namibischen Volkes, sondern zugunsten multinationaler Konzerne ausgebeutet worden, während die Schwarzen, in Homelands – in den Bantustans – verbannt, lediglich als billige Arbeitsreserve zu dienen hätten. Von dieser Prämisse ausgehend, will die SWAPO nach ihrem Sieg folgendes Programm in die Tat umsetzen:

„1. Es muß der Kampf für die Abschaffung aller Formen der Ausbeutung des Menschen durch den Menschen, gegen den zerstörerischen Geist des Individualismus, gegen die Anhäufung von Reichtum und Macht durch einzelne, Gruppen oder Klassen geführt werden.

2. Alle wesentlichen Produktionsmittel und alle Banken sind Volkseigentum.

3. Es wird eine einheitliche nationale Wirtschaft geschaffen, in der ein gesundes Verhältnis zwischen landwirtschaftlicher und Industrieproduktion besteht, mit den Schwerpunkten auf:
   a) der Errichtung einer weiterverarbeitenden Industrie;
   b) der Durchführung einer umfassenden Agrarreform, die das Land jenen gibt, die es bebauen;
   c) der Bildung von Kooperativen und Kollektiven der Bauern und Landarbeiter;
   d) der Errichtung von staatlichen Viehzucht- und Anbaubetrieben, damit Namibia in die Lage versetzt wird, sich selbst mit landwirtschaftlichen Erzeugnissen zu versorgen.

4. Unter der Bevölkerung muß das Vertrauen in die eigenen Kräfte gestärkt werden."

Das bedeutet Verstaatlichung aller Betriebe und Banken, Enteignung von Grund und Boden und Bildung landwirtschaftlicher Produktionsgenossenschaften und Kolchosen; gleichzeitig Einführung eines zentralen Planungssystems. In ihrem Bildungs- und Kulturprogramm sieht die SWAPO die rasche Ausbildung möglichst vieler Lehrer, technischer Kader und Fachleute vor, eine umfassende Alphabetisierungskampagne, eine kostenlose und umfassende Bildung für sämtliche Namibier von der Grundschule bis einschließlich der Universität. In diesem Programm heißt es ergänzend: „Die Leiden und Hoffnungen der Massen müssen das zentrale Thema aller künstlerischen Darstellungsformen, des Zeichnens, der Musik, der Malerei, des Tanzes und der Literatur sein. Alle Spuren des Stammesdenkens und feudaler Denkweisen müssen ausgetilgt werden."

Das Sozialprogramm der SWAPO sieht für alle Bürger Namibias die volle und kostenlose ärztliche Versorgung vor, einschließlich der Vorbeugung und Erholung, den Bau von Krankenhäusern und Kliniken in allen Bezirken, die Errichtung von Säuglingsheimen und Kliniken in allen Gemeinden, entsprechende Ausbildungsstätten für Ärzte und medizinisches Personal.

Sam Nujoma, 1929 geboren, ist wie viele der heutigen politischen Führer Afrikas an einer Missionsschule ausgebildet worden, der Sankt-Barnabas-Schule der finnischen protestantischen Mission in Windhoek. Die finnische Mission hatte sich seit langem vor allem der Owambo angenommen und im Owamboland Missionsstationen, Schulen und Kliniken betrieben. Heute sind viele dieser Missionen gesperrt, die finnischen Missionare des Landes verwiesen, wenn nicht sogar interniert. Die Südafrikaner beschuldigen die Finnen, die SWAPO aktiv zu unterstützen, SWAPO-Partisanen zu verstecken und die SWAPO auch mit Geld und Hilfsgütern zu versorgen. Wenn das stimmt, so läge dies in der Tradition der finnischen Mission: Im Gegensatz zu den deutschen, britischen und burischen Missionen, die die Schwarzen in Namibia bis vor kurzem zur Anpassung anhielten und deren Kinder auch in dieser Richtung erzogen, traten die Finnen in ihren Missionen schon von Anfang an gegen die Rassentrennung, für das Gleichheitsprinzip und sogar für den Kampf um politische Gleichberechtigung ein. Sie gerieten deshalb schon sehr früh mit allen Verwaltungen Südwestafrikas in Konflikt. Es scheint mir daher kein Zufall zu sein, daß der Führer der SWAPO ein Zögling der finnischen Mission gewesen ist. Ebensowenig wie es mir kein Zufall zu sein scheint, daß die UNO den Finnen Martti Ahtisaari an die Spitze des geplanten 7 500-Mann-Kontingents zur Überwachung freier Wahlen in Namibia gestellt hat. Was von den Südafrikanern als besondere Bosheit empfunden wurde.

Die Karte rechts zeigt das Eisenbahnsystem im Süden Afrikas. Es ist für jedes der Länder von ausschlaggebender wirtschaftlicher Bedeutung. Südafrika aber hat mit seiner teils technischen, teils militärischen Kontrolle über dieses Netz ein wirksames Instrument gegenüber allen seinen Nachbarstaaten in der Hand.

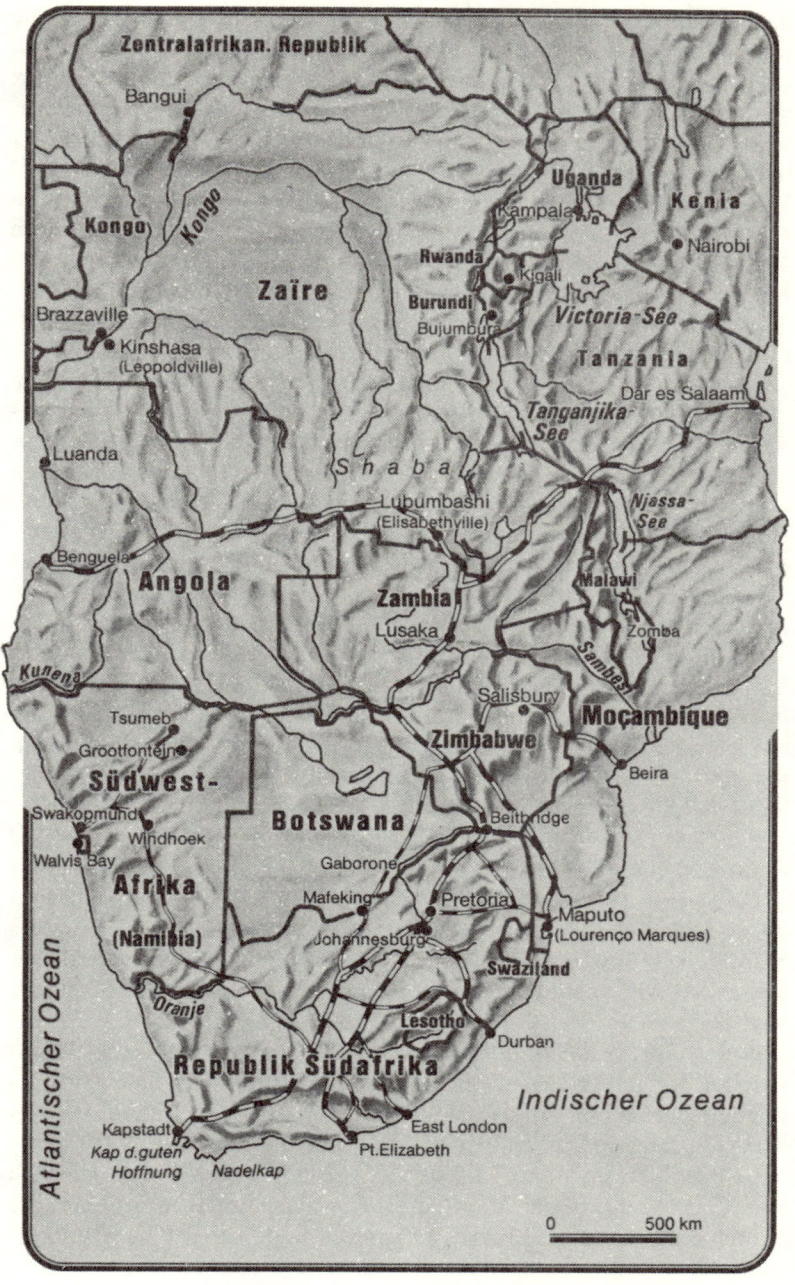

Doch im Gegensatz zu anderen afrikanischen Politikern, die meist den Sprung vom Missionsschüler zum abgeschlossenen Universitätsstudium schafften, ließ sich Sam Nujoma von der Schulbank weg von der südafrikanischen Eisenbahnverwaltung anheuern, wurde später Rathausbeamter in Windhoek und danach Verkäufer in einem Großhandelsgeschäft.

Gemeinsam mit Hermann Toivo ja Toivo wurde Nujoma Mitbegründer der SWAPO, wurde 1959 zum erstenmal verhaftet, kam 1960 frei, sagte schon damals als Zeuge gegen Südafrika vor der UNO aus, gründete ein Exilbüro der SWAPO in Daressalam, Tansania, ging 1961 nach Namibia zurück, wurde abermals verhaftet und 1966 von den südafrikanischen Behörden des Landes verwiesen. Noch im selben Jahr begann er, den bewaffneten Kampf im Ausland zu organisieren. Bis dahin war Toivo ja Toivo der unbestrittene Führer der SWAPO; im Gegensatz zu Nujoma wurde er von den Südafrikanern jedoch nicht aus dem Gefängnis entlassen und wird heute noch auf der südafrikanischen Verbannungsinsel Robben Island festgehalten.

Mit Sam Nujoma waren andere Mitbegründer und Führer der SWAPO in die benachbarten afrikanischen Staaten geflohen. In Abwesenheit Toivo ja Toivos hatten auch sie Führungsambitionen. So kam es in der SWAPO-Führung immer wieder zu Machtkämpfen. Doch Sam Nujoma hatte durch seine Kontakte zur UNO und bald darauf auch zu den Führern der afrikanischen Frontlinienstaaten letztlich die stärkere Position. Es gelang ihm, seine Konkurrenten und Herausforderer auszuschalten, zum Teil mit Hilfe der Sicherheitsorgane der Gastländer Sambia und Tansania.

Ein Teil der in Namibia nach wie vor politisch tätigen SWAPO spaltete sich im Zuge solcher Machtkämpfe ab und steht heute unter der Führung Andreas Shipangas, der Nujoma beschuldigt, Hunderte Parteigenossen ins Gefängnis gebracht zu haben. Nujoma brandmarkt Shipanga dafür als Verräter, vor allem weil dieser seinen SWAPO-Flügel auf demokratischem Weg zur Macht führen will.

Der weiße Widerstand gegen den UNO-Plan, die weiße Angst vor der SWAPO, das weiße Mißtrauen gegenüber Sam Nujoma wurden vor allem durch die kommunistischen Zielsetzungen des SWAPO-Programms und durch die Praktiken bei der Austragung des Machtkampfes innerhalb der SWAPO geweckt. Oder, wie sich eine Gruppe deutscher Kaufleute in Swakopmund ausdrückte, die an sich eine schwarze Mehrheitsregierung und sogar eine SWAPO-

Regierung zu akzeptieren bereit wäre: „Aber wenn die SWAPO ihr Programm verwirklicht, dann können die Weißen hier ja nur noch ihre Koffer packen und gehen, so man uns überhaupt noch etwas packen läßt." Und der Bürgermeister von Swakopmund fügt noch hinzu: „Mit der SWAPO kommen die Sowjets, die hinter unseren strategischen Rohstoffen her sind."

Doch seit Zimbabwe weiß man auch, daß siegreiche Guerillaführer ihre ideologischen Grundsätze zugunsten eines pragmatischen Vorgehens zurückstellen können. Joshua Nkomo vertrat einen Sozialismus sowjetisch-kommunistischer Prägung, Robert Mugabe einen Kommunismus chinesisch-jugoslawischer Prägung. Beide haben schließlich eine demokratische Verfassung für ihr Land angenommen, haben sich zur parlamentarischen Demokratie verpflichtet, das Privateigentum zumindest vorderhand weitgehend unangetastet gelassen und sich sogar zur Fortführung der Marktwirtschaft kapitalistischer Prägung bereit gefunden oder genötigt gesehen.

Dazu hat auch beigetragen, was sie während ihres Exils in ihren jeweiligen Gastländern gesehen und erfahren haben. Mugabe wurde in Moçambique Zeuge der wirtschaftlichen Folgen weitgehender Verstaatlichung von Industrie und Grund und Boden und des Abzugs aller Weißen. In Moçambique stehen heute die Räder der meisten Industrien still, das Land, das einst Überschüsse an landwirtschaftlichen Produkten erzeugte, muß heute solche einführen. Robert Mugabe zog für sich daraus den Schluß, daß die Übernahme politischer Macht nicht unbedingt mit der Zerschlagung der wirtschaftlichen Strukturen des Landes Hand in Hand gehen sollte.

Es ist nicht ausgeschlossen, daß Sam Nujoma auf Grund ähnlicher Erfahrungen noch zu ähnlichen Schlüssen kommen könnte. Sein Hauptquartier befindet sich seit dem Abzug der Portugiesen in der angolanischen Hauptstadt Luanda. Auch das dort etablierte Regime bekennt sich zum Marxismus. Auch in Angola wurden rigorose Verstaatlichungen durchgeführt. Auch in Angola ist es zu einem Exodus der Weißen gekommen. Auch in Angola sind daraufhin die Infrastrukturen zusammengebrochen. Mit ähnlichen Folgen: Die landwirtschaftliche Produktion ist abgesackt, die staatliche Verwaltung weitgehend zusammengebrochen, die Wirtschaft verfallen. Anstelle der bisherigen Weißen hat man andere Weiße geholt – Sowjets, Kubaner, Ostdeutsche, aus Kuba sogar 20 000 Soldaten.

Sollte Nujoma nach einer Wahl als Sieger in Windhoek einziehen, wird er zum erstenmal seit vielen Jahren wieder einen Blick auf

Namibias Wirtschaft werfen können. Wir wissen nicht, in welchem Zustand sich diese Wirtschaft dann befinden wird. Vielleicht werden die neuen Herren um so mehr daran glauben, daß nur ein striktes marxistisches Konzept den totalen Zusammenbruch verhindern kann. Als Mugabe in Zimbabwe an die Macht kam, gab es dort nicht nur eine blühende Wirtschaft, sondern auch wirtschaftliche Hochkonjunktur in der Welt. Um so mehr hätte es Mugabe wagen können, nach marxistischen Rezepten vorzugehen. Die Wirtschaft seines Landes hätte einiges davon verkraften können. In Namibia wird man die Wirtschaft erst wieder zum Blühen bringen müssen, ehe man sich Experimente leisten kann. Allerdings kommt es dabei ganz auf die vorherrschende Einsicht an. Übrigens: Auch Mugabe hat sein sozialistisches Endziel keineswegs aufgegeben. Aber er glaubt, es schneller erreichen zu können, indem er die vorhandenen funktionierenden Industrien und Farmen weiterarbeiten läßt, ihre Gewinne besteuert und die Steuern für die Verwirklichung seiner Ziele verwendet. Solange es nach rein wirtschaftlichen Gesichtspunkten geht, ist dies ein wirksames Rezept. Allerdings hat Mugabe inzwischen schon erfahren, daß wirtschaftliche Gesichtspunkte auch erheblichen politischen Druck erzeugen können. Doch davon später.

In Namibia, so glaubte man bis vor kurzem, werde sich jede künftige Regierung, wer immer sie auch stellen mag, wirtschaftlich viel holen können. Denn das Land, von dem die „Deutsche Kolonialgesellschaft für Südwestafrika" noch 1907 meinte, daß es sich wohl zu nichts anderem als bestenfalls zur Viehzucht eignete, hat genau jenen Traum erfüllt, der den Bremer Kaufmann Adolf Lüderitz seinerzeit bewogen hatte, die trostlosen öden Wüstenstreifen entlang der Küste aufzukaufen.

1908 war ein Trupp von Arbeitern unterwegs, um die Eisenbahnstrecke zwischen Lüderitzbucht und Keetmanshoop wieder einmal von dem Sand freizuschaufeln, den der ständige Wind in großen Dünen auf die Geleise legte. In diesem Trupp befand sich ein Mann namens Zacharias Lewala, der schon in den Diamantengruben von Kimberley in Südafrika gearbeitet hatte. Als er so in den Sand stach, funkelte ein Stein auf, den das geübte Auge Lewalas jedenfalls sofort von den Quarzen zu unterscheiden wußte, die es in der Wüste Namib sonder Zahl gibt. Am selben Tag fand er noch einige Steine dieser Art. Diamanten? Lewala übergab diese Steine seinem deutschen Bahnvorgesetzten August Stauch. Dieser tat zwei Dinge: Er sandte die Steine zur genauen Analyse nach Berlin und sicherte sich gleichzeitig die Schürfrechte genau dort, wo Lewala die Steine gefunden hatte. Berlin tat auch zweierlei: Es identifizierte die Steine als Diamanten von besonderer Schönheit, und als daraufhin ein ungeheurer Run auf die Schürfrechte entlang der gesamten Küste Südwestafrikas einsetzte, erklärte die Reichsregierung – bereits fünf Monate nach dem ersten Fund Lewalas – die gesamte Küstenregion zum Sperrgebiet des Reiches.

Nimmt man eine heutige Landkarte Namibias zur Hand, so wird man auf ihr noch immer die Grenzlinien finden, die das Deutsche Reich 1908 rund um das diamantenträchtige Gebiet gezogen hat. An den Grenzen dieses Gebiets in Namibia stehen auch heute noch große Tafeln mit der deutschen Aufschrift „Sperrgebiet". Die Reichsregierung sperrte damals einen rund 100 Kilometer breiten und 350 Kilometer langen Streifen entlang der gesamten Küste vom Oranje-Fluß bis zum 26. Grad südlicher Breite. Das war genau der Küstenstrich, den Lüderitz durch Vogelsang in seinen Besitz gebracht hatte. Das heutige Sperrgebiet ist doppelt so groß und reicht fast bis an die Enklave Walvis-Bay heran – es erstreckt sich fast 700 Kilometer weit die Küste entlang und ist damit etwa doppelt so groß wie die Schweiz.

In diesem Gebiet darf sich seit 1908 niemand mehr niederlassen, seine Grenzen werden scharf überwacht, niemand darf es ohne Sondererlaubnis betreten. Wer immer es betritt, wird beim Verlassen genauestens kontrolliert und muß sich unter Umständen sogar einer Röntgenuntersuchung unterziehen, durch die festgestellt werden soll, daß er keine Diamanten geschluckt hat.

Ich habe das Sperrgebiet – mit Erlaubnis – besucht, ich bin über das Sperrgebiet auch hinweggeflogen. Der Flug war besonders eindrucksvoll. Denn entlang der Küste tauchten immer wieder Siedlungen auf, viele Häuser in langen Reihen, und wir konnten einige deutsche Aufschriften ausmachen: „Gasthof", „Bäckerei", „Schule". Doch die meisten Häuser hatten weder Dächer noch Fenster, und der Wind hatte den Boden zwischen den Mauern meterhoch mit Sand bedeckt. Ghost towns – Geisterstädte.

Hier war früher nach Diamanten geschürft worden. Für die Arbeiter und Angestellten der Minenverwaltung hatte man diese Städte gebaut, und für sie gab es in diesen Städten auch die Gasthöfe und die Bäckereien und Schulen für ihre Kinder. Wenn aber die Felder rundum ausgebeutet und erschöpft waren, zog man weiter, dorthin, wo es noch Diamanten gab, und baute neue Städte.

Das ist verständlich. Aber neben den Geisterstädten sah ich

vieles, was ich zunächst nicht verstand: lange Reihen von Waggons und Lokomotiven, riesige Bagger und Traktoren, Fließbänder, Fabriksanlagen. Auch sie alle von Sand bedeckt, verrostet, teils zusammengebrochen. Als man sie seinerzeit stehenließ, mußten sie noch intakt gewesen sein. Das waren sie auch. Doch der Minenverwaltung war das Risiko viel zu groß, daß mit dem Abtransport dieser Geräte und Einrichtungen auch Diamanten aus dem Gebiet herausgeschmuggelt werden könnten. „Was ist das alles schon wert, im Vergleich zu einer Handvoll Diamanten, die in irgendeinem Kugellager oder in noch viel raffinierteren Verstecken da vielleicht herausgekommen wären", wurde mir später in Oranjemund erklärt. Nur die Menschen durften, streng kontrolliert, die Diamantenfelder verlassen, alles andere mußte zurückbleiben, liegt jetzt im Sand des Sperrgebiets.

Oranjemund ist heute die größte Siedlung im Diamantengebiet, es wird morgen die größte Geisterstadt sein. In Oranjemund dürfen nur Flugzeuge landen, die dem Diamantensyndikat De Beers gehören. Ich hatte in Windhoek ein Flugzeug gemietet, folglich durften wir in Oranjemund nicht landen und flogen über die Grenze des Sperrgebiets und gleichzeitig über die Grenze Namibias hinaus, nach Südafrika, wo wir am linken Ufer des Oranje landeten. Ein syndikateigenes Auto holte uns ab. Trotzdem wurden wir auf der Brücke über den Oranje strengstens kontrolliert, alle Daten wurden genau aufgenommen, alle mitgeführten Geräte und Gepäckstücke genau registriert.

Oranjemund ist das, was man mit Fug und Recht eine Oase in der Wüste nennen würde. Denn rings um Oranjemund gibt es nur Wüste: Sand, Sand und noch einmal Sand. Stundenlang waren wir über diese Wüste geflogen. Sand, Felsen, Sand, Felsen. Dann sahen wir Oranjemund: ein riesiges grünes Rechteck. Erst als wir darüber hinwegflogen, erkannte ich, daß es zwischen dem Grün auch Häuser gab und dazwischen die türkisblauen Flecken der zu den Häusern gehörenden Swimmingpools und kleine rote Rechtecke, Tennisplätze.

Bei meiner Ankunft in Oranjemund selbst fand ich noch anderes vor: mehrere Kirchen, ein Kino, Restaurants und Schulen. In den Schulen ging gerade der Unterricht zu Ende. Ein ungewöhnlicher Anblick: weiße Kinder, schwarze Kinder, braune Kinder, alle in der gleichen Schuluniform, fröhlich und bunt gemischt. Und auch einige der Häuser mit den Swimmingpools und Tennisplätzen waren von Schwarzen bewohnt. Am Rand der Oase wurden gerade 46 weitere

Häuser gebaut. Der Mann von der Grubenleitung meinte, sie seien vor allem für das „nachrückende Personal" vorgesehen. Wer rückt da nach? Er zögerte etwas, meinte aber dann, es wären vorwiegend Schwarze. Man versuche möglichst viele Schwarze in bessere Positionen aufrücken zu lassen. In Oranjemund seien nur höhere Angestellte und besondere Fachkräfte mit ihren Familien untergebracht. Normale Arbeiter und Vorarbeiter, alles Schwarze, hätten außerhalb der Siedlung ihre eigene Township.

Mit anderen Worten: In der Oase Oranjemund lebten bis vor kurzem nur Weiße, die Schwarzen waren alle in der Township. Aber das hat sich in den letzten Jahren geändert. 1979 lebten schon 16 schwarze Familien in der Oase, Ende 1980 waren es 48, und, wie gesagt, weitere 46 Häuser waren in Bau. Die schöne Privatschule wurde von 592 weißen und 98 schwarzen Kindern besucht. Rassentrennung gibt es in Oranjemund nicht mehr.

Alles in dieser Stadt gehört dem Syndikat: die Häuser, die Restaurants, die Schulen, die Kirchen, das Kino. Alles in der Stadt mit Ausnahme des Essens und Trinkens wird von der Grubenleitung kostenlos zur Verfügung gestellt – die Häuser, Licht, Heizung und Wasser, auch die Schule. Die Grubenleitung gibt auch eine Zeitung heraus. Die Chefredaktion wurde vor kurzem ausgetauscht. Ich habe die beiden neuen Chefredakteure kennengelernt, beide Herren sind Schwarze, der eine ein Owambo, der andere ein Herero. In ihren Leitartikeln nehmen sie offen für die SWAPO Stellung.

Ich habe auch die Diamantenfelder besucht. Sie liegen hinter einem weiteren Sperrgürtel, der aus zwei hohen Stacheldrahtzäunen besteht. Zwischen den beiden Zäunen verläuft eine Straße, in der ständig patrouilliert wird. Als ich mich dem äußeren Zaun näherte, dauerte es keine Minute, da raste eine Meute von Schäferhunden heran, die frei zwischen den Zäunen jagt.

Das Schürfgebiet ist nur durch einen einzigen Zugang erreichbar, ein langgestrecktes Gebäude, in dem sich mehrere „Schleusen" befinden. Die auf den Diamantenfeldern beschäftigten Personen legen ihre Kleidung auf der einen Seite der Schleuse ab und schlüpfen auf der anderen Seite in ihre Arbeitskleidung. Innerhalb der Schleuse wählt ein Computer nach einem völlig unberechenbaren System die Menschen aus, die „zur Stichprobe" in den Röntgenapparat müssen. Zur Zeit der deutschen Kolonialverwaltung war das noch ganz anders. Damals durften die Arbeiter das Schürfgebiet erst am Ende der Kontraktzeit verlassen und wurden dann in Sondergebäude geführt, wo man ihnen drei Tage lang Rizinusöl verabreichte und ihre Ausscheidungen zum Zwecke genauerer Untersuchung konfiszierte.

Heute sind im Schürfgebiet Oranjemund rund 1 400 Weiße und 5 600 Schwarze tätig. So viele, obwohl fast der gesamte Schürfprozeß hochautomatisiert ist. Genaugenommen schürft man heute nicht nur in der Wüste, sondern auch auf dem Meeresboden. Bagger tragen mit riesigen Schaufelrädern die Sandschichten ab, die über ebenso gewaltige Förderbandanlagen und mit Riesenlastkraftwagen in die weit dahinter befindlichen Verarbeitungsanlagen transportiert werden. Die Bagger fressen sich auf diese Weise tiefer und tiefer in den Boden hinein und sind bei Oranjemund bereits beträchtlich unter den Meeresspiegel vorgedrungen. Gleichzeitig wurde der „unfruchtbare" Sand in riesigen Halden im Meer versenkt. So sind weit vor der Küste gewaltige Dämme entstanden, hinter denen das Wasser ausgepumpt und der Meeresboden für die Abtragung durch die Bagger freigemacht werden konnte.

Wo immer der gewachsene Boden erreicht wird, treten lange Kolonnen schwarzer Arbeiter zu einer händischen Tätigkeit an: Mit kleinen hartborstigen Besen fegen sie den Sand aus sämtlichen Ritzen und Löchern des Felsbodens. Schon in dem von den Baggern abgetragenen Sand gibt es Diamanten, aber unvergleichlich mehr finden sich in den Furchen des Urgesteins, die einst vom Wasser und dem mitgeführten Geröll großer Flüsse eingeschnitten wurden.

Die Arbeiter sollen nicht nach Diamanten suchen, sie sollen nur fegen. Aber ab und zu bückt sich doch einer und klaubt einen Diamanten auf. Das darf er tun, wenn es die Arbeit nicht aufhält. Die solcherart gefundenen Diamanten müssen abgegeben werden gegen eine kleine Prämie. Einige Arbeiter haben aber ein solches Geschick entwickelt, daß die Prämien bereits die Höhe ihres Lohnes übertreffen. Ab und zu versucht auch einer, die gefundenen Steine nicht abzugeben und sich ein kleines privates Diamantenlager anzulegen, in der Hoffnung, es eines Tages durch die Sperren schmuggeln zu können. Nach Ansicht der Grubenleitung kommt damit keiner davon. Doch in den langgestreckten Compounds der schwarzen Townships, in denen Hunderte Kontraktarbeiter als Singles am Abend in ihren Schlafsälen beisammensitzen, werden die abenteuerlichsten Geschichten erzählt: wer womit davongekommen sei, wie er es gemacht habe, was er dabei erlebt habe und wie er dann auch noch aus dem Land geflohen und seine Beute in London, ja sogar in Chicago verkauft habe. Jetzt lebe er in einer großen Villa und fahre einen Rolls-Royce.

Der Alltag der Diamantenproduktion ist prosaischer. Der Sand wird gewaschen, das Geröll zertrümmert, danach kommt alles in große Zentrifugen, in denen die Diamanten auf Grund ihres spezifischen Gewichts von Sand und Gestein separiert werden. Was übrigbleibt, landet auf den Sortiertischen in Gebäuden, die wieder für sich hermetisch abgeschlossen sind. An den Sortiertischen sitzen Frauen, die mit Pinzetten die Diamanten aus dem Gesteinsgemisch herausholen. Man kann diesen Prozeß durch ein Panzerglas verfolgen. In jeder Handvoll Geröll befinden sich hier schon rund 15 bis 30 Diamanten in den verschiedensten Größen und Farben. Die meisten sind weiß, es gibt aber auch alle Schattierungen von gelb, rosa, blau, braun, selbst grün.

In dem Vorraum vor dem Panzerglas hat man für Besucher in einem runden Vitrinentisch unter Glas auf einem runden samtbeschlagenen Teller eine vollständige Tagesausbeute der Diamantenfelder von Oranjemund ausgestellt. Der Teller ist in mehrere Fächer gegliedert: ein Fach für sehr große Diamanten, er enthält nur sechs Stück. Ein Fach für mittelgroße – einige Dutzend. Ein Fach für nicht allzu kleine – einige hundert. Ein Fach für ganz kleine – viele hundert. Ein Fach für besondere, für die gelben, die braunen, die rosa und die blauen – ein Dutzend schöner Exemplare.

Die Diamantenproduktion Namibias hat die Südafrikas bereits überholt. Sie wird jedoch gemeinsam mit ihr angeboten und daher in den internationalen Statistiken nicht getrennt ausgewiesen. Denn Namibia steht ja immer noch unter südafrikanischer Verwaltung und ist demzufolge mit Südafrika in einer Wirtschaftsunion verschmolzen.

Die Diamantenfelder in Namibia und Südafrika sind darüber hinaus noch auf besondere Art verbunden – sie werden von ein und demselben Konzern ausgebeutet, dem De-Beers-Syndikat. Zwei Männer haben dieses Syndikat einst aufgebaut: Sir Ernest Oppenheimer und Sir Cecil Rhodes. Rhodes hat in dem Bestreben, möglichst alle gold- und diamantenträchtigen Gebiete im Süden Afrikas für sich und für England sicherzustellen, durch von ihm ausgerüstete Pionierkolonnen das Land erobern lassen, das noch bis vor kurzem seinen Namen trug – Rhodesien; die Oppenheimers haben sich allein auf Gold und Diamanten konzentriert. Sir Ernests Sohn, Harry Oppenheimer, steht heute der mächtigen Anglo-American Corporation vor, die einen Großteil des Goldmarktes und mit dem in ihren Besitz befindlichen Syndikat De Beers fast den gesamten Diamantenmarkt der Welt beherrscht. Letzteres, weil auch der zweitgrößte Diamantenproduzent der Welt (genaugenommen der drittgrößte nach Namibia und Südafrika), die Sowjetunion, beim Verkauf der Diamanten De Beers' Dienste in Anspruch nimmt.

Die in Südafrika residierenden Oppenheimers sind seit eh und je Gegner der Apartheid-Politik und damit als Kritiker der Nationalen Partei und ihrer Regierungen aufgetreten. Harry Oppenheimer sagt dabei Dinge, für die jeder andere schon mit Verbannung belegt worden wäre. Frau Oppenheimer tut Dinge, für die andere ins Gefängnis geworfen werden. Die Oppenheimers haben mit Geld und Einfluß Parteien und Institutionen gestützt, die sich die Abschaffung der Apartheid zum Ziele gesetzt haben, vor allem die Progressive Party. Das erspart ihnen freilich nicht die Kritik durch die afrikanischen Exilorganisationen. Sie müssen sich vorhalten lassen, daß sie ihren Reichtum trotz allem dem Apartheid-System, den niedrigen Löhnen und dem Kontraktsystem zu verdanken hätten, das die Schwarzen zu einem permanenten Gastarbeiterdasein verdamme.

Für die SWAPO ist De Beers außerdem noch einer jener multinationalen Konzerne, denen sie ihre besondere Gegnerschaft angesagt hat, und Harry Oppenheimer ein Großkapitalist, der schon aus dem marxistischen Klassenkampfverständnis heraus bekämpft werden müßte. In der Theorie zumindest, denn Sam Nujoma erklärte vor kurzem, daß alle Gesellschaften, die den Boden Namibias zur Zeit ausbeuten, nach einem SWAPO-Sieg „in neue Kontrakte mit dem Volk von Namibia" eintreten müßten. Wie sollte es auch anders sein: Wer wäre so schnell in der Lage, die Fachkräfte und das Know-how, die Riesenanlagen und die enormen Investitionen und nicht zuletzt auch noch den Vertriebsapparat, die Vermarktung und die Werbung aufzubieten, deren es bedarf, um dem Wüstensand und dem Meeresgrund vor der Küste Namibias die edlen Steine abzuringen? Eine schwarze Regierung wird in Oranjemund nicht den geringsten Grund zur Klage haben. Jegliche Apartheid ist dort schon heute gefallen. Und so rasch wie möglich werden auch Schwarze in die besseren Positionen geholt. Und sogar die örtliche Zeitung, das wichtigste Propagandainstrument, ist bereits der SWAPO zugänglich. Das Syndikat versteht es, sich abzusichern.

Rund 800 Kilometer nördlich von Oranjemund verfolgt ein anderer internationaler Konzern die gleiche Politik. In der Nähe von Rössing, 70 Kilometer außerhalb von Swakopmund, wird Uranerz abgebaut. Es handelt sich nicht um irgendeine Uranmine, sondern um die größte der Welt. In der Mine sind 2 800 Menschen beschäftigt, die täglich rund 40 000 Tonen Uranerz fördern, das an Ort und Stelle zertrümmert, zerkleinert, zermahlen und dann in mehreren chemisch-mechanischen Prozessen ausgelaugt wird, bis man aus dem Erz Uraniumoxyd gewonnen und das hergestellt hat, was in der Fachsprache Yellow Cake genannt wird, den Rohstoff für die Brennstäbe der Atomkraftwerke.

Die Anlagen der Rössing-Mine haben gewaltige Ausmaße. Allein um einen einigermaßen wirtschaftlichen Abbau solcher Mengen von Uranerz zu ermöglichen, mußten Spezialwerkzeuge hergestellt werden. Elektrische Bohrer, die imstande sind, Bohrlöcher mit einem Durchmesser von 40 Zentimetern 18 Meter tief in das Gestein zu drillen. Jedes dieser Löcher wird dann mit einer 750 Kilogramm schweren Dynamitladung gefüllt. In einer Woche verbraucht die Mine 360 Tonnen Sprengstoff.

Die Bagger, die nach den Sprengungen das Geröll abbauen, haben Schaufeln, die mit einem Schub 100 Tonnen aufnehmen können. Daneben fahren Speziallastwagen auf, die ihrerseits 170 Tonnen Gestein fassen und abtransportieren können. Es sind Lastkraftwagen, deren Räder zweieinhalbmal so hoch sind wie ein Mensch. Sie können natürlich nicht mehr mit normalen Motoren betrieben werden. In der Nabe jedes einzelnen Rades sitzt ein starker Elektromotor, alle vier Elektromotoren werden mit Strom angetrieben, den ein riesiger Dieselmotor erzeugt, der sich dort befindet, wo ein normaler LKW seinen Motor hat. Im „Differential" der Hinterräder haben zwei Mechaniker Platz.

Die offene Urangrube ist viele Kilometer lang. Sie frißt sich in raschem Tempo in die Erde hinein. Zur Zeit ist sie 150 Meter tief. In einigen Jahren wird sie bereits 300 Meter tief sein. Der Urangehalt der einzelnen Gesteinsschichten ist unterschiedlich hoch. Die Verarbeitungsanlagen mit all ihren chemischen Laugen und elektrolytischen Prozessen müssen aber mit Gestein gefüttert werden, dessen Urangehalt ziemlich konstant ist. Um das zu erreichen, fährt jeder dieser Riesenlaster beim Verlassen der Grube durch einen Super-Geigerzähler, der den Prozentsatz des Urangehalts feststellt und an eine Computerzentrale weitermeldet. Von der Zentrale aus werden die einzelnen Transporter über Funk einmal zu dieser, dann zu jener Anlage dirigiert, so daß es jeweils zur richtigen Mischung mit dem richtigen Urangehalt kommt.

Die Anlagen, in denen das Uranerz verarbeitet wird, haben demgemäß riesige Ausmaße. Jedenfalls benötigten wir rund eine Stunde, um an all den Anlagen mit dem Auto vorbeizufahren. Daß sich in der Mine auch noch ein Krankenhaus, eine große Lehrlings-werkstätte, Kantinen und so weiter befinden, versteht sich von selbst.

Den schwarzen Arbeitern der Mine hat man zehn Kilometer außerhalb der Mine eine Stadt in die Wüste gebaut und ihr den Namen Arandis gegeben. Es ist eine Stadt, keine Township. Denn sie ist von Architekten entworfen und entspricht ungefähr dem, was man in England eine New Town nennt, nämlich eine geplante Satellitenstadt mit Stadtzentrum, Rathaus, Einkaufszentren, Super-märkten, Schulen, Stadtbibliothek, Ausbildungsstätten, Schwimm-bädern, Sportstätten, Restaurants, Bars, Kinos, Sportvereinen, Klubs und ähnlichem. Die Häuser sind zwar auch Reihenhäuser, aber unterschiedlich in Größe und Stil. Alle haben elektrische Anschlüsse, Küchen und Bäder. Die Heißwasserbereitung erfolgt durch Sonnenenergie.

Es ist eine Stadt und keine Township, aber trotz allem eine schwarze, keine integrierte Stadt. Alle weißen Angestellten der Mine wohnen in dem 70 Kilometer entfernten Swakopmund, einer weißen Stadt, die ihre eigenen schwarzen Satelliten-Townships hat.

Natürlich ist die Rassentrennung hier wie in ganz Namibia gesetz-lich gefallen. Doch die Trennlinien von gestern werden beiderseitig noch nicht sehr oft überschritten. Die Häuser in Arandis stehen angeblich auch jedem weißen Minenarbeiter offen, der sich um ein solches Haus bewirbt. Freilich hat sich bisher noch keiner darum beworben. Und die schwarzen Minenarbeiter können selbstver-ständlich auch in Swakopmund wohnen, aber wer würde ihnen dort die Miete und wer die langen Fahrten zum Arbeitsplatz und zurück bezahlen?

In Arandis wird für die Minenarbeiter und deren Angehörige viel getan: Es gibt Kurse aller Art zum Erlernen verschiedenster Hand-fertigkeiten und Berufe, Abendkurse zum Erlernen des Lesens und Schreibens, Weiterbildungskurse für jene, die bereits lesen und schreiben können. Denn ebenso wie in Oranjemund kommt auch hier der Großteil der Arbeiter aus dem Owamboland. In Oranje-mund sind sogar 90 Prozent aller Arbeiter Owambo. Dort wie hier hat mit den Owambo auch die SWAPO Einzug in die Minen gehalten.

Oranjemund besteht schon seit dreißig Jahren, aber die Rössing-Mine erst seit 1973. In diesem Jahr war der Kampf der SWAPO schon sieben Jahre alt. Während man in Oranjemund jetzt die Schwarzen möglichst rasch in bessere Positionen hievt, sind sie in

Rössing von Anfang an auch für bessere Positionen geheuert worden. In den Kontrollräumen und Schaltwerken der vollautomatisierten Urangewinnungsanlagen, also auf Posten, die in Südafrika noch ausschließlich von Weißen bekleidet würden, sah ich in Rössing nur Schwarze. Auch die Riesenbagger und Riesen-LKWs wurden von Schwarzen bedient. Leise fragte ich einen Schwarzen, der eine Abteilung in den Fabriksanlagen leitete, was er denn von der SWAPO hielte. Laut, so daß es alle Umstehenden hören konnten, antwortete er mir, er sei hier der Vertreter der SWAPO und folglich halte er sehr viel von der SWAPO.

Die großen Minengesellschaften würden es daher mit einer SWAPO-Regierung vermutlich nicht allzu schwer haben. Sie scheinen sich jedenfalls auf alle Eventualitäten eingerichtet zu haben. Auf ihre Weise tun dies eigentlich auch die bedeutend kleineren Kaufleute und Farmer. Selbst die deutsche Nibelungentreue gegenüber den Buren und der Nationalen Partei geht langsam zu Ende. Zögernd, mit schlechtem Gewissen, aber unter dem Druck eines Teiles der eigenen Landsleute wurde in Windhoek eine „Interessengemeinschaft Deutschsprachiger Südwester" gegründet. Sie soll in all den stürmischen Entwicklungen dazusehen, daß die Interessen der Deutschen nicht unter die Räder kommen.

Der Leiter der Interessengemeinschaft bekannte sich in einem Gespräch mit mir noch zur Turnhalle-Allianz. Käme die SWAPO, „würden wir Koffer packen und gehen". Die jüngeren Herren in der Interessengemeinschaft waren davon gar nicht so überzeugt: „Zunächst einmal müssen wir das Ergebnis jeder freien und demokratischen Wahl anerkennen. Weiters ist es ganz klar, daß wir hier eine schwarze Mehrheitsregierung haben werden. Wir Weißen sind ja auch nur eine Minderheit. Sollte die SWAPO gewinnen, müßten wir das auch anerkennen und sagen: in Ordnung, da gibt es also einen Schlußstrich. Von nun an haben wir uns darauf einzurichten, daß die SWAPO hier regiert. Und wenn die uns halbwegs weitertun läßt, dann sehe ich nicht ein, warum wir nicht in Frieden mit ihnen auskommen sollten. Wir sind seit drei Generationen hier, wir sind alle hier geboren. Wir möchten auch mal hier begraben werden."

Die Deutschen, die ihr Schicksal bisher völlig mit dem der Buren gekoppelt sahen, meinen jetzt doch einen Unterschied bemerkt zu haben: Die Buren sind, wenn es darauf ankommen sollte, gleich hinter der Grenze in Südafrika zu Hause. Zur Zeit lassen sich ihre in Windhoek eingezahlten Konten mit dem gleichen Scheckheft an jeder Bank in Südafrika abheben, und wahrscheinlich wird das noch länger so bleiben. Die Deutschen sind auch noch südafrikanische Staatsbürger, doch nicht alle würden sich jenseits der Grenze in Südafrika zu Hause fühlen.

Gewiß, es gibt fast keine deutsche Familie in Namibia, die ihre Kinder nicht auf einige Jahre nach Deutschland geschickt hätte. Die Buren könnten also argumentieren, daß die Deutschen, im Gegensatz zu ihnen, sogar noch eine Heimat in Europa hätten. Sie selbst hingegen könnten nur noch den Rückzug zum Kap antreten und stünden dann mit dem Rücken zum Meer. Die Deutschen bräuchten nur den Jumbo der Lufthansa nach Frankfurt zu besteigen. Aber genau das wollen die in Namibia geborenen Deutschen, wie sie energisch betonen, nicht tun, solange es sich irgendwie vermeiden läßt. Sie lieben dieses Land.

Die Deutschen in Namibia vergleichen sich heute mit den Weißen in Zimbabwe, dem früheren Rhodesien. Die sind keine Deutschen, die sind Briten. Aber Briten und Deutsche kamen ziemlich zeitgleich nach Rhodesien und nach Südwest. Die einen wie die anderen sind nun schon seit drei Generationen da. Die einen wie die anderen sind der festen Überzeugung, daß sie hier zu Hause sind. In Zimbabwe haben Befreiungsorganisationen gesiegt, die auch mit einem marxistischen Gesellschaftskonzept angetreten waren. Ihr Kampf gegen die Weißen und der Kampf der Weißen gegen sie war viel blutiger als der Guerillakrieg bisher im Owamboland. Dennoch hat es nach dem Sieg der Patriotischen Front in Zimbabwe kaum Rache gegeben und zunächst auch keine Enteignungen, keine Vertreibungen.

Keine Besiegten in Zimbabwe

So sah es im ersten Jahr nach dem Sieg der Patriotischen Front in Zimbabwe aus. Ich beschreibe, was ich damals selbst gesehen und miterlebt habe.

„The Speaker!"

Die Abgeordneten erheben sich von ihren Bänken. Der strenge Blick eines uniformierten Saalwärters läßt auch die Menschen auf der Besuchergalerie rasch aufstehen. Er trägt ein Zepter, Zeichen der Autorität und Würde des Mannes, der ihm nun folgt: Es ist ein Schwarzer, auf dem Kopf eine weiße Perücke – der Speaker, der Vorsitzende des Parlaments. Würdevoll nimmt er auf einem erhöhten Sitz in der Mitte des Raumes Platz, das Zepter wird vor ihm deponiert.

Die Szene unterscheidet sich kaum von den täglichen Eröffnungszeremonien im britischen Unterhaus. Doch wir sind nicht in London, sondern in Salisbury, so hieß die Hauptstadt Zimbabwes damals noch mit ihrem alten rhodesischen Namen. Der Saal ist kleiner als der in London, er muß nur hundert Abgeordnete fassen, 80 von ihnen sind Schwarze, 20 sind Weiße. Auf der Regierungsbank sitzt der Ministerpräsident Zimbabwes, Dr. Robert Mugabe. Neben ihm sein Kampfgenosse und Rivale Joshua Nkomo und die anderen Mitglieder der Regierung, Schwarze und zwei Weiße.

Mugabe und Nkomo waren jahrelang in den Gefängnissen der Weißen gesessen, waren ins Ausland geflohen, hatten schließlich dort ihre Partisanenarmeen aufgestellt und sie in den Krieg geführt – gegen die weiße Regierung Rhodesiens unter Ministerpräsident Ian Smith. Sieben Jahre dauerte der Krieg. Er kostete rund 30 000 Menschen das Leben, mehr als 20 000 wurden verwundet, teils verkrüppelt. Tausende wurden gefangen, interniert, gefoltert, Zehntausende flohen in die Nachbarstaaten oder wurden dorthin entführt. 1,2 Millionen Menschen, meist Schwarze, durch den Krieg entwurzelt, mußten ihre Dörfer verlassen, suchten Zuflucht in militärisch geschützten Gebieten oder kamen als Flüchtlinge in die Städte. Es war einer der blutigsten Befreiungskriege Afrikas.

Im Falle eines Sieges von Mugabe und Nkomo, so hatten die weißen Politiker immer wieder erklärt, werde sich eine schwarze Soldateska über das Land ergießen. Nicht nur die Weißen, auch die Schwarzen, die im Land geblieben waren, und erst recht jene Schwarzen, die auf der Seite der Weißen in Armee und Polizei gedient hatten, würden verfolgt, vertrieben, sofort umgebracht oder in großen Tribunalen verurteilt werden. Wie seinerzeit in der Sowjetunion oder in China oder in Kuba. Danach würde das Land unter die Diktatur des Kommunismus fallen.

Ein Jahr nach der Installierung der Regierung Mugabe saßen noch alle handelnden Personen der Bürgerkriegszeit im Abgeordnetenhaus des Parlaments von Salisbury. Der Speaker erhob sich, und mit ihm erhoben sich die Abgeordneten: „O Herr, laß Deinen Segen über dieser Versammlung weilen, hilf uns, weise und gerechte Entscheidungen zu fällen." Das Gebet wurde von allen Abgeordneten, den schwarzen und den weißen, gemeinsam gesprochen, mit lauter Stimme, auch von Mugabe, auch von Nkomo. Ihnen gegenüber auf den Bänken der Opposition hatten sich mit den anderen Abgeordneten zwei Männer erhoben, die jahrelang die Bürgerkriegsgegner Mugabes und Nkomos gewesen waren: der frühere Ministerpräsident Ian Smith und der von ihm später unterstützte schwarze Bischof Muzorewa, der seine Nachfolge angetreten hatte. Sie beteten nun gemeinsam mit ihren seinerzeitigen Todfeinden Mugabe und Nkomo.

Ian Smith meldete sich an diesem Tag im Parlament noch dreimal zu Wort. Er erhob Einwand gegen den vom schwarzen Unterrichtsminister eingebrachten Gesetzesentwurf, der die Rückführung der unter Smith und Muzorewa privatisierten Mittelschulen unter die Oberhoheit des Staates vorsah. Smith rief der schwarzen Regierung zu: Diese Schulen zählen zu den besten Afrikas, ihr Unterrichtsniveau ist eines der höchsten in Afrika, ihre Einbeziehung in das staatliche Schulsystem wird ihren Standard senken. Und er fügte hinzu: ein erstklassiges Schulsystem sei für die Weißen in Zimbabwe die Bedingung für ihr weiteres Verbleiben im Land. Der schwarze Minister antwortete ihm, daß die Regierung nicht die Absicht hätte, das Niveau der Schulen zu senken, wohl aber, sie unter die Aufsicht der Regierung zu bringen, denn dies sei die Voraussetzung für die Herstellung der Chancengleichheit für schwarze und weiße Kinder. Das Gesetz wird gegen die Stimmen der 20 weißen Abgeordneten in erster Lesung angenommen.

Am nächsten Morgen war ich Gast bei einer Ausmusterungsparade der Polizei von Zimbabwe. Sie fand auf dem Paradeplatz hinter dem Polizeihauptquartier von Salisbury statt. Die Polizeimannschaften marschierten auf, Zug um Zug, zuerst die Männer in ihren Khakiuniformen und dann die Frauen in modisch geschnittenen blauen Uniformkostümen. Die Offiziere, die die Züge anführten, waren ausnahmslos Weiße. Unter den Unteroffizieren gab es mehr Schwarze als Weiße. Die Mannschaften waren zu 90 Prozent schwarz, aber auch unter ihnen befanden sich junge weiße Polizisten und Polizistinnen. Sie waren mit ihren schwarzen Kollegen in der gleichen Einheit unter den gleichen Bedingungen ausgebildet worden. Nun marschierten sie mit ihnen im strengen britischen Drill über den Paradeplatz. Der Musikzug spielte „Alte Kameraden".

Englische Kommandos, die Züge schwenken ein, neue Kommandos, sie halten auf einen Schlag. Linksum, und sie bilden eine Front. „Attention!" Und sie stehen still. Ein Wagen ist vorgefahren. Zwei weiße Offiziere, ein Mann und eine Frau, laufen nach vor, öffnen die Wagenschläge, salutieren. Der Innenminister, Richard Hove, ist angekommen. Er war jahrelang im schwarzen Widerstand tätig. Er

Massenkundgebung in Harare, dem früheren Salisbury. Doch die schwarze Herrschaft begann mit Versöhnung, nicht mit Vergeltung.

Robert Mugabe, Guerilla-Kämpfer und Marxist, wurde Zimbabwes erster Ministerpräsident.

Joshua Nkomo, der große Gegenspieler Mugabes verlor bei den Wahlen und in der Regierung.

Bischof Muzorewa (links) und Ian Smith (rechts) mußten im Lancaster House ihre „interne Lösung" für Rhodesien aufgeben.

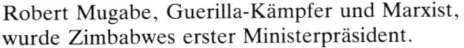

Eine Einheit von Nkomos ZIPRA beim Training (oben). Nach dem Sieg sollte sie mit Mugabes ZANLA und der alten rhodesischen Armee zur neuen Streitmacht Zimbabwes verschmolzen werden. Die Integration ist nicht gelungen. Angehörige beider Armeen kooperierten noch bei den Wahlen, die zur Unabhängigkeit führten (unten).

20 000 kubanische Soldaten eilten der marxistisch orientierten MPLA-Regierung in Angola zu Hilfe, als diese durch prowestliche Partisanen und südafrikanische Truppen in Bedrängnis geriet.

Kundgebung der MPLA-Regierung in Luanda. Auf dem Plakat rechts wird die Waffenbrüder-schaft mit Kuba gefeiert (oben). Partisanen der UNITA zerreißen eine MPLA-Fahne im Süden Angolas (unten).

Von Partisanen bedrängt werden die
marxistischen Regime sowohl in Angola
als auch in Moçambique. Jonas Zavimbi
führt die UNITA-Partisanen gegen die
MPLA-Regierung in Angola (oben).
Gesprengte Brücken, zerstörte Pipelines
zeugen von der Guerilla-Tätigkeit in
Moçambique (links).

Präsident Samora Machel von Moçambique (rechts). Er versuchte, den Marxismus schnell und mit radikalen Mitteln durchzusetzen und wurde damit zum warnenden Beispiel für Mugabe in Zimbabwe.
Unten: Regierungskundgebung in Maputo, der Hauptstadt Moçambiques. Marx, Engels und Lenin als Väter der afrikanischen Revolution.

Das Erbe der Portugiesen: Maputo, das einst Lourenço Marques hieß (oben), eine moderne westeuropäisch geprägte Stadt – und die Frelimo, die schwarze Befreiungsbewegung, so lange unterdrückt und bekämpft, bis sie sich im kommunistischen Lager befand (links).

und seine Frau, beide sind schwarz, verlassen das Auto und werden vom kommandierenden Polizeigeneral und dessen Frau begrüßt, beide sind weiß. Vor einem Jahr noch machte die Polizei unter dem Befehl dieses Generals Jagd auf schwarze Guerillaführer, setzte noch hohe Preise auf deren Köpfe aus. Jetzt meldet der General dem Innenminister die angetretenen Polizeimannschaften. Während der General salutiert, legt der Minister zum Gruß die Hand auf sein Herz.

Dann begeben sich beide zum Paradestand, die Frauen nehmen auf der Tribüne Platz. Dort sitzen viele Offiziere. Die meisten von ihnen sind Weiße. Auf ihren Uniformen die Orden, die sie sich im Kampf gegen die schwarzen Guerilla-Armeen erworben haben. Aber auf grün-schwarz-rot-gelbem Band tragen sie einen Orden prominent vor allen anderen: den Unabhängigkeitsorden von Zimbabwe, die erste Auszeichnung der neuen Republik, verliehen vom Ex-Guerillaführer und neuen Ministerpräsidenten Robert Mugabe. Unter den Offizieren gibt es auch einige Schwarze. Nicht alle von ihnen haben dieser Polizei schon früher gedient. Einige kommen aus den Reihen der Guerilla-Armeen. Dort waren sie politische Kommissare. Das sind sie auch heute noch und als solche von der Regierung den Stäben der Polizei zugeteilt. Sie haben ihre Guerilla-Uniformen abgelegt und sind in die Uniform des früheren Feindes geschlüpft. Auch sie tragen ihre Orden, durchwegs Orden, die sie im Kampf gegen die Weißen erworben haben. Aber auch sie haben einen Orden am grün-schwarz-rot-gelben Band vor allen anderen gesteckt, den Unabhängigkeitsorden Zimbabwes.

Neben dem Innenminister hat ein weißer Offizier Aufstellung genommen. Über Mikrofon und Lautsprecher hallt seine Stimme über den Platz: Er ruft die Polizeirekruten einzeln auf, die zur Ausmusterung angetreten sind. Einer nach dem anderen marschiert quer über den Platz zum Ministerstand, im britischen Paradeschritt, die Arme weit nach vorwärts und nach rückwärts schwenkend, mit den Füßen beim Halt fest auftretend, die weißbehandschuhte Hand im hohen Bogen zum Salut führend. Schwarze Rekruten, weiße Rekruten, Männer, Frauen. Der Minister begrüßt jeden von ihnen mit der gleichen Aufnahmeformel und mit Handschlag, er überreicht ihnen die Diplome.

Immer wieder stößt mich der begleitende weiße Polizeioffizier an: „ZIPRA", sagt er, dann wieder „ZANLA". Was er meint, ist, daß der soeben vortretende Rekrut oder die Rekrutin gestern noch in der „Zimbabwe People's Revolutionary Army" Robert Mugabes als

Guerillas gedient hatten. Ein Jahr lang wurden sie nun von den Offizieren und Unteroffizieren der alten rhodesischen Polizei umgeschult und gedrillt. Jetzt marschieren sie unter der Führung dieser weißen Offiziere im Paradeschritt an ihrem schwarzen Minister vorbei. Sie folgen dem Kommando dieser Offiziere, die Offiziere aber ziehen ihre Säbel in Ehrerbietung – vor dem schwarzen Minister. Es gibt keinen Zweifel darüber, in wessen Händen hier die politische Macht liegt. Aber es ließe sich schwer sagen, wer hier Sieger und wer Besiegter ist.

Im „Milton Building", einem langgestreckten niedrigen Verwaltungsgebäude im typischen britischen Kolonialstil, befindet sich der Sitz des Ministerpräsidenten. Der Portier ist, wie er mir erzählt, in seiner Loge in Ehren ergraut. Er ist ein Weißer, und er trägt auch heute noch die dunkelblaue Uniform, die er schon die letzten 40 Jahre getragen hat. Er weist mir den Weg zum Büro des Ministerpräsidenten. Ein junger schwarzer Mann öffnet mir die Tür, bittet mich herein. Es geht direkt in das Sekretariat. Die Einrichtung ist die gleiche, die man in den Ministerien in London antrifft: ein betagter Schreibtisch, zwei einfache Stühle für Besucher, an der Wand das Bild des Staatspräsidenten.

Die Sekretärin ist schwarz, sie tippt gerade einen Brief, bittet mich, Platz zu nehmen. Die Tür zum Nebenraum ist offen. Nach einer Weile erscheint dort ein weißer Herr und stellt sich als Kabinettchef des Ministerpräsidenten vor. Ob er mit dem Ministerpräsidenten ins Amt gekommen sei? Oh nein, er sei schon der Kabinettchef von Ian Smith gewesen, wäre dann der Kabinettchef von Bischof Muzorewa geworden, und nun habe ihn Ministerpräsident Mugabe gebeten, weiter auf dem Posten zu bleiben. Wir plaudern eine Weile. Ich mache eine anerkennende Bemerkung über die sichtbare Bescheidenheit dieses Regierungssitzes. Der Kabinettchef ist nicht so überzeugt, ob dies der richtige Stil sei: „Aber mit Ian Smith konnte man über solche Dinge nicht reden." Es ist die Einrichtung, die sich Ian Smith ausgesucht hatte. Dafür hätte der neue Ministerpräsident Mugabe eine andere schlechte Eigenschaft, er schaue nie auf die Uhr.

Nach dreimaligem Ermahnen durch den Kabinettchef entläßt Mugabe nun seinen Besucher und ist bereit, mich zu sehen. Er empfängt mich mit den Worten: „Ich habe Sie lange warten lassen, jetzt habe ich ebenso lange Zeit für Sie", was den Kabinettchef einen verzweifelten Blick zur Decke werfen läßt.

Es ist wahr, was man über Mugabe sagt: Der Mann, der auf allen

Fotos mit seiner etwas gedrungenen Gestalt, mit seinen metallgerahmten Brillen und seinem bescheidenen Lächeln wie ein Schuldirektor oder ein Universitätsprofessor aussieht, ist ein gelernter Lehrer und will auch als Ministerpräsident und Parteiführer nichts anderes sein. Politik sei Erziehung; wenn Politik nicht erziehe, diene sie keinem Zweck. Seine Stimme ist leise, er spricht Englisch, perfekt, aber im leichten Singsang seines Volkes, des Stammes der Shona, dem er angehört. Auch auf herausfordernde Fragen antwortet er ruhig, in konziliantem Ton. Aber es gibt Momente, in denen er die Emotion mitschwingen läßt, etwa wenn man ihn über seine Haltung zu möglichen Lösungsmodellen für Südafrika befragt. An der vollen politischen Gleichberechtigung der Schwarzen läßt er nicht rütteln, und das heißt für ihn nicht nur „one man – one vote", sondern auch schwarze Mehrheitsregierung. So wie in Zimbabwe.

Nach seinen eigenen Problemen befragt, antwortet Mugabe: „Es gab viele Probleme, als wir die Regierung des neuen unabhängigen Zimbabwe übernahmen. Sie dürfen nicht vergessen, daß wir durch eine lange Periode des Krieges gegangen sind, in dessen Verlauf die Feindseligkeiten zwischen den Rassen verschiedenste Dimensionen angenommen haben. So war das erste Problem, mit dem wir konfrontiert waren, die Frage der Versöhnung der Menschen untereinander. Wir mußten sie möglichst schnell dazu bringen, sich nicht mehr als getrennte, untereinander geteilte Gruppen zu sehen, sondern als eine einzige nationale Einheit, durchaus mit rassischen Komponenten, mit verschiedenen politischen und religiösen Überzeugungen. Aber über allem hatte jetzt das Prinzip der nationalen Versöhnung und der nationalen Einheit zu stehen."

Diese Worte kommen aus dem Munde eines Mannes, der von der weißen Regierung, die er bekämpft und über die er gesiegt hat, insgesamt zehn Jahre lang in Gefängnissen und Lagern eingesperrt gewesen war. „Bei uns war das nie ein Kampf gegen die Weißen. Das war immer ein Kampf gegen die Art ihres Regimes." Auch am Höhepunkt dieses Krieges forderten weder Mugabe noch Nkomo die Vertreibung der Weißen aus Zimbabwe. Sie forderten die politische Macht für die schwarze Mehrheit der Bevölkerung.

Zu diesem Zeitpunkt gab es in Rhodesien rund sieben Millionen Schwarze und 270 000 Weiße. Es hatte mich immer schon gewundert, wie es möglich war, daß eine so geringe Anzahl von Weißen – von denen ja doch auch noch fast zwei Drittel Frauen, Kinder und alte Leute waren – eine so lange Zeit hindurch nicht nur das Land regieren, den Staat verwalten, die Wirtschaft führen und auch noch eine schlagkräftige Armee stellen und ein landesweites Polizeinetz aufrechterhalten konnte. Wenn sich die Millionen Schwarzen gemeinsam erhoben hätten, hätten die Weißen eigentlich ohne Chance bleiben müssen. Zu diesem Massenaufstand ist es aber nie gekommen. Auch nicht, als die Guerilla-Armeen bereits weite Gebiete innerhalb Zimbabwes infiltrierten und Zugang in die Krale der Landbevölkerung und in die Townships der städtischen Schwarzen hatten. Die Beziehungen zwischen Schwarzen und Weißen in diesem Land müssen anders gewesen sein als jene im heutigen Südafrika, wohl auch anders als im heutigen Namibia. Sonst wäre das eine wie das andere nicht gut denkbar: der harte siebenjährige Krieg und die unglaubliche Versöhnung ohne Rache danach.

Der private Staat des Cecil Rhodes

Dabei war das Werden Rhodesiens in seinen Anfängen zunächst ganz eng mit der Entwicklung Südafrikas verbunden. Genaugenommen war das „weiße" Rhodesien die Erfindung eines einzigen Mannes, Cecil Rhodes, dessen Namen das Land dann auch mehr als 80 Jahre lang trug. Wir sind diesem Cecil Rhodes schon in Südafrikas Geschichte begegnet. Ein junger Engländer, an Tuberkulose erkrankt, sucht Heilung im sonnigen Klima Südafrikas. Er erholt sich hier rasch, hört von den Diamantenfunden in Kimberley und will sich an der großen Jagd nach dem Reichtum beteiligen. Er zieht nach Kimberley und steckt dort seinen Claim ab. Aber er macht es geschickter als andere, aus einem Claim werden mehrere, aus mehreren viele. Auf seine Claims nimmt er Kredite auf, kauft andere Claims auf. Er kauft sich in die De-Beers-Minen ein. Schließlich gehören sie ihm.

Aber es gibt noch viele Rivalen auf den Diamantenfeldern. Da fährt Rhodes kurzentschlossen nach London, meldet sich bei Rothschild, überzeugt diesen vom Wert eines Diamantenmonopols, falls man es zustande brächte, und erhält von diesem einen Kredit in der damals sagenhaften Höhe von einer Million Pfund Sterling. Rhodes gewinnt tatsächlich die Schlacht um die Diamantenfelder, zahlt seine letzten Rivalen aus und gründet ein Monopol, das den Namen seiner ersten Minen, „De Beers", trägt und bis zum heutigen Tag de facto ungebrochen ist. Mit dem Diamantenreichtum im Rücken wendet sich Rhodes nun auch den Goldgruben Südafrikas zu. Es gelingt ihm zwar nicht, auch ein Goldmonopol zu errichten, aber immerhin gehört ihm am Ende dieses Ringens auch ein Drittel der südafrikanischen Goldgruben.

Rhodes ist aber nicht nur Geschäftsmann, er ist auch ein britischer Patriot und ein durch und durch politischer Mensch. Er weiß diese drei Eigenschaften zu verbinden. Nach seiner wirtschaftlichen Konsolidierung wird er Abgeordneter im Parlament der britischen Kap-Kolonie und im Jahre 1890 sogar Premierminister dieser Kolonie. Endlich glaubt er sich in der Position, alle seine Träume verwirklichen zu können: Durch gleichzeitiges Entgegenkommen und wirtschaftlichen Druck will er die Buren-Republik im Inneren Südafrikas, besonders den Transvaal unter der Präsidentschaft Paul Krugers, zur Föderation mit der britischen Kap-Kolonie und dem britischen Natal zwingen. Damit wäre der Süden Afrikas fest in britischer Hand. Gleichzeitig müßte im Norden verhindert werden, daß die Portugiesen eine Landbrücke zwischen Moçambique und Angola herstellen oder die Deutschen den Durchbruch zwischen Südwestafrika und Ostafrika erzielen. Denn Rhodes vermutet in diesem Norden, dem heutigen Zimbabwe, mindestens so große Goldfelder wie in Südafrika. Als Geschäftsmann ist er an dem Gold interessiert. Als britischer Patriot will er zwischen Kairo und Kapstadt ein ungebrochenes britisches Empire in Afrika aufbauen. „Wir werden Afrika rot einfärben", sagt er und meint damit das Rot, das die britischen Besitzungen auf den damaligen Landkarten kennzeichnet.

Ein weiterer Traum Cecil Rhodes': Er werde die erste Eisenbahn zwischen Kairo und Kapstadt bauen, man werde in wenigen Tagen den gesamten Kontinent von Nord nach Süd durchqueren können, viel schneller, als man mit den Schiffen der damaligen Zeit rund um Afrika fahren konnte. Aber die britische Regierung will davon nichts wissen. Sie will nicht noch weitere riesige Landstriche in Afrika sammeln, mit Portugiesen, Deutschen und Franzosen in Konfrontation geraten, nicht noch weitere teure Kolonialverwaltungen aufbauen, die man dann mit großen, noch teureren Armeen und Feldzügen gegen die Aufstände der Eingeborenen absichern muß.

Rhodes reist wieder einmal nach London, diesmal nicht zu Rothschild, sondern zum britischen Premierminister Lord Salisbury. Wenn England schon nichts riskieren wolle, so möge es ihm, Rhodes, doch wenigstens eine Chance geben, die es ihm erlaube, sozusagen im Interesse der Krone, das Land zwischen den beiden Flüssen Limpopo und Sambesi in Besitz zu nehmen. Nicht er persönlich würde dies tun, wohl aber eine von ihm neu zu gründende Minengesellschaft, die British South Africa Company.

Lord Salisbury stimmt zu, Rhodes kehrt zurück und läßt von der Company 200 Siedler anwerben, die willens sind, nach dem Norden zu ziehen und sich dort im Namen der Company niederzulassen. Zum Schutz der Siedlerkolonne heuert Rhodes 500 Polizisten an und läßt sie vom Betschuanaland in das heutige Zimbabwe marschieren. Unangefochten erreichen sie am 12. September 1890 einen Punkt etwa in der Mitte des Landes, der ihnen so fruchtbar, so schön und klimatisch so angenehm erscheint, daß sie beschließen, sich hier niederzulassen. Rhodes hatte ihnen den Namen der neu zu gründenden Siedlung schon mit auf den Weg gegeben, sie sollte den Namen Lord Salisburys tragen. Als Dank für die Ausstellung der Charter.

Der große Ochsenwagenzug der Pioniere kam dort zum Stehen, wo sich später das Parlament von Salisbury befinden wird. An jedem Jahrestag der Ankunft der Pioniere wurde später von den Siedlern auf diesem Platz eine große Feier abgehalten, der Union Jack wurde gehißt, und Soldaten traten unter das Gewehr. Boy-Scouts sangen „God save the King". In den Jahren der Ian-Smith-Regierung war das Zeremoniell das gleiche. Nur sang man nicht „God save the Queen", sondern nach der Melodie von Beethovens „Freude, schöner Götterfunken" die neue rhodesische Rebellenhymne „Rhodesia for ever".

Die erste Siedlung nannten die Pioniere Salisbury, das Land aber, das sie sich nun untertan machten, tauften sie nach ihrem Chef Rhodesia. Es sei schon jetzt vermerkt, daß Salisbury heute nicht mehr Salisbury heißt – die Regierung Mugabe hat diesen Namen nur in den ersten beiden Jahren ihrer Regentschaft akzeptiert. 1983 wurde Salisbury auf Harare umgetauft – so hieß bis dahin jener Teil Salisburys, den ausschließlich Schwarze bewohnt hatten, die schwarze Township.

Rhodes hat seine Neuerwerbung nicht sehr lange genießen können. Am Höhepunkt seiner wirtschaftlichen und politischen Macht stolperte er über seinen eigenen Ehrgeiz. Denn als Paul Kruger auf Rhodes' Vorschläge zu einer Föderation der Burenstaaten mit den englischen Kolonien nicht einging, ja, als Kruger es wagte, die Rhodesschen Eisenbahnen zu konkurrenzieren und sich in Europa sogar nach anderen Verbündeten umzusehen begann und dabei auf Deutschland setzte, in dem er ein mögliches Gegengewicht zu Großbritannien auch für den Süden Afrikas erblickte, da entschloß sich Rhodes, diesen Kruger zu Fall zu bringen. Als die britische Regierung zur Vorsicht riet und mit dem Einsatz zögerte, versuchte Rhodes auf eigene Faust zu handeln.

In seinem neu erworbenen Rhodesien rüstete Rhodes eine militärische Streitmacht aus, nahm dann Kontakt mit den vorwiegend britischen Zuzüglern im Transvaal auf, denen die Buren alle politischen Rechte verweigerten, und versuchte sie zu einer Rebellion gegen die Buren-Regierung unter Paul Kruger zu bewegen. Käme es zu Kämpfen zwischen diesen Engländern und den Buren, würde Rhodes zum Schutz englischen Lebens seine Streitmacht einmarschieren lassen. Die britischen Zuzügler überlegten es sich und sagten die Rebellion ab, aber Rhodes' Streitmacht marschierte bereits. Sie wurde von den Buren entsprechend empfangen, die Soldaten wurden getötet oder gefangen. London und das Kap-Parlament tobten, Rhodes mußte als Premierminister zurücktreten, wurde sogar in Acht und Bann getan. Er zog sich nach Rhodesien zurück. Dort kam er gerade rechtzeitig an, um seinen Siedlern in ihrem ersten großen Kampf gegen die schwarzen Einwohner des Landes zur Seite zu stehen.

Die Schwarzen im Raum zwischen Sambesi und Limpopo gehörten im wesentlichen zwei Stammesverbänden an, den Ndebele und den Shona. Zwei Völker mit völlig anders geartetem geschichtlichen und kulturellen Background. Die Ndebele gehören zu den Zulu-Völkern, sind also Ausläufer eines großen, mächtigen, kriegerischen Stammesverbandes. Die Zulu hatten ihre Könige und Königreiche, waren straff organisiert, verfügten über stehende Armeen und über einen Wehrdienst im Kriegsfall. Die Ndebele machten da keine Ausnahme. In dem Maß aber, in dem die Zulu vom Süden her von den nach Norden vorstoßenden Weißen, Buren und Engländern, bedrängt wurden, setzte sich dieser Druck auch unter den Zulu-Stämmen fort. Eine ähnliche Dynamik, wie sie von der Völkerwanderung in Europa ausging; der Druck pflanzte sich von Stamm zu Stamm fort.

Die Ndebele machten sich etwa gegen 1830 zur Eroberung des im Norden gelegenen Reiches auf, das die Portugiesen schon um 1500 unter der Bezeichnung Monomotapa kannten. Auch die Portugiesen waren damals gekommen, um, so wie Rhodes 400 Jahre später, hier nach Gold zu suchen. Den portugiesischen Expeditionen waren Priester und Chronisten beigegeben, die dem Hof in Portugal berichten mußten, was sie in den neuen Welten vorgefunden und gesehen hatten. Diesen portugiesischen Berichten verdanken wir die Kenntnis von Monomotapa und dem Volk, das in diesem Staat lebte, den Shona. Die Portugiesen fanden hier eine Gesellschaftsform vor, wie sie in Europa unbekannt, ja unvorstellbar war.

Die Shona traten in festgesetzten Abständen zu Stammesversammlungen zusammen, bei denen sie ihre Probleme und Angelegenheiten diskutierten. Danach wurden die Stammeshäuptlinge beauftragt, als Abgesandte an den Königshof zu gehen, um dort die Ansichten der Einzelstämme zu vertreten und ihre Anliegen durchzusetzen. Nach Anhörung der Häuptlinge wurde zwischen dem König und den Häuptlingen ein Konsens ausgehandelt. Es wurde so lange verhandelt oder auch gestritten, bis man sich einig war. Der König gab keine Befehle und durfte auch keine Entscheidungen gegen den Willen der Häuptlinge treffen.

König und Häuptlinge waren gleichzeitig die spirituellen Führer ihres Volkes. Sie hatten die Aufgabe, zwischen den Menschen und ihren toten Ahnen zu vermitteln. Denn, so glaubten die Shona, die Menschen lebten, um den Ahnen zu dienen und in deren Sinn zu handeln. Die Ahnen lebten unsichtbar unter den Menschen. Der Körper stirbt, aber sein Geist lebt weiter. Den portugiesischen Priestern blieb die Parallele zum Glauben der Christen an eine Seele nicht verborgen. Auch nicht, daß die Shona einen höchste Geist anerkannten, den sie Mwari nannten und als Lenker aller Geschicke und als Herrscher über alle Natur ansahen.

Portugals Priester konnten die Shona dennoch als Heiden einstufen, denn sie glaubten, daß die Ahnen über Gut und Böse wachten und daß die Ahnen Böses bestraften, indem sie in die verderbten Nachfahren hineinfahren und sie mit Krankheit plagen. Um zu wissen, was die Ahnen wünschen, mußte man mit ihnen sprechen. Und es fanden sich innerhalb jeder Dorfgemeinschaft Medien, über die die Ahnen zu sprechen geruhten.

Das ist heute nicht viel anders, als es damals war. Die Medien gibt es noch immer in den meisten Shona-Dörfern. Die Ahnen reden noch immer durch den Mund, und Medizinmänner wissen zu interpretieren, was die Ahnen wünschen. Wer eine Krankheit loswerden will, muß sich erst von seinen bösen Taten reinigen. Eine reine Seele ist die Voraussetzung für einen gesunden Körper. Die Medizinmänner wandten allerdings manchmal kräftige Mittel an, um die Seele zu reinigen.

Es gibt eine mündliche Überlieferung unter den Shona. Man nimmt an, daß ihre heutigen Grund- und Leitsätze noch weitgehend dieselben sind wie vor Hunderten von Jahren. Diese Leitsätze tragen den Menschen auf, nicht zu töten und der Gemeinschaft zu dienen.

Auch sonst gab es unter den Shona schon einiges, was heute an den Schulen der Weißen gelehrt wird. In Monomotapa wurde Ackerbau betrieben, mit streng eingeteilter Fruchtwechselfolge, so daß man nicht auf der Suche nach stets neuen fruchtbaren Feldern und Weiden weiterziehen mußte. Die Shona waren seßhaft. Sie gewannen Eisen und Kupfer, schmiedeten Jagdwaffen und Ackerbaugeräte. Sie schmolzen auch Gold und tauschten es bei Portugiesen und Arabern ein. Sie hatten ihre feststehenden Feste und daher offenbar auch einen Kalender. Sie verfügen heute noch über einen äußerst reichen Schatz an Liedern und verstehen es, auf verschiedenen Instrumenten Musik zu machen. Zumindest einige ihrer Könige saßen nicht in Kralen, sondern in einer festen Burg. Diese Burg hat dem heutigen Zimbabwe seinen Namen gegeben. Denn Zimbabwe ist eine Wortkombination in der Sprache der Shona: Haus aus Stein.

Das Burgareal hat man in der Nähe des heutigen Fort Viktoria mitten im Busch gefunden: zehn und 15 Meter hohe Steinmauern, die in großen Ringen mehrere Ansammlungen von Steinbauten umgaben. Sie gleichen in vielem dem weitaus bekannteren Machu Picchú in Peru. Steinhäuser für mehrere hundert, wenn nicht mehrere tausend Menschen, Versammlungsräume, Vorratskammern, auch Läden und Schenken. Aber was diese Steinbauten besonders auszeichnet, sind kegelartige, etwa 30 Meter hohe Türme, offenbar Kultstätten. Von dieser Burg klettert ein in den Stein gehauener Wehrgang auf ein etwa 100 Meter hohes Felsenplateau, das seinerseits mit Wehrmauern, Unterkünften und Kultstätten zu einem Fort ausgebaut war, das über die Königssiedlung wachte.

Die Weißen entdeckten diese Stadt im Busch und waren von der Bauweise sehr beeindruckt. Sie fanden auch eine Reihe von Schmuckstücken und Kultgegenständen. Darunter in vielfacher Form ein Zeichen, offenbar jenes der Herrscherwürde oder der hohen Priester oder einfach das Staatswappen: Pfähle, von einer Vogelfigur gekrönt, die an ägyptische Vogeldarstellungen erinnert. Das ließ die ersten europäischen Erforscher dieser Städte den Schluß ziehen, daß es sich nicht um schwarzafrikanische, sondern offenbar um ägyptische oder arabische, vielleicht phönizische Siedlungen gehandelt haben müsse. Erst in den letzten Jahren ließen Kohlenstofftests die Zeit der Entstehung dieser Siedlung präzise feststellen: Sie wurden vor 800 Jahren gebaut. Ägypter und Phönizier schieden damit als Bauherren aus, Araber aber hätten damals nicht mehr so gebaut, besaßen sie doch um diese Zeit bereits eine hochentwickelte Architektur. Es müssen daher doch Schwarze gewesen sein.

In dieses Land der Shona drangen also um 1830 die kriegerischen Ndebele vor. Als professionelle Krieger, straff geführt, aus leistungsfähigen Waffenschmieden mit Speeren, Pfeilen und Schilden versorgt, hatten sie es mit den Shona leicht, die ein friedfertiges Hirtenleben geführt hatten und im Kampf unerfahren waren. Die Ndebele eroberten den Südosten des heutigen Zimbabwe und schlugen dort den Sitz ihres Häuptlings auf, wo heute Bulawayo liegt. Bulawayo ist auch heute noch das Zentrum des Matabele-Landes, wie die Ndebele ihr Heimatland nennen. Und Joshua Nkomo ist ein Nachkomme des damaligen Ndebele-Königs.

Die Ndebele waren gerade dabei, die restlichen Shona-Stämme zu unterwerfen, als der Pionierzug des Cecil Rhodes mitten im Lande auftauchte. Die Shona schöpften zunächst Hoffnung. Denn offenbar waren die Weißen in der Lage, die Ndebele an weiteren Eroberungen zu hindern. Der Konflikt zwischen den Ndebele und den Weißen ließ auch nicht lange auf sich warten. Die Ndebele fühlten sich durch die Weißen äußerst gestört. Ohne die Weißen hätten sie das Land demnächst schon uneingeschränkt beherrscht. Noch gaben sie sich der Illusion hin, sie könnten mit den paar hundert Weißen leicht fertigwerden. Eine weiße Patrouille wurde überfallen und niedergemacht. Daraufhin eröffneten die Weißen den Feldzug gegen die Ndebele. 1893 überwältigten sie die letzte Verteidigungslinie der Ndebele und eroberten den Kral des Ndebele-Königs Lobengula.

Aber für die Weißen gab es kaum einen Unterschied zwischen besiegten Ndebele und besetzten Shona, höchstens daß sie für die kriegerischen Ndebele mehr Achtung hatten als für die friedfertigen Shona. Die Pioniere hatten die Mentalität Südafrikas mitgebracht, Schwarze waren Heiden, Barbaren, standen auf der untersten Stufe der Menschheit, und hatten daher Diener der Weißen zu sein. Drei Jahre später erhoben sich die Ndebele und die Shona gemeinsam gegen die Weißen.

Die Ndebele hatten 10 000 Krieger aufgeboten und kämpften tapfer, die Shona verfügten über mehr Krieger, aber sie verstanden das Kriegshandwerk nicht so gut. Cecil Rhodes führte den Krieg persönlich und sehr erfolgreich, doch als sich der Sieg der Weißen abzeichnete, befahl er den Waffenstillstand. Rhodes begab sich unbewaffnet zu den Häuptlingen und bot ihnen einen Vertrag friedlicher Koexistenz an. Den besiegten Eingeborenen blieb auch gar keine andere Wahl.

Rhodes ging nun daran, seinen großen Eisenbahntraum zu verwirklichen. Er führte die Eisenbahn von Kapstadt bis Salisbury und trieb sie bis zum Tanganjika-See vor, immer noch in der Hoffnung, sie zu Lebzeiten bis Kairo führen zu können. Das Geschehen ringsum in Afrika aber brachte harte Schläge für Rhodes: England einigte sich mit Deutschland über eine Neuordnung in Ostafrika. Deutschland trat England die Insel Sansibar ab. Die Briten bezahlten dafür mit der Insel Helgoland, die sie Deutschland übergaben, und mit einer Landzunge im nördlichen Betschuanaland, um den Deutschen die Möglichkeit zu geben, quer durch Zentralafrika eine Verbindung zwischen Deutsch-Südwestafrika und Deutsch-Ostafrika herzustellen. Die so erworbene Landzunge benannten die Deutschen nach ihrem damaligen Reichskanzler Caprivi. Der Caprivi-Zipfel ist auch heute noch einer der strategisch wichtigsten Landstriche Namibias.

Für Rhodes aber bedeutete dieser Handel Englands mit Deutschland das Ende seines Traumes, „die Landkarte Afrikas rot einzupinseln". (Er konnte nicht ahnen, daß die Niederlage Deutschlands im Ersten Weltkrieg und die Übernahme der deutschen Kolonien durch England seinen Traum keine 20 Jahre später doch noch erfüllen sollte.)

Rhodes begann zu kränkeln und starb im Jahre 1902. Abenteurer, Geschäftsmann, Politiker, Diamantenkönig, Eisenbahnkönig, Krieger – er ist als einer der größten Empire-Builder in die britische Geschichte eingegangen. Er starb in Kapstadt. Aber die Siedler des Landes, das seinen Namen trug, holten sich den Leichnam, brachten ihn nach Bulawayo und begruben ihn dort auf dem Berg Matopo, nicht weit von dem Platz, an dem einst der Kral der Könige der Ndebele stand. Rhodes' Grabmal wurde für die weißen Rhodesier ein nationales Heiligtum. Die neue Regierung in Zimbabwe hat auch diesen Schrein intakt gelassen.

Rhodes hinterließ den Siedlern in Rhodesien einen Grundsatz, der lange Zeit ihr politisches Handeln gegenüber den Schwarzen bestimmen sollte: „Gleiche Rechte für alle zivilisierten Menschen." Das war eine starke Einschränkung, aber für die damalige Zeit auch gleichzeitig eine Öffnung. Denn nach Ansicht der Buren schlossen die Begriffe „Bantu" und „zivilisiert" einander völlig aus. Aber nach Rhodes' Auffassung und der seiner politischen Nachkommen sowohl in der Kap-Provinz als auch in Rhodesien war es nur eine

Frage der Entwicklung und daher der Zeit, bis auch die Schwarzen die gleiche Zivilisationsstufe erreichen würden wie die Weißen. Das hat sie freilich noch nicht zu echten Liberalen gemacht, hat sie auch nie bewogen, den Schwarzen rechtzeitig und ausreichend entgegenzukommen, aber es hat einen anderen Stil im Umgang zwischen den Weißen und den Schwarzen geprägt. Es hat die Weißen bewogen, immer wieder zumindest einen Teil der schwarzen Führer als Partner anzuerkennen. Zwar hat man die Partner wie in Südafrika auch immer wieder in die Gefängnisse geworfen, aber immerhin war es den Schwarzen möglich, sich viel früher und viel intensiver politisch zu betätigen, als ihnen dies in Südafrika erlaubt gewesen wäre.

Alle diese Komponenten spielen im heutigen Zimbabwe eine große Rolle. Der Urkonflikt zwischen Ndebele, verkörpert von Joshua Nkomo, und Shona, geführt von Robert Mugabe, besteht weiter, ja nimmt nach der Überwindung des gemeinsamen weißen Gegners wieder an Schärfe zu. Aber immerhin verfügt Zimbabwe über eine Politikergarnitur, wie es sie im gesamten übrigen Süden Afrikas in dieser Breite und Qualität kaum gibt. Und Weiße wie Schwarze in Zimbabwe sind seit langem gewohnt, einander ernst zu nehmen, miteinander zu verhandeln, Kompromisse zu erzielen, einander zu achten.

Cecil Rhodes hatte die Charter für seine Company nur für den Zeitraum von 25 Jahren erhalten. Im Jahr 1914 lief das Mandat ab. Zu diesem Zeitpunkt war es zwischen dem Management der Company und den Siedlern bereits zu harten Konfrontationen gekommen. Die Siedler wollten an den Entscheidungen im Lande beteiligt sein. Es war ja auch ein Unikat: Eine Bergwerks- und Eisenbahngesellschaft verwaltete ein Land, nahezu doppelt so groß wie die heutige Bundesrepublik Deutschland, einfach durch ihr normales Vorstandsdirektorium. Die Siedler hatten sich zunächst Gleichberechtigung mit diesem Direktorium verschafft, dann durchgesetzt, daß sie die Mehrheit erhielten. 1914 waren sie entschlossen, der Company die Herrschaft über Rhodesien abzuringen.

London gab ihnen die Wahl: Sie konnten sich für den Status einer sich selbst verwaltenden britischen Kolonie entscheiden oder sich der nun ebenfalls der britischen Krone unterstehenden Südafrikanischen Union anschließen. Durch den Weltkrieg verzögert, kam es erst im Jahr 1922 zu dieser Abstimmung. Der damalige südafrikanische Ministerpräsident Jan Smuts hatte große Ambitionen. Südafrika sollte wachsen. Soeben war es ihm gelungen, das bisherige Deutsch-Südwestafrika unter südafrikanisches Mandat gestellt zu erhalten, jetzt winkte noch Südrhodesien, danach Nordrhodesien (das heutige Sambia); Smuts schien in seinen Ambitionen ein wahrer Nachfolger Cecil Rhodes'.

Aber die Rhodesier entschieden sich gegen den Anschluß an Südafrika. Eine spätere Untersuchung hat ergeben, daß die Mehrzahl der Rhodesier damals gegen den Anschluß stimmten, weil sie Angst hatten, die Südafrikaner würden in Massen in das schöne fruchtbare Land nach dem Norden kommen und den Rhodesiern Land und Arbeitsplätze wegnehmen. Die Beamten stimmten gegen den Anschluß, weil sie sonst eine zweite Amtssprache, das Afrikaans der Buren, hätten dazulernen müssen. Aber natürlich liebten sie dieses Land auch und hatten inzwischen schon ihre eigene Identität entwickelt.

Sie waren hierhergekommen, um nach Gold zu suchen, hatten einiges davon gefunden und auch andere wertvolle Mineralien, Chrom, Nickel, Mangan, Vanadium, Asbest, Kohle. Aber sie hatten auch ein landschaftliches Paradies entdeckt: eine Parklandschaft wie in England, eine Berglandschaft wie in Schottland, nur üppiger, blühender. Und neun Monate im Jahr Sonnenschein, in den Regenmonaten dafür so viel Wasser, daß in den meisten Teilen Rhodesiens üppige Vegetation vorzufinden ist. Dazu Naturschönheiten, wie es sie selbst in Afrika kein zweites Mal gibt. Die Viktoria-Wasserfälle, 1845 zum erstenmal von einem Europäer, dem englischen Missionar und Forscher David Livingstone, gesehen, zählen zu den schönsten Naturphänomenen der Welt. Entlang der Ufer des Sambesi weiden Elefantenherden, Zebras, Gnus, Büffel, Giraffen, tummeln sich Paviane, biegen sich die Äste der Bäume unter der großen Zahl von Vogelnestern. In den Flüssen und Seen schwimmen die Fische so dicht, daß man sie mit Körben herausfangen kann. Im Landesinneren trifft man auf eine eigenartige Urlandschaft mit gedrungenen runden Bergen und Tausenden Riesensteinen, die in phantastischen Gebilden aufeinander balancieren.

Während des Zweiten Weltkriegs sandte England die Piloten seiner Luftwaffe zur Ausbildung nach Rhodesien. Dort war das Wetter ideal, kein Feind weit und breit und ein endloser Luftraum, um zu üben. Von Rhodesien zogen die Piloten zuerst in die Schlacht um England, dann flogen sie ihre Einsätze gegen Deutschland. Aber viele von ihnen kamen nach dem Ende des Krieges nach Rhodesien zurück. Es ist schwer, diesem Land den Rücken zu kehren.

1922 leben bloß 35 000 Weiße in Rhodesien. Nach der Abstimmung überläßt ihnen Großbritannien die Selbstverwaltung der Kolonie. Doch so wie in Südafrika behält sich London die Letztentscheidung in zwei Bereichen vor: in der Bestimmung der Außenpolitik Rhodesiens und in allen Fragen, die das Schicksal der schwarzen Bevölkerung betreffen. Rhodesiens erster eigener Premierminister, Sir Godfrey Huggins, macht sich die Maxime Cecil Rhodes' zu eigen: gleiche Rechte für alle zivilisierten Menschen. Was für Huggins heißt, daß die Schwarzen, da noch nicht genügend zivilisiert, an der politischen Verwaltung Rhodesiens nicht beteiligt werden müssen. Zwischen 1953 und 1963 kommt es zu einer Föderation zwischen Südrhodesien, Nordrhodesien (Sambia) und Nyassaland (heute Malawi), wobei die weißen Führer in den drei Ländern und die Londoner Regierung glauben, mit dieser neuen zentralafrikanischen Föderation die Grundlage für einen wirtschaftlich gesunden, vielrassigen Staat geschaffen zu haben.

Aber mit der Vielrassigkeit ist es in Südrhodesien noch nicht weit her. 1957 wird ein Wahlgesetz eingeführt, das den Schwarzen erstmals erlaubt, sich an Wahlen zu beteiligen, auch wenn sie nicht unbedingt lesen und schreiben können. Schon bald beschränkt man die Zahl der von ihnen zu wählenden Abgeordneten auf 15 des damals insgesamt 65 Sitze umfassenden Parlaments in Salisbury.

Aber immerhin: in Salisbury konnten sich, im Gegensatz zu Südafrika, Schwarze durch Schwarze im Parlament vertreten lassen. Die Zulassung schwarzer Abgeordneter machte die Bildung schwarzer Parteien möglich. Eine Reihe afrikanischer Nationalistenführer startete mehrere Bewegungen. Die City Youth League entstand in den schwarzen Townships, geführt von James Chikerema, einem Studienkollegen Robert Mugabes. Chikerema hatte sich schon während seiner Studientage in Südafrika dem Kommunismus zugewandt. Er mobilisierte die schwarze Jugend und organisierte Boykotte, die die weiße Wirtschaftsstruktur hart trafen.

1957 entstand in Bulawayo analog zur gleichen Bewegung in Südafrika auch für Rhodesien der African National Congress. Chikerema strebte auch die Führung dieser Bewegung an, aber in einer Kampfabstimmung siegte der Methodistenpriester, Gewerkschaftsführer und Nachfahre der Ndebele-Häuptlinge, Joshua Nkomo, wohl weil er der gemäßigtere war. Während Chikerema die Revolution forderte, verlangte Nkomo Mitsprache in der weißen Regierung.

Schwarzer Druck und weiße Rebellion

Die schwarzen Kräfte in Rhodesien beginnen sich nun in den Townships, aber auch auf dem offenen Land zu formieren. Dieses Land ist zwar höchst ungleich zwischen Weißen und Schwarzen aufgeteilt, doch nicht so extrem ungerecht wie in Südafrika. In Rhodesien haben die Weißen „nur" 40 Prozent des Landes, allerdings die fruchtbarsten und klimatisch besten Regionen, in ihren Besitz genommen. Die übrigen 60 Prozent sind zwar nur halb so fruchtbar, doch Rhodesien ist so groß wie die Gebiete der Bundesrepublik Deutschland, der DDR und der Benelux-Staaten zusammengenommen, und so reichten zunächst auch 60 Prozent des Bodens, um jeder schwarzen Familie ein Stück Land zu geben. Alles Land ist kommunales Eigentum der Stämme, die Häuptlinge teilen es den einzelnen Familien zur Bearbeitung zu. Es wird auch innerhalb der Familie vererbt, untersteht aber der Jurisdiktion des Häuptlings.

1957 leben in Rhodesien etwa 3,5 Millionen Schwarze und 170 000 Weiße. Die Geburtenrate bei den Schwarzen ist jedoch hoch, die zweithöchste der Welt. In den Tribal Trust Lands, wie die schwarzen Gebiete genannt werden, steigt der Bevölkerungsdruck rasch an.

Die Regierung befürchtet wachsenden politischen Druck zur Abtretung weißen Landes an die Schwarzen und will dem zuvorkommen, indem sie die Zahl der schwarzen Rinderherden amtlich beschränkt und die Landverteilung in den Tribal Trust Lands neu regelt. Der ANC sieht darin einen Angriff auf schwarze Rechte und Traditionen, ist der Anwalt der schwarzen Landbevölkerung und ruft zu Demonstrationen, zu Boykotten auf, mobilisiert die Schwarzen in den Townships zum Protest. Erneut wird ein Unterschied zur Situation in Südafrika bemerkbar: die Schwarzen in den Townships Rhodesiens zeigen großes Interesse an den Zuständen in den Tribal Trust Lands, denn sie sind an der Landverteilung in den Tribal Trust Lands mitbeteiligt. Da sie – zur damaligen Zeit und auch heute noch – keine Pension erhalten, sind sie nach dem Ausscheiden aus dem städtischen Arbeitsprozeß auf ihr Stück Land im Tribal Trust Land angewiesen.

Die weiße Regierung, die mit der Beschränkung der Rinderzahl politischen Druck vorbeugend abwehren wollte, hat mit dieser Maßnahme die erste große afrikanische Protestbewegung Rhodesiens geweckt und die Schwarzen zu einer Front zusammengeschweißt. Der Mann, der diese Bewegung anführt, ist Joshua Nkomo.

Die Regierung verbietet den ANC, löst ihn auf, fängt seine Führer und sperrt sie ein. Aber Nkomo ist nicht unter ihnen, er befindet sich zu diesem Zeitpunkt in Kairo, wo er bei Präsident Nasser Hilfe für den ANC sucht.

Die Weißen aber lenken ein und wollen die Schwarzen nun doch am parlamentarischen Prozeß Rhodesiens beteiligen. Das geht freilich schwer, wenn die meisten ihrer Führer im Gefängnis sitzen. Ende 1959 erläßt die Regierung unter Ministerpräsident Sir Edgar Whitehead eine Amnestie. Die entlassenen Nationalisten gründen eine neue Parteie, die National Democratic Party.

Statt sich aber für den neuen Verfassungsprozeß zur Verfügung zu stellen, geht die NDP sofort in Opposition: „Wir verlangen von den Europäern nicht mehr, daß sie uns besser regieren sollen, wir fordern von ihnen, daß sie uns uns selbst regieren lassen!" Die NDP hat einige kraftvolle Führer, darunter einen weiteren Geistlichen, Ndabaningi Sithole, und in ihrer Jugendorganisation drei junge Männer, von denen man noch hören wird: Michael Mawema, Leopold Takawira und Edgar Tekere.

Am 20. Juli 1960 organisieren sie in Harare, der schwarzen Township von Salisbury, einen Protestmarsch gegen die Regierung, um die Freilassung einer Reihe von NDP-Führern zu erwirken. Ursprünglich brechen 7 000 auf, aber am Abend sind es bereits 40 000 Demonstranten. Die Straße von Harare nach Salisbury wird von weißen Polizeieinheiten blockiert, hinter ihnen marschiert Militär auf.

Noch verspricht die Regierung, eine Delegation der Demonstranten zu empfangen. Am nächsten Morgen widerruft sie das Versprechen. Die 40 000 wollen zum Sitz des Ministerpräsidenten marschieren. Die Polizei tritt zum Sturm an. Sie fährt mit ihren Mannschaftswagen in die Demonstranten, sie schlägt zu. Die Demonstranten errichten Barrikaden. Es fallen Schüsse. Die Armee läßt Flugzeuge im Tiefflug über die Barrikaden hinwegfliegen. Einen Tag und eine Nacht dauert die Schlacht. Als sie vorüber ist, haben elf Afrikaner ihr Leben gelassen, 130 sind verhaftet, Hunderte verwundet. Die Regierung aber peitscht im Blitztempo ein Gesetz durch das Parlament, das bis 1980 in Kraft bleiben soll: das Gesetz zur Aufrechterhaltung von Law and Order, das der Polizei das Recht gibt, zu tun, was sie will.

Unter den Demonstranten dieses 20. Juli 1960 befand sich ein

31jähriger Lehrer, Robert Mugabe. Er hatte nicht die Absicht gehabt, an der Demonstration teilzunehmen. Er war an diesem Tag überhaupt nur zufällig in Rhodesien, denn er hatte einen festen Job als Lehrer in Ghana. Er war nur auf einige Tage heimgekommen, um seine Mutter in seiner Geburtsstadt Kutama, 50 Kilometer außerhalb von Salisbury, zu besuchen. 1929 war Mugabe dort als Sohn eines Tischlers auf die Welt gekommen, der seine Frau und seine vier Kinder verließ, um irgendwo in Südafrika als Kontraktarbeiter mehr Geld zu verdienen. Es ereilte ihn und seine Familie ein Schicksal, das auch heute noch in Südafrika gang und gäbe ist: Als Wanderarbeiter allein in den Singlequartieren hält man es nicht lange aus, empfindet es als Riesenglück, in der Township eine andere Frau kennenzulernen und bei ihr unterzukommen. Die Familie daheim hört dann oft nichts mehr von dem Mann. Mugabe ist solcherart ohne Vater aufgewachsen. Aber es fand sich ein Ersatzvater, der irische Missionar O'Hea an der Missionsschule von Kutama. O'Hea beschwor die Mutter Mugabes, den kleinen Robert nicht aus der Schule zu nehmen, um ihn Geld verdienen zu lassen, er sei zu begabt, er müsse weiterlernen.

O'Hea bezahlt das Schulgeld für Robert, gibt ihm Taschengeld. Er erzieht ihn zum Lehrer. O'Hea erzieht in Kutama eine ganze Generation schwarzer Kinder zu Lehrern. Die Klassenbücher seiner Schule lesen sich heute wie ein „Who's who?" der politischen Führer Zimbabwes. O'Hea hat seinen Schülern nie gesagt, daß Christentum gleich Sozialismus wäre. Aber was er ihnen vom Christentum beibringt, das finden einige seiner Schüler vereinbar mit dem, was sie später über den Marxismus, den Sozialismus hören. Einige seiner Schüler finden als Studenten oder Wanderarbeiter in Südafrika den Weg zum dortigen African National Congress, manche auch den Weg zur kommunistischen Partei Südafrikas.

Mugabe kommt zunächst als Lehrer in Rhodesien selbst viel herum. Er unterrichtet an mehreren Missionsschulen. An der Dadaya Mission trifft er auf Sithole, der dort ebenfalls lehrt. 1949 bewirbt sich Mugabe um ein Stipendium an der schwarzen Fort-Hare-Universität in Südafrika. Von der starken politischen Motivation der heutigen Studenten an dieser Universität habe ich bereits berichtet. Schon zu Mugabes Zeiten war Fort Hare ein intellektueller Stützpunkt des afrikanischen Nationalismus und damit gleichzeitig auch ein Agitationspunkt weißer und schwarzer Kommunisten, die genau wußten, daß die Studenten der wenigen schwarzen Universitäten die künftigen politischen Führer ihrer Länder sein würden. Auch Mugabe kommt auf Fort Hare zum erstenmal mit dem Kommunismus und seinen Lehren in Berührung. Sein an Missionsschulen geformtes Bewußtsein ist stark religiös, römisch-katholisch geprägt. Und so entsteht in ihm eine merkwürdige, aber nicht so unbekannte Mischung von Christentum und Marxismus. Mugabe fand die beiden vereinbar, damals und auch heute noch.

1951 macht Mugabe an der Fort-Hare-Universität sein Bakkalaureat, kehrt nach Rhodesien zurück und unterrichtet an der Driefontein Mission bei Umvuma. Er ist zwar schon politisch interessiert, aber noch nicht motiviert. Sein einziges Ziel ist es, mehr zu lernen. Er belegt einen Fernkurs an der Universität von Südafrika in Pretoria und schafft es bis 1954, ein zweites Bakkalaureat im Lehramt zu erwerben. Danach nimmt er eine Lehrstelle in einer Lehrerbildungsanstalt in Nordrhodesien an. Er belegt einen weiteren Fernkurs, diesmal an der Universität von London und erwirbt seinen dritten akademischen Grad, ein Bakkalaureat in den Naturwissenschaften.

1958 erhält Mugabe eine Einladung nach Ghana. Ghana ist das erste schwarzafrikanische Land, das von Großbritannien in die Unabhängigkeit entlassen wird. Der Mann, der dies bewirkt hat und der jetzt die Präsidentschaft Ghanas antritt, ist Kwame Nkrumah. Dieser Nkrumah hat große Ambitionen: Er erwartet, daß das Beispiel Ghana Schule machen werde, ein afrikanisches Land nach dem anderen werde den Kolonialismus abschütteln und unabhängig werden. Nkrumah erwartet, daß die Führer dieser Länder die künstlich gezogenen Kolonialgrenzen nicht beachten würden, sondern eine einzige große afrikanische Staatenunion aufbauen werden, einen schwarzen Bundesstaat, der sich über ganz Afrika erstreckt. In diesem Sinn versucht er, intelligente junge Schwarze aus allen Gegenden Afrikas nach Ghana zu holen, um sie politisch schulen zu lassen. Eines dieser Stipendien geht an Robert Mugabe.

Was Mugabe in Ghana sieht und erlebt, imponiert ihm sehr. In Ghana ist der Staatspräsident ein Schwarzer, sind die Minister schwarz, die Armeeführer schwarz. Hier erst stellt Mugabe fest, wie sehr er selbst innerlich nie daran geglaubt hat, daß Schwarze überhaupt fähig wären, alle diese Posten einzunehmen und auszufüllen. Und er weiß, wie wenige seiner Landsleute an diese Möglichkeit glauben.

In dieser Verfassung tritt Mugabe einen kurzen Heimaturlaub an, um seine Mutter zu besuchen, gerät in Harare in den großen Demonstrationszug und marschiert mit. Unter den Demonstranten trifft Mugabe die Organisatoren der NDP-Jugend, Mawema, Takawira und Tekere. Sie haben seinen Weg schon einige Male vorher gekreuzt. Jetzt hören sie von Mugabe, welchen Eindruck die Vorgänge in Ghana auf ihn gemacht haben. Als der Demonstrationszug bei Stoddart Hall von der Polizei gestoppt wird, ruft die Menge nach Führern, die sprechen sollen. Tekere fordert auch Mugabe auf, das improvisierte Podium zu besteigen und von Ghana zu erzählen. Die Menge begreift nicht, schwarze Ministerpräsidenten, schwarze Minister – was soll das? Zur Zeit sitzen die paar schwarzen Führer, die man hat, im Gefängnis der weißen Regierung. Mugabe schließt mit einem Aufruf: „Unsere nationale Bewegung aber wird dies alles nur erreichen, wenn wir ohne Unterschied unserer Herkunft und ohne Unterschied unserer Klasse zusammenhalten und gemeinsam kämpfen." Das wird verstanden, Mugabe erntet Applaus.

Am nächsten Morgen ist Mugabe unter denen, die von der Polizei gejagt und geschlagen werden. Mugabe beschließt, in Rhodesien zu bleiben und sich der NDP anzuschließen. Schon im Oktober 1960 wird er vom ersten Parteikongreß der NDP in die Führungsspitze gewählt und zum Sekretär für Öffentlichkeitsarbeit gemacht. Das gibt ihm die Möglichkeit, seine Erfahrungen und seine Vorstellungen unter die Leute zu bringen. Er wendet sich vor allem an die Jugend. In Ghana hat er gesehen, wie sich Nkrumah durch den Aufbau einer großen, radikalen Jugendorganisation eine politische Basis geschaffen hat, die stärker war als die Partei. Nkrumah übrigens organisiert diese Jugend nach dem Muster des sowjetischen Komsomol, holt sich auch von dort seine Ratgeber. Jetzt organisiert Mugabe die NDP-Jugend nach dem Muster der Nkrumah-Jugend. Seine Jungen und Mädchen trommeln die Erwachsenen zusammen, bringen sie zu politischen Versammlungen, stellen die Ordner.

Die Jungen fordern die Alten auf, bei den Versammlungen ihre Schuhe, ihre Röcke und ihre Krawatten abzulegen – und damit genau das abzulehnen, was sie in den Augen der Weißen erst zu jenen „Zivilisierten" macht, die die Weißen zu akzeptieren bereit wären.

Die NDP ist auf einem guten Weg, ihr Druck wird stärker, auch das Ausland anerkennt sie als die führende Kraft der Schwarzen in Rhodesien. Als es zwischen der britischen Regierung und der Regierung Rhodesiens erneut zu Verhandlungen über die Zukunft des Landes kommt, bestehen die Briten darauf, daß die Führungsspitze der NDP an den Verhandlungen beteiligt wird. Nkomo,

307

Sithole und Chitepo werden delegiert. Nach tagelangen Verhandlungen akzeptieren die drei genau das, was die NDP bisher energisch abgelehnt hatte: 15 schwarze Sitze gegenüber 50 weißen Sitzen im künftigen rhodesischen Parlament. Innerhalb der NDP-Führung kommt es zur Revolte.

Mugabe ist unter den Rebellen. Es kommt zum ersten großen Bruch zwischen ihm und Nkomo. Während Nkomo für die Annahme der neuen Verfassung eintritt, organisieren Mugabe und seine Jugendbewegung den Boykott. Dabei müssen sie sich sowohl vor der weißen Polizei als auch vor der eigenen Parteiführung in acht nehmen. Sie entwickeln eine besondere Taktik: Sie steigen in die Autobusse zu, in denen die Schwarzen von der Arbeit im weißen Gebiet in die schwarzen Townships heimfahren, und verwandeln jeden Autobus zu einer Minikundgebung.

Im Dezember 1961 fordert Mugabe 20 000 Teilnehmer an einer Kundgebung auf, mit einem großangelegten Boykott die weiße Wirtschaft in Rhodesien lahmzulegen – kauft nichts, geht zu Fuß, entzieht ihnen eure Arbeitskraft! Die Regierung antwortet mit einem Verbot der NDP. Aber zehn Tage später gründen die noch auf freiem Fuß befindlichen schwarzen Führer eine neue Partei – die Zimbabwe African People's Union, die ZAPU. Neun Monate später wird auch die ZAPU verboten, ihre Führer werden in die Verbannung geschickt, diesmal auch Mugabe. Nkomo ist wieder einmal nicht im Lande, erneut entgeht er der Verhaftung. Diesmal ist er in Sambia und konferiert dort mit Präsident Kaunda. Erst als die verbannten Führer Nkomo wissen lassen, sie würden ihn absetzen, falls er nicht heimkehre, schlüpft er über die Grenze und versammelt das Exekutivkomitee der ZAPU im Verbannungsgebiet zu einer Geheimkonferenz. Denn innerhalb dieses Gebiets können sich die Verbannten ziemlich frei bewegen.

Seine Parteigenossen fordert Nkomo auf, die nächste Gelegenheit zu benützen, um Rhodesien zu verlassen und im Ausland, etwa in Daressalam, eine schwarze Exilführung zu bilden. Mugabe und Sithole folgen diesem Ruf, aber sie werden von den Präsidenten Kaunda und Nyerere frostig empfangen: sie mögen ihren Unabhängigkeitskampf besser daheim führen. Von da an tobt zwischen dieser Gruppe und Joshua Nkomo der Kampf um die Führung der Partei. Mugabe, Sithole und Tekere werfen Nkomo vor, sein eigenes Spiel zu spielen, sich weniger um die Massen daheim als um seinen eigenen Ruf in der Welt zu kümmern.

Die Gruppe kehrt heim, wird neuerlich festgenommen und sitzt wieder in der Verbannung. Aber sie ist in ihrem Verbannungsgebiet weiterhin aktiv. Sie setzt Nkomo als Führer der Partei ab. Trotzdem trennen sich Mugabe und Sithole von der ZAPU und gründen eine neue Partei, die Zimbabwe African National Union, die ZANU; Sithole wird ihr Präsident, Mugabe ihr Generalsekretär. 1964 werden sie endgültig verhaftet, und von nun an stellt die Regierung sicher, daß sie hinter Gittern bleiben. Zuerst Gefängnis, dann Lagerhaft für die nächsten zehn Jahre. In diesem Lager finden sich viele der Nationalistenführer wieder – mit Ausnahme Joshua Nkomos.

Mugabe nimmt im Lager seine Fernstudien wieder auf, was ihm die rhodesischen Behörden erlauben. In den zehn Jahren holt er sich ein weiteres Bakkalaureat, diesmal für Jurisprudenz an der Universität London, danach ein Bakkalaureat für Verwaltung ebenfalls an der Universität London, und er krönt seine bereits vorhandenen fünf akademischen Titel mit einem Doktorat, dessen Prüfungen er per Fernkurs aus dem Internierungslager an der Universität von Südafrika in Pretoria mit Auszeichnung besteht. In der gleichen Zeit richtet Mugabe im Internierungslager Kurse für seine Mitgefangenen ein, bereitet sie ebenfalls für Fernkurse vor.

Inzwischen aber ist in Rhodesien viel geschehen. Bei den Wahlen setzt sich eine neue, radikalere weiße Partei durch, die Rhodesian Front. Sie stellt die neuen Ministerpräsidenten. Zuerst Winston Field, dann Ian Smith. Die Rhodesian Front fordert von London die Entlassung Rhodesiens in die Unabhängigkeit, aber es soll nicht so entlassen werden wie Ghana oder Nigerien oder Kenia. Die Macht soll nicht in schwarze Hände gelegt werden, sondern in denen der Weißen verbleiben. London stimmt nicht zu, sondern fordert als Preis für die Unabhängigkeit die Einigung über eine Verfassung, der alle Bevölkerungsgruppen, insbesondere die Schwarzen, zustimmen. Die Schwarzen fordern das allgemeine uneingeschränkte Wahlrecht, und England stellt sich hinter diese Forderung. Die Verhandlungen zwischen der Smith-Regierung und London scheitern.

Am 11. November 1965 erklärt sich Rhodesien unter der Führung von Ian Smith einseitig für unabhängig. Nach der feierlichen Proklamation singen die Anwesenden „God save the Queen", denn das unabhängige Rhodesien will weiterhin im Commonwealth bleiben. London aber erklärt die Smith-Regierung zu Rebellen, aberkennt der Regierung jeden Status im Commonwealth, und als Smith nach mehrmaligen Aufforderungen nicht bereit ist, seine Rebellion aufzugeben, fordern die Briten die UNO und die Commonwealth-Mitglieder zu wirtschaftlichen Sanktionen gegenüber Rhodesien auf. Britische Kriegsschiffe kreuzen vor dem moçambiquischen Hafen Beira und bringen Tanker auf, die Erdöl für Rhodesien an Bord haben. Britischen Firmen wird der Handel mit Rhodesien verboten, anderen der Import von rhodesischen Waren. Die meisten Länder der Welt schließen sich den Sanktionen an, auch die USA, wenn auch mit einiger Einschränkung – der US-Kongreß glaubt, auf das rhodesische Chrom nicht verzichten zu können.

Unter normalen Umständen hätte ein Land wie Rhodesien diese Blockade nicht sehr lange durchgehalten. Aber es hatte in Südafrika einen potenten Verbündeten. Die Südafrikaner waren bereit, den Rhodesiern das dringend benötigte Öl zu liefern und auch sonst praktisch alle Rohstoffe und Waren, die sie brauchten. Diese Hilfe Südafrikas war nicht uneigennützig. Zunächst stellte sich die südafrikanische Regierung hinter Ian Smith, weil man zu dieser Zeit in Pretoria noch daran glaubte, einen weißen Festungsriegel gegen die heranbrechende schwarze Unabhängigkeitswelle halten zu können – das von den Portugiesen verteidigte Angola, das von Ian Smith gehaltene Rhodesien und das ebenfalls von den Portugiesen verteidigte Moçambique.

Darüber hinaus aber ließ sich Südafrika den Blockadebruch von den Rhodesiern auch gut bezahlen: Auf jeden Liter Erdöl, auf jede Maschine, auf jede Tonne Rohstoff wurde ein Blockadezuschuß eingehoben, der Aufschlag schwankte zwischen 30 und 100 Prozent. Ein Umstand, den die weißen Rhodesier den Südafrikanern bis zum heutigen Tag nicht vergessen haben. Aber in der Folge erwies sich dieser Blockadezoll als Segen für Rhodesien und insbesondere für das aus ihm hervorgegangene Zimbabwe. Denn die Rhodesier setzten in den siebziger Jahren alles daran, so viele Konsumgüter wie nur möglich selbst zu erzeugen. Hunderte neue Fabriken wurden aus dem Boden gestampft.

Das Smith-Regime trotzt solcherart recht erfolgreich den Blockaden und Sanktionen. Und vom schwarzen Widerstand ist vorläufig auch nicht viel zu spüren. Die meisten schwarzen Führer sitzen in Gefängnissen und Internierungslagern. Zwar gelingt es Sithole und Mugabe immer wieder, Nachrichten und auch Anweisungen an die noch in Freiheit befindlichen Unterführer der ZANU aus dem Lager zu schmuggeln, darunter den Befehl, ein Kriegskommando zu errichten, Guerillatruppen aufzustellen und entlang der Grenzen Basen zu errichten. Es kommt auch zu Überfällen auf weiße Farmen, Straßen werden vermint, Bombenanschläge verübt. Aber die schwarzen Kommandotrupps werden bei diesen Unternehmungen von den rhodesischen Streitkräften meist gestellt und aufgerieben. Man schreibt das Jahr 1972. Das weiße Rhodesien scheint sich zu halten. Doch den Portugiesen im benachbarten Moçambique geht es nicht gut. Die Frelimo-Partisanen setzen der portugiesischen Armee zu, im portugiesischen Oberkommando wächst die Unzufriedenheit mit der Regierung in Lissabon, die keine politische Lösung zur Beendigung dieses fast nun schon ein Jahrzehnt andauernden Krieges findet. Auch der Druck der schwarzen Staaten auf die Nachbarn Rhodesiens und Moçambiques wächst: Sie sperren ihre Grenzen, obwohl ihnen das wirtschaftlich schadet, sie erlauben die Einrichtung von Guerillabasen, obwohl das Unruhe ins eigene Land und sogar den teilweisen Verlust der eigenen Souveränität bringt.

Über die wahren Zustände sowohl im Lager der Verteidiger wie in den Lagern der Angreifer weiß jedoch niemand besser Bescheid als der südafrikanische Ministerpräsident Vorster. Die Agenten des südafrikanischen Geheimdienstes haben alles infiltriert: die Hauptquartiere der Portugiesen und der Frelimo, die rhodesische Regierung, die ZAPU und die ZANU, den ANC. Deshalb weiß Vorster früher als alle anderen, was sich rund um Südafrika aufbaut: Schwarze Guerilla-Armeen, zunehmend unterstützt von der Sowjetunion, von China, von Kuba, der DDR und anderen Ostblockländern. Ein Sieg der Weißen, insbesondere in Moçambique, ist nicht mehr zu erwarten. Smith hält sich zwar, aber er unterschätzt das Potential seiner Feinde.

Südafrikas Interesse, schließt Vorster, kann es nicht mehr sein, den weißen Regimes beim Durchhalten zu helfen, denn jedes Jahr bringt nur ein Anwachsen der Guerilla-Armeen, die immer besser ausgebildet, besser bewaffnet und vor allem immer fester an ihre kommunistischen Verbündeten gebunden werden. Am Ende würden die weißen Regime zusammenbrechen, und an Südafrikas Grenzen würden schwarze Armeen stehen, die sowohl militärisch als auch politisch eine größere Bedrohung für Südafrika bedeuten müßten, als es die jetzigen schwarzen Nationalistenführer wären, kämen sie an die Regierung.

Vorster beginnt nun als erster Ian Smith zuzusetzen, eine interne Lösung mit einem angesehenen schwarzen Politikerteam anzustreben. Vorster streckt auch seine Fühler zu Sambias Staatspräsidenten Kaunda und über diesen zu Tansanias Nyerere und selbst zum

311

Führer der Frelimo, Samora Machel, aus. Er fordert sie zu einer Politik der Detente auf, der Entspannung, der gemeinsamen Suche nach akzeptablen Lösungen für alle. Smith läßt wieder die Formierung einer afrikanischen Nationalbewegung in Rhodesien zu, der African National Congress wird neu belebt. Aber die Führer der ZANU, vor allem Sithole und Mugabe, werden weiterhin nicht freigelassen. So suchen die freien schwarzen Führer im ANC nach einem Mann, der die Bewegung führen könnte und genügend Statur hätte, die afrikanischen Forderungen sowohl gegenüber der Regierung Smith durchzusetzen, als sie auch im Ausland zu vertreten. Man glaubt diesen Mann in Bischof Abel Muzorewa gefunden zu haben. So ist es der African National Congress, der Muzorewa erstmals in die politische Arena holt.

Muzorewa ist als erstem Schwarzem Rhodesiens die hohe Bischofswürde verliehen worden. Er war im Ausland, hatte mit fremden Regierungen verhandelt und vor der UNO gesprochen. Und er hatte überall uneingeschränkt das allgemeine Wahlrecht für die Schwarzen in Rhodesien gefordert, die Übernahme Rhodesiens durch eine schwarze Mehrheitsregierung. Muzorewa werde Achtung und Beachtung finden. Als erstes Ziel müsse er die Freilassung aller anderen Nationalistenführer erwirken.

1974 kommt es in Portugal zur Revolution, der portugiesische Widerstand in Moçambique bricht zusammen, die Frelimo-Bataillone ziehen als Sieger in Lourenço Marques ein, das sie auf Maputo umtaufen. Vorster drängt nun noch energischer auf Detente-Verhandlungen. Smith muß nachgeben. Die Präsidenten Kaunda und Nyerere treffen einander in Lusaka und fordern Smith auf, die schwarzen Nationalistenführer aus den Gefängnissen zu entlassen und zu Gesprächen nach Lusaka zu entsenden. Joshua Nkomo, immer nur kurz interniert, dann wieder frei, wenig daheim und viel im Ausland, ist bereits in Lusaka, Bischof Muzorewa auf dem Weg dorthin. Der Präsident der ZANU ist nominell immer noch Sithole, aber er genießt nicht mehr das Vertrauen der anderen ZANU-Führer. Er hat Befehle aus dem Gefängnis geschmuggelt, durch die ZANU-Organisationen aufgeflogen und deren Führer verhaftet worden sind. Sithole sagt als Zeuge aus und bricht zusammen. Daraufhin beschließen Mugabe und die anderen ZANU-Führer noch in der Haft, Sithole als Präsidenten der ZANU abzusetzen, anstelle Sitholes Mugabe zum Führer der Partei zu machen und ihn nach Lusaka zu entsenden. Der Smith-Regierung ist das recht. Nach zehn Jahren Haft öffnen sich die Gefängnisse für Mugabe:

Vor dem Tor steht eine Regierungslimousine. Mugabe wird zum Flugplatz gebracht und mit einem Sonderjet nach Lusaka geflogen. Aber Kaunda und Nyerere sind nicht bereit, den „Gefängnisputsch" innerhalb der ZANU anzuerkennen. Sie bestehen darauf, daß Sithole der Führer der ZANU ist, und sie schicken Mugabe postwendend nach Salisbury zurück, direkt ins Gefängnis. Im Gefängnis einigen sie sich wieder alle: die ZANU-Delegation werde aus Sithole, Mugabe und Malianga bestehen. Die drei fliegen nun zwischen Salisbury und Lusaka hin und her, in Lusaka leben sie im Luxus, in Salisbury nach wie vor im Gefängnis.

Aber im Dezember 1974 sieht es aus, als hätte man eine Einigung gefunden. Zum ersten Mal seit langer Zeit scheint der gesamte afrikanische nationale Widerstand vereinigt: Nkomo, Sithole, Muzorewa, Mugabe. Unter dem Druck Kaundas und Nyereres verabschieden sie eine Einigkeitsdeklaration. Smith entläßt sie aus dem Gefängnis. Aber außer Muzorewa ist keiner von ihnen bereit, auf die allgemein gewünschten Detente-Vorschläge einzugehen. Wahrscheinlich auch Ian Smith nicht, denn er offeriert nur geringfügige Konzessionen.

Drei Monate später schlägt die Smith-Regierung wieder zu: Die schwarzen Führer sollen erneut ins Gefängnis. Sithole wird gefaßt, aber Mugabe gelingt die Flucht. Er geht nach Moçambique und appelliert an die Schwarzen Zimbabwes, ihm zu folgen, den Widerstand von Moçambique her aufzubauen, von dort in den Krieg gegen die Weißen zu ziehen. Samora Machel gewährt Mugabe Asyl. Einige der in Moçambique stationierten Guerillaeinheiten nehmen die Führung Mugabes an, andere lehnen sie ab, wollen weiterhin nur Sithole folgen. Mugabe versucht Sithole als Parteiführer abzusetzen. Da setzt Ian Smith Sithole frei und läßt ihn nach Daressalam reisen, wo Sithole Mugabe als Verräter anprangert. Samora Machel gibt Weisung, Mugabe in Moçambique unter Hausarrest zu stellen. Dennoch kann Mugabe die Verbindung mit einzelnen Guerillalagern halten. Unter den Guerillas selbst brechen Stammeskämpfe aus. Das alles ist erwähnenswert, weil es einerseits zeigt, wie zerstritten das schwarze Lager stets war, andererseits wie oft die Feinde von gestern wieder die Freunde von heute und die Feinde von morgen wurden. Ein Verhaltensmuster, das auch im heutigen Zimbabwe noch seine Gültigkeit hat.

Um die Positionen in der militärischen Führung wird noch härter gerungen als zwischen Mugabe, Sithole, Nkomo und Muzorewa um die politische Führung des Widerstandes. Herbert Chitepo, Kommandeur der ZANU-Guerillas, wird in Lusaka durch einen Bombenanschlag der eigenen Leute in die Luft gesprengt. Guerillaführer in Sambia brechen mit Sturmtrupps auf, um die Guerillabasen ihrer Rivalen zu überfallen und diese niederzumachen. Die Revanche folgt auf dem Fuß. Eine ganze Reihe prominenter Führer kommt auf diese Art und Weise ums Leben. Schließlich hält sich noch jeder der Präsidenten in den Nachbarstaaten Zimbabwes seinen eigenen Zimbabwe-Führer und läßt dessen Gegner einsperren.

Mugabe kann aus dem Hausarrest in Moçambique ausbrechen, schlägt sich nach London durch und klagt dort Präsident Kaunda aus Sambia an, die ZANU-Führer zu verfolgen und in die Gefängnisse zu werfen. Nkomo, Sithole und Muzorewa sind nun wieder bereit, mit Smith zu verhandeln. Mugabe nimmt energisch gegen diese Verhandlungen Stellung. Das bringt ihm bei den ZANU-Guerillas vermehrt Ansehen und Sympathie.

Als die neuen Verhandlungen mit der Smith-Regierung zusammenbrechen, verlieren auch die Frontlinien-Präsidenten das Vertrauen zu Sithole und Muzorewa. Präsident Kaunda setzt nun ausschließlich auf Nkomo, aber Nyerere und vor allem Samora Machel wenden sich dem Mann zu, der unter den Truppen selbst zunehmend populärer geworden ist – Mugabe. Sie machen von ihrem großen Einfluß auf die Guerillalager in Tansania und Moçambique Gebrauch. So unterstellen sich immer mehr Guerillaeinheiten der Führung Mugabes. Der Mann mit den fünf akademischen Graden und der sanften Stimme erläßt jetzt Aufruf um Aufruf an die Guerillas, an die Bevölkerung in Zimbabwe, an die Flüchtlinge in Sambia, Tansania, Botswana. Er nennt Sithole einen Verräter, Nkomo einen Konterrevolutionär. Er wendet sich praktisch gegen das gesamte Establishment des afrikanischen Nationalismus von Zimbabwe. Ziel aller dieser Angriffe und Appelle ist es, sich selbst als den einzigen Führer des Krieges der Schwarzen gegen die Weißen und damit auch als den einzigen Führer eines künftigen unabhängigen Zimbabwes zu etablieren.

Es ist ein schwerer Kampf, den Mugabe da führt, voll der Rückschläge. Er muß nicht nur die eigenen Leute, sondern auch die Frontlinien-Präsidenten überzeugen, und er muß vor allem Waffen und militärische Expertise für seine Guerillas beschaffen. Die Sowjets haben auf Nkomo gesetzt, ihre Waffen gehen nach Sambia, an die Guerilla-Armee Nkomos, an die ZIPRA.

Das mißfällt den Chinesen. Sie haben in diesem Raum Afrikas viel investiert, haben die Tansam-Bahn gebaut, um sich sowohl

Tansania als auch Sambia geneigt zu machen. Jetzt etablieren die Sowjets ihre Präsenz in Sambia, indem sie Nkomos ZIPRA zur stärksten militärischen Kraft in diesem Raum machen. Die Chinesen halten dagegen und setzen nun auf Mugabe. Ihre Waffenlieferungen gehen nach Moçambique, in die Guerillalager Mugabes.

Mugabe profitiert auch durch die Tatsache, daß die Stämme der Shona 80 Prozent der Bevölkerung Zimbabwes stellen, die Ndebele hingegen nur 20 Prozent. Seine Guerillas, die ZANLA, sind zum größten Teil Angehörige der Shona und haben es daher leichter, sich in Rhodesien unter der Bevölkerung zu bewegen, sie erhalten auch bedeutend mehr Rekruten als Nkomos ZIPRA. Anderseits ist die ZIPRA bedeutend besser ausgebildet und ausgerüstet. Hinter der ZIPRA stehen schließlich die Profis aus der Sowjetunion, Vietnam, Kuba und der DDR. Zwar werden auch Mugabes Guerillaführer zu Schulungskursen nach China und Nordkorea geholt, es sind sogar chinesische Instrukteure in Moçambique tätig, doch sie lehren eine andere Art von Krieg – den Volksbefreiungskrieg Mao Zedongs, die Infiltration, das ringen um die Herzen und Hirne der Bevölkerung. Die politische Motivation soll die fehlende moderne Bewaffnung ersetzen.

Bei den Präsidenten der Frontlinienstaaten wächst unterdessen die Sorge, daß mit dem zunehmenden Einfluß fremder Mächte auf die beiden Guerilla-Armeen die ganze Region in den Bereich außerafrikanischer Mächte und in deren Rivalitäten einbezogen werden könnte. So bestehen die Frontlinienstaaten auf einer Versöhnung zwischen Nkomo und Mugabe, zwingen sie dazu, eine politische und möglichst auch militärische Einheit zu bilden. Diesem Zwang gehorchend verkünden Nkomo und Mugabe die Gründung einer „Patriotischen Front", PF, und sogar die Vereinigung ihrer beiden Armeen unter einem gemeinsamen Kommando mit einem gemeinsamen Namen.

Das gemeinsame Oberkommando zerfällt in wenigen Wochen, der gemeinsame Name ist rasch vergessen. Was bleibt, ist die nach außen zur Schau getragene Einigkeit unter dem Titel Patriotische Front und die beiden Armeen ZIPRA und ZANLA, zwischen denen die Feindschaft noch schneller wächst als zwischen ihren beiden Führern Nkomo und Mugabe. Treffen ZIPRA und ZANLA irgendwo in Rhodesien aufeinander, so kann sich die rhodesische Armee getrost zurückziehen, die beiden Guerilla-Einheiten lassen nichts unversucht, sich gegenseitig zu vernichten. Der Urkonflikt zwischen Ndebele und Shona kommt wieder voll zum Ausbruch.

315

Was aber die Frontlinienstaaten und noch mehr die Westmächte zunehmend mit Mißtrauen erfüllt, ist die Tatsache, daß die ZIPRA Nkomos von den Sowjets mit Waffen überschwemmt wird, daß ihre Einheiten gut ausgebildet werden, daß die ZIPRA aber nur selten die Grenze nach Rhodesien überschreitet und ihre Guerilla-Operationen auf ein Minimum beschränkt. Gleichzeitig werden im benachbarten Angola aus den dort stationierten kubanischen Einheiten die weißhäutigen Soldaten herausgezogen, und niemand weiß, wohin sie verschwinden. Jedenfalls befürchtet man im Westen, daß die ZIRPA darauf vorbereitet wird, Rhodesien in breiter Front und als reguläre Armee anzugreifen; daß vor dieser Front weiße Kubaner in rhodesischer Uniform abgesetzt werden, um etwa nach dem Muster der deutschen Ardennenoffensive 1944 die rhodesischen Abwehrmaßnahmen zu stören und die Hauptquartiere zu besetzen. Die ZIPRA würde so in Rhodesien einen Brückenkopf bilden, Nkomo dort eine schwarze Regierung ausrufen, und diese Regierung würde dann die Sowjetunion und die Kubaner zu Hilfe rufen. Genau das hatte man in Angola praktiziert, wo die den Sowjets nahestehende Unabhängigkeitsbewegung MPLA mit dieser Taktik ihre Rivalen aus dem Feld schlagen konnte.

Es kommt zu Kontakten zwischen Großbritannien, den USA, China und den Frontlinienstaaten. Man ist sich einig, daß der rhodesische Konflikt so rasch wie möglich durch eine Lösung beendet werden müßte, die alle Fraktionen des schwarzen Widerstands an einer künftigen Regierung beteiligen müßte, gleichzeitig aber auch Garantien für die Weißen und für die Erhaltung der wirtschaftlichen Infrastruktur zu bieten hätte. Henry Kissinger nimmt die Sache in die Hand, fliegt zum südafrikanischen Ministerpräsidenten Vorster, beide holen sich Ian Smith und vergattern ihn. Danach nimmt Kissinger seine schon im Nahen Osten angewandte Pendelreisetaktik auf und versucht, zwischen allen Fraktionen zu vermitteln.

Im Oktober 1976 begeben sich die Vertreter aller Lager zu einer Konferenz nach Genf, die zwar drei Monate dauert, aber ohne Resultat endet – Carter hat in Amerika Präsident Ford besiegt, und mit Ford verläßt auch Kissinger das Weiße Haus. Ian Smith glaubt, Zeit gewonnen zu haben. Und doch gab es in Genf einen Durchbruch: Ian Smith hat zum ersten Mal das Prinzip „one man – one vote", also das umfassende allgemeine Wahlrecht, auch für alle schwarzen Bürger Rhodesiens anerkannt, mehr noch: er hat ausdrücklich der Bildung einer schwarzen Mehrheitsregierung zugestimmt. Daß dies alles nicht finalisiert wird, läßt die Konferenz als totalen Fehlschlag erscheinen. Aber Smith kann und will auch von der einmal eingeschlagenen Linie nicht mehr zurück. Er glaubt jedoch, daß er mit dieser entscheidenden, alles ändernden Konzession eine haltbare interne Lösung in Rhodesien finden könne, durch die sich Nkomo und Mugabe ausschalten und vor allem ihre beiden Guerilla-Armeen außerhalb des Landes halten lassen würden.

Abel Muzorewa und Ndabaningi Sithole sind bereit, auf Smith' Vorschläge einzugehen. In ihren Augen hätten die schwarzen Nationalisten damit alles erreicht, wofür sie in den Kampf gezogen waren: das allgemeine Wahlrecht, die schwarze Mehrheitsregierung, die politische Macht im Lande. Der Krieg könnte beendet, dem Blutvergießen Einhalt geboten werden. Außerdem: Muzorewa und Sithole verfügen über keine eigenen Guerilla-Armeen, ihren Sieg können sie nur politisch sicherstellen. Mugabe und Nkomo haben zwar ihre Armeen, aber unter Umständen nicht so viele Anhänger im Lande. Sie könnten militärisch siegen, aber vielleicht nicht in geheimen Wahlen. Die alten Rivalitäten zwischen Mugabe, Nkomo, Muzorewa und Sithole brechen wieder auf.

Im März 1978 einigen sich Smith, Muzorewa und Sithole, im April 1979 werden Wahlen auf der Grundlage des allgemeinen Wahlrechts für alle abgehalten. 64 Prozent der Bevölkerung gehen zur Wahl. Muzorewas United African National Council gewinnt 51, Sitholes ZANU (er bleibt bei der alten Parteibezeichnung) gewinnt 12 und Häuptling Ndiweni, ein Ndebele, gewinnt 9 Parlamentssitze. Mozurewa wird der erste schwarze Ministerpräsident Zimbabwes, Ian Smith ist in dieser Regierung nur noch Minister. Das Regierungsprogramm aber wiederholt, was Muzorewa im Wahlkampf der Bevölkerung des Landes versprochen hat: diese Regierung werde den Krieg beenden, werde sich die internationale Anerkennung holen, werde dadurch für eine Aufhebung der Wirtschaftssanktionen gegenüber Zimbabwe sorgen und werde auch den Frieden unter allen jetzt kämpfenden Fraktionen, Stämmen und Rassen herstellen.

Zu spät, zuwenig. Hätte Ian Smith all dies einige Jahre früher offeriert, etwa zur Zeit der Entspannungsversuche Vorsters, so hätte eine allumfassende Lösung unter Beteiligung aller Nationalistenführer zustande kommen können. Aber der Krieg ist vielzu weit fortgeschritten. Mugabes ZANLA-Guerillas operieren bereits in fast allen Teilen des Landes. Die Wirtschaftssanktionen machen sich bemerkbar. Der internationale Druck, insbesondere der des Westens, ist kaum noch zu verkraften.

Das sind die objektiven Gründe, weshalb Ian Smith eingelenkt hat. Und er hat sich von Muzorewa auch noch Zusicherungen geholt, wie er sie von Nkomo und Mugabe zu diesem Zeitpunkt nicht mehr bekommen hätte: von 100 Parlamentssitzen werden den Weißen 28 zuerkannt, alle Verfassungsänderungen aber dürfen laut Verfassung nur mit einer Dreiviertelmehrheit beschlossen werden. Smith sichert damit den Weißen ein Vetorecht in allen Verfassungsfragen. Darüber hinaus haben Muzorewa und Sithole zugestimmt, daß die Weißen auch in allen Angelegenheiten der Armee, der Polizei und der Wirtschaftsstruktur ein Mitsprache- und Vetorecht erhalten. Sie erlauben auch, daß alle guten Mittelschulen des Landes, bisher staatlich und staatlich finanziert, von ihren weißen Direktoren oder von den Elternvereinen für einen Minimalpreis gekauft und damit zu Privatschulen erklärt werden können, wodurch sie der schwarzen Regierung entzogen werden.

Vor allem wurde versucht, jene schwarzen Politiker auszuschalten, die über die bewaffnete Macht des schwarzen Kampfes verfügten. Weshalb hätten diese aber ihren Kampf nun einstellen sollen? Smith sah die Berechtigung der Frage verspätet ein. Er streckte geheime Fühler zu Nkomo aus. Und Nkomo war bereit, Smith im geheimen zu treffen. Smith bot Nkomo an, die schwarze Regierung zu führen. Nkomo war nicht abgeneigt. Auch einige Frontlinien-Präsidenten waren nicht abgeneigt, einer solchen Lösung zuzustimmen. Als man das aber Mugabe vorsichtig beibringen wollte, tobte dieser und weigerte sich, mitzumachen. Sowjetpräsident Podgorny kam angeflogen und traf Mugabe in Moçambique. Fidel Castro traf gleich zweimal mit Mugabe zusammen. Die Vietnamesen luden Mugabe nach Hanoi ein. Die sowjetischen Waffentransporte wurden von der ZIPRA auf die ZANLA umdisponiert, kubanische Trainingslager in Angola und Äthiopien wurden für die ZANLA geöffnet. Aber weder China noch die Westmächte waren bereit, sich noch im letzten Moment – wegen eines halsstarrigen Ian Smith – von den Sowjets alles wegschnappen zu lassen.

Eine neue Initiative mußte her. Sie wurde vom neuen britischen Premierminister Margaret Thatcher ergriffen. Bei der Commonwealth-Konferenz im August 1979 in Lusaka verhandelten Thatcher und ihr Außenminister Lord Carrington so lange mit den Frontlinien-Präsidenten, bis die Umrisse einer neuen Lösung sich klar abzeichneten. Gemeinsam und unter Aufbietung aller ihrer diplomatischen, militärischen und wirtschaftlichen Druckmittel zwangen sie Nkomo, Mugabe, Muzorewa und Ian Smith an den Verhandlungstisch. Dieser stand im Londoner Lancaster House. Und auch dort wurde so lange verhandelt, bis sich alle auf eine neue Verfassung für Zimbabwe geeinigt und ihre Zustimmung zur Abhaltung neuer allgemeiner Wahlen in Zimbabwe gegeben hatten. Diese Wahlen würden von Truppen- und Polizeikontingenten aus britischen Commonwealth-Staaten überwacht werden.

Ian Smith und Bischof Muzorewa haben ihre interne Lösung innerhalb eines Jahres wieder aufgeben und die Beschlüsse der Lancaster-House-Konferenz akzeptieren müssen.

Wie der Guerillakrieg gewonnen wurde

Das war nicht nur auf internationalen Druck zurückzuführen, sondern hatte vor allem auch mit den Vorgängen in Zimbabwe selbst zu tun. Und was sich da getan hat, das bestimmt noch heute sehr weitgehend das Schicksal des Landes. Ian Smith hat mir gegenüber zwar erklärt, seine Armee sei bis zum letzten Augenblick völlig Herrin der Lage gewesen und hätte den Krieg noch viele Jahre durchgehalten, aber bei einer Fahrt durch das Land sieht und hört man, weshalb die militärische Beherrschung der Lage allein nicht mehr gut genug war, weshalb der Druck von innen auf Smith und auf Muzorewa zu groß geworden war.

Mit ganz wenigen Ausnahmen trifft man in allen Teilen Zimbabwes heute noch auf die Ruinen der Schulen, der Kliniken, der Missionsstationen und auch vieler Farmen. Man fährt durch Dörfer, die es nicht mehr gibt, weil ihre Häuser und Hütten vor Jahren verlassen und dem Verfall preisgegeben wurden. Man kommt zu landwirtschaftlichen Stationen, in denen einst Woche für Woche Tausende Rinder zum Schutz gegen Zecken und Krankheiten abgesprüht wurden – in cattle-dips –, doch auch diese sind heute zerstört. Erwog die Regierung einst, die Größe der Herden in den Tribal Trust Lands gesetzlich zu beschränken, weil die Zahl der Rinder die Kapazität des Weidelandes überstiegen hatte, so kann man heute stundenlang durch Weideland fahren, ohne Rinder zu sehen.

Die Menschen aber, die hier wohnten, befinden sich noch immer in jenen lagerartigen Gebieten, wo sie die rhodesische Armee zusammenfaßte, um sie einerseits gegen die Guerillas zu schützen, anderseits den Guerillas den Zugang zu den Menschen zu verwehren. Oder sie leben heute noch in den Städten, in den schwarzen Townships, in die sie damals flohen. Oder sie sind noch Flüchtlinge, in Sambia, in Moçambique, in Botswana. Insgesamt über eine Million Menschen sind noch nicht dorthin zurückgekehrt, wo sie noch vor wenigen Jahren zu Hause waren.

Besucht man aber eine der großen Farmen im „weißen Gebiet", so findet man in der Regel auch dort noch die hohen Sicherheitszäune, mit denen man während des Kriegs das Haus der weißen Farmersleute umgeben hatte, mit den elektrischen Alarmanlagen und mit der Funkstation, über die man Hilfe anfordern konnte, wenn die Guerillas in die Farm einfielen. Erst wenn man das gleiche Bild ein dutzendmal hintereinander gesehen hat, beginnt man das volle Ausmaß dessen zu begreifen, was sich hier in den Jahren des Krieges abgespielt hat.

Ian Smith hat schon recht: Die rhodesische Armee ist nicht geschlagen worden, sie war zu allen Zeiten Herrin der Lage. Aber sie umfaßte nicht mehr als etwa 30 000 Mann. Zusammen mit weiteren rund 30 000 Polizisten und Hilfspolizisten waren das 60 000. Aber auch diese 60 000 konnten in diesem riesigen Land nicht überall sein und schon gar nicht überall zur gleichen Zeit. Kam es zum Zusammenstoß mit Guerillas, zogen diese meistens den kürzeren, wurden aufgerieben oder in die Flucht geschlagen. Es war daher auch nie das Ziel der Guerillas, die rhodesische Armee zu besiegen, ja nicht einmal, sie zu bekämpfen. Sie verfolgten eine andere Taktik: Durch Überfälle auf weiße Farmen und kleinere weiße Siedlungen sollte den Weißen im Lande bewiesen werden, daß sie hier nicht mehr sicher seien, daß es sich nicht lohne, weiterzukämpfen, daß der Krieg auf diese Weise endlos dauern würde, und man schließlich zu wählen hätte zwischen einem Leben in dauernder Angst und dem Frieden und, wenn dieser nicht zu erreichen wäre, dem Verlassen des Landes. Die Weißen sollten entnervt werden, um auf Ian Smith Druck auszuüben oder um das Land zu verlassen.

Auf den ersten Blick erscheint es auch unverständlich, daß die Guerillas in den Tribal Trust Lands und in den schwarzen Dörfern die Schulen angriffen, sie beschossen oder anzündeten. Und auch die Kliniken. Von den rund 2 000 Kliniken im Lande, die durchwegs der Betreuung der schwarzen Bevölkerung dienten, waren bei Ende des Krieges rund 1 800 zerstört. Bei den Schulen war der Prozentsatz beinahe gleich hoch. Bei den Seuchenkontrollstationen für die

Rinder ebenso. Aber wenn man dann mit der Bevölkerung spricht, die dort noch anzutreffen ist, so wird einem auch diese Guerilla-Taktik verständlich: die Infrastruktur des Landes sollte zerstört werden, besonders jene, die der schwarzen Bevölkerung diente, damit sich die Regierung gegenüber dieser Bevölkerung nicht mehr darauf berufen konnte, was sie für sie geleistet habe; es galt, die Ohnmacht der Regierung zu beweisen, ihre Unfähigkeit, die Bevölkerung oder auch nur die eigenen Institutionen zu schützen.

In vielen Fällen forderten die Guerillas die schwarze Bevölkerung auf, die Schulen und Kliniken und Missionsstationen selber zu zerstören. Unter Androhung von Gewalt mußten die Kinder ihre eigenen Schulen in Brand stecken. Das war natürlich auch als ein Mittel politischer Erziehung gedacht: von den Weißen nichts mehr anzunehmen, dagegen zu protestieren, daß den Schwarzen nur eine zweit- oder drittklassige Erziehung angeboten wurde; und immer mit dem Versprechen, daß ihnen nach dem Sieg der Befreiungsorganisationen ein erstklassiges, den Weißen gleichgestelltes Schulsystem geboten werden würde.

Aber all das zusammen war auch nur ein Teil der strategischen Zielsetzung der Guerillas. Der andere Teil war ebenso wohlüberlegt: Nicht nur die weiße, auch die schwarze Bevölkerung sollte den Krieg als unerträglich empfinden. Die Guerillas kamen des Nachts, forderten Lebensmittel und Informationen und nahmen oft auch junge Männer und Frauen als Rekruten mit. Sie statuierten auch Exempel, indem sie diesen oder jenen der Kooperation mit den Weißen oder gar des Verrats beschuldigten. Es gab Mißhandlungen, Verstümmelungen, Exekutionen.

Es war den Guerillas auch nicht unrecht, wenn der eine oder der andere im Dorf nach ihrem Abzug verdächtigt werden konnte, den Guerillas geholfen zu haben oder von ihnen gar als Polit-Vertrauensmann eingesetzt worden zu sein. Denn nun kamen die rhodesischen Sicherheitskräfte und wollten ihrerseits Informationen haben. Schwiegen die Dorfbewohner aus Angst, die Guerillas könnten sie nachts darauf des Verrats bezichtigen und auf die gleiche Weise bestrafen, wie sie es ihnen in der vergangenen Nacht vorgeführt hatten, so versuchten die Regierungstruppen, insbesondere die Polizei, dieser Bevölkerung zu beweisen, daß ihre Art der Bestrafung und des Terrors mindestens so zu fürchten sei wie jene der Guerillas. Wo nicht gleich an Ort und Stelle geschlagen und mißhandelt wurde, nahm man die Leute auf die Polizeistation mit. Wer nicht redete, konnte ohne Gerichtsverfahren eingesperrt werden, aber nicht wenige wurden am nächsten Morgen mit gebrochenen Gliedern in die lokale Klinik eingeliefert.

Ein vielzitierter Fall erzählt von einem Priester, in dessen Haus Guerillas kamen und Verpflegung forderten. Der Geistliche trug seiner Frau auf, den Guerillas eine ordentliche Mahlzeit zu bereiten. Er selbst setzte sich aufs Fahrrad und fuhr zur nächsten Polizeistation, um die Anwesenheit der Guerillas zu melden, teils aus politischer Überzeugung, vor allem aber, um der zu erwartenden nachträglichen Bestrafung zu entgehen, die ein Nichtmelden gesetzlich nach sich zog. Die Polizei verständigte die Armee, diese die Luftwaffe. Als der gute Mann sich seinem Dorf wieder näherte, fand er nur noch Rauch und Trümmer. Unter den Trümmern auch seine Frau und seine Kinder, tot.

Die Regierung erkannte, daß sie diese Art von Zweikampf auf die Dauer verlieren mußte, auch wenn sie in jeder offenen militärischen Begegnung Sieger blieb. Ihre Gegentaktik bestand darin, die Menschen in den Tribal Trust Lands aus den Dörfern zu holen und große lagerartige Siedlungen anzulegen, die sich bewachen und gegen die Guerillas verteidigen ließen. Die Lager wurden mit Schutzwällen umgeben, mit Gefechtsständen, mit Schnellfeuerkanonen auf hohen Plattformen. In den Lagern selbst wurden zentrale Verpflegungsstellen, Schulen, Kliniken und sogar Einkaufszentren eingerichtet. Den Guerillas sollte der Zugang zu Verpflegung, zu Informationen und zu neuen Rekruten verwehrt werden. Die Bevölkerung sollte der Einschüchterung entzogen und vor den Repressalien beider Seiten geschützt werden. Aber selbst da gelang es den Guerillas, durch die Schutzwälle zu schlüpfen, Agitation zu betreiben, Sabotageakte auszuführen. Und auch hier machten die rhodesischen Sicherheitskräfte genau das, was die Guerillas mit ihren Aktionen bezweckt hatten: Rigoros suchten sie nach den Kollaborateuren, nach den Schuldigen, und waren diese nicht zu finden, so wurden einheitlich alle Insassen der Lager bestraft.

Ich habe mit Guerillaführern gesprochen, die jetzt, da alles vorüber ist, offen zugaben, daß dies eine Taktik des „gezielten Terrors" gewesen sei. Das Ziel sei auch erreicht worden: die Bevölkerung sollte mehr als alles andere nur noch den Frieden wünschen. Wir sind diesem Phänomen schon im Owamboland im Norden Namibias begegnet, wo die SWAPO heute offenbar eine ähnliche Taktik mit der gleichen Zielsetzung anwendet. Denn im Gegensatz zu den weißen Politikern, die immer noch glaubten und glauben, es ließen sich allgemeine Wahlen unter voller Beteiligung der Befreiungsbewegungen vermeiden, waren die schwarzen Politiker immer schon sicher, daß es am Ende ihres Kampfes solche allgemeine Wahlen geben werde. Die Bevölkerung aber, die Wähler, würden nichts mehr wünschen als das Ende des Krieges, den Frieden. Je härter sie der Krieg getroffen hatte, desto mehr würden sie den Frieden herbeisehnen. Und sie würden daher ihre Stimme demjenigen geben, der ihnen die Beendigung des Krieges garantieren könnte.

Auch als Muzorewa und Sithole zur Wahl der ersten schwarzen Mehrheitsregierung in Zimbabwe aufriefen, traf diese Überlegung schon zu. Muzorewa siegte, weil er der schwarzen Bevölkerung versprach, den Krieg zu beenden. Es ist daher meiner Meinung nach gar nicht daran zu zweifeln, daß Muzorewa damals auch ohne Druck seitens der rhodesischen Armee und der Polizei die Mehrheit aller Stimmen erhalten hätte.

Als aber Muzorewa gewählt und Ministerpräsident geworden war, konnte er den Krieg nicht beenden. Mehr als alles andere überzeugte dies die Bevölkerung davon, daß der Friede doch nur von denen zu erhalten war, die den Krieg in die Dörfer getragen hatten. Man hat nach der zweiten, unter Aufsicht des Commonwealth durchgeführten Wahl die Guerillaführer beschuldigt, sie hätten durch ihre politischen Kommissare die Wähler eingeschüchtert, und behauptet, Mugabes Sieg sei auf diese Weise zustande gekommen. Einschüchterung gab es bei dieser Wahl sicherlich, aber die Einschüchterung kam aus so gut wie allen Lagern. Da Mugabe über die meisten Agitatoren verfügte, dürfte seine ZANU auch an der Einschüchterung prozentuell den höchsten Anteil gehabt haben. Aber viele, die ich danach befragte, ob sie ihre Stimmabgabe auch von dieser Einschüchterung abhängig gemacht hätten, erklärten recht überzeugend, daß es solcher Einschüchterung nicht bedurft hätte. Es sei den meisten klar gewesen, daß der Krieg weitergehen würde, falls nicht Mugabe oder Nkomo bei dieser Wahl siegten. Sie allein konnten über Krieg oder Frieden entscheiden, nicht Ian Smith oder Muzorewa oder Sithole, die sich dazu als unfähig erwiesen hatten. Den Frieden aber, den habe man um jeden Preis gewollt, nach all den Zerstörungen, all der Einschüchterung, nach Folter und Tod.

Im Gegensatz zur schwarzen Bevölkerung wurden die Weißen vom Krieg bei weitem nicht in diesem Maß in Mitleidenschaft gezogen. Zwar mußten alle weißen Rhodesier im Alter bis zu 38 Jahren einrücken, zwar mußten alle anderen bis zum Alter von 60

Jahren Polizeidienst versehen oder auf Abruf bedrängten Farmern zu Hilfe eilen. Aber sie hatten wenigstens die Genugtuung, daß die rhodesische Armee und die Polizei die Guerillas von den weißen Städten, ja auch von den schwarzen Townships dieser Städte im großen und ganzen fernzuhalten vermochte.

Nur ab und zu gelang den Guerillas ein Bombenanschlag oder ein Überfall auf ein Benzin- oder Munitionsdepot wie etwa der spektakuläre Angriff auf das Zentrale Treibstofflager in Salisbury. Aber ansonsten lebte man in den weißen Städten selbst am Höhepunkt des Krieges ziemlich sicher. Die weißen Kinder hatten geregelten Schulunterricht, in den Kaufhäusern war trotz der Wirtschaftssanktionen fast alles zu haben, an den Wochenenden stattete man sogar Freunden oder Verwandten auf den Farmen Besuche ab und empfand es selbst als patriotische Pflicht, den Urlaub im eigenen Land zu verbringen – bei den Viktoria-Wasserfällen oder in einem der großen Nationalparks.

Vor den großen Fenstern des Restaurants hatte man zwar hohe Betonwände gezogen, die Zugänge zu den Hotels durch Sandsackbarrikaden gesichert, hinter den Bungalows in den Wildparks bombensichere Unterstände ausgehoben, aber gerade weil der Krieg Rhodesien um sein drittgrößtes Einkommen, um den Tourismus, gebracht hatte, war man bereit, auch auf diese Weise dem Vaterland zu dienen. Der „gezielte Terror" der Guerillas, der die Weißen entnerven und zum Verlassen des Landes bewegen sollte, erreichte zunächst das Gegenteil. Selbst jene, die die Politik der Rhodesischen Front und des Ian Smith für verfehlt hielten, empfanden es als ihre Pflicht, sich im Krieg um die Regierung zu scharen. Smith kam bei den Weißen mit den Parolen gut an, die er zum Großteil den Durchhalteansprachen entlehnt hatte, die Winston Churchill in „Englands dunkelster Stunde" während des Zweiten Weltkrieges an die Briten gerichtet hatte.

Nachrichten von Guerilla-Überfällen auf Farmen und Missionsstationen, von der Ermordung von Frauen und Kindern waren geeignet, diesen Widerstand der Weißen noch wesentlich zu verstärken. Es entbehrt nicht einer gewissen Logik, wenn Dr. Mugabe heute behauptet, zumindest ein Teil dieser Überfälle wäre von Spezialeinheiten der Rhodesier selbst durchgeführt worden, um den Widerstandswillen der Weißen zu kräftigen.

Die offiziellen Ansprachen Mugabes während des Krieges klangen allerdings anders, was nicht verwunderlich ist. Mugabe mußte damals um seine eigene Anerkennung durch die Guerillas ringen.

Die militärischen Führer der Guerillas waren voll des Mißtrauens gegenüber den Politikern. Diese Politiker waren ja auch dauernd unterwegs, um einmal dort, einmal da mit den Weißen zu verhandeln. Wollte man das Vertrauen der Guerillas gewinnen, mußte man sich nicht nur mit ihrem Kampf, sondern auch mit den von ihnen begangenen Taten voll identifizieren. So wetteiferten die schwarzen Führer in ihren Ansprachen in Kompromißlosigkeit und Härte. Dies wurde wieder von Ian Smith genützt, um die Rhodesier zum Durchhalten zu bewegen. Jede harte Rede dieser Art wurde von den Zeitungen, vom Rundfunk und vom Fernsehen Rhodesiens sofort verbreitet, auch die von Mugabe und Nkomo vertretenen Programmpunkte für den Fall eines Sieges.

Mugabe schien da noch viel kompromißloser als Nkomo: selbstverständlich werde man den Weißen die Farmen wegnehmen und sie in sozialistische Kooperativen umwandeln. Zimbabwe werde in Zukunft ein Staat sein, der nach den Grundsätzen und Erkenntnissen des wissenschaftlichen Marxismus regiert werden würde. Dazu gehöre auch die Verstaatlichung der Produktionsmittel, also auch der Industrie. Die Weißen würden für die Ausbeutung der vergangenen Jahrzehnte zu zahlen haben. Das Geld würde man dazu verwenden, um das Los der schwarzen Bevölkerung schlagartig zu verbessern. Es werde für jeden Schwarzen einen garantierten Arbeitsplatz geben, einen garantierten Mindestlohn, und dieser werde bedeutend höher liegen als die Löhne, die den Schwarzen zur Zeit von den Weißen gezahlt würden.

Da in Rhodesien fast alle schwarzen Kinder ohnedies schon zur Schule gingen, versprach Mugabe, daß in Zukunft auch die Mittelschulausbildung zur Pflichtausbildung für alle schwarzen Kinder gemacht werden würde. Der gesamten Bevölkerung werde ein kostenfreier Gesundheitsdienst zur Verfügung stehen, samt Vorbeugemedizin und Nachbetreuung. Es werde nicht nur eine schwarze Regierung mit schwarzen Ministern geben, sondern Schwarze würden auch in alle Posten des Staatsdienstes und der Wirtschaft aufrücken können. Seinen Guerillakämpfern versprach Mugabe, daß sie die neue Armee und die neue Polizei Zimbabwes stellen würden.

Es fehlte auch nicht an Drohungen, an der Ankündigung von Rache und Bestrafung. Als Smith, Muzorewa, Sithole und Häuptling Jeremiah Chirau das Abkommen über die interne Lösung unterschrieben, erklärte Mugabe in seiner Parteizeitung „Zimbabwe News": „Keinem Bürger von Zimbabwe, sei er ein Priester, ein Häuptling oder ein einfacher Mann, werden wir es erlauben, auf diese Weise gegen das Volk zu handeln. Für ihre Sünden werden sie zu bezahlen haben. Der Arm des Volkes ist lang, und nichts ist so sicher wie die Vergeltung. So ist es geschrieben, so wird es geschehen."

Auf die Frage, ob Mugabe Ian Smith und andere rhodesische Führer als Kriegsverbrecher verfolgen würde, antwortete Mugabe damals: „Herr Smith ist ein Verbrecher, er hat sehr ernste Verbrechen begangen. Er hat Massaker angeordnet unter den Flüchtlingen in Moçambique, in Sambia, in Botswana (die Rhodesier griffen mit Luftwaffe und Einsatzkommandos immer wieder die Guerillalager in diesen Staaten an, in diesen Lagern befanden sich auch die Frauen und Kinder der Soldaten). Diese Verbrechen erfordern ein strenges Gericht durch das Volk. Meiner Ansicht nach kann dies nur mit der Todesstrafe gesühnt werden. Ich bin nicht der Mann, der diese Strafe verhängen wird, aber wir werden sie vom Volk anklagen und vom Volk aburteilen lassen, sollten wir ihrer habhaft werden." Solchen Erklärungen Mugabes wurde im rhodesischen Rundfunk größte Publicity gegeben.

Aus Mugabes Worten leitete man auch seine künftigen Absichten für Rhodesien ab: Das neue Zimbabwe werde eine Art von Sowjetrepublik sein, Kolchosen auf dem Lande, Fabriken verstaatlicht, alles zentral geplant, geleitet von den Grundsätzen des Marxismus. Die Weißen fürchteten Mugabe mehr als jeden anderen schwarzen Nationalisten. In der rhodesischen Propaganda wurde Mugabe nur noch als der „blutrünstige Marxist" bezeichnet. Vielleicht gerade deshalb konnten sich die Weißen in Rhodesien auch nicht vorstellen, daß Mugabe je in einer freien Wahl die Mehrheit der schwarzen Stimmen erhalten würde. Dies, so dachten sie, könnten doch auch die Schwarzen für ihr Land nicht wünschen. In einer freien Wahl würden höchstwahrscheinlich doch wieder Muzorewa und Sithole, schlimmstenfalls Nkomo siegen. Alles Leute, mit denen selbst das Smith-Regime immer wieder verhandelt hatte und oft genug gut ausgekommen war.

Als daher Muzorewa, Sithole und Smith mit der neuen Verfassung von der Lancaster-House-Konferenz zurückkehrten, hielten die Weißen in Rhodesien ihre Sache noch keineswegs für verloren. Ihre größte Sorge galt der Überlegung, wie man mit den Guerillas fertigwerden würde, wenn sie bei der Wahl geschlagen werden.

Das Lancaster-House-Abkommen sah eine gewagte Sache vor: Alle Guerillas müßten sich innerhalb der nächsten Wochen an bestimmten Punkten des Landes einfinden und sich dort in Lager begeben, die unter Aufsicht von Commonwealth-Offizieren bewacht werden würden. Große Frage: Würden die Guerillas kommen, würden sich alle stellen oder würde sich ein Teil von ihnen im Busch verstecken und sofort wieder losschlagen, wenn die Wahl nicht in ihrem Sinn ausgehen sollte? Würden die Guerillas auch ihre Waffen in die Lager mitbringen oder würden sie diese vergraben und sie sich wieder holen, sollte ihnen das Wahlresultat nicht passen?

Mißtrauen gab es überall, nicht zuletzt auch unter den Spitzenführern. England hatte den gewiegten Diplomaten und Schwiegersohn Winston Churchills, Lord Christopher Soames, als Interimsgouverneur nach Salisbury entsandt. Er hatte den Waffenstillstand zu überwachen und die Wahlen sicherzustellen. Aus allen Teilen des Landes erreichten ihn ununterbrochen Nachrichten von Kämpfen, Überfällen und massiven Versuchen, die Wähler einzuschüchtern. Es war immer wieder Mugabe, den Gouverneur Soames zu sich beordern mußte, um ihn wegen schwerer Übergriffe seiner Guerillas zu verwarnen.

Einige tausend Mugabe-Guerillas hatten sich nicht gestellt, sie durchzogen die Provinzen entlang der Grenze von Moçambique, drohten jedem mit dem Tod, der gegen Mugabe wählen sollte. Für den Fall ihres Sieges kündigten sie an, die Weißen zu vertreiben oder zu töten. Einige der höchsten politischen und militärischen Führer der ZANU-Partei Mugabes schlugen in ihren Wahlkundgebungen ähnliche Töne an. Für die Weißen Rhodesiens ging daher die Wahl nur noch um die Frage, ob es möglich sein würde, Mugabe zu schlagen und damit ein Blut- und Racheregime zu verhindern.

Der Wahlgang war für insgesamt eine Woche angesetzt – vom 26. Februar bis zum 4. März 1980. Am Sonntag, dem 24. Februar, startete ein Sonderjet vom Flugplatz Salisbury. Er hatte nur zwei Passagiere an Bord, den Oberbefehlshaber der rhodesischen Armee, General Walls, und den Chef des rhodesischen Geheimdienstes, Ken Flower. Ihr Ziel war Maputo, die Hauptstadt Moçambiques. Vom Flugplatz wurden sie schnurstracks zum Staatspräsidenten Moçambiques, Samora Machel, gebracht. Walls und Flower schlugen Machel ein geheimes Abkommen vor: Wie immer die rhodesischen Wahlen ausgehen mögen, der Staatspräsident Moçambiques möge ihnen jetzt versprechen und garantieren, daß er das Resultat anerkennen und sich der neuen Regierung von Zimbabwe gegenüber positiv verhalten würde. Mit anderen Worten: sollte

Machels Verbündeter, Robert Mugabe, geschlagen werden, dürfe Machel es ihm nicht gestatten, den Guerillakrieg von Moçambique aus fortzusetzen.

Walls und Flower hatten für diese Zusage etwas anzubieten: auch sie würden das Wahlresultat voll respektieren. Sollte Mugabe siegen, würde es keinen Putsch der rhodesischen Armee geben. Diese Armee würde sich hinter die neue Regierung stellen, auch hinter Mugabe.

Am 26. Februar begann eine der größten und interessantesten internationalen Aktionen, die die Welt je gesehen hat. Auf dem Flugplatz von Salisbury war eine riesige Flotte kleiner und mittlerer Flugzeuge zusammengezogen worden, aus den USA, aus Kanada, aus England, aus Australien. Sie wurden mit Hunderten zusammenfaltbaren Wahlzellen und Wahlurnen beladen, dazu mit ebenso vielen Spezialapparaten, die imstande waren, eine an sich unsichtbare chemische Substanz durch ultraviolette Bestrahlung sichtbar zu machen. Es war die einzige Möglichkeit in einem Land ohne Wahlregister, zu verhindern, daß Wähler zweimal zur Wahl gingen: Ihre Hände wurden nach der Stimmabgabe mit der Substanz markiert, jeder Wähler mußte vor der Stimmabgabe seine Hände in den Ultraviolett-Apparat stecken.

Die Flugzeuge schwärmten aus und brachten innerhalb eines Tages die Wahlzellen, die Urnen, die Kontrollapparate bis in die entferntesten Winkel des Landes. Mit den Stationen aber wurden auch britische, kanadische und australische Polizisten ausgeladen. In der Uniform britischer Bobbies bezogen sie vor den neuerrichteten Wahlstationen Posten. Ihr Auftrag: die Wahlurnen nicht einen Augenblick aus den Augen zu lassen, neben den Wahlurnen zu schlafen und sie dann sicher zu den zentralen Zählstellen zu bringen.

General Walls hatte für den Tag vor der Wahl alle Reservisten einberufen, alle Hilfspolizisten in die Kasernen befohlen. Als am nächsten Morgen um 7 Uhr die Wahllokale öffneten, hatten Armee und Polizei alle strategischen Punkte Zimbabwes besetzt, patrouillierten sie durch Städte und Dörfer und waren vor den großen Sammellagern der Guerillas mit Kanonen und Panzern aufgefahren. Es war klar verstanden worden, und alle politischen Führer hatten dem zugestimmt: Während der Wahltage werde es niemandem erlaubt sein, die Lager zu verlassen und die Wähler einzuschüchtern. Wieviel Einschüchterung es auch während des Wahlkampfes gegeben hatte, an den Wahltagen war das Land so fest in der Hand der alten rhodesischen Sicherheitsstreitkräfte wie nie zuvor in den letzten zehn Jahren.

Am Abend des 3. März fuhr vor dem Haus, in dem Mugabe sein Quartier aufgeschlagen hatte, ein Wagen vor. Der späte Besucher war General Walls. Die Todfeinde der letzten Jahre standen einander gegenüber. Beide wußten, was die Bevölkerung erst am nächsten Tag erfahren würde. Die Unterredung zwischen Mugabe und Walls war kurz, aber sensationell. Walls zu Mugabe: „Es wird keinen Putsch geben, die Armee wird hinter Ihnen stehen." Mugabe zu Walls: „Und Sie werden ihr Oberbefehlshaber bleiben." Doch davon wußten an diesem Abend die weißen Bürger des Landes nichts. Sie warteten mit zunehmender Unruhe auf das Resultat der Wahlen.

War die Nachricht aus den Zählstellen vorzeitig durchgesickert? Der 4. März war ein Dienstag, man ging zur Arbeit, man ging zur Schule. Aber in den weißen Schulen kamen zahlreiche Kinder nicht nur mit ihrem normalen Schulranzen an, sie brachten kleine Koffer mit, ihr Fluchtgepäck. Fluchtgepäck befand sich auch in den Autos vieler Weißer, die an diesem Morgen zur Arbeit fuhren. Die Anzeigenabteilungen der Zeitungen wurden überflutet: Hunderte Weiße offerierten ihre Häuser und Farmen zu Spottpreisen. In den Ministerien reichten Hunderte Beamte ihren Rücktritt ein.

Mugabes Konzept der Versöhnung

Das Schlimmste war geschehen: Der vermutlich rachedurstigere der beiden Guerillaführer, Robert Mugabe, hatte gesiegt. Nicht nur gesiegt. Von den 80 schwarzen Parlamentssitzen waren 57 an seine ZANU gefallen, nur 20 an Nkomos ZAPU und drei an Bischof Muzorewa. Tausende Schwarze aber zogen singend und jubelnd zuerst durch die Straßen der schwarzen Townships, dann durch die weißen Städte, tanzten auf den Straßen, feierten auf den Plätzen. Nach den Abendnachrichten im Fernsehen erschien die allen Fernsehern seit Jahren bekannte weiße Ansagerin im Bild. Mit gepreßten Lippen kündigte sie die nächste Sendung an: „Meine Damen und Herren, Genosse Robert Mugabe."

Was Mugabe nun den Menschen in Zimbabwe sagte, kam für alle, für die Weißen ebenso wie für die Schwarzen, als Überraschung: „Wir freuen uns über den Sieg. Wir werden unsere Mehrheit jedoch nicht dazu gebrauchen, die Minderheit zu unterdrücken. Wir garantieren jedem im Lande, einerlei, in wessen Lager er stand, einerlei, welche Hautfarbe er hat, Sicherheit und Lebensunterhalt. Wir wollen auch nicht allein regieren. Wir werden eine große Koalition bilden. Wir werden nicht nur Nkomo, sondern auch die Weißen des Landes einladen, sich an dieser Koalition zu beteiligen. Wir haben nicht die Absicht, nun über Nacht alles zu verstaatlichen. Wir haben auch nicht die Absicht, die Farmen zu enteignen. Wir haben nicht die Absicht, die Beamten zu vertreiben. Im Gegenteil, wir garantieren jedermanns Eigentumsrechte, wir garantieren alle Arbeitsplätze, wir garantieren die Gehälter und die jetzigen und künftigen Pensionen. Wir fordern alle auf, so wie bisher weiterzuarbeiten, aber von nun an gemeinsam ein neues, wirtschaftlich starkes und vor allem friedliches Zimbabwe zu schaffen." Mugabe schloß mit den Worten: „Laßt uns vergeben und laßt uns vergessen. Laßt uns alle die Hände reichen zu einer neuen Freundschaft in einer neuen Nation."

Am nächsten Morgen war General Walls vom designierten neuen Ministerpräsidenten Zimbabwes, Robert Mugabe, als Oberbefehlshaber der Armee bestätigt. Die Weißen luden ihr Fluchtgepäck wieder aus, zogen ihre Rücktrittsschreiben zurück, annullierten ihre Inserate in den Zeitungen. Zumindest die meisten von ihnen.

Am 17. April 1980 wurde im großen Sportstadion von Salisbury Zimbabwe feierlich für unabhängig erklärt. Als Vertreter der englischen Königin gab Prinz Charles den Befehl zum Einholen der britischen Fahne, es war der letzte Union Jack, der in Afrika eingeholt wurde. Die neue Fahne Zimbabwes wurde gehißt: Grün-Gold-Rot und Schwarz, in Streifen, ein weißer Winkel mit einem Vogel, dahinter ein roter Stern. Grün – für das Land, Gold – für dessen Mineralien, Rot – für die Revolution, Schwarz – für die Menschen, der Vogel – das in den Ruinen von Zimbabwe aufgefundene Wappentier eines schwarzen Königreichs, das vor tausend Jahren existierte. Der Vogel verdeckt den roten Stern, aber es ist ein Sowjetstern. Vergangenheit und – Zukunft?

Vor dem großen Flaggenmast im Zentrum des Stadions waren Truppen aufmarschiert: ein Bataillon der ZANLA, Mugabes Partisanen, in ihren Tarnuniformen, die chinesischen Maschinenpistolen fest im Griff. Dahinter ein Bataillon der ZIPRA, Nkomos Partisanen. Auch sie in Tarnuniformen, die sowjetischen Kalaschnikows unter der Schulter. Und hinter den beiden ein Bataillon der alten rhodesischen Armee, für viele der ausländischen Staatsdelegationen

330

auch eine Überraschung: denn dieses Bataillon wurde von weißen und schwarzen Offizieren geführt, und in seinen Reihen standen schwarze und weiße Soldaten Schulter an Schulter. 80 Prozent dieser rhodesischen Armee bestanden immer schon aus Schwarzen. Und seit Kriegsbeginn wurden Schwarze auch zu Offizieren befördert. In den sieben Jahren des Krieges haben sie sich bis zu den Leutnants und Hauptmannsrängen hochgedient. Alles darüber war weiß, also auch der gesamte Generalstab. Nun war dieser Generalstab auf das neue Zimbabwe vereidigt, zur Loyalität gegenüber der schwarzen Regierung Mugabes verpflichtet.

In seiner Ansprache bei dieser Kundgebung forderte Mugabe die Weißen des Landes noch einmal auf, zu bleiben und dem neuen Zimbabwe zu dienen. Aus dem schwarzen Guerillaführer war ein Staatsmann geworden.

Mugabe hat sieben Jahre im Exil verbracht. Er hat dabei alle schwarzen Nachbarstaaten Zimbabwes kennengelernt. Er hatte Gelegenheit, die dortigen Regierungssysteme, Gesellschaftsordnungen und Wirtschaftsstrukturen zu studieren. In Tansania etwa den Versuch Präsident Nyereres, einen spezifisch afrikanischen Sozialismus zu entwickeln. Die Resultate sind nicht überzeugend. In Sambia ging Präsident Kaunda sozusagen den normalen Weg des afrikanischen Nationalismus: langsame, aber unaufhaltsame Übernahme der Farmen, Betriebe und Geschäfte der Weißen durch die Schwarzen; Besetzung des Staatsapparats durch politische Gefolgsleute und deren Verwandte; Ausschaltung der politischen Kontrolle durch Abschaffung des Mehrparteienstaates und der parlamentarischen Demokratie. Das Resultat ist der Niedergang der Staatsverwaltung, der Zusammenbruch weiter Teile der Wirtschaft, die zunehmende Abhängigkeit von ausländischer Hilfe und ausländischen Lebensmittelimporten.

Das krasseste Beispiel aber erlebte Mugabe in dem Land, in dem er selbst Asyl fand, in Moçambique. Dort waren die Frelimo und ihr Führer Samora Machel mit fast der gleichen revolutionären Zielsetzung angetreten, von der Mugabes ursprüngliche Programme bestimmt waren: Ablöse des weißen Regimes durch eine schwarze Regierung, Abschaffung des kapitalistischen Systems und seine Ersetzung durch einen Sozialismus kommunistischer Prägung, orientiert an den Mustern Sowjetunion, China, Kuba, Verstaatlichung von Grund und Boden und aller Produktionsmittel, also automatische Enteignung fast aller Weißen und damit praktisch deren Vertreibung. Moçambique konnte sich noch im letzten

Kriegsjahr nach zehnjährigem Aderlaß und der Zerstörung des halben Landes selbst ernähren. Heute würde Moçambique verhungern, würde es nicht Lebensmittel aus anderen Ländern, vor allem aus Südafrika einführen. Es könnte für diese Lebensmittel nicht bezahlen, würde ihm Südafrika nicht den elektrischen Strom von Cabora Bassa abkaufen, würden nicht Arbeiter aus Moçambique durch die Löhne, die sie in südafrikanischen Bergwerken verdienen, Devisen hereinbringen und würde Südafrika nicht für die Benützung des Hafens von Maputo in Gold bezahlen. Das wirtschaftliche Los der Bevölkerung hat sich durch die Unabhängigkeit nicht verbessert, sondern ist von Jahr zu Jahr schlechter geworden.

Drüben in Angola sieht es nicht anders aus. Aber dort kann man wenigstens auf ständige Deviseneinnahmen zählen, auf die Dollar, die die amerikanische Gulf-Oil-Company der angolanischen Regierung dafür bezahlt, daß sie Angolas Ölfelder ausbeuten darf.

Mugabe hat begriffen, daß dies alles auch von großer politischer Bedeutung ist und seine starken Rückwirkungen auf das größte Problem hat, mit dem Afrika zur Zeit noch ringt – auf das Problem Südafrika und was in Zukunft daraus werden soll. Solange die Weißen dort darauf verweisen können, daß afrikanische Staaten unter schwarzafrikanischer Führung das Los ihrer Bevölkerung nicht verbessern könnten, wirtschaftlich nicht, weil sie nicht über Fachkräfte verfügten, die die von den Weißen aufgebauten Industrien und Landwirtschaften übernehmen und effektvoll leiten könnten, aber selbst politisch nicht, weil sie die errungene Freiheit und Gleichberechtigung durch zunehmend undemokratische, ja diktatorische Regimes wieder einengten, solange solche Argumente stimmen, werde Südafrika sein Regime zumindest vor den eigenen Leuten immer rechtfertigen können. Und wahrscheinlich auch vor der Welt, selbst wenn diese das nicht zugibt.

Mugabe hat seine erste Regierung dementsprechend zusammengesetzt. Die Mehrheit seiner Minister gehört seiner eigenen Partei, der ZANU, an; vier Minister kommen aus der ZAPU, unter ihnen auch Joshua Nkomo selbst. Zwei Ministerien aber hat Mugabe an Weiße vergeben. Es sind zwei Schlüsselministerien. Das Ministerium für Handel und Industrie ging an David Colville Smith, Führungsmitglied der Rhodesian Front des Ian Smith und in den früheren Smith-Regierungen schon Minister für Landwirtschaft, danach für Finanzen und eine Zeitlang sogar unter Ian Smith vertretender Ministerpräsident. David Colville Smith diente auch der Regierung Muzorewa als Finanzminister. In der Lancaster-

House-Konferenz verhandelte er im Namen der Muzorewa-Regierung. Denis Norman ist der zweite weiße Minister im Mugabe-Kabinett. Bis zur Wahl war er Präsident der „Commercial Farmer's Union", also der oberste Standesvertreter der weißen Farmer in Zimbabwe. Mugabe hat ihn zum Minister für Landwirtschaft gemacht.

Es ist eindeutig, was Mugabe mit dieser Politik der Versöhnung und mit der Zusammenarbeit von Schwarzen und Weißen bezweckte. Der von den Weißen aufgebaute Staatsapparat sollte intakt bleiben. Es war ein vorbildlicher Apparat, in bester britischer Beamtentradition erzogen, äußerst sparsam, unbestechlich, effizient und korrekt. In der Tradition britischen Beamtentums auch unpolitisch und der jeweiligen Regierung ergeben. Beamte dieser Sorte lassen sich nicht von heute auf morgen ersetzen. Ihre Nachfolger müssen über viele Jahre herangezogen werden. Daß sich die neue schwarze Regierung aber auf diesen langsamen Prozeß überhaupt einlassen konnte, dafür hatten die Rhodesier selbst gesorgt: Die Rassenschranken innerhalb des Beamtentums waren bereits in den sechziger Jahren gefallen, in der Staatsverwaltung wuchs schon seit damals ein schwarzes Beamtentum mit. Man beachte den Unterschied zu Südafrika.

Das Hauptproblem aller schwarzafrikanischen Staaten aber ist die Landverteilung, ist die Ernährung der Bevölkerung. Wo immer es weiße Farmer gibt oder gegeben hat, war das Land in der Regel höchst ungerecht aufgeteilt. Auch in Zimbabwe ist das so. Wie schon berichtet, haben sich 40 Prozent des Landes, und zwar seine fruchtbarsten Landstriche, die Weißen angeeignet. 60 Prozent blieben den Schwarzen. Dieses Verhältnis ist an sich ungleich besser als die 87 zu 13 Prozent in Südafrika. Dennoch: Die 40 Prozent „weißes Land" sind auf insgesamt nur 5 300 weiße Farmer aufgeteilt. Genauso groß, nämlich ebenfalls 40 Prozent des Bodens, sind die Ländereien, die von 800 000 schwarzen Bauern bearbeitet werden. Es liegt auf der Hand, daß jede schwarze revolutionäre Bewegung die Enteignung dieses weißen Farmlandes auf ihre Fahnen schreiben muß, daß sie ihren Anhängern die Verteilung dieses Landes zu versprechen hat; oder zumindest die Umwandlung der Farmen in Genossenschaften. Es zeugt von Mut, daß Robert Mugabe dieses auch von ihm verkündete Revolutionsziel am Tag seines Regierungsantritts in weite Ferne gerückt hat.

Mugabe wußte, was er tat. Diese 5 300 weißen Farmer in Rhodesien sind hochspezialisierte Fachleute. Sie leiten ihre Riesenfarmen wie große Industriebetriebe. Auf den weißen Farmen werden rund 300 000 schwarze Landarbeiter beschäftigt. Sie verdienen dort nicht nur ihren Lebensunterhalt, sie wohnen auch auf den weißen Farmen, und zwar mit ihren Familien. Insgesamt werden von diesen Farmen solcherart 1,6 Millionen Menschen behaust und ernährt. Die weiße Landwirtschaft ist daher mit Abstand der größte Arbeitgeber Zimbabwes. Und sie ist auch der größte Devisenbringer des Landes. In guten Erntejahren erzeugt diese Landwirtschaft rund zwei Millionen Tonnen Mais. Der Eigenbedarf Zimbabwes zur Ernährung seiner 7,2 Millionen Bürger beträgt in den achtziger Jahren im Schnitt 750 000 Tonnen Mais, das Grundnahrungsmittel der schwarzen Bevölkerung. Zimbabwe konnte also über eine Million Tonnen Mais exportieren, und in allen seinen schwarzafrikanischen Nachbarstaaten herrscht Hunger. Eine Enteignung des Bodens und eine Vertreibung der weißen Farmer hätte höchstwahrscheinlich bald zur Folge, daß auch in Zimbabwe Hunger herrschte.

Das heißt nicht, daß Mugabe eine Neuverteilung des Bodens in Zimbabwe für immer ausschließt. Er wird wohl die Versprechen der Revolution eines Tages erfüllen müssen; er kann seine Anhänger nur ersuchen, ihm mit dieser Erfüllung Zeit zu lassen. Wie im Staatsapparat so sieht Mugabe auch in der Landwirtschaft nicht die Ersetzung der Weißen durch die Schwarzen, sondern das Heranwachsen der Schwarzen neben den Weißen vor. Vor dem Krieg gab es über 6 500 weiße Farmer in Rhodesien. 1 200 von ihnen sind durch den Krieg getötet oder vertrieben worden, oder sie haben das Land freiwillig verlassen. Mugabe ließ deren Farmen aufkaufen. Das wurde ihm allerdings leicht gemacht, da sich die britische Regierung im Lancaster House verpflichtet hat, Zimbabwe gerade für diesen Zweck viele Jahre hindurch Hilfsgelder zur Verfügung zu stellen. Mugabe unterstellte das von Weißen erworbene Land jedoch keiner fixen politischen Doktrin: In den meisten Fällen wird es einfach an die bestehenden Tribal Trust Lands angeschlossen und der dort nach wie vor geltenden Praxis unterworfen, daß alles Land dem gesamten Stamm gehört, vom Häuptling verwaltet und den einzelnen Familien zur Bearbeitung und Nutzung zugeteilt wird.

Auf einzelnen von der Regierung erworbenen Farmen werden Mustergenossenschaften eingerichtet. Eine habe ich besucht. Die schwarzen Genossenschaftsmitglieder waren an diesem Tag gerade zu einem Lehrkurs zusammengerufen. Aus Salisbury war ein Instruktorenteam eingetroffen. Es hatte ein Videogerät samt TV-Gerät mitgebracht, eine Reihe von Werkzeugen, Säcke mit Saatgut und Dünger und einfache Maschinen. Über das Videogerät wurden Filme abgespielt, die die Anwendung der Werkzeuge, des Saatguts und des Düngers in allen Details demonstrierten. Nach jedem Filmabschnitt wurden den schwarzen Bauern die soeben gesehenen Werkzeuge in die Hand gedrückt, und unter der Anleitung der Instruktoren begannen sie den Film in der Praxis nachzuspielen. Alle Instruktoren waren Weiße, Angehörige des vom weißen Minister Denis Norman geleiteten Landwirtschaftsministeriums.

Anderntags besuchte ich einen der großen weißen Farmer Zimbabwes, John Laurie. Auf seiner Farm werden neben Mais vor allem Tabak und Baumwolle angebaut. Rund 500 Schwarze leben auf seiner Farm. Nach der bisher üblichen Art hat Laurie für alle ihre Bedürfnisse zu sorgen, er baute das Dorf komplett mit Schule, Kirche und Bierhalle, er hat die Versorgung mit Lebensmitteln und Konsumgütern sicherzustellen. Er verpflichtet auch den Lehrer und sorgt für die Sonntagsbesuche des Pfarrers.

Es ist Laurie völlig klar, daß die Regierung mit der Zeit dieses System ändern wird. Die Schule wird eines Tages staatlich und der Lehrer vom Staat bestellt sein. Statt der Sachleistungen wird der weiße Farmer höhere Löhne zu zahlen haben. Laurie meint die Schwarzen würden eines Tages gute Farmer sein. Daran glaubt er nicht nur, dazu will er selbst beitragen. Im angrenzenden Tribal Trust Land hat Laurie eine schwarze Bauerngenossenschaft gegründet und unter seine Fittiche genommen. Er spricht die Stammessprache der Schwarzen, und er lehrt sie, wie sie zu pflügen, zu düngen, zu säen und den Boden zu pflegen haben. Das Landwirtschaftsministerium stellt jedem der Genossenschaftsbauern ein Paket mit Werkzeugen, Saatgut, Dünger und Sprühmitteln kostenlos zur Verfügung. Überall im Land versucht man, Kurse dieser Art in Gang zu bringen. Die weißen Farmer sind aufgerufen, sich an der Schulung zu beteiligen, und viele folgen diesem Ruf.

Zimbabwe ist in 55 Distrikte eingeteilt. Sie werden von Distriktskommissaren verwaltet. Das ist das alte britische Verwaltungssystem, wie es in allen britischen Kolonien angewendet worden ist. Der Distriktskommissar, seinerzeit und auch oft noch heute von den zentralen Regierungsbehörden weit entfernt, hat die Entscheidungen rasch selbst zu fällen. Er ist damit innerhalb seines Distrikts oberste politische und verwaltungsmäßige Behörde, der höchste Repräsentant der Regierung, aber auch der Verwaltung des Staates. Im Distrikt ist ihm alles unterstellt – die Schulen, die Kliniken, die öffentlichen Arbeiten, die Forstverwaltung, der Naturschutz, das

Handelsrecht, die Polizei und auch die Gerichte, selbst wenn sie unabhängige Richter haben.

Die 55 Distriktskommissare Zimbabwes waren bis zum Regierungsantritt Mugabes ausnahmslose Weiße. Die Regierung Mugabe hat alle 55 in ihrem Amt bestätigt. Sie hat sie gleichzeitig beauftragt, in jedem Distrikt eine Bestandsaufnahme der zerstörten Schulen, Kliniken und aller anderen vom Krieg in Mitleidenschaft gezogenen Einrichtungen durchzuführen, den benötigten Sach-, Personal- und Geldaufwand für den Wiederaufbau zu erheben, die notwendigen Anforderungen an den Staat zu stellen und alle Kräfte im Distrikt für den Wiederaufbau zu organisieren.

Mit wenigen Ausnahmen haben sich die Distriktskommissare dieser Aufgabe sofort unterzogen. Ich habe mit mehreren von ihnen gesprochen. Einer dieser ganz besonderen Art des allumfassenden Verwaltungsbeamten, Peter Lombard, hatte seinen Posten gekündigt und ein anderes Angebot angenommen: Die große Farmervereinigung hatte ihn gebeten, ein von ihr neu eingerichtetes landesweites Organisationsbüro zu übernehmen. Dieses Büro will die vorhin geschilderte Zusammenarbeit zwischen weißen Farmern und schwarzen Bauern institutionalisieren und darauf einen umfassenden organisierten Lehrprozeß für Tausende schwarze Bauern machen.

Die Distriktskommissare waren zwar gebeten worden, auf ihren Posten zu bleiben, aber Mugabe hat sie unter schwarze Kontrolle gestellt. Die Regierung hat in den einzelnen Distrikten Wahlen abhalten lassen, aus denen jeweils ein sogenannter Distriktsrat hervorging. Die in den Rat gewählten Delegierten wählen aus ihren Reihen einen politischen Kommissar. Der Distriktskommissar ist aufgefordert, mit diesem politischen Kommissar eng zusammenzuarbeiten. Im Klartext heißt das, daß der schwarze politische Kommissar den weißen Distriktskommissar kontrolliert. Die Distriktskommissare, mit denen ich über das neue System sprach, waren nicht gerade glücklich, daß ihnen ein politischer Kommissar über die Schulter schaut. Doch fürs erste hatten sie mit diesen Kommissaren keine großen Schwierigkeiten. Sie seien, so wurde mir erklärt, immer noch Lernende, wozu sie sich entpuppen, wenn sie einmal glauben, alles gelernt zu haben, sei eine andere Frage, meinten die Distriktskommissare mit einiger Skepsis.

Die in den Distrikten zu bewältigenden Aufgaben erfordern den ganzen Einsatz nicht nur der Distriktskommissare und ihres Apparats, sondern tatsächlich der gesamten Bevölkerung. Wie schon berichtet, sind durch den Krieg 1,2 Millionen Menschen entwurzelt worden. Sie wurden entweder von den Regierungstruppen in militärisch geschützte Zonen umgesiedelt, oder sie flohen vor den Zerstörungen und der Lebensbedrohung in die Townships der Städte oder über die Grenzen der Nachbarländer. Sie alle müssen wieder angesiedelt werden, oder sie werden die Townships überfluten, werden diese in Slums verwandeln, in denen Kriminalität und politische Unzufriedenheit rasch anwachsen könnten. Um diese Menschen wieder in ihre Dörfer zurückzubringen oder sie, die als Kinder geflohen sind, wieder an ein Leben auf dem Lande zu gewöhnen, müssen die Tribal Trust Lands zunächst wieder bewohnbar und wirtschaftlich nutzbar gemacht werden. Dörfer, Schulen, Kliniken, Einkaufsläden und die Häuser selbst sind aufzubauen, neue Rinderherden sind zu züchten, Pflegestationen für diese Rinder einzurichten. Von der sogenannten „afrikanischen Herde", also dem der schwarzen Bevölkerung gehörenden Rinderbestand, sind durch Kriegseinwirkung über eine Million Stück Vieh zugrunde gegangen.

Es ist ein Wettlauf der Regierung mit der Zeit. Denn je länger die Flüchtlinge in den Lagern und Townships verbleiben, desto schneller wächst die Opposition dieser Massen gegen eine Regierung, die sie beschuldigen, sich mehr um das Wohlergehen der Weißen als das der Schwarzen zu kümmern. Die Ansiedlung, die Beschäftigung, die Ernährung der Menschen ist, ganz abgesehen von dem spezifischen Flüchtlingsproblem, die größte und wachsende Sorge der Regierung. Mit der zweithöchsten Geburtenrate der Welt verdoppelt sich die Bevölkerung Zimbabwes etwa alle 20 Jahre. 1980 waren es 7,5 Millionen Einwohner, im Jahr 2000 werden es 15 Millionen sein, im Jahr 2020 rechnet man mit 30 Millionen.

Die Regierung wird versuchen, durch Aufklärungskampagnen eine wirksame Geburtenkontrolle einzuführen. Leicht wird das nicht sein. Geburtenkontrolle widerspricht den Stammestraditionen. Und sie widerspricht auch den bisherigen politischen Parolen des afrikanischen Nationalismus, die die Geburtenkontrolle als Instrument der Weißen bezeichnet hatten, das die Anzahl der Schwarzen reduzieren sollte, um die weiße Vorherrschaft sicherzustellen. So muß die Regierung Mugabe wie jede andere schwarze Regierung in Afrika damit rechnen, daß die Bevölkerung noch viele Jahre lang rasch zunehmen wird. Und das heißt, Arbeitsplätze zu schaffen.

Auch diesbezüglich trat die schwarze Regierung in Zimbabwe ein gutes Erbe an. Ich habe eines der größten Kaufhäuser in Salisbury,

Greatermans, besucht. Der Leiter des Hauses führte mich von Abteilung zu Abteilung, von Stockwerk zu Stockwerk. Es war in diesem Kaufhaus so ziemlich alles zu erhalten, was in den gutsortierten Warenhäusern Westeuropas zu finden ist. Am Ende dieser Besichtigungstour überraschte mich der Manager mit der Feststellung: „99 Prozent aller Waren, die Sie gesehen haben, sind in Zimbabwe hergestellt." Wir standen gerade vor den Regalen mit den Weinen und Schnäpsen. Lächelnd zeigte ich auf deren Etiketten: Campari, Cinzano, Napoleon, Courvoisier, Smirnow, Gordon's Gin, Beefeater und so fort. Lächelnd führte mich der Manager an die Flaschen heran und zeigte auf die kleinen Inschriften am unteren Ende der Etiketten: Destilled in Bulawayo, Salisbury, Umtali. „Für den Gebrauch der Markennamen zahlen wir Lizenzgebühr."

Am Nachmittag besichtigte ich eine Autofabrik außerhalb von Salisbury. Genaugenommen ein Assemblingwerk. Es war ein Erlebnis für sich. Hier werden Autos verschiedener Marken zusammengebaut: Volkswagen, Renault, Peugeot, Datsun. Aber es gibt für die verschiedenen Typen keine getrennten Fließbänder. Sie werden kunterbunt auf ein und dasselbe Fließband gelegt. So wird ein Renault vor einem Volkswagen und dieser vor einem Datsun montiert, und innerhalb der Marken gibt es auch wieder die verschiedenen Typen und Größen, alle durcheinander. Was ich in diesem Werk zu sehen bekam, ist symptomatisch für Zimbabwes Wirtschaft.

Als die UNO die großen wirtschaftlichen Sanktionen gegen das Rhodesien der Regierung Ian Smith verhängte, konnten die Rhodesier im großen und ganzen zwar noch immer kaufen, was sie wollten, sie mußten sich nur die entsprechenden Blockadebrecher in Südafrika oder im benachbarten portugiesischen Moçambique suchen und die gewünschten Güter über die dortigen Handelshäuser bestellen und einführen. Aber wie gesagt verlangten diese Partner für den Blockadebruch einen kräftigen Aufschlag auf den Preis. War das schon hart, so erfuhr die rhodesische Wirtschaft nun noch einen härteren Schlag: für ihre eigenen Exporte, vor allem Tabak, Baumwolle und Mineralien aller Art, bekam sie nur noch den halben Preis, denn auch zum Weiterverkauf dieser Waren auf den Weltmärkten mußte man sich der südafrikanischen Blockadebrecher bedienen. Und diese machten die Preise, wie sie wollten. Zu guter Letzt blieben bei zunehmenden Kampfhandlungen auch noch die Touristen aus. Rhodesien verdiente immer weniger Devisen und mußte sie hauptsächlich für Waffen und Munition ausgeben, die es ebenfalls nur mit entsprechendem Blockadeaufschlag erstehen konnte.

So startete das Land eine umfassende Industrialisierungskampagne. Die Regierung forderte ihre Geschäftsleute auf, alles, was sich im Lande selbst erzeugen ließe, müsse hier auch erzeugt werden. Hunderte Betriebe wurden gegründet und auf die abenteuerlichste Art mit Maschinen ausgestattet. Maßstab war nicht, was nach modernsten Erkenntnissen rational und richtig gewesen wäre, sondern was man ergattern und bezahlen konnte.

Es ist unglaublich, was die Rhodesier auf diesem Gebiet geleistet haben, wenn auch nicht alle Produkte höchsten Qualitätsansprüchen gerecht werden. Und in den Fabriken selbst sehnen sich die Manager nach Maschinen moderner Bauart. Aber gerade diese unrationelle Art der Erzeugung gab auch mehr Menschen Arbeitsplätze. Man ist klug genug, das zu sehen, und nimmt sich vor, selbst wenn das Land eines Tages über genügend Devisen verfügen sollte, nicht die rationellsten Maschinen anzukaufen, sondern zu versuchen, bei arbeitsintensiven Prozessen zu bleiben.

Heute ist die Industrie Zimbabwes der zweitgrößte Arbeitgeber des Landes, ja, sie ist gerade dabei, die Landwirtschaft auf diesem Gebiet einzuholen, was für einen afrikanischen Staat einen sehr hohen Grad der Industrialisierung anzeigt. Nicht nur das. Es gab in Rhodesien nie so viele Weiße, daß sie imstande gewesen wären, alle wichtigen Jobs in diesen Hunderten neuen Fabriken selbst zu übernehmen. Zwar wurden alle Spitzenpositionen von Weißen besetzt, aber eine Arbeitsplatzreservierung irgendwelcher Art konnte man sich nicht leisten, auch wenn einige Extremisten der Rhodesischen Front gerne auf ein solches südafrikanisches Muster zugesteuert wären. Sollten die Fabriken funktionieren und maximal produzieren, so mußte man viele Schwarze zu qualifizierten Arbeitern heranbilden, und zwar rasch. Das war wieder nur möglich, wenn man ihnen eine gute Ausbildung gab und gut ausgebildete Kräfte forderten nicht nur gute Löhne, sondern auch die Zulassung von Gewerkschaften. Das schwarze Gewerkschaftswesen in Zimbabwe ist daher recht gut entwickelt, wenn es sich auch in früheren Jahren – die ja Kriegsjahre waren – den Forderungen der Regierung oft angepaßt hat. Dafür brachten die Gewerkschaften dem neuen Ministerpräsidenten Mugabe ein wertvolles Einstandsgeschenk dar: sie verzichteten, wie sie sagten, „bis zum Abschluß des Wiederaufbaus" auf ihr Streikrecht.

Der Enthusiasmus von damals ist abgeebbt. Der Wiederaufbau

Zimbabwes ist noch lange nicht vollendet, aber schon 1983 kam es zu den ersten großen Streikwellen. Die Unzufriedenheit der breiten schwarzen Massen mit der allzu langsamen Verbesserung ihrer Lebensbedingungen, ja auf manchen Gebieten mit deren Verschlechterung, kam in diesen Proteststreiks zum Ausdruck.

Die Mugabe-Regierung hat zwar eine viel breitere industrielle Basis geerbt als die meisten anderen afrikanischen Regierungen, aber zu ihrem Erbe gehörten auch andere Folgen des langjährigen Bürgerkrieges und der Isolation Rhodesiens. Rhodesiens Fabriken wurden gebaut, um den wirtschaftlichen Sanktionen, die gegen das weiße Regime verhängt worden waren, zu trotzen. Diese Sanktionen sind mit der Amtsübergabe an Dr. Mugabe aufgehoben worden. Zimbabwe könnte nun kaufen, was es sich leisten kann. Viel kann es sich jedoch nicht leisten. Denn durch die Blockade sind auch die Märkte für seine eigenen Produkte zerstört worden. Es muß diese Märkte erst wieder aufbauen. Das ist nicht leicht, und dazu bedarf es viel Zeit.

Auch die Touristengebiete in Zimbabwe müssen erst wiederhergestellt, zum Teil neu entwickelt werden. Einige der Hotels wurden von den Guerillas zerstört, und gar so viele hat es auch vorher nicht gegeben. Bis dies alles wieder steht und entwickelt ist, herrscht in Zimbabwe weiterhin Devisenmangel. So hält die Regierung Mugabe an der strengen Devisenbewirtschaftung fest, die die Regierung Ian Smith eingeführt hat. Die Direktoren in der Nationalbank und die Beamten im Finanzministerium, die für die Finanzen Zimbabwes verantwortlich sind, sind auch noch die gleichen.

Hingegen ist der Finanzminister einer der engsten Vertrauten Mugabes aus der Guerillazeit, Enos Mzombi Nkala, vormals Finanzkommissar der ZANU. Immer wieder ist es das gleiche Muster: die schwarze Regierung läßt die weißen Strukturen intakt, läßt die weißen Experten in ihren Positionen. Aber sie zieht überall ihre eigene politische Kontrolle ein. Nirgends besteht Zweifel daran, wer in dem Land heute das Sagen hat. Das aber bedingt nahezu automatisch das Anwachsen von Unzufriedenheit und Opposition an beiden extremen Enden.

Zimbabwe zwischen Weiß und Schwarz

An einem Ende kommt Opposition von den Weißen, genauer gesagt einem Teil der Weißen. Zwar sind zunächst die meisten hohen Beamtenposten mit Weißen besetzt geblieben, und anfangs saßen sogar noch weiße Sekretärinnen in den Vorzimmern schwarzer Minister. Aber zunehmend sind diese Minister unter den Druck ihrer eigenen Anhänger und Wähler geraten. Der fachmännische Ratschlag weißer Beamter wird solcherart immer weniger beachtet, das Wohl des Landes immer öfter den unmittelbaren politischen Erfordernissen hintangestellt. Im Zweikampf mit dem Minister verlieren die weißen Beamten immer häufiger, und dort, wo sie dem Minister mit ihrem Rat oder ihren Vorhalten unangenehm werden, verlieren sie auch ihre Posten. Was immer mehr Weiße zu der Prophezeiung veranlaßt: Von nun an geht's bergab, die Standards schmelzen dahin. Und im logischen Schluß weiter: Doch ohne uns, bei nächster Gelegenheit gehen wir. Manche gehen schon jetzt. Seit Mugabes Amtsübernahme haben ziemlich regelmäßig rund tausend Weiße pro Monat das Land verlassen.

Genau das wollte Mugabe mit seiner konzilianten Haltung gegenüber den Weißen verhindern. Und das ist auch von allen anderen Standpunkten aus bedauerlich, denn dies bringt die Wirtschaft und die Verwaltung in Bedrängnis. Von früher 3 500 weißen Mechanikern waren ein Jahr nach der Amtsübernahme der schwarzen Regierung nur noch 1 200 im Lande. Mechaniker sind keine Beamten. Sie haben keine neuen schwarzen Vorgesetzten. Nichts an den neuen Gesetzen des Staates hat sie selbst in irgendeiner Form eingeschränkt. Zu einem guten Teil hat diese Leute ihre eigene bisherige politische Motivation zu dieser Reaktion gebracht. Sie waren es, die den Krieg für ein Rhodesien unter weißer Vorherrschaft führten, sie und ihre Verwandten und Freunde brachten Opfer in diesem Krieg. Ihr Motiv war es, eine schwarze Machtübernahme zu verhindern. Dabei mußten sie sich selbst überzeugen, daß eine solche schwarze Machtübernahme das Land ruinieren und ihr eigenes Leben nicht mehr lebenswert machen würde. Hätten sie in der Annahme unrecht, so hätten sie zehn oder fünfzehn Jahre lang einer falschen Sache gedient und so viele von ihnen ihr Leben lang sinnlos geopfert. Ich habe mit nicht wenigen Weißen gesprochen, die so dachten. Mehr unbewußt als bewußt scheinen sie es nahezu als ihre Pflicht zu erachten, das Wirken der schwarzen Regierung abzulehnen.

Auch unter der Beamtenschaft sind solche Leute nicht selten. Es fällt ihnen nur nicht so leicht wie den Mechanikern, die Zelte abzubrechen und zu gehen. Sie besitzen meist wertvollere Häuser, die sich nicht so leicht verkaufen lassen, und außerdem könnten sie das Geld wegen der bestehenden Devisenbeschränkungen nicht ins Ausland mitnehmen. Vor allem haben sie sich durch viele Jahre Beamtendasein entsprechende Pensionsrechte erwirkt. Südafrikanische Werber offerieren Mechanikerstellen in Massen, für Beamte britischer Herkunft ist in der burischen Verwaltung Südafrikas kaum Platz.

Die abwandernden Weißen ließen sich ersetzen. Ihr Lebensstandard war hoch, ihre Häuser waren schön, das Land ist paradiesisch, das Klima ideal – es wäre keine allzu große Kunst, Ersatz aus den überfüllten, spannungsgeladenen und verschmutzten Städten Europas oder Amerikas nach Zimbabwe zu holen. Doch was ist der Unterschied: Es geht ja nicht nur um fachliches Können, es geht um die Identifizierung der Menschen mit ihrem Land. In anderen afrikanischen Staaten heuert man weiße Kräfte für limitierte Zeiträume an. Die arbeiten zwar, aber im wesentlichen sind sie daran interessiert, zu verdienen und mit dem Ersparten wieder zu gehen. In Zimbabwe waren Schwarze und Weiße immer bereit, dem Land nicht nur ihr Fachwissen, sondern sich selbst zur Verfügung zu stellen. Die Regierung tut daher noch immer viel, um die Weißen zum Verbleib zu bewegen. Aber sie kann für sie keine Ausnahmen mehr vom Prinzip machen. Das hält sie politisch immer weniger aus.

Gerade solche Ausnahmen waren es, die die bisherigen Privilegien der Weißen darstellten. Es gab in Rhodesien nie die strenge Rassentrennung wie in Südafrika. Was an Rassengesetzgebung da war, ist im wesentlichen schon Anfang der sechziger Jahre aufgehoben worden. Aber in einigen Bereichen wurden weiße Privilegien durch verschiedenste gesetzliche Tricks erhalten. Auf zwei Sektoren ganz besonders – im Schulwesen und im Gesundheitsdienst. Man erinnere sich, daß auch in Namibia die schwarze Turnhalle-Regierung diese beiden Gebiete aus ihren Integrationsbestrebungen hatte ausklammern müssen. Während jedoch in Namibia so wie in Südafrika in den Schulen strenge Apartheid-Regeln gelten, hielt man sich in Rhodesien auch im Schul- und im Gesundheitswesen an sanftere Methoden. Auch Eliteschulen lehnten die Aufnahme schwarzer Kinder nicht prinzipiell ab, sie machten Ausnahmen. Aber sie blieben weiße Eliteschulen.

Wie schon berichtet, versuchten die Weißen, diesen Sonderstatus nicht zu verlieren, indem sie noch vor der Amtsübernahme durch Bischof Muzorewa diese Eliteschulen privatisierten. Privatschulen konnte der Staat nicht vorschreiben, wen sie aufzunehmen hätten. Die Regierung Mugabe bringt nun diese Schulen wieder in das allgemeine Unterrichtssystem ein. Der Standard der Schulen soll zwar erhalten bleiben, aber zweifellos wird die Anzahl der schwarzen Schüler stark ansteigen. Was nicht wenige Weiße befürchten läßt, daß sich der Unterricht in Zukunft an den Langsamsten orientieren und die Ausbildung darunter leiden würde.

Auch in Rhodesiens Spitälern war die Rassentrennung subtiler als in Südafrika. Zu einer Zeit, als Salisbury noch Salisbury hieß und Harare die schwarze Township von Salisbury war, gab es in Harare einen großen modernen Krankenhauskomplex. Es bestand keine Notwendigkeit für die Schwarzen, sich in das Arthur-Fleming-Hospital im weißen Villenviertel von Salisbury zu begeben. Außerdem verlangte man dort hohe Tagsätze. Tagsätze, die die Versicherungen der Weißen bezahlten, während die Sozialversicherung der Schwarzen, so sie überhaupt vorhanden war, höchstens die niedrigen Tagsätze des Krankenhauses in Harare deckte.

Die schwarze Regierung beschloß als eine der ersten Maßnahmen, daß alle Krankenhäuser Zimbabwes jedermann unentgeltlich zu behandeln hätten, wenn sein Einkommen 150 Zimbabwe-Dollar pro Monat nicht übersteigt. Das bedeutet, daß die Armen und die Ärmsten der Armen in den bisher vornehmsten und teuersten Krankenhäusern Zimbabwes unentgeltlich aufgenommen und behandelt werden müssen. Der Gesundheitsminister, der dies veranlaßte, gilt als besonders radikal. Und er überwacht die Einhaltung seiner Maßnahmen höchstpersönlich. Er erscheint in den späten Nachtstunden unangemeldet in den Krankenhäusern, geht durch die Krankensäle und sieht darauf, daß es nirgendwo Rassentrennung oder die geringste schlechtere Behandlung von schwarzen Patienten gibt. Da er aber eine solche immer wieder feststellt oder vermutet, hält er den vorwiegend weißen Ärzten und Oberschwestern nächtliche Strafpredigen. Diese sind schon über die zwangsweise Integration nicht sehr glücklich, halten aber die nächtlichen Minister-Visiten für ausgesprochene Schikane. Auch das spricht sich unter den Weißen herum und ist Wasser auf die Mühlen jener, die immer schon einen Zusammenbruch des Landes unter einer schwarzen Regierung vorhergesagt haben. Die Regierung Mugabe aber hat es gegenüber ihrer schwarzen Wählerschaft offenbar nötig, zumindest auf einigen Gebieten zu beweisen, daß sie bei Respektie-

343

rung weißer Positionen zumindest das Gleichheitsprinzip in ihrem neuen Staat durchzusetzen vermag.

Denn was die Weißen als Zumutung und Einbuße empfinden, ist noch immer wenig im Vergleich zu dem, was diese neue schwarze Regierung ihren eigenen Anhängern und der schwarzen Bevölkerung als solcher bis heute schuldig bleiben mußte. Zumindest im Vergleich zu dem, was sie dieser Bevölkerung während des Krieges und im anschließenden Wahlkampf versprochen hat. Nach diesen Versprechen konnten die Schwarzen erwarten, daß man den Weißen das Land wegnehmen und den Schwarzen zuteilen würde, daß die Schwarzen in alle Positionen aufrücken würden, in denen bisher nur Weiße saßen, daß kein Weißer mehr, sei es nun als Beamter oder als Polizeioffizier oder als Firmenchef, Schwarzen Anweisungen geben würde, was sie zu tun und wie sie sich zu verhalten hätten. Die Schwarzen glaubten auch erwarten zu können, daß ihr Lebensstandard rasch gehoben würde, daß sie mehr und möglichst schon bald soviel wie die Weißen verdienen würden, daß sie auch ihre bescheidenen Behausungen in den Townships vielleicht gegen solche eintauschen könnten, die bisher den Weißen vorbehalten blieben.

Von alledem ist zunächst fast nichts geschehen. Im Gegenteil: Lange Zeit war die Regierung bemüht, den Weißen entgegenzukommen, sie zum Verbleiben im Land zu bewegen und ihre Positionen und Rechte zu respektieren. Zumindest sah das in den Augen der meisten Schwarzen so aus. Daß diese Regierung gleichzeitig auch schon die Wege öffnete, die den Schwarzen das Einziehen in weiße Positionen ermöglichen, ist für die Schwarzen ein zu unauffälliger und zu langsamer Prozeß. Daß die noch verbliebenen Weißen auf das politische Kommando der Schwarzen zu hören haben, ist für die normale schwarze Bevölkerung nicht so ohne weiteres erfahrbar und begreifbar. Was sie sieht, sind die Weißen, die immer noch in ihren schönen Häusern wohnen, ihre Autos fahren und offenbar jederzeit Geld von der Bank holen können.

So beschränken sich die auch von den Schwarzen als positiv empfundenen Taten der Regierung im wesentlichen auf drei Sektoren: Der Gesundheitsdienst ist nun für alle offen; alle schwarzen Kinder gehen zur Schule oder werden demnächst zur Schule gehen können, und die Mittelschule wird ein Teil ihrer Pflichtausbildung sein; für alle Schwarzen ist ein Mindestlohn eingeführt worden, der höher liegt, als was bisher auf weißen Farmen und in manchen weißen Betrieben auf der untersten Ebene gezahlt worden ist.

An sich sind das schon drei große Leistungen, wenn auch fraglich ist, woher man auf die Dauer die finanzielle Deckung der rasch wachsenden Kosten auf diesen drei Sektoren nehmen wird. Dazu kommen viele ungelöste Probleme: das schon erwähnte Flüchtlingsproblem, die damit zusammenhängende Übervölkerung in den Townships, die schlechte Unterbringung der Schwarzen, die zunehmende Arbeitslosigkeit, weil nicht genügend Arbeitsplätze so rasch geschaffen werden können, als junge Leute nachwachsen. Dazu kommt eine realistische, aber gerade deshalb politisch höchst gewagte Steuerpolitik der Regierung. Sie hat begriffen, was selbst in wohlhabenden Ländern manchmal noch ein Streitpunkt ist: Bei den wenigen Reichen des Landes ist selbst bei höchsten Steuersätzen nicht genügend Geld zu holen, um die rasch anwachsenden Ausgaben des Staates zu decken. Das große Geld kommt nur herein, wenn man die gesamte Bevölkerung rigoros besteuert. Durch die Erhöhung dieser Steuern wurde etwa der Preis für das bei den Schwarzen beliebte Maisbier über Nacht genau verdoppelt. Wenige Tage später durchstreifte ich die Biergärten der schwarzen Township. Dort war nicht viel Gutes über die Regierung zu hören. Auf dem Heimweg fuhr ich an einer Reihe von Fabriken vorbei, vor deren Toren Menschen in langen Schlangen standen beziehungsweise sich gelagert hatten. Wie sie mir erzählten, kämen sie schon am Abend, um sich frühmorgens als erste um einen Arbeitsplatz bewerben zu können. Aber es waren nicht Hunderte oder auch nur Dutzende Arbeitsplätze ausgeschrieben, sondern nur einige wenige. Hunderte standen jedoch vor dem Fabrikstor, um sich um diese wenigen Plätze zu bewerben.

Die Regierung hielt dem Druck gerade noch stand und ging nicht von ihrer Überzeugung ab: Eine Verstaatlichung der Betriebe würde um keinen Arbeitsplatz mehr erbringen, außer der Staat wolle sich selbst betrügen. Der Staat würde künftig zusätzliche Betriebe errichten, einen verstaatlichten Industriekomplex aufbauen, das würde Arbeitsplätze bringen. Aber das Geld dazu müßten die weißen Farmer und die existierenden weißen Industriebetriebe erst schaffen.

Ich habe Ministerpräsident Mugabe danach gefragt, ob er mit dieser Politik seine ursprünglichen marxistischen Vorstellungen aufgegeben habe. „Grundsätzlich", antwortete er, „ist unser Ziel nach wie vor der Sozialismus. Aber auf dem Weg zu diesem Ziel können wir nicht um die Tatsache herum, daß wir in diesem Land eine kapitalistische Infrastruktur vorgefunden haben. Diese Struktur zu zerstören, würde gleichbedeutend sein mit der Zerstörung aller Grundlagen und Voraussetzungen, jemals den Sozialismus aufbauen zu können."

Auf meine Frage, was er für das größte aller seiner Probleme halte, antwortete Mugabe ohne einen Moment des Zögerns: „Das schwierigste Problem, das wir geerbt haben, sind die drei Armeen, die wir im Lande haben, die ZANLA, die ZIPRA und die alte rhodesische Armee. Wir haben versucht, diese drei Armeen zu integrieren. Das hat zu Schwierigkeiten geführt. Das ist der Grund, weshalb es in Bulawayo zu Zusammenstößen kam. Wir haben die Soldaten der drei Armeen zusammengebracht. Aber da kommen immer wieder ihre alten Loyalitäten hoch. So stehen wir noch vor der großen Aufgabe, in dem Soldaten das notwendige Bewußtsein zu erwecken, ihn dazu zu bringen, seine alten politischen Bindungen abzulegen und statt dessen sich allein zu seinem neuen Staat zu bekennen."

Mugabe sagt es; von allen Problemen, die den jungen Staat plagen, ist das der Armeen sein größtes. Die Guerillas der ZANLA kämpften sieben Jahre lang für Mugabe. Die Guerillas der ZIPRA kämpften ebensolange und länger für Nkomo. Nach dem Waffenstillstand zu Beginn 1980 und zur Sicherung eines fairen Wahlkampfes wurden sie in verschiedenen Teilen Zimbabwes in große Sammellager gebracht. Mit ihren Waffen und unter der Leitung ihrer Offiziere. Die genaue Anzahl dieser Soldaten ist kaum feststellbar. Denn um sie ihr Lagerdasein ertragen zu lassen, hat ihnen die Regierung einen recht ansehnlichen Sold zugesprochen. Kaum aber hatte man begonnen, diesen Sold auch auszuzahlen, wurden die Listen der Bezugsberechtigten immer länger. Die Sammellager erhielten offenbar lebhaften Zuzug.

Statt dessen hätte sich die Regierung genau den umgekehrten Prozeß gewünscht, nämlich daß möglichst viele dieser Soldaten selbst den Wunsch äußern würden, die Uniform abzulegen und ein ziviles Leben zu beginnen. Arbeitsplätze sind jedoch selten. Auch sind die meisten der Guerillas bereits in jüngsten Jahren Krieger geworden und haben nichts anderes gelernt, als Soldaten zu sein. So vertrauten sie dem Versprechen Mugabes beziehungsweise Nkomos, daß sie die künftige Armee und Polizei von Zimbabwe stellen würden. Statt dessen hat diese Regierung nicht nur den weißen Oberkommandierenden der alten Armee zunächst in Amt und Würden belassen, sondern auch den weißen Generalstab und mit ihm die alte rhodesische Armee und Polizei.

Mugabe hat die Armee intakt gelassen, um den Weißen im Land ein verstärktes Gefühl der Sicherheit zu geben. Auch ist zu vermuten, daß er selbst Angst davor hatte, seiner Armee und jener Nkomos, der ZANLA und der ZIPRA, anstelle der alten rhodesischen Armee und der Polizei die bewaffnete Macht im Staat zu übertragen. Als Guerillakämpfer waren diese Truppen nicht der gleichen strikten Disziplin unterworfen, wie sie die reguläre Armee und vor allem die Polizei normalerweise an den Tag zu legen haben. Die Guerillas waren gewohnt, Farmen zu überfallen, sich ihre Vorräte mit vorgehaltenem Gewehr von der Zivilbevölkerung zu holen. Was noch schwerer ins Gewicht fällt: Wenn ZANLA- und ZIPRA-Streitkräfte in diesem Krieg einander begegneten, begannen sie einander fast immer zu bekämpfen. Nun lagen in den ZANLA-Lagern rund 25 000 Guerillas, in den ZIPRA-Lagern etwa 18 000 Guerillas, alle schwer bewaffnet und von Offizieren geführt, die ihre eigenen Vorstellungen davon hatten, wer die Macht im Staate ausüben sollte. Unter diesen Umständen war kaum daran zu denken, der ZANLA und der ZIPRA die Ordnungsfunktion im Staate zuzuteilen. Die Regierung mußte vielmehr froh sein, über eine Armee und eine Polizei zu verfügen, die gewohnt waren, ihre Funktionen diszipliniert auszuführen und den Anordnungen der Regierung zu folgen.

General Peter Walls hat zwar bald seinen Abschied genommen und als Pensionist in Südafrika Interviews gegeben, in denen er behauptete, die Wahlergebnisse in Zimbabwe seien vorwiegend durch Einschüchterung zustande gekommen und er selbst habe die britische Regierung am Tag nach der Wahl in einem geheimen Telegramm aufgefordert, die Regierung Mugabe nicht anzuerkennen; aber seine weißen Generalskameraden haben ihm dieses nachträgliche Torpedo verübelt. Sie nämlich nahmen es mit ihrer Loyalität zur neuen Regierung ernst.

Dabei mußten sie einiges von ihrem Stolz hinunterschlucken. Denn wie mit dem Beamtenstab, so hielt es die Regierung erst recht auch mit der Armee und mit der Polizei: Die Weißen blieben zunächst in ihren Funktionen, aber die polizeiliche Kontrolle ging sofort auf die Schwarzen über. Die hohen Guerillaführer, die Generäle und die politischen Kommissare der ZANLA und der ZIPRA sind in den Generalstab der alten rhodesischen Armee eingezogen. Man hat ein „Joint High Command" gegründet.

Gemeinsam mit Sepp Riff, einem der besten und mutigsten Dokumentarfilmer Europas, habe ich eine der Operationen der

347

Armee miterlebt. Der kommandierende weiße Offizier forderte uns auf, uns dazu eine Bewilligung des Joint High Command zu verschaffen. Ich bemühte mich darum und kam dabei an einen weißen Generalstabsoffizier. Der meinte: „Von mir aus gehen Sie da ruhig mit. Eine Bewilligung kann ich Ihnen nicht geben. Eine Bewilligung werden Sie bei uns auch nicht erhalten. Denn das letzte Wort haben die politischen Kommissare. Die sind in China ausgebildet, dort gibt es keine Ausnahme für Presse."

So machten wir uns nach dieser Auskunft auf den Weg und versuchten uns einer Armeekolonne anzuschließen. Prompt wurden wir von einem weißen Offizier nach der Bewilligung gefragt. Wir nannten den Namen des weißen Generalstabsoffiziers. „Das, mein Herr, nützt Ihnen leider nichts. Was wir brauchen, ist eine Zustimmung des politischen Kommissars." An den seien wir aber nicht herangekommen, wäre es nicht möglich, ihn auf dem Funkweg um die Zustimmung zu ersuchen? Der weiße Funker im Kommandowagen zuckte dazu nur mit den Achseln, aber er gab unseren Wunsch funktelegraphisch weiter, wohl in der festen Überzeugung, daß er nie eine Antwort erhalten würde.

20 Minuten später hielt ein Armeewagen neben uns, darin saßen zwei weiße Offiziere und zwei schwarze Herren in Zivil. Der Kommandant unserer Kolonne salutierte und erstattete Meldung. Einer der schwarzen Herren antwortete ihm. Es war ein kurzes, knappes Gespräch. Dann fuhr der Wagen weiter. Strahlend drehte sich der Offizier zu mir um: „Sie dürfen mit uns fahren. Der Kommissar hat zugestimmt." Und zu Sepp Riff gewandt: „Sie dürfen auch filmen, aber ich warne Sie, die ZIPRA-Leute sind bewaffnet, wenn die das nicht mögen, werden sie höchstwahrscheinlich auf Sie schießen."

Die Armee hatte an diesem Tag eine besonders heikle Aufgabe zu lösen. Um die Guerillakämpfer nicht in den oft nur provisorisch angelegten Anhaltelagern vermodern zu lassen, hatte die Regierung fast 10 000 dieser Soldaten in einem Vorort von Salisbury, Chitungwiza, zusammengezogen, eine schwarze Township, in der man eine Kaserne und einen Bezirk zur Unterbringung der Guerillas geräumt hatte. Aber es dauerte nicht lange, da hatten die Guerillas auch den Rest der Township ihrem Kommandobereich einverleibt. Und nach kurzer Zeit zerfiel dieser Bereich in einen ZANLA- und in einen ZIPRA-Sektor. Zwischen den beiden kam es prompt zu Reibereien, zu Schießereien.

Die Lage begann unerträglich zu werden. Die schwarze Bevölkerung protestierte und forderte von der Regierung die Evakuierung der Truppen. Die Regierung aber beschloß, die ZIPRA-Einheiten Nkomos auszusiedeln. Diese dachten nicht daran, dem Befehl Folge zu leisten. Hätte Mugabe nun versucht, die ZIPRA mit Hilfe seiner ZANLA zu vertreiben, wäre es zum Kampf gekommen. Prompt mußte die alte Armee einschreiten. Sie bekam den Auftrag, die ZIPRA-Guerillas zu evakuieren. Es war ihre Armeekolonne, der wir uns angeschlossen hatten. Wir wurden damit Zeugen, wie die alten rhodesischen Offiziere und hinter ihnen die politischen Kommissare der ZANLA Mugabes mit den Kommandanten der ZIPRA und deren politischen Kommissare verhandelten.

Nach mehrtägigem Tauziehen und nach mehrmaliger Intervention auch ihres obersten politischen Führers Joshua Nkomo war die ZIPRA bereit, sich evakuieren zu lassen. In den Schützenpanzerwagen der alten rhodesischen Armee verließen sie das Lager, Maschinengewehre und Granatwerfer im Anschlag, die Bajonette aufgepflanzt. Offenbar mißtrauten sie dem Frieden und waren bereit, auf jeden Hinterhalt zu reagieren. Sie wurden nach Bulawayo gebracht, in die Hauptstadt des Stammesgebietes der Ndebele, Nkomo-Land. Die Armee hatte den Verkehr entlang der Strecke weitgehend abgeriegelt, so daß die Kolonnen ein scharfes Tempo fahren konnten, wohl um den Guerillas keine Gelegenheit zu geben, auf dem Weg anzuhalten. In Bulawayo kam es dann doch zu schweren Gefechten zwischen ZIPRA und ZANLA und zum Großeinsatz der alten Armee und der Luftwaffe gegen die Guerillas.

Die Regierung war bemüht, möglichst viele Soldaten der alten Guerilla-Armeen in die alte rhodesische Armee zu integrieren. Diese alte rhodesische Armee sollte nicht in den Guerilla-Armeen aufgehen, sondern vielmehr diese in der Berufsarmee. Die Umschuler und Ausbildner waren Offiziere und Unteroffiziere der alten Armee, also die Feinde der Guerillas von gestern. Kleinweise wurden Einheiten der Guerillas in diese Umschulungskurse gesteckt. Reibereien gab es dabei selten zwischen den Guerillas und den alten rhodesischen Soldaten, immer wieder aber zwischen ZANLA- und ZIPRA-Leuten. Einer dieser Zwischenfälle führte zwei Tage nach der Evakuierung der ZIPRA-Einheiten aus Chitungwiza in einer Kaserne von Bulawayo zu einem Feuergefecht.

Die Soldaten hatten Bier getrunken, ein Wort gab das andere, ZANLA- und ZIPRA-Leute fielen übereinander her, einige holten ihre Waffen, und sie begannen aufeinander zu schießen. Die ZIPRA-Leute nahmen Kontakt mit dem nächsten ZIPRA-Anhaltelager auf, und in wenigen Stunden waren die ersten ZIPRA-Kolonnen auf dem Marsch nach Bulawayo. Es war eine äußerst ernste Situation. Mugabe hätte nun wieder an seine ZANLA-Guerillas appellieren können, sich der ZIPRA entgegenzustellen. Statt dessen ließ er erneut die Generäle der alten rhodesischen Armee antreten. Sein Befehl: Die Rebellion war mit allen Mitteln niederzuschlagen. Mit allen Mitteln, denn es mußte schnell gehen. Auch in anderen ZIPRA-Lagern rüstete man zum Aufbruch. Der lang vorausgesagte Bürgerkrieg zwischen ZIPRA und ZANLA schien bevorzustehen. Ein Marsch der ZIPRA zunächst auf Bulawayo, dann vielleicht auf Salisbury. Die Ndebele waren dabei, den seinerzeit von den Weißen unterbrochenen Unterwerfungskrieg gegen die Shona wiederaufzunehmen.

Aber die Weißen waren noch da und unterstanden dem Befehl eines Shona-Ministerpräsidenten. Im Morgengrauen gaben sie ihrer Luftwaffe den Befehl zum Angriff. Ich sprach mit einem der Offiziere, die dabei waren. So hatten sie in sieben Jahren Krieg die ZIPRA nicht zu fassen bekommen: ohne jede Deckung in langen Kolonnen auf dem Marsch nach Bulawayo. Nach der Schilderung von Augenzeugen war das Bombardement der Luftwaffe verheerend. Nach dem Angriff der Luftwaffe blockierte die rhodesische Armee die Straßen und begann die ZIPRA-Einheiten einzeln aufzugreifen. Inzwischen aber hatte Nkomo seine Leute in Rundfunkappellen angefleht, in die Anhaltelager zurückzukehren. Die obersten politischen Kommissare der ZIPRA ließen sich von der Armee vor den ZIPRA-Kolonnen absetzen und gingen ihren eigenen Leuten mit Megaphonen entgegen. In mindestens zwei Fällen fuhren die Kolonnen über sie hinweg. Und schnurstracks in das Geschützfeuer der Armee.

Die Armee stellte in drei Tagen, wie man so sagt, die Ruhe wieder her. Aber das Matabele-Land ist seither nicht zur Ruhe gekommen. Die Regierung hat die Zwischenfälle zum Anlaß genommen, um auf eine allgemeine Entwaffnung der Guerillas in allen Lagern zu drängen. Das ist ihr nur zum Teil gelungen. Einige Guerilla-Einheiten sowohl der ZIPRA als auch der ZANLA, vor allem aber der ZIPRA, brachen aus, und die politisch Motivierten vergruben ihre Waffen. Offenbar um bereit zu sein, wenn es zur großen Auseinandersetzung zwischen den Stämmen kommen sollte. Andere zogen einfach als bewaffnete Banden durchs Land, um sich zu holen, wofür sie, wie sie meinen, jahrelang ihren Buschkrieg geführt hatten und worum sie die neue Regierung betrogen hätte.

350

Der Krieg hatte viele Waffen ins Land gebracht, vielen Menschen das Kämpfen und Töten beigebracht. Es gab nicht nur die Armee, die ZANLA und die ZIPRA, auch Muzorewa und Sithole unterhielten eigene Schutztruppen, und in den „protected areas", den Wehrdörfern, wurden schwarze Milizen aufgestellt. Von jedem dieser Truppenkörper ist etwas übriggeblieben. Überdauert haben auch nicht nur die Rivalitäten zwischen Ndebele und Shona, sondern auch die innerhalb der ZANU und innerhalb der ZAPU. Weder Nkomo noch Mugabe sind in ihren beiden Parteien unumstritten. Wir haben ja gesehen, wie schwer es etwa Mugabe hatte, sich gegen seine Rivalen in den eigenen Reihen durchzusetzen. Höchste politische Führer und Guerillakommandeure wurden ermordet, fielen Bombenanschlägen zum Opfer. Und immer noch werden prominente Führer mit Höllenmaschinen ins Jenseits befördert.

Die alten Rivalitäten sind nicht ausgeräumt. Und das Regieren bringt neue Spannungen, neue Feindschaften. Denn ein guter Teil der alten Partisanengarde fragt sich, wofür sie den Krieg geführt und gewonnen hätten, wo die Früchte dieses Sieges blieben. Nicht alle können Mugabes Politik des Vorgebens verstehen. Für einen Teil dieser Politiker und Militärkommandanten war es ja doch ein Krieg zwischen Schwarzen und Weißen um die Vorherrschaft im Lande. Er ist von den Schwarzen gewonnen worden, aber viele von ihnen fühlen sich um die Früchte dieses Sieges betrogen.

Der mächtige Generalsekretär der ZANU, Edgar Tekere, der Mann, der Mugabe 1960 überredete, aus Ghana heimzukehren und sich der Politik zu widmen, der Mann, der zehn Jahre lang mit Mugabe im Gefängnis saß, der mit ihm 1974 gemeinsam nach Moçambique geflohen war, dieser Edgar Tekere, der mit Mugabe stets durch dick und dünn gegangen ist, stand einige Monate nach seiner Bestellung zum Planungs- und Arbeitsminister in Salisbury vor Gericht: wegen Mordes. Er wurde beschuldigt, einen weißen Farmer niedergeschossen zu haben.

Tekere bestritt die Tat nicht. Er hatte gemeinsam mit mehreren anderen Ministern, mit deren Frauen und allen ihren Leibwächtern gefeiert. Die Leibwächter waren ehemalige ZANLA-Guerillas, Tekere ein alter ZANLA-Kommandant. Inmitten der Feier erschien ein Soldat in Uniform und verlangte, an der Feier teilnehmen zu können. Er identifizierte sich selbst als Angehöriger der ZIPRA, der mit einer kleinen Einheit auf einer benachbarten Farm stationiert war. Tekere befahl, den Mann heimzuschicken. Nach einer Weile kam dieser schwerbewaffnet wieder und drohte, sich den Einlaß zu erkämpfen. Die Leibwächter ergriffen ihn, gaben ihm eine Tracht Prügel und schickten ihn zurück. Als er zu seiner Einheit zurückkehrte, war er voll der Wut und schoß um sich. Das hörte die Tekere-Party und fühlte sich angegriffen. Tekere aber hatte keine Zeit, er mußte zu einem Staatsempfang für Moçambiques Präsidenten Samora Machel. Dort waren auch Mugabe und Nkomo. Allen dreien sagte Tekere, daß er noch am gleichen Abend eine militärische Operation vorhabe, er werde einen ZIPRA-Stützpunkt ausräuchern. Nur Machel reagierte: „Der alte Tekere, er kann's nicht lassen."

Tekere fuhr nach Hause, zog sich seine alte Kampfuniform an, befahl seinen Leibwächtern, sich zu bewaffnen. Sie fuhren zur Farm zurück und griffen den ZIPRA-Stützpunkt regelrecht an. Die ZIPRA-Leute flohen, es gab nicht einmal Verletzte. Inzwischen aber war der Eigentümer der Farm, ein Weißer, zurückgekehrt und wollte in sein Haus. Tekeres Leute behaupteten später, sie hätten dem Farmer das Betreten des Hauses verboten, das Haus wäre Gegenstand einer militärischen Operation. Der Farmer, der selbst eine Pistole trug, scherte sich nicht um die Warnung, ging in sein Haus und betätigte dort das noch aus dem Krieg stammende Alarmsystem zur Herbeiholung der Polizei. Die Tekere-Leute und auch Tekere selbst taten, was sie im Krieg in solchen Fällen immer getan hatten: Sie schossen den Farmer über den Haufen.

Der Minister und seine Leibwächter wurden des Mordes angeklagt und vor Gericht gestellt. Der Richter war ein Weißer, die meisten Richter Rhodesiens waren Weiße. Und sie sind auch noch die Richter Zimbabwes. Dem Richter schien der Mord erwiesen. Tekeres Verteidiger, einer der teuersten Anwälte Englands und frisch von London eingeflogen, berief sich auf ein Sondergesetz der seinerzeitigen Ian-Smith-Regierung: Aus gegebenem Anlaß erlaubte dieses Gesetz allen Regierungsmitgliedern den sofortigen Gebrauch der Schußwaffe, falls sie sich unmittelbar bedroht fühlten. Ein Sondergesetz aus den Kriegstagen. Tekere, so meinte der Verteidiger, habe sich auch bedroht gefühlt. Was seinerzeit weißen Ministern zugestanden worden sei, habe auch für schwarze Minister zu gelten. Der Richter ließ dies nicht gelten, der Krieg sei vorüber, Tekere sei auch nicht angegriffen worden. Tekere sei wegen Mordes zu verurteilen. Doch die beiden Schöffen, ein Schwarzer und ein Mischling, überstimmten den Richter: Tekere wurde freigesprochen. Seine Anhänger empfingen ihn jubelnd vor dem Gerichtsgebäude. Schrecken erfaßte die Weißen. Den Freispruch sahen sie als

Aufforderung zur Hetzjagd auf Weiße. Und in der Regierung Zimbabwes würde künftig ein Mörder sitzen.

Ganz anders sah man dies in den schwarzen Townships, und einer der bei den zahlreichen Kleinkundgebungen getätigten Aussprüche machte die Runde: „Die rhodesische Armee knallte uns im Krieg ab wie die Fliegen. Wer von den Weißen wurde je vor Gericht gestellt? Wer hat die Folterer ausfindig gemacht? Tekere ist unser Mann!" Dies war typisch für die Stimmung der Schwarzen. Nicht aber für die Stimmung Mugabes. Wenige Tage nach dem Freispruch entließ Mugabe Tekere aus der Regierung, und er ließ ihn auch als Generalsekretär der Partei absetzen. Ohne Rücksicht auf die Stimmung in der schwarzen Bevölkerung und auf Tekeres Verdienste im Befreiungskampf.

Der Fall Tekere war erst ein Auftakt. In den Führungsschichten beider Parteien, der ZANU und der ZAPU, gab es zunehmend Richtungskämpfe. Jede der Fraktionen wollte für sich und für ihre Anhängerschaft ein möglichst großes Stück von dem keineswegs sehr großen Kuchen, den die Regierung zu verteilen hatte. Der Gegensatz zwischen Schwarz und Weiß und die gegensätzlichen Meinungen, wie die Schwarzen die Weißen zu behandeln hätten, bildete nur einen Teil der inneren Auseinandersetzungen, vor allem in der Führung der ZANU.

Mehr und mehr begann sich auch die alte Gegnerschaft zwischen den Shona und den Ndebele bemerkbar zu machen. Beide hatten ihre Leitfiguren in Mugabe und in Nkomo. Mugabe und Nkomo waren sich auch der Gefahr bewußt, die das Aufbrechen der alten Stammesfeindschaft für ganz Zimbabwe heraufbeschwören würde. Aber beide waren und sind doch auch Gefangene ihrer eigenen Stämme und der aus diesen Stämmen hervorgegangenen Parteien ZANU und ZAPU.

Die Guerilla-Armee der ZIPRA ließ sich nicht so ohne weiteres in die neue Gesamtarmee integrieren – wie wir schon anhand der ersten größeren Konfrontation in Bulawayo gesehen haben. Je größer der Druck wurde, die ZIPRA dem gemeinsamen, teils von alten rhodesischen Generälen und noch mehr von den politischen Kommissaren der ZANU beherrschten Oberkommando zu unterstellen, desto mehr ZIPRA-Kämpfer der unteren Ränge machten sich auf und davon und gingen zurück in den Busch. Es war unklar, ob sie dort nur ein Bandenwesen führen oder den Kern einer neuen Guerilla-Armee bilden wollen, die eines Tages gegen die von den Shona beherrschte Zentralregierung antreten könnte.

Jedenfalls glaubte Mugabe auf Grund der ihm zugehenden Berichte, daß diese Gefahr nicht auszuschließen sei. Die Überfälle ehemaliger ZIPRA-Guerillas auf weiße Farmen und schwarze Dörfer mehrten sich. Ebenso die Gerüchte über Waffenlieferungen an diese Guerillas aus dem benachbarten Südafrika. Immer wieder fand man auch Waffenverstecke, und immer wieder hatte man sich die Frage zu stellen, ob sie lediglich Überbleibsel aus dem Bürgerkrieg oder bewußt angelegte Arsenale für einen künftigen Stammeskrieg wären.

Das Mißtrauen wuchs, und zwar auch das Mißtrauen zwischen Robert Mugabe und Joshua Nkomo. Nkomo wurde verdächtigt, von den Aktivitäten der ZIPRA-Guerillas viel mehr zu wissen, als er vorgab, und diese Aktivitäten vielleicht sogar zu decken, um eines Tages doch noch zum Endkampf um die Macht in Zimbabwe anzutreten. Ob dies ein echter Verdacht war oder nur ein vorgeschützter, kann ein Außenstehender wohl nicht beurteilen.

Jedenfalls leitete Mugabe eine Reihe von Maßnahmen ein, die er mit diesem Verdacht begründete. Da es offenbar nicht gelungen war, alle Fraktionen des Bürgerkrieges in eine einzige schlagkräftige und loyale Armee überzuführen, und da die Regierung an der Loyalität dieser Armee immer mehr zu zweifeln begann, und zwar sowohl an der Loyalität der weißen Offiziere als an der der ZIPRA-Soldaten, ordnete Mugabe die Aufstellung einer schlagkräftigen, nur ihm ergebenen neuen Truppe an. Man nennt sie die „5. Brigade". Jeder der Soldaten der „5. Brigade" wurde einzeln ausgesucht, auf seine Loyalität geprüft und einem besonderen Training unterworfen. Dieses Training führten – zum Erstaunen und auch zum Erschrecken der Weißen wie der Ndebele – nordkoreanische Offiziere und Unteroffiziere durch. Die „5. Brigade" wurde zum schlagkräftigsten Instrument der Streitkräfte von Zimbabwe und auch zu ihrem brutalsten.

Nahezu gleichzeitig erhob Mugabe die Forderung nach einer Verschmelzung aller in Zimbabwe bestehenden Parteien zu einer einzigen Einheitspartei. Es war klar, daß eine solche Einheitspartei von der bisher stärksten Partei und vom stärksten Volksstamm des Landes dominiert würde – von der ZANU und den Shona. Mugabe begründete die Forderung nach Errichtung einer Einheitspartei mit den großen wirtschaftlichen Schwierigkeiten und politischen Problemen des Landes. Zur Überwindung dieser Hürde müßten alle Kräfte vereint sein und an einem Strang ziehen. Innerhalb der Einheitspartei sollte es durchaus Raum geben für verschiedene

Fraktionen je nach politischer Gesinnung und auch stammesmäßiger Herkunft. Aber letztlich müßte dies alles in einem einzigen politischen Willen gipfeln.

Dieser Ruf nach Formierung einer Einheitspartei, also praktisch der Auflösung aller anderen Parteien, löste bei der ZAPU ebenso wie bei den Weißen Mißtrauen und Bestürzung aus. Ihrer Meinung nach würde man vom Einparteienstaat sehr schnell in die Diktatur abgleiten. Mugabe bestreitet dies und verweist auf einige andere Staaten in Afrika, in denen es jeweils nur eine Einheitspartei gibt und die dennoch ein faires Ausmaß an Freiheit und Demokratie aufzuweisen hätten.

Die Beispiele sind nicht sehr überzeugend. Es kam zu einer Eskalation des Mißtrauens. Auch zu einer Eskalation der Gewalt. Schien es eine Zeitlang, als würde es der Regierung gelingen, die marodierenden Guerilla-Kämpfer nach und nach auszuschalten, so traten nun wieder immer mehr und immer größere bewaffnete Banden in Aktion, und einige ihrer Unternehmungen trugen schon wieder den Charakter von Guerilla-Operationen. Die Regierung glaubte auch eine unterstützende Hand aus Südafrika feststellen zu können. Nicht nur, was die ehemaligen ZIPRA-Kämpfer betraf.

Auf dem Hauptstützpunkt der Luftwaffe von Zimbabwe wurde eines Nachts fast die Hälfte aller Kampfflugzeuge Zimbabwes in die Luft gesprengt. Ein Sabotageakt größten Ausmaßes. Spuren der Saboteure führten, so meinte man, auch hier nach Südafrika. Mugabes Sicherheitspolizei suchte die Täter oder, wie sie meinte, zumindest die Hintermänner, die diese Täter gehabt haben müßten, in den Reihen der weißen Offiziere in der Luftwaffe. Und zwar im Generalstab selbst. Sechs der höchsten weißen Offiziere wurden verhaftet und der Mittäterschaft angeklagt. Einige der Offiziere legten Geständnisse ab. Als es zur Gerichtsverhandlung kam, widerriefen sie ihre Geständnisse und konnten beweisen, daß sie diese Geständnisse unter harter Folter abgelegt hatten. Die Tatsache, daß in den Gefängnissen der Regierung gefoltert wurde, war an sich schon ein weiterer schwerer Schock für alle, denen das Gelingen des demokratischen Experiments in Zimbabwe ein Anliegen war.

Der schwarze Richter erklärte die Geständnisse für null und nichtig und sprach alle sechs weißen Offiziere von der Anklage frei. Das war mutig und schien zu beweisen, daß das Justizwesen Zimbabwes nach wie vor intakt war. Eine wesentliche Säule der Demokratie hatte also gehalten. Doch die sechs Offiziere kamen zunächst nicht frei: Die Regierung, überzeugt, daß die Freisprüche lediglich durch juristische Spitzfindigkeiten zustande gekommen seien, und ebenso überzeugt, daß die Offiziere schuldig wären, verfügte die weitere Haft der Offiziere. Dabei berief sich die Regierung auf die Ausnahmegesetzgebung der seinerzeitigen weißen rhodesischen Regierung unter Ian Smith: Sie hatte viele Hunderte Schwarze ohne Beweis und ohne Verfahren festgehalten. Der Einwand Ian Smiths im Parlament, daß damals Krieg im Lande getobt hatte, ließ die Regierung nicht gelten. Die damalige Ausnahmegesetzgebung sei noch immer in Kraft, und die Verhältnisse seien auch heute nicht gerade ruhig.

Erst massiven diplomatischen Vorstellungen insbesondere der Briten und einer zunehmenden kritischen Pressekampagne in Europa und in den USA gelang es, die an sich freigesprochenen weißen Offiziere nach und nach freizubekommen.

Zur härtesten Konfrontation aber kam es zwischen Mugabe und Nkomo. Nkomo wurde zunächst beschuldigt, die Aktionen der abgesprungenen ZIPRA-Guerillas zu decken. Als er dies bestritt, ließ die Regierung überfallsartige Hausdurchsuchungen in den Hauptquartieren der ZIPRA, aber auch in Nkomos eigenem Heim durchführen. Bei den Aktionen will man umfangreiche Waffenlager entdeckt haben. Nkomo wurde aus der Regierung gedrängt, einige seiner loyalen Parteiführer wurden verhaftet und des versuchten Hochverrats angeklagt.

Jeden Moment erwartete man, daß Nkomo seine Ndebele zum Aufstand gegen die Regierung aufrufen würde. Er tat es nicht. Im Gegenteil. Immer wieder beteuerte Nkomo, daß er sich loyal zum gemeinsamen Staat und auch zur Regierung bekenne. Einige der ZAPU-Minister blieben in der Regierung, andere wurden ausgetauscht. Innerhalb der ZIPRA-Führung kam es zu der nicht überraschenden Spaltung – jene, die zu Nkomo hielten und Neigung zeigten, den Kampf aufzunehmen, wurden hinter Schloß und Riegel gesetzt, andere, eingeschüchtert oder erpicht auf die dargebotenen Posten, waren bereit, ihre Parteikollegen zu ersetzen.

Der Druck der Regierung und ihrer Polizei gegen die ZAPU-Spitze nahm zu. Joshua Nkomo entschloß sich, zu tun, was er vorher schon so oft getan hatte: in Anbetracht zunehmender Gefahr für sich selbst das Land zu verlassen. Es gelang ihm auch diesmal, die Grenzkontrollen zu umgehen, und es dauerte nicht lange, bis Joshua Nkomo in London auftauchte. Vorübergehend im Exil, wie er sagte. Mugabe mußte erfahren, was Ian Smith und Bischof Muzorewa zu ihren Regierungszeiten auch hatten lernen müssen: Ein im Ausland lebender Nkomo kann viel unangenehmer werden als ein im Land befindlicher. Nkomo in London wurde zur permanenten Anklage, zum Beweis eines zweifelhaften und undemokratischen Vorgehens der Regierung Mugabe und ihrer Sicherheitskräfte.

Dazu kamen noch die Nachrichten vom brutalen Durchgreifen der „5. Brigade" unter ihrer nordkoreanischen Führung im Matabele-Land. Zwar richteten sich die Aktionen der „5. Brigade" nicht gegen weiße Farmer, sondern ausschließlich gegen die Anhänger oder vermuteten Anhänger Nkomos. Aber weiße Farmer und weiße Priester wurden Augenzeugen des rigorosen und blutigen Durchgreifens dieser Shona-Brigade gegenüber den Bewohnern in Ndebele-Dörfern, die vergeblich beteuerten, mit den gesuchten Guerillas nichts zu tun gehabt zu haben.

Das Festhalten der weißen Luftwaffenoffiziere, die Flucht Nkomos, die Einsätze der „5. Brigade" – all das hat das Ansehen, das Mugabe in den ersten zwei Jahren seiner Regierung in hohem Maße genoß, ramponiert.

Mugabe erkannte, daß er zur Wiederherstellung dieses Ansehens und des Vertrauens der Welt einiges zu tun hatte. Er sicherte Nkomo zu, im Falle einer Rückkehr nicht nur unbelästigt und auf freiem Fuß zu bleiben, sondern auch seinen Sitz im Parlament mit der dazugehörigen Immunität wieder einnehmen zu können. Er forderte Nkomo auf, nach Hause zu kommen und die zwischen ihm und Mugabe bestehenden Differenzen im gemeinsamen Gespräch zu überwinden. Nkomo kehrte zurück. Bei seiner Ankunft unterzog man ihn zwar einer keineswegs freundlichen Leibesvisitation, aber er durfte seinen Sitz im Parlament tatsächlich einnehmen.

Der Burgfriede zwischen den beiden großen Politikern des Landes war fürs erste wiederhergestellt. Der Burgfriede zwischen den beiden großen Stämmen des Landes jedoch noch nicht. Auch nicht zwischen den beiden diese Stämme mehr oder weniger repräsentierenden Parteien ZANU und ZAPU. Mugabe sprach nach wie vor von der Notwendigkeit, alle politischen Kräfte des Landes in einer Einheitspartei zu verschmelzen.

Mugabe und seine Leute versuchen ihr Verhalten zu verteidigen. Zu viele Kräfte hätten sich verschworen, um das so gut begonnene Experiment in Zimbabwe zu Fall zu bringen. Das habe schon damit angefangen, daß Südafrika der neuen schwarzen Regierung in Zimbabwe alle Zugeständnisse entzog, die es der weißen Regierung großzügig gewährt hatte: die großzügigen Importquoten für Tabak und landwirtschaftliche Produkte aus Zimbabwe, die Präferenzzölle, den langfristigen Handelsvertrag. Als Zimbabwe in den guten Erntejahren seinen überschüssigen Mais exportieren wollte, schickten die südafrikanischen Eisenbahnen die dringend benötigten Waggons nicht. Die Ölpipeline von Beira nach Zimbabwe wurde von den in Moçambique operierenden Partisanenverbänden immer wieder angegriffen und unterbrochen, Partisanen, die von Südafrika unterstützt und deren Aktionen offenbar auch von den Südafrikanern angeordnet werden. Mehrere große Öldepots in Zimbabwe selbst wurden von Sabotagetrupps in die Luft gesprengt. Die Weißen hätten trotz aller Bemühungen der Mugabe-Regierung, sie mit Garantien und Konzessionen zu halten, doch in einem viel höheren Maß das Land verlassen, als das die Verwaltung und die Wirtsschaft verkraften konnten. Auch hier glaubt die Regierung Mugabe, die Hand Südafrikas zu entdecken – südafrikanische Werber hätten sehr gezielt gerade jene weißen Kräfte zur Auswanderung überredet, die Zimbabwe am meisten gebraucht hätte. Und selbst in der zunehmenden Opposition der ZAPU und der sich wieder selbständig machenden Ndebele-Guerillas sieht die Mugabe-Regierung den Beginn einer von Südafrika gelenkten Operation.

Ziel all dieser Aktivitäten wäre es, genau jenes Experiment zunichte zu machen, das Mugabe unter dem Applaus der westlichen Welt durchzuführen bereit wäre und auch noch bereit sei: in einem afrikanischen Land einen Bürgerkrieg zu beenden ohne Rache und Vergeltung. In einem afrikanischen Land Versöhnung zu stiften zwischen Weiß und Schwarz. In einem afrikanischen Land die Demokratie zu bewahren, eine effiziente Verwaltung beizubehalten und eine liberale Wirtschaftspolitik durchzuführen.

Mugabe beschuldigt in erster Linie ausländische Kräfte, vor allem Südafrika, sich gegen dieses Experiment verschworen zu haben. Ganz von der Hand zu weisen ist dies nicht. Gewiß ist vieles, was sich da in letzter Zeit in Zimbabwe zum Schlechteren gewendet hat, durch die heimischen politischen Rivalitäten und eigene Fehler der Regierung und Verwaltung herbeigeführt worden. Aber die gesprengte Ölpipeline, die Brände in den Öldepots, die zerstörten Flugzeuge sind auf Aktionen von außen zurückzuführen ebenso wie die zunehmende Handels- und Finanzblockade der Südafrikaner.

Es lag ja auch auf der Hand: Könnte das Experiment Zimbabwe zu einem guten und geglückten Ende führen, so würde es zweifellos als Beispiel zur Lösung nicht nur des Problems Namibia, sondern der viel gewichtigeren Frage Südafrika herangezogen werden können. Wenn eine schwarze Mehrheitsregierung in der Lage wäre, ein Land wirtschaftlich effizient zu führen und allen seinen Bürgern, insbesondere auch den Weißen eine gute, sichere und freie Heimat zu sein, würden viele der Argumente der Apartheid-Verfechter in Südafrika zusammenbrechen. Umgekehrt: Versagt das vom Westen anfangs so begrüßte bejubelte Experiment Mugabe in Zimbabwe, so werden gerade jene Apartheid-Verfechter dieses Versagen zur Stützung ihrer Argumente ins Treffen führen: Jede schwarze Regierung und sogar auch diese habe letztlich versagt, den wirtschaftlichen Zusammenbruch nicht verhindern können und die Freiheit ihrer Bürger eingeengt, und zwar nicht nur der weißen, sondern auch der schwarzen.

Wir wissen nicht, wie das Experiment Zimbabwe letzten Endes ausgehen wird. Eines aber wissen alle, die es an Ort und Stelle mitverfolgen konnten: Hätte sich der wirtschaftlich so mächtige Nachbar Südafrika hinter dieses Experiment gestellt, hätten die Südafrikaner die Regierung Dr. Robert Mugabe von Anfang an unterstützt, hätten sie ihr auch nur so geholfen, wie sie vorher der Regierung Ian Smith und der Regierung Bischof Muzorewa geholfen haben, dann hätte dieses Experiment eine viel größere Chance gehabt, zu einem vollen Erfolg zu werden. Denn mit einem haben die Südafrikaner gewiß recht: Sie verstehen um vieles mehr von Afrika als Westeuropa oder die Vereinigten Staaten; denn sie sind Afrikaner. Und sie sind wirtschaftlich ungemein stark. Mit ihrem Wissen und ihrem Potential könnten sie nicht nur zum Wohle ihrer unmittelbaren Nachbarn, sondern für das gesamte schwarze Afrika segensreich wirken.

Werfen wir noch einen Blick auf die beiden anderen Nachbarn Südafrikas – auf Angola und Moçambique.

Portugals falscher Friede in Afrika

Die Tatsache, daß Mugabe trotz der sieben Jahre dauernden blutigen Auseinandersetzung mit den Weißen Rhodesiens diese Weißen mit Samthandschuhen angefaßt und, obwohl Marxist, die freie Marktwirtschaft im Land weitgehen intakt gelassen hat, kam für viele überraschend. Die Wurzel dieses Verhaltens aber ist höchstwahrscheinlich in Angola und in Moçambique zu suchen. Denn während Mugabe und Nkomo noch im Busch kämpften, zogen in

Moçambique und in Angola die dortigen schwarzen Befreiungsbewegungen bereits in die Regierungsämter ein und begannen die während ihres eigenen Buschkriegs anvisierten neuen Gesellschaftsordnungen zu errichten. In den neuen Verfassungen beider Staaten wird der „wissenschaftliche Sozialismus", wie ihn Marx und Lenin begründet haben, zur Leitlinie für die weitere Entwicklung von Gesellschaft und Wirtschaft erhoben.

Als Mugabe in Salisbury die Regierung übernahm, waren seine marxistischen Kampfgefährten in Maputo und Luanda bereits mehr als fünf Jahre an der Macht. Ihr Gesellschaftsmodell hatte fünf Jahre Praxis hinter sich. Die Resultate waren enttäuschend, ja katastrophal.

Mugabe kannte diese Resultate aus erster Hand, hat er doch seinen Guerillakampf von Moçambique aus geführt. Das heißt nicht, daß Mugabe seinen Glauben an die Vorzüge einer sozialistischen Gesellschaftsordnung aufgegeben hätte, er ist nur überzeugt, daß für eine sofortige Einführung eines solchen Gesellschaftssystems alle wesentlichen Voraussetzungen nicht nur in Zimbabwe fehlen, sondern daß sie auch in Mocambique und in Angola gefehlt haben und wahrscheinlich in keinem afrikanischen Land jetzt und in naher Zukunft gegeben sein werden. Hätte er dies nicht in Moçambique selbst in der Praxis erlebt, wäre vielleicht auch er den Weg seines Protektors Samora Machel gegangen, hätte die gleichen Fehler wie er gemacht, und Zimbabwe würde sich heute kaum noch von Moçambique unterscheiden.

Allerdings – und das erklärt zum Teil die Haltung Machels und Dr. Netos –, die Befreiungsorganisationen in Moçambique und Angola traten ein anderes Erbe an, als es Mugabe und Nkomo in Zimbabwe vorgefunden haben. Denn Angola und Moçambique waren portugiesische Kolonien, Rhodesien eine britische; die Siedler in Angola und Moçambique waren Portugiesen, jene in Rhodesien Briten; die Verwaltungen in Angola und in Moçambique waren nicht nur getreue Kopien der portugiesischen Verwaltung im Mutterland, zum größten Teil wurden Angola und Moçambique auch von Lissabon aus regiert.

Das alles macht einen großen Unterschied. Einen Unterschied übrigens, auf den die offizielle portugiesische Propaganda besonders stolz war, als sie noch Portugals Recht auf seine afrikanischen Provinzen zu verteidigen suchte. Dieses Recht begründete Portugal in erster Linie damit, daß die Portugiesen im Gegensatz zu fast allen anderen Kolonialmächten eine Rassenschranke nie gekannt hätten, daß für die Portugiesen die Hautfarbe eines Menschen so gut wie nicht existent gewesen wäre. Zwischen Portugiesen und Einheimischen hätte es daher immer ein freies gesellschaftliches und auch sexuelles Zusammenleben gegeben. In den überseeischen Provinzen Portugals hätte jeder Farbige die Chance gehabt, jede Art von Arbeit zu erhalten und jede Art von Würde zu erreichen. Portugal verwies auf Brasilien als Musterbeispiel, und dies schien auch ein überzeugendes Exempel zu sein – Brasilien hat einen starken Anteil an schwarzer und brauner Bevölkerung und offenbar keine rassistischen Vorurteile, die ihren sozialen Aufstieg bremsen oder ihr Zusammenleben mit den Weißen behindern würden.

Doch zwischen Angola und Moçambique einerseits und Brasilien anderseits gab es wesentliche Unterschiede. In Brasilien sind fast zwei Drittel seiner Bürger weiß, kaum 12 Prozent sind schwarz, der Rest sind Mischlinge. In Angola gab es bis zum Jahr 1961 nur rund 160 000 Weiße, rund 54 000 Mischlinge und an die fünf Millionen Schwarze. In Moçambique waren es 1974 rund 280 000 Weiße, an die 70 000 Mischlinge und acht Millionen Schwarze. In Brasilien lebten die Schwarzen in einem fast ausschließlich europäisch geprägten Kultur- und Zivilisationssystem, in Angola und in Moçambique hatte eine winzige europäische Minorität innerhalb eines rein afrikanischen Environment zu überleben. Brasilien zog vom Beginn seiner Kolonisierung an bereits Elemente aus allen Gesellschaftsschichten nicht nur Portugals, sondern auch anderer Staaten Europas in seinen Bann. Angola und Moçambique galten schon bald nach ihrer Entdeckung durch die portugiesischen Seefahrer Bartolomeo Diaz de Novias und Vasco da Gama Ende des 15. Jahrhunderts als „Friedhöfe des weißen Mannes". Denn an den Küstenstrichen beider Länder warteten Malaria, Gelbfieber, die Lepra und die Schlafkrankheit auf jeden Europäer, der versuchte, sich hier für längere Zeit niederzulassen. Auswanderungswilligen Portugiesen mit Eigeninitiative und womöglich auch Eigenkapital standen in Brasilien ganz andere Möglichkeiten offen als in den von Portugal in Besitz genommenen Landstrichen Afrikas. Alle Initiativen portugiesischer Herrscher, die beiden großen afrikanischen Kolonien zu besiedeln, scheiterten viele Jahrhunderte lang. Das einzige Mittel, überhaupt Weiße nach Angola und Moçambique zu bringen, war lange Zeit die Zwangsverschiffung von Sträflingen aus den portugiesischen Gefängnissen.

Diese Sträflinge konnten sich übrigens in Angola und Moçambique sofort frei bewegen und sollten dort den Beruf des Bauern ergreifen, aber sie dachten nicht daran, dies zu tun. Statt dessen jagten sie nach weißem und schwarzem Elfenbein, nach Elefanten und nach Eingeborenen, die sie arabischen und später portugiesischen Sklavenhändlern verkauften. Da sich unter den Sträflingen nur sehr wenige Frauen befanden – im Gegensatz zu britischen Strafkolonien in Australien, die ein Erfolg wurden, weil jeder dritte Sträfling eine Frau war und daher sehr bald eine neue eingeborene weiße Generation entstand –, waren die in Angola und Moçambique ausgesetzten Sträflinge auf schwarze Frauen angewiesen. Zweihundert Jahre nach der Besitznahme Angolas durch Portugal betrug die Zahl der weißen Bevölkerung in dieser Kolonie im Jahr 1777 nicht mehr als 1 581 Personen. Die Zahl der Mischlinge wurde in der gleichen Zählung mit 4 043 erhoben.

Portugal leerte weiterhin seine Gefängnisse und verschiffte deren Insassen nach Angola und Moçambique. Doch im Jahr 1845 betrug die Zahl der Weißen in Angola noch immer nur 1 832, die der Mischlinge 5 770, während man zum erstenmal die Zahl der Schwarzen mit 5 378 923 angab (obwohl es sich dabei bestimmt nur um eine Schätzung gehandelt haben kann, da große Teile des Landes bis dahin von Weißen noch nicht einmal betreten worden waren). In fast vierhundertjähriger Kolonialherrschaft hatte man also weniger als 2 000 Weiße in Angola anzusiedeln vermocht, und selbst diese waren Sträflinge, und die meisten von ihnen lebten vom Sklavenhandel.

Erst als im ausklingenden 19. Jahrhundert alle europäischen Mächte einen Wettlauf um Kolonialbesitz in Afrika begannen, versuchte auch Portugal, seine Herrschaft über Angola und Moçambique zu festigen. Um die Jahrhundertwende setzte eine gezieltere Besiedlungspolitik ein. Die Antwort der Einheimischen, der schwarzen Stämme, auf die in großer Zahl eintreffenden Siedler ist in Angola und Moçambique genau die gleiche wie zum selben Zeitpunkt in Südafrika, in Deutsch-Südwestafrika, in Rhodesien, in Deutsch-Ostafrika: die Schwarzen fürchten um ihre Weiden und erheben sich gegen die weißen Siedler. Wie die Buren und die Engländer im Zululand, wie die deutsche Schutztruppe in Südwest, so sind nun auch die Portugiesen in Angola und Moçambique damit beschäftigt, die aufständischen Stämme in blutigen Kämpfen niederzuringen.

Zum großen Aufbruch in die afrikanischen Kolonien aber ruft erst die neue autoritäre und nationalistische Regierung Salazar nach dem Jahr 1932. Sie sieht in der Kultivierung der Überseegebiete die große Mission Portugals und benützt diese Vorstellung zur Mobilisierung nationaler Emotionen, ähnlich wie dies zur gleichen Zeit Benito Mussolini mit seiner Kolonialpolitik in Italien tut. Es ist die Regierung Salazar, die die Kolonien in feste Bestandteile des portugiesischen Mutterlandes umwandelt, sie zu Provinzen des portugiesischen Mutterlandes macht, so als gäbe es zwischen Lissabon und Luanda und Lourenço Marques kein Meer und zwischen den Einwohnern Portugals und denen Angolas und Moçambiques nicht den geringsten Unterschied.

In einem gewissen Sinn trifft dies sogar zu. Die weiße Bevölkerung in den Kolonien ist ein Spiegelbild der Bevölkerung Portugals. Im Jahr 1950 hat sich die Zahl der Weißen etwa in Angola auf 78 826 erhöht. Neben ihnen gibt es 29 648 Mischlinge und, wenn die damalige Volkszählung stimmt, 4 036 687 Schwarze. An die 69 000 Weiße wurden bei der gleichen Zählung nach ihrer Schulbildung gefragt. 30 506 dieser weißen Portugiesen waren nie zur Schule gegangen, waren Analphabeten, also 44,2 Prozent der weißen Bevölkerung von Angola. Bei 40 Prozent lag der Anteil der Analphabeten in Portugal selbst. In Angola hatten weitere 27 042 oder 39,2 Prozent nur ein bis vier Jahre lang die Schule besucht. 10 058 oder 14,6 Prozent hatten eine fünf- bis elfjährige Schulausbildung und nur 1 389 oder zwei Prozent eine abgeschlossene Mittelschulbildung. Sehr ähnlich lagen zum gleichen Zeitpunkt diese Ziffern auch in Moçambique.

Lissabon sprach von einer großen portugiesischen Mission in Afrika: Weil die Portugiesen keine Rassenschranken kennen, wären sie vor allen anderen Europäern dazu berufen, die Schwarzen in einen zivilisierten Status zu erheben, sie auf eine Stufe mit den Europäern zu bringen. In Lissabon ging man dabei von der Annahme aus, daß es schon genüge, wenn Schwarze mit Weißen in Kontakt kämen, um sie der europäischen Lebensart und der europäischen Zivilisation zu erschließen. Von Achtung oder auch nur von Verständnis für die afrikanischen Kulturen zeugte diese Einstellung nicht, denn die portugiesischen Regierungen übertrugen, ohne mit der Wimper zu zucken, diese Zivilisationsaufgabe den Sträflingen, die sie nach Angola und Moçambique verschifften. Ausdrücklich wird dies in vielen Beschlüssen und Erlässen bestätigt: ein Europäer sei, auch wenn er ein mehrfacher Mörder, Vergewaltiger oder Räuber wäre, jedem Schwarzen zivilisatorisch bei weitem überlegen und daher durchaus geeignet, den Schwarzen europäische Zivilisation zu bringen.

In der Praxis war genau das Gegenteil der Fall. Diese Art der weißen Bevölkerung in Angola und Moçambique hatte alle Ursache, die Schwarzen nicht auf eine „höhere Zivilisationsstufe" zu bringen, selbst wenn sie es gekonnt hätte. Denn ein Schwarzer, der lesen und schreiben konnte, übertraf bereits die Fähigkeiten eines weißen Analphabeten. Was diese Weißen zu Herren des Landes machte, war daher vor allem und oft allein nur ihre weiße Hautfarbe.

Die portugiesische Gesetzgebung, die angeblich keine rassistische war, legte dies bis zum Jahre 1961 ausdrücklich fest. Denn diese Gesetzgebung unterschied zwischen „Zivilisierten" und „Unzivilisierten". Alle Bürger weißer Hautfarbe galten laut Gesetz automatisch als Zivilisierte. Sie hatten diesen Entwicklungsgrad mit nichts zu beweisen. Mischlinge hatten geringfügige Voraussetzungen zu erfüllen, um ebenfalls den Status von Zivilisierten zu erreichen. Schwarze hingegen wurden sehr streng geprüft, ob sie bereits als Zivilisierte eingestuft werden könnten. Um als solche zu gelten, mußten sie der portugiesischen Sprache mächtig sein, mußten lesen und schreiben können, katholischen Glaubens sein, ein nachweisbares ständiges Einkommen besitzen, stets europäisch gekleidet sein und sich aller europäischen Sitten bedienen. Mindestens die Hälfte der weißen Bevölkerung hätte auch noch im Jahr 1960 diesen Bedingungen nicht entsprochen. Schwarze hingegen konnten einen gleichberechtigten Status mit Europäern nur unter diesen Voraussetzungen erreichen.

Dementsprechend wenige haben diesen Aufstieg geschafft. Diese Gesetzgebung galt in Angola wie in Moçambique. In Angola hatten im Jahr 1950 von mehr als vier Millionen schwarzen Bürgern erst knapp 30 000 den Status von „Zivilisierten" erreicht. Der Rest galt als „unzivilisiert". Mit harten Konsequenzen, denn Unzivilisierten standen keinerlei Bürgerrechte zu. Weh dem aber, der nicht als Bürger galt. Er konnte auch noch hundert Jahre nach der Abschaffung der Sklaverei leicht zum Sklaven werden.

Denn als schließlich die damalige portugiesische Regierung im Jahre 1858 die Sklavenhaltung in Angola und Moçambique verbot und den weißen Siedlern eine Frist stellte, sich von ihren Sklaven zu trennen, da erkannten diese, daß sie bisher mit ihrem Handel im internationalen Geschäft vor allem deshalb erfolgreich gewesen waren, weil sie über ein unbegrenztes Reservoir nahezu kostenloser Arbeitskräfte verfügt hatten. Mit der Abschaffung der Sklaverei und der Einführung bezahlter Arbeitskräfte würden sie sich entweder selbst bedeutend mehr anzustrengen haben oder der Konkurrenz erliegen. So wirkten die Weißen in Angola und in Moçambique auf die Kolonialverwaltung ein, Gesetze zu schaffen, die auch nach Verbot der Sklaverei Schwarze zu kostenloser Arbeit in weißen Farmen, Industrien, Geschäften und Haushalten zwingen würden.

Die Verwaltungen kamen diesem Wunsch nach: Sie erließen ein Gesetz, demzufolge jeder Schwarze in Moçambique und in Angola selbst für seinen Unterhalt zu sorgen habe und dies auch gegenüber den Behörden jederzeit nachweisen können müsse. Schwarze, die nicht in der Lage waren, zu beweisen, daß sie einer regelmäßigen Arbeit nachgingen, könnten von nun an von den Behörden zu solcher geregelter Arbeit gezwungen werden. Was geregelte Arbeit war, bestimmten die lokalen Behörden, und viele Schwarze konnten dies in deren Sinn nicht nachweisen. Sie wurden zu Tausenden zur Zwangsarbeit rekrutiert. Die Behörden teilten sie den weißen Farmern und Geschäftsleuten zu, die zu diesem Zweck nur eine Anforderungsliste einzubringen hatten.

Das Los der Schwarzen hatte sich gegenüber der Sklavenzeit damit eher noch verschlechtert: Denn der Sklavenhalter war wenigstens noch daran interessiert, sein Eigentum gesund und arbeitsfähig zu halten. Der Beschäftiger von Zwangsarbeitern mußte dieses Interesse nicht mehr haben, jeder kranke oder gestorbene Zwangsarbeiter war durch Neuanforderung sofort zu ersetzen.

Die entsprechenden portugiesischen Gesetze in Moçambique und Angola wurden bis zum Jahre 1961 nur dem Wortlaut nach, aber kaum in der Praxis modifiziert. Der Vorwurf also, in den portugiesischen Kolonien bestehe ein System der Zwangsarbeit für Schwarze, war bis in die sechziger Jahre berechtigt und wurde von internationalen Untersuchungskommissionen an Ort und Stelle auch bestätigt. Die portugiesischen Behörden hielten dagegen, daß es sich in allen Fällen um Landstreicher handle, die lediglich von Staats wegen zu geordneter Arbeit angehalten würden.

Natürlich konnten zu solcher Zwangsarbeit nur „Unzivilisierte" herangezogen werden. Der Status eines Zivilisierten schützte also vor der Willkür der Behörden. In Lissabon hatte man daher auch damit gerechnet, daß sich die schwarze Bevölkerung um die Einstufung als Zivilisierte sehr bemühen werde. Was durchaus in die Propaganda gepaßt hätte, an die man in Portugal selbst glaubte, nämlich daß im portugiesischen Afrika anders als etwa in Südafrika den Schwarzen der Weg in höchste Ämter und Würden offenstünde. In der Praxis aber wären die Schwarzen gar nicht in der Lage gewesen, in großer Zahl die geforderten Voraussetzungen zum Erlangen des Zivilisiertenstatus zu erfüllen. Denn dazu hätten sie ja die portugiesische Sprache sowie Schreiben und Lesen erlernen müssen. Aber die gleiche portugiesische Verwaltung hatte für Schwarze nur wenige Schulen eingerichtet.

Im gleichen Zensus, in dem die oben angeführten Zahlen erhoben wurden, wurde festgestellt, daß 1950 nur fünf Prozent der Kinder im Alter zwischen fünf und 14 Jahren eine Schule besuchten, 97 Prozent aller Schwarzen, die älter als 15 Jahre waren, wurden als Analphabeten ausgewiesen. In ganz Angola gab es 1952 nur 14 898 Schüler in den Volksschulen, zwei Drittel von ihnen waren weiß. Und im gleichen Jahr legten nur 37 Schüler das Abitur ab, zwei davon waren schwarz. Franz Wilhelm Heimer, der in den Jahren 1970/71 den Bildungsstand der Bevölkerung in Angola untersuchte, stellte in seiner Studie fest, daß lediglich ein Prozent der von ihm befragten erwachsenen Schwarzen wußte, daß Lissabon die Hauptstadt Portugals sei, daß 85 Prozent der Befragten noch nie von Moçambique gehört hatten und nur ein halbes Prozent wußte, daß es sich dabei um ein portugiesisches Territorium handelte.

In Moçambique besuchten 1965 nur 636 schwarze Kinder die Mittelschulen des Landes, und von insgesamt 321 Universitätsstudenten waren sage und schreibe vier Schwarze, und das bei einer schwarzen Bevölkerung von rund acht Millionen.

Ich besuchte Anfang der sechziger Jahre zum erstenmal Moçambique und Angola. Es erging mir, wie es offenbar vielen Europäern vorher und nachher ergangen ist, die etwa vom südafrikanischen Johannesburg nach Lourenço Marques oder nach Luanda flogen. Schon am Flughafen von Lourenço Marques bot sich mir ein damals für ganz Afrika ungewöhnlicher Anblick: Unter den Männern, die sich anstellten, um den eingetroffenen Passagieren die Koffer zu tragen, waren Weiße und Schwarze; auf der Straße vor dem Flughafen knieten in der prallen afrikanischen Sonne Weiße und Schwarze nebeneinander, um händisch die Straße zu asphaltieren. In den Restaurants saßen, wenn auch schon in viel geringerer Zahl, so doch, Schwarze und Mischlinge ungezwungen neben Weißen. Als ich auf einem Streifzug durch Lourenço Marques auch in dessen Slums eindrang, sah ich erneut zu meinem Erstaunen, daß in diesen primitiven Hütten aus Schilfrohr und dem Blech flachgehämmerter Benzinkanister keineswegs nur Schwarze, sondern auch Weiße hausten. Einige Zeit später machte ich die gleichen Beobachtungen in Luanda, der Hauptstadt Angolas.

Das beeindruckte mich und schien mir die Behauptung der portugiesischen Verwaltungssprecher zu bestätigen, daß es in ihren Territorien eben keinerlei Rassendünkel oder Rassenhaß gäbe. Zum Beweis wurde auch noch betont, daß die inzwischen in Angola eingeführte Volksvertretung von einer Schwarzen präsidiert würde; in Lissabon sei ein Schwarzer sogar zum obersten Richter Portugals berufen worden. Man zeigte mir damals sowohl in Lourenço Marques als auch in Luanda eine Reihe neu errichteter Schulen, Kliniken und Ausbildungsstätten, und überall saßen schwarze, braune und weiße Kinder und Jugendliche nebeneinander auf den Schulbänken. Ich war geneigt, für die portugiesische Art, mit den Afrikanern umzugehen, eine Lanze zu brechen.

Tatsächlich hatte sich in Moçambique wie in Angola gerade in jenen Jahren Entscheidendes geändert. Denn inzwischen waren in ganz Afrika nationale Parteien und Befreiungsbewegungen entstanden. Angola und Moçambique waren keine Ausnahmen. Und sie setzten die portugiesische Verwaltung bereits unter erheblichen Druck. Was der Besucher in diesen beiden Ländern nicht sofort bemerkte, war die strikte Überwachung aller politischen Regungen durch die damalige portugiesische Geheimpolizei PIDE. Ihre Aufgabe und ihre Methoden unterschieden sich in nichts von der Aufgabe und der Methode der Geheimpolizei in Südafrika – sie hatte sicherzustellen, daß Befreiungsbewegungen aller Art rechtzeitig erkannt und im Keime erstickt würden. In Lourenço Marques ebenso wie in Luanda griff die Polizei sofort durch, als sich dort Schwarze und Mischlinge zu ersten politischen Keimzellen zusammenschlossen.

Aber alle Polizeimethoden konnten nicht verhindern, daß sich Tausende und bald Zehntausende Schwarze in Moçambique wie in Angola der Rekrutierung zur Zwangsarbeit entzogen, indem sie in das benachbarte Ausland flohen. In Angola fiel ihnen dies besonders leicht, da viele Stämme auf beiden Seiten der Grenze zu Hause sind – die Kolonialmächte hatten ja ihre Grenzen schnurgerade quer durch Afrika gezogen, ohne auf die Existenz von Stammesgebieten Rücksicht zu nehmen. Als die Belgier Anfang der sechziger Jahre den Kongo räumten, konnten viele Schwarze aus Angola dort nicht nur Zuflucht finden, sondern auch ihre ersten politischen Bewegungen und Befreiungsorganisationen gründen.

Holden Roberto, ein Angehöriger des Bakonga-Stammes, der sowohl in Angola als auch im Kongo daheim ist, gründet die erste dieser Organisationen, die UPA, bereits 1954. Er übersiedelt nun nach Leopoldville, tauft die UPA auf „Nationale Front zur Befreiung Angolas", FNLA, um, und bald sind seine Buschkämpfer entlang der kongolesischen Grenze unterwegs, um portugiesische Patrouillen niederzumachen und weiße Farmen zu überfallen. Holden Roberto erhält aus den Reihen der geflohenen Schwarzen aus Angola starken Zulauf und verfügt innerhalb kurzer Zeit bereits über eine ansehnliche Streitmacht. Holden Roberto gründet in Leopoldville die erste Exilregierung Angolas und wird prompt von der Organisation für Afrikanische Einheit als Repräsentant der schwarzen Bevölkerung Angolas anerkannt. Eine Reihe afrikanischer Staaten versorgt Holden Roberto daraufhin mit Geld und Waffen. Das in den USA tätige „Committee for Africa" lädt Holden Roberto nach Washington ein und feiert ihn ebenfalls als den kommenden Befreier Angolas. Auch dieses Komitee sendet Holden Roberto Geld für Waffen.

Aber schon entstehen in Lissabon und in Angola selbst rivalisierende Befreiungsorganisationen. In Lissabon setzen sich die in Portugal tätigen schwarzen und braunen Angolaner zusammen und zerbrechen sich den Kopf über die politische Zukunft ihrer Heimat. Es sind fast durchwegs Intellektuelle, Ärzte, Rechtsanwälte, Lehrer, meist Mischlinge, die ihren Status als Zivilisierte dazu benutzt haben, in Portugal zu studieren und akademische Grade zu erwerben. Einige von ihnen sind nach Luanda zurückgekehrt. An ihrer Spitze steht Agostinho Neto. Die Gruppe wird von der portugiesischen Geheimpolizei ausgehoben, und ihre Mitglieder werden eingesperrt. Wer frei ist oder wieder frei kommt, flieht nach Leopoldville, das damit zum Zentrum des angolanischen Widerstandes wird. Aber es kommt zu keiner Verständigung zwischen Agostinho Neto und Holden Roberto. Neto hatte von der Zukunft Angolas andere Vorstellungen als Holden Roberto. Ich habe damals beide in Leopoldville getroffen.

Holden Roberto war ein Schwarzer, der vor allem seinen Stamm, die Bakonga, vertrat und einen kompromißlosen Buschkampf nicht nur gegen das portugiesische Kolonialregime, sondern gegen die Weißen an sich führte. Dr. Neto war Mischling und hatte eine große politische Perspektive. Er wußte, daß es in Portugal selbst oppositionelle und daher auch antikolonialistische Kräfte gab. Er hatte mit diesen Gruppen Verbindung aufgenommen. Schon damals erklärte er mir, daß der Kampf um Angola vermutlich nicht im Busch, sondern nur in Portugal selbst gewonnen werden müsse, ähnlich wie kurz vorher der Unabhängigkeitskampf um Algerien nicht durch den Sieg der algerischen Befreiungsbewegung, sondern durch die Zerrüttung der Regierung in Paris und durch den Machtantritt de Gaulles gewonnen worden war.

Die Neto-Gruppe besaß in Leopoldville einen Gassenladen mit der großen Aufschrift „MPLA" auf dem Schaufenster einschließlich der Telefonnummer, über die jeder Flüchtling aus Angola sich an sie wenden konnte. Im Gegensatz zu Holden Roberto suchte Neto Verbündete in allen Lagern, auch unter den Weißen in Portugal und in Angola. „Wir kennen keinen Rassenhaß", erklärte mir Dr. Neto in seinem Gassenladen, „wir sind bereit, mit Weißen, Braunen und Asiaten zusammenzuarbeiten. Wir sind eine politische Partei. Wir stützen uns nicht auf Rassenzugehörigkeit oder Stammesgesetze, sondern wir suchen alle denkenden Menschen. Wir sind auch bereit, mit der portugiesischen Regierung zu verhandeln. Allerdings nur auf der Grundlage der vollen Freiheit für Angola."

Seine Partei nannte Neto MPLA, die portugiesische Abkürzung für „Volksbewegung für die Befreiung Angolas". Dr. Neto gab mir gegenüber schon damals zu, daß er finanzielle Unterstützung „auch von der Sowjetunion" erhielt. Doch fügte er hinzu: „Wir sind keine Kommunisten."

Zwischen der MPLA Netos und der FNLA Holden Roberto gab es bereits zur damaligen Zeit Todfeindschaft. Im Neto-Hauptquartier wurde mir erklärt, daß der Stabschef der MPLA vor kurzem von einem Stoßtrupp der Holden-Roberto-Partisanen auf angolanischem Gebiet angetroffen und mit 21 Begleitoffizieren ermorden worden sei.

Portugal reagierte nahezu panikartig auf diese ersten Partisanenbewegungen. Wie die späteren Ereignisse zeigten, völlig zu Recht. Denn es war der Beginn eines Krieges, den Portugal mit zunehmendem Aufwand sowohl um Angola als auch um Moçambique zu führen hatte und der letzten Endes nicht nur den Verlust dieser beiden Territorien brachte, sondern auch das Ende genau jener autoritären Regierung, die Portugal seit 1932 beherrschte und an deren Spitze damals Salazar und nach ihm Caetano stand. Salazar entsandte Zehntausende Soldaten nach Angola, verlegte einen Teil der portugiesischen Luftwaffe in die Kolonie und verdoppelte das Verteidigungsbudget, um die Partisanenbewegungen so rasch wie möglich zu liquidieren. Gleichzeitig ließ er sich von der Geheimpolizei Studien über die Ursache dieses Aufstandes vorlegen.

Salazar wußte, daß er mit einer Befreiungsbewegung dieser Art, wenn überhaupt, so nur dann fertigwerden konnte, wenn er es verstand, die einheimische Bevölkerung auf die eigene Seite zu bringen. Bald nach Beginn der Partisanenangriffe, noch 1961, beschloß die Regierung in Lissabon, das gesamte bisherige Verwaltungssystem in Angola und kurz danach auch in Moçambique radikal zu ändern: Die Gesetze über die Zwangsarbeit wurden aufgehoben, die Einteilung der Bevölkerung in Zivilisierte und Unzivilisierte wurde abgeschafft, der gesamten Bevölkerung in Angola und Moçambique wurde eine wenn auch beschränkte politische Mitsprache eingeräumt. Gleichzeitig begann Portugal ein Viertel seines gesamten Staatshaushalts nach Moçambique und Angola zu schaufeln, um dort über Nacht möglichst viele Schulen und Kliniken aus dem Boden zu stampfen. Die Zahl der Volksschüler stieg von rund 100 000 auf 366 658 im Jahr 1968. Gleichzeitig brachte Salazar die portugiesische Armee auf volle Mobilisationsstärke – über 220 000 Mann – und entsandte fast 150 000 dieser Soldaten nach Afrika. Sie hatten Befehl, gegen die Partisanen rigoros vorzugehen. Mit Napalm, Entlaubung der Wälder, Flächenbombardements, Verminung der Grenzgebiete.

Zusammenbruch und Kubas Einsatz in Angola

Angola schien diesen Einsatz wert. Denn just um diese Zeit hatte man an Angolas Küsten im Gebiet von Cabinda Erdöl gefunden, und Probebohrungen deuteten auf das Vorhandensein von noch viel größeren Öllagern hin. In der bis vor kurzem wirtschaftlich so schwachen Kolonie hatte man auch Diamantenfelder entdeckt, deren Ausbeutung sich das südafrikanische Weltmonopol De Beers annahm. In Anbetracht der andauernden Unruhen im Kongo und der sich später anbahnenden Siedler-Revolte in Rhodesien legten die internationalen Minenkonzerne auch größten Wert auf die durch Angola führende Benguela-Bahn, die der mineralienreichsten Kongo-Provinz, Katanga (heute Shaba), und den Kupferminen von Sambia einen direkten Zugang zum Atlantik ermöglichten. Zur selben Zeit stiegen erstmals auch die Kaffeepreise auf dem Weltmarkt stark an, und Angola holte sich nicht weniger als 100 Millionen Dollar im Jahr allein mit seinen Kaffee-Exporten.

Angola, das bis in die fünfziger Jahre nur eine finanzielle Belastung für Portugal dargestellt hatte, war mit seinen Erdöl-, Diamanten- und Kaffee-Exporten sowie seinen Eisenbahndiensten zum wichtigen Devisenbringer Portugals geworden. Seine Verteidigung schien daher auch hohe Kosten zu rechtfertigen. Und eines hatten die portugiesischen Militärs von den Briten in Malaya und den Franzosen in Algerien gelernt: Neben großen militärischen Anstrengungen mußte man auch einen ebenso großen, das heißt ebenso teuren Kampf um die „Herzen und Hirne" der einheimischen Bevölkerung führen. Die neuen Gesetze, die weitgehende Abschaffung der Diskriminierung, das große Budget für Schulen und Krankenhäuser zeigten, daß die portugiesische Regierung sich nun voll in diesem doppelten Kampf engagierte.

Mein vorher erwähnter Besuch in Angola und in Moçambique fand zu eben jenem Zeitpunkt statt. Und so wurde ich Zeuge dieser portugiesischen Anstrengungen, die gerade für jemanden, der aus dem Süden Afrikas kam, recht imponierend waren.

Doch sie kamen viel zu spät und waren trotz des großen Aufwands doch viel zu gering, um den großen Nachholbedarf zu dekken. Auch hatten die schwarzen Völker den Weg zur Unabhängigkeit beschritten und waren auf diesem Marsch nicht mehr aufzuhalten, besonders nicht dort, wo ihnen rein koloniale Strukturen entgegenstanden. Denn was immer das Mutterland nun zur Verteidigung seiner Kolonien unternahm, an Ort und Stelle mußten diese Maßnahmen nolens volens die schwarze Bevölkerung in Mitleidenschaft ziehen und somit den Befreiungsorganisationen Sympathie und neuen Zulauf einbringen.

Der Abwehrkampf der Portugiesen folgte diesen klassischen Verteidigungsmethoden. Um die Partisanen militärisch fassen zu können, mußte die Zivilbevölkerung aus den Operationsgebieten evakuiert werden. Man schaffte sie ins Landesinnere, faßte sie – wie später auch in Rhodesien – in großen Siedlungen zusammen, um die man einen Abwehrring legte. Solcherart sollte den Partisanen der Zugang zur Bevölkerung verwehrt werden, der Zugang zu Nahrung, Information und neuen Rekruten. Doch die Umsiedlungen bedeuteten die Entwurzelung von Millionen Menschen und gleichzeitig auch ihre Enteignung, denn sie mußten ihre Felder zurücklassen und konnten ihre Rinderherden nicht mitnehmen. Statt dessen mußten sie nun von den portugiesischen Behörden ernährt werden, ein zusätzlicher großer Budgetposten. Mit den Partisanen in den Grenzgebieten kamen sie zwar nicht mehr in Kontakt, aber in den Wehrdörfern selbst entstanden neue eigene Widerstandsgruppen. Es war die zunehmende Unzufriedenheit dieser von den Behörden entwurzelten Menschen, aber auch jener Stämme, die nun in ihrer

Mitte diese großen Umsiedlerlager aufzunehmen hatten, die schließlich zum Anwachsen der dritten Befreiungsbewegung in Angola führte – der UNITA, der „Union für die totale Unabhängigkeit Angolas". Dr. Jonas Zavimbi hatte sie gegründet.

Zavimbi war Außenminister der Exilregierung Holden Robertos in Leopoldville. Aber nicht nur hatte er sich mit Holden Roberto überworfen, er drängte auch zur Ausdehnung des Partisanenkampfes, um der MPLA Dr. Netos durch rasche Territorialgewinne zuvorzukommen. Doch inzwischen hatte im Kongo, der nun auf Zaire umgetauft wurde, der damalige Katanga-Chef Moishe Tschombe die Macht ergriffen, ein Mann des Westens und ein Freund der Portugiesen. Er duldete zwar die Hauptquartiere der angolanischen Unabhängigkeitsbewegung in Kinshasa – auch Leopoldville war umgetauft worden –, aber sorgte dafür, daß Holden Roberto und auch die MPLA nur noch spärlich mit Waffen beliefert werden konnten, und er zwang sie, ihre Aktivitäten auf die Grenzregionen zu beschränken. Jonas Zavimbi brach mit Holden Roberto, gründete die UNITA, ging nach Sambia und errichtete dort seine eigenen Guerillabasen.

Bald erging es Zavimbi in Sambia so wie Holden Roberto in Zaire. Auch Präsident Kaunda brauchte die Benguela-Bahn, und auch er wollte die Aktivitäten Zavimbis beschränken. Da machte sich Zavimbi auf und davon, schlug sein Hauptquartier in Angola auf und ist seither ohne Unterlaß dort im Lande tätig. Sein erster großer Angriff damals galt der Benguela-Bahn, die er an mehreren Stellen in die Luft sprengte. Auch heute noch wird diese Bahn von UNITA-Partisanen zirka zweimal in der Woche angegriffen.

Doch die zunehmende Partisanentätigkeit stachelte die Regierung in Lissabon eher dazu an, ihre Anstrengungen zu verdoppeln, um Angola und Moçambique zu verteidigen. Nach der Entsendung der Armee, nach großen Investitionen zur Eroberung der „Herzen und Hirne" der einheimischen Bevölkerung ließ Portugal eine dritte Offensive anlaufen: Es versuchte, so viele weiße Siedler wie möglich nach Angola und Moçambique zu bringen, in der Hoffnung, die rasche Zunahme des weißen Bevölkerungsanteils würde entscheidend zur Sicherung der beiden Kolonien beitragen. Befanden sich 1950 in Angola 78 826 Weiße, so waren es 1970 über 335 000. Im Jahre 1950 zählte man in Moçambique 48 910 Europäer, deren Zahl bis zum Jahr 1974 auf 280 000 gesteigert wurde. Nicht einmal ein Drittel dieser Menschen war in Afrika geboren. Auch das ein großer Unterschied zu Rhodesien und Südafrika.

Die forcierte Besiedlung Angolas und Moçambiques sozusagen in zwölfter Stunde erwies sich letztlich als Bumerang. Denn in erster Linie sollten diese Weißen ja nicht in den Städten hängenbleiben, sondern das Hinterland unter weiße Kontrolle bringen, also Farmen gründen. Das Land für diese Farmen wurde den Schwarzen weggenommen, auch wenn sie dafür eine finanzielle Kompensation erhielten. Um die Farmen betreiben zu können, brauchten die Weißen jedoch wieder schwarze Arbeitskräfte, und ein Gewinn war nur zu erwirtschaften, wenn man diese schwarzen Arbeitskräfte so schlecht wie möglich bezahlte. So brachte die forcierte Besiedlung zuerst Enteignung und danach eine Neuauflage der Zwangsarbeit für Schwarze.

Ein Großteil der weißen Neuankömmlinge wandte sich allerdings rasch lukrativeren Geschäften und einem angenehmeren Leben in den Städten zu. Meist führten sie beides auch auf Kosten der einheimischen Bevölkerung. Trotzdem mußte die portugiesische Regierung die Auswanderung und Ansiedlung dieser Hunderttausenden hoch subventionieren. Der Punkt war bald erreicht, wo auch die erhöhten Einnahmen aus den Kolonien den enormen Geldaufwand zur Erhaltung dieser Kolonien nicht mehr kompensierten. Anfang der siebziger Jahre wendete Portugal 51 Prozent seines gesamten Staatshaushaltes für den Unterhalt der Armee in Angola und Moçambique, für die Sozialinvestitionen in diesen beiden Kolonien und für seine Umsiedlungs- und Besiedlungspolitik auf.

Das bedeutete für das Mutterland selbst scharfe Kürzungen für die eigenen Sozialausgaben und zunehmende Verarmung einer ohnedies noch immer sehr armen Bevölkerung.

Der Krieg forderte jedoch mehr als nur finanzielle Opfer: Im ersten Jahrzehnt der Kriege in Angola und Moçambique verloren rund 11 000 portugiesische Soldaten ihr Leben, mehr als 40 000 wurden verwundet, viele von ihnen verkrüppelt. Alle jungen Portugiesen mußten in dieser Armee dienen, jeder Jahrgang wurde in den Krieg nach Afrika geschickt. Auf die portugiesische Jugend hatten die Kriege in Afrika genau den gleichen Effekt, den der Vietnamkrieg auf die jungen Amerikaner ausübte. Tausende Portugiesen im Wehrdienstalter flohen ins Ausland, um dem Krieg zu entkommen. Das wiederum hatte einen stark demoralisierenden Effekt auf jene, die sich nicht drücken konnten.

Die zunehmende Armut im Mutterland aber bewog fast eineinhalb Millionen Portugiesen zur Annahme von Gastarbeiterstellen in den damals wirtschaftlich florierenden EG-Ländern.

Die Armeeführung stellte nun ihre eigenen Berechnungen darüber an, welche Mittel sie brauchen würde, um die Kriege in Angola und Moçambique gewinnen zu können. Die Generäle kamen dabei zu dem Schluß, daß Portugal diese Mittel nie würde aufbringen können, weder die notwendige Zahl an Soldaten noch deren Bewaffnung und schon gar nicht das Geld, das notwendig sein würde, um die Befriedungsaktionen innerhalb der Bevölkerung der beiden Territorien zum Erfolg zu führen. So sah sich die Armee praktisch auf hoffnungslosem Posten: Im Jahre 1974 war dieser Krieg nun schon 13 Jahre alt, und es bestand keine Aussicht, ihn in absehbarer Zeit zu beenden, ja er nahm eher von Jahr zu Jahr an Härte zu. Die jungen Soldaten, die das Mutterland nach Afrika sandte, sahen nicht nur die Aussichtslosigkeit der Kriege, sondern vor allem auch das zunehmende Elend daheim. Sie waren kaum noch für den Kampf zu motivieren. Alle diese Umstände führten schließlich zum Putsch der Armee gegen die Regierung Caetano im Jahre 1974.

Die afrikanischen Widerstandsbewegungen hatten weder in Angola noch in Moçambique gesiegt, die portugiesische Armee hielt sie bis zuletzt in Schach. Aber sie hatten Portugal gezwungen, sich wirtschaftlich und moralisch völlig auszugeben. Den Anstoß zur militärischen Revolte gab übrigens der stellvertretende portugiesische Generalstabschef, General Spinola, mit einem Buch, in dem er seine Gedanken „Über Portugal und seine Zukunft" dargelegt hatte. Offen sprach er in diesem Buch aus, daß die Kriege in Angola und Moçambique hoffnungslos geworden waren. Offen kritisierte er die Politik der Regierung in Lissabon. Spinola wurde von Staatschef Caetano gefeuert. Das war das Putschsignal für ein Offizierskorps, das man aufgefordert hatte, die Herzen und Hirne einer schwarzen Bevölkerung zu gewinnen und das bei diesem Unternehmen feststellen mußte, daß dies alles sinnlos geworden war, aber daß die Schulen und Krankenhäuser, die sie nun in Angola und Moçambique zu errichten hatten, ihren eigenen Familien in Portugal noch immer fehlten.

General Spinola, der vom putschenden Offizierskorps als Staatschef in Lissabon eingesetzt wurde, war dennoch nicht geneigt, Angola und Moçambique, für die so viele seiner Kameraden ihr Leben gegeben hatten, nun kompensationslos zu räumen. Er schlug den Befreiungsorganisationen eine gemeinsame Verwaltung dieser Länder vor und drohte ihnen im Falle einer Ablehnung seiner Pläne mit der Fortsetzung des Krieges. Auf diese Weise wurde eine geordnete Übergabe in Angola und in Moçambique verhindert. Denn die starke, noch intakte Armee hätte ähnlich wie später die Briten im Lancaster House den Befreiungsbewegungen die Annahme einer ganzen Reihe von verfassungsmäßigen Schutzbestimmungen auferlegen können. So aber nahmen die sich zu Recht unmittelbar vor ihrem Endziel fühlenden Befreiungsorganisationen den Fehdehandschuh Spinolas auf, lehnten seine Kompromißpläne ab und setzten ihrerseits den Kampf fort. Worauf es in Lissabon zum Putsch Nummer zwei kam, gegen Spinola und alle, die der Armee das Weiterkämpfen heißen wollten.

Nicht weniger dramatisch ging es zum selben Zeitpunkt im Lager der Sieger in Angola zu. Die neue portugiesische Verwaltung in Angola hatte alle drei Widerstandsbewegungen, die FNLA Holden Robertos, die MPLA Agostinho Netos und die UNITA Jonas Zavimbis, eingeladen, eine gemeinsame Übergangsregierung zu bilden. Das war auch im Sinn der Organisation Afrikanischer Staaten, innerhalb deren jede der drei Befreiungsbewegungen ihre eigenen Sympathisanten und Unterstützer hatte, die aber im wesentlichen zwei Lagern zugeordnet werden konnten: in ein prowestliches, in dem sich etwa Marokko, Senegal und Zaire (der frühere Kongo) befanden, und in ein prosowjetisches mit Algerien, Libyen und dem damaligen Somalia an der Spitze.

Jede der drei Befreiungsbewegungen, FNLA, MPLA und UNITA, verfügte über eigene Kampfverbände und kontrollierte einen Teil Angolas. Agostinho Netos MPLA war militärisch wahrscheinlich am schwächsten, aber besaß einen starken strategischen Vorteil: Ihre Basis befand sich direkt in der Hauptstadt Angolas, in Luanda, sie war dem Zugriff zur Macht am nächsten. Ihre Führer waren politisch bedeutend besser geschult als die der anderen Befreiungsbewegungen. Sie verfügte auch über die besseren internationalen Verbindungen, und ihre Schutzmacht war die Sowjetunion. Holden Roberto befürchtete wahrscheinlich mit Recht, daß er nun im Ringen um die politischen Positionen auf der Strecke bleiben würde. Dabei hatte er die erste Guerilla-Armee zur Befreiung Angolas aufgestellt, hatte die erste Exilregierung gegründet, als Zavimbi noch einer seiner Unterführer war und Neto noch in Portugal saß.

Als Holden Roberto annehmen zu können glaubte, daß sich Neto mit Hilfe osteuropäischer Sicherheitsexperten in Luanda an die Macht bringen ließ, befahl er seinen FNLA-Truppen, die MPLA anzugreifen. Zavimbi hielt die Ansprüche Holden Robertos ebenso wie die Netos für ungerechtfertigt, denn beide waren während des Krieges außerhalb des Landes gewesen, während er die Front innerhalb Angolas gehalten hatte. Vielleicht auch mit Recht meinte er, der populärste aller Widerstandsführer zu sein und in einer freien Wahl den Sieg über seine Rivalen erringen zu können. Da nun aber schon um die Macht gekämpft wurde, ließ auch er seine Truppen marschieren.

Jeder der drei schwarzen Führer erhielt die Unterstützung seiner jeweiligen Schutzmacht: für Holden Roberto flogen die Transportflugzeuge des CIA Waffen nach Angola, hinter Zavimbis Marschkolonnen tauchte die reguläre südafrikanische Armee auf und stieß gemeinsam mit seinen Truppen rasch auf Luanda vor. Die MPLA hatte sich dort schon mit Hilfe sowjetischer, kubanischer und ostdeutscher Berater etabliert. Als sie nun ihre Rivalen mit militärischer Übermacht heranmarschieren sah und gewiß zu ihrer Freude feststellte, daß sich Holden Roberto auf den CIA und Zavimbi gar auf die Südafrikaner stützte, führte die MPLA mit ihren Ostblockberatern einen Handstreich, wie er in Afrika bis dahin nicht für möglich gehalten worden war. Sie ließen Dr. Neto um Hilfe rufen, und Fidel Castro beantwortete den Hilferuf mit der Entsendung von 20 000 kubanischen Soldaten nach Angola.

Die nächste Entscheidung fiel in Washington: Obwohl Präsident Ford und sein Außenminister Kissinger den US-Kongreß dringend zur offenen Unterstützung Holden Robertos und Jonas Zavimbis aufforderten, lehnte der Kongreß auf Grund seiner Vietnam-Erfahrungen strikt ab, ja verbot der Regierung nun ausdrücklich auch die Fortsetzung der bisherigen CIA-Hilfe für Holden Roberto, für Zavimbi und gar für die Südafrikaner. So sahen sich die Südafrikaner, deren Truppen bereits vor Luanda standen, mit den ersten starken Kontingenten Kubanern konfrontiert und wußten, daß sie es von nun an eben nicht mehr mit der MPLA allein, sondern auch mit Kuba und mit der Sowjetunion zu tun hatten. Das konnte einen lang andauernden Krieg ergeben, in dessen Verlauf sich auch noch das gesamte schwarze Afrika auf die Seite der MPLA, der Kubaner und der Sowjets stellen könnte – eine Koalition, deren Entstehung Südafrika mit allen Mitteln zu verhindern trachten mußte. Die südafrikanischen Truppen erhielten Befehl zum raschen Rückzug.

Holden Roberto versuchte noch eine Zeitlang von Zaire aus seinen Kampf gegen die MPLA fortzusetzen. Zavimbi zog sich wieder in seine alten Partisanengebiete zurück und operiert wie gesagt auch heute noch entlang der Benguela-Bahn.

Holden Roberto wurde kaltgestellt, als die MPLA-Regierung in Luanda durch die Bewaffnung früherer katangesischer Gendarmen deren Einmarsch in ihre Heimatprovinz, dem heutigen Shaba, ermöglichte und damit die Regierung in Kinshasa zwang, sich mit Angola auf eine Stillegung aller militärischer Operationen auf beiden Seiten der Grenze zu einigen. Zavimbi erhält nach wie vor Waffen aus Südafrika, vermutlich auch aus Marokko und in letzter Zeit angeblich auch aus Saudi-Arabien. Eine weitere Widerstandsbewegung ist im Erdölgebiet Cabinda tätig, die FLEC, die ähnlich wie seinerzeit die Ibo im nigerianischen Biafra eine Abtrennung der reichen Ölprovinz von Angola und deren Eigenstaatlichkeit herbeiführen will.

Darüber hinaus hat Angola der SWAPO Operationsbasen zum Kampf gegen die Südafrikaner in Namibia eingeräumt. Auch die SWAPO-Truppen bilden in Angola einen Staat im Staat und verstärken den Einfluß des Sowjetblocks, der die Bewaffnung und das Training der SWAPO-Truppen übernommen hat.

Das ist die eine, die militärisch-politische Seite des heutigen Angola-Problems. Die wirtschaftliche lastet vielleicht noch mehr auf dem Land. Denn als es nach dem zweiten Putsch gegen General Spinola zum überstürzten Abzug der portugiesischen Armee aus Angola kam und im ganzen Land die Kämpfe zwischen FNLA, MPLA und UNITA ausbrachen, als schließlich auch noch die kubanischen Truppen eingriffen, flohen mehr als drei Viertel aller Portugiesen aus Angola, stellten sich auf den Flughäfen wochenlang an, um einen Platz in einer der Maschinen zu erhalten, mit denen die portugiesische Regierung zwischen Luanda und Lissabon eine Flüchtlings-Luftbrücke errichtet hatte.

Die von den Portugiesen betriebenen größeren Farmen hörten damit zu existieren auf, die Industrieunternehmungen, auch wenn es deren nicht allzu viele gab, standen still, das Geschäftsleben kam zum Erliegen.

Die MPLA hat Angola zur sozialistischen Volksrepublik ausgerufen, dem Land eine Verfassung nach kubanischem Muster gegeben, sich selbst zu einer Partei mit marxistisch-leninistischem Charakter erklärt. Damit trägt Angola alle Merkmale eines kommunistisch regierten Staates.

Es dauerte jedoch nicht lange, da kam es innerhalb der MPLA zu schweren Fraktionskämpfen, wobei sich die gegnerischen Truppen in Luanda bald offene Straßenkämpfe lieferten. Dr. Neto versuchte einen unabhängigeren, nicht zur Gänze auf die Sowjetunion gestützten Kurs einzuschlagen. Ein angeblich prosowjetischer Flügel in der MPLA revoltierte, griff mit eigenen Truppen die Regierungszentren an und brachte sogar die Radiostation Luanda in seine Hand. Neto forderte Sowjets und Kubaner auf, an seiner Seite gegen die Putschisten einzugreifen. Während die Sowjets betonte Zurückhaltung zeigten, gab Fidel Castro sofort seine Zustimmung. Dr. Neto siegte mit Hilfe der Kubaner auch in dieser Auseinandersetzung, aber er ist bald darauf, im Jahre 1979, gestorben. Unter nicht ganz geklärten Umständen. Sein Nachfolger, José Eduardo dos Santos, ist ein Mann, der sein Training ausschließlich in der Sowjetunion erhielt. Dennoch versucht auch er, den von Neto markierten, auf mehr Selbständigkeit zielenden Kurs beizubehalten.

So trifft der heutige Besucher in Luanda auf Erscheinungen, die er auf Grund der außerhalb Angolas so lange geübten Schwarzweißmalerei nicht ganz erwartet hat. Zweifellos, die Stadt ist kaum wiederzuerkennen. In den letzten portugiesischen Jahren herrschte in ihren Straßen dichtester Verkehr, wurde in Hunderten kleinen Geschäften eine Fülle von Konsumgütern aller Art angeboten, gab es in jedem zweiten Haus ein Café und in jedem dritten ein Restaurant. In den großen Open-Air-Kinos wurden die neuesten westlichen Filme gezeigt, in der Nacht waren Luandas Straßen und Plätze von Hunderten Neonreklamen erleuchtet, hielten zahllose Bars ihre Pforten offen. Die Schützengräben und Stacheldrahtzäune, die Sandsackbarrieren und Straßensperren rund um die Stadt störten dieses Leben nur wenig.

Heute gibt es die Schützengräben und Stacheldrahtzäune, die Sandsackbarrieren und Straßensperren noch immer. Denn nicht nur Zavimbis Partisanen dringen immer wieder einmal bis in die Hauptstadt vor, auch die Opposition in der Stadt selbst ist nach wie vor nicht ganz ausgeschaltet. Aber es sind nicht Kampfhandlungen, die das bunte Treiben in Luanda zum Erliegen gebracht, die Geschäfte, Bars und Restaurants größtenteils zum Schließen veranlaßt und die bunten Lichter abgedreht haben. Dafür ist schon die Wirtschaftspolitik der marxistischen MPLA-Regierung zuständig und der Massen-Exodus der Europäer.

Man könnte meinen, der Regierung sei gar nichts anderes übriggeblieben, als die verlassenen Betriebe zu verstaatlichen und die Landwirtschaft zu kollektivieren. Aber es stand auch vorher schon so in ihrem Programm. Also hat man es auch hier mit den bekannten Mangelerscheinungen jedes kommunistisch regierten Landes zu tun, mit der Ineffizienz kommunistischer Planwirtschaft, verschlimmert durch die Inkompetenz der neuen schwarzen Verwalter, die von den portugiesischen Kolonialherren nicht geschult und von ihren neuen Schutzherren offenbar noch nicht nachgeschult worden sind.

Doch trotz all dieser Mangelerscheinungen gibt es einige erstaunliche Zeichen von Flexibilität, Einsicht und offenkundiger Entschlossenheit, Angola auf einen Kurs zu steuern, der dem Land Frieden und wirtschaftliche Erholung bringen soll. Auch wenn dies hieße, sich von der bisherigen außenpolitischen Linie zu distanzieren und ideologische Konzessionen zu machen.

Mit Nachdruck hat Angola die westeuropäischen Staaten aufgefordert, normale diplomatische Vertretungen in Luanda einzurichten. Alle Mitgliedsstaaten der Europäischen Gemeinschaften sind diesem Wunsch nachgekommen. Mit Nachdruck bewirbt sich Angola um stärkere wirtschaftliche Beziehungen mit den EG-Ländern, und in letzter Zeit mehren sich die Staatsbesuche europäischer Minister, zu deren Abschluß in der Regel neue Wirtschafts- und Hilfsabkommen unterzeichnet werden.

Die USA weigern sich zwar, die MPLA-Regierung anzuerkennen, „solange sich noch ein kubanischer Soldat in Angola befindet". Aber als Präsident Carter 1978 seinen UNO-Botschafter McHenry zur Sondierung nach Luanda entsandte, brachte dieser die volle Unterstützung der angolanischen Regierung für den Plan der Westmächte zur Beilegung des Namibia-Konflikts mit. Die MPLA-Regierung setzte auch prompt die SWAPO-Führung unter Druck, diesem Plan ihrerseits zuzustimmen. Selbst nach dem Zusammenbruch der letzten Namibia-Gespräche im Dezember 1980 in Genf antwortete die Regierung in Luanda nicht mit Drohungen und Militanz, sondern mit der gemäßigten Forderung, die diplomatischen Bemühungen um eine Beilegung der Namibia-Frage fortzusetzen. Ja auf Grund der wiederholten Erklärungen auch der neuen Reagan-Administration in den USA, eine Anerkennung für Angola gebe es nur nach Abzug der Kubaner, ging die MPLA-Regierung so weit, für eine mit westlicher Hilfe zustande kommende Namibia-Lösung diesen Abzug der Kubaner in Aussicht zu stellen.

Im übrigen: Eine der Aufgaben der Kubaner in Angola ist es, die großen Förderanlagen, Bohrinseln und Pipelines zu bewachen, die Erdöl für die amerikanischen Öl-Multis Gulf-Oil und Texaco produzieren. 60 Prozent ihres gesamten Staatsbudgets deckt die MPLA-Regierung aus den amerikanischen Zahlungen für dieses Erdöl. Das ist auch der Grund, weshalb Angola trotz des weitgehenden Zusammenbruchs der von den Weißen verlassenen und von den Schwarzen noch nicht wieder in Gang gesetzten Wirtschaft für den Import der notwendigen Nahrungsmittel und Gebrauchsgüter bar zahlen kann. Inzwischen hat Angola Konzessionen zur Erschließung weiterer bereits nachgewiesener Ölfelder an europäische Gesellschaften, vor allem an französische, erteilt. Worauf Gulf-Oil und Texaco den US-Präsidenten und den US-Kongreß lebhaft beschuldigten, durch ihre negative Einstellung zur MPLA-Regierung amerikanische Wirtschaftsinteressen in Angola zu opfern.

Nach ihrem Parteiprogramm ist die MPLA-Regierung verpflichtet, die Ölfelder und die ausländischen Installationen zu deren Ausbeutung zu verstaatlichen. Statt dessen tut sie alles, um den internationalen Ölgesellschaften die Ausbeutung der bestehenden und die Erschließung neuer Ölfelder zu ermöglichen. Auch die noch aus portugiesischen Zeiten in internationalem Privatbesitz befindliche Benguela-Bahn wurde bisher nicht verstaatlicht, sondern deren Verwaltung dringend ersucht, die Bahnlinie wieder flottzumachen und möglichst zu modernisieren. Da dieses Unterfangen weiterhin an der Partisanentätigkeit der UNITA scheitert, gibt die MPLA-Regierung der Bahnverwaltung monatlich mehr als eine Million Dollar, damit sie die Löhne der Angestellten der Bahn zahlen kann.

Ich bin im Operationsgebiet im Norden Namibias einer südafrikanischen Patrouille begegnet, die gerade von einem Vorstoß gegen SWAPO-Basen auf angolanischem Territorium zurückgekehrt war. Sie brachte Beute mit – sowjetische Maschinengewehre, tschechoslowakische Pistolen, polnische Feldstecher und ostdeutsche Funktelefone. Die Funkgeräte aus der DDR trugen eine Aufschrift in deutscher Sprache: „Achtung, Feind hört mit!" Wer aber auch Luanda besucht hat, konnte aus den Gesprächen mit den MPLA-Führern den Eindruck gewinnen, daß die angolanische Regierung möglichst bald alle loswerden wollte, die in ihrem Land mithören, dreinreden und vor allem kämpfen. Die fremden Soldaten, auch wenn es Helfer aus Kuba und verbündete SWAPOs sind, werden zunehmend als Belastung empfunden.

Pinselt man auf einer Landkarte Angola und Moçambique mit roter Farbe an, so sieht dies überzeugend nach großer kommunistischer Zangenbewegung gegen den Süden Afrikas aus. An Ort und Stelle in Luanda hat man eher das Gefühl, daß sich die dortige MPLA-Regierung noch immer unsicher fühlt, bedroht durch die gegen sie operierenden Partisanenverbände, durch die südafrikanischen Vorstöße gegen die SWAPO-Basen, nicht zuletzt auch wahrscheinlich durch manche Einmischung der Kubaner und der Sowjets. Angola, so scheint mir, wäre froh, wenn es mit einer Namibia-Lösung auch den Frieden im eigenen Land erringen und damit auf die fortgesetzte Anwesenheit seiner Beschützer verzichten könnte.

Moçambique: Aus dem Chaos geboren

Moçambique, die frühere Schwesterkolonie Angolas, ist nicht viel besser dran, obwohl es dort keine kubanischen Truppen in großer Zahl gibt, keinen Namibia-Konflikt an den Grenzen. Aber ansonsten ist Moçambique und die regierende Befreiungsbewegung Frelimo von den gleichen Plagen heimgesucht wie ihre marxistische Schwesterpartei, die MPLA in Angola.

Dabei hatte die Frelimo ursprünglich eine viel bessere Ausgangsbasis. Die im Exil operierenden Widerstandsbewegungen und deren Führer konnten im Gegensatz zu FNLA, MPLA und UNITA in Angola ihre Streitigkeiten beilegen und eine einzige, in sich geschlossene Befreiungsorganisation, eben die Frelimo, gründen, deren erster Führer Eduardo Mondlane wurde, ein angesehener Professor der Anthropologie, der an der Syracuse-Universität in den USA lehrte und als hoher Beamter der UNO auch viel Weltkenntnis und internationale Beziehungen besaß. Mondlane wurde in seinem tansanischen Exil durch eine Briefbombe getötet. Sein Nachfolger wurde Samora Machel. Der bewaffnete Kampf der Frelimo gegen die Portugiesen in Moçambique begann 1964, drei Jahre nach den ersten Kampfhandlungen in Angola. Mondlane hatte von Tansania aus zum Massenaufstand der schwarzen Bevölkerung gegen die portugiesischen Kolonialherren aufgerufen. Aber auch hier wie in Angola mußten sich die Partisanen erst langsam von der Grenze weg in das Landesinnere durchkämpfen. Und es dauerte fast zehn Jahre, bis 1973, ehe die Frelimo ihre Kampfhandlungen bis an die großen Städte herantragen und die wichtigen Eisenbahnlinien ab und zu unterbrechen konnte. Immerhin mußte Portugal fast die Hälfte seiner in Afrika operierenden Soldaten, über 60 000 Mann, nun auch in Moçambique einsetzen, und es war nicht zuletzt der hoffnungslose Zweifrontenkrieg in Angola und Moçambique, der das portugiesische Offizierskorps von der Aussichtslosigkeit der portugiesischen Position in Afrika überzeugte.

In Moçambique wie in Angola erwies sich das Zögern der Portugiesen bei der Machtübergabe an die Schwarzen nach der Installierung General Spinolas in Lissabon als Fehler und als schwere Belastung für die Zukunft des Landes. Denn die portugiesische Armee war nach der Militärrevolte in Portugal nicht mehr geneigt, den Krieg in Moçambique fortzusetzen, aber General Spinola wollte mit der Frelimo aus einer Position der Stärke verhandeln, wollte Zusicherungen und Konzessionen für die weißen Siedler erhalten. Statt eines sofortigen Waffenstillstands und einer geordneten Amtsübergabe kam es nun zu raschen Vorstößen der Partisanen, die kaum noch auf Widerstand stießen, und zu spontanen Aufständen hinter den portugiesischen Linien, die zum Teil zu blutigen Kämpfen mit der europäischen Zivilbevölkerung ausarteten.

Erst nach der Enthebung Spinolas durch den zweiten Armeeputsch in Lissabon konnte der damalige portugiesische Außenminister und spätere Ministerpräsident Mario Soares mit Samora Machel einen Waffenstillstand und die Machtübergabe in Moçambique vereinbaren. Im Gegensatz zum ersten Führer der Frelimo, Mondlane, war Samora Machel in einem viel höheren Grad zur Errichtung eines marxistischen Einparteienregimes in Moçambique entschlossen. Unter Machel wurde die Frelimo bereits als eine marxistisch-leninistische Kaderpartei ausgerichtet, zeitweise allerdings mehr nach chinesischem Muster als nach sowjetischem. Samora Machel wurde ebenso wie Mugabe in erster Linie chinesisch ausgebildet, doch kamen die meisten Waffen für die Frelimo dann aus der Sowjetunion und der Tschechoslowakei.

In Moçambique wie in Angola hatte das Spinola-Interregnum und das in dieser Zeit ausbrechende Chaos eine verheerende Wirkung auf die portugiesischen Siedler. Sie sahen sich von der eigenen Armee in Stich gelassen und glaubten sich künftig der Willkür siegreicher Guerillas ausgesetzt, von denen sie annahmen, daß sie nun eine Herrschaft unkontrollierter Gewalt antreten würden. Wie in Angola kam es daraufhin auch in Moçambique zum Massenexodus der Portugiesen.

Samora Machel beantwortete diese Massenflucht mit noch radikaleren Maßnahmen als die MPLA in Angola. Der Grund und Boden in Moçambique wurde verstaatlicht. So sahen sich auch die noch im Land verbliebenen portugiesischen Farmer enteignet. Alle größeren Industrieanlagen, Handelsgesellschaften, Versicherungen und Banken wurden ebenfalls unter staatliche Kontrolle und Verwaltung gestellt.

Das von Samora Machel in Moçambique errichtete Wirtschaftssystem war teilweise noch strikter kommunistisch orientiert als die anfangs noch immer gewisse Freiräume zulassende Wirtschaftsordnung der MPLA in Angola. So versuchte die Frelimo in Moçambique auch landwirtschaftliche Kollektive aufzuziehen, die den sowjetischen Kolchosen und Sowchosen glichen. Die gesamte Bevölkerung wurde aufgerufen, sich am Klassenkampf aktiv zu beteiligen, ja die neue Verfassung verpflichtete diese Bevölkerung sogar zur Teilnahme am permanenten Kampf gegen den Klassengegner, ohne diesen genau zu definieren. Überall im Lande gründete die Frelimo „vorbereitende Parteizellen", mit dem Ziel, möglichst viele Menschen zur Mitarbeit heranzuziehen. Aber es dauerte nicht lange, da wurden viele Mitglieder dieser provisorischen Zellen als „Klassenfeinde" entlarvt und in Arbeitslager gebracht.

Feinde wurden überall vermutet und zu ihrer Bekämpfung bereits ein Jahr nach Erringung der Unabhängigkeit im Oktober 1975 ein neuer Sicherheitsdienst aufgezogen, die SNASP, eine Geheimpolizei, die alle Vollmachten erhielt, „jede Form der Subversion, Sabotage und Gegnerschaft gegen die Volksmacht und deren Repräsentanten aufzuspüren, zu bekämpfen und zu zerschlagen". Der Direktor des Sicherheitsdienstes wurde dem Präsidenten Samora Machel direkt unterstellt und ist allein nur diesem gegenüber auskunftspflichtig und verantwortlich.

Bereits 14 Tage nach der Gründung des neuen Sicherheitsdienstes wurden von dessen Agenten mehr als 4 000 angebliche Gegner des Regimes in allen Teilen des Landes festgenommen und in Lager gebracht, die nun den Namen „Zentrum für geistige Dekolonialisierung" erhielten. Diese Lager bestehen noch heute, und die Zahl ihrer Insassen ist eher größer geworden.

Die Partei- und Regierungsstruktur der Frelimo folgt ebenfalls etablierten kommunistischen Mustern. Die Frelimo hat sich zu einer marxistisch-leninistischen Partei erklärt, die, wie andere kommunistische Parteien auch, als „Avantgarde der Arbeiterschaft" ganz allein die Interessen des Volkes vertritt. Andere politische Parteien und Bewegungen sind verboten. Desgleichen unabhängige Gewerkschaften. Rundfunk und Presse stehen unter strikter Frelimo-Kontrolle. Kritik am Regime oder an den politischen Verhältnissen im Lande wird nicht geduldet. Selbst Jugendliche, die durch „provokative Kleidung" oder durch „lange Haare und Bärte" ihren Nonkonformismus zum Ausdruck bringen, werden der Provokation beschuldigt und in Umerziehungslager gebracht.

Dieses rigorose Vorgehen hatte eine Reihe von Folgen: Zunächst verhinderte es eine Erholung der Wirtschaft, ja trug noch zusätzlich zu deren weiterem Verfall bei. In der Hauptstadt Maputo, dem früheren Lourenço Marques, muß man sich, wie in allen übrigen Städten und selbst Dörfern im heutigen Moçambique, um die wenigen, auf den Markt kommenden Lebensmittel und Gebrauchsgüter stundenlang anstellen. Die meisten Dienstleistungsbetriebe sind seit dem Exodus der Portugiesen geschlossen. Die wenigen noch offenen Cafés und Restaurants erkennt man ebenfalls an den langen Schlangen derer, die sich vor der Tür anstellen, um nach langem Warten einen Platz zu ergattern.

Im Gegensatz zu Angola verfügt Moçambique jedoch weder über Erdöl noch über Diamanten und daher auch nicht über ein wertgesichertes, gleichbleibendes Einkommen. Um wirtschaftlich halbwegs über die Runden zu kommen, mußte sich Samora Machel unmittelbar nach seiner Machtergreifung mit dem Erzfeind Südafrika arrangieren. Denn weder die Sowjetunion noch China, noch die anderen schwarzafrikanischen Staaten gewährten dem neuen, unabhängigen Moçambique eine entscheidende Wirtschaftshilfe. Statt dessen mußte Moçambique noch zusätzlich all die Zerstörungen auf sich nehmen und die finanziellen Opfer tragen, die die Stationierung der Guerilla-Armee Robert Mugabes auf moçambiquischem Territorium mit sich brachte. Denn die rhodesische Armee griff die Basen Mugabes unentwegt an und zerstörte dabei einen guten Teil auch der Straßen, Eisenbahnlinien, Brücken und Siedlungen im Norden Moçambiques.

Wie so oft in diesem Raum kam es nun auch hier zu einer grotesken Entwicklung. Südafrika, das in den Jahren zwischen 1974 und 1980 die weiße Regierung des Ian Smith in Rhodesien unterstützte und es ihr überhaupt erst ermöglichte, militärische Angriffe gegen Moçambique zu führen, dieses gleiche Südafrika bot der neuen Frelimo-Regierung in Moçambique sofort die Hand zur engen wirtschaftlichen Zusammenarbeit an. Die südafrikanische Eisenbahn- und Hafenverwaltung verpflichtete sich, anstelle der Portugiesen die Organisation der Eisenbahnlinien in Moçambique zu übernehmen, südafrikanische Experten sorgten auch für die rasche Inbetriebnahme des großen Hafens von Maputo und der Hafenanlagen in Beira. Südafrika verpflichtete sich, die Hälfte der moçambiquischen Eisenbahn- und Hafenkapazität für eigene Exporte in Anspruch zu nehmen und Moçambique dafür ein ständiges Einkommen zu sichern.

Südafrika hatte jahrelang die portugiesische Kriegführung finanziell kräftig unterstützt, indem es Zehntausende schwarze Arbeiter in Moçambique anheuerte und in den südafrikanischen Gold- und Kohlebergwerken beschäftigte. 60 Prozent der Löhne für diese Gastarbeiter wurden von Südafrika direkt an Portugal in Form von Goldbarren bezahlt, wobei das Gold nur mit rund 44 Dollar pro Unze in Rechnung gestellt wurde, dem damals international vorgeschriebenen Verrechnungskurs, der für den Geldverkehr der Nationalbanken untereinander galt. Portugal verkaufte dann das Gold zum Tagespreis, der an die 200 Dollar pro Unze betrug, auf dem freien Markt. Nun bot Südafrika die gleiche Goldbezahlung und damit die gleichen Finanzvorteile der Frelimo-Regierung in Moçambique an, und diese griff mit beiden Händen zu.

Die Portugiesen hatten in Moçambique auch das größte Staukraftwerk Afrikas errichtet, Cabora Bassa, dessen Stromerzeugung völlig darauf ausgelegt war, nach Südafrika geliefert und von Südafrika mit Gold und Devisen angekauft zu werden. Nun wurden die Verträge mit Südafrika von der Frelimo erneuert, doch erst nachdem sich Südafrika verpflichtet hatte, der Frelimo einen höheren Preis für den Strom zu zahlen.

Die Südafrikaner zeigten sich sogar daran interessiert, den seinerzeitigen lebhaften Touristenverkehr, vor allem die Wochenendausflüge der Südafrikaner nach Maputo und an die Küsten Moçambiques, wiederaufzunehmen. Nur fanden es die Südafrikaner im neuen Moçambique keineswegs mehr so komfortabel und unterhaltsam wie im alten.

Diese anfängliche enge Zusammenarbeit zwischen der marxistischen Frelimo-Regierung und der Apartheid-Regierung in Pretoria ist seither getrübt worden. Samora Machel hat offenbar entgegen früheren Erwartungen der Südafrikaner, den Exilgruppen des African National Congress, ANC, und selbst radikaleren Guerillagruppen in Moçambique Unterschlupf gewährt, und einige der Bombenanschläge und Überfälle auf südafrikanische Industrieanlagen und Polizeistationen sind offenbar von Moçambique her in Gang gesetzt worden. Wie schon berichtet, antwortete Ministerpräsident Botha mit Kommandounternehmen gegen derartige Guerilla-Stützpunkte in der Nähe der Hauptstadt Maputo. Südafrika versucht offenbar auch, seine Abhängigkeit von moçambiquischen Gastarbeitern einzuschränken und hat ihre Zahl auf etwa 30 000 im Jahre 1981 gesenkt. Inzwischen ist auch der Vorzugspreis im Goldhandel zwischen den einzelnen Nationalbanken abgeschafft worden, so daß

Moçambique, das zwar einen Teil der Löhne für seine Gastarbeiter noch immer in südafrikanischem Gold erhält, bedeutend weniger daran verdient. Dennoch bleibt es auf die Benutzung seiner Eisenbahnen und Häfen und auf die Abnahme seines Stromes durch Südafrika angewiesen. Samora Machel kann es sich daher nicht leisten, mit seinem südafrikanischen Nachbarn total zu brechen, ohne die eigene Wirtschaft völlig ins Chaos zu stürzen.

Die strikte Alleinherrschaft der Frelimo und die wirtschaftlichen Mangelerscheinungen, zum Teil der Zusammenbruch der Versorgung in weiten Teilen des Landes hat zum Aufkommen oppositioneller Kräfte sowohl in den Städten als auch auf dem offenen Land und selbst innerhalb der eigenen Partei beigetragen. Jedenfalls steht die Regierung nach ihren eigenen Angaben an mehreren Stellen des Landes im Kampf gegen Partisanen verschiedener Provenienz, von denen die Frelimo jedoch behauptet, sie würden allesamt von Südafrika organisiert, bewaffnet und unterstützt.

Zum Teil handelt es sich um Partisanenverbände, die früher im Dienste der Ian-Smith-Regierung standen und sozusagen deren Antwort auf die Unterstützung Mugabes durch Moçambique darstellten. Sie dürften nun ihre rhodesischen Basen tatsächlich gegen südafrikanische eingetauscht haben. Aber es ist auch bekannt, daß einige Guerillaverbände in Moçambique unter der Führung früherer Frelimo-Kommandanten stehen, die sich die Befreiung Moçambiques vom kolonialen Joch anders vorgestellt haben als Samora Machels Einparteien-Diktatur. Denn zum Aufkommen oppositioneller Kräfte dürfte auch beitragen, daß Samora Machel insbesondere die Arbeiterschaft mit eiserner Hand zu disziplinieren und zu erhöhten Arbeitsleistungen anzuhalten versucht. Wie im Ostblock so dienen auch im neuen Moçambique die offiziellen Gewerkschaften dieser „Motivierung" der Arbeiterschaft, während in früheren Frelimo-Programmen den Arbeitern und Bauern Mitsprache und Selbstverwaltung versprochen worden waren.

Aber man kann verstehen, daß Samora Machel in Anbetracht der darniederliegenden Wirtschaft und der schlechten Versorgungslage eine Rettung des Landes nur in erhöhten Arbeitsanstrengungen und im Konsumverzicht auf lange Zeit erblickt.

Im übrigen zeichnet sich auch in Moçambique eine ähnliche Tendenz ab wie in Angola: Samora Machel hat erklärt, daß er eine Rückkehr portugiesischer Techniker, Manager und Geschäftsleute nach Moçambique begrüßen würde. Machel hat auch die großen internationalen Unternehmungen wissen lassen, daß die Verfassung von Moçambique im Gegensatz zur früheren portugiesischen Verwaltung einen Export erzielter Gewinne in Devisen tolerieren würde.

Entscheidende wirtschaftliche Hilfe scheint auch Samora Machel nur vom Westen zu erwarten. Die Sowjetunion läßt sich ihre Lieferungen zu Weltmarktpreisen und selbst die Entsendung ihrer Experten gemäß internationalem Lohnniveau in Devisen bezahlen. Die Sowjetunion ist aber bereit, an deren Stelle Kaffee, Cashewnüsse und Zucker in Zahlung zu nehmen. Der Kaffee und die Nüsse wurden von den Sowjets in Westeuropa unter dem Weltmarktpreis zum Kauf angeboten. Das soll die Frelimo nicht gefreut haben.

In Angola wie in Moçambique bleibt man also auf bessere Wirtschaftsbeziehungen mit dem Westen angewiesen. Angola kann sich dabei auf sein Erdöl stützen, Moçambique braucht Südafrika als Devisenbringer.

Samora Machel selbst soll es gewesen sein, der Robert Mugabe davor warnte, nach der Machtübernahme in Zimbabwe dieselben Fehler zu begehen, die in Moçambique zum Massenexodus der Europäer und zum weitgehenden Zusammenbruch der Wirtschaft geführt hatten.

Diese Entwicklung in den drei Nachbarstaaten Südafrikas, Zimbabwe, Angola und Moçambique, ist von ausschlaggebender Bedeutung für das Verhalten Südafrikas, sowohl was seine eigenen Probleme betrifft wie auch in der Frage Namibia. Südafrika zeichnet gerne das Bild einer großen Zangenbewegung des internationalen Kommunismus, deren Ziel es sei, die Südafrikaner in die Knie zu zwingen und den „Golf an Mineralien" zu erobern. Doch die Geschichte des schwarz-weißen Ringens um diese Gebiete zeigt, daß erst eine lange Reihe schwerer Fehler der weißen Regime kommunistischen Staaten Gelegenheit bot, überhaupt Einfluß in diesem Raum zu gewinnen. Der Kommunismus hat die Situation im Süden Afrikas aber nicht geschaffen, er nützt sie nur aus.

Die Behauptung, der Kampf gegen die schwarze Unabhängigkeitsbewegungen sei ein Kampf gegen den Kommunismus und für den demokratischen Westen, wird von der Entwicklung in den Nachbarstaaten Südafrikas widerlegt, auch und gerade in Angola und Moçambique. Denn ein rechtzeitiges Arrangement mit den dortigen Unabhängigkeitsbewegungen hätte diesen Ländern die jahrelange blutige Auseinandersetzung ebenso erspart wie jede Intervention von außen. Wo waren Kubaner und Sowjets, als die Organisation für Afrikanische Einheit Holden Roberto noch als den einzigen Repräsentanten des schwarzen Angola anerkannte? Als Nkomo mit Ian Smith verhandelte und Mugabe bereit war, an einer gesamtrhodesischen demokratischen Lösung teilzunehmen? Auch Luthuli und Mandela waren keine Kommunisten, als man sie in Südafrika aufgriff, verbannte und einsperrte.

Die Lehren aus dem Ringen

Der harte Kampf um Angola und Moçambique, die Revolution in Portugal, das blutige Ringen um Zimbabwe und das Resultat all dieser Auseinandersetzungen ließen die Welt in bezug auf den Süden Afrikas einen Schluß ziehen: Die schwarzen Völker in diesem Raum sind zum Kampf um ihre Unabhängigkeit aufgebrochen, und trotz aller Rückschläge und der langen Dauer ihres Ringens seien sie auf ihrem Marsch zum Sieg nicht aufzuhalten. Durch das Beharren der Weißen auf unhaltbaren Zuständen würde nichts gewonnen, im Gegenteil: Die Standpunkte verhärteten sich nur, und aus kompromißbereiten schwarzen Politikern würden kompromißlose Guerilla-Kämpfer, die sich schließlich weder ihre Kampfmethoden noch ihre Verbündeten mehr aussuchen könnten. Schwarze töteten Weiße, Weiße töteten Schwarze. Die Weißen halten zwar lange durch, aber letztlich könnten sie nicht siegen.

Das ist nicht nur eine These, das ist die Lehre aus der Praxis, wie sie sich in Angola, in Moçambique und in Zimbabwe gezeigt hat. Viele meinen, daß die gleiche These auch in Südafrika selbst Geltung haben werde. Sollte es nicht möglich sein, noch rechtzeitig den Ausgleich zwischen Weißen und Schwarzen in Südafrika herbeizuführen, so würden auch dort die blutigen Zusammenstöße zunehmen und eines Tages in einem generellen Aufstand ihren Höhepunkt erreichen. Die Weißen würden noch lange die Oberhand behalten, aber letztlich keinen Frieden mehr finden.

Das ist nicht nur eine These Außenstehender, sondern diese Meinung wird auch von manchen Südafrikanern geteilt, wie wir gesehen haben. Nur: Nicht alle sehen am Ende dieser Auseinandersetzung zwischen Schwarz und Weiß auch den sicheren Sieg der Schwarzen. Das Szenario könnte in Südafrika anders aussehen. Etwa so: Im Gegensatz zu all den anderen Weißen, die sich in afrikanischen Staaten niedergelassen hatten, haben die Buren kein anderes Zuhause als Afrika. Sie könnten nicht ihre Koffer packen, in den nächsten Jumbo steigen und „nach Hause gehen". Man werde die Weißen in Südafrika daher auch durch lang anhaltende Guerilla-Kämpfe nicht in dem Maß zermürben können, wie dies andernorts möglich gewesen sei. Auch könnte der Burenstaat viel mehr Druck von außen ertragen, als dies etwa der Regierung in Rhodesien möglich gewesen wäre. Südafrika könne, wenn es wolle, in allen Bereichen autark sein – es könne allein für seine Ernährung sorgen und auch für seine Bewaffnung. Eine weiß-schwarze Auseinandersetzung in Südafrika müßte daher nicht notwendigerweise so ausgehen wie jene in den Nachbarstaaten Angola, Moçambique und Zimbabwe. So sei der Sieg der schwarzen Sache in Südafrika nicht unbedingt vorauszusetzen, und deshalb sei auch nicht unbedingt damit zu rechnen, daß die Auseinandersetzung zwischen Weiß und Schwarz in Südafrika jene Breite und Härte annehmen werde, wie dies in den Nachbarstaaten der Fall gewesen sei. Welche der beiden Thesen nun letztlich auch stimmen mag, eines können sich weder Weiße noch Schwarze wünschen: daß die Konfrontation je den Punkt einer breiten bewaffneten Auseinandersetzung annimmt.

Die Tragik in Südafrika besteht darin, daß die burischen Regierungen glauben und ihre Landsleute glauben machen, eine Anerkennung der Rechte der Schwarzen wäre gleichbedeutend mit einer Aufgabe der Rechte der Weißen. Statt dessen müßte für Südafrika die Einsicht gelten, daß Weiße und Schwarze in diesem Raum lange schon eine Symbiose eingegangen sind. Gewiß noch mit ungleichen Rollen, die Weißen dominieren und schaffen an, die Schwarzen parieren und schaffen. Die Weißen schaffen auch, und viele von ihnen haben bisher geglaubt, daß überhaupt nur sie alles geschafft haben. Ohne sie gäbe es keine Straßen und keine Eisenbahnen, keine Brücken und keine Häfen, keine Industrien und keine Städte. Aber ohne die Schwarzen gäbe es dies alles genausowenig. In Europa oder in den USA würde es heutzutage niemandem mehr einfallen, den Anteil der Arbeit geringer zu schätzen als den der Planung oder des Kapitals.

Daß die Schwarzen durch die von ihnen geleistete Arbeit den gleichen Anteil an der Entwicklung des Landes haben wie die Weißen, diese Erkenntnis fehlt noch vielen Weißen in Südafrika. Die einen wie die anderen hätten es allein nicht geschafft. Würde jedoch einmal anerkannt, daß die Leistungen der Weißen und der Schwarzen den gleichen Stellenwert besitzen, wäre damit auch anerkannt, daß ihnen das Land gemeinsam gehört, daß für alle seine Bürger die gleichen Rechte zu gelten hätten.

Damit berühren wir den zentralen Punkt im Dilemma Südafrikas: die Angst. Es gibt viel Angstpropaganda, etwa daß es Massaker an den Weißen geben würde, kämen die Schwarzen an die Macht. Doch auch ohne Panikmache bleibt selbst bei vielen vernünftigen Weißen die Angst übrig, eine schwarze Mehrheit würde die Weißen – nun, sagen wir es einfach – so behandeln, wie die Weißen die Schwarzen bisher behandelt haben. Eine schwarze Regierung würde die Weißen willkürlichen Entscheidungen aussetzen, würde sie rechtlos machen oder heimatlos, ihnen die Mitsprache verweigern, ihnen den Grundbesitz nehmen, keine gleichwertigen Schulen geben, keine Bewegungsfreiheit, könnte die Weißen ohne Begründung verhaften und ohne Anklageerhebung festhalten. Dies alles sind Maßnahmen, die zur Zeit die Schwarzen von den Weißen ertragen müssen. Das allein zeigt schon die Unmenschlichkeit und Unhaltbarkeit des jetzigen weißen Herrschaftssystems in Südafrika. Daher auch die Angst der Weißen vor einer schwarzen Regierung, die diese Gesetze nur umzudrehen brauchte.

Der beste Weg, diese Angst zu überwinden, wäre es daher, den Schwarzen so rasch wie möglich die gleichen Rechte einzuräumen, ihnen diese Rechte zu geben, ehe sie sich diese gewaltsam zu nehmen trachten.

Das, so meinen die burischen Verteidiger der Regierungspolitik, sei ausgeschlossen, da dies gleichbedeutend wäre mit weißer Selbstaufgabe. Wenn man den Schwarzen alles geben müßte, was die Weißen zur Zeit haben, wie wäre dies möglich, ohne den Weißen alles zu nehmen? Mugabe in Zimbabwe versucht die Antwort zu geben: Die Verteilung des vorhandenen weißen Wohlstands würde ohnehin nicht ausreichen, um das Niveau der Schwarzen wesentlich zu heben, dafür aber zum Zusammenbruch der Wirtschaft führen. Das Aufholen der Schwarzen sei daher nur langsam möglich.

Doch Südafrika ist auch diesbezüglich viel besser dran als seine Nachbarn. Es ist viel reicher. Auch viel reicher, als es selbst zu sein glaubt. Denn allein schon die Aufhebung des Apartheid-Systems würde enorme Einsparungen erzielen. Zehntausende Menschen, die heute mit der Verwaltung und Kontrolle der Apartheid beschäftigt sind, müßten nicht mehr bezahlt und könnten in produktive Prozesse umgeleitet werden. Zwei Drittel eines aufgeblähten Polizeiapparats ließen sich entlassen. Vor allem aber könnte das Land auf die vielen Soldaten und auf eine gewaltige Rüstung verzichten, beide verschlingen heute einen beträchtlichen Anteil des Volksvermögens.

Ein Teil dieser Gelder würde schon ausreichen, um die dringendste Forderung der Schwarzen zu erfüllen: die Einführung der Schulpflicht für alle schwarzen Kinder und die Anhebung der Qualität dieses Unterrichts auf das Niveau der weißen Schulen. Wären die Schwarzen so wie wir, argumentieren viele südafrikanische Weiße, so wäre ja gar nichts gegen sie einzuwenden. Wenn dem so ist, müßte nur dafür gesorgt werden, daß möglichst viele Schwarze möglichst rasch so werden können „wie wir", indem man ihnen die entsprechende Ausbildung und Schulung gibt.

Zur Zeit allerdings würde die Zahl der ausgebildeten Schwarzen bei weitem nicht ausreichen, die südafrikanische Industrie zu betreiben oder auch nur die Farmen in Schuß zu halten. Das ist nicht die Schuld der Schwarzen und beweist auch nicht deren fehlendes Talent, man hat sie vielmehr in eine ihnen fremde arbeitsteilige Welt gestellt, ohne ihnen die notwendige Ausbildung zu gewähren.

So werden die Schwarzen Jahre benötigen, ehe sie den Vorsprung der Weißen eingeholt haben. In dieser Zeit werden sie auf das Wirtschaftswachstum in ihrem eigenen Land nicht verzichten können. Die Bevölkerung, gerade die schwarze, wächst rasch, in jedem Jahr werden in Südafrika mehr als 300 000 neue Arbeitsplätze benötigt, um allein die Schulabgänger absorbieren zu können. Diese Arbeitsplätze muß die Industrie, muß die Wirtschaft schaffen. Gleichzeitig fordern die meisten Schwarzen auch einen höheren Lebensstandard für sich selbst, und das völlig zu Recht. Doch auch diese zusätzlichen Werte muß die Wirtschaft schaffen.

Eine Wirtschaft, die zur Zeit nur von den Weißen in Gang gehalten werden kann. Importierte Fachleute könnten dies nicht leisten. Schwarze Fachkräfte gibt es in ganz Afrika zuwenig, und die, die es gibt, werden in ihren Heimatländern gebraucht. Fachkräfte aus kommunistischen Staaten vertreten, wie sich allenorts gezeigt hat, Methoden, die innerhalb der in Afrika etablierten Wirtschaftsstrukturen nicht anwendbar sind oder zu schlechten Resultaten führen; auch ist Ostblockhilfe in der Regel nicht allein für Geld zu heuern, da ist immer auch ein politischer Preis dafür zu bezahlen. Für Geld allein wären Experten nur aus Westeuropa und den USA anzumieten. Erneut Weiße, wenn auch solche, die kein Heimatrecht für sich beanspruchen und keine politische Macht teilen wollen. Aber dementsprechend stünde es auch um ihr Interesse und um ihre Leistung. Sie kämen, um möglichst rasch möglichst viel Geld zu machen. Was mit den Projekten geschähe, an denen sie gearbeitet haben, kümmert sie danach meist wenig.

Auch bieten sich, wie man in den schwarzafrikanischen Staaten beobachten kann, viele Weiße an, um den Schwarzen wie eh und je alles zu verkaufen, was diese nicht brauchen. Oder ihnen abzunehmen, was sie brauchen. Einige schwarze Politiker erliegen, wie einst die Häuptlinge, der Verlockung, für sich zu nehmen und auf Kosten des Landes zu geben; den Dienst-Mercedes, das große Büro und die Villa gegen die Abtretung von Schürfrechten und Handelsmonopolen. Der Unterschied ist genau zu erkennen zwischen schwarzafrikanischen Staaten, die sich weiße Wirtschafts-Söldner halten, und etwa Zimbabwe, wo die Weißen nach wie vor ein Teil des Landes sind und mit genauer Kenntnis der Weltmärkte und der internationalen Handelspraktiken darauf achten, ihr Land nicht zu Schaden kommen zu lassen.

Auch ist der psychische Auftrieb nicht zu unterschätzen, der mit dem Wegfall der Rassenschranken Volk und Wirtschaft erfaßt. Der Süden der USA hat das erfahren, als dort in den sechziger Jahren die Reste der Rassentrennung durch Gerichtsbeschlüsse beseitigt wurden. Anstelle der erwarteten härteren Konfrontation fühlte man sich befreit wie ein Sünder nach der Beichte. Das daraus entstandene neue optimistische Klima hat dem Süden der USA einen steilen wirtschaftlichen Aufstieg gebracht.

In Zimbabwe hat sich eine neue Identität ergeben. Jubel gab es, als das Zimbabwe-Team bei den Olympischen Spielen in Moskau 1980 im Damen-Hockey die Weltelite schlug und die Goldmedaille errang. Mit Gartenparties in den Villenvierteln und Straßentänzen in den Townships feierte ganz Zimbabwe diesen Sieg. Gefeiert wurden „unsere Mädels!". Das Team aber stammte aus der gerade zu Ende gegangenen Ian-Smith-Ära, und Damen-Hockey war damals kein Sport für Schwarze. Alle in diesem Team waren ausnahmslos Weiße. Doch sie trugen die Fahne von Zimbabwe durch das Olympiastadion, geführt von schwarzen Sportfunktionären. Als sie heimkamen, wurde das Siegerteam vom Minister für Jugend und Sport begrüßt. Der Minister war eine Frau, Teurai Ropa Nhongo, 26 Jahre alt, mit 16 Guerillakämpferin in Moçambique, mit 20 politischer Kommissar im befreiten Gebiet, mit 22 Mitglied des Zentralkomitees der ZANLA. Strahlend ließ die schwarze Partisanin die weißen Goldmädels jetzt hochleben, und die ganze Nation feierte mit. Niemand hatte das Team gezwungen, Schwarze aufzunehmen, um bei den Olympischen Spielen Eindruck zu machen oder den Beweis zu liefern, daß der Sport in Zimbabwe integriert sei. Es war einfach nicht notwendig. In Zimbabwe gibt es keine

Apartheid, das wußte jeder, und ein weißes Team wurde so akzeptiert, wie es eben war. Im Ausland und daheim. Über all dem stand ein einziges Wort – „wir".

Alles spricht daher dafür, die Symbiose zwischen Weißen und Schwarzen auch in Südafrika beizubehalten, ja zu vertiefen. Innerhalb dieser Symbiose müßte allerdings die Gleichberechtigung hergestellt werden. Dies kann gelingen, wenn von beiden Seiten die Realitäten klar gesehen und die Ängste abgebaut werden. Zu den Realitäten gehört auch, daß Aufstand und blutige Auseinandersetzungen unvermeidlich sein werden, falls zwischen Weißen und Schwarzen nicht sehr bald ein Ausgleich gefunden wird.

Zur Zeit liegt es fast ausschließlich an den Weißen, diesen Ausgleich herbeizuführen. Sie haben alles in der Hand, alle Machtinstrumente, die Staatsverwaltung, die Industrie, die Finanzen. Eine stärkere Position kann es gar nicht geben. Die Weißen sind daher in der Lage, viel anzubieten, und können erwarten, auch viel dafür zu bekommen – einerlei, wie kompromißlos die Reden der schwarzen Führer zur Zeit auch klingen mögen, man hat ihnen ja bisher nicht einmal Verhandlungen, geschweige denn die Gleichberechtigung angeboten. Fragt man diese Führer jedoch danach, wie sie sich verhalten würden, sollten ihnen Verhandlungen und Gleichberechtigung angeboten werden, findet man sie – noch – zu allen Kompromissen bereit, zu allen Garantien, die notwendig wären, um den Weißen die Ängste zu nehmen.

Afrika hat in den letzten zwanzig Jahren viel gelitten, viel geblutet. Will es sich eine Katastrophe ersparen, darf es nicht zum Endkampf um das Kap kommen. Statt dessen sollte von dort Hoffnung ausgehen, vielleicht die letzte, die sich dem schwarzen Afrika für lange Zeit bietet. Denn Südafrika verfügt über alles, was der Kontinent zu seiner Rettung benötigt. Und Rettung braucht er. Denn Afrika blutet nicht nur, es hungert auch, seine Wirtschaften sind schwer belastet. Vom Süden Afrikas kann die Gesundung des ganzen Kontinents ausgehen. Krieg und Sieg werden sie nicht herbeiführen. Dazu bedarf es der Verständigung zwischen den Weißen und den Schwarzen, noch bevor gekämpft wird.

Theoretisch hat die Mehrheit der Weißen in Südafrika dies alles schon begriffen. Sie sagen das auch jedem Besucher – die Apartheid habe nicht funktioniert, die Apartheid sei tot, man werde neue Wege gehen. Aber die Apartheid ist springlebendig, und immer noch vermeidet man ängstlich, die ausgetretenen Wege zu verlassen. Hier wird die Absicht mit der Tat verwechselt.

Alles andere an der Situation in Südafrika liegt auf der Hand. Kein anderes Land in Afrika verfügt über eine solche Vielfalt an talentierten und arbeitsamen Menschen. Nirgendwo sonst in Afrika haben Weiße und Schwarze gemeinsam ein so mächtiges Wirtschaftsgefüge aufgebaut. Für beide ist Südafrika das einzige Heimatland, das sie haben. Müssen die Weißen gehen, sie wüßten nicht, wohin. Würden sie gehen, wäre dies auch ein schwerer Rückschlag für die Schwarzen. Alle wissen das. Die meisten wissen auch, daß der bisherige Weg der Apartheid, der Diskriminierung, falsch war. Aber der richtige Weg ist noch nicht betreten. Weil man Angst hat.

Diese Angst hatten bisher nur die Schwarzen vor den Weißen, heute haben die Weißen Angst vor den Schwarzen. Was zu tun wäre, ist den meisten klar: Die Weißen müßten den Schwarzen die gleichen Rechte geben und sie an der Regierung des gemeinsamen Vaterlandes voll teilhaben lassen, die Schwarzen müßten bereit sein, sich trotz ihrer größeren Zahl zumindest auf längere Zeit mit einer gleichberechtigten Position zufriedenzugeben. Die Weißen müßten auf die bisherige Alleinherrschaft verzichten, die Schwarzen auf die künftige. Das erfordert politische Opfer von beiden Seiten. Denn würden die Schwarzen auf ihren Mehrheitsrechten bestehen, gäbe es viele Weiße, die eher bis zum eigenen und daher auch bis zum Tod vieler anderer kämpfen würden, als sich einer schwarzen Alleinregierung zu unterstellen. Würden die Weißen aber weniger anbieten als die volle Gleichberechtigung, könnte dies kein angesehener schwarzer Politiker, der dieses Ansehen bewahren will, akzeptieren. Das Wesen der Konsens-Demokratie besteht im Verzicht auf Durchsetzung des eigenen Standpunkts durch Gewalt oder durch fortgesetztes Überstimmen. Das heißt freilich, daß von der schwarzen Mehrheit nun gefordert wird, sich einsichtsvoller zu benehmen, als dies bisher die Weißen getan haben. Jeder andere Weg aber würde in die Katastrophe führen. Jede Einigung hingegen Südafrika und die Welt von einem Alptraum befreien.

Namenregister